> agendaCPS

Integrierte Forschungsagenda
Cyber-Physical Systems

Eva Geisberger/Manfred Broy (Hrsg.)

acatech STUDIE

März 2012

DEUTSCHE AKADEMIE DER
TECHNIKWISSENSCHAFTEN

Herausgeber:

Dr. Eva Geisberger
fortiss GmbH
Guerickestraße 25
80805 München
E-Mail: geisberger@fortiss.org

Prof. Dr. Dr. h. c. Manfred Broy
Technische Universität München, Institut für Informatik
Boltzmannstraße 3
85748 Garching
E-Mail: broy@in.tum.de

Reihenherausgeber:
acatech – Deutsche Akademie der Technikwissenschaften, 2012

Geschäftsstelle
Residenz München
Hofgartenstraße 2
80539 München

T +49(0)89/5203090
F +49(0)89/5203099

Hauptstadtbüro
Unter den Linden 14
10117 Berlin

T +49(0)30/206309610
F +49(0)30/206309611

E-Mail: info@acatech.de
Internet: www.acatech.de

Empfohlene Zitierweise:
Geisberger, Eva/Broy, Manfred: *agendaCPS – Integrierte Forschungsagenda Cyber-Physical Systems* (acatech STUDIE), Heidelberg u. a.: Springer Verlag 2012.

ISSN: 2192-6174 / ISBN 978-3-642-29098-5 / ISBN 978-3-642-29099-2 (eBook)
DOI: 10.1007/978-3-642-29099-2

Bibliografische Information der Deutschen Nationalbibliothek
Die Deutsche Nationalbibliothek verzeichnet diese Publikation in der Deutschen Nationalbibliografie; detaillierte bibliografische Daten sind im Internet unter http://dnb.d-nb.de abrufbar.

Springer Vieweg

Koordination: Ariane Hellinger
Redaktion: Ariane Hellinger, Heinrich Seeger, Linda Tönskötter
Layout-Konzeption: acatech
Konvertierung und Satz: Fraunhofer-Institut für Intelligente Analyse- und Informationssysteme IAIS, Sankt Augustin

Gedruckt auf säurefreiem Papier

Springer Vieweg ist eine Marke von Springer DE. Springer DE ist Teil der Fachverlagsgruppe Springer Science+Business Media
www.springer-vieweg.de

> INHALT

GELEITWORT

VON WOLFGANG MAYRHUBER, EHEMALIGER VORSTANDSVORSITZENDER DEUTSCHE LUFTHANSA AG UND acatech PRÄSIDIUMSMITGLIED

Wir leben im Zeitalter der Vernetzung. Seit Jahrhunderten tragen Verkehrsmittel zu Lande, zu Wasser und in der Luft dazu bei, Menschen und Güter global zu vernetzen. Durch die dynamische Entwicklung der Informations- und Kommunikationstechnologie ist nun auch ein informationstechnisches Kommunikationsnetz entstanden, das wie ein „Nervensystem" die Welt umspannt. Die Zukunft liegt in der intelligenten Kombination der „realen" und der „virtuellen" Welt, in Cyber-Physical Systems (CPS).

Die aktuelle Studie im Rahmen des acatech Themennetzwerks „Informations- und Kommunikationstechnologien" knüpft nach dem Projekt „Intelligente Objekte" erneut an den Megatrend „Internet der Dinge" an und untersucht die Chancen und Herausforderungen des Technologietrends Cyber-Physical Systems. Dabei handelt es sich um Systeme, die durch die Verknüpfung von eingebetteten Systemen untereinander und mit webbasierten Diensten entstehen. Als acatech Präsidiumsmitglied habe ich das Projekt besonders aufmerksam verfolgt, auch wegen des breiten Untersuchungsspektrums und der visionären Szenarien, in denen neben den technischen Fragestellungen auch unternehmerische und gesellschaftliche Aspekte im Fokus stehen. Das Vorhaben, dessen sich das Projektteam in breiter Zusammensetzung aus Großunternehmen, KMU, Forschungseinrichtungen und Verbänden angenommen hat, war sehr ambitioniert. Wir freuen uns sehr, dass nun – erstmalig im deutschsprachigen Raum – eine umfassende Analyse zu Cyber-Physical Systems vorliegt. Die Studie macht deutlich, wie weitreichend unternehmerische Strategien beeinflusst werden, um diese komplexen Systeme entwickeln und beherrschen zu können.

Der damit verbundene Wandel wird unausweichlich sein, da seine Dynamik von vielfältigen Änderungen der Kundenanforderungen und Flexibilitäts- und Produktivitätspotenzialen vorangetrieben wird. Es liegt deshalb auch im Interesse der Unternehmen, diesen Trend in ihre Strategien zu integrieren.

Der Siegeszug der CPS-Technologien ist in dem immensen unmittelbaren pragmatischen Nutzen für den Menschen durch mehr Komfort, Zeitsouveränität, Ubiquität, Zuverlässigkeit, Information und Effizienz begründet. Und damit besteht ein enormes Potenzial, durch Cyber-Physical Systems neue Geschäftsmodelle zu entwickeln: So können durch CPS-Technologien beispielsweise Fluggesellschaften ihre Passagierbetreuung entlang der gesamten Servicekette verbessern, indem Reiserouten optimiert oder Wartezeiten verkürzt werden. Auch für Menschen, die auf spezielle Versorgung angewiesen sind oder während der Reise eine Krankheit erleiden, kann das Betreuungs- oder Behandlungsspektrum durch telemedizinische Anwendungen an Bord ergänzt werden.

In den Bereichen der Smart Logistic sind ebenfalls Lösungen zur digitalen Vernetzung über die gesamte Supply Chain hinweg denkbar. Damit würde nicht nur logistikübergreifende, intermodale Steuerung von Gepäck oder Fracht ermöglicht, sondern zudem höherer Kundennutzen durch Real Time Locating geschaffen werden. Hier könnten industrieübergreifende Standards zur schnelleren und breiteren Implementierung beitragen. Und schließlich eröffnen Verkehrssteuerungssysteme bis hin zur Luftraumsteuerung vielfältige Anwendungspotenziale. Optimale Flugprofile ohne Verzögerungen und Warteschleifen würden in der Folge zu Treibstoffeinsparung und einem verminderten Treibhausgasausstoß führen. Cyber-Physical Systems können einen großen Beitrag zur effizienten Ressourcenausschöpfung leisten.

Mit diesem Projekt hat acatech erneut eine Plattform geboten, um unterschiedlichste Akteure zusammenzubringen und vorwettbewerblich zusammenzuarbeiten. Nun muss die entsprechende Technologie- und Handlungskompetenz für Cyber-Physical Systems auch nach diesem Projekt durch interdisziplinäre Forschungsprojekte gemeinschaftlich vorangetrieben werden. Für zukunftsorientierte und innovationsgetriebene Fluggesellschaften wie Lufthansa ist es selbstverständlich, hierbei Projekte in enger Kooperation mit der Wissenschaft durchzuführen.

Aus unserer Sicht stehen wir nun aber an einer entscheidenden Wegmarke: die Wettbewerbsfähigkeit von Cyber-Physical Systems kann nur dann sichergestellt werden, wenn die Politik geeignete Rahmenbedingungen schafft und die Industrie eine flexible und schnelle Integration in strategische Konzepte im Blick hat. Das muss das gemeinsame Ziel sein. Dann haben wir in Deutschland eine gute Chance, zum Leitanbieter für Cyber-Physical Systems zu werden.

Cyber-Physical Systems werden in allen relevanten Infrastrukturbereichen eine Rolle spielen und zu bahnbrechenden Entwicklungen führen: beim Ressourcenmanagement, der Steuerung des Energiemixes oder der Elektromobilität sowie als neue Servicekomponente für Nutzer. Diese Studie zeigt sehr klar das Innovationspotenzial auf und identifiziert gleichzeitig ein breites Spektrum konkreter Handlungsfelder.

Es bleibt die Herausforderung jeder innovativen Technologie, sie zur Marktreife zu entwickeln und die Akzeptanz der Menschen, die sie benutzen, zu erreichen. Die vorliegende Studie macht dies anschaulich deutlich – ich wünsche Ihnen eine anregende Lektüre!

Wolfgang Mayrhuber

KURZFASSUNG

Der anhaltende rasche Fortschritt der Informationstechnik mit seiner exponentiellen Zunahme an Rechen-, Erfassungs-, Übertragungs- und Speicherkapazität ermöglicht in Kombination mit der Mikrosystemtechnik immer leistungsfähigere Peripherie-, Kommunikations- und Steuerungssysteme, die zudem immer stärker miteinander vernetzt werden. Umfassende IT-Systeme führen in Verbindung mit dem Internet zu einer ständigen Ausweitung der Zahl, Leistungsfähigkeit und Komplexität von Anwendungen. Softwareintensive Systeme und Geräte werden zu alltäglichen Gebrauchsgegenständen. Sie wandeln sich durch ihre vielfältige Vernetzung und die Einbindung von Daten und Diensten aus globalen Netzen zu integrierten, übergreifenden Lösungen, die alle Lebensbereiche zunehmend durchdringen und verknüpfen. Es entstehen offene, vernetzte Systeme, die mithilfe von Sensoren Daten zu Situationen der physikalischen Welt erfassen, sie interpretieren und für netzbasierte Dienste verfügbar machen sowie mittels Aktoren direkt auf Prozesse in der physikalischen Welt einwirken und damit das Verhalten von Geräten, Dingen und Diensten steuern können. Bei solchen Systemen sprechen wir von Cyber-Physical Systems (CPS); daraus entstehen Systemlandschaften und soziotechnische Systeme mit innovativen ja revolutionären Anwendungen.

Zukünftige Cyber-Physical Systems werden in bisher kaum vorhersehbarer Weise Beiträge zu Lebensqualität, Sicherheit und Effizienz sowie zur Versorgungssicherheit in den Bereichen Energie, Wasser oder Medizin leisten und damit zur Lösung zentraler Herausforderungen unserer Gesellschaft beitragen. So erfassen etwa moderne Smart-Health-Systeme mittels Sensoren Gesundheitsdaten, vernetzen Patientendaten und Patienten, Ärzte sowie Therapeuten miteinander und ermöglichen Ferndiagnosen sowie medizinische Versorgung zu Hause. Intelligente Cyber-Physical Systems koordinieren den Verkehrsfluss, unterstützen Menschen in kritischen Situationen und reduzieren Energieverbräuche – sowohl im Verkehr als auch, mittels intelligenter Steuerung, in Energienetzen. Diese weitreichenden Fähigkeiten treiben einen rasanten Wandel in Wirtschaft und Gesellschaft voran. Es entsteht ein nachhaltiger Strom von Innovationen, den es zu gestalten gilt. Cyber-Physical Systems erfordern domänenübergreifende Kooperationen für eine interaktive Wertschöpfung in wirtschaftlichen Ökosystemen.

Die Erschließung dieses Innovationsfelds erfordert gezielte politische, wirtschaftliche, technologische und methodische Anstrengungen. Zu bewältigen ist ein Komplex von Fragen und Herausforderungen für die bedarfsgerechte Gestaltung und Nutzbarmachung von Cyber-Physical Systems samt Anwendungen.

Deutschland gehört hinsichtlich der Vorstufen zu Cyber-Physical Systems – eingebettete Systeme, integrierte Sicherheitslösungen und Engineering komplexer Systemlösungen – zu den Weltmarktführern. Diese Position kann unter dem hohen Innovationsdruck der Cyber-Physical Systems nur gehalten und ausgebaut werden, wenn Deutschland auch seine CPS-Innovationsführerschaft sichert und die Marktführung bei eingebetteten Systemen ausbaut, um den Wandel hin zu Cyber-Physical Systems und deren Potenziale zu nutzen. Es ist erklärtes Ziel des Projekts agendaCPS und der vorliegenden integrierten Forschungsagenda Cyber-Physical Systems, einen Maßnahmenkatalog zu erarbeiten, der die Notwendigkeit aufzeigt, an der CPS-Evolution und dem damit einhergehenden Wandel in Wirtschaft und Gesellschaft nicht nur teilzunehmen, sondern diese Revolution im globalen Wettbewerb mit anderen Industrien und Technologiestandorten maßgeblich mitzugestalten.

Der schnelle technologische Wandel durch Cyber-Physical Systems schafft neue wirtschaftliche Möglichkeiten und führt in wichtigen Branchen zu disruptiven Änderungen von Märkten und Geschäftsmodellen. Dieses Moment zu nutzen erfordert schnelles Handeln.

Deshalb analysiert und charakterisiert die agendaCPS die Fähigkeiten, Potenziale und Herausforderungen von

Cyber-Physical Systems: Nutzen und Mehrwert für Gesellschaft und Wirtschaft sowie Anforderungen an Technologie, Forschung, Wirtschaft und Politik zur Steigerung der Innovations- und Wettbewerbsfähigkeit Deutschlands auf diesem Gebiet. Wesentliche Beiträge sind die Analyse der Herausforderungen und offenen Fragen hinsichtlich Sicherheit, Risiken und Akzeptanz von CPS-Technologie mitsamt ihren Anwendungen sowie die Ableitung entsprechender Maßnahmen.

Die Herausforderungen sind vielfältig; sie betreffen Gesellschaft und Wirtschaft:

- **Gesellschaft:** Es wird erwartet, dass Cyber-Physical Systems zur Lösung gesellschaftlicher Aufgaben beitragen, etwa Versorgung, selbstbestimmtes Leben und Sicherheit im Alter. Ungelöst sind in solchen Zusammenhängen Herausforderungen hinsichtlich Datenschutz, Schutz der Privatsphäre und Mensch-Maschine-Interaktion. Dazu kommen Fragen, deren Beantwortung die CPS-Akzeptanz beeinflusst, etwa nach individueller Handlungsfreiheit, Governance und Fairness in der verteilten Steuerung, zudem nach Selbstorganisation und -steuerung von Infrastruktur- und Versorgungssystemen.
- **Wirtschaft:** Das CPS-Potenzial hängt eng zusammen mit dem Wandel von Produkten zu integrierten, interaktiven Dienstleitungen und Lösungen. Die Wertschöpfungen, die dabei in wirtschaftlichen Ökosystemen erbracht werden, erfordern vielfältige neue Architekturen und Geschäftsmodelle sowie offene Standards und Plattformen für die Interoperabilität von Systemen.
- **Wissenschaft und Forschung:** Es entstehen neue Technologien sowie integrierte Modelle und Architekturen, insbesondere Menschmodelle und ganzheitliche Modelle für die Mensch-Maschine-Interaktion und -Kooperation. Das erfordert interdisziplinäres Engineering und einschlägige Kompetenz beim Einsatz und Betrieb für die Beherrschung der Technologie und zur Sicherstellung nichtfunktionaler Anforderungen.

Auf der Basis der Ergebnisse dieser Analysen, der Vorarbeiten der Nationalen Roadmap Embedded Systems sowie der Ermittlung des Standes von Forschung und Technik schließt die Agenda mit einer differenzierten SWOT-Analyse und der Ableitung vordringlicher Handlungsfelder.

Die Schlussfolgerungen weisen auf strategische Maßnahmen und Themenfelder hin, die Deutschland einen Innovationsvorsprung bei Cyber-Physical Systems verschaffen können. Diese besitzen eine große Hebelwirkung; sie sind unverzichtbar für eine nachhaltige Innovationsfähigkeit auf allen Gebieten der Wirtschaft und, um gesellschaftlichen Herausforderungen zu entsprechen.

Das sind die Kernaussagen zu den strategischen Handlungsfeldern:

- Es gilt, einen Strategiewechsel und ein Umdenken auf allen Ebenen der Wertschöpfung einzuleiten, hin zu offenen, interaktiven Märkten, Lebensräumen und ihren Prozessen, zu Infrastruktur- und Versorgungssystemen mit integrierten, interaktiven vernetzten Dienstleistungen. Das erfordert entsprechende Forschungsschwerpunkte, im Einzelnen erweiterte Mensch-Maschine-Interaktion, Requirements Engineering, die Entwicklung von Anforderungs- und Domänenmodellen und innovativer Architekturen sowie ein interdisziplinäres Systems Engineering und integrierte Qualitätssicherung auf allen Ebenen der Anforderungs- und Systementwicklung.
- Unabdingbar ist die interdisziplinäre Ausrichtung von Forschung, Entwicklung und Systemgestaltung; zudem gilt es, Technikfolgenanalyse, Akzeptanzforschung und interaktive Systemgestaltung zu integrieren.
- Neuartige wirtschaftliche Ökosysteme entstehen; sie erfordern passende Wettbewerbsstrategien und Wertschöpfungsarchitekturen, um Innovationsfähigkeit, Vielfalt, Sicherheit und Vertrauen zu schaffen.
- Modelle und Standards für die erforderliche Qualität von Cyber-Physical Systems sind zu entwickeln und durchzusetzen.

- Es bedarf eines nachhaltigen Aufbaus von Technologie- und Handlungskompetenz in Bildung und Ausbildung sowie einer Sicherung der Standortbedingungen.

Die Rolle der Software für die Beherrschung, Gestaltung und Nutzung von Daten und Diensten sowie für die Vernetzung der virtuellen mit der physikalischen Welt wird dominant. Von entscheidender Bedeutung in diesem Zusammenhang ist die Fähigkeit zur Beherrschung von großen, vernetzten, langlebigen Softwaresystemen.

Konkrete Handlungsempfehlungen mit operationalem Charakter für Politik, Wissenschaft und Wirtschaft finden sich im Band „acatech Position", der anlässlich des 6. Nationalen IT-Gipfels im Dezember 2011 in München der Öffentlichkeit vorgestellt wurde.

PROJEKT

Auf Grundlage dieser Studie entstand in dem Projekt auch die acatech POSITION *Cyber-Physical Systems. Innovationsmotor für Mobilität, Gesundheit, Energie und Produktion* (acatech 2012).

> AUTOREN

- Dr. Eva Geisberger, fortiss GmbH
- Prof. Dr. Dr. h. c. Manfred Broy, Technische Universität München
- Dr. María Victoria Cengarle, fortiss GmbH
- Patrick Keil, fortiss GmbH
- Jürgen Niehaus, SafeTRANS e. V.
- Dr. Christian Thiel, BICCnet Bavarian Information and Communication Technology Cluster
- Hans-Jürgen Thönnißen-Fries, ESG Elektroniksystem- und Logistik-GmbH

> MIT BEITRÄGEN VON

- Theo von Bomhard, Robert Bosch GmbH
- Dr. Christian Buckl, fortiss GmbH
- Denis Bytschkow, Center for Digital Technology and Management (CDTM) und fortiss GmbH
- Fabian Dany, Center for Digital Technology and Management (CDTM)
- Stefan Greiner, acatech Geschäftsstelle
- Jürgen Hairbucher, Intel GmbH
- Marit Hansen, Unabhängiges Landeszentrum für Datenschutz Schleswig-Holstein (ULD)
- Dr. Christoph Krauß, Fraunhofer AISEC
- Prof. Dr. Bernd Krieg-Brückner, Universität Bremen und DFKI GmbH
- Oliver Peters, Robert Bosch GmbH
- Dr. Olaf Sauer, Fraunhofer IOSB
- PD Dr. Bernhard Schätz, fortiss GmbH

> PROJEKTLEITUNG

- Prof. Dr. Dr. h. c. Manfred Broy, Technische Universität München

> FACHLICHE LEITUNG

- Dr. Eva Geisberger, fortiss GmbH

> PROJEKTGRUPPE

- Dr. Heinz Derenbach, Bosch Software Innovations GmbH
- Prof. Dr.-Ing. José L. Encarnação, Technische Universität Darmstadt
- Prof. Dr. Otthein Herzog, Universität Bremen und Jacobs University Bremen
- Prof. Dr. Wolfgang Merker
- Hannes Schwaderer, Intel GmbH
- Dr. Reinhard Stolle, BMW AG

> KONSORTIALPARTNER

- fortiss GmbH, An-Institut der Technische Universität München

> AUFTRÄGE

- BICCnet Bavarian Information and Communication Technology Cluster
- Fraunhofer IOSB
- OFFIS e. V.
- SafeTRANS e. V.

> PROJEKTKOORDINATION

- Ariane Hellinger, acatech Geschäftsstelle
- Dr. Christian Thiel, BICCnet Bavarian Information and Communication Technology Cluster

> PROJEKTLAUFZEIT

1. Mai 2010 - 31. Januar 2012

> FINANZIERUNG

Das Projekt wurde im Rahmen der Hightech-Strategie der Bundesregierung durch das Bundesministerium für Bildung und Forschung gefördert (Förderkennzeichen 01/S10032A 01/S10032B).

Projektträger: Projektträger im Deutschen Zentrum für Luft- und Raumfahrt (PT-DLR), Softwaresysteme und Wissenstechnologien.

acatech dankt außerdem den folgenden Unternehmen für ihre Unterstützung: BMW AG, Intel GmbH, Robert Bosch GmbH.

> WIR DANKEN DEN FOLGENDEN PERSONEN FÜR IHRE EXPERTISE UND WERTVOLLEN BEITRÄGE:

- Dr. Ralf Ackermann, SAP AG
- Prof. Dr. Bernhard Bauer, Universität Augsburg
- Gülden Bayrak, Technische Universität München, AIS
- Klaus Beetz, Siemens AG, CT
- Andreas Beu, User Interface Design GmbH
- Ottmar Bender, Cassidian
- Thomas Benedek, BMW Car IT GmbH
- Dr. Susanne Bührer-Topcu, Fraunhofer ISI
- Anne Burger, MedVenture Partners
- Andrea Cato, Intel GmbH
- Prof. Dr.-Ing. Jana Dittmann, Otto-von-Guericke Universität Magdeburg
- Prof. Dr.-Ing. Jörg Eberspächer, Technische Universität München
- Prof. Dr. habil. Claudia Eckert, Technische Universität München
- Maximilian Engelken, Center for Digital Technology and Management (CDTM)
- Dr. Hieronymus Fischer, ESG Elektroniksystem- und Logistik-GmbH
- Axel Foery, Cisco Systems GmbH
- Dr.-Ing. Oliver Frager, teamtechnik Maschinen und Anlagen GmbH
- Dr. Ursula Frank, Beckhoff Automation GmbH
- Martin Gangkofer, ESG Elektroniksystem- und Logistik-GmbH
- Manuel Giuliani, fortiss GmbH
- Rainer Glatz, VDMA
- Stephan Gurke, ZVEI
- Martin Hiller, Cassidian
- Dr. Jan Hladik, SAP AG
- Harald Hönninger, Robert Bosch GmbH
- Tobias Hoppe, Otto-von-Guericke-Universität Magdeburg
- Gerd Hoppe, Beckhoff Automation GmbH
- Thomas Janke, SAP AG
- Josef Jiru, Fraunhofer ESK
- Prof. Dr. Bernhard Josko, OFFIS e. V.
- Bernd Kärcher, Festo AG & Co. KG
- Dr. Frank Kargl, Universität Twente
- Dr. Ingolf Karls, Intel GmbH
- Dirk Kaule, BMW AG
- Thomas Kellerer, Intel GmbH
- Maged Khalil, fortiss GmbH
- Stefan Kiltz, Otto-von-Guericke-Universität Magdeburg
- Dr. Cornel Klein, Siemens AG, CT
- Dr. Martin Knechtel, SAP AG
- Tanja Kornberger, Center for Digital Technology and Management (CDTM)
- Till Kreiler, NAVTEQ
- Frank Lafos, Intel GmbH
- Falk Langer, Fraunhofer ESK
- Prof. Dr. Ulrike Lechner, Universität der BW München

- Dr. Enno Lübbers, Intel GmbH
- Dr. Andreas Lüdtke, OFFIS e. V.
- Dr. Christine Maul, Bayer Technology Services GmbH
- Dr. Christoph Mayer, OFFIS e. V.
- Christian Menkens, Center for Digital Technology and Management (CDTM)
- Jochen Meyer, OFFIS e. V.
- Dr. Mark Müller, Bosch Software Innovations GmbH
- Dr. Stefan Ochs, Bayer Technology Services GmbH
- Claus Oetter, VDMA
- Dr. Josef Papenfort, Beckhoff Automation GmbH
- Christian Patzlaff, ESG Elektroniksystem- und Logistik-GmbH
- Tobias Paul, ESG Elektroniksystem- und Logistik-GmbH
- Dr. Holger Pfeifer, Technische Universität München
- Gerd Pflüger, Cisco Systems GmbH
- Prof. Dr. Dres. h. c. Arnold Picot, Ludwig-Maximilians-Universität München
- Dr. Daniel Ratiu, fortiss GmbH
- Sebastian Rohjans, OFFIS e. V.
- Benedikt Römer, Center for Digital Technology and Management (CDTM)
- Oliver Roos, Intel GmbH
- Christine Rossa, Robert Bosch GmbH
- Dr. Harald Rueß, fortiss GmbH
- Dr. Oliver Sander, Karlsruher Institut für Technologie KIT
- Andreas Schmid, Center for Digital Technology and Management (CDTM)
- Martin Schneider, ESG Elektroniksystem- und Logistik-GmbH
- Dr. Ralf Schulz, BMW AG
- Michael Schwarz, Cisco Systems GmbH
- Dr. Christian Schwingenschlögl, Siemens AG, CT
- Dominik Sojer, Technische Universität München
- Stephan Sommer, Technische Universität München
- Dr. Thomas Stauner, BMW AG
- Dr. Rainer Stetter, ITQ GmbH
- Dr. Thomas Stiffel, Bosch Software Innovations GmbH
- Prof. Dr. Peter Struss, Technische Universität München
- Carolin Theobald, ZVEI
- Dr. Mario Trapp, Fraunhofer IESE
- Dr. Mathias Uslar, OFFIS e. V.
- Bernhard Vogel, Siemens AG, Healthcare
- Prof. Dr.-Ing. Birgit Vogel-Heuser, Technische Universität München, AIS
- Jürgen Weis, ESG Elektroniksystem- und Logistik-GmbH
- Dr. Gerhard Weiss, Maastricht University
- Dr. Kay Werthschulte, ESG Elektroniksystem- und Logistik-GmbH
- Dr. Chris Winkler, Siemens AG, CT
- Dr. Matthias Winkler, SAP AG
- Dr. Thomas Wittig, Robert Bosch GmbH
- Stephan Ziegler, BITKOM

> PROJEKTBEIRAT

- Dr. Reinhold Achatz, Siemens AG
- Prof. Dr. Heinrich Dämbkes, Cassidian
- Prof. Dr. Werner Damm, Universität Oldenburg (Sprecher des Beirats)
- Dr. Klaus Grimm, Daimler AG
- Harald Hönninger, Robert Bosch GmbH
- Prof. Dr. Peter Liggesmeyer, Fraunhofer IESE

Wir danken Herrn Johann Wiesböck für die engagierte Unterstützung und die gemeinsame Durchführung der Online-Befragung in „ElektronikPraxis“.

Wir danken Herrn Heinrich Seeger für das fachliche Lektorat und das große Engagement.

Vorbemerkung

Alle Personenbezeichnungen in der *agendaCPS – Integrierte Forschungsagenda Cyber-Physical Systems* beziehen sich ungeachtet ihrer grammatikalischen Form in gleicher Weise auf Frauen und Männer.

1 EINFÜHRUNG

Das Projekt Integrierte Forschungsagenda Cyber-Physical Systems (im Folgenden kurz agendaCPS) wurde durch acatech, die Deutsche Akademie der Technikwissenschaften, angestoßen. Das Projekt wird durch das Bundesministerium für Bildung und Forschung (BMBF) gefördert und unter maßgeblicher Beteiligung von fortiss, einem An-Institut der Technischen Universität München, durchgeführt.

1.1 ZIELE UND STRUKTUR DES BERICHTS

Die Agenda Cyber-Physical Systems will Technologietrends und Innovationspotenzial im Zusammenhang mit Cyber-Physical Systems (CPS) ganzheitlich und systematisch erfassen und daraus Schlussfolgerungen zu zentralen Forschungs- und Handlungsfeldern ableiten. Anhand wesentlicher Anwendungsfelder wird illustriert, welchen Stellenwert das Thema für Wirtschaft und Gesellschaft hat. Das Ziel der agendaCPS ist es, die Stellung Deutschlands auf dem Gebiet der Cyber-Physical Systems zu festigen und auszubauen.

Cyber-Physical Systems stehen für die Verbindung von physikalischer und informationstechnischer Welt. Sie entstehen durch ein komplexes Zusammenspiel

- von eingebetteten Systemen, Anwendungssystemen und Infrastrukturen - zum Beispiel Steuerungen im Fahrzeug, intelligente Kreuzungen, Verkehrsmanagementsysteme, Kommunikationsnetze und ihre Verknüpfungen mit dem Internet
- auf Basis ihrer Vernetzung und Integration
- und der Mensch-Technik-Interaktion in Anwendungsprozessen.

Cyber-Physical Systems, wie sie sich zum Beispiel in vernetzten Mobilitäts*diensten*[1] oder in der integrierten Fernbetreuung von Patienten durch mehrere Dienstleister, etwa Ärzte, Physiotherapeuten und Apotheken, entwickeln, sind demzufolge keine in sich abgeschlossenen Einheiten. Es sind vielmehr offene *soziotechnische Systeme*, die durch die hochgradige Vernetzung der physikalischen, sozialen und virtuellen Welt sowie durch die intelligente Nutzung von Informations- und Kommunikationstechnologien entstehen. Durch die rasante Entwicklung der zugrundeliegenden Technologien und ihre vielfältigen Aspekte sind Cyber-Physical Systems ein komplexer Untersuchungsgegenstand: Ihre Anwendungsfelder und ihr Nutzenpotenzial entwickeln und verändern sich schnell. Die agendaCPS will vor allem den inhärenten Wandel der Technologien und ihrer Anwendung aufzeigen. Cyber-Physical Systems eröffnen weitreichende Möglichkeiten durch funktionale Verbindung der physikalischen und der softwarebasierten, virtuellen Welt. Dadurch werden künftig nicht nur einzelne Industriezweige verändert, sondern - über „intelligente" *Mensch-Maschine-Kooperation* - langfristig auch die Gesellschaft.

Um die genannten übergeordneten Ziele zu erreichen, will die Agenda:

- einen Gesamtüberblick über das Phänomen und Wissensgebiet Cyber-Physical Systems geben,
- einige wichtige Anwendungsfelder für Cyber-Physical Systems und ihr Nutzenpotenzial beschreiben,
- die zentralen Fähigkeiten und Eigenschaften von Cyber-Physical Systems sowie technologische und gesellschaftliche Herausforderungen, die daraus entstehen, darlegen,
- das wirtschaftliche Potenzial von Cyber-Physical Systems erläutern,
- die wichtigsten Forschungsfelder herausarbeiten und strukturieren sowie die erforderlichen Innovationsanstrengungen ableiten,
- Handlungsempfehlungen für Entscheidungsträger aus Wissenschaft, Wirtschaft, Politik und Gesellschaft geben,
- das Bewusstsein für die Chancen und Herausforderungen, sowohl innerhalb von Fachkreisen als auch der Gesellschaft insgesamt, wecken und

1 Kursiv gesetzte Begriffe oder Begriffsteile im Text verweisen im Folgenden auf Erläuterungen dieser Begriffe im Glossar.

- einen Beitrag zur wissenschaftlichen Diskussion über Cyber-Physical Systems leisten.

Insbesondere dienen die Analysen der Agenda als Basis für umfassende Handlungsempfehlungen.

1.1.1 STRUKTUR DES BERICHTS

Der Zielsetzung der Agenda folgend werden in Kapitel 2 zunächst Technologie- und Anwendungstrends von Cyber-Physical Systems anhand ausgewählter Zukunftsszenarien herausgearbeitet. Diese sind die Grundlage für die Charakterisierung von Cyber-Physical Systems, ihrer Fähigkeiten sowie ihres Nutzen- und Innovationspotenzials. Ausgewählte Anwendungsfelder und -szenarien sind:

- *intelligente Mobilitäts*konzepte mit umfassenden Koordinations-, Komfort- und *Sicherheitsdiensten*,
- Telemedizin und umfassende Betreuung von Patienten – auch über medizinische *Anwendungsplattformen* und mithilfe von *Communities* im Internet,
- *Smart Grid*, also die verteilte und teilweise autonome Steuerung von Stromerzeugung, Speicherung, Verbrauch und Netzbetriebsmitteln in Netzen der Elektrizitätsversorgung, sowie
- eine intelligente und flexibel vernetzte Produktion.

Im Rahmen systematischer Analysen dieser Szenarien werden wesentliche Eigenschaften und neue Fähigkeiten von Cyber-Physical Systems charakterisiert. Diese werden unter folgenden Gesichtspunkten analysiert: zunehmende Offenheit der Systeme, intelligente teilautonome Vernetzung, Adaption und neue Formen der *Mensch-Maschine-Interaktion*.

Auf der Grundlage dieser Charakterisierung werden dann in Kapitel 3 offene Fragen und Herausforderungen für die zukünftige Gestaltung und Umsetzung der Fähigkeiten und Potenziale von Cyber-Physical Systems im Rahmen der aufgezeigten Szenarien und ihrer tiefer gehenden Analyse herausgearbeitet. Im Einzelnen geht es dabei um

- erforderliche *intelligente Infrastrukturen*, Anwendungsarchitekturen und Kommunikationsplattformen,
- Herausforderungen des vernetzten Handelns in ungewisser Umgebung, einschließlich der Kontrolle und *Sicherheit* der Systeme – das umfasst sowohl die *Betriebssicherheit* (*Safety*) als auch die *IT-Sicherheit* (*Security*) – samt des Schutzes der *Privatsphäre*,
- die Gestaltung der *Mensch-System-Kooperation* mit den Herausforderungen hinsichtlich intuitiv beherrschbarer und sicherer Interaktion zwischen Menschen und Systemen und
- Faktoren der Akzeptanz von Cyber-Physical Systems und die Konsequenzen für ihre Ausgestaltung.

Über das Internet vernetzte Cyber-Physical Systems sind allgegenwärtig. Das führt zu tiefgreifenden Veränderungen im privaten wie öffentlichen Leben. Folgerichtig untersucht die Agenda in Kapitel 4 Technologiefolgen mit dem Schwerpunkt auf der Gestaltung der Mensch-Technik-Interaktion. Das ist von besonderer Bedeutung, denn Systeme und *Dienste* entfalten ihren Nutzen nur dann und werden nur dann akzeptiert, wenn sie sich an den Bedürfnissen von Nutzern und Kunden orientieren und von diesen als beherrschbar und vertrauenswürdig erfahren werden. Diese beiden Kriterien sind unverzichtbare Voraussetzungen für sichere und selbstbestimmte Nutzung von Cyber-Physical Systems.

Die Ergebnisse der Analyse von Cyber-Physical Systems aus Kapitel 2 bis 4 bilden die Grundlage, auf der wesentliche Forschungsfragen und Entwicklungsziele für Cyber-Physical Systems identifiziert werden. In Kapitel 5 werden relevante Technologien, *Engineering*-Konzepte, Forschungsansätze und Herausforderungen für die Gestaltung und Umsetzung der Fähigkeiten von Cyber-Physical Systems identifiziert. Dies erlaubt eine erste Einschätzung, inwieweit die

Forschungsziele hinsichtlich der Erarbeitung erforderlicher Schlüsseltechnologien erreichbar sind.

Aufgrund des dynamischen und evolutionären Charakters von Cyber-Physical Systems und ihrer Anwendungen sind neue interdisziplinäre Entwicklungsmethoden und -techniken, die Nutzer und Kunden einbinden, für eine situationsgerechte Adaption und Integration der Systeme erforderlich. Das macht es notwendig, die Konzepte für die Systementwicklung (Systems Engineering) zu erweitern, sodass sie Betrieb, Wartung und Weiterentwicklung bis hin zum strategischen Marketing über Unternehmensgrenzen hinweg einschließen. Realisiert werden die neuen Konzepte letztlich in kooperativen Unternehmensverbünden, die wirtschaftliche *Ökosysteme* bilden. Auf Basis dieser Sichtweise werden die technischen, methodischen und wirtschaftlichen Herausforderungen für Unternehmen und ihre *Geschäftsmodelle* in Kapitel 6 analysiert.

Kapitel 7 fasst die Analysen der Agenda hinsichtlich Cyber-Physical Systems und ihrer Potenziale, Herausforderungen und erforderlichen Forschungsaktivitäten zusammen. Aufbauend auf diesen Ergebnissen und der entsprechenden Analyse der Stellung Deutschlands im internationalen Vergleich werden im Rahmen einer Gegenüberstellung von Stärken und Schwächen sowie Chancen und Risiken Wege für die Bewältigung der Herausforderungen aufgezeigt. Die Schlussfolgerungen zeigen auf, in welchen Feldern der Forschung, der integrierten Ausbildung, der Politik und Wirtschaft Handlungsbedarf besteht.

Die evolutionäre Entwicklung von Cyber-Physical Systems ist das Ergebnis der Wechselwirkung zwischen technischen Forschritten, der sich daraus ergebenden gesellschaftlichen und wirtschaftlichen Potenziale und der möglichen Nutzung in wirtschaftlichen und sozialen Prozessen. Deshalb ist für das Verständnis von Cyber-Physical Systems eine integrierte Betrachtung und eine *partizipative Entwicklung* erforderlich. Die entsprechende Interdisziplinarität und Zusammenarbeit aller Beteiligten in offenen Innovations- und *Ökosystemen* ist eine Grundvoraussetzung, um das Potenzial dieser Technologie in seiner Gesamtheit zu erschließen. Die agendaCPS will einen Beitrag leisten, dieses Verständnis zu fördern.

1.2 CYBER-PHYSICAL SYSTEMS – TRENDS UND CHARAKTERISIERUNG

Die Informations- und Kommunikationstechnologie (*IKT*) sticht seit ihrem Bestehen durch eine anhaltende Folge schneller technologischer Fortschritte hervor. Immer stärker miniaturisierte integrierte Schaltungen sowie das anhaltend rapide Wachstum von Rechenleistung und Bandbreite in Netzwerken sind nur die am stärksten ins Auge fallenden Phänomene. In den letzten Jahren hat dieser rasante Fortschritt dazu geführt, dass Rechenleistung und Netzwerkbandbreite praktisch im Überfluss zur Verfügung stehen und Informationstechnologie überall einsetzbar wird. Preiswerte Kleinstrechner und die verbesserte Mobilfunkabdeckung haben die Reichweite und Vernetzung von Software über den Einsatz in Großrechnern und Heim-PCs auf mobile Endgeräte wie beispielsweise Notebooks, Tablet-PCs und Smartphones erweitert. IT ist allgegenwärtig, die Vision vom *Ubiquitous Computing* ist Wirklichkeit geworden. Vormals proprietäre, geschlossene Systeme – eingebettete Systeme und Geräte, IT-basierte Informations- und Managementsysteme – werden zunehmend offen und mit anderen Systemen verbunden. Im Zuge dieses Trends entstehen offene, vernetzte, flexibel agierende und interaktive Systeme, die die physikalische Welt nahtlos mit der virtuellen Welt der Informationstechnik verknüpfen. Softwareintensive Systeme und Geräte wandeln sich durch ihre vielfältige Vernetzung und die Einbindung von Daten und *Diensten* aus globalen Netzen zunehmend zu integrierten, übergreifenden *Diensten* und Lösungen, die in allen Lebensbereichen genutzt werden.

1.2.1 OPTIONEN KONVERGIERENDER CPS-TRENDS

Cyber-Physical Systems sind das Ergebnis der Fortentwicklung und integrierten Nutzung zweier dominanter Innovationsfelder: Systeme mit eingebetteter Software einerseits, globale Datennetze wie das Internet mit verteilten und interaktiven Anwendungssystemen andererseits. Dafür existiert eine leistungsfähige Infrastruktur aus *Sensoren*, *Aktoren* und Kommunikationsnetzen, derer sich global agierende und kooperierende Unternehmen bedienen.

Folgende Technologien und Trends wirken dabei als wesentliche Treiber:

1. Die Nutzung leistungsfähiger *intelligenter eingebetteter Systeme*, mobiler *Dienste* und eines allgegenwärtigen *(Ubiquitous) Computing*:
   Grundlage und wesentliche Komponenten von Cyber-Physical Systems sind leistungsstarke eingebettete Systeme, die bereits heute als geschlossene Systeme kooperativ und vernetzt agieren. Vor allem in der Automobilbranche und der Luftfahrt, aber auch in der Produktion existieren ortsgebundene und zunehmend mobile *Sensor-*, Regelungs- und Steuerungs*dienste*. Durch zunehmende offene Vernetzung, Interaktion, Kooperation und Nutzung von Mobilitäts*diensten* und weiteren *Diensten* aus dem Netz entstehen neue Optionen und Nutzungspotenziale in vielen Anwendungs- und Lebensbereichen.

2. Die Nutzung des Internets als *Business Web*, also als Plattform für wirtschaftliche Kooperationen, mit zwei sich ergänzenden Ausprägungen:
   a) Vor allem im Handel und in der Logistik, aber auch in Anwendungsbereichen, etwa der Fernwartung von Geräten, werden intelligente, vernetzte und mit *Sensoren* ausgestattete Komponenten genutzt, zum Beispiel *RFID*-Technik. Zunehmend werden dabei die Zustands- und Umgebungsbeobachtung sowie das „Gedächtnis" der digitalen Komponenten auch für die vernetzte Kontrolle, Koordination und Optimierung genutzt, beispielsweise beim Warenfluss, in Wartungsprozessen oder für das Flottenmanagement. Zunehmend können auch Kunden den Status und das Zusammenspiel von Dingen und Diensten über das Internet verfolgen und interaktiv eingreifen.
   b) Klassische IT- und Verwaltungsaufgaben werden zunehmend in die *Cloud,* also an weltweit verteilte externe Dienstleister, ausgelagert; ihr Betrieb ist dadurch unabhängig von ortsgebundenen Rechenzentren. Das gilt auch für Aufgaben aus dem Bereich verteilter Koordination, des Betriebs und des *Billings*. Das *Business Web* ermöglicht es, die Fähigkeiten und *Dienste* von Cyber-Physical Systems im Internet abzubilden und als Internet*dienste* nutzbar zu machen. Es bildet die Basis für integrierte webbasierte *Geschäftsmodelle*.

3. Die Nutzung des *semantischen Webs* und von Verfahren des *Web 2.0* und der interaktiven Gestaltung integrierter *Dienste*:
   a) Durch die Möglichkeiten der nutzerbestimmten Interaktion und des entsprechenden Aufbaus von Wissens- und Kommunikationsnetzen sowie von sozialen Interessensgemeinschaften im Netz (*Social Communities*) entstehen nicht nur große Menge von Daten und Informationen, die für die gezielte Ansprache potenzieller Kunden genutzt werden können. Besonders im Rahmen sich selbst organisierender Fach-, Anwendungs- und Interessensgruppen entstehen Anforderungen und Nachfragen nach neuen *Diensten*, integrierten Lösungen und Dienstleistungen; das gilt auch für *Business-to-Business*-Anwendungen und Unternehmenskooperationen. Diese wiederum können als *Dienste* aus der vernetzten virtuellen, physikalischen und sozialen Welt durch Cyber-Physical Systems erbracht werden.

b) Einen Beitrag zu solchen Innovationen können Entwicklergemeinschaften (*Communities*) leisten. Sie sind meist um Entwicklungsplattformen herum organisiert; dabei handelt es sich normalerweise um *Open-Source*-Initiativen, die Software mit offenen Quellcodes entwickeln, und zwar entweder in Selbstorganisation oder unter der Lenkung durch ein Unternehmen oder Konsortium. Andere selbstorganisierte *Communities* sind auf bestimmte Anwendungsfelder spezialisiert, werden also getrieben aus einer speziellen Problemstellung von Nutzern und Kunden oder einem fachspezifischen sozialen Netzwerk.

Über die Wechselwirkung zwischen diesen Trends, insbesondere durch die evolutionäre Dynamik der offenen Interaktion mit Nutzern und Kunden sowie der damit möglichen Anwendungen aus (1) und (2), entstehen große Potenziale für Innovationen und künftige Wertschöpfung. Die Folge sind dynamische, auch disruptive, Veränderungen von

Abbildung 1.1: Evolution vom eingebetteten System zum *Internet der Dinge*, Daten und *Dienste*

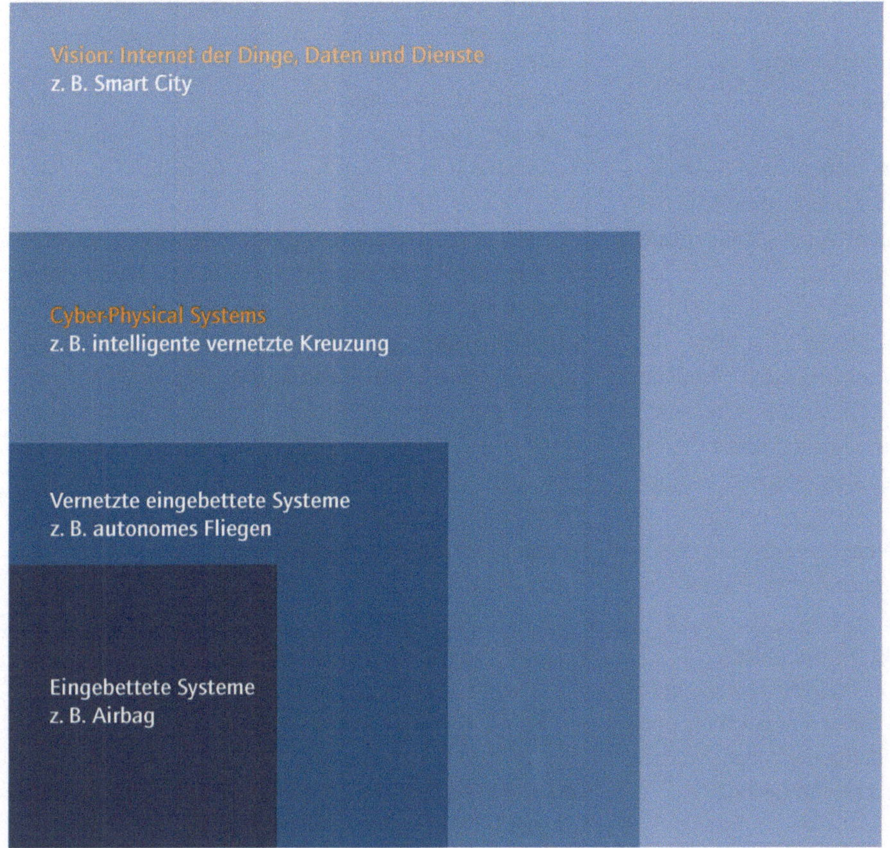

Märkten, Industrie- und *Geschäftsmodellen*. Abbildung 1.1 veranschaulicht diese Entwicklung aus Sicht der Fachgemeinde, die sich mit eingebetteten Systemen befasst.

Auf der Ebene der Technologie geschieht zweierlei: Zum einen wird die vernetzte sowie zunehmend intelligente *RFID-* und *Sensor*technologie weiterentwickelt, meist bezeichnet als *Internet der Dinge* [BMW09, UHM11b], mit Auswirkungen auf Handel und Logistik. Zum anderen werden – für das *Internet der Dienste* – Angebote und Technologien im Bereich Online-Handel beziehungsweise -Dienstleistungen und Medienwirtschaft immer umfassender ausgebaut; siehe auch das Theseus-Forschungsprogramm [BMW10b].

1.2.2 INITIALE CHARAKTERISIERUNG VON CYBER-PHYSICAL SYSTEMS

Cyber-Physical Systems umfassen eingebettete Systeme, also Geräte, Gebäude, Verkehrsmittel und medizinische Geräte, aber auch Logistik-, Koordinations- und Managementprozesse sowie Internet-*Dienste*, die

- mittels *Sensoren* unmittelbar physikalische Daten erfassen und mittels *Aktoren* auf physikalische Vorgänge einwirken,
- Daten auswerten und speichern sowie auf dieser Grundlage aktiv oder reaktiv mit der physikalischen und der digitalen Welt interagieren,
- mittels digitaler Netze untereinander verbunden sind, und zwar sowohl drahtlos als auch drahtgebunden, sowohl lokal als auch global,
- weltweit verfügbare Daten und *Dienste* nutzen,
- über eine Reihe *multimodaler Mensch-Maschine-Schnittstellen* verfügen, also sowohl für Kommunikation und Steuerung differenzierte und dedizierte Möglichkeiten bereitstellen, zum Beispiel Sprache und Gesten.

Cyber-Physical Systems ermöglichen eine Reihe von neuartigen Funktionen, *Diensten* und Eigenschaften, die über die heutigen Fähigkeiten eingebetteter Systeme mit kontrolliertem Verhalten weit hinausgehen. Leistungsstarke Cyber-Physical Systems können ihre verteilte Anwendungs- und Umgebungssituation unmittelbar erfassen, zusammen mit den Nutzern interaktiv beeinflussen und ihr Verhalten im Hinblick auf die jeweilige Situation gezielt steuern. Auf diesem Weg erbringen die Systeme ihre *Dienste*

- weitgehend ortsunabhängig,
- jedoch kontextspezifisch („Context Aware"),
- angepasst an die Erfordernisse der Anwendungssituation,
- teilautonom,
- teilautomatisiert,
- multifunktional sowie
- vernetzt und verteilt für die jeweiligen Anwender und *Stakeholder*.

Beispiele sind die situationsgerechte Steuerung integrierter Verkehrslösungen oder die Koordination medizinischer *Dienste* über das Internet. Besonders bemerkenswert ist die direkte Einbindung von Cyber-Physical Systems in die physikalische Realität („Real World Awareness").

Die Analyse dieser Charakterisierung und der neuen Fähigkeiten von Cyber-Physical Systems und ihres vielfältigen Anwendungs- und Innovationspotenzials ist ein zentraler Beitrag der vorliegenden Agenda.

1.3 CYBER-PHYSICAL SYSTEMS, IHRE BEDEUTUNG UND CHANCEN FÜR DEN WIRTSCHAFTS-STANDORT DEUTSCHLAND

Die Fortschritte der Informations- und Kommunikationstechnologien (*IKT*) und ihrer Vernetzung führen zur Verbindung vormals getrennter Branchen und zur Integration von *IKT* in

Produkte und Dienstleistungen. Nahezu jede Branche nutzt heute *IKT* zur Verbesserung ihrer internen Prozesse. Hersteller werten ihre Produkte verstärkt durch eingebettete Informationstechnologie und integrierte Dienstleistungen auf. Durch die Möglichkeiten der vernetzten Datengewinnung und der interaktiven Begleitung von Kunden- und Nutzerprozessen ergeben sich große Potenziale für Innovationen und neue *Geschäftsmodelle*. Information samt ihrer intelligenten Verarbeitung wird zunehmend zum erfolgsentscheidenden Wettbewerbsfaktor. Dazu gehört die sinnvolle Nutzung von Daten und Informationen, wie sie in Cyber-Physical Systems entstehen. Besonders wichtig ist es jedoch, zu verstehen, wie aktuelle und zukünftige Kundenbedürfnisse besser durch vernetzte intelligente Technik adressiert werden können. Diese rasante Entwicklung wirkt sich massiv auf die Zukunftsperspektiven von Branchen aus, in denen Deutschland eine Vorreiterrolle einnimmt.

Kaum eine Branche verdeutlicht das Potenzial und die Relevanz von Cyber-Physical Systems klarer als die **Automobilbranche**. Der weitaus größte Teil der Innovationen, die Sicherheit, Komfort oder Effizienz steigern, entsteht heute durch Cyber-Physical Systems. Die Fahrzeuge werden vernetzt – untereinander, mit Objekten im Umfeld und zunehmend auch mit externen Informationssystemen oder den mobilen Endgeräten der Fahrer und anderer Beteiligter. Da die deutsche Automobilindustrie mit rund 20 Milliarden Euro mehr als ein Drittel der gesamten industriellen Forschungs- und Entwicklungsinvestitionen in Deutschland erbringt und zirka 715.000 Arbeitsplätze bietet [Sta11], ist es für den Wirtschaftsstandort Deutschland unerlässlich, gerade im Automobilbereich bei Erforschung und Entwicklung sowie beim Einsatz von Cyber-Physical Systems eine führende Rolle einzunehmen. Besonders die Verbindung mit dem Trend zur Elektromobilität[2] bietet hier eine große Chance für Deutschland, sich als führender Anbieter von Cyber-Physical Systems zu etablieren. Zum Beispiel ist ein Routenmanagement für batteriebetriebene Autos oder die Integration von Elektrofahrzeugen in die Energie-Infrastruktur[3] ohne Cyber-Physical Systems gar nicht denkbar. – Die Zeit drängt, denn in der Automobilbranche hat der Wettlauf um die Vernetzung der Fahrzeuge[4] und um eine umfassende Begleitung der Fahrer in verschiedenen Fahr- und Kommunikationssituationen längst begonnen.

Die **Medizintechnik** ist eines der größten Wachstumsfelder weltweit. Die Investitionen in Forschung und Entwicklung machen in der Branche rund acht Prozent des Umsatzes aus – etwa doppelt so viel wie im Durchschnitt aller Industrien [BW08]. Es wird dort geschätzt, dass die Umsätze in der Medizintechnik bis 2020 in Deutschland um etwa acht Prozent pro Jahr zunehmen.

Neben telemedizinischer Überwachung von Vitalwerten, implantierten Geräten und integrierter Patientenbetreuung bieten vernetzte Sensorik und innovative Geräte verbesserte Diagnose und Behandlungsmöglichkeiten sowie zahlreiche Chancen, Prozesse in der Gesundheitsversorgung zu optimieren, etwa Notfalleinsätze oder eine bessere individuelle Versorgung von Patienten in Krankenhäusern. Viele dieser Innovationen entstehen erst dadurch, dass bisher getrennt genutzte Geräte miteinander kommunizieren und dass Daten und Informationen situationsspezifisch verknüpft werden. Der demografische Wandel wird zu verstärkter Nachfrage nach Unterstützung für ein selbstbestimmtes Leben alter Menschen zu Hause führen. Sogenannte *AAL*-Lösungen (*Ambient Assisted Living*, siehe auch Abschnitt 2.3) sind nur mithilfe von Cyber-Physical Systems realisierbar.

---

2 Siehe beispielsweise [BBD+11].

3 Ohne die Optimierung von Ladezeiten beziehungsweise die Abstimmung von Ladevorgängen und Energieangebot würde der Spitzenbedarf auch schon bei geringer Verbreitung von Elektrofahrzeugen auf kritische Niveaus ansteigen, das heißt, das Aufladen der Batterie von Elektrofahrzeugen muss entweder durch den einzelnen Nutzer oder durch einen Serviceprovider kontrolliert werden können; siehe hierzu [GMF09, Sch10b].

4 Siehe zum Beispiel [car11].

Fossile Energieträger werden knapp, Klimaschutz immer bedeutender. Effizienz und Nutzenoptimierung und individuelle Bedarfsdeckung beim Erzeugen, Verteilen, Speichern und Verbrauchen von Energie sind deshalb zentrale Themen, sowohl für die **Energiewirtschaft** als auch für die **Konsumenten** – öffentliche und private Haushalte in Städten, Gemeinden und Landkreisen sowie Unternehmen – und für die Politik. Daraus ergeben sich zahlreiche Herausforderungen: Neben der schwankenden Verfügbarkeit von Strom aus erneuerbaren Energien und der Dezentralisierung der Energiegewinnung und Verteilung über *Smart Grids* gilt es, unterschiedlichsten Anforderungen Rechnung zu tragen, die sich aus Verbraucherprozessen ergeben. Cyber-Physical Systems werden hier eine entscheidende Rolle bei Netzmanagement, Verbrauchskoordination und -optimierung sowie Erzeugungsplanung spielen.

Gerade im **Maschinen- und Anlagenbau**[5] beziehungsweise in der **Automatisierungstechnik** werden das Potenzial und die Herausforderungen von Cyber-Physical Systems deutlich.[6] Die *sensor*gestützte Vernetzung von intelligenten Maschinen und Produkten untereinander und mit übergreifenden Produktionsplanungs-, Energiemanagement- oder Lagersystemen – auch über Unternehmensgrenzen hinweg – ermöglicht Qualitäts-, Optimierungs- und Effizienzsteigerungen. Diese ergeben sich besonders aus flexiblen Anpassungen der Produktion an Kundenprozesse sowie der entsprechenden Steuerung global verteilter Logistikprozesse.

Cyber-Physical Systems sind fähig zu standardisierten Selbstbeschreibungen und zur *Selbstorganisation* nach standardisierten Mechanismen. Das führt dazu, dass Fabriken und Produktionssysteme sich auch über Unternehmensgrenzen hinaus in ihren Produktions- und Logistikprozessen an individuelle Kundenanforderungen anpassen und optimieren können. Selbstorganisation durch zielorientierte Verhandlungen von Werkstücken, Anlagen und Materialfluss-Systemen führen dazu, dass auch diese Prozesse wesentlich flexibler werden: Heute fußen sie auf zentralen Planungsinstanzen, zukünftig werden sie von verteilten Optimierungsansätzen geprägt sein.

Vor allem die **Mobilkommunikation** ist eine Basistechnologie für Cyber-Physical Systems, da die Vernetzung und Integration von mobilen Geräten über eine zuverlässige und leistungsfähige Mobilfunk-Infrastruktur die Grundlage für viele Anwendungen bildet. Bis 2014 wird der Anteil der deutschen Bevölkerung, der mobil das Internet nutzt, von 21 auf mehr als 40 Prozent wachsen.[7] Auch **Lokalisierung und Navigation** weisen ein hohes Wachstumspotenzial auf; bis 2014 wird eine Verdoppelung des weltweiten Markts für Endgeräte mit integrierten Satellitennavigations-Empfängern gegenüber dem Niveau des Jahres 2009 erwartet[8]. Neue Programme wie das Satellitensystem Galileo mit erhöhter Präzision und einfacherem Marktzugang ermöglichen eine weitere Verbreitung und neuartige Anwendungen, insbesondere in vernetzten Systemen. Darüber hinaus können Mobilfunkdaten und Geoinformationen für zahlreiche Anwendungen genutzt werden, etwa zur Routenoptimierung und Stauvermeidung, indem Stauinformationen aus aktuellen Bewegungsprofilen vernetzter Fahrzeuge und Verkehrsteilnehmer abgeleitet werden.

Deutschland bietet dabei einmalige Entwicklungsbedingungen für Anwendungen von Cyber-Physical Systems, und zwar schon vor Inbetriebnahme der tatsächlichen Infrastruktur; ein Beispiel dafür ist die Testumgebung GATE für Galileo [GHW10].

---

5 Im deutschen Maschinen- und Anlagenbau waren Ende 2010 etwa 913.000 Menschen beschäftigt, in zahlreichen Teilbranchen sind deutsche Unternehmen Marktführer. Siehe [VDM11].

6 Siehe auch „Industrie 4.0: Mit dem Internet der Dinge auf dem Weg zur 4. industriellen Revolution" [KLW11].

7 Siehe [GS10]. Unverzichtbar für die ständige Vernetzung von Endgeräten ist die Einführung und Durchsetzung des „Long Term Evolution" (LTE)-Mobilfunkstandards und der dazugehörigen Netze.

8 Siehe „Global Navigation Satellite Positioning Solutions: Markets and Applications for GPS" [ABI09].

In der **Logistik** und dem Warentransportwesen hat sich eine mit der Produktion vernetzte Technologie zur Identifizierung, Lokalisierung und Statusermittlung durchgesetzt. Der Einsatz von Cyber-Physical Systems in der Logistik bietet mit intelligenten, aktiven Objekten und großen offenen Infrastrukturnetzen Chancen für neue Anwendungen. Dazu zählen etwa durchgängige Ortung (Position Tracking) und Zustandsabfragen in *Echtzeit*; diese Funktionen eröffnen neue Möglichkeiten zur Koordinierung, Planung und Kontrolle von Warentransporten. Gleichzeitig zeigen sich in diesem Umfeld klar die Herausforderungen hinsichtlich Vernetzung und Koordination, die Cyber-Physical Systems erfüllen müssen.[9]

In der **Heim- und Gebäudeautomation** ermöglichen es Cyber-Physical Systems, die Unterhaltung und Wartung von Gebäuden, Anlagen, Wohn- oder Gewerbegebieten in die Lebens- und Arbeitsprozesse zu integrieren. Unterstützend wirken hier integrierte *Sicherheits*konzepte und die Steigerung der *Energieeffizienz*, zum Beispiel durch intelligentes Management dezentraler Energieerzeugungssysteme, etwa *Photovoltaik*.[10] In Industrie- und Produktionsgebäuden kommen zusätzliche Anwendungen hinzu, etwa Interaktionen von Gebäude- und Maschinensteuerungen. Das setzt allerdings voraus, dass bisher getrennte Systeme zusammenwirken. Die Gebäudeautomationsbranche rechnete für das Jahr 2011 mit einem Umsatzwachstum von fünf Prozent. Entscheidende Wachstumstreiber sind Investitionen in Mess-, Steuer- und Regeltechnik sowie in die damit verbundene Gebäudeleittechnik. Sie amortisieren sich erheblich schneller als Investitionen in andere energetische Maßnahmen; zudem lassen sie sich über die Interaktion mit Produktionsanlagen und Fahrzeugen zur Effizienzsteigerung nutzen.

All diese Beispiele zeigen das enorme Innovationspotenzial und den Wandel im täglichen Leben und in den Wirtschaftsprozessen, den Cyber-Physical Systems auslösen können. Dies zeigen auch die aktuellen Beiträge über neue IKT- und CPS-getriebene Dienstleistungen, Anwendungen und *Geschäftsmodelle* auf dem „Mobile World Congress 2012" [RGH12, Sch12, Ohl12, GL12, Kes12]. Allen Beispielen gemeinsam ist die Verlagerung der Wertschöpfung in vielfältig, auch branchenübergreifend, kooperierende Unternehmensverbünde. Unternehmen unterschiedlicher Größe, aus verschiedenen Industriesegmenten und Anwendungsbereichen kooperieren verstärkt untereinander und mit Dienstleistern, Softwareherstellern und Telekommunikationsanbietern. Auf diese Weise wirken Kompetenzen zusammen, die für Innovationen in allen Bereichen der Wertschöpfung von Cyber-Physical Systems notwendig sind. In enger Interaktion mit den Kunden und Nutzern der Systeme führt das zu branchenübergreifenden Produktinnovationen, die bestehende Marktgrenzen verschieben, und zu einem beschleunigten Konvergieren bisher getrennter Märkte.

1.4 METHODIK UND VORGEHEN

Abbildung 1.2 gibt einen Überblick über das Vorgehen und das Strukturierungskonzept der Agenda. Den Kern bildet die Modellierung und Analyse von Zukunftsszenarien, angelehnt an die im *Requirements Engineering* bewährte Analyse von Anwendungsfällen („Use Cases") und Szenarien.

1.4.1 SZENARIENANALYSE UND STRUKTURIERTE ABLEITUNG VON CPS-FÄHIGKEITEN UND KERNTECHNOLOGIEN

Um die erforderlichen Eigenschaften und Fähigkeiten von Cyber-Physical Systems aber auch die Herausforderungen für ihre innovative Ausgestaltung zu ermitteln, werden Nutzungsszenarien erarbeitet.

9 Siehe hierzu unter anderem den Sonderforschungsbereich „Modellierung großer Netze in der Logistik" [SFBa].

10 Das Potenzial ist enorm, werden doch über 40 Prozent der Energie in Deutschland in Gebäuden verbraucht [BRO11].

Abbildung 1.2: Methodik und Vorgehen im Projekt agendaCPS: Aus CPS-Nutzungsszenarien [hellblau] mit unterschiedlichen Nutzungszielen und Stakeholderanforderungen [blau] werden die charakteristischen Eigenschaften von Cyber-Physical Systems [blau] und ihre erforderlichen Fähigkeiten (CPS-Capabilities) [blau] abgeleitet, aus diesen wiederum die ökonomischen und gesellschaftlichen Herausforderungen [blau] sowie die benötigten Technologien [blau]. Aus all dem wird der Handlungsbedarf in integrierter Forschung und Bildung [dunkelblau] bestimmt.

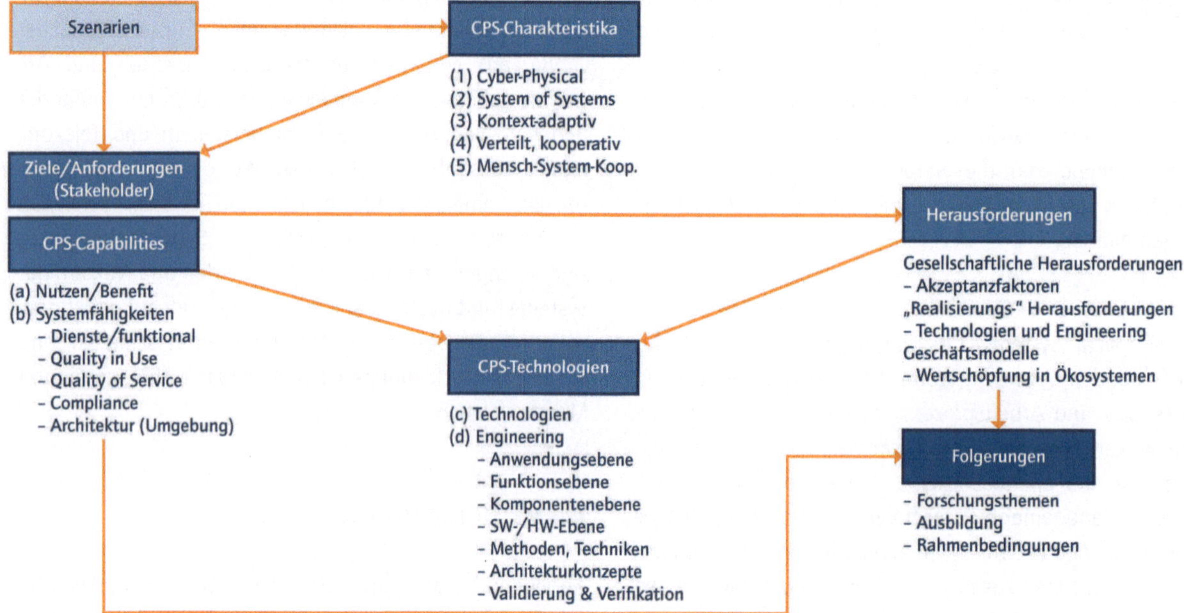

1.4.1.1 Analyse und Strukturierungskonzept der Agenda

Anhand der Beschreibung von Szenarien und Beteiligten beziehungsweise darin agierender Komponenten, Systeme und Dienste, die sich entsprechend optimaler Annahmen verhalten, werden

- Nutzer und *Stakeholder* der Anwendungen erfasst,
- ihre Ziele sowie die Funktionsweise und Architektur (Interaktion, Rollen und Aufgaben) der Anwendung analysiert und
  - a) Nutzen und Mehrwert für die *Stakeholder* sowie
  - b) Fähigkeiten beteiligter Cyber-Physical Systems (sowohl einzelner als auch vernetzter) und darauf basierender *Dienste*

  herausgearbeitet.

Auf Basis dieser Analyse ihrer Fähigkeiten werden die neuen evolutionären und revolutionären Eigenschaften von Cyber-Physical Systems systematisch charakterisiert:

(1) Verschmelzung von physikalischer und virtueller Welt
(2) *System of Systems* mit dynamisch wechselnden Systemgrenzen
(3) kontextadaptive und teils oder ganz autonom handelnde Systeme, aktive *Echtzeit*steuerung
(4) kooperative Systeme mit verteilter, wechselnder Kontrolle
(5) umfassende *Mensch-System-Kooperation*

Mit diesen Eigenschaften und Fähigkeiten verbunden sind vielfältige Möglichkeiten und Herausforderungen bei der Realisierung und Beherrschung innovativer CPS-*Dienste* und -Anwendungen. Antworten sind zu geben auf offene Fragen, etwa nach der gesellschaftlichen Akzeptanz, nach Zielkonflikten und erforderlichen Garantien von erweiterter *Betriebs-* und *IT-Sicherheit, Verlässlichkeit* und Schutz der *Privatsphäre*. Ferner gilt es, fehlende Gestaltungs- und Lösungskonzepte, erforderliche Technologien und grundlegende Forschungsfragen zu identifizieren und erforderliche Lösungs- und Bewältigungsstrategien aufzuzeigen. Auch das geschieht auf der Grundlage der Use-Case- und Szenario-Analysen, ebenso wie die strukturierte Beschreibung der CPS-Kerntechnologien und *Engineering*-Kompetenzen.

CPS-Trends, Systemwandel und Dynamik der Innovationen stellen traditionelle Systementwicklungen, Industrien und Dienstleister vor große wirtschaftliche Herausforderungen. Der genannte Systemwandel und die offen vernetzte Komplexität von Cyber-Physical Systems machen es erforderlich, entsprechende Aufgaben beziehungsweise Rollen der beteiligten Unternehmen zu entwickeln, dazu neue *Geschäftsmodelle* sowie Organisations- und Kooperationsformen. Auch diese Architektur der *Wertschöpfungsnetze* und *Anwendungsplattformen* wird durch die Analyse und Modellierung der CPS-Szenarien und der dahinterliegenden Systemarchitekturen erfasst.

Auf der Basis der Analyseergebnisse werden in Kapitel 7 die zentralen Herausforderungen zusammengefasst, die Cyber-Physical Systems für Forschung, Entwicklung, Wirtschaft und Gesellschaft bedeuten, und erforderliche Anstrengungen, vor allem im Bereich der Ausbildung und des Aufbaus von *Engineering*-Kompetenzen, abgeleitet.

1.4.1.2 Taxonomie der CPS-Fähigkeiten

Die Analyse charakteristischer Anwendungsszenarien identifiziert und strukturiert die Fähigkeiten von Cyber-Physical Systems nach den folgenden vier Gesichtspunkten:

(a) Nutzen (Benefit)
bezeichnet den Nutzen und den Mehrwert eines Cyber-Physical Systems für Nutzergruppen. Dabei kann es sich neben Kunden und Endanwendern auch um im weiteren Sinn betroffene Unternehmen, Organisationen oder gesellschaftliche Gruppen handeln. Aufgezeigt wird, welchen Nutzen sowie welche *Dienste* und Leistungen Cyber-Physical Systems für diesen Kreis erbringen und welcher Mehrwert durch ihren Einsatz entsteht (Value/*Quality in Use, Nutzenversprechen*). Beispiele für Nutzeneffekte sind etwa effiziente medizinische Versorgung, mehr *Sicherheit* und Schutz im Straßenverkehr allgemein oder mehr Komfort und Assistenz für Fahrer und Mitfahrer im Stadtverkehr im Besonderen.

(b) Systemfähigkeiten (System Capabilities)
bezeichnet Fähigkeiten (Funktionen, *Dienste*, Eigenschaften), die Cyber-Physical Systems besitzen oder erbringen und die benötigt werden, um den unter (a) dargestellten Nutzen einer CPS-Anwendung zu schaffen oder den mit der Anwendung verbundenen Herausforderungen und Risiken (*Datenschutz, Datensicherheit*, Kontrollverlust) zu begegnen – gegebenenfalls im Zusammenspiel mit anderen Systemen und Beteiligten. Ebenso wie unter (a) werden erforderliche Fähigkeiten betrachtet, damit ein Gesamtsystem von relevanten Anwendungssituationen, -prozessen und -zielen funktioniert. Dazu gehören sowohl generische Fähigkeiten, etwa das Auffinden geeigneter *Dienste* im Internet oder der Schutz personenbezogener Daten als auch anwendungsspezifische Fähigkeiten, zum Beispiel Routenoptimierung, die Beeinflussung des Verkehrsflusses an Kreuzungen mittels Taktung der Ampelphasen entsprechend aktuellen Messungen nach einer festgelegten Strategie, die sichere Kommunikation zwischen Fahrzeugen sowie der Aufbau eines Umgebungsmodells samt Lagebestimmung.

(c) CPS-Technologien (Technologies)
umfassen bestehende ebenso wie noch zu entwickelnde Komponenten, Techniken und Verfahren (für Software, Elektronik, Mechanik), die für die Realisierung von CPS-Anwendungen benötigt werden, um die unter (b) aufgeführten Systemfähigkeiten zu beherrschen und den unter (a) beschriebenen Nutzen zu realisieren. Beispiele für CPS-Technologien sind *Mustererkennung*, *intelligente Sensoren*,

*Echtzeit*regelung, IP-Protokolle als Regelwerke der Internet-Kommunikation oder Verschlüsselungstechniken. Technologien betreffen unterschiedliche Systemebenen und Architekturen: Gesamtsystem, *Mensch-System-Umgebungs-Interaktion* und Schnittstellen, Vernetzung, Subsysteme, Software und Hardware, *Sicherheits*techniken und Kommunikationstechnik.

(d) Engineering-Kompetenzen (Engineering Capabilities)

umfassen erforderliche *Engineering*-Fähigkeiten und Fertigkeiten (Prinzipien, Verfahren, Methoden, Techniken und *Best Practices* sowie integrierte Werkzeugkonzepte verschiedener Disziplinen) für die zielführende Entwicklung, Gestaltung, Realisierung und den Betrieb sowie für die Evolution und den nachhaltig lohnenden Einsatz von Cyber-Physical Systems, dies durch Nutzung der unter (a) und (b) zusammengefassten Fähigkeiten und Eigenschaften. Beispiele für solche Kompetenzen sind Methoden der Modellierung, *Anforderungsspezifikation*, Konstruktion und der durchgängigen Qualitätssicherung (*Validierung* und *Verifikation*), aber auch der Einsatz von Architekturprinzipien und Konzepten für die Umsetzung nichtfunktionaler Anforderungen, zum Beispiel *Brauchbarkeit*, *Verlässlichkeit*, *Betriebssicherheit*, *IT-Sicherheit* oder Schutz der *Privatsphäre*.

1.4.2 VALIDIERUNG DER ERGEBNISSE

Die Analysen wurden unterstützt und begleitet durch Experten-Workshops, Interviews und die systematische Analyse aktueller Forschungsprogramme, Projekte und Anstrengungen in Wissenschaft und Praxis. Ergebnisse und zentrale Aussagen des Projekts wurden in mehreren Iterationen im Rahmen von Workshops mit Industrie- und Forschungspartnern hinterfragt und systematisch konsolidiert.

Die in diesem Dokument präsentierten Ergebnisse sind als Ausgangspunkt für weitere vertiefende Untersuchungen zu CPS-Kernfähigkeiten und -Technologien, ihren Potenzialen, Herausforderungen und erforderlichen (Forschungs-)Anstrengungen zu verstehen. Damit soll der Grundstein für eine offene und umfassende Diskussion der gesellschaftlichen Bedeutung von Cyber-Physical Systems gelegt werden.

2 CYBER-PHYSICAL SYSTEMS: VISIONEN, CHARAKTERISTIKA UND NEUE FÄHIGKEITEN

Cyber-Physical Systems können ihr Potenzial in vielerlei Szenarien entfalten. Das gilt in besonderem Maß, wenn unterschiedliche Anwendungsbereiche zusammentreffen, wie beispielsweise in einer „intelligenten Stadt" („Smart City"). Abbildung 2.1 skizziert exemplarisch mögliche CPS-Anwendungssysteme und ihre Beziehungen untereinander als Bestandteile „intelligenter Städte" und Wirtschaftsräume. Zukünftige CPS-Szenarien und ihre Nutzenpotenziale sind in verschiedenen ineinandergreifenden Anwendungsbereichen und -szenarien denkbar.

Um Cyber-Physical Systems und ihre Potenziale zu charakterisieren und die mit ihnen verbundenen Herausforderungen zu analysieren, werden zunächst wesentliche CPS-Szenarien beschrieben:

- intelligente Mobilität (*Smart Mobility*)
- Fernbetreuung und -diagnose in der Medizin (*Smart Health*)
- intelligente Energienetze (*Smart Grid*)
- intelligent vernetzte Produktion (*Smart Factory*).

Leseanleitung für die Szenarien:
Die nachfolgenden Zukunftsszenarien sind in Form beispielhafter zukünftiger Nutzungsszenarien beschrieben. Als anschauliche Visionen verdeutlichen sie Innovationspotenzial, neue Funktionalitäten und Mehrwert von Cyber-Physical Systems für Gesellschaft und Wirtschaft.

Insbesondere aus den beiden ersten Szenarien, *Smart Mobility* und *Smart Health*, werden die besonderen Fähigkeiten und Nutzenpotenziale von Cyber-Physical Systems abgeleitet und in diesem Zusammenhang analysiert. Ausführlich und systematisch dargestellt wird ihre Bedeutung in Abschnitt 2.6.

Ebenfalls auf der Grundlage der Szenarienanalyse findet in den anschließenden Kapiteln 3 und 4 eine umfassende Auseinandersetzung mit Fragen und Anforderungen statt, und zwar sowohl hinsichtlich Technologie, Gestaltung und Einsatz der Systeme als auch der damit verbundenen Herausforderungen für die Forschung und Entwicklung innovativer Systeme und Anwendungen.

Entsprechend der erklärten Methodik der Agenda (siehe Abschnitt 1.4) bilden diese Ergebnisse die Basis für eine detaillierte Analyse und Bestimmung des Standes der Technologie (Kapitel 5) sowie der Innovationsfähigkeit Deutschlands auf dem Gebiet der Cyber-Physical Systems (Kapitel 6 und 7).

2.1 INEINANDERGREIFENDE ANWENDUNGSBEREICHE

Abbildung 2.1 veranschaulicht in einer Art Beziehungsmodell einen wesentlichen Aspekt der zukünftigen Entwicklung: Die Zukunftsszenarien entwickeln sich nicht isoliert, sondern stehen im Rahmen übergreifender Nutzungsszenarien in vielfältigen Beziehungen, Abhängigkeiten und Wechselwirkungen zueinander. Diese Wechselwirkungen gehen soweit, dass ohne bestimmte Entwicklungen in einem Szenario Voraussetzungen in benachbarten Szenarien fehlen können, um die dort vorhandenen Möglichkeiten vollständig zu entfalten.

Die Ausgangsbasis für die folgende Beschreibung dieses Beziehungsmodells soll ein Szenario der Elektromobilität sein, dessen Beziehungen und Wechselwirkungen mit den anderen Bereichen dargestellt werden.

So greifen die Bereiche Elektromobilität und Produktion und Logistik ineinander. Wesentliche Aspekte wie die kontextbezogene Optimierung von Routenplanung und Verkehrsführung erlangen eine besondere Bedeutung für elektrisch betriebene Fahrzeuge, denn die Routen der Fahrzeuge müssen verbindlich entlang der Ladestationen geplant werden. Sobald ein Elektrofahrzeug an eine Ladestation

Abbildung 2.1: Ineinandergreifende CPS-Anwendungsbereiche und übergreifende Nutzungsprozesse. Die Szenarien sind in den Abschnitten 2.2 bis 2.5 detailliert beschrieben.

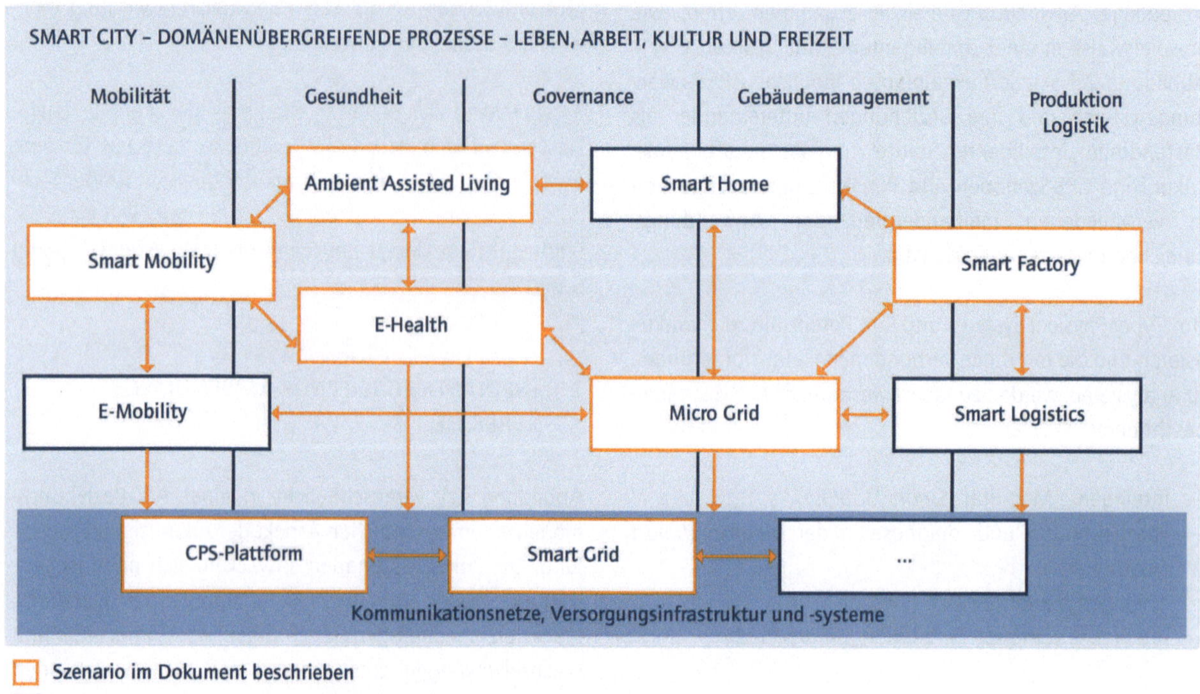

angeschlossen wird, wird es zum integrativen Bestandteil des *Smart Grid* und kann dadurch auch beispielsweise als Spitzenlastpuffer genutzt werden. Speziell in einem Grid, das stark auf regenerative Energien ausgerichtet ist, gilt es, nicht nur den regionalen und zeitlichen Bedarf an Ladestrom zu planen, sondern auch die Potenziale wirklich zu heben, die für eine größere Anzahl an Ladestationen angeschlossener Elektrofahrzeuge als Spitzenlastpuffer dienen können.

Für die im Szenario *Smart Factory* beschriebene vernetzte und flexibel integrierte Produktion wird die Verfügbarkeit von Energie zum richtigen Zeitpunkt zu einer wichtigen Steuergröße. Energieintensive Produktionsschritte sollten in Zeiten verlegt werden, in denen Strom kostengünstig verfügbar ist. Diese Zeiten sind zukünftig ebenfalls flexibel. Im Gegenzug hat das Starten, Stoppen oder Verlegen von Produktionsschritten eine rückkoppelnde Wirkung auf das *Smart Grid*. *Smart Factory* und *Smart Grid* sind somit eng miteinander verwoben. Die Verbindung zwischen *Smart Factory* und Kunden bilden die *Smart Logistics*. Transportkosten sind wesentlicher Bestandteil der Planung, wenn es um die Flexibilisierung über Produktionsstätten hinweg geht. Letztlich gelangen fertige Produkte über die *Smart Logistics* zu den Kunden.

Private Haushalte und Betriebe fungieren somit nicht nur als Knotenpunkte in intelligenten Logistiknetzwerken, sondern auch im *Smart Grid*. In Form intelligenter Stromzähler (*Smart Meter*) und weiterer *Sensoren* aus dem Bereich der intelligenten Gebäudetechnik (*Smart Home*) gelangen Cyber-Physical Systems in private Umgebungen und ermöglichen damit eine Vielzahl neuer *Dienste* (Home Automation Services). Diese erhalten eine besondere Bedeutung für ältere Menschen im Bereich *Ambient Assisted Living (AAL)*: Cyber-Physical Systems können es möglich machen, dass ältere Menschen länger eigenständig in ihren Wohnungen leben. Zu diesem Zweck werden Cyber-Physical Systems aus den Bereichen *Smart Home* und *E-Health* miteinander kombiniert. Ein solches System erkennt beispielsweise, wenn sich in einem Raum über einen definierten Zeitraum hinweg niemand mehr aufhält, während dort Herd oder Bügeleisen eingeschaltet ist, und löst einen Alarm aus.

Diese Systeme können für ältere Menschen erhebliche Hilfe leisten; ihren Nutzen entfalten sie aber auch im Bereich der *Smart Mobility*. Die künftigen Fahrerassistenzsysteme kommen gerade älteren Menschen zugute, die damit länger aktiv am Straßenverkehr teilnehmen können. Damit schließt sich der Kreis.

In dieser Hinsicht zeigt die Abbildung auch eine Unterscheidung zwischen unterschiedlichen Cyber-Physical Systems: Einerseits gibt es horizontal ineinandergreifende Infrastruktursysteme, zum Beispiel in *Echtzeit* vernetzte *Smart Grids*, Verkehrsmanagementsysteme oder globale Logistiknetze. Andererseits sind hierauf aufsetzende *interoperable* CPS-Anwendungssysteme und -szenarien möglich, etwa im Rahmen der genannten integrierten Konzepte für das Gebäudemanagement (*Smart Home*) mit Unterstützung älterer Menschen im Bereich *AAL* oder die individuelle Nutzung intelligent vernetzter *Sicherheits-* und Assistenzsysteme im Straßenverkehr (siehe auch Abschnitt 2.2).

Abhängig von den Aufgaben und Einsatzzielen der Systeme, den jeweiligen Anwendungskontexten und den Zielen der Beteiligten lassen sich Cyber-Physical Systems in folgenden Hinsichten unterscheiden:

- Grad der Vernetzung, gegebenenfalls in *Echtzeit*, und der Kooperation der Teilsysteme
- Art und Umfang der *Mensch-System-Interaktion*. Diese ist in industriellen Anwendungen geprägt durch komplexe Bedien-, Überwachungs- und Koordinationsaufgaben, während die Systeme sich im Bereich der privaten Nutzung an Kontext, Bedürfnisse und Fähigkeiten der Nutzer interaktiv anpassen müssen; das gilt in besonderem Maß für *AAL*-Anwendungen. Nur durch diese Anpassungen können sie Situationen mithilfe vernetzter *Sensor-* und Anwendungsdaten zutreffend interpretieren und, diesen komplexen Anforderungen entsprechend, auf interaktive Weise koordinieren und steuern.
- Grad der Offenheit und Autonomie beim Lösen von Kommunikations-, Koordinations-, Steuerungs- und Entscheidungsaufgaben und die daraus resultierende *Verlässlichkeit* und Berechenbarkeit für Nutzer beziehungsweise für verbundene Systeme

Die zugrundeliegenden Infrastruktursysteme müssen besonders hohe Anforderungen hinsichtlich *Verlässlichkeit*, *Sicherheit* - sowohl *Betriebssicherheit* als auch *IT-Sicherheit* - und *Integrität* erfüllen.

2.2 SMART MOBILITY - ASSISTENZ, KOMFORT UND SICHERHEIT DURCH KOOPERIERENDE SYSTEME

Die Teilszenarien innerhalb des Gesamtszenarios *Smart Mobility* beschreiben die Zukunft der Mobilität unserer Gesellschaft unter Ausnutzung der rasanten Entwicklung der Informations- und Kommunikationstechnologie. Diese beruht auf einer umfassenden Umwelterfassung und Vernetzung von Transportmitteln beziehungsweise Fahrzeugen, Verkehrsinfrastruktur und Individuen. Das schafft innovative Möglichkeiten, sowohl individuelle Bedürfnisse als auch gesellschaftspolitische Aspekte zu berücksichtigen und hierbei unter anderem Beiträge zur Unfallvermeidung, zum Umgang mit begrenzten Energieressourcen und zur Reduzierung der Umweltbelastung zu leisten.

Sabine Müller ist Geschäftsfrau und lebt mit ihrem Mann und ihren zwei Söhnen in einer Kleinstadt im Westen Münchens. Ihr Haus befindet sich in einem Neubauviertel mit einer modernen CPS-Infrastruktur: *Echtzeit*-Internet ist überall verfügbar, Objekte innerhalb des Viertels sind mit *Sensoren* ausgestattet, miteinander vernetzt und tauschen Daten in *Echtzeit* aus.

In den folgenden Abschnitten werden anhand von Ausschnitten aus einem fiktiven Tagesablauf von Frau Müller drei visionäre CPS-Szenarien illustriert, ihre Funktionsweisen knapp erläutert, die damit verbundenen neuen Fähigkeiten von Cyber-Physical Systems identifiziert und anschließend Mehrwert und Potenzial von Cyber-Physical Systems für Nutzer, Gesellschaft und Wirtschaft zusammengefasst.

Es werden folgende Szenarien betrachtet:

- Cyber-Physical Systems als umfassende Planungs- und Mobilitätsassistenten
- Sicherheit im Verkehr durch kooperierende Systeme
- effiziente und sichere Fahrt sowie Koordination auf engem Raum durch autonome Systeme.

2.2.1 CPS ALS UMFASSENDE PLANUNGS- UND MOBILITÄTSASSISTENTEN

Szenario

(1) Frau Müller trägt den Besuch bei ihrer Mutter am Freitagvormittag in ihr *Mobilgerät* ein: Sie gibt nur ihre Zeit- und Ortsziele an sowie einen maximalen Kostenbetrag für die Gesamtstrecke. Das *Mobilgerät* ist mit diversen Dienstleistern verbunden und macht ihr Vorschläge für die Fahrt vom Münchener Westen zur Abholung ihrer Kinder in der Münchener Innenstadt und weiter zu ihrer Mutter in den Münchener Osten. Sie entscheidet sich dafür, bis zum S-Bahnhof nahe dem Gymnasium ihrer Kinder mit öffentlichen Verkehrsmitteln zu fahren, da dies die energieeffizienteste und preiswerteste Alternative ist. Dort will Frau Müller sich mit ihren Kindern treffen und die Reise zu ihrer Mutter mit einem Car-Sharing-Fahrzeug *(CSF)* fortsetzen. Hierbei entscheidet sie sich explizit für ein Hybrid-Fahrzeug mit der Fähigkeit des *autonomen Fahrens*. Die notwendigen Reiseunterlagen wie S-Bahn-Ticket und *CSF*-Autorisierung werden auf das *Mobilgerät* von Frau Müller übertragen.

(2) Vor Fahrtantritt wird Frau Müller über ihr *Mobilgerät* darüber informiert, dass es bei der S-Bahn München eine Stellwerksstörung gibt und deshalb mit erheblichen Verspätungen zu rechnen ist. Über ihr *Mobilgerät* wird ihr vorgeschlagen, bereits ab ihrem Zuhause ein *CSF* zu buchen. Frau Müller folgt dem Vorschlag, worauf ihr ursprüngliches S-Bahn-Ticket automatisch storniert und die *CSF*-Autorisierung bereits ab ihrem Zuhause auf ihr *Mobilgerät* übertragen wird. Kurz darauf wird Frau Müller über die bevorstehende Ankunft des *CSF* informiert.

(3) Gleichzeitig werden auch die Kinder informiert, dass ihre Mutter sie nun mittels eines *CSF* direkt am Gymnasium abholen wird.

Funktionsbeschreibung

Frau Müller ist über ihr *Mobilgerät* mit dem Internet und ihrer eigenen *Private Cloud*[11] vernetzt. Ein Assistenzdienst – eine „Assistenz-*App*"[12], die lokal auf einem *Mobilgerät* oder in der *Cloud* läuft – erstellt automatisch nach Vorgabe Vorschläge zur Tagesplanung und übernimmt auch die Planung von Reisen. Auf Basis der Informationen über Datum, Uhrzeit, Ziel, Zwischenziel und des maximalen Budgets ermittelt der *Assistenzdienst* verschiedene Alternativen. Hierzu fordert er Daten über Verkehrsaufkommen und Staus für die gesamte Strecke sowie über die Schulzeiten der Kinder von Dienstleistern – vom Betreiber des öffentlichen Nahverkehrs, vom *Car-Sharing*-Center oder Verkehrsmanagementsystemen[13] aus dem Netz an. Die berechneten Alternativen werden in einer Rangfolge angezeigt.

---

11 Eine *Privat Cloud* bietet Zugang zu abstrahierten IT-Infrastrukturen innerhalb des eigenen Umfelds.

12 Auch Softwareassistenz oder Electronic Coach genannt.

13 Ein Verkehrsmanagementsystem kann für einen Verkehrsabschnitt realisiert sein oder nur virtuell existieren beziehungsweise verteilt in den beteiligten Fahrzeugen. Es wird sich in der Regel nicht um ein zentrales, allumfassendes Verkehrsmanagementsystem handeln, sondern um mehrere kooperierende Verkehrsmanagementsysteme.

Abbildung 2.2: Vernetzte Komponenten und Beteiligte der umfassenden Mobilitätsassistenz und ihre situationsspezifische Koordination, symbolisiert durch direkte Verbindungen zwischen Beteiligten und mit global vernetzten CPS-*Diensten*

Nach Auswahl einer Alternative überwacht der Assistenz*dienst* im Hintergrund stets die Reiseplanung und gibt Hinweise, sobald ein Problem beziehungsweise eine Änderung bei der ausgewählten Route auftritt. Ist eine neue Route oder ein alternatives Verkehrsmittel auf Teilstrecken erforderlich und verschieben sich dadurch Abfahrtszeiten oder Zwischenhalte entlang der Route, informiert der *Dienst* zum einen alle Beteiligten - Frau Müller und ihre Kinder -, zum anderen kümmert er sich um die neue Route inklusive Anforderung beziehungsweise Buchung der alternativen Verkehrsmittel.

Die Daten des Assistenz*dienstes* werden auch an den Service-Computer im *CSF* weitergegeben und lösen hier verschiedene Aktionen aus; zum Beispiel wird das Ziel samt Umweg über die Schule ins Navigationssystem eingespeichert, das voraussichtliche Verkehrsaufkommen samt zu erwartender Staus für die gesamte Strecke wird abgefragt und die Reise wird vorbereitet, indem etwa Filme, Musik und aktuelle Informationen heruntergeladen werden, um den *CSF*-Insassen die Fahrzeit zu verkürzen.

Identifizierte Dienste und Fähigkeiten und ihr Mehrwert

In den Schritten **(1)** und **(2)** wird deutlich, wie Cyber-Physical Systems als Planungs- und Koordinationsassistenz eine Reise komfortabel, stressfrei und effizient gestalten und dabei Aspekte wie Ökologie und Ökonomie unterstützen können. Das erfordert die Fähigkeit, auf neue Situationen einzugehen, da die einzelnen Systeme untereinander ständig reiserelevante Informationen - etwa über Wetter, Verkehr und Ressourcen - austauschen. Frau Müllers Assistenz*dienst* koordiniert und steuert diverse Teilsysteme und kann, basierend auf den eintreffenden Informationen, bei Bedarf automatisch Vorschläge für ein Umplanen der Reise machen. Sie muss sich deshalb nicht selber um Änderungen im Reiseablauf informieren und spart so Zeit.

2.2.2 SICHERHEIT IM VERKEHR DURCH KOOPERIERENDE SYSTEME

Szenario

Frau Müller befindet sich auf dem Weg zur Schule ihrer Kinder. **(15)** Das Fahrzeug bewegt sich auf das Gymnasium zu. Gleichzeitig unterstützt das mit einer *Back-end-Infrastruktur* und mit anderen Verkehrsteilnehmern vernetzte Fahrzeug Frau Müller in einem hohen Grad bei der Fahrzeugführung. **(16)** Beispielsweise verringert es selbstständig die Geschwindigkeit bei vorgeschriebener Geschwindigkeitsbegrenzung. **(17)** Bei der Vorbeifahrt an einem haltenden Schulbus mit eingeschaltetem Warnblinklicht in unmittelbarer Nähe des Gymnasiums leitet das Fahrzeug plötzlich selbstständig eine Vollbremsung ein. Frau Müller sieht ein Kind hinter dem Schulbus direkt vor ihr Fahrzeug laufen. Dieses kommt rechtzeitig zum Stehen und ein Blick in den Rückspiegel überzeugt Frau Müller, **(18)** dass auch die hinter ihr fahrenden Fahrzeuge rechtzeitig autonom abgebremst haben. Nach einer Schrecksekunde setzt Frau Müller die Fahrt fort.

(19) Am Gymnasium steigen die Kinder ein und Frau Müller verlässt mit dem Auto das Gelände des Gymnasiums. **(20)** Gerade losgefahren, bekommt Ihr Fahrzeug die Meldung, dass die Feinstaubbelastung den Tageshöchstwert überschritten hat und nur noch emissionsfreie Fahrzeuge zur Weiterfahrt berechtigt sind. Das Fahrzeug prüft, ob die vorhandene Batteriekapazität ausreicht und schaltet auf Elektrobetrieb um. Frau Müller setzt ihre Fahrt in den Münchener Osten zu ihrer Mutter fort.

Funktionsbeschreibung

Die Sensorik der Infrastruktur auf der Straße zum Gymnasium - in Laternen, Häusern, der Schule, auf Gehwegen etc. - sowie der fahrenden und parkenden Fahrzeuge erfasst gefährliche, aber auch gefährdete Objekte und Personen. Deren Position wird über die Infrastruktur der Straße beziehungsweise über eine Fahrzeug-zu-Fahrzeug-Kommunikation übermittelt. Die Kommunikation findet stets in *Echtzeit* statt, also ohne Verzug. Im Fahrzeug von Frau Müller verarbeitet der Assistenz*dienst* die Informationen und trifft daraufhin eine Entscheidung für eine Gegenmaßnahme - hier: Vollbremsung. Gleichzeitig werden alle anderen Fahrzeuge in der Umgebung darüber informiert, und zwar über die Infrastruktur und über andere Fahrzeuge. Bei Bedarf leiten die Fahrzeuge in der Umgebung auch Gegenmaßnahmen ein, etwa die Bremsung der Fahrzeuge hinter dem von Frau Müller.

Identifizierte Dienste und Fähigkeiten und ihr Mehrwert
In den Schritten **(16)**, **(17)** und **(18)** wird deutlich, wie die Assistenzsysteme im Fahrzeug von Frau Müller in Kombination mit der lokalen Infrastruktur (*Sensoren* an der Straße, an Fußgängerüberwegen, im Bus etc.) sowie mit Verkehrsmanagementsystemen in Gefahrensituationen sofort reagieren und notwendige Gefahrenabwehrmaßnahmen einleiten können. Die Anzahl der Verletzten und Toten im Straßenverkehr kann dadurch wesentlich gesenkt, die Verkehrssicherheit stark erhöht werden.

Das hat auch einen großen ökonomischen Effekt: Verkehrsunfälle verursachen allein in Deutschland jährlich - direkt und indirekt - einen Schaden von zirka 30 Milliarden Euro [BAS11], der durch den Einsatz von Cyber-Physical Systems bedeutend verringert werden kann.

Um die im Szenario-Ausschnitt beispielhaft beschriebenen Gefahren abwehren zu können, müssen Cyber-Physical Systems selbst Entscheidungen treffen und automatisch umsetzen. Im Szenario wird die Geschwindigkeit bei der Wahrnehmung des Schulbusses verringert; bei der Wahrnehmung des Kindes werden eine Vollbremsung des *CSF* von Frau Müller und in der Folge automatische Bremsungen der Fahrzeuge dahinter eingeleitet. Eine besondere Herausforderung besteht darin, dass man hier nicht vom Idealfall ausgehen kann, in dem alle Beteiligten miteinander vernetzt sind und alle relevanten Informationen austauschen. Entscheidungen müssen daher basierend auf unscharfem Wissen getroffen werden, ohne hierdurch eine zusätzliche Gefährdung herbeizuführen.

Abbildung 2.3: Illustration der Vernetzung und adaptiven *Echtzeit*koordination der Fahrzeuge und der *intelligenten Infrastruktur* in einer Gefahrensituation

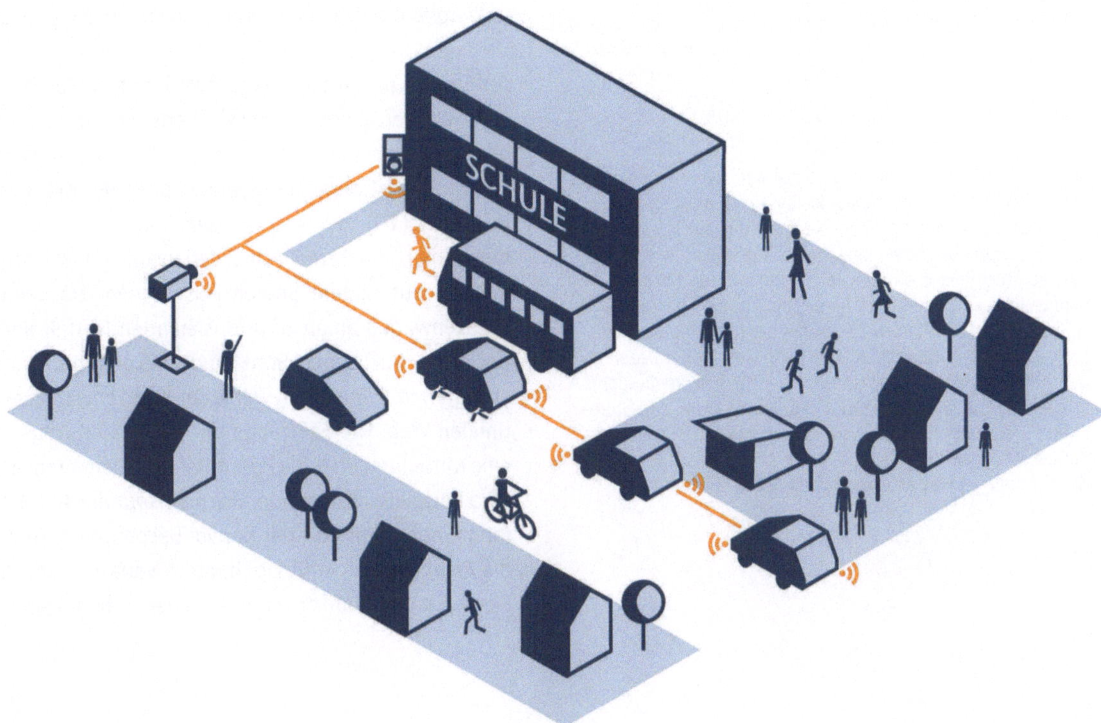

2.2.3 EFFIZIENTE UND SICHERE FAHRT UND KOORDINATION AUF ENGEM RAUM DURCH AUTONOME SYSTEME

Szenario

(4) Während Frau Müller auf einer Landstraße Richtung Autobahn fährt, erfährt sie über andere vernetzte Autos von einem Unfall auf der vor ihr liegenden Strecke. Das zentrale Verkehrsmanagement schlägt Frau Müller zudem eine Alternativ-Route vor und berücksichtigt dabei ihre zuvor gemachten Zeit-, Orts- und Kostenvorgaben. **(5)** Frau Müller schlägt die vorgeschlagene Alternativ-Route ein und gelangt mit nur kurzer Verspätung zur Autobahnauffahrt.

(6) Kurz vor der Auffahrt auf die Autobahn wird Frau Müller darüber informiert, dass gleich die Kontrolle vom Fahrzeug übernommen wird. Frau Müller erteilt ihre Zusage und **(7)** das Fahrzeug übernimmt mit der Auffahrt auf die Autobahn die Kontrolle.

(8) Da durch einen Unfall auf der Landstraße eine Zeitverzögerung eingetreten ist, schlägt das Fahrzeug vor, sich in einen Konvoi auf der *Premiumspur* einzureihen. Dieser Service ist extra zu vergüten, wobei die Buchung und Abrechnung automatisch über das Fahrzeug erfolgen. Frau Müller stimmt zu und das Fahrzeug reiht sich in den Konvoi ein.

(9) Während der Fahrt im Konvoi beantwortet Frau Müller auf ihrem *Mobilgerät* E-Mails und informiert sich über Neuigkeiten. **(10)** Währenddessen verlässt der Konvoi die *Premiumspur* – eine kostenpflichtige Schnellspur für voll autonome Fahrzeuge –, um einem Krankenwagen Vorfahrt zu gewähren, und reiht sich danach wieder auf die *Premiumspur* ein.

(11) Dem *CSF* von Frau Müller wird auf Basis einer optimalen Verkehrsauslastung eine andere als die ursprünglich genannte Ausfahrt zugewiesen, sodass sie ihre Fahrt auf einer nicht für das *autonome Fahren* geeigneten Straße wird fortsetzen müssen, auch hier mit optimaler Routenführung **(12)**. Nach einiger Zeit wird Frau Müller darauf hingewiesen, dass in Kürze die Autobahn verlassen und dabei die Kontrolle über das Fahrzeug wieder an sie übergeben wird. Frau Müller beendet ihre Arbeit mit dem *Mobilgerät* und wendet sich wieder dem Straßenverkehr zu. Sie bestätigt ihre Bereitschaft zur Übernahme der Kontrolle. **(13)** Kurz darauf schert das Fahrzeug aus dem Konvoi aus und verlässt die Autobahn, **(14)** wobei die Kontrolle an Frau Müller zurückgegeben wird.

Funktionsbeschreibung

Das autonome Fahrzeug verfügt über die Information, auf welchen Strecken *autonomes Fahren* aufgrund der vorhandenen Infrastruktur zugelassen ist. Auf solchen Strecken müssen eine voll ausgestattete Infrastruktur und eine hohe Auflösung des Umweltwissens vorhanden sein. Beim Übergang vom *teilautonomen* in den *autonomen* Modus muss ein kontrollierter und sicherer Übergang durch die *Mensch-Maschine-Schnittstelle* gewährleistet sein. Das *CSF* von Frau Müller kommuniziert sowohl mit anderen Fahrzeugen als auch mit der Infrastruktur. Weiterhin wird stets ihre Position mit einem oder mehreren Verkehrsmanagementsystemen abgeglichen, die auf Basis der Daten der Infrastruktur und der Fahrzeuge auf dem Autobahnabschnitt über ein *virtuelles* Gesamt*modell* der Umgebung verfügen. Das *Modell* besitzt Informationen über feste und bewegliche Objekte samt ihrer Bewegungsrichtungen und -geschwindigkeiten, über geplante Aktionen sowie über die Art der Objekte und deren Gefährdungsgrad. Zu berücksichtigen ist hierbei auch, dass auf der Autobahn auch nichtvernetzte beziehungsweise nur *teilautonom* agierende Verkehrsteilnehmer zugelassen sind.

Auf Straßen mit einer Infrastruktur für *autonomes* Fahren wird der Mehrwert eines vernetzten, verteilten und kooperierenden Verkehrsmanagements deutlich: Sonderfahrzeuge können gesondert behandelt werden, etwa der Krankenwagen in Schritt **(10)**, der so priorisiert wird, dass die Verkehrsteilnehmer, die seine Fahrt verlangsamen würden, automatisch auf andere Spuren ausweichen. Dazu muss der Krankenwagen einen zu priorisierenden Notfall anmelden. Basierend auf seinen Start- und Zielkoordinaten und den erfragten Verkehrsdaten wählt der Krankenwagen einen optimalen Weg. Die Fahrzeuge entlang dieses Wegs erhalten eine Mitteilung über die Prioritätsfahrt. Dem Krankenwagen wird beispielsweise auf der *Premiumspur* der Autobahn Vorrang eingeräumt und der Konvoi bekommt die Anweisung, die *Premiumspur* vorübergehend zu verlassen und sie nach Passieren des Krankenwagens wieder zu benutzen.

Abbildung 2.4: Illustration der Modiwechsel vom *teilautonomen* zum *autonomen Fahren* und umgekehrt (Szenario-Schritte 8 bis 12)

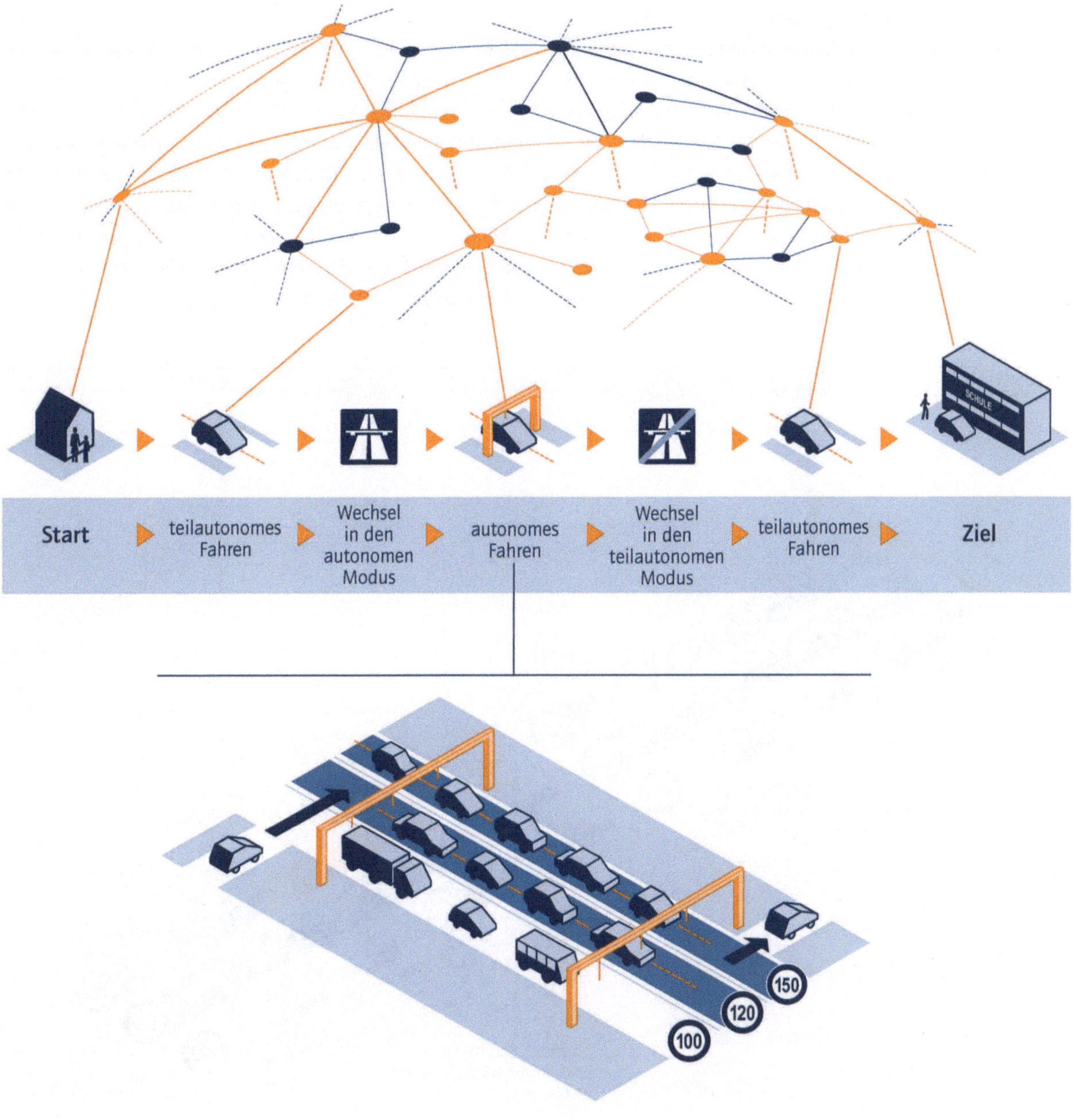

Start ▶ teilautonomes Fahren ▶ Wechsel in den autonomen Modus ▶ autonomes Fahren ▶ Wechsel in den teilautonomen Modus ▶ teilautonomes Fahren ▶ Ziel

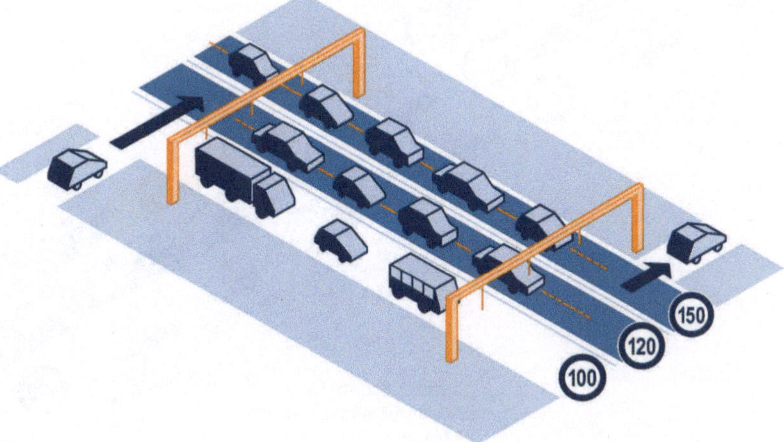

Auf der *Premiumspur* sind nur Fahrzeuge zugelassen, die über eine entsprechende Vernetzung verfügen. Aus diesem Grund ist die *Premiumspur* auch stets mittels der Infrastruktur und der Sensorik vernetzter Fahrzeugs auf nicht autorisierte Fahrzeuge hin zu überwachen; bei Verstößen müssen Gegenmaßnahmen eingeleitet werden. Die Benutzung der *Premiumspur* wird automatisch über das *CSF* von Frau Müller mit dem Betreiber der *Premiumspur* abgerechnet. Die Sicherheitsabstände auf der *Premiumspur* sowie die gefahrenen Geschwindigkeiten können je nach Verkehrssituation dynamisch angepasst werden. Die Zuweisung beziehungsweise Auswahl einer Ausfahrt erfolgt aufgrund der vorhandenen Informationen über Verkehrsauslastung und Staus auf dem Weg zum Ziel von Frau Müller.

Beim Übergang vom vollautonomen Modus auf einen teilautonomen Modus, in diesem Szenario also beim Verlassen der Autobahn, muss ein sicherer Kontrollübergang gewährleistet sein. Insbesondere ist eine Fehlerbehandlung vorgesehen, falls der Fahrer nicht die Kontrolle übernehmen kann, weil er beispielsweise durch gesundheitliche Beeinträchtigung, Übermüdung oder Unaufmerksamkeit nicht dazu in der Lage ist. Die Übergabe wird über akustische und visuelle Signale rechtzeitig angekündigt.

Abbildung 2.5: Illustration der automatischen Änderung der Fahrspuren-Modi im Falle eines Krankentransportes

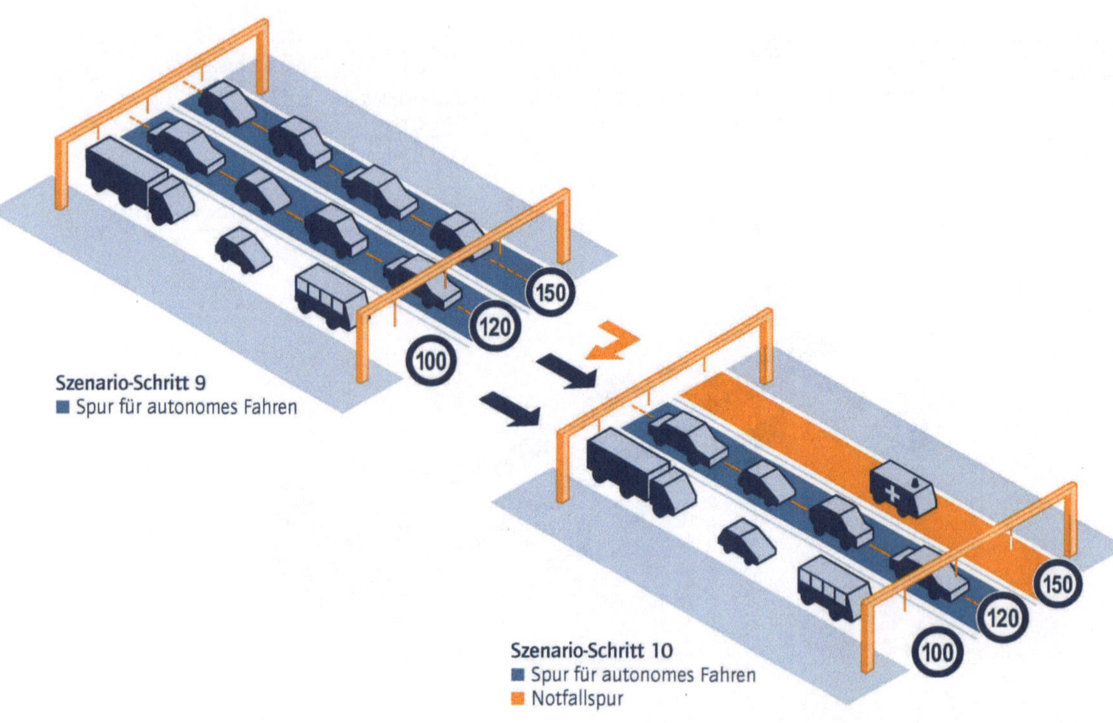

Identifizierte Dienste und Fähigkeiten und ihr Mehrwert

In Schritt **(7)** gibt Frau Müller die Kontrolle an das *CSF* ab; dieses fährt dann auf der Autobahn *voll autonom*. So ist eine sichere und effiziente Fahrt auf engem Raum gewährleistet. Durch die Vernetzung mit anderen Fahrzeugen sowie über kooperierende Verkehrsmanagementsysteme ist eine sichere Steuerung des Gesamtverkehrs möglich. Die Zahl der Unfälle und damit auch die Zahl der Verletzten und Toten im Straßenverkehr kann dadurch drastisch gesenkt werden. Zwar werden 90 Prozent aller Verkehrsunfälle gemeinhin auf menschliches Versagen zurückgeführt, tatsächlich jedoch sind nicht nur Verkehrsteilnehmer, sondern auch Personen und Prozesse im Zusammenhang mit Gestaltung, *Engineering*, Organisation und Kommunikation der Umgebungs- und Systemkomponenten beteiligt.[14] Notwendig für die Realisierung des *autonomen Fahrens* sind *interoperable* Infrastrukturen an den Fahrwegen, die Vernetzung der Verkehrsteilnehmer untereinander sowie der damit verbundene stetige Austausch von Informationen über aktuelle Fahrzeugpositionen und die Verkehrslage insgesamt. Hierbei unterstützen intelligente Verkehrsmanagementsysteme, welche aufgrund der Informationen aus Infrastruktur und Verkehrsteilnehmer in der Lage sind, ein virtuelles Abbild der Umgebung aufzubauen und entsprechende Handlungsempfehlungen in Bezug auf Verkehrsauslastung und Staus zu geben, beispielsweise wie in Schritt **(11)**. Die Verkehrsmanagementsysteme erbringen dadurch einen entscheidenden Mehrwert hinsichtlich Ökonomie und Ökologie; sie sparen Treibstoff und verringern Emissionen.

In Schritt **(8)** unterstützen Cyber-Physical Systems bei der Wahl einer *Premiumspur* und deren automatischer Abrechnung, die aufgrund der Informationen über die jeweils aktuelle Position des Fahrzeugs von Frau Müller detailliert und absolut genau ist. Da der *Assistenzdienst* von Frau Müller in der *Private Cloud* mit ihrem *CSF* vernetzt ist und ihr Profil kennt, kann automatisch über ihre Kreditkarte abgerechnet werden.

2.2.4 CPS-MEHRWERT UND NUTZENPOTENZIALE FÜR DIE MOBILE GESELLSCHAFT

Mobilität ist einer der wichtigen gesellschaftlichen Trends und eine der wesentlichen Zielvorgaben. Aus dem konsequenten Einsatz von Cyber-Physical Systems ergibt sich für die mobile Gesellschaft daher folgender Nutzen und Mehrwert:

- Erhöhung der Verkehrssicherheit, etwa durch
  - Erkennen von Gefahren und Hindernissen unter Einbeziehung des Austauschs von Informationen mit anderen Akteuren
  - automatische Gefahrenabwehr
  - optimales Verkehrsmanagement und hierdurch Stauvermeidung
  - *autonomes Fahren* und hierdurch Verhindern von menschlichen Fehlern der Fahrer
- Höherer Komfort für einzelne Verkehrsteilnehmer, beispielsweise durch
  - autonomes intelligentes Aufarbeiten von Informationen und Verkehrsmanagement
  - verbesserte Assistenz der Fahrer bis hin zur vollständigen Übernahme der Kontrolle
  - Zeitersparnis durch intelligente Assistenten
- Verbesserung der ökologischen Bilanz durch
  - Reduzierung der Umweltbelastung infolge des verbesserten Verkehrsmanagements und hierdurch geringerer CO_2-Ausstoß aufgrund geringeren Treibstoffverbrauchs

14 Menschliche Fehler werden auch als Folge oder Symptome von tieferliegenden Fehlern im System untersucht; siehe auch [Spi63, Dör89, Rea74, Spre07]. Aktuelle Untersuchungen in den Bereichen Luftfahrt, Kernkraftwerke und Medizintechnik, darunter [LPS+97, Hol98], erforschen zusätzlich die Fragen, ob und unter welchen Bedingungen die Fehler- und Unfallanfälligkeit der Systeme, steigt – durch komplexe Wechselwirkungen der beteiligten Systeme untereinander und mit Menschen, wie es bei Cyber-Physical Systems der Fall ist.

- Verbesserte Ökonomie durch
  - Einsparung von Treibstoff und hierdurch geringere Kosten
  - bessere Ausnutzung von Verkehrsmitteln und Verkehrsinfrastruktur, basierend auf den zur Verfügung gestellten Informationen und *Diensten*
  - Zeitgewinn durch Stauvermeidung
  - weniger Unfälle und hierdurch geringere Schäden

Der Mehrwert basiert auf folgenden spezifischen Fähigkeiten von Cyber-Physical Systems:

- Vernetzung und automatischer Austausch von Informationen mit der Infrastruktur sowie, durch *Sensoren*, Objekte und *Aktoren*, untereinander
- verteilte Information und Informationsverarbeitung, die ein virtuelles Abbild des Gesamtverkehrs darstellt und hierdurch Verkehrssteuerungs- und Koordinations*dienste* zur Verfügung stellt
- Treffen eigener Entscheidungen durch Cyber-Physical Systems und die automatische Umsetzung dieser Entscheidungen, etwa zur Gefahrenabwehr, zum Teil basierend auf unvollständigen Daten und unscharfem Wissen
- Übertragung von globalen und lokalen Daten in *Echtzeit*
- kontextsensitives Verhalten des Cyber-Physical Systems; das Fahrzeug weiß, wo es *autonom fahren* darf und wo nicht, und kann dies dem Fahrer mitteilen.
- sicherer Moduswechsel zwischen *autonomem* und *teilautonomem Fahren*
- Anreicherung beziehungsweise Integration von Daten aus unterschiedlichen Quellen
- dynamische Anpassung der Route an Umgebungsbedingungen, etwa Wetter, Unfälle oder Verkehrsaufkommen
- *autonomes* Fahren an sich
- intelligente Assistenten, die bei der Reiseplanung und -durchführung unterstützen, etwa auch automatisches *Billing* auf der *Premiumspur* durch Ortung, Verfolgung und Rückgriff auf Bezahlinformationen in der *Privat Cloud* sowie durch automatischen Zugriff auf das Profil der Akteure in der *Privat Cloud*.

Als Voraussetzungen dieser Systemfähigkeiten ist jedoch eine Reihe von Herausforderungen zu bewältigen, darunter

- die Realisierung einer flächendeckenden, intelligenten Infrastruktur mit standardisierten Schnittstellen,
- die Vernetzung aller Verkehrsteilnehmer untereinander und mit den notwendigen *Dienste*-Providern unter Einbeziehung und Berücksichtigung von *Betriebssicherheit*, *IT-Sicherheit* und *Privatsphäre*,
- die *Verlässlichkeit* der Systeme für autonomes Bremsen oder Ausweichen von Hindernissen unter Verwendung externer gesicherter Daten,
- die *Echtzeitfähigkeit*, insbesondere in Bezug auf die Verkehrssicherheit und für die Realisierung von *autonomem Fahren*,
- die Benutzerakzeptanz und die rechtlichen Rahmenbedingungen für autonomes Handeln,
- die geeignete und akzeptierte *Mensch-Maschine-Interaktion* sowie
- die Schaffung sowohl der rechtlichen Bedingungen als auch der Rahmenbedingungen als Voraussetzungen für den Einsatz von Cyber-Physical Systems.

Diese Herausforderungen enthalten eine Mischung aus Forschungsfragestellungen und Erfordernissen hinsichtlich Gestaltung, Technologie und *Engineering* der Systeme, ihrer Organisation und erforderlichen Infrastruktur sowie hinsichtlich gesellschaftlicher und rechtlicher Rahmenbedingungen.

2.3 INDIVIDUELLE UND SICHERE VERSORGUNG – INTEGRIERTE BETREUUNG IN DER MEDIZIN

Die Teilszenarien des Gesamtszenarios „Individuelle und sichere Versorgung Situationserkennung und integrierte

Betreuung in der Medizin" beschreiben eine mögliche Zukunft der Medizinversorgung unserer Gesellschaft unter Ausnutzung der rasanten Entwicklung der Informations- und Kommunikationstechnologie und, in der Folge, mit CPS-Unterstützung. Sie beruhen auf einer umfassenden Vernetzung von Patienten und Ärzten untereinander sowie auf der Gesundheitsüberwachung mithilfe moderner *Smart-Health-Systeme*. Eine solche Vernetzung schafft innovative Möglichkeiten, individuelle medizinische Bedürfnisse zu berücksichtigen und die steigende Zahl immer älterer Menschen optimal zu unterstützen. Gleichzeitig leistet sie einen wertvollen Beitrag zur Kostenoptimierung im Gesundheitswesen bei gleichbleibender oder sogar steigender Qualität der Versorgung.

Die Mutter von Frau Müller, Rosi Huber, ist 70 Jahre alt und Rentnerin und lebt im Münchener Osten allein in einem alten Bauernhaus. Sie hat nie den Führerschein gemacht, da sie früher immer mit ihrem Mann mitfuhr. Seit seinem Tod vor ein paar Jahren hat Frau Huber leichte Depressionen. Sie ist aber dennoch froh, dass sie noch nicht so viele Medikamente braucht wie zum Beispiel ihre Freundinnen, mit denen sie sich gern trifft. Besonders stolz ist sie darauf, keine Diabetes zu haben. Bisher konnte sie alles noch gut bewältigen, aber ihre Sorge, hilflos in eine gefährliche Situation zu geraten, hat sie bewogen, ein Smart-Health-System anzuschaffen. Dieses soll sie passiv überwachen, aber auch bei medizinischen Angelegenheiten unterstützen und im Notfall Hilfe rufen. Neben der passiven Verhaltensbeobachtung gibt es noch ein Modul für die tägliche Blutdruck- und Gewichtsüberwachung, die Medikation und die Notruffunktion. Alle Funktionen decken momentan nur die Grundbelange ab, lassen sich aber an veränderte Bedürfnisse anpassen.

2.3.1 CPS IN TELEMEDIZIN, FERNDIAGNOSE UND BEI DER BETREUUNG ZU HAUSE

Szenario

(1) Seit sich Frau Huber das System zu Hause hat installieren lassen, ist einige Zeit vergangen. Die in der Wohnung verbauten *Sensoren* haben ihre Bewegungsgewohnheiten erfasst und in einem Profil hinterlegt. Frau Huber nimmt die kleinen Geräte längst nicht mehr wahr. Auch die tägliche Gewichtsmessung morgens im Bad ist zur Routine geworden. Und die Anleitung, wie sie ihre Wochenmedikation vorzubereiten hat, hat ihr die Angst genommen, etwas durcheinander zu bringen. Auf ihren Wunsch hin wird sie nur noch am Nachmittag an die Medikamente erinnert, da sie zu dieser Zeit keine feste Mahlzeit eingeplant hat, ihre Medikamente aber immer am Esstisch liegen.

(2) Bisher hat sich Frau Huber gern mit ihren Freundinnen getroffen, doch seit einiger bleibt sie den Treffen immer häufiger fern. Auch das passive System hat Veränderungen in ihrem Verhalten festgestellt, außerdem ein deutlich reduziertes Bewegungsverhalten und Gewichtszunahme. Da sich diese Veränderungen schneller als erwartet einstellen, empfiehlt das System Frau Huber, sich schon vor dem nächsten turnusmäßigen Besuch mit ihrem Hausarzt in Verbindung zu setzen. Über ihr System kann sie komfortabel einen Termin direkt mit dem Praxissystem ihres Hausarztes vereinbaren. Dieser empfiehlt ihr mehr Bewegung und bittet Frau Huber, jeden Morgen nach dem Aufwachen ihren Blutdruck zu messen. Ein Blutdruck-Messgerät bekommt sie auf Rezept in der Apotheke und kann es problemlos in ihr heimisches System integrieren, genauso wie einen tragbaren Bewegungs*sensor*. Die Geräte erscheinen nach dem Einschalten sofort auf ihrem Traingssystem und sie braucht nur noch den auf der Verpackung aufgedruckten Code einzutragen. Auch ihre Daten kann Frau Huber selber verwalten: Ihr System stellt eine Anfrage an einen Service, der ihr eine einfache Übersicht, welche Daten für welchen Facharzt gebraucht werden, zusammenstellt. Diese Daten kann sie dann freigeben; der zugreifende Arzt muss diesen Zugriff legitimieren. Die Kamera in Frau Hubers Eingabegerät macht ein Bild von ihr, das in der *Cloud* durch eine spezielle Funktion ausgewertet wird. Dieselbe Funktion benutzt auch ihre Türsprechstelle, die ihr die Namen von Besuchern anzeigen kann. – Nach ein paar Tagen hat sich Frau Hubers Situation weiter verschlechtert und ihr Hausarzt überweist sie an einen Internisten, der sie zu einer genaueren Untersuchung in eine stationäre Klinik einweist. Beide Ärzte haben sich die ungewöhlichen Bewegungsmuster der letzten Tage in ihrer Wohnung, die Frau Huber selbst gar nicht aufgefallen waren, nicht erklären können. Ihrem Hausarzt hat Frau Huber zuvor die Freigabe erteilt, ihre Daten regelmäßig zu überwachen. – Noch am Tag der Einweisung erleidet Frau Huber einen leichten Hirnschlag, der schnell behandelt werden kann. Im System ist für Notfälle eine Interventionsanleitung hinterlegt. Familienangehörige werden per SMS informiert, die Zeitung wird abbestellt und die Wohnung bewacht.

Funktionsbeschreibung

Als Grundlage für Bewertungen des Gesundheitsstatus werden Daten unterschiedlicher *Sensoren*, Auswertungs- und Bestandsdaten sowie Parameter miteinander verknüpft und anhand bekannter, definierter oder erlernter *Modelle* vorausgewertet. Die *Sensoren*, die die Grundlage für derartige komplexe Bewertungsmodelle liefern, müssen aus Gründen der Akzeptanz sowie der Bedarfs- und Kostenkontrolle individuell ausgewählt werden können. Ein nahezu gesunder Nutzer wird sich zum Beispiel eher für eine

Abbildung 2.6: Vernetzte Beteiligte einer integierten Gesundheitsbetreuung in der Telemedizin

passive Überwachung entscheiden, als sich einen *Sensor* implantieren zu lassen. Die passiven *Sensoren* aus dem Szenario sind mit einem lernfähigen Algorithmus gekoppelt, der Verhaltensmuster erfassen kann, um daraus individuelle Patientenprofile zu erstellen, anhand derer Veränderungen im oder akute Abweichungen vom aktuellen Status erkannt werden können. Als Basis der Auswertung fungieren Daten und Ereignisse, die in ausreichender Zahl durch die verwendeten Systeme erfasst worden sind. Cyber-Physical Systems, die zusätzlich *Data-Mining*-Funktionen integrieren, können aufgrund der Massendaten aus anderen Systemen individualisierte Ergebnisse liefern und häufig sogar für die Vorhersage medizinischer Ereignisse verwendet werden.

Die gewonnen Informationen können in anderen Systemen und Einrichtungen verwendet werden, um geeignete Interventionen auszulösen beziehungsweise vorzuschlagen. Diese Interventionen können durch Personen oder Systeme ausgeführt werden, die in der Lage sind, untereinander ihre Verantwortlichkeiten abzustimmen und mit Frau Huber beim Bewerten ihres Gesundheitszustands zu interagieren. Auf diese Weise lassen sich leicht Schnittstellen zu Mobilitäts*diensten*, Apotheken, Therapeuten, Ärzten, Fallmanagern, Haus- und Gebäudemeistern und Servicekräften herstellen.

Neben Daten, die aktuell zur Laufzeit erfasst werden, können auch Daten aus der Vergangenheit relevant sein. Darum gilt es, alle möglicherweise wichtigen Daten und Informationen in den verteilten Systemen aufzuspüren und sinnvoll miteinander zu verknüpfen.

Die Funktionen, die zur Erfüllung des Zwecks eines Systems benötigt werden, können aus verteilen Systemen stammen. Generische und *domänen*spezifische Funktionen können automatisch oder manuell miteinander verknüpft, Systeme auf diese Weise um neue Funktionen ergänzt oder manuelle in automatisierte Funktionen überführt werden. Generische datenbankgestützte Netzwerkfunktionen wie etwa Gesichtserkennung befähigen alle Geräte mit eingebauter Kamera, Personen zu identifizieren. Das kann den Zweck haben, eine Tür zu öffnen oder auch, eine Datenfreigabe zu erreichen. Auch einfache eingebettete Systeme können auf diese Weise mächtige Funktionen erhalten. Andere *Sensoren*, etwa ein portabler Notruf*sensor*, könnte anhand der Position unterschiedliche Hilfsdienstleister auswählen. In einem anderen Kontext könnte der gleiche *Sensor* Mobilitätsmöglichkeiten wie Taxi, Bus oder regionale Angebote auswählen, abhängig von Standort und Uhrzeit.

In all diesen Zusammenhängen ist der *Datenschutz* für alle Teilnehmer im System sehr wichtig. Nicht nur Patientendaten, sondern auch Praxisdaten der Mediziner müssen in unterschiedlichem Maß geschützt werden. Das System muss die Patienten dabei unterstützen, dafür zu sorgen, dass nur die Daten freigegeben werden, die gesetzlich freigegeben werden dürfen.

2.3.2 NACHSORGE UND BETREUUNG IN VERTRAUTER UMGEBUNG

Szenario

(3) Frau Huber wird nach einigen Tagen aus der Klinik entlassen und in eine Rehabilitationsklink überwiesen. Es ist ihr großer Wunsch, schnell wieder in ihre gewohnte Umgebung zu kommen und ihr Leben weiterleben zu können. Zusammen mit den Ärzten der Rehabilitationseinrichtung entscheidet sie sich dafür, ihr heimisches System um eine Rehabilitationskomponente erweitern und einen Teil der Behandlung in ihrem Haus durchführen zu lassen. Die Klinik und Ihr Hausarzt werden sie zusammen mit einem Therapeuten dabei unterstützen. Alle Beteiligten bekommen Zugriff auf die für sie relevanten Daten. Frau Huber bekommt Trainingsgeräte geliefert, die ein Installateur in das System einbindet. Er kann das System von seinem Betrieb aus fernüberwachen und fernwarten und so schnell auf Störungen reagieren. Die medizinischen Daten sieht er nicht. Frau Hubers Bewegungs*sensor* wird jetzt auch für die Überwachung und Steuerung des täglichen Lauftrainings verwendet; auch ihren Notrufsender hat sie immer dabei. Die Waage, die bisher nur eine Kontrollfunktion hatte, wird nun zusätzlich ein Teil des Diätprogramms. Da es etwas dauern wird, bis sie sich wieder mit ihren Freundinnen treffen kann, erhält Frau Huber Zugang zum Online-Patientenportal, über

das sie viele Informationen und Hinweise für ein unabhängigeres Leben mit ihrer Erkrankung erhält. Sie kann sich über das Portal außerdem mit anderen Patienten austauschen, die in einer ähnlichen Situation sind. Das gibt ihr Kraft, die lange Behandlung durchzuhalten.
Das unterstützte Bewegungs- und Koordinationstraining zeigt bald Erfolg: Ärzte und Therapeuten müssen eher darauf achten, dass Frau Huber sich nicht übernimmt, als dass sie sie noch motivieren müssen. Außerdem liegen alle Messwerte etwas über der vom System errechneten Erwartungskurve. Darum kann schneller die Erhaltungsphase beginnen, während derer Frau Huber noch eine Weile dabei unterstützt wird, ihre Ernährungs- und Bewegungsgewohnheiten beizubehalten. Bald schon jedoch kann sie wieder mit ihren Freundinnen zusammensitzen.

Funktionsbeschreibung

Cyber-Physical Systems vernetzen nicht nur technische Systeme miteinander, sondern auch Dienstleister. Dazu müssen die Systeme in der Lage sein, übergreifende Abläufe zu koordinieren. Das Training von Frau Huber kann erst beginnen, wenn der Haus- und Gebäudemeister die Systeme eingebaut und geprüft hat. Bei Störungen müssen Eskalationsmechanismen in Gang gesetzt werden. Sollte ein *Dienst*anbieter ausfallen, muss das System eine Alternative finden oder das Problem an eine definierte Instanz weiterleiten.

Medizinische Dienstleistungen basieren, wie Frau Hubers Bewegungs- und Koordinationstraining, auf sehr individuellen Konfigurationen im Bereich der Verordnung und der Überprüfung der Ergebnisse. Die Systeme, die ja in einem *sicherheitskritischen* Kontext funktionieren müssen, benötigen deshalb nicht nur im Bereich der Komponenten, sondern auch in der Ablaufsteuerung ein hohes Maß an Flexibilität. Geeignete Standards sorgen zudem dafür, dass die Daten zwischen Teilsystemen ausgetauscht und in der entsprechenden Syntax und Semantik automatisch von System verarbeitet werden können.

Einige der beschriebenen Funktionen basieren auf Wissensdatenbanken und Wissens*modellen*. Mithilfe medizinischer Datenbanken werden *Sensor*daten mit Symptomen abgeglichen, um daraus geeignete Diagnoseempfehlungen ableiten zu können. Frau Huber hat mit ihren Daten im Rahmen ihrer Behandlung auch einen Beitrag dazu geleistet, die Datengüte zu erhöhen. Je mehr spezifische Datenbanken im System miteinander verknüpft sind, desto höher kann der Wert einer Dienstleistung sein. Eine Ergänzung durch eine pharmazeutische Datenbank könnte etwa Nebenwirkungen von Präparaten direkt beim Patienten abfragen. Das würde Frau Huber helfen, aber auch ihren Ärzten wertvolle Informationen liefern.

Hier findet sich eine wesentliche Herausforderung: Gerade für ältere Menschen sind telemedizinische Geräte oft zu kompliziert. Tägliche Messungen müssen deshalb häufig von Angehörigen vorgenommen werden, die aber normalerweise die gemessenen Werte nicht interpretieren oder Symptome nicht deuten können. Deshalb benötigen sie Unterstützung. Oft können die Angehörigen außerdem, meist aus beruflichen Gründen, nicht an den Arztterminen teilnehmen und erhalten keine Kenntnis von Entscheidungen der Ärzte. Es müssen Wege gefunden werden, die Angehörigen einzubinden. Bis dieser Punkt erreicht ist, können Informationsportale fehlendes Wissen liefern und Fragen beantworten. Qualität und Sicherheit dieser Art von Beratung könnten mit einer Moderation durch erfahrenes medizinisches Personal sichergestellt werden. Solche Portale werfen freilich *Datenschutz*fragen auf, die es zu beantworten gilt.

Neben der Telemedizin sind die oben geschilderten Möglichkeiten von Cyber-Physical Systems auch in einem allgemeineren Gebiet relevant, nämlich dem der altersgerechten Assistenzsysteme für ein gesundes und unabhängiges Leben im Alter (*Ambient Assisted Living, AAL*). Dazu gehören technikbasierte Konzepte, Produkte und Dienstleistungen zur situationsabhängigen Unterstützung von Menschen mit besonderen Bedürfnissen im Alltag. Diese *Dienste*, das ist sehr wichtig, müssen unaufdringlich sein, dürfen die betreuten Personen also nicht stigmatisieren. Das Ziel des *AAL* sind Erhalt und Förderung der Selbstständigkeit von Menschen jeden Alters in ihrer gewohnten Umgebung sowie die Steigerung ihrer Lebensqualität durch die Verbesserung von Hilfs- und Unterstützungsdienstleistungen.

Eine *AAL*-Umgebung, beispielsweise das eigene Heim, wird zur Kompensation von altersbedingt verringerten physischen oder kognitiven Fähigkeiten, je nach Bedarf, nach und nach mit CPS-Geräten ausgestattet, die Assistenzfunktionalität bieten und von den Nutzern gesteuert werden können. Beispiele sind Licht, Heizung, Fensterrollos, Türen, Bett oder die Küchenzeile. Die Geräte kommunizieren mit den Nutzern - über *Mobilgeräte*, gegebenenfalls mit Sprachdialog - und untereinander. Auf diese Weise wird im *AAL* die Umgebung selbst zu einem intelligenten Cyber-Physical System, das mitdenkt und vorausplant. Es erstellt Einkaufslisten nach Wünschen der Nutzer, abhängig von den vorhandenen Vorräten, erinnert an die Einnahme von Medikamenten, überwacht die tägliche Flüssigkeitsaufnahme oder erkennt Stürze. Auch mobile Geräte wie intelligente Rollstühle, Rollatoren oder Haushaltsroboter werden in die Kooperation eingebunden [KBRSG11].

2.3.3 CPS ALS UNTERSTÜTZUNG BEI DER AUTOMATISCHEN ERKENNUNG EINER NOTFALLSITUATION UND IN DER ERSTVERSORGUNG

Szenario

(4) Frau Huber geht im Wald spazieren. Plötzlich wird ihr schwarz vor Augen und sie sackt in sich zusammen. Die Sensoren ihres *Smart-Health-Systems* registrieren einen plötzlich abfallenden Puls und eine sturzähnliche Bewegung. Als erste Reaktion fordert das *Smart-Health-System* Frau Huber akustisch auf, einen bestimmten Knopf an ihrem *Mobilgerät* zu drücken, falls trotz der gemessenen Daten alles in Ordnung sein sollte. Als Frau Huber darauf auch nach mehrfacher Aufforderung nicht reagiert, setzt das System einen Notruf ab. In der Notrufzentrale kann über eine Verbindung mit dem *Smart-Health-System* die Position von Frau Huber bestimmt und auf die *Sensor*daten sowie die elektronische Krankenakte zugegriffen werden. Aus der Datenlage ermittelt der Mitarbeiter in der Notrufzentrale, dass es sich vermutlich um einen Schwächeanfall handelt. Er übermittelt die Daten von Frau Huber an einen Krankenwagen, dessen Besatzung nach dem Rechten sehen soll.

(5) Das Team des Krankenwagens verschafft sich einen kurzen Überblick über den Standort von Frau Huber, ihre momentanen Vitaldaten und ihre Krankenakte. Der Krankenwagen wird von einem speziellen System an den Standort von Frau Huber navigiert. Inzwischen hat ein anderer Spaziergänger die Notsituation von Frau Huber bemerkt und kommt ihr zu Hilfe; das *Smart-Health*-Gerät leitet ihn bei gezielten Hilfsmaßnahmen an.
Auf dem Weg zum Einsatzort stellen die Sanitäter anhand der aktuellen Vitaldaten fest, dass sich Frau Hubers Puls kontinuierlich verschlechtert. Sie vermuten daher, dass sie sich bei dem Sturz eine Verletzung zugezogen und in der Zwischenzeit eine erhebliche Menge Blut verloren hat. Als die Sanitäter den Krankenwagen verlassen, nehmen sie daher die nötige Ausrüstung mit, um einen Druckverband anlegen zu können. Weil Frau Huber sich auf einem nicht befahrbaren Waldweg befindet, legen die Rettungssanitäter das letzte Stück zu Fuß zurück, wobei ihnen ein *Mobilgerät* den Weg weist. Am Ziel angelangt, übernehmen sie die Betreuung von dem Ersthelfer und stellen fest, dass Frau Huber sich bei dem Sturz an einem spitzen Ast eine Arterie am Bein verletzt hat und tatsächlich viel Blut verliert. Die Sanitäter setzen einen Druckverband, tragen Frau Huber zum Rettungswagen und machen sich auf den Weg zum Krankenhaus. Unterwegs übermitteln sie die elektronische Krankenakte, zusammen mit der aktuellen Diagnose, an die Notaufnahme. Aus den Daten können die dortigen Mitarbeiter die Blutgruppe von Frau Huber ermitteln und eine Bluttransfusion vorbereiten. Als Frau Huber im Krankenhaus eintrifft, ist alles bereit; sie kann ohne Zeitverlust optimal versorgt werden.

Funktionsbeschreibung

Sensoren von Patienten sind in der Lage, Notfälle zu erkennen. Aus der Kombination verschiedener Werte wie Puls, Blutdruck und Atemfrequenz sowie dem Bewegungsprofil lässt sich ein relativ exaktes Bild des aktuellen Befindens ermitteln. Die Informationen laufen dazu zunächst auf dem patienteneigenen *Mobilgerät* zusammen und werden auf Auffälligkeiten hin untersucht. Vermutet das System eine kritische Situation, versucht es zunächst, das Problem lokal zu lösen. Dazu wird der Patient vom *Mobilgerät* auf das vermeintliche Problem aufmerksam gemacht und aufgefordert, einen eventuellen Fehlalarm anzuzeigen. Zeigt ein Bewegungs*sensor* beispielsweise einen Sturz an, muss nicht unbedingt etwas passiert sein und ein Notruf ausgelöst werden.

Reagiert der Patient nicht, löst das *Mobilgerät* einen Notruf aus und übermittelt seine aktuellen Daten sowie die Krankenakte an die Notrufzentrale. Auf Basis dieser Informationen lässt sich dort eine fundierte Entscheidung treffen, wie am besten zu reagieren ist. Handelt es sich beispielsweise nicht um eine lebensbedrohliche Situation, kann etwa als erster Schritt auch ein Verwandter oder Nachbar informiert werden, um nach dem Rechten zu sehen. Die über die *Mobilgeräte* des Patienten und von möglichen Ersthelfern ermittelten Ortsinformationen können genutzt werden, um zunächst einen geeigneten Helfer in der Nähe auszuwählen und mittels einer Navigationslösung auf seinem *Mobilgerät* an den Ort des Geschehens zu lotsen.

Wird die Entscheidung getroffen, einen Krankenwagen zu entsenden, können die gesundheitsrelevanten Daten unmittelbar dorthin übermittelt und noch während der Fahrt ausgewertet werden. So kann sich das Team im Krankenwagen optimal auf den Einsatz vorbereiten und während der Fahrt anhand aktueller *Sensor*werte den Patientzustand abschätzen. Auch an das Krankenhaus selbst können die Daten bereits übermittelt werden, sodass, etwa für eine erforderliche Notoperation, alles vorbereitet werden kann.

Abbildung 2.7: Illustration der Koordinationsbeziehungen im beschriebenen Notfallszenario

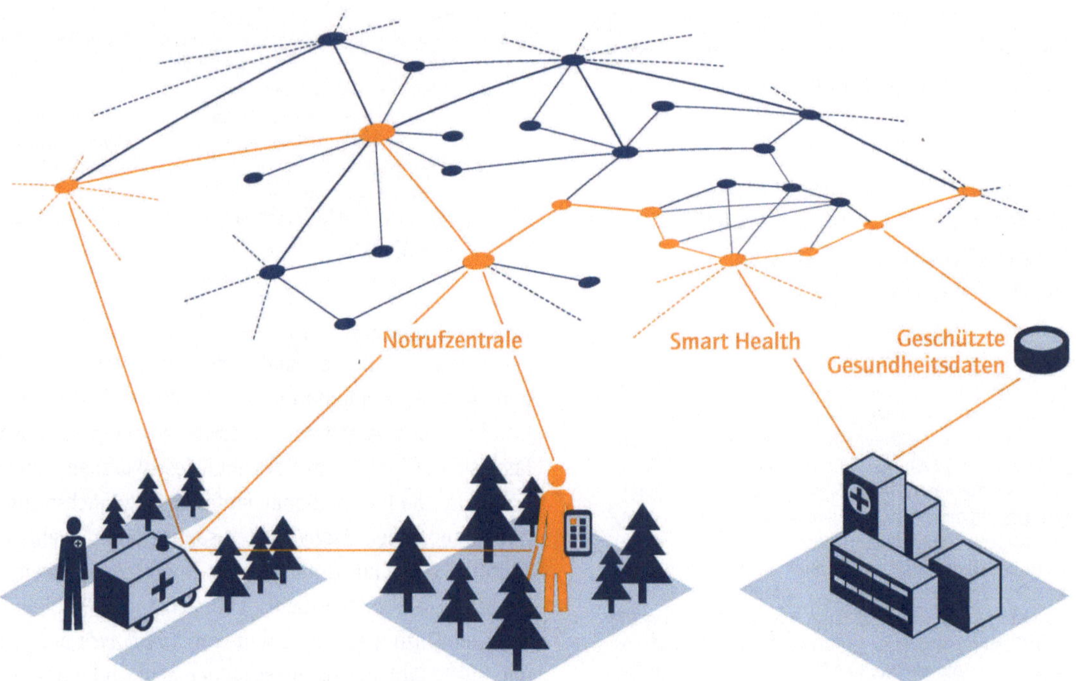

2.3.4 CPS-MEHRWERT UND NUTZENPOTENZIALE

Der demografische Wandel konfrontiert das bestehende Gesundheitssystem mit enormen Herausforderungen. Der konsequente Einsatz von Cyber-Physical Systems kann einen wesentlichen Beitrag zur Bewältigung dieser Herausforderungen leisten. Das verspricht folgenden Nutzen und Mehrwert:

- Verbesserung der Qualität medizinischer Entscheidungen, etwa durch
  - Möglichkeiten zur Einbeziehung medizinisch relevanter *Sensor*informationen
  - Aggregation aller gesundheitsrelevanten Informationen aus unterschiedlichen Quellen in einer elektronischen Patientenakte an einem zentralen Ort
  - optimale *Verfügbarkeit* der Informationen aus der elektronischen Patientenakte am jeweils benötigten Ort
  - automatisierte Analyse der aggregierten Daten zur Identifikation bislang unentdeckter medizinischer Auffälligkeiten und die Unterbreitung möglicher Therapievorschläge
- Steigerung der Qualität medizinischer Therapiemaßnahmen, beispielsweise durch
  - Vermeiden von Fehlern mittels einer Verbesserung der Informations*transparenz* über die gesamte Kette der Leistungserbringung durch Ärzte, Apotheker, Therapeuten etc.
  - automatische Identifikation von Problemen, die während einer Therapiemaßnahme auftreten, mittels der Erfassung und automatischen Analyse von *Sensor*werten
  - bessere Einbindung von Patienten und die daraus resultierende Steigerung der *Compliance*
- Verbesserung der Notfallversorgung, beispielsweise durch
  - automatische Identifikation von Notfällen
  - schnellere Versorgung vor Ort durch gezielte Auswahl und Navigation in der Nähe befindlicher Ersthelfer zum Ort des Notfalls
  - bessere Versorgung, basierend auf der notwendiger Gesundheitsinformationen über die gesamte Notfallkette hinweg
  - lokale Interventionsunterstützung und Verhaltensempfehlungen im Notfall
- Effizienzsteigerung bei der Inanspruchnahme medizinischer Leistungen für den Patienten, etwa durch
  - eingesparte Wege beim Einsatz von Ferndiagnose und Telemedizin
  - effizientere Prozesse, etwa bei der Terminvergabe oder mithilfe elektronischer Rezepte
  - das Auffinden von verfügbaren Fachärzten in der Umgebung
- Hochwertige Betreuung der Patienten zu Hause durch
  - Unterstützung von Selbstmanagement und Selbstwahrnehmung der Patienten
  - Stärkung des Sicherheitsgefühls durch Aufklärung und Feedback
  - Erkennen von Symptomen bereits vor der Eigenwahrnehmung der Patienten, woraus sich preiswertere Behandlungsoptionen ergeben können
- Effizienzsteigerung für medizinische Leistungserbringer, beispielsweise durch
  - automatisierte Erhebung von Daten über *Sensoren*
  - automatisierte Aggregation und Analyse medizinischer Daten und Unterbreitung von Therapievorschlägen durch das System
  - Verkürzung von Terminen durch schnelle *Verfügbarkeit* einer umfassenden Patientenakte
  - Einsparung von Hausbesuchen beim Einsatz von Ferndiagnose und Telemedizin
  - Optimierung und Digitalisierung administrativer Prozesse wie Terminvereinbarung oder Rezepterstellung und -verarbeitung

Zu diesen direkten gesellen sich indirekte Nutzeneffekte, die sich aus einer umfassenden Veränderung der Versorgungsstruktur ergeben. Mehrere Leistungserbringer könnten, etwa bei der ganzheitlichen Betreuung von Patienten, koordiniert zusammenarbeiten und auf diese Weise Behandlungslücken schließen. Aus der individuellen Zusammenstellung vorhandener Leistungskomponenten in Diagnose und Therapie könnten neue Behandlungsformen entstehen; laufende Behandlungen ließen sich möglicherweise zeitnah und situationsgereicht anpassen. Darüber hinaus würden Wirksamkeitsnachweise von Behandlungen durch langfristige Nachverfolgung erleichtert oder gar erst ermöglicht. Mithilfe telemedizinischer Verfahren schließlich könnte ferner die Versorgung in strukturschwachen Gegenden verbessert und in schwierigen Fällen medizinische Kompetenz aus dem europäischen Raum hinzugezogen werden.

Auch eine *domänen*übergreifende Nutzung von Cyber-Physical Systems ist vorstellbar. Für komplexe Behandlungen und Lebenssituationen könnte etwa ein einrichtungsübergreifendes Fallmanagement greifen oder es ließen sich Krankheits- beziehungsweise Behinderungsinformation für die Inanspruchnahme *domänen*übergreifender Angebote, etwa zur Reiseplanung, heranziehen.

2.4 SMART GRID

Die Energieversorgung in Deutschland und Europa steht vor einem großen Wandel und enormen Herausforderungen. Jederzeit verfügbare konventionelle Kraftwerke - Kernenergie, Kohle und Gas - werden zum Teil durch volatil verfügbare erneuerbare Energiequellen, vor allem Wind- und Solarenergie, ersetzt. Dieser Wandel ist politisch und gesellschaftlich, im Hinblick auf das steigende Umweltbewusstsein der Bevölkerung, gewollt und hat bedeutende Konsequenzen.

Für eine stabile Energieversorgung muss im Elektrizitätsnetz das Angebot stets der Nachfrage entsprechen. Die Stabilität wird heute durch eine zentrale Steuerung erreicht, indem die Produktion der Nachfrage folgt. In Zukunft steht volatile und dezentral erzeugte Energie einem ebenso volatilen Verbrauch gegenüber. Um die Stabilität in der kommenden Zeit zu gewährleisten, muss als eine wichtige Voraussetzung das Stromnetz „intelligent" werden durch die Vernetzung von Stromerzeugern und -speichern, der Netzsteuerung und der elektrischen Verbraucher mithilfe von Informations- und Kommunikationstechnologie. Mit der Vernetzung unterschiedlichster Komponenten entsteht ein großes Energieinformationsnetz beziehungsweise ein *Smart Grid*. Außer der stabilen Energieversorgung ermöglicht der ganzheitliche Einsatz von *IKT* weitere vielfältige Funktionen und *Dienste* in Rahmen des *Smart Grid*.

Die hohe Vernetzung im Smart Grid ermöglicht unterschiedliche Varianten von Nutzung und Betrieb der Energieversorgung. Dazu gehören unter anderem das *Micro Grid*, bei dem die Vernetzung lokaler Erzeuger und Verbraucher dazu genutzt wird, eine lokale Optimierung der Stromeinspeisung und -nutzung zu erreichen, und das *virtuelle Kraftwerk* (Virtual Power Plant, VPP), bei dem viele dezentrale Erzeuger zu einem *virtuellen Kraftwerk* aggregiert werden, um eine bedarfsgerechte und sichere Energieverteilung und einen höheren Wirkungsgrad der Energie zu erreichen. Die dezentralen Erzeuger können *Photovoltaik*anlagen, kleine Windkraftwerke und Biogasanlagen sowie Micro-KWK-Anlagen sein. Deren Bündelung ermöglicht eine interne Steuerung kleiner Erzeuger, hilft, unkontrollierte Schwankungen im Netz zu vermeiden und trägt damit zur Stabilität des Systems bei.

Außerdem werden derzeit weitere *Smart-Grid*-Konzepte zur Integration stationärer Speicher und Elektrofahrzeuge untersucht. Um die Anwendungsmöglichkeiten des *Smart Grid* zu verdeutlichen, befasst sich der folgende Abschnitt anhand eines Anwendungsbeispiels aus Verbrauchersicht mit dem *Micro Grid*. Dabei werden neuartige Funktionen und Möglichkeiten des *Smart Grid* aufgezeigt, die innovative Anwendungen und damit auch neue *Geschäftsmodelle* für kleinere und mittlere Unternehmen ermöglichen. Das Szenario zeigt Akteure, Geräte und deren Interaktion.

2.4.1 MICRO GRID

Das *Micro Grid* ist ein Konzept, bei dem die Stromversorgung und die Regelung der Stabilität überwiegend lokal, beispielsweise in einer kleinen Gemeinde, stattfinden. Dazu werden im *Micro Grid* dezentrale Stromerzeuger wie *Photovoltaik*-anlagen, Windkraftanlagen, Brennstoffzellen, Micro-KWK-Anlagen, Energiespeicher wie Schwungräder und Batterien, eine intelligente Verbrauchssteuerung und der Netzbetrieb koordiniert eingesetzt, um den Energiebedarf lokaler Konsumenten zu decken und gleichzeitig das Netz stabil zu halten. Zusätzlich zum Anschluss an das große Energienetz können *Micro Grids* in Teilen eine autonome Energieversorgung (Inselversorgung) gewährleisten, beispielsweise für eine kleine Gemeinde. Bei Bedarf tragen sie durch ihr Systemverhalten dazu bei, die Gesamtsystem-Stabilität zu erhöhen, etwa, indem weitgehend autonome Versorgung ermöglicht wird. In einem idealen *Micro Grid* würde die dezentral erzeugte Energie am Entstehungsort genutzt, wodurch lange Transporte und damit verbundene Verluste vermieden würden.

Die Schwankungen bei der Energieerzeugung aus erneuerbaren Quellen werden durch lokale Nutzung zusätzlicher Erzeuger - beispielsweise Microanlagen mit Kraft-Wärme-Kopplung (KWK) - durch Speicherkapazitäten oder intelligente Verbraucher ausgeglichen. Allerdings wären dazu in Deutschland umfangreiche Speicher notwendig, die derzeit für solch einen Betrieb deutlich zu teuer sind. Das *Micro Grid* wird von einem menschlichen Operator oder alternativ durch intelligente Softwarelösungen, auch als Agenten bezeichnet, intern koordiniert. Das über dem *Micro Grid* liegende Netz wird als ein zusätzlicher Erzeuger oder Verbraucher betrachtet, abhängig von der aktuellen Leistungsbilanz. Damit kann Energie zwischen dem *Micro Grid* und dem übrigen System gehandelt werden.

Das *Micro Grid* kann sowohl von institutionellen Einrichtungen als auch von kleinen und mittleren Unternehmen betrieben werden. Dabei sollte jedoch beachtet werden, dass das *Micro-Grid*-Konzept sich vor allem für Besitzer von Industrieanlagen, großer Gebäudekomplexe oder vieler kleinerer Gebäude rechnet. Dem Betrieb eines *Micro Grid* im privaten Bereich stehen neben den technischen Herausforderungen umfangreiche Regularien entgegen, insbesondere die Forderung nach der freien Wahl des Stromanbieters, der eben auch außerhalb des *Micro Grid* gewählt werden können muss.

2.4.1.1 Ein Micro-Grid-Anwendungsszenario

Frau Mayer ist vor kurzem in ihr neues Haus in einer kleinen Gemeinde in der Nähe von München eingezogen. Aufgrund ihrer umweltbewussten Lebensweise verfügt ihr Haus über die neuesten umweltschonenden Technologien. Dazu gehören eine Solardachanlage (*Photovoltaik* und Wärme), ein kleiner Energiespeicher und eine Mikro-Kraft-Wärme-Kopplung (Mikro-KWK) als zentrale Heizungsanlage im Keller. Zusätzlich verfügt sie über einige *intelligente Hausgeräte* - darunter Klimaanlage, Heizung, Kühlschrank, Waschmaschine, Spülmaschine -, ein Elektrofahrzeug und eine moderne CPS-Infrastruktur, bestehend aus einem *Smart Meter* und einem intelligenten *Energy Gateway*.

Kurz nach ihrem Einzug erfährt Frau Mayer von einem Angebot der Musterstadt Micro Grid GmbH. Das mittelständische Unternehmen ermöglicht allen Bewohnern des Ortes die Teilnahme an ihrem *Micro Grid* und verspricht eine effiziente Verteilung von erneuerbaren Energien in der Gemeinde, um eine effiziente und umweltschonende Energienutzung zu garantieren.

Als Stromabnehmerin und gleichzeitige Besitzerin von Erzeugungsanlagen kann Frau Mayer als *Prosumer* (gleichzeitig Erzeuger und Verbraucher, Producer und Consumer) am *Micro Grid* teilnehmen. Ihr Haus wird automatisch durch die Musterstadt Micro Grid GmbH angebunden; Standardtechnik mit *Plug-and-Play*-Eigenschaften sorgt für nahtlose Integration.

Als Teilnehmerin des *Micro Grid* plant Frau Mayer morgens per *Mobilgerät* den anstehenden Tag. Zunächst stellt sie ein, dass sie von 8 bis 18 Uhr auf der Arbeit ist. Währenddessen können Hausgeräte wie Kühlschrank, Gefriertruhe und die Klimaanlage vom *Micro-Grid*-Betreiber als intelligente Verbraucher geregelt werden. Außerdem hat Frau Mayer morgens die Waschmaschine und den Geschirrspüler vorbereitet und stellt im Smartphone ein, dass die Waschmaschine und der Geschirrspüler gelaufen sein sollen, bevor sie von der Arbeit kommt. Die Angabe eines Zeitraums für den Betrieb dieser Geräte gewährt dem *Micro Grid* Flexibilität für den Strombedarf. So kann ein Waschvorgang nicht nur zeitlich flexibel gestartet werden, sondern bei Spitzen auch pausieren und so die Lastkurven glätten.

Funktionsbeschreibung

Die Einstellungen werden über einen sicheren Kommunikationskanal an die Musterstadt Micro Grid GmbH übermittelt. Diese nutzt diese Daten, um mithilfe intelligenter Verbrauchsmanagement-Algorithmen eine Optimierung der Energielast in der Gemeinde auf ihrer speziellen CPS-Infrastruktur zu kalkulieren; die zeitliche Planung dabei richtet sich nach Frau Mayers Vorgaben hinsichtlich Kosten, Eigenverbrauch und Umweltverträglichkeit. Für die Optimierung nutzt das *Micro Grid* die lokale Produktionsprognose unter Berücksichtigung der aktuellen Wetterprognose, der erwarteten Strompreise und der Lastprognose des Netzes im Hinblick auf die lokale Netzstabilität.

Die Musterstadt Micro Grid GmbH bietet als weitere Funktion die Regelung der Raumtemperaturen an, die Frau Mayer ebenfalls über ihr Smartphone einstellen kann. Dazu steuert die Gesellschaft die Steuerung der Klimaanlage und der

Abbildung 2.8: Schematischer Ausschnitt eines *Micro Grid* in der vernetzten Energieversorgung (*Smart Grid*)

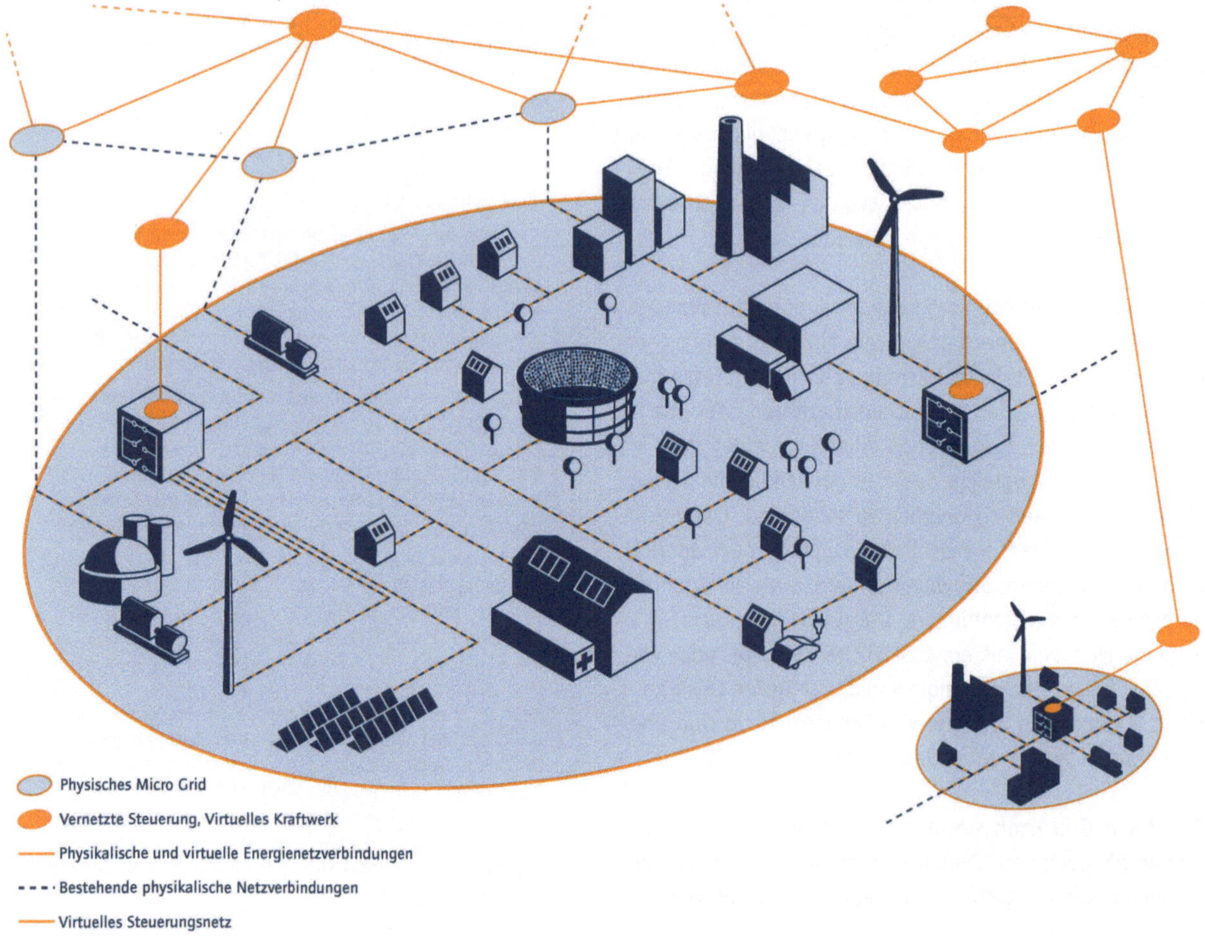

Physisches Micro Grid
Vernetzte Steuerung, Virtuelles Kraftwerk
Physikalische und virtuelle Energienetzverbindungen
Bestehende physikalische Netzverbindungen
Virtuelles Steuerungsnetz

Mikro-KWK so, dass jederzeit ein komfortables Hausklima entsteht. Im Gegenzug erhält das *Micro Grid* einen weiteren steuerbaren Verbraucher, der in den Optimierungsalgorithmen berücksichtigt werden kann. Im Gegensatz zu einem einfachen Thermostat wird das Hausklima damit zusätzlich im Hinblick auf den aktuellen Strompreis oder die Netzlast geregelt. Damit unterstützt die Micro-KWK die Netzstabilität und verringert den Bedarf an teuren Energiespeichern. Der *Micro-Grid*-Operator - oder ein Agent - kann in seinen Optimierungen die Strompreise und die Last berücksichtigen und die Micro-KWK-Anlage im Hinblick auf diese beiden Faktoren planen und ansteuern und damit entweder das Netz stabilisieren oder wirtschaftlich handeln. Frau Mayer kann den aktuellen Verbrauch und die Erzeugung der *Photovoltaik*anlagen jederzeit auf ihrem Smartphone beobachten; das ermöglicht ihr intelligenter Zähler (*Smart Meter*), der an das Internet angeschlossen ist und Erlöse sowie Kosten jederzeit transparent macht. Am Ende jeder Woche findet eine Abrechnung mit der Musterstadt Micro Grid GmbH statt und der Saldo aus Erlösen und Kosten wird automatisch mit Frau Mayers Konto verrechnet.

Im Fall einer Störung oder bei einer starken Verschmutzung der *Photovoltaik*anlage, also wenn weniger Strom produziert wird, wird Frau Mayer unverzüglich per *Mobilgerät* benachrichtigt. Die Art des Problems wird ausgewertet, das weitere Vorgehen empfohlen. So kann sie bei Bedarf gleich einen Dienstleister, beispielsweise einen Elektromeister, mit der Behebung des Fehlers beauftragen.

Die Musterstadt Micro Grid GmbH nutzt das Wissen über die lokale Erzeugung und den Verbrauch, um am Energiehandel teilzunehmen. Die Preise sind dabei jederzeit über die Energiebörse oder über die Musterstadt Micro Grid GmbH und für die Verbraucher verfügbar. Lokale Überschusse können am Energiemarkt verkauft, bei Bedarf kann zusätzliche Energie eingekauft werden.

Frau Mayer bindet außerdem ihr Elektrofahrzeug in das *Micro Grid* ihrer Gemeinde ein. Während das Auto zu Hause oder am Arbeitsplatz parkt, kann die Musterstadt Micro Grid GmbH den Speicher nutzen, um von Preisschwankungen im Energiehandel zu profitieren. Der Speicher kann Energie aufnehmen, wenn die erneuerbaren Energieerzeuger mehr Energie produzieren als verbraucht wird. Umgekehrt kann der Speicher die Energie zurückpeisen, wenn im Netz mehr verbraucht als produziert wird. Der *Micro-Grid*-Betreiber kann die Speicher für verschiedene Formen des Energiehandels nutzen. Elektrofahrzeuge sind dabei bestens zur Kontrolle der Netzstabilität und für die Primärregelung im Regelenergiemarkt geeignet, da die Lastflusssteuerung sehr schnell geregelt werden kann. Vor allem lokale Netzengpässe können mit Elektrofahrzeugen schnell ausgeglichen und insbesondere lokale Lastspitzen geglättet werden. Den gewünschten Ladezustand ihrer Autobatterie mit den entsprechenden Zeitpunkten kann Frau Mayer wieder mit ihrem Smartphone einstellen. Die koordinierte Steuerung der Ladefunktion von Elektrofahrzeugen in der Gemeinde übernimmt die Musterstadt Micro Grid GmbH. Dabei achtet sie darauf, dass sowohl Netzengpässe als auch das Mobilitätsbedürfnis der teilnehmenden Personen nicht eingeschränkt werden.

Im Hinblick auf eine steigende Volatilität der Energieproduktion durch vermehrte Nutzung erneuerbarer Energieträger kann das *Micro Grid* als Cyber-Physical System zur Stabilisierung des Energienetzes beitragen und so einen Teil der ansonsten benötigten Großkraftwerke einsparen. Für die Planung des Betriebs stehen dem *Micro Grid* hierfür die bereitgestellten Daten der Teilnehmer sowie verschiedene Optimierungs- und Steuerungsalgorithmen zur Verfügung. Wetterprognosen unterstützen die Planung mit einer besseren Voraussagbarkeit der Energieproduktion durch erneuerbare Energieträger, vor allem durch die Sonne. Außerdem besteht die Möglichkeit zur Verbrauchssteuerung durch Preissignale oder den direkten Zugriff auf Verbrauchergeräte und Stromspeicher. Neue Geräte müssen sich ohne Konfigurationsaufwand, also nach dem *Plug-and-Play*-Verfahren, einbinden lassen; das System hat sich während der Laufzeit dynamisch an die Änderungen anzupassen. Bei Störungen oder Notfällen muss es automatisch reagieren. Zur Behebung der Probleme können zusätzliche Funktionen Empfehlungen geben oder unverzüglich Dienstleistungsbetriebe beauftragen.

Das Erfassen des Energieverbrauchs mit hoher zeitlicher Auflösung ermöglicht es Frau Mayer, mit beliebigen Endgeräten ortsunabhängig nicht nur Informationen zum Energieverbrauch abzurufen. Ihr persönlicher Energieberatungsagent analysiert außerdem ihren Verbrauch und gibt Sparhinweise.

Auch das elektrische Netz kann durch den Zugriff auf die vielfältigen Daten stabil geführt werden. Allerdings bekommt es keinen direkten Zugriff auf die persönlichen Daten von Frau Mayer, sondern auf aggregierte Daten vieler Kunden, das jedoch in *Echtzeit*.

Der lokale Energiespeicher bietet durch die intelligente Einbindung mehrere Vorteile: Die Kombination mit der *Photovoltaik*anlage erhöht deren Eigenverbrauch. Gleichzeitig kann der Energiespeicher als Vorladespeicher für eine schnellere Betankung des Elektrofahrzeugs genutzt werden. Aus Systemsicht dient er dazu, die Volatilitäten zu glätten. Diese drei Funktionen können im Widerspruch zueinander stehen. Ein *Broker-System* sorgt deshalb in Abstimmung mit den Agenten der Anlagen dafür, dass diese immer zum Nutzen von Frau Mayer eingesetzt werden.

2.4.2 IDENTIFIZIERTE MEHRWERTE UND DIENSTE

Energie berührt grundlegende Bedürfnisse unserer Gesellschaft. Eine hohe Versorgungssicherheit und Verfügbarkeit von günstiger Energie spielt für das Wirtschaftswachstum eine wesentliche Rolle. Im Hinblick auf den bevorstehenden Energiewandel ist das *Smart Grid* von entscheidender Bedeutung und schafft für das Energieversorgungssystem eine Reihe zusätzlicher Werte. So kann das *Smart Grid* zu mehr *Transparenz* führen, schafft damit ein höheres Bewusstsein bezüglich des Energieverbrauchs und reduziert den Energiebedarf. Weiterhin erhöht es die Flexibilität aufseiten der Verbraucher und ermöglicht so den flächendeckenden Einsatz erneuerbarer Energieerzeuger unter Beibehaltung der Versorgungssicherheit. Für unsere Gesellschaft bedeutet das eine erhöhte Lebensqualität und die Möglichkeit zu einem nachhaltigen Umgang mit den Ressourcen.

Als Bestandteil des *Smart Grid* konzentriert sich das *Micro Grid* besonders darauf, vorhandene Energie lokal zu nutzen und damit Transportverluste sowie Netzentgelte zu vermeiden. Die Steuerung flexibler Komponenten kann von *Micro-Grid*-Operatoren beziehungsweise automatisierten Software Agenten koordiniert werden. Dazu verwenden diese Algorithmen, Visualisierungswerkzeuge und Dienstleistungen, wie zum Beispiel eine Wetterprognose sowie Entwicklungs- und Wartungsdienstleistungen bezüglich Energie- und *IKT*-Infrastruktur. Die Bereitstellung und Integration derartiger Dienstleistungen im *Smart Grid* fördert innovative Lösungen und damit die Entstehung neuer *Geschäftsmodelle* und Start-up-Unternehmen. Folglich werden neue Arbeitsplätze geschaffen und der Wirtschaftsstandort Deutschland wird gestärkt. Vor allem ländliche Gebiete profitieren von den installierten erneuerbaren Energieerzeugern, die gepflegt und gewartet werden müssen.

Außer einer umweltschonenderen Energieerzeugung können Verbraucher mithilfe erneuerbarer Energie beziehungsweise ihrer Erzeuger und steuerbarer Komponenten von günstigen Tarifen profitieren und so Kosten sparen. Durch steuerbare Energieverbraucher und Speicher kann die Volatilität gepuffert, Spitzenlasten können reduziert werden. Das vereinfacht den Netzbetrieb und ermöglicht einen wirtschaftlicheren Einsatz der Großkraftwerke. Strom kann durch das als Stadtwerk agierende *Micro Grid* also viel günstiger eingekauft werden; außerdem tragen vermiedene

Netzentgelte zu einem verringerten Energiepreis bei. Lokale Versorger können die Prognosen und das Potenzial der Verschiebung von Lasten und dezentraler Erzeugung nutzen, um Gewinne an der Energiebörse zu erzielen.

Die Daten können vom Netz ausgewertet und zur Diagnose verwendet werden. So lassen sich frühzeitig Gefährdungssituationen erkennen und zur automatisierten Auslösung einer Reaktion nutzen. Das vermeidet Stromausfälle oder sonstige Eingriffe in die zuverlässige Versorgung der Kunden. Gleichzeitig wird der Netzausbau durch eine bessere Auslastung vermieden und so die Kosten der Kunden für die Benutzung des Netzes gesenkt.

Endnutzer profitieren davon, außer durch die Kostenersparnis, in mehrfacher Hinsicht. Ein *intelligentes Smart-Meter-Gerät* lässt sich dabei immer und überall per *Mobilgerät* einstellen. So können Verbraucher immer sehen, was bei ihnen passiert. Sollte etwa einmal Herd oder Bügeleisen noch an sein, wird der Besitzer sofort darüber informiert. Außerdem kann der Verbrauch bestimmter Geräte über deren Funktion Aufschluss geben. Sollte etwa ein Kühlschrank mehr als sonst verbrauchen, kann der Nutzer einen Hinweis erhalten, den Kühlschrank zu enteisen oder ein neues, energiesparendes Gerät zu kaufen. Ferner wird das Elektrofahrzeug zu Hause oder am Arbeitsplatz immer ausreichend geladen, Fahrten zur Tankstelle werden vermieden. Nutzer können außerdem ihre Energiedaten analysieren und ihre Häuser im Hinblick auf den Energieverbrauch optimieren.

2.5 INTELLIGENTE FABRIK – VERNETZTE, ADAPTIVE UND ECHTZEITFÄHIGE PRODUKTION

Die zwei grundlegenden Prozesse eines produzierenden Unternehmens sind Auftragsabwicklung sowie Produkt- und Produktionsentstehung. Sie werden im Folgenden durch zwei Szenarien abgebildet, und zwar

- den Kauf einer kundenspezifischen Küche, wodurch der Einsatz und die Potenziale von Cyber-Physical Systems im Auftragsabwicklungsprozess verdeutlicht werden, sowie
- die Selbstkonfiguration produktionsnaher IT-Systeme als Beispiel für Potenziale von Cyber-Physical Systems im Produkt- und Produktentstehungsprozess.

Auf den ersten Blick erscheint das Szenario des Kaufs einer kundenspezifischen Küche recht banal, zumal es aus dem *Business-to-Consumer*-Bereich stammt und damit die *Business-to-Business*-Anforderungen, beispielsweise die Beschaffung einer komplexen Maschine oder Anlage durch einen industriellen Anlagenbetreiber und die Rekonfiguration seines Produktionssystems, nur teilweise abbildet. Gleichwohl ist dieses vereinfachte Anwendungsszenario geeignet, beispielhaft die produktionsspezifischen Fähigkeiten von Cyber-Physical Systems zu illustrieren.

Insgesamt verfolgt die Produktion die folgenden bekannten Zielgrößen [AR11]:

- vom Kunden geforderte Qualität, die robuste Produktionsprozesse erfordert,
- Geschwindigkeit und Zeit, bezogen auf Innovationen, Durchlaufzeiten und den Anlauf von Anlagen sowie
- wettbewerbsfähige Herstellungskosten, die sich auf das Volumen der Investitionen in Anlagen und IT auswirken.

Diese Ziele sind auch als Restriktionen bei der Gestaltung von IT-Architekturen und -Systemen in Produktionsunternehmen zu verstehen. Aus diesen Restriktionen erklärt sich unter anderem, warum viele moderne Technologien, die sich im Konsumgütermarkt längst durchgesetzt haben, in der Produktion erst langsam Einzug halten. Das gilt etwa für *intelligente Endgeräte* wie Smartphones, mit denen sich wichtige Informationen aus der Fertigung dezentral bereitstellen ließen, oder 3D-Visualisierungen des Fabrikbetriebs.

Neben dem bekannten Dreiklang aus Qualität, Zeit und Kosten ergeben sich neue Erfolgsfaktoren für die zukünftige Produktion [BBE07], etwa die

- Wandlungsfähigkeit für viele neue Produktvarianten, die Integration und *Interoperabilität* in der produktionsnahen IT erfordern,
- *Echtzeitfähigkeit*, die es nötig macht, dass Informationen schnell berechtigten Nutzern zur Verfügung gestellt werden, sowie
- Netzwerkfähigkeit und damit die Erweiterung des Blickfelds von einem Unternehmen auf Verbünde von Standorten oder Firmen.

Abbildung 2.9: Beispiele für ausgetauschte Informationen der Beteiligten in der Produktion

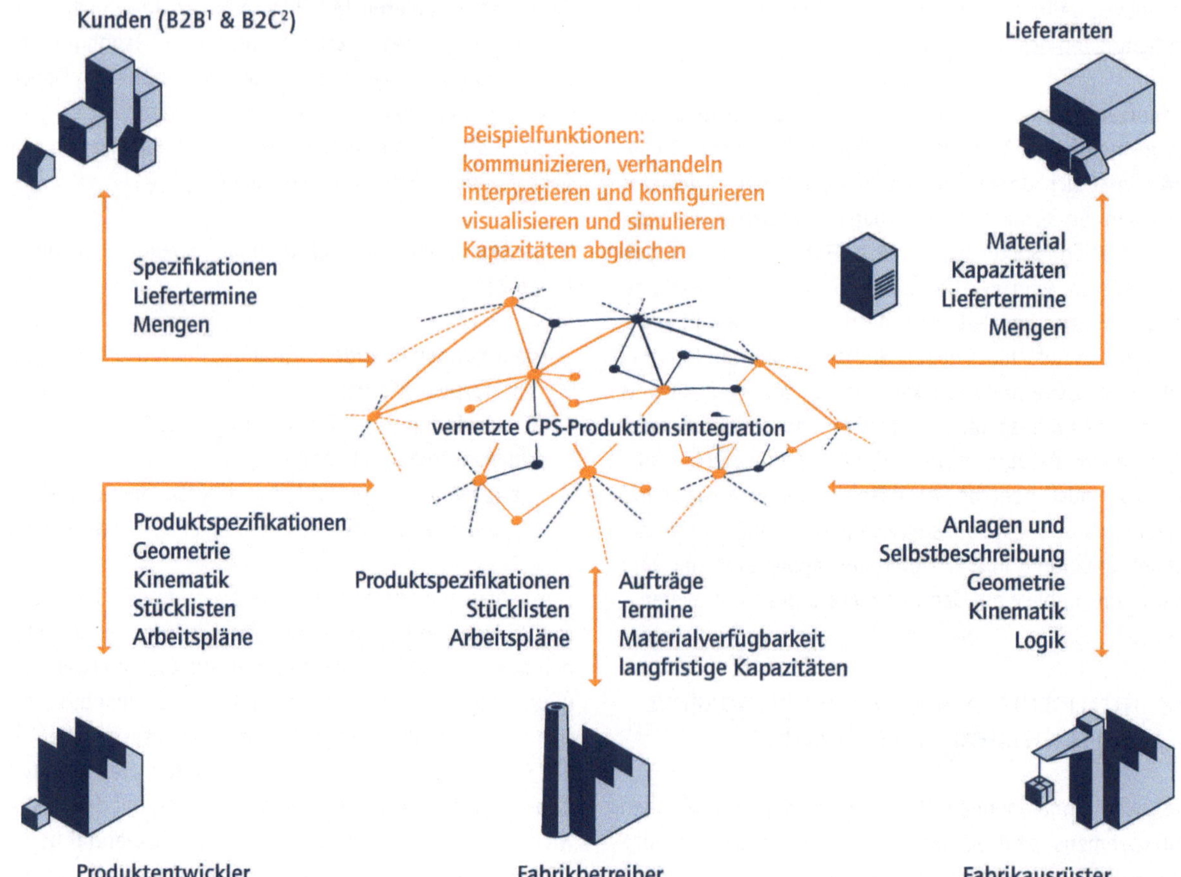

[1] Business to Business
[2] Business to Consumer

Aufgrund der Position von Cyber-Physical Systems am Schnittpunkt der genannten Unternehmensprozesse müssen sie außerdem über den kompletten Lebenszyklus von Produkt und Produktion vernetzt sowie in die tradierten IT-Architekturen von Unternehmen integriert werden. Das gilt auch dann, wenn zukünftig produktionsnahe Anwendungen aus einer *Cloud* als *Dienste* bezogen werden.

2.5.1 AUFTRAGSABWICKLUNGSPROZESS - SZENARIO UND TEILSZENARIEN

Szenario

(1) Familie Müller will sich eine neue Küche anschaffen. (2) Auf der Basis der gewünschten Konfiguration der Küche - etwa Komponenten, Schränke, Arbeitsplatte, Elektrogeräte und Design - sowie weiterer Faktoren wie Preis, *Energieeffizienz* und Liefertermin stellt Familie Müller mithilfe eines Assistenz*dienstes* ihre Wunschküche online zusammen. (3) Zu dem Zweck fragt der Assistenz*dienst* nach der Freigabe durch die Familie über ein Produktionsmanagementsystem des Küchenanbieters direkt die infrage kommenden Produktionseinheiten der Hersteller der Küchenkomponenten und -geräte ab. Die Abfrage ergibt, dass sich alle Produktionseinheiten zur Fertigung der gewählten Komponenten beim Hersteller A in Deutschland und alle Produktionseinheiten zur Fertigung der Arbeitsplatte beim Hersteller B in Osteuropa befinden und die Küche zum Wunschtermin im Kostenrahmen geliefert werden kann. (4) Familie Müller erteilt daraufhin über den Assistenz*dienst* den Auftrag. Nach der Auftragsvergabe überwacht und steuert das Produktionsmanagementsystem des Anbieters den gesamten Prozess bei den Sublieferanten der einzelnen Komponenten.

(5) Einige Zeit nach Auftragsvergabe - die Fertigungsaufträge sind inzwischen bei den Sublieferanten eingetroffen - entscheidet sich Familie Müller für ein anderes Design der Arbeitsplatte. (6) Über den Assistenz*dienst* wird nach der Möglichkeit und den Bedingungen einer Auftragsänderung gefragt. Der Assistenz*dienst* ermittelt mithilfe des Produktionsmanagementsystems, dass ein anderes Fertigungsverfahren sowie eine aufwändige Vorbehandlung der Roharbeitsplatte erforderlich sind und fragt nach idealen Produktionseinheiten zu diesen Zwecken. Preisänderungen sowie die Auswirkungen auf den Wunschtermin werden Familie Müller mitgeteilt. (7) Familie Müller bestätigt die Auftragsänderung, woraufhin einem Sublieferanten B in Osteuropa diese Änderung verbindlich mitgeteilt wird.

Funktionsbeschreibung

Eine kundenspezifische Küche soll mit den Anforderungen eines gegebenen Budgets, der Verwendung ökologisch einwandfreier Materialien und definierter *Energieeffizienz*klassen der Elektrogeräte hergestellt werden. Basierend auf den kundenspezifischen Vorgaben - Maße, 3D-Konfiguration, Komponenten, Kostenrahmen sowie Nachhaltigkeit hinsichtlich CO_2-Footprint und Ökosteuer - ermittelt der Assistenzdienst mithilfe eines Produktionsmanagementsystems das ideale Produktionssystem, die Herstellkosten und mögliche Lieferzeiten. Dazu bedarf es der Fähigkeit zu *echtzeitfähiger*, kontextadaptiver Kommunikation, der Vernetzung verteilter Produktionseinheiten über Unternehmensgrenzen und der Umsetzung von Verhandlungsstrategien. Das Produktionsmanagementsystem kommuniziert mit infrage kommenden Produktionseinheiten seines Netzwerks. Zusätzlich berücksichtigen die Produktionseinheiten ihren eigenen Standort, ihren Auslastungsgrad, die Logistikkosten, die Kompatibilität der Produktionseinheiten verschiedener Hersteller untereinander - hier ist horizontale Vernetzung zur Interaktion von Produktionseinheiten gefragt - das *Wertschöpfungsnetzwerk*, ausgehend vom Rohmaterial über Zwischenstufen bis hin zur fertigen Küche, sowie die vertraglichen Bedingungen der Hersteller und Lieferanten. Aufgrund der Planung erwerden Produktionseinheiten unterschiedlicher Produktionsbetreiber an unterschiedlichen Orten ausgewählt: Im betrachteten Szenario erhält Betreiber A in Deutschland den Auftrag zur Fertigung der Möbelstücke sowie Betreiber B in Osteuropa den Auftrag zur Fertigung der Arbeitsplatte. Koordiniert werden die Aufträge über Cyber-Physical Systems.

Die wegen Auftragsänderungen erforderlichen Anpassungen in der Produktion werden durch die beteiligten Produktionseinheiten selbstständig, unter Einbindung neuer Produktionseinheiten oder auch unter Einbeziehung weiterer Betreiber, durchgeführt; eventuelle Zusatzkosten werden dem Endkunden mitgeteilt. Dieser bestätigt die Auftragsänderung über einen Assistenz*dienst*, der direkt mit dem Produktionsmanagementsystem kommuniziert.

Eine Änderung im Produktionsablauf kann sich auch durch den Ausfall einer Komponente ergeben. Ähnlich wie bei einer Auftragsänderung organisiert sich das Cyber-Physical System neu, um den Ausfall unter gegebenen Randbedingungen - Liefertermin, Verfügbarkeit, Kosten etc. - zu kompensieren.

Identifizierte Dienste und Fähigkeiten und ihr Mehrwert

Die Szenarien erfordern folgende Fähigkeiten und *Dienste*:

- Kommunikation durch Vernetzung der Produktionseinheiten und der Hersteller,
- standortübergreifender Abgleich der Restriktionen, beispielsweise Termine, Kapazitäten, Materialverfügbarkeit,
- selbstständiges Einplanen der Aufträge auf den Produktionseinheiten,
- permanente Überwachung der Auftragszustände samt Kommunikation von Abweichungen im Produktionsnetzwerk,
- Erkennen mittels Cyber-Physical Systems, welche Entitäten im Auftragsabwicklungsprozess von Änderungen betroffen sind,
- Information der Betroffenen über Auftragsänderungen,
- Entgegennahme und Verarbeitung der Rückmeldung der Betroffenen auf die Auftragsänderung,
- Auftragsänderung trotz Auftragsbestätigung und der begonnenen Fertigung der Küchenteile,
- Veranlassen der Information des Endkunden,
- Einholen von Angeboten der Produktionseinheiten,
- Bewerten der Angebote entsprechend übergeordneter Ziele wie Kosten und Termine,
- neue Zuordnung der Produktionseinheiten zu Herstellern und Einbindung der neuen Produktionseinheit in das Produktionsnetzwerk,
- Integration anderer, neuer Produktionseinheiten während des Betriebs,
- selbstständige Verhandlung von Cyber-Physical Systems über Unternehmensgrenzen hinweg, orientiert an den globalen Zielen des Kundenauftrags,
- Anpassung oder Umkonstruktion beziehungsweise Evolution von Produktionseinheiten, während der Produktionsauftrag bereits auf die Ressourcen verteilt (eingelastet) worden ist,
- Auswahl potenzieller Alternativressourcen, um das Produkt entsprechend den Zielen des Kundenauftrags herzustellen,
- selbstständige Simulation des Gesamtprozesses mit den Alternativressourcen und Interpretation des Ergebnisses,
- Änderung der ursprünglichen Arbeitsgangfolge und Umsteuern des Auftrags auf Alternativressourcen,
- Einbindung von Ressourcen in das Produktionsnetzwerk mit Methoden der Selbstbeschreibung, *Interoperabilität* und Selbstkonfiguration,
- Online-Kopplung an die digitale Fabrik, Datenübernahme und permanenter Abgleich mit den Planungsdaten, um in *Echtzeit* auf Änderungen reagieren zu können,
- Online-Kopplung an die Automatisierungsebene, um durchgängige vertikale Integration zu erzielen; dafür sind beispielsweise gemeinsame *Modelle* von Anlagen auf Basis mechatronischer Bibliotheken [PLSD11] erforderlich,
- konsistenter Datenaustausch mit anderen Cyber-Physical Systems auf der Ebene der Produktionsleitsysteme (*Manufacturing Execution Systems, MES*), beispielsweise Logistikanwendungen, im Sinn einer durchgängigen horizontalen Integration,
- übergreifende Auswertungen von *MES*-Datenbeständen mithilfe von *Data-Mining*-Verfahren, um die Produktion im Sinn eines selbstoptimierenden Systems zu realisieren [BKS11, S. 65], etwa, indem das *MES* Zusammenhänge zwischen Qualitätsdaten und Prozessparametern verfolgt und bei Bedarf Prozessparameter regelt,

- Suche von zusammenhängenden Daten in unterschiedlichen, meist proprietären, *MES*- oder Fabrik-Datenbeständen, sodass beispielsweise Informationen zu einem Sachverhalt verknüpft werden können.

Hieraus ergeben sich folgende Anforderungen an Cyber-Physical Systems und die Abstützung auf folgende Techniken und Methoden:

- Adaptivität der *Wertschöpfungskette*
- Heterogenität der Produktionseinheiten (unterschiedliche Versionen und Hersteller),
- vertikale Vernetzung, durchgängige Werkzeugkette auf der Ebene des Enterprise Resource Planning, ERP, und der *MES*,
- Datenkopplung über Unternehmensgrenzen hinweg,
- horizontale Vernetzung zur Interaktion von Produktionseinheiten,
- *Interoperabilität* der Produktionseinheiten von unterschiedlichen Herstellern,
- Skalierbarkeit von Produktionseinheiten,
- dynamische Rekonfiguration zur Laufzeit,
- Methoden zur Konfiguration und Konsistenzanalyse,
- Methoden zur Unterstützung von Verhandlungen wie Mehrzieloptimierung,
- Methoden zur Umsetzung von *physikalische Kontext-* und *Situationserfassung* (Situation Awareness, Context Awareness).

2.5.2 SZENARIO ZUM PRODUKT- UND PRODUKTIONSENTSTEHUNGSPROZESS

Aktuelle Entwicklungen deuten darauf hin, dass sich der Prozess der Planung und Inbetriebnahme einer Fabrik, ihrer Anlagen und von deren Komponenten künftig grundlegend verändern wird: Anlagen werden aus mechatronischen Komponenten zusammengebaut, die durch dreidimensionale Geometrie, Kinematik und Logik in Form von Steuerungsprogrammen gebildet werden [PLSD11]. Diese intelligenten Komponenten kennen ihre Fähigkeiten und wissen, in welche Anlagen sie eingebaut werden können. Gegebenenfalls ändern sie Konfigurationseinstellungen selbstständig, um sich an die Fertigungsaufgabe und an die Anlage, in die sie eingebaut werden, anpassen zu können. Außerdem ist die ihnen eigene Intelligenz verschlüsselt und so geschützt, dass sie nicht von Unbefugten kopiert werden kann.

Künftig werden intelligente Produkte auch aus sensorischen Materialien hergestellt. Vorprodukte oder Halbzeuge haben entweder inhärente sensorische Eigenschaften oder enthalten verteilte Netzwerke vieler *intelligenter Sensorknoten*; sie erfassen vielfältige Parameter gleichzeitig, verarbeiten Daten lokal vor und erkennen Störungen beziehungsweise Notsituationen. Solche sensorischen Materialien können schon während des Produktionsprozesses aktuelle Parameter wie Temperatur, Bearbeitungsdruck, Lage oder Beschleunigung erfassen und sich mit den Bearbeitungsmaschinen abstimmen, um ihnen diese Daten zu übermitteln. Umgekehrt werden die tatsächlichen Bearbeitungsparameter der Maschinen in das Produkt übernommen [vTFN09, CEW09].

(1) Hersteller A hat den Auftrag, für Familie Müller die Möbelstücke ihrer neuen Küche zu produzieren. **(2)** Hersteller A hat den Produktionsablauf so optimiert, dass eine Produktionsanlage in der Lage ist, mehrere Produktlinien mit unterschiedlichen Produktgenerationen zu produzieren. **(3)** Familie Müller hat sich für eine Küche der Produktionslinie der neuesten Produktgeneration entschieden. Die dafür notwendigen Werkstoffe müssen in bestimmter Weise verarbeitet werden. Sie teilen der Produktionsanlage ihre Eigenschaften mit, wodurch die Maschinen automatisch richtige konfiguriert werden. Zum Beispiel wird de richtige Säge ausgewählt und das Material korrekt vorbehandelt. **(4)** Aufgrund des kurzfristigen Ausfalls eines speziellen Rohstoffs muss ein Element der Küche von Familie Müller mit einem alternativen Rohstoff angefertigt werden. Für Familie Müller bedeutet das keinerlei Qualitätseinbußen oder Abstriche am Design; jedoch muss der neue Rohstoff besonders verarbeitet werden. **(5)** Der alternative Rohstoff teilt zu Beginn des Produktionsprozesses der Produktionsanlage seine Eigenschaften mit. **(6)** Da die Produktionsanlage diesen Rohstoff bisher noch nicht verarbeitet hat, fragt sie über eine entsprechende Datenbank eine optimale Konfiguration aufgrund der Rohstoffeigenschaften an. **(7)** Die Konfiguration wird in die Produktionsanlage geladen und der alternative Rohstoff kann, ohne Auswirkungen auf den Wunschtermin der Familie Müller, umgehend verarbeitet werden.

Identifizierte Dienste und Fähigkeiten und ihr Mehrwert

- Bereitstellung einer Selbstbeschreibung in einem maschinenlesbaren, möglichst standardisierten Format,
- eigenständige Definition der noch zu schaffenden Voraussetzungen für die Selbstkonfiguration samt Beschaffung der erforderlichen Daten aus dem Prozess der Produkt- und Produktionsentstehung,
- Einlesen und Interpretation der Selbstbeschreibung sowie Selbstkonfiguration,
- eigenständiges Änderungsmanagement und Informationen über Änderungen an andere betroffene Entitäten,
- *Selbstorganisation*, beispielsweise bei der Fertigungssteuerung durch Verhandlungsmechanismen zwischen Werkstücken, Maschinen und Materialfluss-Systemen,
- Extraktion von Wissen, beispielsweise aus dem Produktionsprozess, und Rückführung in die Fabrikplanung.
- Basierend auf den bauteil-inhärenten Informationen sollen Fertigungs- und Montageprozesse geplant und überwacht und die Produktion soll in *Echtzeit* geplant sowie gesteuert werden. Mit diesen neuen Möglichkeiten kann die Qualität signifikant erhöht und Kosten durch Ausschuss können vermieden werden.

2.5.3 CPS-MEHRWERT UND POTENZIALE

Im Folgenden sind zunächst einige Prognosen für verschiedene Branchen beziehungsweise Hierarchieebenen der industriellen Produktion beschrieben, die sich aus den oben genannten Szenarien und CPS-Entwicklungen ableiten lassen:

Potenziale für Anlagenbetreiber in der kontinuierlichen und diskreten Produktion

Vor allem Anlagenbetreiber treiben Mechanismen zur Schaffung von *Interoperabilität* gemeinsam mit ihren Lieferanten voran, hauptsächlich mit dem Ziel, Anlagen und deren Komponenten schneller in ihre Produktionssysteme integrieren zu können. Ein zusätzliches Ziel von Anlagenbetreibern ist es, Anlagen- und Komponentenhersteller austauschbar zu machen, damit die Bindung an die Lieferanten ihrer Ausrüstungen in der Produktion zu reduzieren und letztlich Kosten zu senken. Dass Produktionsanlagen und Komponenten zukünftig durch Cyber-Physical Systems repräsentiert werden, wird diese Entwicklungen nur verstärken.

Weiteres Potenzial für Anlagenbetreiber liegt darin, dass Cyber-Physical Systems und ihre eingebettete Software zentral administrierbar werden. Damit können die IT-Abteilungen der Unternehmen oder der Unternehmensnetzwerke ihren Anwendern punktgenau die Funktionalitäten zur Verfügung stellen, die sie zur Ausführung ihrer Arbeiten benötigen.

Aufgrund des Wettbewerbsdrucks gehen immer mehr Anlagenbetreiber dazu über, ITIL[15]-Prinzipien aus der kommerziellen Informationstechnik auch für die produktionsnahe IT anzuwenden, beispielsweise definierte Service-Level-Agreements zu treffen. Es ist zu erwarten, dass sie auch bei Cyber-Physical Systems solche Tendenzen verfolgen und zunehmend fordern werden. Darauf müssen zukünftige CPS-Anbieter vorbereitet sein.

Potenziale für Systemintegratoren und IT-Systemhäuser

Aus den oben beschriebenen Zukunftsszenarien ergeben sich neue Märkte für unabhängige IT-Dienstleister, die zwischen Softwareherstellern und Anlagenbetreibern verortet und viel mehr mit Wartung, Konfiguration und Parametrierung beschäftigt sind als mit Programmierung. Dieser Trend zeichnet sich bereits ab: In einer aktuellen Studie der Beratungsgesellschaft Roland Berger Strategy Consultants

15 Information Technology Infrastructure Library, eine Sammlung von *Best Practices* für das IT-Service-Management.

[Ber10b] heißt es, europäische IT-Anbieter einer neuen Generation benötigten „hohe Kompetenz an der Schnittstelle zwischen Industrie/Automationstechnik und IT".

Potenziale im Maschinen- und Anlagenbau

Der Trend im Maschinen- und Anlagenbau geht deutlich in Richtung intelligenter Vernetzung der Produktionskomponenten und funktionalen *Engineerings* durch interdisziplinäre, mehrere Aufgaben integrierende Verbindungen von Mechanik, Elektrik und Software. Maschinen- und Anlagenbauer werden künftig mechatronische Elemente zu intelligenten Produktionsanlagen kombinieren. Für diese Unternehmen ergeben sich neue Geschäftsmöglichkeiten, beispielsweise die Verbesserung der eigenen Anlagen durch die Nutzung von Felddaten aus dem Betrieb oder durch die vorbeugende Instandhaltung von Anlagen ihrer Kunden.

Der Maschinen- und Anlagenbau steht im internationalen Wettbewerb; vor allem im Low-Cost-Segment haben chinesische Hersteller bereits den Markt übernommen [Ber11a]. Für die mittleren und oberen Qualitäts- und Preissegmente bieten Cyber-Physical Systems den deutschen Herstellern gute Chancen, um ihren Kunden durch zusätzliche Dienstleistungen einen wettbewerbsrelevanten Mehrwert zu bieten. Diese sind beispielsweise

- Energiedatenüberwachung und Energiedatenmanagement durch Sensorik und Verarbeitungsfähigkeiten der Maschinen
- vorbeugende Instandhaltung durch Zugriff auf Felddaten mittels Sensorik samt entsprechender Lebenszyklusmodelle
- Lebenszyklus-Kostenrechnung (Life Cycle Costing, LCC), zur Unterstützung beim Kostenmanagement
- kundenorientierte und treffsichere Anlagenkonfigurationen für spezifische Anwendungsfälle durch Kombination von Cyber-Physical Systems und Komponenten statt überdimensionierter Entwicklungen (Over-*Engineering*)
- weltweite Betreuung der Anlagen rund um die Uhr an jedem Tag (24/7) und entsprechende Serviceverträge durch Online-Zugriff auf den Zustand der Anlagen.

Potenziale für Hersteller von Automatisierungsgeräten und -komponenten

Für die zukünftige Wettbewerbsfähigkeit der deutschen produzierenden Industrie sind die Automatisierungstechnik und die industrielle IT in den kommenden Jahren Schlüsseltechnologien. Es ist zu erwarten, dass gerade Unternehmen dieser Branche von der Entwicklung hin zu Cyber-Physical Systems am meisten betroffen sein werden. Zu den Haupt-Produktgruppen dieser Branche zählen *Sensoren*, *Aktoren*, Feldbussysteme, Steuerungen wie SPS, NC- und Robotersteuerungen, Produkte mit *Mensch-Maschine-Schnittstellen*, zum Beispiel SCADA[16]-Systeme und elektrische Basisprodukte wie Antriebe oder Regler. Maschinen- und Anlagenbauer ermöglichen durch die Produkte der Automatisierungsbranche die oben genannten zusätzlichen Dienstleistungen. Dabei ist es für Automatisierungsanbieter elementar, durch die Entwicklung zu Cyber-Physical Systems die Chancen zur Modularisierung ihrer Produkte und den Aufbau von Plattformkonzepten zu nutzen, sodass sie viele verschiedene Anwendungen kundenspezifisch wirtschaftlich herstellen und liefern können [Ber09, Ber10a, FS09].

2.6 CHARAKTERISTISCHE FÄHIGKEITEN UND POTENZIALE VON CYBER-PHYSICAL SYSTEMS

Die skizzierten CPS-Szenarien aus den Bereichen Mobilität, Gesundheit, intelligente Energieversorgung und Produktion demonstrieren die vielfältigen Funktionen und anspruchsvollen *Dienste*, die Cyber-Physical Systems leisten können. Die innovativen Fähigkeiten von Cyber-Physical Systems werden besonders deutlich durch die Vielfalt der Anwendungsmöglichkeiten vernetzter softwarebasierter Systeme und *Dienste*, zum Beispiel aus dem Internet.

16 Supervisory Control and Data Acquisition (SCADA).

Im Folgenden werden die Systemeigenschaften und Fähigkeiten von CPS charakterisiert und erste Schlüsse gezogen, welche Anforderungen an Technologien und welche Herausforderungen für das *Engineering* sich daraus ergeben.

2.6.1 EIGENSCHAFTEN UND NEUARTIGE FÄHIGKEITEN VON CYBER-PHYSICAL SYSTEMS

Mit den Mitteln der in Abschnitt 1.4 zusammengefassten Szenarienanalyse werden Cyber-Physical Systems in fünf aufeinander aufbauenden Dimensionen charakterisiert, die eine Evolution hin zu zunehmender Offenheit, Komplexität und Intelligenz nachzeichnen:

(1) Verschmelzung von physikalischer und virtueller Welt
(2) *System of Systems* mit dynamisch wechselnden Systemgrenzen
(3) kontextadaptive und ganz oder teilweise autonom handelnde Systeme; aktive Steuerung in *Echtzeit*
(4) kooperative Systeme mit verteilter, wechselnder Kontrolle
(5) umfassende *Mensch-System-Kooperation*

Die stufenweise Erweiterung von Cyber-Physical Systems sowie ihrer Fähigkeiten und Eigenschaften bringt wachsende Herausforderungen mit sich, was eine brauchbare Gestaltung und das *Engineering* der Systeme angeht, aber auch im Hinblick auf ihre sichere und vertrauensvolle Beherrschung (siehe hierzu Kapitel 3 bis 5).

(1) Verschmelzung von physikalischer und virtueller Welt

Beschleunigte Miniaturisierung, stark gestiegene Rechenleistung und rasante Fortschritte der Steuerungstechnik in den Informations- und Kommunikationstechnologien bilden die Grundlagen für eine wesentliche Fähigkeit von Cyber-Physical Systems: physikalische und virtuelle Welten mit den Möglichkeiten einer lokalen und globalen *physikalischen Situationserkennung* (Physical Awareness) und der entsprechenden *Echtzeit*steuerung von Systemen und Komponenten zu verschmelzen. Eine Herausforderung, besonders für das *Engineering*, besteht in diesem Zusammenhang darin, kontinuierliche Systeme aus der Regelungs- und Steuerungstechnik sowie diskrete Systeme aus der Informatik miteinander zu kombinieren. Cyber-Physical Systems erfassen und verarbeiten, hochgradig parallel und verteilt, dedizierte sensorische Daten der Umgebung, fusionieren und interpretieren sie und steuern beziehungsweise regeln in *Echtzeit* das Verhalten der beteiligten *Aktoren*.

Hier einige Beispiele aus den Szenarien:

- Im Szenario *Smart Mobility* werden in Bezug auf autonom fahrende Fahrzeuge Informationen über Geschwindigkeit, Abstand zu Objekten, Fahrbahnführung und die aktuelle Situation auf der Strecke (Verkehr, Wetter, Fahrbahnzustand, Unfälle etc.) erfasst. Diese werden mit Informationen über Lage, Ziel und Fähigkeiten des Fahrzeugs - sowie des Fahrers und der Insassen - verknüpft, sodass auf dieser Basis das Verhalten des Fahrzeugs gesteuert wird.
- Im Szenario *Smart Grid* werden die aktuelle Energiegewinnung sowie der aktuelle Energieverbrauch erfasst. Es wird ein globales Lagebild erstellt - auch mithilfe von Prognosen und Hochrechnungen, die aus Markt- und Umweltdaten gewonnen werden - und in *Echtzeit* werden Energieproduktion, Verteilung und Speicherung gesteuert.
- Im Szenario *Smart Factory* bildet das Produktionsmanagementsystem mit den einzelnen Produktionseinheiten der Betreiber ein Cyber-Physical System mit dem Ziel, individuelle Kundenwünsche bis kurz vor Fertigungsbeginn berücksichtigen zu können und trotzdem die Auslastung der Produktionsanlagen zu maximieren. Das wird erreicht, indem Konfigurationen, beispielsweise von Komponenten spezifischer Anbieter, während der Produktion in *Echtzeit* aus der virtuellen Welt neu geladen werden, um neue Werkstoffe bearbeiten zu können.

Dies ist ein Beispiel dafür, wie sich Fabriken für unterschiedliche Anforderungen auch auf logischer Ebene wandeln.[17]

Cyber-Physical Systems zeichnen sich also dadurch aus, dass sie eine Vielzahl von parallel arbeitenden und vernetzten Sensoren, Rechnern und Maschinen umfassen, die Daten erfassen und interpretieren, auf dieser Grundlage entscheiden und physikalische Prozesse der realen Welt steuern können.

Fähigkeiten

Wesentliche Merkmale der oben angeführten Beispiele sind die unmittelbare Erfassung, Vernetzung, Interaktion und Steuerung beziehungsweise Beeinflussung der physikalischen und digitalen Welt. Die Systeme haben die Fähigkeit

- zur parallelen Erfassung mittels *Sensoren*, Fusionierung und Verarbeitung physikalischer Daten der Umgebung, und zwar lokal und global sowie in *Echtzeit* (*physikalische Situationserkennung*)
- zur Lageinterpretation auf Basis der erfassten Informationen im Hinblick auf die gesetzten Ziele
- zur Erfassung, Interpretation, Ableitung und Prognose von Störungen, Hindernissen und Risiken
- zur Einbindung, Regelung und Steuerung von Komponenten und Funktionen sowie zur Interaktion mit ihnen
- zur global verteilten und vernetzten Steuerung und Regelung in *Echtzeit*.

Die nächste Stufe von Cyber-Physical Systems besteht in sogenannten *System of Systems*, die in kontrollierten Systemverbünden mit dynamisch wechselnden Systemgrenzen agieren.

(2) System of Systems mit dynamisch wechselnden Systemgrenzen

Beim multifunktionalen Einsatz von Geräten und Systemen werden *Dienste* und weitere CPS-Komponenten dynamisch genutzt und eingebunden, Das gilt auch außerhalb des kontrollierten Bereichs von Cyber-Physical Systems; diese kooperieren also mit anderen Systemen, Teilsystemen oder *Diensten* der Umgebung - Beispiele:

- Im Szenario *Smart Mobility* vernetzt sich das autonome Fahrzeug dynamisch mit einer ortsfesten Infrastruktur und mit anderen Fahrzeugen und bildet mit diesen ein Cyber-Physical System.
- Im medizinischen Notfall leitet das Cyber-Physical System das Fahrzeug mit dem Patienten mithilfe von Geodaten-basierten *Diensten* (Location-based Services) zum nächsten Arzt oder Krankenhaus, informiert diese vorab über das Eintreffen des Patienten und seinen Gesundheitszustand und gibt den Angehörigen Bescheid, zum Beispiel via *Mobilgerät*.
- Mobile Diagnosegeräte oder *Dienste* aus dem Internet suchen neue Haushalts- oder andere *intelligente Geräte* (Smart Appliances) in Gebäuden, konfigurieren diese und integrieren sie in das Gebäudemanagement und den laufenden Betrieb. Wenn erforderlich, koordinieren sie weitere Schritte.
- Produktionsanlagen binden aktualisierte Firmware-Versionen von Anlagenkomponenten direkt in das Produktions-CPS ein und informieren bei Bedarf überlagerte IT-Systeme über Änderungen, etwa von Steuerungsvariablen.

In diesen Beispielen erfordern die jeweilige Anwendungssituation und die anstehenden Aufgaben eine gezielte Kooperation mit festen oder zu bestimmenden *Diensten* und Systemen der lokalen Umgebung und des Internets. Abhängig von Anwendungssituation und Aufgabe bilden unterschiedliche Cyber-Physical Systems für eine begrenzte Zeit ein *System of Systems*. Dabei handelt es sich um einen temporären Verbund von Systemen, die einem gemeinsamen Zweck dienen und aufgrund ihres Zusammenspiels erweiterte Funktionalitäten anbieten. Cyber-Physical Systems haben die Fähigkeit, aktiv *Dienste* und Kooperationen mit anderen Systemen oder Teilsystemen - die zum Teil anfangs noch nicht identifiziert sind - aufzubauen und neue

[17] Wandlungsfähigkeit von Fabriken ist definiert bei [WRN09, S. 121ff].

beziehungsweise zusammengesetzte Komponenten und *Dienste* kontrolliert anzubieten.

Fähigkeiten

Cyber-Physical Systems müssen in *System of Systems* folgende Fähigkeiten aufweisen:

- Interpretation der Umgebungs- und Situationsdaten über mehrere Stufen, auch abhängig von unterschiedlichen Anwendungssituationen, also auf Basis komplexer Umgebungs-, Situations- und Anwendungs*modelle*
- gezielte Auswahl, Einbindung, Abstimmung und Nutzung von *Diensten* - abhängig von Situationen sowie von lokalen und globalen Zielen sowie vom Verhalten anderer beteiligter *Dienste* und Komponenten
- Komposition und Integration, *Selbstorganisation* und dezentrale Kontrolle von *Diensten*: Abhängig von der Anwendungs- und Umgebungssituation sowie der aktuellen Aufgabe erkennen Cyber-Physical Systems, welche *Dienste*, Daten und Funktionen zur Erfüllung der Aufgabe benötigt werden und suchen diese, wenn erforderlich, aktiv bei anderen, zum Teil unbekannten, möglicherweise im Netz verfügbaren Teilsystemen und binden sie dynamisch ein.
- Bewerten des Nutzens und der Qualität zur Verfügung stehender Komponenten und *Dienste*: Um den Nutzen und die Qualität einzelner oder dynamisch entstehender Gesamt*dienste* bewerten und gewährleisten zu können, müssen Cyber-Physical Sytems die Qualität neuer *Dienste* und Funktionen ermitteln und bewerten können, wie sich ihre Einbindung auf die *Dienst*qualität insgesamt auswirkt. Neben funktionalen Qualitäten, Nützlichkeit und *Brauchbarkeit* gilt es, möglicherweise entstehende Risiken zu bewerten und festzulegen, welche Garantien hinsichtlich *Zuverlässigkeit*, *Sicherheit* und Vertrauenswürdigkeit eingehalten werden müssen (*Quality of Services*).
- *Verlässlichkeit*: Bei nicht ausreichender Qualität neuer Einzel*dienste* muss das Cyber-Physical System in der Lage sein, ihnen die Aufnahme zu verweigern und das in dieser Situation für die Nutzer beziehungsweise die Anwendung optimale Verhalten auszuwählen, zu koordinieren und zu steuern sowie Garantien hinsichtlich *Verlässlichkeit* und *Sicherheit* (*Compliance*) der Systeme sicherzustellen.
- Zugangssicherung und Kontrolle für systemeigene Daten und *Dienste*.

(3) Kontextadaptive und ganz oder teilweise autonom handelnde Systeme

Ein besonders wichtiges Merkmal von Cyber-Physical Systems ist ihre Fähigkeit, sich an Umgebungssituationen und Anwendungserfordernisse anzupassen (Kontext*adaptivität*) und dadurch teilautonom oder vollständig autonom zu handeln: Bezogen auf ihre jeweilige Aufgabe, erfassen sie - bei Bedarf unter Nutzung entsprechender *Dienste* - die anwendungsrelevante Umgebung und die dortige Umgebungssituation, interpretieren sie und berechnen, steuern und koordinieren ein für die Beteiligten nützliches und wertvolles Systemverhalten.

Dieses Merkmal ist deswegen von wesentlicher Bedeutung, weil es nicht nur Kommunikation und Koordination umfasst. Dazu gehören vielmehr auch der der gesamte Bereich der Steuerung, also Aktorik und physikalische Prozesse, ebenso wie Informations- und Managementprozesse über Netze wie das Internet. Dies wird durch die Szenarien deutlich:

- Das im Szenario *Smart Mobility* von Frau Müller gemietete *Car-Sharing*-Fahrzeug besitzt bei der Annäherung an den Schulbus ein umfassendes Wissen über den aktuellen Systemkontext, besonders die Anwendungs- und Umgebungssituation (Position, Beteiligte im Straßenverkehr, deren Rolle und übliches beziehungsweise regelhaftes Verhalten). Die erforderlichen Situations- und Ereignisinformationen holt sich das Fahrzeug von den vernetzten Komponenten der Umgebung ab, zum

Beispiel Bewegungsinformation vom *RFID-Tag* [KOT11] an der Kleidung des Kindes und weitere Informationen vom intelligenten Kamerasystem beziehungsweise von der ortsfesten Infrastruktur. Das Cyber-Physical System führt diese Informationen zusammen, bewertet die Situation und passt sein Verhalten entsprechend an, etwa, indem es automatisch bremst.

- Während einer Autofahrt registriert der medizinische Begleiter (Cyber-Physical System) gefährlich hohe Blutdruckwerte, informiert den Patienten, veranlasst das Auto, an die Seite zu fahren, und beschafft von der lokalen Infrastruktur Informationen über das nächstgelegene Betreuungszentrum mit mobilen *Diensten*.
- Im Szenario *Smart Health* verbinden sich eine Vielzahl mobiler Endgeräten untereinander und, über eine Gesundheitsplattform, mit den IT-Systemen von Dienstleistern. Auch das geschieht dynamisch und angepasst an die jeweilige Aufgabe.
- Im Szenario *Smart Factory* wird automatisch eine „Verbaut"-Meldung erzeugt, wenn sich eine per *RFID-Tag* identifizierte Zulieferkomponente dem Endprodukt bis auf eine definierte Distanz genähert hat.

Diese Anwendungen sind dadurch gekennzeichnet, dass sie das Systemverhalten an wechselnde, auch unvorhergesehene und neue Nutzungssituationen und Ereignisse anpassen können, und das mit zunehmender *Autonomie*, Systeme und Teilsysteme greifen dabei zunehmend selbstständig in Abläufe ein und entscheiden über das weitere Verhalten der Anwendung. Voraussetzung dafür ist die Fähigkeit von Cyber-Physical Systems zu umfassendem Wahrnehmen, Auswählen, Interpretieren, Entscheiden und Handeln.

Fähigkeiten

Um kontextadaptiv handeln zu können, müssen Cyber-Physical Systems folgende Fähigkeiten aufweisen:

- umfassende und durchgängige *Kontexterfassung* (Context Awareness), also die Fähigkeit, zu jedem Zeitpunkt über ein umfassendes *Modell* der aktuellen Anwendungssituation zu verfügen,
- kontinuierliche Erheben, Beobachten, Auswählen, Verarbeiten, Bewerten, Entscheiden, Kommunizieren (mit Systemen, *Diensten* und Beteiligten) der Umgebungs-, Situations- und Anwendungsdaten, vieles davon in *Echtzeit*,
- gezieltes Einholen relevanter Informationen sowie Einbinden, Koordinieren und Steuern von *Diensten*,
- Anpassung und Aktualisierung der Interaktion mit anderen Systemen und *Diensten* sowie ihre Koordination und Steuerung,
- Erkennung, Analyse und Interpretation des zu erwartenden Verhaltens von Objekten, Systemen und beteiligten Nutzern,
- Erstellung eines Anwendungs- und *Domänenmodells* der Beteiligten samt ihrer Rollen, Ziele und Anforderungen, der verfügbaren *Dienste* und der zu bewerkstelligenden Aufgaben,
- Festlegung von Zielen, auch unter Berücksichtigung und Abwägung von Alternativen in Bezug auf Kosten und Risiken, sowie Planung und Festlegung von entsprechenden Maßnahmen, aufgeteilt in Handlungsschritte,
- Erkenntnis der eigenen Situation samt Zustand und Handlungsmöglichkeiten sowie *Selbstorganisation* und Koordination sowie
- Lernen, zum Beispiel geänderter Arbeits- und Logistikprozesse oder der Gewohnheiten und Vorlieben von Patienten im *AAL*-Szenario, und entsprechendes Anpassen des eigenen Verhaltens.

Der Grad der Offenheit in den verschiedenen Szenarien differiert zwar stark; zum Beispiel gibt es unterschiedlich starke Restriktionen in Hinblick auf Art und Anzahl der Systeme und *Dienste*, die dynamisch eingebunden werden. Gerade diese charakteristische Eigenschaft, erlaubt es Cyber-Physical Systems jedoch, ihr volles Potenzial zu entfalten. Abhängig von der jeweiligen Situation und Aufgabe können verschiedene Systeme und *Dienste* derart kombiniert und integriert werden, dass optimaler Nutzen entsteht.

Beim Einsatz in wechselnden Kontexten und mit dynamisch wechselnden Systemverbünden entwickeln sich zunehmend neue, nicht vorherbestimmte Kooperationen und *Dienste*. Der Einsatz von Cyber-Physical Systems ist verknüpft mit einer kontinuierlichen Evolution von Systemen, Anwendungen und Einsatzmöglichkeiten. Es ist wichtig, die Verwendung von Begriffen menschlicher Verhaltensweisen im Kontext von Cyber-Physical Systems zu erklären: Es gibt seit Jahren eine fruchtbare Diskussion[18] in der Informatik und *künstlichen Intelligenz* (KI) [Tur50, Wei76, Dör89], Biologie/Hirnforschung [Spi00], Kognitionspsychologie [Fun06], und der Technik-Soziologie [Wey06a, RS02].

(4) Kooperative Systeme mit verteilter, wechselnder Kontrolle

Aus den CPS-Szenarien und ihrer Charakterisierung ergeben sich folgende umfassende Bestandteile und Charakteristika von Cyber-Physical Systems: Es handelt sich um

- *intelligente eingebettete Systeme*,
- global vernetzte und kooperierende Systeme (auch über verschiedene Arten von *Diensten* und Dienstleistungen hinweg) sowie
- in unterschiedlichen sozialen Lebens- und Wirtschaftsprozessen (räumlich und sozial verteilten Kontexten) handelnde und kooperierende Systeme.

Besonders der letzte Aspekt macht deutlich, dass Cyber-Physical Systems meist keiner zentralen Kontrolle unterliegen und ihr sinnvolles und zielführendes Verhalten das Ergebnis vielfacher Interaktion und Koordination zwischen ganz oder teilweise autonom handelnden Akteuren ist. Dabei kann es sich um softwaregesteuerte Maschinen beziehungsweise Systeme und *Dienste* handeln, aber auch um Menschen oder soziale Gruppen.

Bereits die Szenarienbeispiele für *Smart Mobility* sind durch verteilte Kontroll- und Entscheidungsaufgaben gekennzeichnet. Der Anwendungszustand in Abhängigkeit von den verfügbaren Informationen, Systemen, Netzen und Kommunikationsmöglichkeiten in ihrer jeweiligen Umgebung bestimmt den weiteren Ablauf, der *verlässlich* sein soll und eine Kooperation mit interaktiven Kontrollaufgaben erfordert; hierfür einige Beispiele:

- Im Szenario *Smart Mobility* erfordert die Entscheidung des autonomen Fahrzeugs (CPS) von Frau Müller, eine Vollbremsung durchzuführen, im Vorfeld mehrere abgestimmte Aktionen von Teilsystemen. Zum einen gilt es, die Situation zu erkennen und zu bewerten, also potenzielle Gefährdungen durch alle Beteiligten zu erkennen, aber auch, Informationen aus dem Kamerasystem in der ortsfesten Infrastruktur, aus *Smart Tags* an der Kleidung des Kindes, aus *Sensoren* des Schulbusses zu bewerten und gegebenenfalls weitere Kinder, Fahrzeuge und Fahrzeuginsassen nachfolgender Autos in die Situationsanalyse einzubeziehen. Zum anderen ist eine gemeinsame Abstimmung der Handlungsziele und der folgenden koordinierten Schritte (Bremsen, Ausweichen, Kind warnen, Erkennen nachfolgender Fahrzeuge) erforderlich. Das *CSF* von Frau Müller erkennt in Kooperation mit den umgebenden Systemen (*Sensoren* des Schulbusses, Smart Tag an der Kleidung des Kindes) und der ortsfesten Infrastruktur die Gefahr, bewirkt eine Vollbremsung und unternimmt anschließend weitere koordinierte Schritte, etwa das Warnen nachfolgender Fahrzeuge.

---

18 Bei der Modellierung und Entwicklung intelligenter Systeme werden generell Begriffe wie Wissen, Erkennen, Lernen, Handeln sowohl für das Handeln von Menschen als auch von Maschinen verwendet, obwohl man bei autonom handelnden Maschinen wie Robotern oder Software-Bots im Internet nicht von menschlichem Verhalten sprechen kann. Im Kontext der CPS-Szenarien und ihrer Analyse stehen allerdings Einsatz, Weiterentwicklung und Grenzen von Technologien im Vordergrund, zum Beispiel von *Multiagentensystemen*, *Ontologien*, *Mustererkennung*, *Maschinellem Lernen* oder Planungskonzepten in der Robotik (siehe auch Kapitel 5: Technologien zur Umsetzung der CPS-Fähigkeiten). Das gilt auch für das Thema *Mensch-Maschine-Interaktion* (siehe Abschnitt 5 dieses Teilkapitels). Insbesondere besteht in der Informatik, der Kognitionspsychologie und den Naturwissenschaften eine lange Tradition des gegenseitigen Nutzens der Erklärungs- und Konstruktions*modelle* der jeweils anderen Disziplin, beispielsweise das Paradigma der Informationsverarbeitung in der Psychologie, neue Konzepte der Sensortechnologien aus den aktuellen Erkenntnissen der Biologie und Neurowissenschaften etc.

– Mehr noch gilt das Kooperationsgebot für das gemeinsame *autonome* und *teilautonome Fahren* auf Autobahnen oder Ringstraßen in Städten. Umfangreiche, verteilte Abstimmungs- und Koordinationsaufgaben sind hierbei zu erfüllen, besonders dann, wenn unberechenbare Situationen und Ereignisse sowie wechselnde, konkurrierende Ziele der Beteiligten eine Rolle spielen, wie das im öffentlichen Straßenverkehr meist der Fall ist.

Weitere Beispiele für verteilte Kontrolle und die erforderliche Koordinations- und Kooperationsfähigkeit von Cyber-Physical Systems sind:

– verteilte Kontrolle im Not- oder Katastrophenfall, zum Beispiel bei einem Unfall, innerhalb eines Tsunami-Warnsystems mit Evakuierungs- und Versorgungslogistik, bei einem Vulkanausbruch oder, abhängig von Aschemessungen und Wetterdaten, bei der Koordination des Flugbetriebs,
– im Bereich Produktion die mögliche automatische Rekonfigurationen von Produktionssystemen im Fall neuer Produktvarianten oder verteilte Produktions- und Handelslogistik (mittels *Smart Tags*) einschließlich adaptiver Kundeninformation und Abrechnung über das Internet.

Grundsätzlich ist hier zwischen *Mensch-Maschine-Interaktion*, *geteilter Kontrolle* (Shared Control) und der verteilten Kontrolle zwischen verteilten Hard- und Softwaresystemen zu unterscheiden (siehe folgenden Abschnitt: umfassende *Mensch-System-Kooperation*).

Fähigkeiten

Die aufgeführten Beispiele verlangen folgende umfassende Fähigkeiten der Systeme, damit diese miteinander und mit Menschen kooperieren können:

– verteilte, kooperative und interaktive Wahrnehmung und Bewertung der Lage,
– verteilte, kooperative und interaktive Bestimmung der durchzuführenden Schritte in Abhängigkeit von der Lagebewertung, von den lokalen Zielen einzelner Akteure und den globalen Zielen der Gemeinschaft, zu der diese Akteure gehören: Die finale Entscheidung wird dabei zwischen den Beteiligten verhandelt und in Koordination abgeschätzt. Es herrscht folglich eine eigene und gemeinsame Kontroll- und Entscheidungsautonomie.
– Einschätzung der Qualität der eigenen und fremden *Dienste* und Fähigkeiten,
– kooperatives Lernen und Anpassung an Situationen und Erfordernisse

(5) Umfassende Mensch-System-Kooperation

Cyber-Physical Systems können den emotionalen und physischen Zustand ihrer Nutzer – Aufmerksamkeit, Erregtheit etc. – unmittelbar erfassen und interpretieren, eine Diagnose erstellen, biologische Zustandsgrößen messen oder die Mimik erfassen und interpretieren. Das ist möglich mithilfe spezifischer, medizinischer, auf Menschen zielender Bewegungs- und andersartiger *intelligenter Sensoren* und Interpretationstechnologien. Anhand dieser Informationen können Cyber-Physical Systems dann auf ihre Umgebung einwirken, indem sie Systemreaktionen, Verkehrswege und Lebensräume verändern, Lebensfunktionen steuern oder beispielsweise Bio-Feedback-Methoden zur Entspannung eines Patienten einsetzen. So sind sie in der Lage, direkt oder indirekt Menschen, sogar Menschengruppen, sowie deren Verhalten und Gefühle zu erfassen und über Reaktionen zu beeinflussen. Cyber-Physical Systems führen demnach langfristig zu einer umfassenden engen *Mensch-System-Kooperation*, die in einigen Bereichen weit über heutige Konzepte hinausgehen wird. Das wirft Fragen geeigneter Interaktionskonzepte zwischen Mensch und Maschine bis hin zu Akzeptanzfragen auf, die in den Kapiteln 3 und 4 behandelt werden.

(5.1) Der Mensch als prägendes Element des Systemverhaltens

Cyber-Physical Systems sind Systeme, in denen Menschen und Menschengruppen passive oder aktive Teile eines Systems sind. Beispiele sind

- Verkehrsleitsysteme, die koordiniertes Fahren in Kolonnen ermöglichen,
- *Ambient Assisted Living (AAL)* für das Wohnen im Alter, samt dazu erforderlicher Technik zur Gebäudeautomatisierung und integrierter Assistenzsysteme,
- im Internet organisierte soziale Gemeinschaften, beispielsweise mit zugehörigen Mobilitäts- oder Liefer*diensten*.

Die Systeme begleiten Menschen, führen in ihrem Auftrag und gemeinsam mit ihnen Aufgaben durch und steuern interaktiv hochintegrierte Anwendungen sowie Geschäfts- und Nutzungsprozesse in vielen Lebensbereichen. Durch die umfassende Vernetzung und Öffnung der Systeme sowie die Verlagerung von Wissen, Funktionen und *Diensten* in das Internet sind Cyber-Physical Systems und ihre *Dienste* normalerweise offen zugänglich und nutzbar. Im Zusammenspiel mit der vielfältigen Nutzung von Cyber-Physical Systems, geprägt durch die Bedürfnisse, Ziele und Anforderungen der verschiedenen Menschen, Unternehmen und sozialen Gruppen entwickeln sich Cyber-Physical Systems zu umfassenden *Mensch-System-Kooperationen* mit evolutionären, teils sogar revolutionären Fähigkeiten.

(5.2) Erosion der Mensch-Maschine-Grenzen

Die *Dienste* von Cyber-Physical Systems sind für Menschen ortsunabhängig verfügbar. Um mit diesen *Diensten* oder mit einem persönlichen *Softwareagenten* zu interagieren, sind Nutzer also nicht auf ein bestimmtes Gerät, etwa das persönliche *Mobilgerät*, festgelegt. Stattdessen greifen sie im Auto beispielsweise über eine Anzeige in der Mittelkonsole oder über ein Head-up Display[19] auf die *Dienste* zu, zu Hause dann über Fernseher, Tablet-PC und andere *Mobilgeräte*, oder per Sprachbefehl an ein Mikrofon im Raum oder am Kragen.

Am Ende verflüchtigt sich der Eindruck, über ein spezielles Gerät mit Cyber-Physical Systems zu interagieren; diese werden als umfassend und allgegenwärtig empfunden. Die Nutzer interagieren mit einer Vielzahl von Einzelgeräten, die in die Umgebung integriert sind, und gewinnen den Eindruck, mit einem einzigen System zu kommunizieren. Das wird besonders ausgeprägt in sogenannten Smart Rooms sein, die viele *Sensoren*, und andere Schnittstellen zwischen Mensch und Maschine aufweisen.

Cyber-Physical Systems werden für die Nutzer allgegenwärtig[20]. Sie sind ständig von *Diensten* umgeben, die sie mit Informationen versorgen, etwa über neue Reiserouten und Reisemittel, Verkehrsflüsse oder bevorstehende Termine, etwa für Vorsorgeuntersuchungen. Gleichzeitig wirken diese, bewusst oder unbewusst wahrgenommenen, *Dienste* im Sinn der Nutzer auf die Umwelt ein, etwa durch Buchen einer Autobahn-*Premiumspur* oder Insulinabgabe durch Implantate. Die Grenzen zwischen Mensch und Technik verschwinden in dieser Interaktionserfahrung; Nutzer beziehen Informationen durch beliebige weltweit verteilte *Dienste* und können mittels Cyber-Physical Systems global handeln.

Das wird zu **gesellschaftlichen Veränderungen** führen, etwa im Individualverkehr. Durch Teleinformation und Telewirkung werden manche Reisen überflüssig. In Ballungsräumen können viele Nutzer durch die enge informationelle Verzahnung der Mobilitätsangebote zu dem Schluss gelangen, dass sie kein eigenes Fahrzeug mehr benötigen. Dazu tragen die neuen Möglichkeiten von Cyber-Physical Systems wesentlich bei, wie sie im *Smart-Mobility*-Szenario beschrieben sind. Ferner ergeben sich durch die Möglichkeit des *autonomen*

---

19 Anzeigesystem in Fahrzeugen oder Flugzeugen, das wichtige Informationen in das Sichtfeld projiziert, sodass der Nutzer den Kopf oben (Head up) halten kann.

20 Hierfür hat Intel den Begriff Compute Continuum, zu Deutsch etwa Rechnerkontinuum, geprägt.

Fahrens Chancen für neuartige *Geschäftsmodelle*, etwa in den Bereichen *Car-Sharing* und Flottenmanagement.

Erforderliche Fähigkeiten der Mensch-Maschine Interaktion

Cyber-Physical Systems müssen menschliches Verhalten auch auf physikalischer Ebene integrieren. Daraus ergibt sich Unterstützung mithilfe unmittelbarer Integration von Sensorik und Aktorik, zum Beispiel in Form mechanischer Gliedmaßen. Das führt wiederum - bewusst oder unbewusst - zur Erweiterung der Handlungsfähigkeit und menschlichen Wahrnehmung.

Die Fähigkeit der *Mensch-Maschine-Interaktion* zielt in fünf Richtungen:

- intuitive Unterstützung dank verbesserter Schnittstellen, zum Beispiel *multimodale*, aktive und passive Steuerung,
- vergrößerte Wahrnehmung und Handlungsfähigkeit von Menschen dank grenzenloser und virtueller Vernetzung von Systemen,
- vergrößerte Wahrnehmung und Handlungsfähigkeit von Gruppen von Menschen, etwa von Diabetespatienten oder Fahrern einer Elektromobilflotte,
- Erkennung und Interpretation menschlicher Zustände und menschlichen Verhaltens. Das umfasst einerseits Gefühle, Bedürfnisse und Absichten, aber auch das Erkennen des Zustands und der Umgebung von Mensch und System.
- erweiterte Intelligenz im Sinne der Fähigkeit zu integrierten, interaktiven Entscheidungen und Handlungen von Systemen und einzelnen Personen beziehungsweise Menschenmengen, einschließlich Lernfähigkeit.

Während es Bereiche gibt, in denen Cyber-Physical Systems ihre *Dienste* weitgehend unsichtbar für Menschen erbringen, etwa in Energienetzen, werfen besonders die Einsatzgebiete *autonome Mobilität* und *E-Health* neben den technischen Fragestellungen eine Reihe grundlegender juristischer und gesellschaftlicher Fragen auf.

Eine Aufstellung der neuen Fähigkeiten und Anforderungen an Cyber-Physical Systems, ergänzt um die damit verbundenen Herausforderungen, ist in Abschnitt 3.5 zusammengefasst.

2.6.2 NUTZEN UND MEHRWERT FÜR GESELLSCHAFT UND WIRTSCHAFT

Neben den in den Szenarien beschriebenen Potenzialen gibt es weitere Beispiele für den konkreten Nutzen von Cyber-Physical Systems, an deren Umsetzung zum Teil bereits intensiv gearbeitet wird:

- Systeme zur Vorhersage und Erkennung von Katastrophen sowie für deren koordinierte Bewältigung, zum Beispiel
  - Tsunami-Warnsysteme mit verteilter Erkennung und Auswirkungsanalyse von Meeresbeben, einschließlich der Möglichkeit zu vernetzer und koordinierter Warnungs-, Planungs-, Evakuierungs- und Versorgungsaktivitäten, samt entsprechender Managementsysteme zur Organisation von Rettung sowie der Versorgung mit Medizin, Wasser, Lebensmitteln, Unterkünften etc.
  - autonome Roboter und Drohnen als spezialisierte CPS-Komponenten, die etwa bei Chemieunfällen, Brandkatastrophen, Erdbeben oder anderen Unfällen in koordinierten Einsätzen die Lage erkunden, nach Verletzten suchen oder gefährliche Stellen und Materialien aufspüren und beseitigen können. Beispiele sind der Robotereinsatz in verstrahlten Bereichen nach dem Atomunfall in Fukushima oder auch die jährlich stattfindende „Save-and-Rescue-Challenge" für „Unmanned Aerial Vehicles" (UAVs) in Australien [UAV10].

- Konzepte der Sicherheitsüberwachung und -unterstützung, zum Beispiel bei Großveranstaltungen mit verteilter Beobachtung der Lage, Ausschau nach möglichen Angriffen, aber auch Möglichkeiten zur Erkennung und Kontrolle von Paniksituationen. Das umfasst beispielsweise die mit den Einsatzkräften koordinierte Unterstützung beim Evakuieren von Menschen und bei der gezielten medizinischen Versorgung Verletzter (siehe die „hitec"-Sendung „Späher, Scanner und Sensoren" in 3sat vom 10. Oktober 2011 [3sa11]).
- vernetzte Service-Roboter - hochspezialisierte und zunehmend vernetzte Roboter für vielfältige Assistenz- und Steuerungsaufgaben in verschiedenen Anwendungsbereichen aus Wirtschaft und gesellschaftlichem Leben. Beispiele sind
  - vernetzte autonome „Automated Guided Vehicles" (AGV) in Containertransportplattformen für den koordinierten Transport und die Verladung von Containern auf Schiffe, auch im Rahmen globaler Logistikprozesse
  - intelligente, mit weiteren Systemen und Versorgungseinrichtungen vernetzte Rollstühle für ein selbstbestimmtes mobiles Leben älterer Menschen zu Hause
  - weitere Anwendungen wie neuartige Service-Robotikanwendungen aus der BMBF-Studie EFFIROB [HBK11], zum Beispiel das Bewegen von Patienten in der Pflege, oder *Assistenzdienste* in der Milchviehwirtschaft, die allerdings kaum auf die Fragen der *Mensch-System-Interaktion* eingehen.

Mittels dieser Fähigkeiten sind Cyber-Physical Systems in der Lage, unterschiedliche Aufgaben zu übernehmen, sei es im Alleingang, in Zusammenarbeit mit anderen Systemen, Komponenten oder *Diensten* aus dem Internet, besonders jedoch mit und für Menschen.

Alle hier aufgeführten Beispiele veranschaulichen die Herausforderungen, denen wir in Forschung, Entwicklung, Gestaltung und Einsatz vernetzter intelligenter Technik gegenüberstehen. So gilt es neben den technischen Herausforderungen der *Echtzeit*vernetzung, physikalischen Kontexterfassung und koordinierten Steuerung die Optionen der aktuellen Technologietrends mit den Möglichkeiten der interaktiven Lösungsgestaltung zu nutzen. Folgende Ziele müssen umgesetzt werden:

- eine *situations-* und anwendungsspezifische *Kontexterfassung* und koordinierte Bewertung von Kontexten
- eine in soziale Prozesse und Absichten integrierte Handlungssteuerung
- eine derart ausgestaltete *Mensch-Maschine-Interaktion* und *-Kooperation*, dass die Beteiligten die Technik für ihre Ziele nutzen, komponieren und sicher einsetzen können, und zwar in Produktions- und Arbeitsprozessen sowie im privaten Leben und in gesellschaftlichen Kontexten, sowie
- die vielfältige Unterstützung mittels ganz oder teilweise autonomer Technik in Wirtschafts-, Arbeits- und individuellen Nutzungsprozessen

Bedeutung für die Wertschöpfung der Unternehmen

Die Funktionsbeschreibungen in den Szenarien zeigen deutlich, welche Komponenten und Beteiligten, aber auch, welche Infrastrukturen und Kommunkationsplattformen mit den jeweiligen *Diensten* in ihrer Vernetzung und Komplexität zusammenarbeiten beziehungsweise koordiniert werden müssen.

Hier liegt ein enormes Innovationspotenzial, sowohl in der Entwicklung und Gestaltung der einzelnen Komponenten, beispielsweise eingebetteter Systeme, als auch in den verteilten *Wertschöpfungsketten* und *-netzen* ihrer Produktion, Integration, Koordination und Qualitätssicherung - *Validierung* und *Verfikation* - sowie in der interaktiven *partizipativen Gestaltung* der Anwendungsprozesse mit den Kunden und Nutzern.

Die Chancen und Herausforderungen von Cyber-Physical Systems werden umfassend in den folgenden Abschnitten untersucht.

3 CPS-THEMENFELDER

Die in Kapitel 2 präsentierten visionären Anwendungsszenarien geben Hinweise auf die Themenfelder und Forschungsgebiete, die für eine sinnvolle Gestaltung und Beherrschung von Cyber-Physical Systems erforderlich sind. Zu diesen Forschungsgebieten zählen:

- der Aufbau und die Gestaltung *intelligenter* vernetzter *Infrastrukturen*, Anwendungsarchitekturen und *CPS-Plattformen* (physikalischer ebenso wie logischer und wirtschaftlicher Art) für
  - verteilte Datenerfassung, koordinierte Verarbeitung, Interpretation und entsprechende Handlungssteuerung (Sensorik und Aktorik)
  - möglichst weitgehende *Interoperabilität* innerhalb einzelner und zwischen verschiedenen Anwendungs*domänen* und Integration neuer oder erweiterter Anwendungen
  - Erarbeitung von *Domänenmodellen*, also von formalisiertem Anwendungswissen, einschließlich Anforderungs- und Funktions*modellen* sowie *Referenzarchitekturen* (siehe Abschnitt 3.1)
- die Herstellung der *Sicherheit* (*Betriebs- und IT-Sicherheit*) der Kommunikations- und Anwendungs*dienste* von Cyber-Physical Systems samt Risikominimierung bei ihrer Nutzung auch mit neuen Kooperationen in Systemlandschaften und Einsatzumgebungen, die ungewiss und offen sind und sich evolutionär entwickeln (siehe Abschnitt 3.2)
- eine *partizipative Gestaltung* der *Mensch-Maschine-Interaktion* mit transparenten Kontrollstrukturen, Entscheidungswegen und integriertem *Situations-* und *Kontextwissen* (lokal, regional, global) für die individuell beherrschbare Nutzung und interaktive Gestaltung der Anwendungsprozesse (siehe Abschnitte 3.3, 3.4 und Kapitel 4)
- das Schaffen von *Verlässlichkeit* und Vertrauen in funktionierende CPS-Lösungen bei allen Beteiligten durch gemeinsame prototypische Erprobung, umfassende *Validierung* und *Verifikation* sowie den Aufbau von Demonstratoren (siehe Abschnitt 3.6)
- das Umsetzen der Ergebnisse in praxistaugliche Innovationen, mit denen sich deutsche Unternehmen einen internationalen Wettbewerbsvorteil verschaffen können (siehe Abschnitt 3.6)

Die Öffnung der Anwendungssysteme, ihre gesteigerte Adaptions- und Kooperationsfähigkeit sowie eine zunehmend interaktive Gestaltung von Cyber-Physical Systems auf Initiative und unter Beteiligung von Nutzern beziehungsweise Nutzergruppen mit unterschiedlichen Zielen führen dazu, dass sich die Erfolgs- und Akzeptanzfaktoren von Cyber-Physical Systems kaum einheitlich bestimmen lassen.

Akzeptanzfaktoren: Zum einen sind die wesentlichen Akzeptanzfaktoren wie *Brauchbarkeit*, intuitive Nutzbarkeit, Beherrschbarkeit und Vertrauenswürdigkeit der Systeme abhängig von ihrer Anpassung an diverse Nutzungskontexte und der sicheren Integration in diese Kontexte. Zum anderen sind Anforderungen von Kunden und Märkten durch den globalen und vernetzten Einsatz von Cyber-Physical Systems sowie durch die Vielfalt und Dynamik gesellschaftlicher Veränderungen nur schwer bestimmbar und einem ständigen Wandel unterlegen. Dieser Wandel wird auch beeinflusst durch den Fortschritt in der *IKT*.

Evolutionäre Entwicklung: Neben den technologischen Forschungsfragen hinsichtlich der Fähigkeiten intelligenter Cyber-Physical Systems liegen die größten Herausforderungen in ihrer sozialen Kooperations- und *Adaptions*fähigkeit sowie ihrer evolutionären Entwicklung. Allgemein adressiert das alle Faktoren der involvierten Menschen (*Menschlicher Faktor*). Hier sind interdisziplinäre Konzepte und Kompetenzen erforderlich, die ein *partizipatives Engineering* unter Einbindung der Nutzer vorsehen, denn nur damit lassen sich brauchbare und beherrschbare CPS-Innovationen entwickeln (siehe Abschnitt 3.6).

3.1 INTELLIGENTE INFRASTRUKTUR UND ERFORDERLICHE DOMÄNENMODELLE

Die Analyse der CPS-Szenarien im vorhergehenden Abschnitt sowie auch aktuelle Studien zu den Herausforderungen zukünftiger eingebetteter Systeme (Nationale Roadmap Embedded Systems [ABB+09]) und Studien zu ihrer Einbindung in ein *Internet der Dinge und Dienste* (aktuelle Studien und Bücher: [BMW08, BMW10a, AB+11, FM+05, Mat07, UHM11b]), verdeutlichen die wichtigsten Voraussetzungen beziehungsweise die notwendigen Basisinvestitionen für die erfolgreiche Umsetzung von Cyber-Physical Systems.

Erforderlich ist der sukzessive Auf- und Ausbau standardisierter, flexibler Infrastrukturen und Kommunikationsplattformen. Es gilt deshalb, *interoperable* und kompatible CPS-Komponenten und *-Dienste* mit entsprechenden Schnittstellen und Protokollen auszustatten. Das schließt auch den Aus- und Aufbau physikalischer Umgebungskomponenten und Architekturen ein, also etwa *intelligente* Verkehrs*infrastrukturen*, Schranken oder Jalousien bei der Nutzung von autonomen Robotern – jeweils ihrerseits ausgestattet mit *Sensoren*, Kommunikationstechnik und miniaturisierten Steuerungen.

3.1.1 INFRASTRUKTUR FÜR INTEROPERABLE UND VERLÄSSLICHE CPS-DIENSTE

Neben einer Ausstattung der Umwelt mit zunehmend leistungsstarken *Sensoren*, *Aktoren*, integrierten Rechnern sowie standardisierten Schnittstellen und Protokollen wird Folgendes benötigt:

- eine leistungsfähige *Kommunikationsinfrastruktur* – also Netze mit hohen Bandbreiten, die *verlässlich* sowie überall und jederzeit zugänglich ist –, und
- eine darauf aufbauende *CPS-Plattform* samt *Middleware*, die die erforderliche *Interoperabilität*, Erweiterbarkeit und Anwendungsintegration von Cyber-Physical Systems ermöglicht sowie sicherstellt, dass die Koordinations- beziehungsweise Abstimmungs*dienste* grundlegende *Verlässlichkeit* und *Sicherheit* aufweisen.

Abbildung 3.1 zeigt die Komponenten und Protokolle beispielhaft im Bereich *Ambient Assisted Living* (*AAL*), die für eine integrierte umfassende Betreuung älterer oder kranker Menschen benötigt werden.

Eine *CPS-Plattform* weist zahlreiche generische Funktionen auf, zum Beispiel die Abstimmung und Synchronisation heterogener Protokolle, die Einbindung von Internet*diensten* und die Sicherstellung grundlegender *Quality-of-Service*-Garantien, die für die Anwendung erforderlich sind, etwa hinsichtlich der *Interoperabilität* der Infrastruktur, Daten*integrität* oder *Echtzeitfähigkeit*. Ergänzend dazu gilt es, domänenspezifische Systemarchitekturen aufzubauen, um die einzelnen Anwendungsbereiche miteinander verbinden und in das Gesamtsystem integrieren zu können.

Das ist eine Mammutaufgabe, denn *intelligente Infrastrukturen* allein reichen nicht aus, um Cyber-Physical Systems umfassend zu realisieren. Wenn etwa Fahrzeuge mit der ortsfesten Infrastruktur oder simultan mit kooperierenden Verkehrsmanagementsystemen kommunizieren und gleichzeitig auf globale Informations-, Wartungs- oder Abrechnungsdienste über das Internet zugreifen sollen, müssen *domänen*spezifische und *domänen*übergreifende Standardarchitekturen, Schnittstellen und Protokolle aufgebaut und verbindlich vereinbart werden. Die Herausforderung besteht in diesem Fall besonders in der Ausgestaltung interoperabler Schnittstellen auf der Ebene der Anwendungs*dienste* und ihrer spezifischen Integration, sodass durchgängige situations- und kontextgerechte Nutzungsprozesse[21] möglich werden. Diese Prozesse müssen

[21] Der European Telecommunication Standards Institute (ETSI) unterscheidet hier verschiedene aufeinander aufbauende Interoperabilitätsstufen: Protocol-, Service-, Application- und User-perceived Interoperability [ETS94].

einerseits die genannten *interoperablen* und *verlässlichen Dienste* bieten und sich andererseits an die evolutionäre Ausweitung von CPS-*Diensten* und entsprechender Erfordernisse anpassen.

Aktuelle Beispiele zur Umsetzung sind *domänen*- beziehungsweise industriespezifische und internationale Standardisierungsbemühungen wie

- das EPC-Global Architecture Framework aus dem Bereich des globalen Handels und globaler Logistik [UHM11a, WS07],
- das Standardisierungs- und Architektur-Framework im Bereich *Smart Grids* (AMI/FAN Architecture Framework [son09]),
- die Standardisierung im Bereich Telekommunikation und intelligenter Transportsysteme (ETSI ITS Architecture Framework [Eve10], das von verschiedenen Bundesministerien[22] geförderte Projekt „Sichere intelligente Mobilität" (SimTD) [sim11]),
- die Schnittstellenintegration und *Interoperabilitäts*-initiativen im Bereich *Ambient Assisted Living* (*AAL*) [Eic10],

Abbildung 3.1: Überblick über Basiskomponenten und Technologien im Bereich *Ambient Assisted Living* (*AAL*) (aus [Eic10])

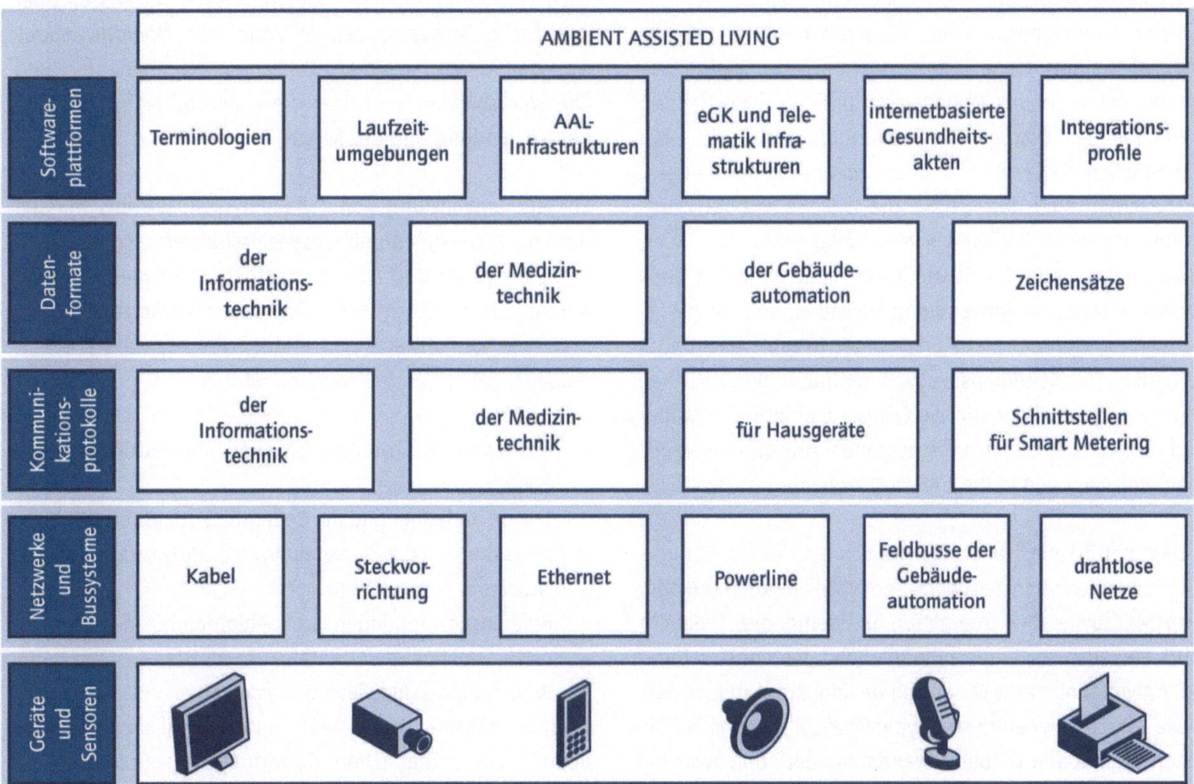

22 Bundesministerium für Wirtschaft und Technologie, Bundesministerium für Bildung und Forschung , Bundesministerium für Verkehr, Bau und Stadtentwicklung.

- die Standardisierung in der Produktion, zum Beispiel universelle Schnittstellen zwischen Anlagensteuerungen und Produktionsleitsystemen („*Manufacturing Execution Systems*", MES; VDI 5600 und aufbauende IEC-Gremien), die Standardisierung der Selbstbeschreibung von Produktionsanlagen und deren Komponenten, etwa durch das Datenformat AutomationML (IEC-Project PNW 65E - 161 Ed.1 [aML11]), um eine durchgängige Beschreibung aller Stufen vom Engineering bis zum Betrieb der Produktionsanlagen zu gewährleisten.

Grundsätzlich ist beim Aufbau solcher *Referenzarchitekturen* und ihrer Standardisierung zwischen CPS-generischen Komponenten, Schnittstellen, Protokollen, Daten und *Diensten* zu unterscheiden und solchen, die spezifisch für Anwendungsdomänen sind. Es gilt, Aufgaben der Kommunikation, Synchronisation und *Interoperabilität* von Cyber-Physical Systems sowie *Dienste* für die Organisation von Komponenten, für das Management und die Sicherstellung grundlegender *Quality-of-Service*-Anforderungen in einer einheitlichen *CPS-Plattform* und *-Middleware* festzulegen. Zu beachten sind dabei etwa die *IT-Sicherheits*standards im IPv6-Protokoll [HV08], Universal *Plug and Play* [JW03] sowie Geräteprofile [OAS09]. Soweit möglich sollen auch allgemein nutzbare Anwendungsdienste einheitlich gestaltet werden, zum Beispiel Abrechungs-, Bezahl-, Buchungs-, Kalender- oder Reisedienste sowie die Interaktion zwischen den Beteiligten. Nur wenn die *Dienste* einheitlich gestaltet sind, lassen sie sich in verschiedenen Anwendungsbereichen einsetzen und in die *CPS-Plattform* integrieren.

Zudem betrifft die Standardisierung nicht nur die Kommunikation mit Geräten, Software- und Netzkomponenten oder *Diensten* sowie ihre Interaktion untereinander. Vielmehr führt sie auch zu einer zunehmenden Vereinheitlichung der Anwendungsprozesse und ihrer Kontextinformationen. Diese können wiederum von Cyber-Physical Systems in ähnlichen Situationen wiederverwendet werden, und zwar bei der Steuerung von Systemen und der Kommunikation mit Nutzern. Die Übereinstimmung und damit die Anpassungsfähigkeit an die unterschiedlichen Anforderungen der jeweiligen Anwendungssituationen sind damit essenziell für den korrekten Einsatz und die Akzeptanz von Cyber-Physical Systems.

3.1.2 REFERENZARCHITEKTUREN UND AUFBAU VON DOMÄNENWISSEN

Um ihre Fähigkeiten zur Erfassung und Interpretation komplexer Anwendungssituationen und zur Interaktion und Kooperation mit Teilsystemen und Menschen umsetzen zu können, müssen Cyber-Physical Systems über ein gewisses Maß an „Wissen" (Wissensmodell) verfügen oder es über *Dienste* erwerben können. Das umfasst etwa Wissen über spezifische Anwendungen in Form von *Domänenmodellen* samt deren Architekturkonzepten, Komponenten und *Diensten* sowie Wissen über die Ziele und Anforderungen der Anwendung und der Nutzer.

Für die Entwicklung von Cyber-Physical Systems müssen deshalb nicht nur domänenspezifische *Referenzarchitekturen*, Funktionen und *Diensten* aufgebaut werden. Darüber hinaus gilt, es, schrittweise *Domänenmodelle* zu schaffen, und zwar formalisierte und adaptiv erweiterbare Wissensmodelle, die folgende Bereiche umfassen:

- physikalische Anwendungswelten, ihre Strukturen und Regeln
- Rollen, Verhalten und die Bedeutung der jeweiligen Komponenten für die Anwendung, die *Stakeholder* und die Nutzer
- Referenzanwendungen und Anforderungsmodelle, Prozesse, Funktionen und Interaktionsmuster
- Anwendungs- und Geschäftsregeln

Qualitätsanforderungen auf unterschiedlichen Einsatzebenen zur einheitlichen Bewertung von *Diensten* und der jeweiligen Kooperations- und Kompositionsoptionen.

Auch hier ist zu unterscheiden zwischen Qualitätsanforderungen

- aus Sicht der Nutzer, der nutzenden Systeme und ihre jeweiligen Einsatzkontexte (zum Beispiel Erweiterungen der *Quality-in-Use*-Konzepte in der ISO-Norm ISO 9126[23] [ISO10] oder die für Cyber-Physical Systems erweiterten *Usability*-Kriterien der ISO 9241-110[24])
- an einzelne *Dienste* hinsichtlich vereinbarter Garantien und -standards (*Quality of Service*)
- an darunter liegende Systemarchitekturen, Schnittstellen und Protokolle[25]
- zur Erfüllung von *Compliance*-Vorgaben

Diese *Domänenmodelle* umfassen Strategien und Konzepte

- zur Einordnung von CPS-Situationen und Anwendungen,
- für entsprechende Rollen und Anwendungsarten; es muss zum Beispiel garantiert werden, dass Anforderungen hinsichtlich *Betriebssicherheit*, *IT-Sicherheit* und des Schutzes der *Privatsphäre* erfüllt werden,
- für die Verhandlungen zwischen Teilsystemen und ihre Koordination, die sich nach fachlich vereinbarten Normen oder Standards abspielen müssen.

Das erfordert spezifische Strukturen und Bestandteile von CPS-Architekturen.

3.1.3 HERAUSFORDERUNGEN

Herausforderungen für den Auf- und Ausbau *intelligenter Infrastrukturen*, Infrastruktursysteme und *Domänenmodelle* für Cyber-Physical Systems sind

- **domänenübergreifende Standardisierung**, *Interoperabilität* und kontextabhängige Integrierbarkeit sowie Komposition der Architekturen, Schnittstellen und *Domänenmodelle* auf allen Systemebenen; *technische*, *semantische* und *nutzersichtbare Interoperabilität*
- **erforderliche vertikale und horizontale Interoperabilität** sowie entsprechende Kommunikations-, Abstimmungs- und Integrationsmechanismen zwischen den einzelnen Komponenten und Ebenen (siehe dazu auch Abschnitt 5.3.3.2),
- **Definition generischer CPS-Kommunikationsarchitekturen** sowie von *CPS-Plattformen* und *-Middleware* mit grundlegenden *Diensten* der *Interoperabilität*, Komposition, Synchronisation und Qualitätssicherung (siehe dazu auch Abschnitt 5.3.3 und Anhang B),
- **Definition von Referenzarchitekturen** *domänen*spezifischer und -übergreifender Kontext-, Umgebungs- und Anforderungs*modelle* sowie entsprechender Nutzungsprozesse und ihres Einsatzes (*Tailoring*) in konkreten CPS-Anwendungen,
- **Entwicklung geeigneter Methoden und Techniken** der *Adaption* und der dynamischen Konfigurierbarkeit, des Lernens und der Erweiterung von Funktionalitäten und *Diensten* sowie
- **Harmonisierung der unterschiedlichen Entwicklungsdynamiken** einzelner CPS-Komponenten, Systeme und Anwendungs*domänen* und ihrer Lebenszyklen, einschließlich der Sichtweise ihrer verschiedenen Akteure in allen Bereichen der Systementwicklung.

Wenn es darum geht, Rahmenbedingungen für den Einsatz ganz oder teilweise autonom handelnder Cyber-Physical Systems festzulegen, etwa im Bereich intelligenter Mobilitätskonzepte (siehe Abschnitt 2.2) liegen die Herausforderungen vor allem in der

- Gestaltung und rechtlichen Absicherung der automatischen *Adaptions*- und Kooperationsmechanismen. Folgende rechtliche Fragen sind zu beantworten: Welche Risiken sind damit verbunden? Wer ist verantwortlich

23 Inzwischen erweitert und in der ISO/IEC 25000 Norm aufgegangen.

24 Die Norm EN ISO 9241 ist ein internationaler Standard, der Richtlinien der Interaktion zwischen Mensch und Computer beschreibt [ISO09].

25 Siehe hierzu auch das Systemebenenkonzept in Kapitel 5.3.3.

im Fall von Schäden und Unfällen? Wer übernimmt die Gewährleistung? – siehe auch Abschnitt 3.2,

- Gestaltung und Festlegung von Umgebungsbedingungen: Welche physikalischen Voraussetzungen und welche Verhaltensregeln müssen in der Umgebung und den erforderlichen *intelligenten Infrastrukturen* beziehungsweise Infrastruktursystemen gelten, um die erforderliche *Sicherheit* und Akzeptanz der Systeme zu erzielen? Was sind die Kosten – im Vergleich zum Nutzen – für diesen Aus- oder Umbau (monetär, Umwelt, Lebensraum und -bedingungen) und wer trägt diese Kosten?
- wirtschaftlichen und gesellschaftlichen Auseinandersetzung mit den Chancen und Risiken der neuen Technik und ihrer Anwendungen; siehe auch Abschnitt 4.1.

3.2 VERNETZTES HANDELN IN UNGEWISSEN PHYSIKALISCHEN UND SOZIALEN UMGEBUNGEN

Eine wesentliche Herausforderung im Zusammenhang mit Cyber-Physical Systems ist ihr maschinelles, ganz oder teilweise autonomes und vernetztes Handeln in ungewisser Umgebung. Durch die zunehmende Öffnung bisher isoliert agierender, gezielt für eine bestimmte Aufgabe entwickelter Hardware- und Softwaresysteme sowie durch ihren zunehmend kooperativen Einsatz in erweiterten Anwendungen und sozialen Kontexten entstehen neue Möglichkeiten. Diese haben ein immer ungewisseres und schwerer vorhersagbares Verhalten der Systeme zur Folge, das durch technische allein Maßnahmen kaum kontrollierbar ist. Dieses Verhalten wiederum führt zu Herausforderungen hinsichtlich erweiterter Fragen der *Betriebs-* und *IT-Sicherheit* der Systeme, aber auch Fragen nach der bestmöglichen *Mensch-Maschine-Interaktion* und *-Kooperation*. Gleichzeitig besteht ein erweitertes Gefährdungspotenzial, weshalb Fragen nach der Rechtssicherheit, aber auch der Gewährleistung des *Privatsphäre-* und des *Know-how-*Schutzes der an der vernetzten Wertschöpfung beteiligten Unternehmen beantwortet werden müssen.

Ganz oder teilweise autonomes vernetztes Handeln

Cyber-Physical Systems zeichnen sich, wie oben geschildert, durch die Fähigkeit zu komplexer Umgebungs- und *Situationserfassung* aus: Die Systeme interpretieren die mittels *Sensor*daten und Nutzereingaben erfasste physikalische und soziale Umgebung, auch in Hinblick auf menschliches Verhalten, menschliche Absichten, Ziele und Prozesse auf Basis vielfältiger Daten und Aussagen, die auf unterschiedliche Weise erfasst, von anderen Systemen zur Verfügung gestellt und aus diesen unterschiedlichen Quellen kombiniert werden. Da in diesem global vernetzten Kontext der CPS-Szenarien Korrektheit und *Integrität* der Daten schwer zu bestimmen sind, steigt das Risiko, dass die Systeme auf Basis potenziell ungewisser oder möglicherweise widersprechender Informationen eine konkrete Situation falsch bewerten, in der Folge falsch entscheiden oder dadurch weiteres Verhalten unangemessen beeinflussen oder bestimmen. Das kann insbesondere zu sicherheitskritischem Verhalten führen.

Darum ist es wichtig sicherzustellen, dass Cyber-Physical Systems und ihre Komponenten unter diesen Umständen in höchstem Maße akzeptabel und *robust* handeln; solche *sicherheitskritischen* Systeme („*Safety-critical Systems*") müssen deshalb erweiterte *Betriebssicherheit* aufweisen. Aber auch dann, wenn sie nicht *sicherheitskritisch* sind, müssen Cyber-Physical Systems immer so handeln, dass sie ihre Nutzer bei deren Absichten und Aufgaben optimal unterstützen, sie jedoch keinesfalls behindern.

Die Forderung nach korrektem und *zuverlässigem* vernetzten Verhalten in verschiedenen Anwendungskontexten und in Kooperation mit vielfach vernetzten Systemen umfasst auch die Forderung nach entsprechenden Fähigkeiten des Gesamtsystems und seiner Komponenten:

- möglichst korrektes und angemessenes Erfassen und Bewerten von Situationen in Abstimmung mit den Anwendungszielen und -kontexten der Beteiligten,

- Überprüfung und gegebenenfalls Sicherstellung der Korrektheit und Qualität von Informations-, Kommunikations- und Steuerungsdiensten der beteiligten Systeme und Komponenten,
- Strategiebildung einschließlich Planung, Verhandlung und Kooperation zur Erreichung und vernetzten Erbringung der *Dienste* in der erforderlichen Qualität (nichtfunktionale Anforderungen),
- transparente, für Nutzer verständliche und beherrschbare *Mensch-Maschine-Interaktion*, um Fehlbedienungen und fehlerhaften Einsatz der Systeme und damit eine Gefährdung der Umgebung und der Beteiligten zu vermeiden sowie
- Fähigkeit, auch im Notfall, bei unsicherer Lage und ungewissen Handlungsfolgen, die Entscheidung zu treffen, eine gewünschte Funktionalität gegebenenfalls nicht zu erbringen - aber nur dann, wenn Benutzer dadurch nicht stärker gefährdet werden.

Inwieweit in diese Abwägungen und Entscheidungen Nutzer und Beteiligte einbezogen werden, hängt neben der Art, dem Einsatzgebiet und der Aufgabe der Systeme auch von den jeweiligen Rollen und Fähigkeiten der beteiligten Personen ab. Zum Beispiel bei der Koordination und Überwachung von Energie*diensten* in *Smart Grids* oder globalen Logistiknetzen sind die Rollen und Fähigkeiten anders verteilt als im Bereich *Ambient Assisted Living* (*AAL*) oder im Zusammenhang mit Mobilitätsszenarien, wie sie in Abschnitt 2.2 geschildert wurden. In jedem Falle sind die Beherrschbarkeit und die Möglichkeit zur Mitgestaltung des Systemverhaltens durch den Nutzer wesentliche Faktoren der *Sicherheit*, Qualität und, ganz besonders, der Akzeptanz von Cyber-Physical Systems (siehe dazu auch Kapitel 4).

Diese Fähigkeiten von Cyber-Physical Systems schlagen sich auch in ihrer Architektur, den einzusetzenden Technologien und im *Engineering* der Systeme nieder (siehe dazu auch Kapitel 5). In den folgenden Abschnitten werden die genannten Herausforderungen anhand der Szenarien und eines Schalenmodells soziotechnischer CPS-Anwendungen erläutert.

3.2.1 DAS SCHALENMODELL SOZIOTECHNISCHER CPS-ANWENDUNGEN

Abbildung 3.2 verdeutlicht den offenen, viele Lebensbereiche durchdringenden Charakter von Cyber-Physical Systems mithilfe einer schematischen Darstellung zweier Anwendungsdomänen, und zwar Mobilität und Gesundheit. Das *Modell* charakterisiert die Beteiligten einer *Domäne*, also Systeme, Nutzer und *Stakeholder*, sowie ihre Interaktionsbeziehungen hinsichtlich Kontrollierbarkeit, Definiertheit und Vorhersehbarkeit ihres Verhaltens. Dabei werden die folgenden Bereiche im Sinn von Aktionsfeldern unterschieden:

- **Kontrollierter Kernbereich (1)**: Dieser Bereich umfasst klassische geschlossene eingebettete Systeme eines Anwendungsgebietes (beispielsweise die Heizanlage eines Gebäudes), die gekennzeichnet sind durch kontrollierte Kommunikation und Interaktion mit der Umgebung. Die *Betriebssicherheit* und die Vorhersagbarkeit des Systemverhaltens sind bei korrekter Bedienung gewährleistet.
- **Spezifizierter Bereich (2)**: In diesem Bereich kooperieren Systeme und Komponenten des Anwendungsgebiets. Dabei verhalten sie sich für vorherbestimmte und abgegrenzte Nutzungssituationen auf spezifizierte Weise. Ungewiss ist ihr Verhalten dagegen in nicht vorhersehbaren, nicht regelkonformen Situationen, also wenn etwa Kinder ihre mit einem *Smart Tag* ausgestattete Kleidung auf die Straße werfen (siehe Mobilitätsszenario im Abschnitt 2.2.2). Nutzer mit regelhaftem Verhalten beziehungsweise entsprechender Ausbildung und Fachkompetenz sind Teil des Bereichs. Die Kommunikation innerhalb der Bereiche (1) und (2) ist kontrolliert und zielgerichtet.

- **Bereich der offen vernetzten Welt (3)**: In dieser offenen Umgebung befinden sich Nutzer, Akteure - auch Gruppen -, Systeme, *Dienste* und Daten - auch aus dem Internet -, die in einem oder in mehreren Anwendungsbereichen agieren. Aus Sicht der inneren Bereiche, also ihrer Komponenten, sind sie charakterisiert durch reduzierte *Verlässlichkeit* hinsichtlich ihrer Quelle und ihrer Kommunikation. Auch ihre Kontexte, Ziele und Verhaltensweisen lassen sich nicht klar einordnen und interpretieren.[26] Entscheidend ist dabei, dass Nutzer und Komponenten aus der Umgebung oder *Dienste* aus dem Internet ad hoc miteinander interagieren und die Komponenten der inneren Bereiche in ihrem Kontext nutzen. Auf diese Weise kann neues Nutzungspotenzial, es können aber auch neue Risiken entstehen.

Zum Beispiel ist es bereits möglich, mithilfe weltweit über das Internet vernetzter *Sensoren* und Steuerungsgeräte - etwa im Rahmen der Online-Dienste von Pachube ([Pac11, PCM11]) - das Geschehen in der Umgebung eines Ferienhauses zu beobachten, bei Bedarf Sicherungsmaßnahmen zu veranlassen und entsprechende Geräte, etwa für das Herunterlassen von Sicherungstüren, anzusteuern.[27]

Abbildung 3.2: Überblick über die *Domänen*struktur nach dem Grad der Vorhersagbarkeit des Verhaltens der beteiligten Systeme und Menschen

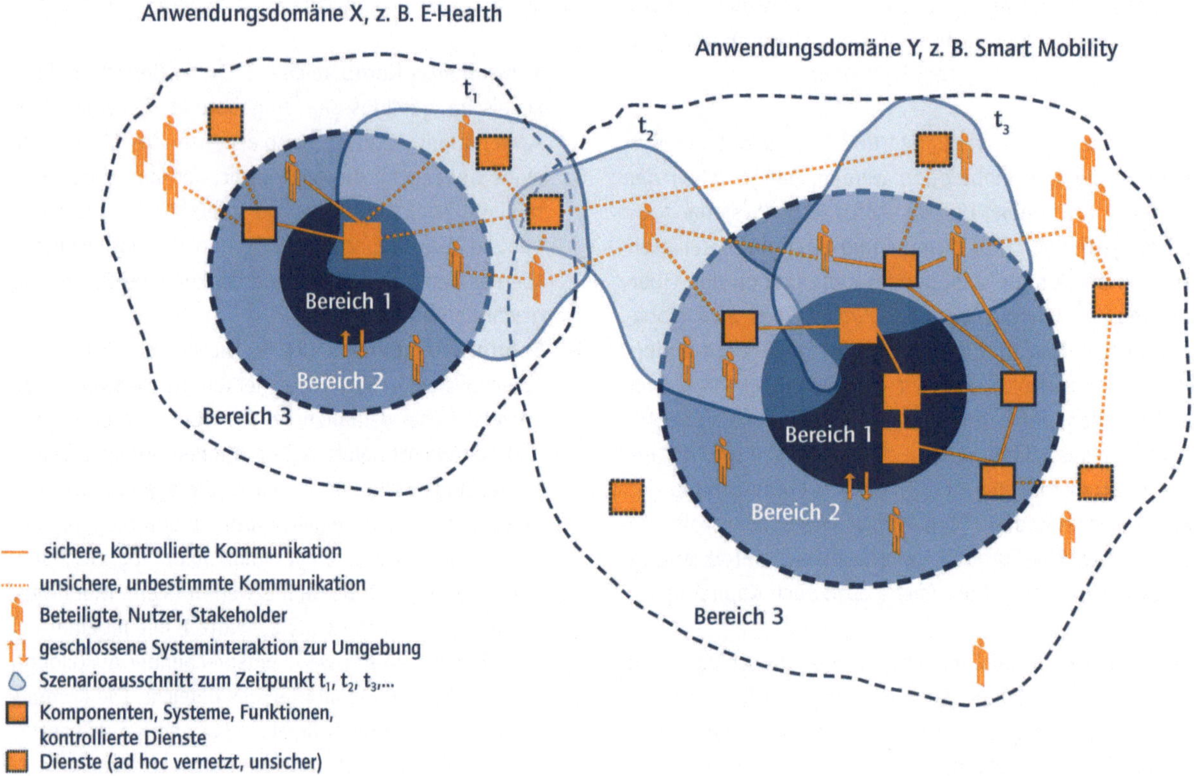

26 Aus Sicht der spezifizierten Anwendungs*domäne* (den inneren Bereichen).

27 Die Sicherheits- und Rechtlage ist dabei allerdings heute noch nicht geklärt.

Die Abbildungen 3.2 und 3.3 veranschaulichen das Potenzial *domänen*übergreifender Vernetzung am Beispiel der gezielten Interaktion der beiden Szenarienausschnitte aus den Abschnitten 2.3 (*Smart Health*) und 2.2 (*Smart Mobility*). Die hellblauen Felder, die in Abbildung 3.2 quer über die Bereiche 1 bis 3 liegen, symbolisieren die sich dynamisch ändernden Szenarienausschnitte der beiden Anwendungsbereiche, also die operativen Systemgrenzen zu einem gegebenen Zeitpunkt:

Abbildung 3.3: *Domänen*übergreifende Koordination am Beispiel der Szenarioaussschnitte aus den Abschnitten 2.3 (*Smart Health*) und 2.2 (*Smart Mobility*)

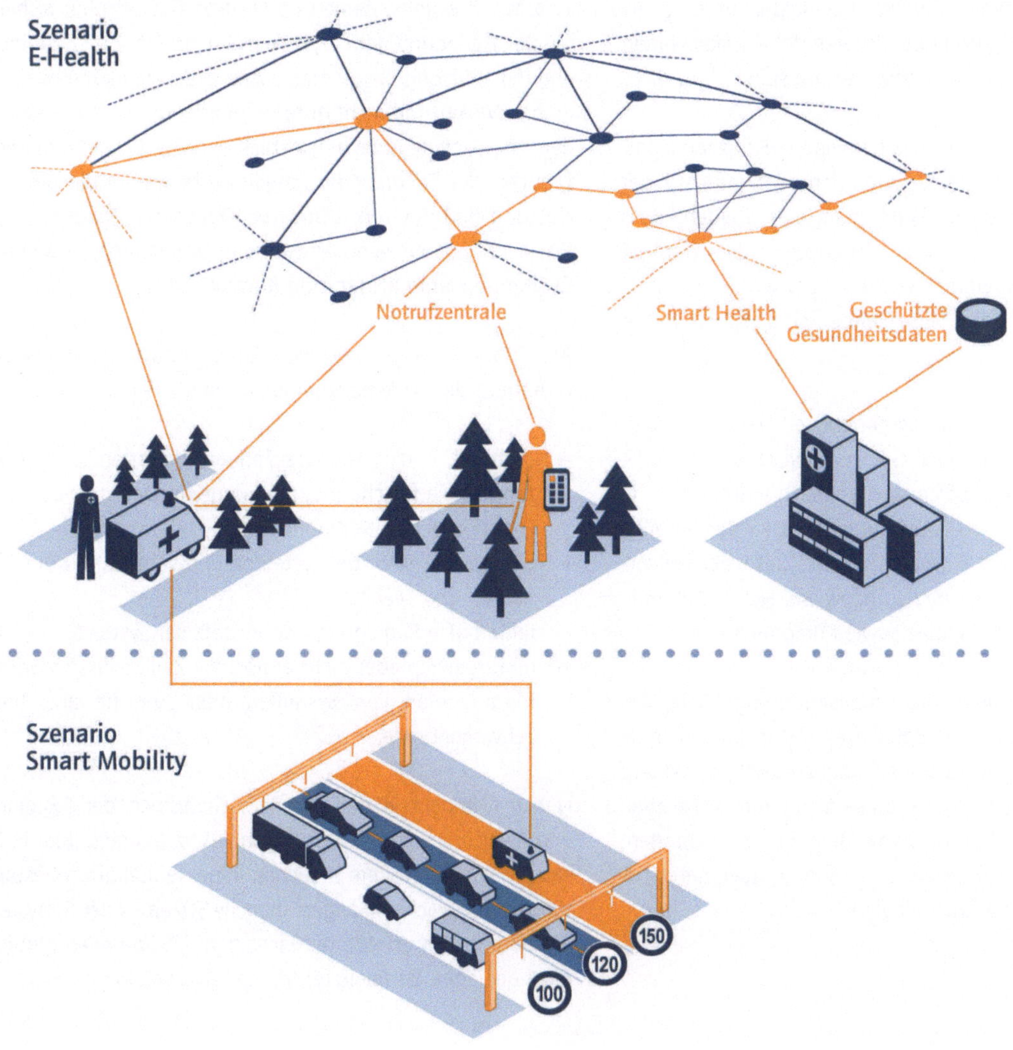

- **Szenario 2.3.3**: Automatische Erkennung einer Notfallsituation und Erstversorgung - Hier wird Frau Huber nach einem Schwindelanfall (Schritt 4) von herbeieilenden Sanitätern erstversorgt (Schritt 5) und in die Notaufnahme des nächstgelegenen Krankenhauses gebracht.
- **Szenario 2.2.3**: CPS als umfassender Mobilitätsassistent - Hier muss in Schritt (10) der Konvoi mit dem *Car-Sharing*-Fahrzeug von Frau Müller die *Premiumspur* verlassen und einem Krankenwagen den Vorrang gewähren. Dies könnte beispielsweise der Krankenwagen aus dem zuvor geschilderten Szenario sein.

Die Verkehrssituation und die beteiligten Fahrzeuge passen sich an die veränderten Anforderungen an. Auf der *Premiumspur* muss zwar damit gerechnet werden, dass Sonderfahrzeugen wie Polizei, Feuerwehr oder Krankenwagen Vorrang eingeräumt werden muss. Weder der Zeitpunkt noch die konkret Mitwirkenden sind jedoch vorher bekannt.

Diese Ausschnitte und die beschriebenen Veränderungen machen deutlich, dass die Grenzen zwischen den CPS-Anwendungsszenarien offen sind und sich verschieben. Je nach Situation und den Handelungsschritten der Beteiligten umfasst das Cyber-Physical System - also der Anwendungsausschnitt - auch neue, ungewisse, sich wandelnde und unvorhersehbare Akteure sowie Komponenten.

Damit steigt aber auch die Herausforderung, Ziele, Absichten und Verhalten der Beteiligten in Einklang zu bringen. Das ist notwendig, um einen möglichst sicheren Ablauf zu gewährleisten und ungewolltes Verhalten, möglichen Schaden und die Gefährdung von Menschen zu verhindern oder zumindest zu begrenzen. Dies erfordert geeignete Strategien, Konzepte und Technologien.

3.2.2 ZUNEHMEND UNGEWISSES VERHALTEN IN DER VERNETZTEN WELT

Global vernetzte Systeme, die sich an Situationen und Kontexte anpassen sowie über *Domänen*grenzen hinweg kooperieren können, sind sehr komplex. Das birgt eine inhärente Unsicherheit bis hin zur Gefährdung für die Menschen durch ungewisse, nicht aufeinander abgestimmte Nutzung und das daraus resultierende Verhalten von Cyber-Physical Systems, ihrer Teilsysteme und *Dienste*. Die Öffnung bisher geschlossener und damit gesicherter eingebetteter Systeme und ihre Nutzung in vernetzten Anwendungen können also in ihrer Verkettung nicht absehbare Effekte und auch Schäden verursachen. Auch hinsichtlich der *IT-Sicherheit* und des Schutzes der *Privatsphäre* Beteiligter bedeuten die offene Nutzung und die Verkettung von Daten und *Diensten* ein Risiko für jede einzelne Anwendung beziehungsweise jede CPS-Komponente bis hin zum Kontrollverlust.

Als Ursachen beziehungsweise Auslöser auftretenden Fehlverhaltens der Systeme kommen folgende Faktoren infrage:

- unmittel- und mittelbare Fehlinterpretation und -nutzung sowie falsche Propagierung von Daten, *Diensten*, Funktionen und Komponenten,
- Un*zuverlässigkeit* der verteilten und vernetzten Komponenten und *Dienste*,
- fehlerhafte Bedienung und Einsatz der Systeme,
- unaufgelöste oder nicht auflösbare Zielkonflikte sowie
- Manipulation von Systemen oder Angriffe auf ihre Schwachpunkte.

Neben Mängeln in den Schutzmechanismen der Systeme und hinsichtlich der Anpassungsfähigkeit während ihrer Einsatzzeit können weitere Ursachen in der fehlerhaften Gestaltung und Entwicklung liegen; manche Systeme oder Teilsysteme sind für den erweiterten Einsatz in CPS-Szenarien darum nicht geeignet. Beispiele für Mängel sind wie folgt:

- Ereignisse, Entwicklungen, Nutzer- und Kundenbedürfnisse sowie Anforderungen in der Umgebung - also in der Anwendungswelt -, die nicht rechtzeitig gesehen oder falsch eingeschätzt werden (Bereich 3 in Abbildung 3.2),
- fehlende, unzureichende oder unpassende Integrations- oder Kompositionskonzepte in der Spezifikation, dem Entwurf und der Entwicklung der Systeme,
- fehlende oder unzureichende Konzeption einer bedarfsgerechten *Mensch-Maschine-Interaktion*. Herausforderungen sind hierbei insbesondere die Anpassung an Nutzersituation und Nutzungskontext mit *geteilter Kontrolle* und die Gestaltung des vernetzten Verhaltens von Cyber-Physical Systems.
- fehlende oder unsichere Konzepte und Mechanismen in den zugrundeliegenden *Kommunikations-* und Vernetzungs*infrastrukturen* sowie in deren Architekturen.

Speziell zur *Validierung* und *Verifikation* dieser hochgradig adaptiven Systeme müssen zwingend erweiterte Methoden - zum Beispiel *modell*basierte Simulation - entwickelt und eingesetzt werden.

3.2.2.1 Erweiterte Betriebssicherheit - gefährdungsfreie Cyber-Physical Systems in unkontrollierten Umgebungen

Cyber-Physical Systems durchdringen den Alltag stark. Ihre *Betriebssicherheit* kann deshalb mit den Methoden der mittelbaren *Sicherheit* - beispielsweise durch Beschränkung der Zugangsmöglichkeiten - oder der hinweisenden Sicherheit - etwa durch Nutzerschulungen - nicht ausreichend gewährleistet werden. Stattdessen ist ein umfassender Einsatz von Konzepten *funktionaler Sicherheit* (Functional Safety) notwendig sowie von Methoden, die die Risiken auf ein akzeptables Maß reduzieren.

Bisher fußt die *funktionale Sicherheit* von Cyber-Physical Systems auf der Annahme, dass diese vom Zeitpunkt der Inbetriebnahme bis zur Außerbetriebnahme in einem kontrollierten Rahmen eingesetzt werden. Dieser kontrollierte Rahmen umfasst insbesondere die Festlegung eingeschränkter Nutzergruppen - zum Beispiel geschulte Fahrzeugnutzer oder eingewiesenes Bedienpersonal - und eingeschränkter Nutzungsbedingungen - etwa zulässige Betriebstemperaturen oder Fahrzeuggeschwindigkeiten -, für die eine sichere Systemnutzung gewährleistet ist. Auch wenn diese Systeme normalerweise keine geschlossenen Systeme darstellen, so weisen sie dennoch eine klar definierte Systemgrenze und Umgebung auf. Entsprechend der Klassifikation von Abschnitt 3.2.1 sind sie damit Systeme im kontrollierten Kern, also in Bereich 1. Diese Begrenzung spiegelt sich in Normen und Standards wie der IEC 61508, der DO 178B oder der ISO 26262 wider.

Künftigen Nutzungsszenarien wird dieses rigide *Modell* einer Klasse kontrollierter Systeme aber in vielerlei Hinsicht nicht mehr gerecht. Das gilt insbesondere für zukünftige Systemlebenszyklen, bei denen Teile von Systemen außer Betrieb gehen und von Nutzern neue Teile als Ersatz in Betrieb genommen werden. Ein Beispiel ist das Einbinden eines neuen *Mobilgeräts* in die *Mensch-Maschine-Schnittstelle* eines Fahrzeugs. Bei CPS-artigen Systemen dagegen sind solche dynamischen Konfigurationen essenzieller Bestandteil der Nutzung, da sie nur im Verbund funktionieren; *Telematik*funktionen sind zum Beispiel auf ein Smartphone im Fahrzeug angewiesen. Bereits aufgrund der geteilten Eigentumsverhältnisse durch unterschiedliche Betreiber solcher Systeme und der damit verbundenen Fragen nach der rechtlichen Verantwortung ist eine umfassende Kontrolle solcher Systeme nicht mehr möglich. Aus diesem Grund müssen hier Systeme geschaffen werden, bei denen statt kontrollierter Strukturen nur noch klar definierte *Anwendungsdomänen* und *-plattformen* vorausgesetzt werden.

Im Gegensatz zum kontrollierten Kern werden in diesen definierten *Domänen* zwar ebenfalls die Parameter der sicheren

Nutzung verbindlich festgelegt. Aber deren Einhaltung wird nicht nur durch die Strukturen außerhalb des Systems sichergestellt, sondern weitestgehend durch das System selbst. Nicht die Konstrukteure sorgen für *Betriebssicherheit* in der Konstruktion (*Safety* at Build Time), sondern die Systeme selbst wirken auf die *Betriebssicherheit* zur Laufzeit (*Safety* at Runtime) ein. Wesentliche Fähigkeiten solcher Systeme sind die sichere Einbindung von Systemteilen, die Überwachung des Betriebs zur Erkennung von Gefahren durch Ausfälle und Fehlbedienungen sowie das Bereitstellen von umfassenden Verfahren zum aktiven Vermeiden von Gefahren für Systeme und Menschen (*Fail-safe*- und *Fail-operational*-Verfahren).

Für die Nutzer der Systeme lassen sich keine Spezialkenntnisse oder spezifische Schulung voraussetzen. Beispielsweise kann nicht jeder Autofahrer immer für die neueste Version seiner Routenplaner-*Dienste* geschult werden. Damit beim laienhaften Bedienen der Systeme keine Gefahren entstehen, sind Konzepte für eine intuitive und transparente Nutzerinteraktion erforderlich, die für eine sichere und *geteilte Kontrolle* zwischen Menschen und Systemen sorgen. Dazu gehört, neben transparenter Gefahrenmeldung und Aufmerksamkeitslenkung durch das System, dass Nutzer und Maschinen das gleiche Bild einer Situation haben und demzufolge konsistent agieren (siehe auch Abschnitt 3.3).

Für die kontrollierte Einbindung neuer, bisher unbekannter *Dienste* aus der offen vernetzten Welt (Bereich 3) und die Kooperation mit ihnen werden Konzepte und Strategien benötigt, die eine Bewertung von Risiken und einen angepassten Umgang damit ermöglichen – immer in direkter Abstimmung mit den Nutzern.

3.2.2.2 IT-Sicherheit – Angriffsmöglichkeiten auf Cyber-Physical Systems

Durch die offene unsichere Umgebung ergeben sich auch neue Herausforderungen für die *IT-Sicherheit*. Geschlossene Systeme sind vor Angriffen von außen relativ gut absicherbar; Risiken gehen von Innentätern aus. Weitergehende *IT-Sicherheits*-Mechanismen sind deshalb kaum notwendig. Beispielsweise wird die Steuerung von medizinischen Geräten nicht als *sicherheitskritisch* im Sinne der *IT-Sicherheit* eingestuft und deshalb nicht vor Angriffen geschützt, weil sie innerhalb kontrollierter, nicht vernetzter Bereiche (Ebene 1) eingesetzt werden. Ähnliches gilt für Fabriksteueranlagen.

Cyber-Physical Systems werden prinzipiell aber in unsicheren, offenen Umgebungen betrieben und sind intensiv mit einer unsicheren Umgebung vernetzt. Hierdurch ergeben sich vielfältige Risiken. Der Angriff des Stuxnet-Wurms [Lan11] etwa hat drastisch verdeutlicht, welche Folgen unzureichende *IT-Sicherheit* haben kann. Ein weiteres Beispiel: Bei der Kommunikation zwischen Fahrzeugen („Car2Car") sind die Kommunikationspartner an sich bekannte und kontrollierte Systeme. Jedoch könnte ein Angreifer versuchen, sich einen Vorteil zu verschaffen, indem er Falschinformationen sendet – etwa „Ich bin ein Krankenwagen" – und sich dadurch illegal freie Fahrt verschaffen.

Abbildung 3.2 macht die Öffnung der Systeme anschaulich. Es gibt zwar immer noch in sich selbst *sichere*, geschlossene Systeme (Bereich 1). Diese sind nun aber vielfältig vernetzt und dadurch potenziellen Angriffen ausgesetzt. Hier ist ein erweiterter Schutz vor Angriffen von außen nötig, der etwa durch Abschottung des Systems, den Schutz des Netzwerks, in dem es sich befindet (Perimeterschutz) oder durch dedizierte und kontrolliere Übergänge zu den Bereichen 2 und 3 erzielt werden kann.

Cyber-Physical Systems unterscheiden sich deutlich von klassischen Systemen, die sich leicht in ihren Perimetern schützen lassen, etwa durch Firewalls. Die Angreifer*modelle* unterscheiden sich deutlich: Bei Cyber-Physical Systems müssen nicht nur Angreifer beachtet werden, die von außen versuchen, den Perimeterschutz zu umgehen. Vielmehr stellen insbesondere innere Risiken, etwa vermeintlich bekannte, tatsächlich aber kompromittierte Systeme, die sich bösartig verhalten, eine große Herausforderung bei der Absicherung dar. Hier gilt es, neue *Sicherheits*verfahren für Cyber-Physical Systems zu entwickeln.

3.2.2.3 Privatsphären- und Know-how-Schutz

Eine weitere große Herausforderung besteht neben der *IT-Sicherheit* im Schutz der *Privatsphäre* der Betroffenen, gerade weil Cyber-Physical Systems das Potenzial für eine umfangreiche Überwachung bergen: Es wäre gesellschaftlich inakzeptabel und würde zudem das Recht auf informationelle Selbstbestimmung[28] verletzen, wenn das Beobachten, Überwachen und Nachvollziehen („Tracking") der Handlungen einer Person zum Normalfall würden. Schon ein ungutes Gefühl der Betroffenen kann zu massiven Akzeptanzproblemen führen. Darum ist es notwendig, dass alle Beteiligten die Datenverarbeitungsprozesse und ihre Auswirkungen hinreichend kennen und verstehen. Das gilt sowohl für die Systembetreiber als auch für diejenigen, deren Daten verarbeitet werden oder auf die sich Entscheidungen auswirken können, die durch Cyber-Physical Systems vorbereitet werden.

Darüber muss dem Schutz des firmeneigenen *Know-hows* große Aufmerksamkeit gewidmet werden. Denn Cyber-Physical Systems arbeiten vernetzt; es werden spezialisierte Funktionen und Dienstleistungen angeboten und genutzt. Kooperationen, sowohl bei der Entwicklung als auch im vernetzten Betrieb von Cyber-Physical Systems, bedingen eine Öffnung der Unternehmen; selbst Kernbereiche der Unternehmenskompetenz können nicht mehr vollständig nach außen abgeschottet werden. Hier sind dringend Technologien, aber auch Gesetzesregelungen erforderlich.

3.2.3 VERTEILTES HANDELN IN OFFENEN PHYSIKALISCHEN UND SOZIALEN UMGEBUNGEN

Durch die Optionen der offenen Kooperation und automatischen Verkettung von CPS-Komponenten während des Betriebs und in *Echtzeit* entstehen neue Anforderungen an Technologie und Einsatz der Systeme, aber auch neue Risiken; es ergeben sich Fragen, die sich derzeit kaum beantworten lassen. Aufgrund der weitreichenden Eingriffe von CPS-Anwendungen in alltägliche soziale Interaktions- und Handlungsprozesse geht es hierbei besonders um soziotechnische Gestaltungsanforderungen und die geeignete *Mensch-Maschine-Interaktion*. Neben der Beschäftigung mit Technologiefragen ist auch ein gemeinsames Festlegen der Qualitätsvorgaben und Rahmenbedingungen sowie die Abstimmung auf gesellschaftlicher, politischer und wirtschaftlicher Ebene erforderlich. Die einzelnen Aspekte des verteilten Handelns in offenen Umgebungen werden in den folgenden Unterabschnitten verdeutlicht.

3.2.3.1 Systemebenen vernetzter CPS-Technologie

Die Entwicklungsstufen der Bremssysteme in Kraftfahrzeugen verdeutlichen die Technologie- und Komplexitätssprünge eingebetteter Systeme und die neue Qualität der Systemanforderungen auf dem Weg zu offenen Cyber-Physical Systems; siehe Abbildung 3.4.

Zur Vermeidung von Verkehrsunfällen setzt die Automobilindustrie bei der Weiterentwicklung von *sicherheitskritischen* Funktionen, etwa der Bremsfunktion, längst auf klassische eingebettete Systeme, zunehmend aber auch auf Cyber-Physical Systems. Ein früher Meilenstein in dieser Entwicklung war das 1978 eingeführte Antiblockiersystem (ABS), das die Lenkfähigkeit während des Bremsvorgangs erhält. 1995 führte dann Bosch das Elektronische Stabilitätsprogramm (ESP) ein; es sorgt für die aktive Vergabe von Verzögerungsmomenten auf einzelne Räder und erhält damit die Steuerfähigkeit im Grenz-Lenkbereich. Und 2003 führte Honda das „Collision Mitigation Brake System" ein, ein aktives Bremsassistenzsystem (ABA); es leitet automatisch Bremsvorgänge ein, wenn die minimale Bremsdistanz eines Fahrzeugs zu einem anderen Objekt unterschritten wird. Anhand dieser drei Meilensteine zeigt sich die sukzessive Erweiterung von physikalischen Grundfunktionalitäten durch Informationsverarbeitung: von der reaktiven

[28] Volkszählungsurteil, BVerfGE 65, 1, 1983.

Abbildung 3.4: Entwicklungsstufen von Cyber-Physical Systems am Beispiel von Bremssystemen

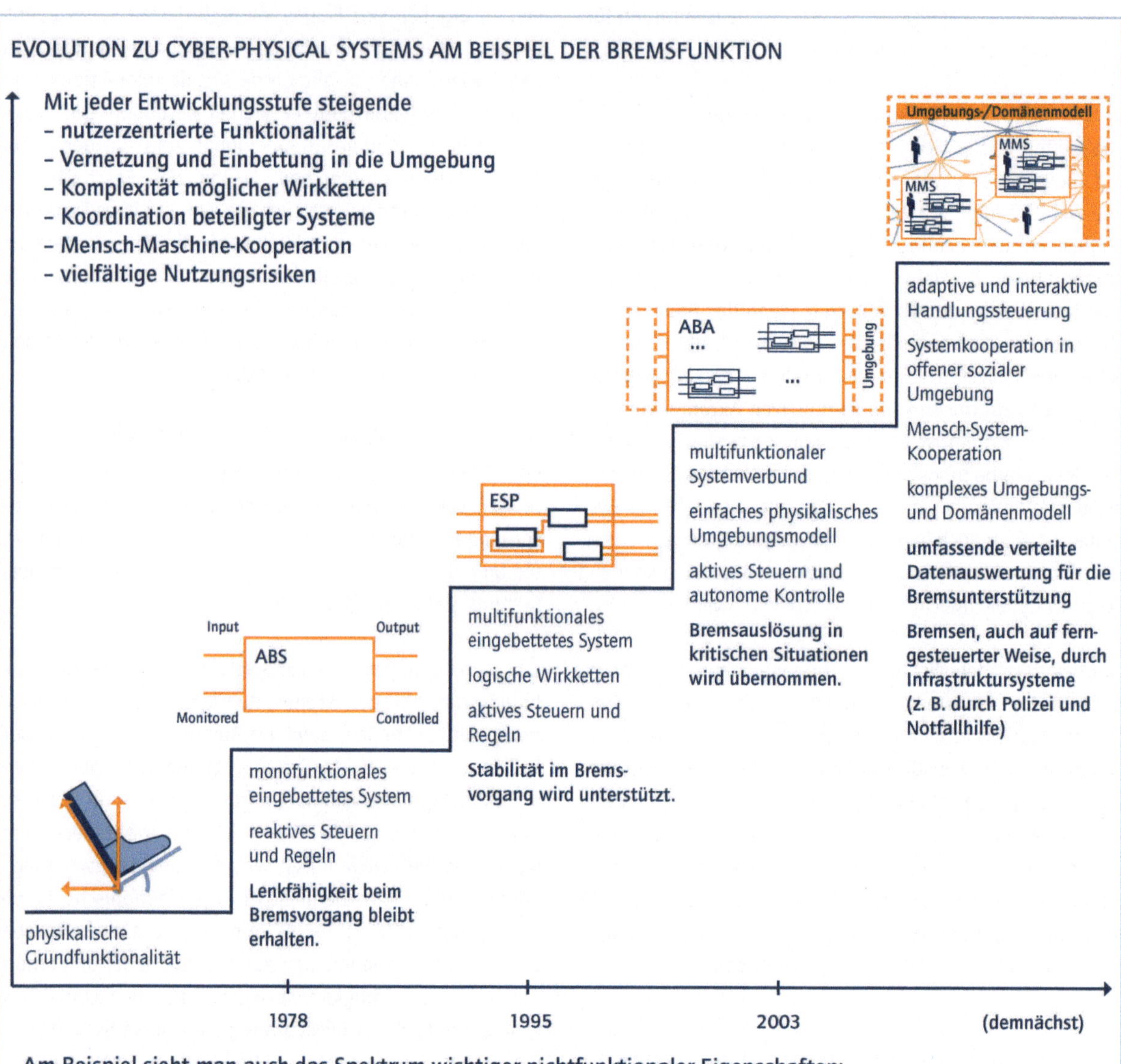

Optimierung (ABS) über die aktive Überregelung (ESP) bis zur autonomen Kontrolle (ABA).

Mit dieser Entwicklung einher geht stets die vollständige oder teilweise Ablösung von physikalischen Wirkketten (Bremspedal - Hydraulikleitung - Bremszylinder) durch informationstechnische Wirkketten (Bremspedal - Positions*sensor* - *Bus*leitung - Steuergerät - *Bus*leitung - *Aktor* - Bremszylinder). Das erlaubt einerseits eine wesentliche Verbesserung und Erweiterung der Funktionalität, wie oben beschrieben. Gleichzeitig steigen jedoch die Komplexität des Systems, die Gefahr des Versagens und damit das Nutzungsrisiko. Der Komplexitätszuwachs zeigt sich, außer anhand des gestiegenen Funktionsumfangs, insbesondere durch zunehmende Vernetzung und Einbettung der Systeme in ihre physikalische Umgebung: Wirkt ein ABS nur auf Raddrehzahl und Bremskraft, kommen beim EPS der Lenkvorgang sowie diverse Beschleunigungskräfte hinzu. Beim ABA schließlich ist zusätzlich noch die Fahrzeugumgebung in Form von Hindernissen einzubeziehen. Aktuelle Entwicklungen verfolgen ein autonomes Bremsen beim Erkennen möglicher Kollisionen mit Fußgängern oder eine veränderte Bremswirkung beim Erkennen von Unaufmerksamkeit des Fahrers. Jeder Zuwachs der Vernetzung und des Grades der Einbettung ist mit einer enormen Komplexitätssteigerung verbunden, und zwar in der Erfassung von Umgebungen und Situationen bei der Abbildung möglicher und tatsächlich auftretender Wirkketten sowie hinsichtlich der situationsgerechten Koordination und Steuerung der beteiligten Systeme und Komponenten.

Um dem weiter steigenden Sicherheitsbedürfnis nachzukommen, gehen neuere Entwicklungen nun sogar über diese Integrationsstufen - ABS mit dem Einzelsystem Bremse, EPS mit dem Systemverbund Bremse und Lenkung sowie ABA mit dem Systemverbund Antrieb, Karosserie und unmittelbare Systemumgebung - hinaus. Es werden Teile der Umgebung einbezogen, insbesondere andere Fahrzeuge und die *Kommunikationsinfrastruktur*. So können etwa im Fahrzeugsverbund erhobene Verkehrsdaten genutzt werden, um in Situationen reagieren zu können, die durch ABA nicht erkennbar sind. Durch die Weiterleitung von Verkehrsflussinformationen von vorausfahrenden Fahrzeugen - zum Beispiel Fahrgeschwindigkeit oder Bremsvorgänge - die um Ortsdaten ergänzt werden, können nachfolgende Fahrzeuge vor vermuteten Hindernissen gewarnt, eine Notbremsung kann eingeleitet werden. Das ist auch dann der Fall, wenn der automatische Bremsassistent, zum Beispiel wegen kurvenreicher Verkehrsführung, die Hindernisse nicht erkennen kann. Voraussetzung für solche Funktionalitäten ist, neben den Funktionen im Fahrzeug, auch die entsprechende Infrastruktur um die Fahrzeuge herum, zum Beispiel GPS und Mobilfunknetze mit der Möglichkeit zur Datenübertragung.

Mit der Komplexität steigt naturgemäß auch das Risiko von Funktionsausfällen. Um die oben beschriebenen Funktionen zuverlässig realisieren zu können, ist sicherzustellen, dass vorausfahrende Fahrzeuge Gefahrensituationen korrekt melden, diese Meldungen korrekt weitergegeben werden und betroffene Fahrzeuge Notbremsungen korrekt ausführen können.

Physikalische, situative und strategische Erfassung der Umgebung: Das Beispiel zeigt deutlich die steigenden Anforderungen an die Fähigkeit der Systeme, ihre Umgebung zu erfassen. Die Anforderungen reichen von der Erfassung einfacher physikalischer Daten und ihrer Fusion zu physikalischen Umgebungsinformationen wie Abstand, Lage oder Geschwindigkeit (Physical Awareness) über die Ermittlung der situativen Bedeutung dieser Informationen (Situation Awareness) bis hin zur Einbeziehung umfangreicher Kontextinformationen für die angemessene Situationsbewertung (Context Awareness) und Handlungssteuerung - auch in Kooperation mit anderen Systemen. Um derart komplexe Anforderungen zu erfüllen, sind neben physikalischen Umgebungs*modellen* zunehmend komplexe Situations- und Kontext*modelle* aufseiten der

Systeme als Teil von Umgebungs- und *Domänenmodellen* erforderlich.

Mit der *Autonomie* der Systeme steigen jedoch gleichzeitig die Erwartungen der Nutzer an ihre *Verlässlichkeit*. Es ergeben sich ganz neue Herausforderungen an die *Mensch-Maschine-Interaktion*. Für die Kooperation zwischen Systemen und Nutzern gilt es, *geteilte Kontrolle* zu realisieren. Das ist zum Beispiel dann der Fall, wenn ein System nicht sicherstellen kann, dass alle Hindernisse zuverlässig erkannt werden oder, in einer komplexen Fahrsituationen, dass Bremsen angemessen ist. Hier treffen technische, soziale und rechtliche Aspekte aufeinander.

3.2.3.2 Systeme mit verteiltem Risiko

Beispiele für neue Risiken sowie ungeklärte Fragen der Entwicklung und des Einsatzes der Technologie lassen sich anhand der Szenarien aus Abschnitt 2 aufzeigen.

So bremst beispielsweise im Mobilitätsszenario aus Abschnitt 2.2.2 das Fahrzeug von Frau Müller plötzlich vollständig ab, um einen möglichen Zusammenstoß mit einem auf die Fahrbahn laufenden Kind zu vermeiden. Diese Vollbremsung sowie das Abbremsen der Fahrzeuge, die sich dahinter befinden, sind das Ergebnis vernetzter *Echtzeit*kooperation zwischen *Sensor*systemen in der Infrastruktur – zum Beispiel in Verkehrszeichen, Kamerakomponenten oder Smart Tags beziehungsweise *RFID-Tags* an der Kleidung des Kindes – und den Fahrzeugen. Frau Müller ist an der Kommunikation und Entscheidung nicht aktiv beteiligt.

Abgesehen von der Frage, inwieweit nach geltendem Recht eine autonome Vollbremsung ohne Beteiligung des Fahrers im öffentlichen Verkehr zugelassen ist, stellen sich anhand dieses Beispiels eine Reihe von Fragen: nach der technischen Realisierbarkeit, nach neuen Risiken, nach der Rolle der beteiligten Personen sowie nach möglichen Auswirkungen und gesellschaftlichen Akzeptanzproblemen.

In technischer Hinsicht ist zu fragen: Wie viel verteilte Kontextinformation wird für eine Entscheidung wie im Mobilitätsszenario benötigt? Können diese Informationen mithilfe von CPS-Technologien *zuverlässig* gewonnen werden?

Beispielsweise könnte

- es sein, dass nicht das Kind auf die Straße läuft, sondern nur seine Kleidung, die mit einem *Smart Tag* ausgestattet ist, dorthin geworfen wird. Wird hier eine zweite Beobachtung, etwa durch eine Kamera mit Interpretationskompetenz, benötigt?
- es sein, dass die folgenden Fahrzeuge nicht mit CPS-Technik ausgestattet sind und daher nicht oder verzögert reagieren können,
- und nicht über eine kompatible Technik oder Entscheidungslogik verfügen und falsch oder überhaupt nicht reagieren
- es angesichts der möglichen negativen Auswirkungen einer Vollbremsung mehr Sinn haben kann, dem Kind seitlich auszuweichen. Frau Müller hätte das als Fahrerin möglicherweise erkannt und entsprechend reagiert.

Diese Fragen zeigen auf, welche grundlegenden Herausforderungen darin bestehen, den komplexen Kontext in offen vernetzten Systemszenarien angemessen zu erfassen und zu interpretieren sowie mithilfe autonomer Technik adäquat zu reagieren. Zudem wird deutlich, dass in technikzentrierten Szenarien Menschen und ihr vielfältiges Tun, ihre Ziele, ihre unterschiedlichen Interessen und Verantwortungen, aber auch ihre Fähigkeiten, intelligent und umsichtig zu reagieren, angesichts des isoliert betrachteten Sicherheitsziels – hier autonom vor dem Kind zu bremsen – meist ausgeblendet werden.

Diese Schwierigkeiten erfordern erweiterte Konzepte und umfassende Verfahren der Risikobetrachtung, -analyse und -bewertung, und zwar in allen Feldern der

Anforderungserhebung, Systemgestaltung und Entwicklung sowie des Einsatzes von Cyber-Physical Systems.

3.2.3.3 Cyber-Physical Systems als Vertreter sozialer Akteure (Menschen)

In der offen vernetzten Welt (Bereich 3 in Abbildung 3.2) werden Cyber-Physical Systems und ihre *Dienste* zunehmend in vielfältigen nicht vorherbestimmten sozialen Prozessen und Kontexten genutzt. In dem Maße, in dem CPS-*Dienste* vernetzt sind und kontextadaptiv autonome Entscheidungen treffen oder Aktionen durchführen können, handeln sie als eigenständige Vertreter sozialer Akteure - Personen, Gruppen oder Organisationen - mit entsprechenden Zielen, Interessen und Aufgaben. Das wird in den Szenarien im Bereich der Mobilität, der fernmedizinischen Betreuung oder des *Ambient Assisted Living* (*AAL*) deutlich. Beispielsweise wird im Mobilitätsszenario in Abschnitt 2.2 dem Fahrzeug von Frau Müller eine andere als die ursprünglich genannte Ausfahrt von der - autonom befahrenen - Autobahn zugewiesen, damit die Auslastung der Verkehrswege optimal balanciert ist. Frau Müller muss ihre Fahrt auf einer Straße fortsetzen, die nicht für *autonomes Fahren* geeignet ist, freilich auch hier mit optimaler Routenführung. Das System wägt in diesem Fall zwischen dem individuellen Interesse Frau Müllers - auf dem schnellsten Weg zum Ziel zu gelangen, ohne selbst steuern zu müssen - und dem sozialen Interesse an einer optimalen Auslastung der Verkehrswege ab. Im Medizinszenario in Abschnitt 2.3 trifft das System von Frau Huber eigenständige Entscheidungen: Mittels hinterlegter Interventionsanleitung werden im Notfall Familienangehörige per SMS benachrichtigt, die Zeitung wird abbestellt und es wird ein Wachdienst für die vorübergehend leerstehende Wohnung beauftragt.

Daraus entstehen Fragen nach

- der geeigneten Erfassung und Abbildung von Zielen und Intentionen der Menschen und ihres sozialen Kontextes in den verteilten Informations- und Handlungs*modellen* von Cyber-Physical Systems und nach
- Anwendungszielen, Zielsystemen, möglichen Konflikten und Regeln, Vorgehensweisen und Rahmenbedingungen, die übergeordnet beziehungsweise in der jeweiligen Gruppe, Organisation oder Gesellschaft gelten sollen.

Cyber-Physical Systems sind nur dann brauchbar und können nur dann verlässlich eingesetzt werden, wenn *Domänenmodelle* mit formalisiertem Anwendungswissen existieren. Diese *Modelle* müssen verbindlich ausgehandelt und umgesetzt werden - Letzteres in Form standardisierter Spezifikationen, Architekturen und ihrer Schnittstellen, in Rahmenbedingungen für den Einsatz sowie in einheitlichen *Validierungs-*, *Verifikations-* und umfassenden Prüfrichtlinien.

Neben grundlegenden Fragen der Beherrschbarkeit und Akzeptanz dieser Systeme sowie damit verbundenen gesellschaftlichen Fragen besteht auch hier die wesentliche Herausforderung in der Gestaltung der *Mensch-Maschine-Interaktion*. In dem Maß, in dem Menschen von vernetzter Technik und ihren *Diensten* abhängig sind, geht es auch darum, sicherzustellen, dass die Systeme intuitiv bedienbar sind, individuell durch Nutzer oder Betroffene kontrolliert und nachvollzogen werden können - *geteilte Kontrolle* - und *verlässlich* handeln.

Im Kontext der offenen soziotechnischen Anwendungen von Cyber-Physical Systems sind die jeweiligen Interessen, Ziele, Absichten und Kontexte der Beteiligten wechselhaft und können sich plötzlich ändern. Darüber hinaus sind sie auch nur sehr bedingt mittels CPS-*Kontexterfassung* korrekt erhebbar und sollen dies möglicherweise auch nicht sein. Schließlich müssen persönliche Interessen und Persönlichkeitsrechte gewahrt werden, etwa der Schutz der *Privatsphäre*. Demnach ist die Unterstützung des selbstbestimmten (strategischen) Handelns von Menschen das oberste

Ziel von Cyber-Physical Systems und zugleich die größte Herausforderung bei ihrer Entwicklung (siehe dazu Kapitel 4).

3.2.4 VERLÄSSLICH HANDELNDE CYBER-PHYSICAL SYSTEMS – NEUE FÄHIGKEITEN UND HERAUSFORDERUNGEN

Durch die offene Vernetzung von Cyber-Physical Systems und ihre verkettete Nutzung in verschiedenen Einsatzkontexten können Fehler und Fehlentscheidungen bei allen Beteiligten jederzeit auftreten. Diese systemimmanente Eigenschaft wird in der US-amerikanischen Studie zu "Ultra-Large-Scale Systems" [FGG+06] mit "Normal Failure" - Scheitern als Normalfall - bezeichnet. Sie erfordert den systematischen Umgang mit diesem Fehlverhalten und seinem möglichen Ursachen zur Verringerung entsprechender Risiken und entsprechend auftretender negativer Folgen.

Eine wesentliche Eigenschaft von Cyber-Physical Systems ist in diesem Kontext ihre Fähigkeit, Phänomene der vernetzten Welt zu beobachten, Vorhersagen auf der Grundlage von Berechnungen zu machen und aktiv negativen Effekten entgegenzuwirken. Möglich ist etwa

- die global vernetzte Erfassung von Wetterdaten, die Vorhersage von Engpässen in der Energiegewinnung aus Solaranlagen und die dynamische Anpassung der Energieverteilung in *Smart Grids*, bevor es zu einer Verknappung in einzelnen Regionen kommt, oder
- die vernetzte Erfassung des Verkehrsaufkommens in Städten durch eine verteilte *intelligente Infrastruktur*, die Vorhersage von Staus und Wartezeiten und die dynamische Entzerrung und Regelung des Verkehrs, zum Beispiel durch Anpassen der Ampelschaltungen oder gezieltes Lenken der Fahrzeuge.

Als wesentliche Fähigkeiten von Cyber-Physical Systems sind erforderlich:

- **erweiterte und umfassende Risikoanalyse und -bewertung**, auch von möglichen Vernetzungs- und Handlungsoptionen,
- **strategisches und planendes Handeln** samt entsprechenden Verhandelns, Koordinierens und Kooperierens bei unsicheren Zielen und Lösungswegen sowie
- **kontinuierliches Erfassen und Bewerten von Kontexten** (Context Awareness), dazu
- **kontinuierliches Lernen und Anpassen** des *Kontextwissens* (Kontext*modells*) sowie Identifikation und Bereitstellung entsprechender Handlungsoptionen.

Die wesentlichen Herausforderungen bestehen in der

- **Kontrolle und Beherrschung** des zunehmend autonomen Handelns der vernetzten Technik,
- **Gestaltung** *verlässlicher* und für Menschen berechenbar handelnder und interagierender Systeme,
- **Erarbeitung, gesellschaftlichen Abstimmung** und Festlegung benötigter und sozial beabsichtigter Regeln, Richtlinien und Verhaltensvorschriften (*Compliance*-Vorgaben, Policies).
- **Erforschung der Gestaltung** der *Mensch-Maschine-Interaktion* sowie der koordinierten Kontrolle und Steuerung von CPS-Komponenten.

3.3 MENSCH-MASCHINE-INTERAKTION UND GETEILTE KONTROLLE

Neben den Aspekten *Sicherheit* und integrierte Kontrolle bestehen die wesentlichen Erfolgsfaktoren vernetzter Cyber-Physical Systems in der gezielten Anpassung ihres Verhaltens an die jeweiligen Einsatzziele unter der Berücksichtigung der funktionalen und nichtfunktionalen Anforderungen von Nutzern und *Stakeholdern*. Wie in Abschnitt 3.2

dargestellt, sind diese Anforderungen in offen vernetzten Umgebungen uneinheitlich und widersprüchlich. Sie können meist nur mittels sozialer Interaktion und *Mensch-Maschine-Kooperation* zufriedenstellend gelöst und beherrscht werden. Ob Cyber-Physical Systems brauchbar sind, hängt auch in diesen Kontexten davon ab, inwieweit bei allen Akteuren - einschließlich der kooperierenden Systeme - ein erforderliches Maß an Übereinstimmung hinsichtlich der Ziele der Beteiligten und der Interpretation des Kontextes hergestellt sowie in *Domänen-* und *Architekturmodellen* des Anwendungsgebietes abgebildet werden kann.

Die internationale Standardisierungsorganisation beschreibt im Standard ISO 9241-110 [ISO09] *Usability*, also Benutzerfreundlichkeit oder Gebrauchstauglichkeit, als:

> „Das Ausmaß, in dem ein Produkt durch bestimmte Benutzer in einem bestimmten Benutzungskontext genutzt werden kann, um bestimmte Ziele effektiv, effizient und zufriedenstellend zu erreichen."

Ferner fasst die ISO wesentliche Gestaltungskriterien für die *Mensch-Maschine-Interaktion* wie folgt zusammen:[29]

- **Aufgabenangemessenheit** (Vollständigkeit und Effektivität der Aufgabenerfüllung, angemessenes Verhältnis zwischen Funktionsangebot und -bedarf, Effektivität und Effizienz der Aufgabenunterstützung)
- **Steuerbarkeit** (Kontrollierbarkeit des Ablaufs und zeitlich unabhängige Eingriffsmöglichkeiten)
- **Selbstbeschreibungsfähigkeit** (*Transparenz* des Interaktionsablaufs, Verständlichkeit und Rückmeldung)
- **Erwartungskonformität** (konzeptuelle Übereinstimmung, Kompatibilitäten, Kalkulierbarkeit und Berücksichtigung von Erfahrungswissen)
- **Individualisierbarkeit** (Anpassung an Möglichkeiten und Wünschen der Nutzer)
- **Fehlertoleranz** (Verhindern schwerer Fehler, Möglichkeit zur Korrektur geringfügiger Fehler
- **Lernförderlichkeit** (geringer Zeitaufwand und einfacher Zugang zum Erlernen, Ermutigung zum Ausprobieren neuer Funktionen)

Einerseits bestimmen diese Kriterien wesentlich die Qualität der *Mensch-Maschine-Interaktion* und ermöglichen damit eine sichere und angemessene Beherrschbarkeit von Cyber-Physical Systems. Andererseits weisen sie gerade im Bezug auf die neuen Fähigkeiten von Cyber-Physical Systems auf offene Fragen der *Mensch-Maschine-Kooperation* und mögliche Grenzen ganz oder teilweise autonom handelnder Cyber-Physical Systems hin. Zum Beispiel

- hängt die Angemessenheit einer CPS-Interaktion und des Gesamtverhaltens eines Systems für das Erfüllen einer Aufgabe davon ab, inwieweit es gelingt, Ziele, Absichten, Handlungs- und soziale Interaktionsprozesse der Beteiligten in *Domänenmodellen* sowie in verteilten Verhaltens- und Interaktions*modellen* zu erfassen, die das kontinuierliche Wahrnehmen und Bewerten von Kontexten beschreiben.
- hängen auch die Steuerbarkeit und Selbstbeschreibungsfähigkeit von Cyber-Physical Systems, neben der geeigneten *Domänen*modellierung, davon ab, ob die Konzeption der *Mensch-Maschine-Interaktion* in Hinblick auf Kooperation und koordinierte Kontrolle in den *Domänen-* und Verhaltens*modellen* der beteiligten CPS-Komponenten den Nutzern und Aufgaben angemessen sowie hinreichend anpassungsfähig sind.

---

29 Diese Norm ist zwar im Bereich der Definition von ergonomischen Anforderungen für Bürotätigkeit mit Bildschirmgeräten entstanden, hat sich aber in der Praxis als Richtlinie für interaktive Produkte bewährt. Siehe auch Ergebnisse des BMBF-Verbundprojekts „Erlebnis Automat" in [BBB+11].

3.3.1 KOORDINIERTES SITUATIONSWISSEN UND KONTEXTINTEGRATION ERMÖGLICHEN INTUITIVE NUTZUNG

Für alle genannten Qualitätsfaktoren, insbesondere aber für Selbstbeschreibungsfähigkeit, Erwartungskonformität und intuitive sichere Nutzung von Cyber-Physical Systems, ist entscheidend, ob es gelingt, adäquate Anwendungs- und Interaktions*modelle* sowie Nutzungsschnittstellen zu entwickeln und zu integrieren. Nur dann nämlich lässt sich Übereinstimmung zwischen den beteiligten CPS-Komponenten und ihren Nutzern hinsichtlich der Situations-, Options- und Handlungs*modelle* erzielen; siehe auch das Mobilitätsszenario aus Abschnitt 2.2.2. Zu diesem Zweck gilt es folgende Fragen zu beantworten:

- Wer - System, Nutzer, Beteiligte - benötigt welche Informationen über Situation, Beteiligte, Zustand, *Dienste* und Fähigkeiten in welcher Übermittlungsform (*multimodale* Schnittstellen und Dialoge), um angemessene und korrekte Entscheidungen treffen zu können?
- Wie muss das Verhalten von Cyber-Physical Systems an Situationen, Nutzer und Bedingungen angepasst werden, um größtmögliche *Transparenz* und intuitive Steuerungsmöglichkeit für die Nutzer zu gewährleisten?
- Welche Kontext- und Umgebungsausschnitte, Situationsinformationen und Sichtweisen von Nutzern und verteilten CPS-Komponenten müssen wie und durch wen miteinander in Beziehung gesetzt und integriert werden?
- Wie explizit, interaktiv und wie gut sichtbar für Nutzer werden Kontexte vom System wahrgenommen, interpretiert und integriert?
- Wie regelhaft, interaktiv oder autonom - etwa durch Festlegen von Operationsmodi - und in welcher Form - etwa durch geeignete *multimodale* Interaktion - muss adaptives Verhalten gestaltet werden, um nicht zu irritieren?

Cyber-Physical Systems müssen sich tunlichst so verhalten, dass es für Menschen nachvollziehbar und berechenbar ist; nur dann ist eine intuitive, *transparente* und beherrschbare *Mensch-Maschine-Interaktion* gewährleistet.

Gerade im Falle passiver *Mensch-Maschine-Interaktions*anteile stellen sich Fragen hinsichtlich der erforderlichen korrekten, der Situation angemessenen und von den Beteiligten gewollten beziehungsweise akzeptierten Kontextinterpretation sowie nach der erforderlichen, autonomen oder interaktiven Verhaltenssteuerung der CPS-Komponenten. Beispiele sind Situationen, in denen

- ein Kamerasystem im öffentlichen Raum die Verkehrssituation vor einer Schule beobachtet (siehe Szenario in Abschnitt 2.2.2), die Lage interpretiert und mit den beteiligten Fahrzeugen kooperiert oder Informationen austauscht,
- *Sensoren* im Bereich des *AAL* das Verhalten und die gesundheitliche Verfassung älterer Menschen beobachten, aufgrund dieser Beobachtung auf Handlungsabsichten der Menschen schließen und selbstständig Türen öffnen, die Öffnungsgeschwindigkeit der Türen und Geschwindigkeit des Rollstuhls aneinander anpassen oder bei Bedarf eigenständig Hilfe herbeirufen,
- in Bürogebäuden die Jalousien der Konferenzräume nicht nur aufgrund der Wetterverhältnisse - festgestellt von *Sensoren* - gesteuert werden, sondern auch aufgrund der Beobachtung von Belegung und Aktivitäten, etwa Vorträge oder Gespräche.

Insbesondere der Umstand, dass Cyber-Physical Systems in wechselnden Umgebungen, *domänen*übergreifend und weltweit *adaptiv* operieren, verdeutlicht die neuen Herausforderungen und Anforderungen an eine Nutzern und Situationen angemessene *Mensch-Maschine-Interaktion* und -Koordination. Vor allem der Aspekt der intuitiven Schnittstelle und Interaktion ist hochgradig abhängig von den jeweiligen Erfahrungen und kulturell geprägten Erwartungen der nutzenden Personen. Hier müssen die Anforderungen jeweils angepasst oder gar neu bestimmt werden.

Neben den oben genannten Fragen muss die interdisziplinäre Forschung und experimentelle Erprobung der *Mensch-Maschine-Interaktion* von Cyber-Physical Systems daher folgende wesentliche Ziele verfolgen:

- **Bestimmung von Prinzipien** mit allgemeiner Geltung für intuitiv und einfach konzipierte *Mensch-Maschine-Schnittstellen* und *-Kooperation*,
- **Entwicklung von Mechanismen**, nach denen die Systeme lernen und ihr Verhalten an Nutzererfordernisse und Umgebungsbedingungen sowie an *Domänen-* und Anwendungserfordernisse anpassen,
- **Konzeption und Einhaltung des Prinzips „Einfachheit trotz Multifunktionalität"** auf eine Weise, dass sowohl die Interaktion als auch das völlig oder teilweise autonome CPS-Verhalten so einfach wie möglich gestaltet sind und sich an Kultur und Erfahrung der Nutzer sowie an gesellschaftlichen Vereinbarungen orientieren. Nötig ist, dass sie schließlich ihre Funktionalität an den Erfordernissen der Beteiligten und deren Kontrollwünsche oder -fähigkeiten ausrichten,
- **Gewährleistung möglichst ausgeprägter Flexibilität** von Möglichkeiten für die Nutzer, im Zweifel einzugreifen und sich die Situationsbewertung, Handlungsentscheidung und Steuerung vorzubehalten.

3.3.2 HERAUSFORDERUNG GETEILTE KONTROLLE

Besonders kritisch sind die beschriebenen Aspekte in Anwendungen mit *geteilter Kontrolle* („Shared Control"[30]). Dabei handelt es sich um Systeme, in denen Cyber-Physical Systems ganz oder teilweise autonom handeln, beispielsweise gemeinsam mit Menschen andere CPS-Komponenten koordinieren, kontrollieren und steuern. Dazu zählen etwa

- *geteilte Kontrolle* und ganz oder teilweise autonome Steuerung der Verkehrssysteme und Fahrzeuge, wie in den Mobilitätsszenarien in Abschnitt 2.2 geschildert, oder
- die durch Mensch und Maschine koordinierte Bedienung und Steuerung von Gebäudeelementen, etwa Schließsystemen oder Türen, und von Transport- oder Hilfsmitteln, etwa Rollstühlen oder Gehhilfen in *AAL*-Szenarien.

Neben Forschungsfragen, die sich damit befassen, wie Menschen und CPS-Komponenten Situationen sowie Kontexte übereinstimmend erfassen und interpretieren können (Situation Awareness und Context Awareness), liegen die Herausforderungen in der interaktiven, koordinierten Bewertung und ziel- sowie nutzergerechten Integration von Kontexten und Steuerung von Verhaltensweisen in alltäglichen Anwendungssituationen sowie der CPS-Nutzung durch Laien. Piloten sind zum Beispiel einschlägig ausgebildet und auf kritische Situationen geschult. In dem Zusammenhang sind folgende Themen zu erforschen:

- gegenseitige Wahrnehmung und Interpretation von Systemen und Menschen, ihre Zustände, Fähigkeiten, Operations-, Betriebs- und Handlungsmodi etc. (*X-Awareness*)
- *Selbstwahrnehmung* und *-einschätzung* (Self-Awareness) im jeweiligen Nutzungskontext
- *Mensch-Maschine-Interaktion*, *-Kooperation* und -Abstimmung sowie integrierte Handlungskontrolle
- Mögliche Verwechslung von Betriebsarten (*Modusverwechslung*, Mode Confusion) beziehungsweise diffuse oder mangelnde Übereinstimmung zwischen

---

30 Der Begriff „Shared Control" ist geprägt durch seine Verwendung in der Luftfahrt, beispielsweise für *geteilte Kontrolle* zwischen Piloten und Flugzeugsteuerung [Lev95, EBJ03].

der Einschätzung der Nutzer von Situation, Zustand und Aktionen sowie Handlungsoptionen des Systems einerseits und den realen Bedingungen und Handlungsoptionen der Anwendung andererseits – mit den Folgen möglicherweise gefährlicher Fehlbedienungen sowie von Frustration und Akzeptanzproblemen.

Im Zusammenhang mit Assistenz- und Komfortfunktionen ganz oder teilweise autonomer CPS-Steuerung in offener sozialer Umgebung existieren besondere Herausforderungen, nämlich

- **Entwicklung von Methoden zutreffender Interpretation** von Absichten, Verhalten und Fähigkeiten der beteiligten Personen bei passiver *Mensch-Maschine-Interaktion*, etwa beim Beobachten einer Situation (Stichwort *Nutzermodellierung*)
- **Behandlung beziehungsweise Verhinderung der Vigilanzproblematik** durch Assistenz- und Komfortfunktionen: Nutzer erlernen möglicherweise erforderliche Handlungen nicht mehr und verlieren die Kontrolle in kritischen Situationen, weil sie zu sehr auf das System vertrauen, etwa bei der autonomen Fahrzeugsteuerung in den Mobilitätsszenarien in Abschnitt 2.2 (siehe auch Abschnitt 4.1.1).
- **Mit Nutzern koordinierte Erfassung und Bewertung von Situationen** samt situationsabhängiger Priorisierung und Integration von CPS-Funktionen sowie passender Lenkung der Aufmerksamkeit der Nutzer. Das Ziel ist es hier auch, Irritation, Überforderung und fehlerhafte Handlungen der Nutzer zu vermeiden. – Weyer [Wey06b] und Schulz [Sch07b] beschreiben Irritationen, *Modusverwechslung* und zunehmenden Kompetenzverlust von Fahrern hoch technisierter vernetzter Fahrzeuge schon bei sehr einfachen Bedienaufgaben anhand folgender Beispiele:

„Selbst ein so simpler Vorgang wie die Betätigung des Scheibenwischers..." kann zu *Modusverwechslung* führen: „Ist der Scheibenwischer inaktiv, kann dies entweder bedeuten, dass das Gerät nicht eingeschaltet ist oder dass es eingeschalten ist, aber nicht genügend Feuchtigkeit registriert, um sich selbsttätig zu aktivieren. Zudem hat der Regensensor [...] einen echten ‚Defekt' [...]: Wird die Zündung ausgeschaltet, bleibt die Einstellung nicht gespeichert, sondern das Gerät schaltet sich ebenfalls aus, obwohl der Hebel in der Stellung ‚Ein' steht. Dies steht im krassen Gegensatz zur gewohnten Praxis, dass die Scheibenwischanlage beim erneuten Betätigen der Zündung in dem Modus verbleibt, der der Hebelstellung entspricht. Der Regensensor hingegen muss zunächst aus- und dann wieder eingeschaltet werden. Selbst in der Stellung ‚Ein' kann der Scheibenwischer also ausgeschalten sein – eine nur schwer behebbare Quelle von Irritation." (Siehe [Wey06b, S.5].)

Durch die Vielzahl von CPS-Assistenzfunktionen, die nicht – wie in komplexen Fahrsituationen erforderlich – integriert und priorisiert sind, entstehen Situationsbilder, widersprüchliche Informationen und Wahrnehmungen, die Fahrer nicht beurteilen und auf die sie nicht mehr angemessen reagieren können, vom Beherrschen der Situation ganz zu schweigen. Beispielsweise besteht das Risiko einer Überforderung „[...] durch zu viele Assistenzsysteme, die unkoordinierte Anzeigen und Warnmeldungen abgeben und so den Fahrer in Stresssituationen versetzen können [...]"; siehe [Wey06b, S.6; SG05].

Abbildung 3.5 verdeutlicht die Komplexität der *Mensch-Maschine-Schnittstelle* und der *geteilten Kontrolle* mit folgenden Aspekten:

- koordinierte Abbildung und Integration von Kontexten sowie *Mensch-Maschine-Interaktion*, auch mithilfe *multimodaler* und lernender Schnittstellen. Erforderlich ist hierzu, neben *technischer* und *semantischer Interoperabilität* der *Dienste* und Funktionen, eine für die Nutzer sichtbare Integration von Kontexten und Prozessen (siehe auch nachfolgenden Abschnitt 3.4 zur Integration der Komplexitätsdimensionen von Cyber-Physical Systems)
- Handeln der vernetzten Technik in einer Form, die für Nutzer in jeder Situation berechenbar und einschätzbar ist.

Nutzerzentriertes, experimentelles und partizipatives Engineering: All diese Herausforderungen erfordern ein *nutzerzentriertes*, experimentelles und *partizipatives* Herangehen an Gestaltung, Entwurf und Fortentwicklung von Cyber-Physical Systems und ihren *Diensten* (siehe auch *User-centered Engineering* in Abschnitt 5.3). Das bedeutet, dass die *Mensch-Maschine-Interaktion* entsprechend den oben genannten Herausforderungen gestaltet werden muss. Das gilt auch für die schrittweise Entwicklung, Standardisierung

Abbildung 3.5: Beispiel für Automation im Fahrzeug und die zunehmende Komplexität der *Mensch-Maschine-Interaktion*

(Quelle: BMW AG)

und Normierung von *domänen*spezifischen und *domänen*übergreifenden, auch international gültigen, Mustern für das CPS-Verhalten. Wichtige Fragen, auch aus gesellschaftlicher Sicht, sind in dem Zusammenhang:

- **Grenzen**: Wo liegen die Grenzen autonom handelnder Cyber-Physical Systems im Kontext beherrschbarer *Mensch-Maschine-Interaktion*?
- **Vorgaben**: Welches sind die erforderlichen Vorgaben, Anwendungsarchitekturen samt *intelligenter Infrastrukturen*, Umgebungs- und Rahmenbedingungen für ganz oder teilweise autonomes vernetztes Handeln von CPS-*Diensten* und ihrer *Mensch-Maschine-Interaktion* in verschiedenen Anwendungsgebieten?

Diese Fragen gilt es zu beantworten, damit eine intuitive und sichere Nutzung von Cyber-Physical Systems möglich wird (siehe auch Abschnitt 4.1 zu den gesellschaftlichen Herausforderungen).

3.4 WESENTLICHE AKZEPTANZFAKTOREN: BRAUCHBARKEIT, TRANSPARENZ, SICHERHEIT UND AUFBAU VON VERTRAUEN

In den folgenden Abschnitten sind die Akzeptanzfaktoren von Cyber-Physical Systems zusammengefasst, die aus Sicht der Nutzer und der an der Anwendung Beteiligten wesentlich sind. Diesen Faktoren liegen empirische Studien und Expertenbefragungen zu Trends und Entwicklungen im Bereich *intelligenter eingebetteter Systeme*, intelligenter Automaten, Mobilitätsanwendungen und von Internetdiensten zugrunde.[31] Sie sind gleichzeitig Voraussetzungen für die erfolgreiche Gestaltung, Entwicklung und Einführung der Systeme in den genannten Anwendungsbereichen.

a) *Brauchbarkeit*, Nützlichkeit (*Dienste*, integriert in den Nutzungskontext, intuitive *Mensch-Maschine-Interaktion*, zeitliche Flexibilität, effiziente Abwicklung, permanente Erreichbarkeit und *Verfügbarkeit* der *Dienste*)
b) Gestaltungsmöglichkeit für Nutzer nach ihren eigenen Erfordernissen
c) Klarheit der Anforderungen für *geteilte Kontrolle*
d) Gestaltungsfreiheit und Handlungs- sowie Entscheidungsautonomie für Nutzer
e) *Sicherheit* und gesundheitliche Unbedenklichkeit
f) Hilfe bei Fehlern oder Versagen des Systems, auch durch Menschen (etwa Service-Personal)
g) Wahrung der Anonymität, also Schutz der persönlichen Daten und der *Privatsphäre* von Nutzern
h) Erlebnisfähigkeit, also Freude an der Nutzung, („... was man damit alles anstellen kann!")
i) Im *AAL*-Kontext: Aufrechterhaltung menschlicher Beziehungen

Anforderungen, die sich aus offener Vernetzung und Nutzung der CPS-*Dienste* in sozialen Lebensräumen, Prozessen und Netzwerken ergeben, sind so komplex, dass sie sich ohne menschliche Erfahrung und Lenkung nicht erfüllen lassen. Das hängt zudem damit zusammen, dass man es in diesem offen sozialen Kontext mit uneinheitlichen Anforderungen hinsichtlich *Quality in Use* und *Quality of Services* zu tun hat. Diese gilt es zutreffend zu spezifizieren.

Immer wichtiger werden auch gesellschaftliche Werte und Akzeptanzfaktoren, etwa

- ökologische Nachhaltigkeit der Produkte und ihres Verhaltens,
- Fragen des Umweltschutzes und
- Fairness gegenüber allen Beteiligten an ökonomischen und sozialen Prozessen.

Außerdem hängt die Akzeptanz von Einstellungen und Eigenschaften der Nutzer ab, etwa Alter, Geschlecht oder Wertvorstellungen, sowie von kulturellen Rahmen- oder

[31] Aktuelle Studien zu Trends und Entwicklungen im Bereich Automaten [BBB+11], BMBF/VDE Innovationspartnerschaft *AAL* [Eic10, MM10], Assistenzsysteme [BK09], Vom Internet zum Outernet [JS10], Studien vernetzter Dienstleistungen [BMW08, BMW09a, BMW10a, HW11], Foresight-Prozess des BMBF [CGW09] und BITKOM-Studien "Smart Cities" [BIT11a] und Automobil [BIT11b].

Kontextbedingungen, zum Beispiel davon, ob eine Anwendung privat oder in einem Arbeitsprozess genutzt wird. Auch das gilt es bei der Gestaltung von CPS-*Diensten* zu untersuchen und zu berücksichtigen.

Wesentliche Erfolgs- und Qualitätsfaktoren: Diese Ergebnisse aktueller Untersuchungen und Studien bestätigen die genannten CPS-Herausforderungen, die vordringlich in Forschung und nachhaltiger Entwicklung erfasst, bestimmt und umgesetzt werden müssen: Cyber-Physical Systems müssen nützlich sein, sich verständlich verhalten, nach individuellem Bedarf gestaltet werden können, sowie *Sicherheit*, *Verlässlichkeit* und den Schutz der *Privatsphäre* in dem Maß gewährleisten, wie es den jeweiligen sozialen Strukturen und vereinbarten Regeln entspricht (*Compliance*).

3.4.1 INTEGRIERTE DIENSTE MIT BEHERRSCHBARER KOMPLEXITÄT

Eine grundlegende Eigenschaft von Cyber-Physical Systems ist ihr offen vernetztes Wirken in globalen, sowohl physikalischen und räumlichen als auch sozialen, politischen und wirtschaftlichen Strukturen. Dies birgt einerseits ein enormes Nutzenpotenzial, anderseits aber auch die Herausforderung, Kontexte, Ziele und Informationen angemessen auszuwählen und zu interpretieren. Außerdem muss sichergestellt werden, dass richtige Entscheidungen getroffen werden, sowohl autonom durch das System, interaktiv mit den Beteiligten oder durch die Nutzer allein.

Kontrollierte CPS-Selbstorganisation: Ob die zuvor genannten Anforderungen erfüllt werden, ist deshalb unter anderem davon abhängig, inwieweit es gelingt, kritische Effekte zu begrenzen, wenn technische Systeme ganz oder teilweise autonom und vernetzt in offener Umgebung agieren.

Im Kontext der offen vernetzten Systeme und Lebensräume gilt es insbesondere, die relevanten Umgebungen und Anwendungs*domänen* nach lokalen, regionalen und globalen Anforderungen, Architekturen und Topologien zu strukturieren. Zu dem Zweck müssen folgende Kontexte und Systemebenen betrachtet und das Verhalten der beteiligten CPS-Komponenten abgestimmt beziehungsweise integriert werden:

a) **lokale Situation und Umgebung einer CPS-Anwendung**: Hier sind vordringlich der lokale Kontext, unmittelbare Ziele und meist nur wenige Nutzer und Beteiligte relevant. Beispielszenarien für einen lokalen Einsatzkontext sind die Autofahrt von Frau Müller vor der Schule ihrer Kinder (siehe Abschnitt 2.2.2), ihre Auf- und Abfahrt auf die Autobahn (autonome Fahrt im Konvoi, siehe Abschnitt 2.2.3) oder die Mobilitätsunterstützung und Betreuung von älteren oder kranken Menschen zu Hause durch vernetzte CPS-Komponenten und *Dienste*, zum Beispiel die Steuerung von Gebäuden und Türen, Rollstühlen, Medien oder Kommunikationsanlagen in *Smart Homes* [Eic10, MM10].

b) **räumlich verteilte und vernetzte Gruppen mit gemeinsamen Themen, Zielen oder Problemen**: Das wären etwa Anwendungen in den Bereichen *E-Health* und *AAL* mit Patienten, Ärzten, Physiotherapeuten, Betreuungs- und Notfalleinrichtungen. Es würden dabei aber auch Dienste assoziierter Versorgungs- und Kultureinrichtungen einbezogen, möglicherweise auch *Social Communities* und andere Interessengruppen im Internet. Ein solches Anwendungsszenario wäre etwa die integrierte Betreuung in Notsituationen, wobei individuelle Betreuung, *Verlässlichkeit* und Vertrauenswürdigkeit gewährleistet sein müssten – eine hohe Anforderung an die CPS-*Dienste* sowie an die beteiligten Personen, Einrichtungen, Komponenten und Infrastrukturen.

c) **integrierter Einsatz der Anwendungssysteme** aus a) und b) unter Berücksichtigung der gesellschaftlichen Ziele und Rahmenbedingungen: Gemeint sind integrierte Szenarien, etwa Notversorgung vor Ort (siehe Szenario 2.3.3), Verkehrssteuerung für den schnellstmöglichen Krankentransport (Freimachen der *Premiumspur* in Szenario 2.2.3), Vorbereitung der Erstversorgung im Krankenhaus (Szenario 2.3.3), oder integrierte Versorgungs- und Mobilitätsszenarien aus den Anwendungs- und Technologiendomänen *AAL*, *E-Health*, *Smart Home*, *Smart Mobility* etc. Neben der interaktiven und ganz oder teilweise autonomen Abstimmung, Priorisierung und Verhaltensintegration der Ziele und Kontexte nach vereinbarten Regeln sind hier übergeordnete Anforderungen zu berücksichtigen, zum Beispiel Sicherheit und Schutz aller Beteiligten, Umweltschutz oder gesellschaftliche Aufgaben. Zu Letzteren gehören etwa eine integrierte und faire Gesundheits- und Energieversorgung oder der Schutz der *Privatsphäre*; siehe auch Kapitel 4.

d) **Integration der Anwendungsszenarien** und ihrer Anforderungen aus a), b) und c) in
   - aufeinander abgestimmte *Domänen*- und Nutzungs*modelle*,
   - *interoperable* Architekturen und Plattformen für CPS-Anwendungen, -Funktionen und -Komponenten auf allen Abstraktions- und Systemebenen,
   - offen *interoperable* und modulare Architekturen und Plattformen für Infrastruktur und Kommunikation.

Eine Beschreibung der benötigten CPS-Funktionen, *Dienste*, Systemarchitekturen und Infrastrukturen findet sich in den Abschnitten 5.3 und Anhang B.

3.4.2 VERLÄSSLICHKEIT UND TRANSPARENZ – VORAUSSETZUNGEN FÜR GESTALTUNGSFÄHIGKEIT UND VERTRAUEN

Die vielfältigen Dimensionen und Integrationsanforderungen machen die Komplexität der CPS-Anwendungen deutlich. Insbesondere zeigen sie die Herausforderung, *verlässliche* und vertrauenswürdige Strukturen zu schaffen. Neben der Ausrichtung und Anpassung an übliche Verhaltensweisen und gesellschaftliche Regeln gilt es, transparente Strukturen für die Nutzer zu schaffen und auf allen Systemebenen sicher und *verlässlich* zu handeln.

Das bedeutet vor allem, dass Komponenten, Kommunikation, Teilsysteme, Systeme und Dienste *zuverlässig* funktionieren müssen und nicht fremdbestimmt handeln. Außerdem müssen die Systeme Risiken, Gefahren oder mögliche Fehlentwicklungen *zuverlässig* erkennen, davor warnen und gegebenenfalls Gegenmaßnahmen ergreifen.

Der systematische Aufbau *verlässlicher* und vertrauenswürdiger Cyber-Physical Systems erfordert Konzepte, die weitgehend sicherstellen, dass

- CPS-*Dienste* nicht ausfallen, hochgradig verfügbar sind und im Fall eines Teilausfalls eine funktionierende Alternative mit angemessener Qualität bereitstellen,
- Cyber-Physical Systems, ihre *Dienste* und ihre Interaktion einschließlich Verkettung und Kooperation mit weiteren Diensten so funktionieren, wie Nutzer und *Stakeholder* es erwarten,
- Cyber-Physical Systems ihre Anwender bei der Nutzung neuer erweiterter *Dienste* oder in neuen unbekannten Situationen unterstützen, etwa durch automatische Anpassung,
- Cyber-Physical Systems Fehler oder Fehlentwicklungen erkennen – im eigenen Wirkungsbereich und darüber hinaus –, und aktiv sowie koordiniert eingreifen,
- bei Risiken, Unfällen und Schäden die Folgen minimiert werden.

Zudem werden Konzepte für *IT-Sicherheit* benötigt, etwa

- Betriebsmodi für Notfälle, in die Cyber-Physical Systems umschalten können, wenn sie angegriffen werden. Der Ausfall der *IT-Sicherheit* darf keinen unkontrollierten Einfluss auf die *Betriebssicherheit* haben.
- Garantiemechanismen der *IT-Sicherheit*: Cyber-Physical Systems müssen gewährleisten, dass zum Beispiel verschlüsselte Daten *vertraulich* bleiben und Verschlüsselungsalgorithmen in absehbarer Zeit nicht geknackt werden können. Ein Problem hierbei sind häufig lange Lebenszyklen von eingebetteten Systemen, sodass die *Sicherheits*konzepte unterdessen veralten.
- Erkennen und Verhindern von direkten Angriffen auf die verteilten Komponenten, etwa in der Form, dass Daten oder kryptografische Schlüssel ausgelesen, bösartige Firmware-Versionen aufgespielt oder gar Geräte zerstört werden.

Verlässlichkeit im Sinn der oben genannten Garantien ist eine wesentliche Anforderung an Cyber-Physical Systems. Damit Nutzer und Systeme untereinander Vertrauensbeziehungen aufbauen können, sind neben Methoden der Qualitätssicherung sowie Techniken zur *Validierung* und *Verifikation* auch Mechanismen wie Zertifizierung oder Gütesiegel erforderlich, dazu schließlich umfassende organisatorische Maßnahmen im operativen Einsatz.

Entsprechend dem offenen Charakter von Cyber-Physical Systems, die in soziotechnischen Kontexten handeln, können Widersprüche und Zielkonflikte jedoch nicht ganz vermieden werden. Sie sind nur bedingt auf Systemebene lösbar.

Compliance: Cyber-Physical Systems, speziell die Definition ihrer *Mensch-Maschine-Interaktion*, müssen daher auf diese unterschiedlichen Ziele, Interessen, Regeln und kulturellen Vereinbarungen abgestimmt sein, desgleichen auf mögliche Konflikte und unklare Entscheidungssituationen. Das hat Auswirken auf die Gestaltung und Realisierung, aber auch auf die Begrenzung des teilautonomen Handelns der Systeme. Die Systeme müssen im Sinne der Nutzer und der Gesellschaft, innerhalb derer sie genutzt werden, vertrauensvoll und verlässlich handeln können.

Qualität: Das macht es erforderlich, nichtfunktionale Anforderungen umfassend in Spezifikation zu erfassen, zu präzisieren und im Entwurf sicherzustellen. Außerdem bedarf es einer integrierten Qualitätssicherung in allen Bereichen der Entwicklung und des Einsatzes von Cyber-Physical Systems. Entscheidend ist die interaktive Mitgestaltung durch die Nutzer und Beteiligten.

3.5 ZUSAMMENFASSUNG VON CPS-FÄHIGKEITEN UND DER WESENTLICHEN HERAUSFORDERUNGEN, DIE SICH DARAUS ERGEBEN

Abbildung 3.6 zeigt eine Zusammenfassung der CPS-Charakterisierung aus Abschnitt 2.6 und fasst in der rechten Spalte die neuen Fähigkeiten und wesentlichen Anforderungen an Cyber-Physical Systems für brauchbare und innovative Anwendungen zusammen.

Die Realisierung dieser Fähigkeiten einschließlich Klärung und Schaffung der erforderlichen Rahmenbedingungen und der Bildung eines gesellschaftlichen Konsens' sind Kern der Forschungsthemen und umfassenden Handlungsfelder, die in dieser Agenda diskutiert werden.

Abbildung 3.6: CPS-Charakterisierung und erforderliche neue Fähigkeiten

(1) CYBER-PHYSICAL, SENSOREN/ AKTOREN, VERNETZT (LOKAL-GLOBAL), VIRTUELL, ECHTZEITSTEUERUNG	(2) SYSTEMS OF SYSTEMS (SOS), KONTROLLIERTER VERBUND MIT DYNAMISCHEN GRENZEN	(3) KONTEXT-ADAPTIVE UND (TEIL-) AUTONOM HANDELNDE SYSTEME
- parallele Erfassung (Sensoren), Fusionierung, Verarbeitung physikalischer Daten der Umgebung, lokal, global und in Echtzeit (Physical Awareness) - Lageinterpretation im Hinblick auf Erreichung der Ziele und Aufgaben des Systems - Erfassung, Interpretation, Ableitung, Prognose von Störungen, Hindernissen, Risiken - Interagieren, Einbinden, Regeln und Steuerung von Systemkomponenten und -funktionen - global verteilte, vernetzte Echtzeitsteuerung und -regelung	- Interpretation der Umgebungs- und Situationsdaten über mehrere Stufen, abhängig von unterschiedlichen Anwendungssituationen - gezielte Auswahl, Einbindung, Abstimmung und Nutzung von Diensten – abhängig von Situation, lokalem und globalem Ziel und Verhalten - Dienstkomposition und -integration, dezentrale Kontrolle: Erkennen fehlender Dienste, Daten, Funktionen und aktive Suche sowie dynamische Einbindung - Selbstorganisation - Bewerten des für die Anwendung erforderlichen Nutzens und Qualität (QoS, Gesamtqualität) von einzubindenen Komponenten, Diensten – auch hinsichtlich möglicher Risiken - Verlässlichkeit im Sinne garantierter QoS (Compliance) - Zugangskontrolle systemeigener Daten und Dienste	- umfassende, durchgängige Kontextwahrnehmung - kontinuierliches Erheben, Beobachten, Auswählen, Verarbeiten, Bewerten, Entscheiden, Kommunizieren der Umgebungs-, Situations- und Anwendungsdaten (vieles in Echtzeit) - gezielte Anpassung der Interaktion, Koordination, Steuerung mit/von anderen Systemen und Diensten - Erkennung, Analyse und Interpretation de Pläne und Absichten der Objekte, Systeme und beteiligten Nutzer - Modellerstellung von Anwendungsgebiet und -domäne, Beteiligten samt ihrer Roller Ziele und Anforderungen, verfügbaren Dienste und Aufgaben - Festlegung von Zielen und Handlungsschritten unter Berücksichtigung und Abwägung von Alternativen in Bezug auf Kosten und Risiken - Selbstwahrnehmung im Sinne Wissens übe eigene Situation, Zustand und Handlungsmöglichkeiten - Lernen, etwa geänderter Arbeits-, Logistikprozesse, Gewohnheiten, Interaktionsverhalten etc. und entsprechende Verhaltensanpassung

→→ zunehmende Öffnung, Komplexität, Autonomie, „Smartness" un

(4) KOOPERATIVE SYSTEME MIT VERTEILTER, WECHSELNDER KONTROLLE	(5) UMFASSENDE MENSCH-SYSTEM-KOOPERATION	ZENTRALE FÄHIGKEITEN UND NICHT-FUNKTIONALE ANFORDERUNGEN QUALITY IN USE QUALITY OF SERVICE (QoS)
erteilte, kooperative und interaktive ahrnehmung und Bewertung der Lage erteilte, kooperative und interaktive estimmung der durchzuführenden Schritte in Abhängigkeit von der Lagebewertung, on den Zielen einzelner Akteure und von en Zielen der diesen Akteure nschließenden Gemeinschaft (lokale vs. obale Ziele) oordinierte Verarbeitung von Massendaten oordinierte Abschätzung und Verhandlung er letztendlich getroffenen Entscheidung, h. eigene und gemeinsame Kontroll- und ntscheidungsautonomie ntscheidung unter unsicherem Wissen ooperatives Lernen und Anpassen an tuationen und Erfordernisse nschätzung der Qualität der eigenen und emden Dienste und Fähigkeiten ähigkeiten der Selbstorganisation im erbund	- intuitive, multimodale, aktive und passive MMI-Unterstützung (vereinfachte Steuerung) - Unterstützung einer weiteren (Raum, Zeit) und vergrößerten Wahrnehmung, Unterstützung einer erweiterten Handlungsfähigkeit einzelner und mehrerer Menschen (Gruppen) - Erkennung und Interpretation menschlichen Verhaltens inklusive Gefühlen, Bedürfnisse und Absichten - Erfassung und Bewertung von Zustand und Umgebung von Mensch und System (Ausdehnung der Wahrnehmungs- und Bewertungsfähigkeiten) - Integrierte und interaktive Entscheidung und Handlung von Systemen und Mensch, Menschenmengen - Lernfähigkeit	- X-Awareness durch korrekte Wahrnehmung und Interpretation von - Situation und Kontext - Selbst-, Fremd-, Mensch-Modell in Bezug auf Zustand, Ziele, Intentionen, Handlungsfähigkeiten - Lernen und Adaption (Verhalten) - Selbstorganisation - Kooperation, Aus-/Verhandeln und Entscheiden (in definierten Grenzen - Compliance) - Entscheidungen unter unsicherem Wissen - Bereitstellen und gegebenenfalls Sicherstellen von QoS-Garantien - Umfassendes Sicherheitskonzept (Verlässlichkeit, Betriebs- und IT-Sicherheit) - Transparente MMI, geteilte Kontrolle - integrierte Situationsbewertung und berechenbares Handeln - Risikomanagement - Proaktives, strategisches und verlässliches Handeln - Schutz der Privatsphäre

olution der Systeme (mit disruptiven Effekten in den Anwendungswelten) →→

Neben Forschungsanstrengungen in Richtung neuer Fähigkeiten und Kerntechnologien (siehe auch Kapitel 5) sind für die Umsetzung und Beherrschung der skizzierten CPS-Anwendungen folgende Anstrengungen erforderlich:

- **Aufbau von intelligenten Infrastrukturen, Kommunikationsplattformen und Middleware** für die Realisierung integrierter und interoperabler CPS-*Dienste*, dazu das Sicherstellen grundlegender *Quality of Services*; siehe auch Abschnitt 5.3.3 und Anhang B
- **Aufbau von Domänenmodellen, Referenzarchitekturen und Anwendungsplattformen auf allen Systemebenen** als Voraussetzung für die korrekte Wahrnehmung und Interpretation von Situationen und Kontexten, für die Prozessintegration und für ein *verlässliches* Handeln beziehungsweise Steuern der Systeme. Das umfasst zum Beispiel
  - *Modelle* der physikalischen Umgebung, ihrer Architektur und ihrer Beteiligten samt deren Aufgaben, Rollen und Interaktionsbeziehungen,
  - funktionale und nichtfunktionale *Modelle* zum Festlegen von Anforderungen der direkt oder indirekt Beteiligten (*Stakeholder*, Systeme und Komponenten),
  - Anforderungen an den Entwurf der beteiligten Systeme und Komponenten,
  - Anwendungs- beziehungsweise *Referenzarchitekturen* mit Prozess*modellen*, Funktions- und *Dienste*architekturen, Interaktionsmuster sowie Realisierungsarchitekturen. Zu Letzteren gehören *logische Architekturen*, etwa zur Realisierung spezifischer *Sicherheits*- oder Performanzanforderungen, aber auch Hardware- und Softwarearchitekturen, Plattformen und *Kommunikationsarchitekturen* sowie organisatorische Rahmenbedingungen und Standards,
  - Qualitäts*modelle* sowie *Modelle* für *Domänen*- oder Geschäftsregeln („Business Rules"), Ziel*modelle* oder unternehmensspezifische *Geschäftsmodelle* zur Überprüfung und *Validierung* von CPS-*Diensten* und Anwendungen.
- **Entwicklung von Normen und Standards** für die qualifizierte Entwicklung und Zertifizierung der Systeme

Wichtige Themen im Zusammenhang mit der Erforschung entsprechender CPS-Technologien und -Konzepte sind, neben unterschiedlichen Dynamiken und Kulturen der beteiligten Anwendungsgebiete, Systeme, Akteure und Disziplinen:

- **zunehmender Kontrollverlust in offenen sozialen Umgebungen** mit vernetzt und ganz oder teilweise autonom interagierenden Systemen und Akteuren. Damit verbunden sind wiederum Fragen, Methoden und Konzepte zur Sicherstellung
  - der erforderlichen *Verlässlichkeit* der Systeme hinsichtlich der erweiterten *Betriebs*- und *IT-Sicherheit* sowie des Schutzes der *Privatsphäre*, aber auch weiterer nichtfunktionaler Anforderungen, etwa Performanz und *Energieeffizienz*.
  - des erforderlichen *Know-how*-Schutzes in offenen *Wertschöpfungsnetzen* (CPS-*Ökosystemen*),
- ungewisse und verteilte Risiken, die mit Cyber-Physical Systems einhergehen, und die quantitativ kaum und qualitativ meist nur subjektiv eingeschätzt werden können,
- **Entscheidungen auf der Grundlage unsicheren Wissens** seitens der Systeme und Nutzer, die hierzu Strategien und Handlungskonzepte benötigen,
- angemessenes und faires Handeln von Cyber-Physical Systems in Vertretung sozialer und wirtschaftlicher Akteure - Einzelpersonen oder Gruppen - und gegebenenfalls das Lösen von Zielkonflikten,
- interdisziplinär, also gesellschaftlich umfassend zu bestimmende
  - Rahmenbedingungen[32] sowie
  - *Domänen*- und Qualitäts*modelle* samt Regeln und Policies (*Compliance*-Vorgaben) als Vorgaben für ganz oder teilweise autonomes Handeln und Entscheiden der Systeme,

32 Zum Beispiel erforderliche Infrastrukturen von Cyber-Physical Systems, deren *Sicherheit* und Qualität, Standardisierung, Normen und rechtliche Rahmenbedingungen etc.

- **Aspekte einer verlässlichen Mensch-Maschine-Interaktion**, etwa
  - einfache und intuitive *Mensch-Maschine-Interaktion* für multifunktionale *Dienste* und Nutzungsmöglichkeiten,
  - semantische und für die Nutzer sichtbare *Dienste*integration, abhängig von der Situation sowie von lokalen, regionalen und globalen Prozess- und Handlungskontexten,
  - passive *Mensch-Maschine-Interaktion*, also bewusstes oder unbewusstes Beobachten und Überwachen von Menschen und Gruppen, wobei es auf korrekte oder gewünschte Interpretation durch das Cyber-Physical System ankommt,
  - Vigilanzproblematik[33], also mangelnde Aufmerksamkeit, samt inhärentem Kontrollverlust

Aus 1 bis 4 ergibt sich zudem die Anforderung, komplexe Situationen mit derselben Umsicht zu bewerten, wie Menschen es können, und erforderliche Features[34] zu priorisieren, zu integrieren und anzuwenden.

3.6 REVOLUTIONÄRE UND EVOLUTIONÄRE SYSTEME MIT IHREN HERAUSFORDERUNGEN FÜR DAS ENGINEERING

Neben der offensichtlichen Herausforderung, die erforderlichen Technologien zu beherrschen, ist das *Engineering* damit konfrontiert, dass Nutzer und Umgebung in unvorhersehbarer Weise auf die Gestaltung der Systeme einwirken, wodurch sich diese einerseits evolutionär, andererseits in teils revolutionären Sprüngen entwickeln. In beiden Fällen erfordert die Vernetzung und Konvergenz der Technologien und Anwendungen ein integriertes Vorgehen sowie die Entwicklung neuer oder zumindest erweiterter *Engineering*-Konzepte. Intelligente Technologien bergen ein großes Potenzial für revolutionäre CPS-Anwendungen mit disruptiver Wirkung. Mit klassischen Konzepten und Methoden des *Engineering* lassen sie sich jedoch kaum beherrschen.

Die beiden Pole der Fortentwicklung von Cyber-Physical Systems stellen zugleich die wichtigsten Herausforderungen für das *Engineering* dar: zum einen, *verlässliche* und *sichere* Systeme mit nachhaltiger Wertschöpfung zu entwickeln, zum anderen die Orientierung von Systemen, offenen Innovationsverbünden und Vorgehensweisen auf neue Anwendungen und *Dienste*. Das erfordert eine iterative Vorgehensweise, aber auch exploratives Arbeiten in Wertschöpfungskooperationen und wirtschaftlichen *Ökosystemen*. Hier sind die Beteiligten in verteilten, auch wechselnden Kooperationen mit Rollen und Aufgaben aus allen Bereichen der Systemgestaltung und -beherrschung zusammengeschlossen. Das betrifft alle Phasen und Ebenen der Systementwicklung:

- Entwicklung, Produktion und Verwertung,
- Betrieb und Wartung,
- Dienstleistung, Beratung, Anpassung und Weiterentwicklung,
- aber auch mittel- und langfristige Aufgaben der Strategieentwicklung und Evolution.

Das gilt für Unternehmen, Akteure und Teile von Verbünden, also für alle Beteiligten am umfassenden *Engineering* der Systeme. Ihre gemeinsame Aufgabe innerhalb von *Ökosystemen* ist es, langfristige Konzepte und Kooperation für Strategien und *Anwendungsplattformen* aufzubauen.

Für all diese Phasen und Aufgaben der CPS-Wertschöpfung gilt, dass nachhaltige sowie disruptive, also revolutionäre Innovationen nur in offener und umfassender interdisziplinärer Zusammenarbeit entstehen können. Sie sind die

33 Zum Beispiel mangelnde Aufmerksamkeit von Fahrzeugführern, weil die sich zu sehr auf Assistenz- und Komfortfunktionen im Fahrzeug verlassen.

34 Feature steht hier als Überbegriff für *Dienst* oder Funktionalität sowie für Qualitäten wie *Sicherheit* oder Performanz.

Ergebnisse von Interaktion und Kooperation zwischen Nutzern, Akteuren und *Stakeholdern* aus den Anwendungs*domänen*, erfordern aber auch die Abstimmung unter den Ingenieursdisziplinen der Cyber-Physical Systems.

3.6.1 EVOLUTION UND ENGINEERING

Für die offene Entwicklung innovativer CPS-*Dienste* und Anwendungen sind verschiedene Evolutionsformen von Cyber-Physical Systems von Bedeutung:

Autonome Evolution und Adaption während der Laufzeit der Systeme: In klassischen, insbesondere in großen und global eingebetteten Systemen wie dem Telekommunikationsnetz oder Systemen des Zivilschutzes spielen *Adaption* und Evolution während der Laufzeit des Systems eine wesentliche Rolle. Um die *Verlässlichkeit* solcher Systeme sicherzustellen, werden adaptive Mechanismen wie *Selbstheilung* (Self-Healing) oder dynamische Rekonfiguration bei Ausfällen, etwa dynamisches Re-Routing bei Ausfall von Teilnetzen, von Anfang an integriert. Evolutionäre Mechanismen wie die Neuinstallation von Funktionalitäten im laufenden Betrieb werden bereitgestellt, zum Beispiel die Integration neuer Protokolle in Telekommunikations-Switches, um die Langlebigkeit der Systeme sicherzustellen.

Durch die Vernetzung unterschiedlicher *Domänen* und Prozesse in Cyber-Physical Systems entstehen jedoch Wechselwirkungen zwischen den Systemen und Rückkopplungen zwischen Systemen und Nutzung: So verhindert ein Ausfall der Telekommunikation die Fernwartung von Anlagen oder neue Funktionen verändern die Art der CPS-Nutzung, weshalb wiederum zusätzliche Funktionen notwendig werden. Angesichts solcher Wechselwirkungen, die sich gegenseitig verstärken, sind *adaptive* und evolutionäre Mechanismen zunehmend wichtige Bestandteile CPS-artiger Systeme; siehe auch Abschnitt 5.2. Das gilt besonders auf der Ebene der Infrastruktur.

Evolution und interaktive Adaption: Die interaktive Anpassung und veränderte Nutzung von CPS-*Diensten* in neuen Anwendungskontexten durch Nutzer stellt in Verbindung mit der Koordination und Anpassung von CPS-Funktionen und -*Diensten* während des Einsatzes die zweite Form der Evolution dar. Sie ist im Wesentlichen durch die CPS-Fähigkeiten in den Spalten (3) bis (5) in Abbildung 3.6 charakterisiert. Die Evolution wird bestimmt durch die Wechselwirkung zwischen dem jeweiligen Einsatzkontext - also Situation, Aufgaben, Ziele, Möglichkeiten und Anwendungsverhalten der Akteure und Systeme - aber auch den physikalischen Umweltbedingungen. Die einzelnen *Adaptions*schritte von Cyber-Physical Systems werden sowohl passiv - also durch Beobachtung, Anpassung und das Lernen des Systems - als auch aktiv von der Umgebung und den Beteiligten selbst ausgelöst.

Evolution und Innovation durch explizite Engineering-Prozesse: Evolution und Innovation können in einer dritten Form auch explizit gesteuert werden: durch interdisziplinäres *Engineering*, Analysieren der Umgebungs- und Anwendungsfelder mit abgestimmten Innovations- und *Adaptions*schritten sowie durch den Einsatz von Rückkopplungsmechanismen aus der Anwendung. Dazu gehören Mechanismen zur systematischen Konstruktion, *Validierung* und *Verifikation*. Wesentliche Erhebungs-, Rückkopplungs- und Evolutionsmechanismen zu diesem Zweck sind der experimentelle und explorative Einsatz von Prototypen sowie erweiterte Methoden der Anforderungserhebung und *Validierung*. Das schließt die Beobachtung und Analyse der beiden zuvor genannten Evolutionsformen ein.

3.6.2 TECHNOLOGIE- UND FORSCHUNGSFELDER FÜR DAS ENGINEERING

Aufgrund dieser und der in den vorigen Abschnitten genannten Charakteristika lassen sich die folgenden sechs Forschungsthemen für das CPS-*Engineering* zusammenfassen:

3.6.2.1 Nutzer- und nutzungszentrierte Entwicklung – Dynamik der Anforderungen

Neben dem Einsatz der erforderlichen Technologien zur Erhebung und Realisierung neuer *Mensch-System-Interaktions*formen (siehe auch CPS-Fähigkeiten der *Mensch-Maschine-Interaktion*) sowie von *Adaptions-* und Kooperationstechnologien während der Systemlaufzeit (Kontextlernen, Evolution und *Selbstorganisation*) sind folgende *Engineering*-Konzepte und Anstrengungen für eine nutzer- und nutzungszentrierte Entwicklung erforderlich:

- explorative und beobachtende Verfahren, Entwicklung und Einsatz von Demonstratoren,
- Prüf- und Messmethoden zum Ermitteln der *Quality of Experience* und *Quality in Use*[35],
- Methoden der Nutzer*partizipation*
- durchgängig *nutzerzentrierter* Entwurf, der das *Verfolgen* von *Anforderungen*, sowie die Anwendungsintegration, und *Validierung* ermöglicht,
- erweiterte Problemlösungsmethoden, also iterative Methoden und Techniken für die Abgrenzung und Festlegung von Aufgaben- oder Untersuchungsbereichen und -umfängen (*Scoping*) sowie von Problemen und Zielen,
- Einbindung der Nutzer in den Innovations- und Entwicklungsprozess,
- *virtuelle* Methoden, etwa die Entwicklung und der Einsatz von Prototypen und Simulations*modellen* für *Validierung* und *Verifikation* von Qualitätsanforderungen,
- Entwicklung von *Anforderungs-*, Umgebungs- und *Domänenmodellen*, einschließlich Rollen-, *Nutzer-*, *Interaktions-* und *Verhaltensmodelle* zur Erhebung, *Validierung* und *Verifikation* von Anforderungen, sowie von *Situations-* und *Kontextmodellen* samt ihrer Integration (siehe auch Abschnitt 3.6.2.5),
- durchgängige Methoden und *Modelle* zum *Verfolgen* von *Anforderungen* und ihrer Änderungen – über den Entwurf und die Komposition vernetzter, verketteter CPS-Komponenten und *Dienste* hinaus – um ihre Umsetzung sicherstellen und Auswirkungen von Änderungen oder Alternativen abschätzen zu können. In dem Zusammenhang werden die Komposition und Integration der beteiligten CPS-Komponenten und *-Dienste* kontinuierlich *validiert* und *verifiziert*, sowohl hinsichtlich der Anforderungen an ihre Qualität als auch der erforderlichen Garantien in ihrer Anwendung.

Das erfordert durchgängige und aufeinander zugeschnittene Verfahren, Konzepte, Methoden und Techniken für Entwurf, Entwicklung, Produktion, Wartung und Evolution von Cyber-Physical Systems und ihrer Komponenten.

3.6.2.2 Umgebungs- und Domänenmodelle mit integrierten Anwendungsplattformen

Das *Engineering* ist mit folgenden Anforderungen konfrontiert:

- Aufbau generischer und *domänen*spezifischer Anforderungs-, Situations-, Umgebungs- und Qualitäts*modelle*, die sich als Baukasten verwenden lassen, aus dem Komponenten mit *verlässlicher* Qualität *interoperabel*[36] zusammengesetzt werden können,
- *Scoping*, *Tailoring*, also die Auswahl von Prozessbausteinen vor Beginn des *Engineerings* und die dynamische Anpassung der Entwicklungsaktivitäten im weiteren Verlauf,

---

35 Siehe auch ISO-Norm ISO/IEC 9126 zur Softwarequalität – inzwischen aufgegangen in der Norm ISO/IEC 25000 [ISO10].

36 Das bezieht sich auf alle Ebenen der *Interoperabilität – technische, semantische und nutzersichtbare* (siehe auch Abschnitt 3.1).

- Erweiterung und Integration *domänen*übergreifender Szenarien und Anwendungen,
- Plattform-*Engineering* und die Herausforderung unterschiedlicher Dynamik und Lebenszyklen von CPS-Komponenten; siehe auch Abschnitte 3.6.2.5 und 3.6.2.6.

3.6.2.3 Erweitertes Engineering von Zielen und Anforderungen

Für *Scoping*, *Tailoring* und situationsspezifische Nutzung, also für die Suche und Auswahl, von CPS-Komponenten sowie die Kooperation mit ihnen und die Abstimmung mit den Zielen der *Dienste* ist es erforderlich

- Zielsysteme als Erweiterungen von *Domänenmodellen* aufzubauen, die lokale, regionale und globale Kontexte abbilden können. Diese Kontexte sind repräsentiert in *Viewpoints* aller *Stakeholder*, also in ihren Zielen, Interessen und Beziehungen, die es formalisiert und strukturiert abzubilden gilt.
- Anforderungen hinsichtlich Risiken, Machbarkeit und Einhaltung von Garantien, *Validierung* und *Verifikation* differenziert und kontinuierlich zu bewerten und zu priorisieren sowie
- das Verhältnis zwischen Kosten und Nutzen der Komponenten und *Dienste* sowie ihren *Return on Investment* (*RoI*) zu untersuchen.

3.6.2.4 Risiko-Engineering, erweiterte Betriebs- und IT-Sicherheit sowie Garantien

Weil die Nutzung von Cyber-Physical Systems erhöhte Risiken mit sich bringt, sind erweiterte *Engineering*-Methoden für eine differenzierte Analyse und Bewertung dieser Risiken notwendig, vor allem hinsichtlich der technischen Machbarkeit. Das umfasst etwa *Interoperabilität*, semantische Integration und Qualitätsgarantien. Um *Betriebssicherheit*, *IT-Sicherheit*, Performanz und Schutz der *Privatsphäre* zu gewährleisten, sind folgende Methoden des *Risiko-Engineerings* erforderlich:

- standardisierte Festlegung und Definition von Garantie- und Prüfkonzepten auf allen Abstraktionsebenen. Dies umfasst die Anforderungen an die Systeme und Nutzungsschnittstellen, die Architekturkonzepte sowie das Interaktions- und Kompositionsverhalten,
- Erarbeiten von Qualitäts*modellen*, Normen, Standards und Policies,
- Erarbeiten, Festlegen und Standardisieren generischer, also für alle Cyber-Physical Systems gültiger, und *domänen*spezifischer Gefährdungskonstellationen, also von Mustern im *Domänen-Engineering*
- einheitliche Definition von *Sicherheits-* beziehungsweise Gefährdungsstufen oder Klassen in ungewisser Umgebung.

Hierzu gehören auch der evolutionäre Aufbau und die Klassifizierung von qualitätsrelevanten Architektur- und Verhaltensmustern mit erweiterten Test- und *Verifikations*methoden. Die Muster dienen dann auch als Basis für Zertifizierungen und für Vertrauenssiegel.

3.6.2.5 Interoperabilität: Management offener Plattformen, Referenzmodelle und Standards

Die oben genannten *Engineering*-Aufgaben, besonders die offene Vernetzung heterogener Komponenten und *Dienste* über viele CPS-Anwendungen, erfordern

- Definition und Gestaltung grundlegender (*domänen*übergreifender und generischer) Infrastruktur- und Kommunikationsplattformen von Cyber-Physical Systems mit entsprechenden Protokollen und Basisfunktionen oder *Diensten*. Das ist auch für die Sicherstellung der geforderten Qualitätsgarantien nötig.
- *domänen*spezifische Entwicklung und Aufbau von *Anwendungsplattformen* mit Funktions- und *Dienste*architekturen, von dazugehörigen Anforderungs-, Architektur- und Qualitäts*modellen* sowie von Standards und Verfahrensweisen.

3.6.2.6 Unterschiedliche Dynamiken und Charaktere von Systemkomponenten und -diensten

Eine wesentliche Herausforderung für das *Engineering* ist das Zusammentreffen der Aspekte „cyber" und „physical", also von CPS-Komponenten unterschiedlichen Charakters. Diese umfassen physikalische Objekte wie Straßen und mechanische Geräte, aber auch Netzinfrastruktur, Elektronik, Sensorik und Software mit unterschiedlichen Lebenszyklen.

Software auf mobilen Endgeräten oder PCs wird nahezu wöchentlich aktualisiert, Endgeräte werden innerhalb weniger Jahre ausgetauscht. Infrastruktur und komplexe *Engineering*-Produkte wie Züge oder Flugzeuge werden jedoch mehrere Jahrzehnte lang genutzt. Sie können darum nur eingeschränkt mit Cyber-Physical Systems zusammenarbeiten und deren neue Fähigkeiten nutzen. Zum anderen werden verbindliche Qualitätsanforderungen hinsichtlich *Verlässlichkeit* und Vertrauenswürdigkeit gestellt, die im Rahmen der Vernetzung und Verkettung von CPS-*Diensten* oder -Anwendungen realisiert werden müssen.

Diese vielfältigen Probleme machen außerdem die Berechnung der Kosten-Nutzen-Verhältnisse und des *Return on Investment* von Cyber-Physical Systems sehr schwierig. Das stellt wiederum Anforderungen hinsichtlich

- Versions-, Release-, Konfigurations- und Kompatibilitätsmanagement, aber auch der Methoden von Entwurf und Realisierung,
- differenzierter Methoden und integrierter Verfahren sowie Vorgehens- und Prozess*modelle*,
- Integration und Abstimmung von Vorgehensweisen und *Engineering*-Ansätzen sowie
- Integration heterogener Schnittstellen, Protokolle und Konzepte zur Sicherstellung übergeordneter beziehungsweise von der Anwendung geforderter Qualitäts- und Garantieanforderungen (siehe auch die in den vorigen Abschnitten angeführten Fragen zu *Interoperabilität*, Integration und Standards).

Mit der Öffnung, der *domänen*übergreifenden Vernetzung und der öffentlichen Nutzung der *Anwendungsplattformen* werden darum Anpassungen und Fortentwicklungen notwendig, und zwar der dazugehörigen *Modelle*, Plattformen und Standards sowie der *Referenzarchitekturen*, *-dienste* und -prozesse. Das erfordert wiederum Aktivitäten zur Abstimmung mit allen *Stakeholdern* - also mit Endanwendern und Unternehmen innerhalb der *Wertschöpfungsnetze* und *Ökosysteme* –, aber auch mit relevanten gesellschaftlichen Gruppen und politischen Vertretern.

4 POLITISCHE UND GESELLSCHAFTLICHE HERAUSFORDERUNGEN

Heutzutage lässt sich das volle Potenzial von Cyber-Physical Systems nur in Ansätzen erfassen. Viele der dadurch ausgelösten gesellschaftlichen Entwicklungen sind kaum prognostizierbar, zumal die Ausprägungen von Cyber-Physical Systems in hohem Maße von der technischen, organisatorischen und juristischen Gestaltung im nationalen, aber auch im internationalen Kontext abhängig sind. Die Auswirkungen des Vordringens vernetzter Softwaresysteme und ihrer *Dienste* in nahezu alle Lebensbereiche führt zu kaum vorhersehbarem Wandel.

Die Entwicklung hin zu einer vernetzten und durch Informations- und Kommunikationstechnologien geprägten Welt ist in vollem Gange und scheint unumkehrbar. Fragen nach gesellschaftlichen Werten und ihrer Gefährdung werden derzeit intensiv diskutiert. Zu den Themen gehören, neben der Möglichkeit intensiverer Mitwirkung und vielfältiger Gestaltung des individuellen Lebens, auch negative Aspekte. Zu denen Ängste, etwa vor der Beeinträchtigung der *Privatsphäre*, dem Kontrollverlust einzelner oder ganzer Staaten, vor übermäßiger Überwachung und Einschränkung freiheitlicher Grundrechte, aber auch vor einer digitalen Spaltung der Gesellschaft gehören [CSH04, Zil09, Sch10a[37], KR11, Sch07a, Bau09, Par11, 3sa11].

Cyber-Physical Systems stellen Gesellschaftssysteme vor große Veränderungen, die sich aus der Durchdringung und tiefgreifenden Veränderung sozialer Interaktionen, Prozesse und Strukturen ergeben. Grundlegend dafür sind die CPS-Fähigkeiten zur umfassenden Kontexterfassung (mittels Sensorik) sowie die Möglichkeit der global vernetzten und in alltägliche Prozesse integrierten ganz oder teilweise autonomen Handlungssteuerung (mittels Aktorik). Das macht eine umfassende Analyse der Technikfolgen und der *Mensch-Technik-Kooperation* notwendig. Neben den Potenzialen, dem Mehrwert und den wünschenswerten Dienstleistungen gilt es daher, zu erwartende Veränderungen und positive wie negative Auswirkungen der CPS-Technologie zu untersuchen und zu dokumentieren, sie im gesellschaftlichen und politischen Dialog zu bewerten und ihnen gegebenenfalls bei der Gestaltung und Sicherung der Systeme entgegenzuwirken. Vor dieser Aufgabe stehen insbesondere diejenigen, die CPS-Technologie vorantreiben und verantworten.

Um gesellschaftliche Potenziale zu heben, gleichzeitig künftigen Risiken zu begegnen und nützliche, akzeptable und beherrschbare Cyber-Physical Systems zu entwickeln und zu betreiben, ist es unumgänglich, sich sowohl auf der technischen als auch auf der politischen und gesellschaftlichen Ebene mit der Technik und ihren möglichen Auswirkungen auseinanderzusetzen. Das bedeutet, Chancen gegen Risiken sowie Kosten gegen Nutzen abzuwägen, die Ergebnisse zu bewerten und in interdisziplinärer Zusammenarbeit entsprechende Anforderungen an Technik, Systeme und die Gestaltung der Interaktion sowie der Rahmenbedingungen für den CPS-Einsatz festzulegen.

4.1 TECHNIKFOLGEN, GESELLSCHAFTLICHE SPANNUNGSFELDER UND INTERDISZIPLINÄRE FORSCHUNGSFRAGEN

Die interdisziplinäre Analyse von Technikfolgen und die damit einhergehende Gestaltung der Technik werden durch Cyber-Physical Systems vor umfassende Herausforderungen gestellt. Eine erste Zusammenstellung relevanter Themenfelder umfasst:

- neue Fragen der Sicherheit für Nutzer,
- unbekannte Risiken einer veränderten *Mensch-Maschine-Interaktion*,
- Fragen der akzeptablen Technikgestaltung sowie
- neue Anforderungen hinsichtlich gemeinsamer Steuerung offener komplexer *soziotechnischer Systeme* durch Mensch und Maschine.

37 „Plug & Pray – Von Computern und anderen Menschen", Dokumentarfilm von Jens Schanze.

Diese Themen sollten im Rahmen einer interdisziplinären CPS-Akzeptanzforschung koordiniert bearbeitet werden.

Grundlage für die Auswahl der Themen sind zum einen die Ergebnisse aktueller Studien zu Technikfolgen [ML08, Hil07] und Analysen der Techniksoziologie [Wey06a, Wey06b, Wey06c, Wey11a, FW11]. Dazu kommen Ergebnisse des BMBF-Foresight-Prozesses „Zukunftsfelder neuen Zuschnitts" [CGW09] sowie die in Abschnitt 1.4 beschriebene Methode der Szenarienanalyse und der Systemcharakterisierung (siehe auch [Hei11]).

In den folgenden Abschnitten werden die einzelnen Themenfelder dargestellt.

4.1.1 SICHERHEITSFRAGEN VERNETZTER INTELLIGENTER UND INTERAKTIVER TECHNIK

Eine wesentliche Frage bei der Analyse der CPS-Szenarien und -Visionen betrifft neue, heute noch nicht übersehbare *Sicherheits*risiken. Bereits an der Analyse aktueller Flugzeug- oder Verkehrsunfälle mit intelligenter Technik (siehe [LPS+97, Wey06b]) wird deutlich, dass die komplexe Verkettung von Ereignissen, unverstandene Wechselwirkungen zwischen Systemverhalten und direkter oder erweiterter Umgebung und die *Mensch-Maschine-Interaktion* vielfältige Quellen für Fehlverhalten und Unfälle sein können.

Die Frage, durch welche Maßnahmen auf den verschiedenen Ebenen der Gestaltung, der Entwicklung und des Einsatzes der Systeme derartige Unfälle in Zukunft zu verhindern werden können, muss intensiv erforscht werden. Die Forschung muss sich nicht nur auf die Technologie, sondern künftig auch auf Organisation und Training sowie auf einheitliche Sicherheitskulturen und Strategien zur Konfliktlösung beziehen. Im Mittelpunkt müssen die Fragen der ***geteilten Kontrolle*** und eventueller Diskrepanzen zwischen Menschen, ihren Anforderungen, und autonom agierenden Systemen stehen[38].

Nutzung im Alltag: Cyber-Physical Systems besitzen durch ihren offenen, interaktiven Charakter und die Nutzung in alltäglichen Kontexten – in offenen sozialen Umgebungen – einen hohen Komplexitätsgrad, der im Vergleich zur geschlossenen technisierten Arbeitswelt, etwa der Luftfahrt oder der Automatisierungstechnik, durch Verkettungsmöglichkeiten noch zunimmt (siehe Abschnitte 3.2 und 3.3). Diese an sich schon komplexen systemischen Bedingungen potenzieren sich zudem durch die vielfältigen Ziele, Prozess- und Situationsanforderungen der Mitwirkenden, durch nicht ausgebildete Nutzer sowie durch unvermutete und in ihrem Verhalten für das System unberechenbare Beteiligte. Diese werden möglicherweise ohne eigene Absicht mit der Technik konfrontiert, mit der sie dann gezwungenermaßen interagieren.

Entscheiden auf Basis von unsicherem Wissen: Auf beiden Seiten – sowohl auf der hochgradig verteilten Systemseite als auch auf der Seite der Menschen, die die Technik nutzen und mit ihr interagieren – wird ein ständiges Abwägen, Entscheiden und Handeln auf Basis von unsicherem Wissen erforderlich.

Neue Fragen beherrschbarer *Mensch-Maschine-Interaktion*: Der Einsatz von Cyber-Physical Systems führt nicht nur zu neuen Fragen nach der Beherrschbarkeit der Technologie und erweiterten Themen für die *Sicherheits-* und Risikoforschung, wie sie in den Kapiteln 3 und 5 zusammengefasst sind. Es stellen sich auch umfassende Fragen nach der erforderlichen Gestaltung der Systeme sowie der *Mensch-Maschine-Interaktion* und *-Kooperation*, besonders im Hinblick auf die Auswirkungen auf direkt oder indirekt Beteiligte, Nutzer und *Stakeholder*.

Eingebettete Systeme im Automobil- beziehungsweise im Individualverkehr haben in den letzten drei Jahrzehnten enorme Beiträge zur passiven und aktiven Sicherheit geleistet; die Zahlen von Unfallopfern sind nicht zuletzt dadurch seit vielen Jahren rückläufig. Zugleich führt die steigende Anzahl von Assistenz- und Kontrollfunktionen

38 So werden in [Tra09] Experten beispielsweise mit folgender Aussage zitiert: „Piloten verstehen das Flugzeug nur an der Oberfläche. Tief hineinschauen in die Steuerungssoftware kann kaum noch jemand".

und deren systemseitige Integration zu einer Verschiebung der Rolle und einer veränderten Beziehung zwischen Fahrer und Umwelt sowie Fahrzeug und Umwelt: Fahrzeuge übernehmen zunehmend Wahrnehmungs-, Koordinations- und Steuerungsaufgaben von ihren Fahrern. Neben des in Abschnitt 3.3 angesprochenen Problems der Vigilanz, also der fehlenden Aufmerksamkeit des Fahrers, kann die vernetzte Technik mit ihrer Vielfalt an meist unkoordinierten[39] Assistenzfunktionen, besonders in außergewöhnlichen und kritischen Fahrsituationen, zu Stress und Überforderung führen. Fahrer, aber auch weitere an Verkehrssituationen Beteiligte wie Fußgänger oder Radfahrer, stehen diesen Situationen oft hilflos gegenüber. Weil sie es gewohnt sind, von Assistenzsystemen umfassend unterstützt zu werden und diese alltägliche Koordinations-, Entscheidungs- und Handlungsaufgaben übernehmen, fehlt ihnen auch die hierfür erforderliche Lernerfahrung; siehe auch [Wey06b].

Auch wegen der zunehmenden Öffnung von Fahrzeugen und ihrer Vernetzung mit Umfeldsystemen wie intelligenten Ampelsteuerungen oder übergeordneten Verkehrsleitsystemen können Fahrer Systeme und auftretende Situationen oft nicht nachvollziehen. Sie können Verhalten und Möglichkeiten der Systeme nicht korrekt einschätzen, weil diese

- Ereignisse und Zusammenhänge in ihr Verhalten einbeziehen, die außerhalb der Wahrnehmung und des Situationsverständnisses der Nutzer liegen,
- meist kein regelhaftes oder normales Verhalten, wie soziale Akteure es aufweisen, zeigen. **Das Systemverhalten gehorcht nicht sozial vereinbarten, erlernten Regeln der Interaktion, sondern Zielen und funktionalen Gesetzen der Systemdefinition und Konstruktion**. Abbildung 4.1 zeigt einen Vergleich der Interaktion und Kooperation von Menschen mit konventioneller Technik und avancierter Technik.

Wie auch die Fragen im Falle der Vollbremsung des Fahrzeugs von Frau Müller in Abschnitt 3.2.3.1 verdeutlichen, kann dies zu einer faktischen Entmündigung der Fahrer führen (siehe auch [Wey06b, S.7]); bei Unfällen ist es unter Umständen schwierig, die juristische Verantwortung zuzuweisen.

Zu beantworten ist die Frage der Verantwortung für entstandene Schäden oder Verletzungen von Personen durch Unfällen infolge von ganz oder teilweise autonomer Kooperation der Systeme in öffentlichen Fahrsituationen. Dazu zählen etwa

Abbildung 4.1: Vergleich der Interaktion von Menschen mit konventioneller und mit avancierter (intelligenter) Technik [Wey06a]

HYBRIDE SYSTEME – INTERAKTION VON MENSCHEN MIT ...

	MENSCHEN	KONVENTIONELLER TECHNIK	AVANCIERTER TECHNIK
Berechenbarkeit	regelhaftes Verhalten	vollständig berechenbar	undurchschaubar, irregulär
Zuschreibung von Handlungsfähigkeit	ja	nein	teils/teils
Handlungstypus	a) strategisch b) kommunikativ	a) instrumentell (Konstrukteur) b) strategisch (Nutzer)	a) instrumentell (Konstrukteur) b) adaptiv (Nutzer)

39 Meist getrennt und für die Integration in bestehende Fahrzeugfunktionen entwickelt.

- die selbstständige Vollbremsung der Fahrzeuge (siehe Abschnitt 2.2.2),
- die Auffahrt auf eine Autobahn - oder die Abfahrt -, bei der autonom fahrende und kooperierende Systeme vollständige Kontrolle ausüben; siehe Abschnitt 2.2.3.

Erweiterte Verantwortung des Engineerings: Bereits an diesen beiden Beispielen werden die neuen und erweiterten technischen Aufgaben sowie die Verantwortung eines interdisziplinären *Engineerings* und der beteiligten Strategen und Ingenieure deutlich. Auch im Sinne einer erhöhten Akzeptanz und „Akzeptabilität" intelligenter Systeme ist eine Abkehr von dem Tunnelblick der technischen Machbarkeit hin zu einer interdisziplinären und *partizipativen Gestaltung* und Konstruktion intelligenter vernetzter Technik erforderlich - einer Technik, die umfangreiche Unterstützung bietet, aber für den Menschen berechenbar beziehungsweise abschätzbar ist und ihm nach wie vor die gesellschaftlichen Entscheidungsspielräume für das eigene Handeln ermöglicht.

Abhängigkeiten: Neben den Fragen nach der sicheren Beherrschbarkeit der CPS-Technologie und ihrer Anwendungen (siehe Abschnitt 3.2) entstehen in allen Anwendungsbereichen vielfältige Abhängigkeiten von Cyber-Physical Systems und ihren *intelligenten* offenen *Infrastrukturen*. Diese machen sowohl den Einzelnen als auch Wirtschaft und Gesellschaft in einem weitaus höheren Maße verletzlich, falls die intelligente Technik nicht richtig funktioniert, ausfällt oder manipuliert wird. In diesem Sinne bestehen die Herausforderungen in punkto *Sicherheit* nicht nur in der *verlässlichen* Gestaltung und Sicherung der Systeme hinsichtlich *Betriebssicherheit, IT-Sicherheit,* Schutz der *Privatsphäre* und *Know-how*, sondern auch in den Aufgaben, jeden Einzelnen und die Gesellschaft insgesamt dazu zu befähigen, auch ohne umfassende Technikunterstützung sicher und selbstbestimmt zu handeln.

Dies führt letztlich zu folgenden, noch nicht abschließend beantworteten gesellschaftlichen Fragen:

- Wie viel Abhängigkeit von der vernetzten Technik wollen wir uns in den einzelnen Lebensbereichen leisten können und wollen?
- Wie viel Technikverständnis sollte zur Allgemeinbildung und Ausbildung gehören, damit Menschen kompetent mit anspruchsvoller Technik umgehen können?

Neben einem interdisziplinären *Engineering* sind daher Bewusstseinsbildung der Nutzer und eine gesellschaftliche Diskussion darüber erforderlich, wie wir mit den künftigen gesellschaftlichen Veränderungen und Risiken umgehen möchten, die mit der Nutzung dieser intelligenten, vernetzten Technik verbunden sind. Das Ziel sollte es sein, die neuen Anforderungen an die Gestaltung der Systeme, ihren Einsatz und die erforderlichen Rahmenbedingungen und Vorgaben für die Entwicklung zu erkennen, darüber zu diskutieren und zu gesellschaftlichem Konsens zu gelangen.[40]

4.1.2 INDIVIDUELLE AKZEPTANZ- UND GESTALTUNGSFRAGEN DER TECHNIK

Neben neuen Fragen der *Sicherheit* und Beherrschbarkeit sowie der *Mensch-Maschine-Kooperation* sind für die bedarfsgerechte Gestaltung von Cyber-Physical Systems mögliche Technikfolgen und damit verbundene Fragen der Akzeptanz seitens der Nutzer differenziert zu untersuchen. Dazu gehören gesellschaftlich geprägte Wertvorstellungen und ethische Fragen, aber auch spezifische Nutzeranforderungen und Akzeptanzkriterien einzelner Gruppen oder Kulturkreise, für die die Systeme entwickelt und eingesetzt werden.

40 Siehe hierzu auch die Forderungen nach einem gesellschaftlichen Diskurs über das Verhältnis Mensch-Technik aus dem BMBF-Foresight-Prozess zu Zukunftsfeldern neuen Zuschnitts [CGW2009].

Einerseits bieten die CPS-Technologien eine Fülle positiver gesellschaftlicher Nutzenaspekte:

- höhere Eigenständigkeit und Autonomie auf Basis umfassender Informationsversorgung und Assistenz
- höheren Komfort
- starke Einbindung in soziale Kontexte durch umfassende Vernetzung
- Teilhabe an gesellschaftlichen Prozessen
- flexible Mitgestaltung von Technik und ihrer Nutzung durch Variabilität in Nutzungskonzepten

Andererseits jedoch gilt es, negative Auswirkungen zu analysieren und ihnen entgegenzuwirken. Wesentliche Ansatzpunkte für die Bestimmung von Akzeptanzfaktoren, Anforderungen an die Systeme und die *Mensch-Maschine-Interaktion* sind Ergebnisse empirischer Akzeptanzforschung in konkreten Anwendungsszenarien. Nicht nur unter dem Sicherheitsaspekt zeigen diese Untersuchungen folgende mögliche negative Auswirkungen des Einsatzes intelligenter Technik auf Menschen und ihr Wohlbefinden:

- **Unbehagen, Stress und Überforderung**, angefangen mit einem Störgefühl, der sogenannten „Kognitiven Dissonanz"[41] im Umgang mit der undurchschaubaren Technik und ihrem für Menschen nicht nachvollziehbaren Handeln. Eine intelligente Maschine verunsichert Menschen, weil sie sich teils in scheinbar gewohnten Mustern bewegt, teils aber völlig erratisch verhält; diese Nichtvorhersehbarkeit stellt das gewohnte Verhältnis von Mensch und Technik infrage [Wey06a]; siehe auch das Beispiel unter 4.1.1.
- **Gefühlter oder realer Freiheitsverlust**, Verringerung der Handlungsfreiheit und der Fähigkeit zum strategischen Handeln im sozialen Kontext bis hin zu passiv-reaktivem Verhalten. Strategisch, zweckrational handelnde Akteure beziehen in ihre Pläne ihr Gegenüber und dessen zu erwartende Strategien ein, ferner die erwarteten Rückwirkungen, die das eigene Handeln beim Gegenüber auslöst (siehe Webers Handlungstheorie [Web02] und [Wey06a, S.15]). Das ist in der Interaktion mit intelligenter Technik jedoch nur begrenzt möglich, wie in Abschnitt 4.1.1 gezeigt. Hier werden die Herausforderungen bei der Fortentwicklung der *Mensch-Maschine-Interaktion* hin zu einem Handeln der Technik, das nach menschlichen Interaktionsanforderungen reguliert ist, deutlich.
  Im BMBF-Foresight-Prozess zum Zukunftsfeld *Mensch-Maschine-Kooperation* [CGW09] wird diese Forderung an die Technik mit der Forderung nach einem „Roboterknigge" zusammengefasst, also nach gesellschaftlich bestimmten sozialen Normen, die das Handeln der Systeme und ihre *Mensch-Maschine-Interaktion* regulieren.
- **Überwachung und Beeinflussung:** Sammlung und Auswertung von Daten vieler Lebensbereiche bergen die Gefahr der Überwachung und Beeinflussung. Besonders durch die CPS-Sensorik wird sich die wenig begrenzte und für Nutzer weitgehend intransparente Datenerfassung stark erhöhen, mit der Gefahr der Einschnitte in *Privatsphäre* oder Handlungsautonomie von Menschen [KR11, Par11, ML08].
- **Vertrauensverlust:** Mit der Zunahme derartiger Einschnitte in die Grundlagen persönlicher Handlungsfreiheit führt die allgegenwärtige Nutzung vernetzter Informations- und Kommunikationstechnologien auch zu einer Erosion des Vertrauens [Mat03]. Das gilt nicht nur für das Vertrauen in die Technik und die dahinter stehenden Produzenten und Betreiber, sondern auch in Regulatoren, Politik und die Gesellschaft, entsprechend dem Befund, dass „[....] Technik eben immer auch ein Repräsentant so empfundener ‚Macht' gewesen ist, und damit von ‚Ohnmacht' des Einzelnen" [aca11a]. Beispielsweise wehren sich Bürger in der kanadischen Provinz British Columbia gegen die Absicht des staatlichen Stromversorgers BC Hydro, in allen Haushalten *Smart Meter* zu installieren. Grund der Ablehnung:

---

[41] Kognitive Dissonanz bezeichnet in der Psychologie und der Sozialpsychologie einen als unangenehm empfundenen Gefühlszustand, der dadurch entsteht, dass ein Mensch mehrere Kognitionen hat – Wahrnehmungen, Gedanken, Meinungen, Einstellungen, Wünsche oder Absichten – die nicht miteinander vereinbar sind.

Die Geräte ermöglichen es dem Stromversorger und damit auch staatlichen Stellen, detaillierte Informationen über Anwesenheit oder Verhalten der Bewohner zu sammeln. Zudem hat sich in der Nachbarprovinz Ontario, wo die Geräte bereits eingeführt worden sind, gezeigt, dass danach die Stromkosten, statt zu sinken, teils drastisch gestiegen sind [Cal12].

- **Einengung der persönlichen Handlungsfreiheit** bis hin zu normiertem Verhalten. Das kann vielfältige Ursachen haben, etwa Haftungsgründe, Angst vor Überwachung und vor falschen Interpretationen des eigenen Verhaltens sowie vor kriminellem Missbrauch und ferngesteuerten Angriffen auf die Steuerung intelligenter Technik, etwa auf Bremssysteme im Fahrzeug [CMK+11] oder implantierte Insulinregulatoren im Körper [Han11].

Die im Folgenden angeführten Beispiele machen deutlich, dass hinsichtlich dieser möglichen Auswirkungen die gesellschaftlichen und rechtlichen Fragen zum Umgang mit Massendaten, die bei der CPS-Nutzung anfallen, bisher nicht hinreichend geklärt sind, etwa nach der Verknüpfung der erfassten Daten einer Person oder nach „kollektiver Privacy", wie sie in den folgenden Beispielen angesprochen werden (siehe zur Vertiefung auch Kapitel 4.2):

- „Sechs Monate seiner Vorratsdaten hat der Grünenpolitiker Malte Spitz von der Telekom eingeklagt und ZEIT ONLINE zur Verfügung gestellt. Auf Basis dieser Daten können Sie all seine Bewegungen dieser Zeit nachvollziehen. Die Geodaten haben wir zusätzlich mit frei im Netz verfügbaren Informationen aus dem Leben des Abgeordneten (Twitter, Blogeinträge und Webseiten) verknüpft.
- Mit der Play-Taste startet die Reise durch Malte Spitz' Leben. Über den Geschwindigkeitsregler können Sie das Tempo anpassen oder an beliebigen Punkten mit der Pause-Taste anhalten. Zusätzlich zeigt der darunter stehende Kalender, wann er noch an diesem Ort war – gleichzeitig kann darüber jeder beliebige Zeitpunkt angesteuert werden. Jede der vertikalen Spalten entspricht einem Tag." [Zei11]
- Navi-Hersteller TomTom gibt Geschwindigkeitsdaten seiner niederländischen Kunden an die Polizei weiter (anonymisiert). Die Behörden ermitteln damit die perfekten Standorte für Radarfallen [Ber11b].
- „Carrier IQ wird derzeit überrollt von der Empörung der Handybesitzer, auf deren Geräten das Programm der Firma läuft. Unbemerkt und ungefragt scannt es Vorgänge auf derzeit 141 Millionen Geräten und schickt Informationen über abgerissene Gespräche, nicht gesendete SMS und stromfressende Anwendungen an die Netzbetreiber, um bei Ferndiagnose und Marktforschung zu helfen. [...] Verbraucher in den USA haben eine Sammelklage eingereicht. [....] Coward sagt: ‚Der Mediensturm hat uns komplett überrascht – wir waren es bislang nicht gewohnt, mit Privatkunden umzugehen, unsere Kunden sind die Netzbetreiber'." [SL11]
- Vor allem im Gesundheitssektor stellen sich Fragen des Umgangs mit kollektiv erfassten Patientendaten. Wem gehören diese? Darf eine Krankenkasse Daten aus einer Fernüberwachung – etwa die mittels eines Cyber-Physical Systems übertragene Insulin-Werte eines Diabetikers – auch für die Überprüfung der Therapietreue nutzen, wenn sie für die Notfallüberwachung mittels Telemonitoring bezahlt? Das ist relevant, wenn man weiß, dass Krankenkassen bereits in Erwägung ziehen, Betragsboni für die Therapietreue von Patienten einzuführen.

Neben Fragen hinsichtlich Verantwortung und Haftung bei Unfällen in intelligenten Anwendungen stellen sich gesellschaftliche und rechtliche Fragen bezüglich Haltung, Zugriff und Verwendung anfallender, mitunter riesiger Mengen von personen- und nicht *personenbezogenen Daten*. Wem gehören die Daten und wer darf diese zu welchem Zweck nutzen? Welche Analysen sind mit diesen Daten erlaubt? Wer schützt diese Daten vor Missbrauch und damit, direkt oder indirekt, die betroffenen Personen?

4.1.3 GESELLSCHAFTLICHE HERAUSFORDERUNGEN DURCH GLOBAL VERNETZTE INTERAKTIVE CYBER-PHYSICAL SYSTEMS

Die Komplexität, der Durchdringungsgrad und der Wirkungsradius von Cyber-Physical Systems sind nur schwer abschätzbar und von keiner wissenschaftlichen Einzeldisziplin adäquat zu erfassen. Die menschlichen Wissensbestände und die intelligent vernetzte Technik müssen auf der ganzen interdisziplinären Bandbreite betrachtet werden. Dabei gilt es, auch über die Grenzen von Märkten und *Domänen* hinauszuschauen und Schlüsse zu ziehen, denn Phänomene der Finanzsysteme - sie sind auch für Experten kaum mehr durchschaubar - lassen sich durchaus auf global vernetzte Kontroll- und Steuerungssysteme wie etwa *Smart Grids* übertragen.

In dieser Hinsicht sinkt die Bedeutung des physikalisch-geografischen Raums als Ordnungsprinzip für Ursache und Wirkung durch die Möglichkeiten des Internets und global vernetzter intelligenter Cyber-Physical Systems. Neue Ordnungsprinzipien - zum Beispiel Topologien von technischen und soziotechnischen Netzwerken mit Datenbeständen, Zugriffs-, Nutzungs- und Eigentumsrechten, Akteuren und komplexen technischen und politischen Steuerungssystemen - werden langfristig bedeutsamer werden als die bisherige Kontrolle über das physikalische Territorium [Hil07].

Es ist zu erwarten, dass Fragen hinsichtlich Fairness und neuer Konfliktformen im Zusammenhang mit entstehenden Netzen und CPS-Infrastrukturen sowie ihrer Kontroll- und Steuerungsmechanismen zwingend beantwortet werden müssen. Diese Fragen gelten gerade hinsichtlich der globalen Dimension von Cyber-Physical Systems: Viele der Systeme und vernetzten *Dienste* kommen aus Ländern, die deutsche Sicherheits-, ethische und Qualitätsmaßstäbe nicht beachten und nun in geeigneter Form mehr oder minder zu integrieren sind - umgekehrt gilt es natürlich, die Maßstäbe anderer Kulturen zu berücksichtigen.

Gesellschaftliche Spannungsfelder, Befürchtungen und Fragen der Fairness, über die bereits im Kontext der rasanten Entwicklung des Internets, der Netze und ihrer allgegenwärtigen digitalen *Dienste* diskutiert worden ist, gewinnen durch umfassendere Datengewinnung und intelligente Steuerungsmacht von Cyber-Physical Systems an Brisanz. Dabei geht es unter anderem um

- ein mögliches Auseinanderdriften der sozialen Schichtung und eine Verschärfung von Spannungen zwischen „Literates" und „Illiterates", „Natives" und „Non-Natives", „Haves" und „Have-nots", „Drop-outs" sowie Verweigerern. Hier geht es also um die Auswirkungen der Existenz von Cyber-Physical Systems auf Personengruppen, die nicht das technische *Know-how* oder die Zugriffsmöglichkeiten haben, an Cyber-Physical Systems teilzunehmen, oder die bewusst darauf verzichten.
- den möglichen Verlust der Problemlösungsfähigkeit und der Handlungskompetenz Einzelner, aber auch von gesellschaftlichen Gruppen. Dieser Verlust kann aus einem verstärkten Gebrauch begleitender und autonomer Technik und dem damit einhergehenden zunehmend passiven und konformen Verhalten resultieren.
- die steigende Abhängigkeit gesellschaftlicher Gruppen und grundlegender staatlicher Aufgaben von Cyber-Physical Systems und ihren koordinierenden *Diensten*. Das berührt das Thema der Cyber-Physical Systems im Zusammenhang mit den erforderlichen Infrastrukturen; siehe auch Abschnitt 4.1.4
- grundlegende Fragen und Analysen der Technologiefolgen und der Macht der Technik bei der Gestaltung der Gesellschaft, also beim sozioökonomischen und institutionellen Wandel [DW07][42]
- einen durch „männliche Technik" [Dög01][43] zunehmend bestimmten sozioökonomischen Wandel. Zusätzliche Aspekte liefern der meist aus wirtschaftlicher Perspektive diskutierte geringe Frauenanteil in den MINT[44]-Fächern

42 Eine Beobachtung ist auch, dass in dessen vielfältigen Beiträgen (300 Seiten) der Begriff Geschlecht nicht vor kommt; siehe auch [Dög01].

43 [Dög01]: Tagungsbeitrag von Peter Döge, der auch die „Androzentrische Selektivität im Prozess der politischen Techniksteuerung" aufzeigt.

44 MINT: Mathematik, Informatik, Naturwissenschaft und Technik.

und -Berufen sowie die aktuelle Diskussion über den geringen Frauenanteil in der Piratenpartei [Hof11].

– lokale und globale ökologische Nachhaltigkeit und Fairness. Das gilt hinsichtlich knapper Rohstoffe und von Energie, die für Herstellung und Betrieb der Technik benötigt werden. Ihre faire Gewinnung und Verteilung sowie globale und lokale politisch-wirtschaftliche Spannungsfelder stellen große Herausforderungen dar.

Diesen Fragen und Befürchtungen stehen die Potenziale der Cyber-Physical Systems gegenüber, zum Beispiel, die bessere Versorgung in strukturschwachen Gegenden oder die Möglichkeit zur eigenständigen und mobilen Lebensführung und damit zur Teilhabe am gesellschaftlichen Leben auch bei körperlichen oder geistigen Beeinträchtigungen mithilfe von *AAL*-Systemen.

4.1.4 GOVERNANCE – GESELLSCHAFTLICHE STEUERUNG OFFENER SOZIOTECHNISCHER SYSTEME

Mit *Governance* bezeichnet man das Steuerungs- und Regelungssystem einer politisch-gesellschaftlichen Einheit. Bevor im CPS-Kontext auftretende *Governance*-Fragen erläutert werden, folgt zunächst ein kurzer einführender Exkurs zur Struktur der Systeme, da die Ausgestaltung der Infrastruktur für Cyber-Physical Systems eine der grundlegenden *Governance*-Herausforderungen ist.

Die CPS-Szenarien, die in den vorangegangenen Abschnitten beschrieben wurden, lassen sich auch mithilfe ihrer charakteristischen Fähigkeiten[45] in folgende Arten von vernetzten *soziotechnischen Systemen* differenzieren; Abschnitt 2.1:

a) **großtechnische Infrastruktursysteme** erster und zweiter Ordnung; vernetzte *intelligente Sensorik* zur *physikalischen Situationserkennung* und bedarfsgerechten Steuerung stellen hier die wesentlichen Innovationspotenziale dar.

b) **interaktive soziotechnische Anwendungssysteme** und Prozesse in Arbeits- und Lebensräumen – auch virtuellen, etwa in sozialen Fach- oder Lebensgemeinschaften im Internet („*Communities*"); intelligente interaktive Situations- und Kontexterkennung und auf die Bedürfnisse der Nutzer zugeschnittene *Mensch-Technik-Kooperation* sind hier entscheidende Innovationen.

Die angemessene Ausgestaltung großtechnischer Infrastruktursysteme ist eine wesentliche Voraussetzung für die differenzierte Entwicklung der Anwendungssysteme, die diese Infrastruktur nutzen [Deg02]:

> „Systeme erster Ordnung sind zweckoffene und damit funktionsunspezifische Infrastruktursysteme wie Verkehrs-, Transport- und Kommunikationsinfrastrukturen. Mit Systemen zweiter Ordnung dagegen sind intersystemische Überbauten gemeint, in denen Teile der Systeme erster Ordnung für eine spezielle Aufgabe zusammengeführt werden. Dabei handelt es sich um gesellschaftliche Domänen, „in denen fortschreitend Teile ‚autonomer' technischer Netzstrukturen des Transports, der Kommunikation und des Datenaustausches, der Ver- und Entsorgung für die je eigenen Systemzwecke rekombiniert und mit einer eigenen institutionellen Identität versehen werden". Beispiele hierfür sind die grenzüberschreitende Beseitigung gefährlicher Abfälle im Entsorgungswesen, die Strukturen des organisierten Massentourismus in der Freizeitindustrie oder der Aufbau eines überregionalen technischen Systems der Transplantationsmedizin im Gesundheitswesen." – ebenso wie die zuvor genannten großen Logistiksysteme. Die übergeordneten Systeme und *Domänen* sind dabei hochgradig abhängig von ihrem netztechnischen Unterbau (erster Ordnung).

Die in [Deg02] diskutierten Beispiele zeigen, „dass großtechnische Systeme quer zu ausdifferenzierten Funktionssystemen (Anwendungsdomänen) liegen und damit eine konstitutive Voraussetzung für eine fortschreitende Differenzierung der Gesellschaft bilden" [Eka94].

Dieser Exkurs in die Theorie der Wissenschaft der Soziotechnik verdeutlicht zum einen die Erfordernisse einer differenzierten Betrachtung und Klassifizierung von Cyber-Physical Systems, ihrer Anwendungen und ihrer vernetzten, autonomen

45 Siehe Tabelle in Abbildung 3.6.

Interaktionsstrukturen. Zum anderen wird aber auch die Bedeutung einer tiefer gehenden Analyse der *Mensch-Technik-Interaktion* und *-Kooperation* für die Beantwortung von Fragen nach der technischen, gesellschaftlichen und wirtschaftlichen Ausgestaltung der Systeme und ihrer Dienste deutlich.

Weyer und Cramer thematisieren in ihren Analysen der *Governance* und Steuerung komplexer vernetzter „hybrider Systeme"[46] am Beispiel des Verkehrs [Wey06b] und großer Netze in der Logistik [CW07][47] Fragen der Steuerung in offenen soziotechnischen Infrastruktursystemen. Zum Beispiel diskutieren sie, inwieweit sich die gegensätzlichen Konzepte der zentralen Koordination und Steuerung sowie der dezentralen Selbstkoordination von geschlossenen Systemen, etwa einem Containerterminal, die durch sehr disziplinierte Teilnehmer gekennzeichnet sind, auf offene Systeme mit wenig disziplinierten Akteuren wie den Straßenverkehr übertragen lassen.

Wenn alle Teilnehmer solcher Netzwerke in *Echtzeit* elektronisch untereinander kommunizieren können, bestehen beide Koordinationsoptionen - zentral und dezentral *selbstorganisierend*. Unter dieser Prämisse lassen sich für große Infrastruktursysteme folgende Ziele und Effekte aufzeigen:

- **Governance-Modus 1:** zentrale Koordination und Kontrolle mit den Eigenschaften der globalen Optimierung, hierarchischen Steuerung und Verlust von *Autonomie*; zu den Risiken zählen totale Kontrolle und der Verlust von Lern- und Adaptionsfähigkeit der menschlichen Nutzer
- **Governance-Modus 2:** dezentrale Selbstkoordination mit lokaler Optimierung, zum Beispiel individuelle Nutzung eines Navigationssystems mit dynamischer Routenplanung und dezentraler Verhandlung. Ein Beispiel ist die Grüne-Welle-*App* „Signal-Guru" [KPM11, Sch11], die lokale Ampelphasen erfasst, an andere Fahrzeuge in der Umgebung weitergibt und auf diese Weise die optimale Geschwindigkeit für eine Grüne-Welle-Fahrt bestimmt. Mögliche Risiken sind emergente, also spontan auftretende, unkalkulierbare Effekte, Fairnesskonflikte und Verlust der Kontrolle über *Sicherheit* und Qualität.

Der *Governance*-Modus 2, also die *Selbstorganisation*, bringt allerdings ein Problem mit sich: Die selbstorganisierte Abstimmung individueller und nutzenmaximierender Akteure kann zu unvorhersehbaren systemischen Effekten führen, die wiederum nicht beabsichtigte Folgen nach sich ziehen können. Zum Beispiel kann sich der Verkehr in Wohngebiete verlagern. Selbst eigenständige Abstimmungen technischer Funktionseinheiten untereinander können derartige Effekte hervorbringen, zum Beispiel die zufällige Bildung von Container-*Clustern* auf einem Terminal [CW07].

Verteilte Kontrolle und Fairness von Cyber-Physical Systems: Viele Cyber-Physical Systems sind Infrastruktursysteme, die teilweise autonom handeln, zum Beispiel *Smart Grids* oder Systeme für die Verkehrslenkung. Im Mobilitätsszenario in Abschnitt 2.2.3 wird beispielsweise Frau Müller eine andere Autobahnausfahrt zugewiesen, als es für den direkten Weg zur Schule ihrer Kinder optimal wäre. Diese Systementscheidung wird in Abhängigkeit von der Verkehrssituation und der Kommunikation, Koordination und Berechnung der beteiligten Systeme getroffen.

Neben den handelnden Personen in Technologie- und *Engineering* trägt deshalb auch die Politik eine große Verantwortung für die Gestaltung und verteilte Steuerung der Systeme sowie für die Festlegung von Rahmenbedingungen und internationalen Vereinbarungen. Dabei geht es um

- die Abwägung („Trade-off") zwischen zentraler und dezentraler, *selbstorganisierender* Systemsteuerung - sowohl für das gesellschaftliche und politische Aushandeln

46 Das Konzept einer „Hybridperspektive" [Ram03, S. 312] betont hier das „Mit-Handeln technischer Artefakte" in hybriden Konstellationen zwischen Menschen und Maschinen verteilten Handelns [RSS02, S. 13].

47 Ergebnisse des Teilprojektes M14 „Der Mensch in der Logistik" innerhalb des DFG-Sonderforschungsbereichs 559 „Modellierung großer Netze der Logistik" [SFBa].

und Festlegen als auch für die technische Umsetzung der autonomen Verhandlungen in *Echtzeit* und zur Laufzeit der Systeme, und hierbei

- Kontrolle, Beherrschung und Umgang mit emergentem Verhalten,
- die sinnvolle Begrenzung autonomen Verhaltens,
- Fairness sowie
- bedarfsgerechte Gestaltung der Umgebung und dafür erforderliche Rahmenbedingungen, auch im Hinblick auf ökologische Nachhaltigkeit.

Die wichtigsten Fragen sind die nach der Kontroll- und Überwachungshoheit über Systeme für die grundlegende Versorgung mit Energie, Gesundheit und Mobilität. Es ist von gesellschaftlicher und wirtschaftlicher Bedeutung, den Zugang zu diesen *Diensten* und Ressourcen fair zu verteilen, um Akzeptanz zu schaffen. Zu berücksichtigen sind ferner Risiken - Einengung der *Privatsphäre* und der persönlichen Handlungsfreiheit - und in der Folge der Verlust von Vertrauen in die gesamten Systeme; siehe auch Abschnitt 4.1.2. In diesem Zusammenhängen stellt sich dann wiederum die Frage nach der Datenhoheit: Wer darf CPS-relevante Daten erheben? Wem gehören sie? Wie sind die Zugangsrechte Dritter, für historische *Primärdaten*, aber auch für daraus abgeleitete Daten, definiert?

Mit dem Fortschreiten der vernetzten intelligenten Technik, dem damit verbundenen Wandel und den Aufgaben und Problemen, die mit CPS-Technik gelöst werden sollen, gewinnen Fragen des fairen und transparenten Managements komplexer *soziotechnischer Systeme* mehr Aufmerksamkeit - vor allem: Wer soll die vielfältigen *soziotechnischen Systeme* und Teilsysteme steuern und betreuen? Solche Fragen und Veränderungen stehen auch bevor hinsichtlich

- bestehender, aber auch neu zu definierender Verhältnisse und der Koordination lokaler, regionaler und globaler Ziele, Interessen mit entsprechender *Mensch-Maschine-Interaktion* und technischer Steuerung,
- der Verteilung von Aufgaben sowie von Kontroll- und Entscheidungshoheiten auf Nutzer, soziale Gruppen, Unternehmen, Organisationen, Regionen und Staaten
- notwendiger Bedingungen in Gesellschaft und Umwelt für bedarfsgerechte Gestaltung und Einsatz von Cyber-Physical Systems sowie
- neuer *Geschäftsmodelle* in regionalen und verteilten Unternehmensverbünden samt neuer Formen der Investition und der Verteilung von Erträgen („Revenue Sharing").

Auch in zukünftigen offenen *soziotechnischen Systemen* werden nicht alle Beteiligten und ihre Intentionen elektronisch erfasst werden können oder wollen, beispielsweise zum Zweck der Optimierung des Verkehrs. Wesentliche *Engineering*-Herausforderung für die Gestaltung fair lenkbarer *soziotechnischer Systeme* und Anwendungen ist die **disziplinübergreifende Bestimmung der Ziele und Anforderungen** aller Beteiligten einschließlich der erforderlichen **Mensch-Maschine-Kooperation** sowie ihrer Realisierung. Zu solchen Systemen - die auch Fragen der Unterstützung sozialer Aktivitäten aufwerfen - gehören

- Verkehr in Städten und ländlichen Regionen,
- Energie- und Gebäudemanagement in Wohn- und Gewerbegebieten, Krankenhäusern oder Flughäfen,
- intelligente Energiegewinnung, Vernetzung, Verteilung, Speicherung und Verbrauch in Infrastrukturnetzen (*Smart Grid, Micro Grid*),
- umfassende Unterstützung im Bereich *AAL* samt Integration der CPS-*Domänen* Gebäudemanagement, Mobilität und Telemedizin.

Die Frage nach sozialen Auswirkungen und der Gestaltung der *Mensch-Maschine-Interaktion* wird in der Wissenschafts- und Fachgemeinschaft, die sich mit autonomen geschlossenen Systemen und Technologien befasst, zu häufig ausgeblendet. Das zeigt auch die vom BMBF in Auftrag gegebene Studie „Selbstorganisierende adaptive Systeme -

Analyse der Chancen und Risiken sowie der Gestaltungsansätze neuer IKT-Ansätze" [EG10].

4.1.5 FOLGERUNGEN FÜR EINE REFLEXIVE UND PARTIZIPATIVE TECHNIKGESTALTUNG UND TECHNIKFOLGENANALYSE

In der Summe zeigen die aktuellen Technikfolgenanalysen und die angesprochenen Herausforderungen eine enge Wechselwirkung zwischen der Entwicklung der *Mensch-Technik-Kooperation* [aca11a][48] und der Technikentwicklung als Ergebnis eines „sozialen Konstruktionsprozesses", auch im Sinne von [CW07] in [DW07]:

„Technik an sich hat keine soziale Gestaltungsmacht; das belegen allein die vielen gescheiterten beziehungsweise nicht realisierten Innovationen. Technikkonstruktion bleibt bei aller Eigentätigkeit von Technik immer ein sozialer Konstruktionsprozess, in dem technische Optionen genutzt oder nicht genutzt werden. Dabei bilden die Potenziale, die die technische Entwicklung bietet, eine wichtige Ressource. Es wäre aber kurzschlüssig, das Auftauchen einer neuen Technik unmittelbar mit gesellschaftlichem Wandel zu assoziieren. Der Prozess ist wesentlich vielschichtiger, und nur eine detaillierte Betrachtung der Wechselwirkungen zwischen den Ebenen macht deutlich, welche Rolle Technik und welche die Akteure in diesem Prozess spielen".

Um *soziotechnische Systeme* reflexiv und *partizipativ gestalten* zu können, ist eine differenzierte und tiefer gehende Betrachtung der Interaktion und Kooperation zwischen Menschen und Maschinen erforderlich, und zwar in den Bereichen Produkt- und Alltagstechnik, Arbeitstechnik und *externe Technik*, etwa Chemiewerke oder Atomkraftwerke.

Aus allen drei Perspektiven gilt es, die der CPS-Technik zugrundeliegenden Visionen zu untersuchen, und auch die Frage nach der Verteilungsgerechtigkeit zu stellen, (siehe auch die Analysen in den Abschnitten zuvor). Speziell durch die umfassend vernetzte Sensorik und Steuerungslogik von Cyber-Physical Systems dringen zunehmend Mechanismen der Arbeitswelt in die Alltagswelt vor – Schlagwort Funktionalisierung und Beschleunigung. Mit ihrer unaufhaltsamen Durchdringung und Beeinflussung aller Lebensbereiche stellen sich auch hier grundlegende Fragen *externer Technik*.

Was die Entwicklung vernetzter intelligenter Technik in *soziotechnischen Systemen* angeht, lassen sich die bisherigen Analyseergebnisse folgendermaßen zusammenfassen:

- Komplexe Technik wurde in erster Linie in der Arbeitswelt eingesetzt, und zwar als Instrument zur Steigerung der ökonomischen Effizienz; siehe [aca11a]. Dem entsprechen auch die vordringlichen Ziele und der erhoffte Mehrwert in den CPS-Szenarien Produktion, Logistik, Mobilität und Energie sowie zunehmend auch in der Medizin, wo sich mit der Gesundheitskarte Rationalisierungserwartungen verbinden. Auf die veränderten Ziele und Anforderungen an die Technik im Kontext alltäglicher sozialintendierter Koordinations- und Kooperationsaufgaben – etwa die Betreuung älterer Menschen zu Hause im *Ambient Assisted Living* – ist die bisherige Technikgestaltung kaum ausgerichtet. Das gilt ebenso für die grundlegenden Konstruktions- und Wirtschaftsprozesse. Siehe hierzu auch die aktuelle Diskussion hinsichtlich neuer *Geschäftsmodelle* und disruptiver Effekte in der industrialisierten Wirtschaft durch die digitale Technik und ihre offen vernetzten Systeme und *Dienste* in [Fra03a, Kit09, Cus10] und die Bemühungen um Erklärung und Annäherung in Kapitel 6.
- In der Gesellschaft wird Technik vornehmlich als Konsumgut erlebt [aca11a]. Eine tiefere Auseinandersetzung findet, außer in der Arbeitswelt, nur bei technikaffinen Menschen statt, also bei einem kleinen Teil der Bevölkerung. Insgesamt kann man von einer gewissen Hilflosigkeit vieler Menschen im Umgang mit Technik

48 [aca11a]: „Technik und Gesellschaft entwickeln sich nicht isoliert voneinander, sondern sind in vielfältiger Weise miteinander verbunden. Das Verhältnis von Technik und Gesellschaft ist nicht durch eine einseitige Beeinflussung, sondern durch eine „Ko-Evolution" gekennzeichnet."

ausgehen; die Befürchtung einer sozialen Spaltung in „Digital Natives" und „Non-Natives" entbehrt nicht der Grundlage. Eine mögliche Verschärfung dieser Problematik im Umgang mit vernetzter intelligenter Technik im Bereich der Assistenz*dienste* wird in Abschnitt 4.1.2 diskutiert.

Angesichts des Wandels der CPS-Technik sowie der Interaktion und Kooperation zwischen Menschen und Maschinen ergeben sich daraus vor allem Herausforderungen durch

- die Allgegenwart der Technik,
- ihre Interaktivität,
- die In*transparenz* der vernetzten Technik und
- das Einfordern von unmittelbaren Entscheidungen der Nutzer ohne sicheres Wissen.

Wenn man alle Herausforderungen zusammen betrachtet, hängt die Zufriedenheit der Nutzer mit der Technik und damit deren Akzeptanz im Grunde ab von

- ihrer Anpassung an die Erfordernisse der Nutzer und an den Nutzungskontext
- ihrer Beherrschbarkeit, sodass Menschen ihre Rolle als Entscheider und Problemlöser sowie damit ihre Handlungs- und Gestaltungsautonomie behalten.

Bei der Arbeit an neuen Konzepten für die Steuerung offener, komplexer *soziotechnischer Systeme* (*Governance*) gilt es daher Folgendes zu berücksichtigen: „Diese ambivalente bis skeptische Haltung gegenüber einer Reihe von externen Techniken ist weitgehend auf den wahrgenommenen Verlust an Kontrolle der eigenen Lebenswelt und der eigenen Lebenszeit zurückzuführen. Nichts, das weiß man aus der Glücksforschung, tangiert das individuelle Wohlbefinden der Menschen so sehr wie das Gefühl der Fremdbestimmung, sei es am Arbeitsplatz, durch soziale Ungleichheit oder durch Technik. Zur Technik gehören in diesem Zusammenhang auch die durch ihre Anwendung induzierten Organisationsformen und Strukturen, die als Zwang erlebt werden." [aca11a]

Folgerungen für die Technikentwicklung

In diesem Sinn ist eine Technikentwicklung erforderlich, die auf allen Ebenen eine reflexive und *partizipative Gestaltung* neuer Formen *soziotechnischer Systeme* erlaubt und einen intensiven gesellschaftlichen Diskurs über wünschenswerte Entwicklungspfade der Technisierung fördert. Das trifft für die Mikroebene der *Mensch-Maschine-Interaktion*, der Vernetzung und Verkettung im lokalen, regionalen oder globalen Bereich ebenso zu wie für die Makroebene der *Governance*-Strukturen.

Dies bedingt und erfordert umfassende Veränderungen in der interdisziplinären Forschung und Praxis, speziell

- neue Inhalte, Ziele und interdisziplinäre Formen in Forschung und Ausbildung,
- neue Formen interdisziplinären *Engineerings* der intelligenten Technik, ihrer Systeme, Anwendungen, Funktionen und begleitenden Dienstleistungen und
- die Einführung und Etablierung eines erweiterten *Risiko-* und Qualitäts-*Engineerings*.

Von einem empirischen Herantasten ausgehend, umfasst dieser Ansatz das Entwickeln neuer Konzepte der Systemsteuerung, dazu Koordinationsleistungen in der *Mensch-Maschine-Interaktion* in den verschiedenen Anwendungs*domänen* und ihren Cyber-Physical Systems (siehe auch Abschnitt 5.3 zu den Herausforderungen des *Engineerings*).

Ebenso notwendig sind umfassende Anstrengungen im Bereich der Technikbildung. Anderenfalls werden wir nicht in der Lage sein, die Potenziale dieser intelligenten Technik zu nutzen und ein ebenso leistungsfähiges wie nachhaltiges Wirtschaftssystem im Bereich von Cyber-Physical Systems aus- und aufzubauen.

Folgerungen für die Akzeptanzforschung

[Ren05] beschreibt den Wandel der Akzeptanzforschung vom Mittel zur Beeinflussung der Bevölkerung durch gezielte Risiko- und Technikkommunikation hin zu einer empirischen Dienstleistung für die Gesellschaft. Akzeptanzforschung dient heute als Indikator dafür, wie die Bevölkerung den technischen Wandel und seine Geschwindigkeit bewertet.

Für die Herausforderungen im Zusammenhang mit der Abschätzung von Risiken und Folgen von Cyber-Physical Systems und der systematischen Gestaltung akzeptabler CPS-Technologien und Anwendungen wäre nun jedoch eine tiefer gehende Auseinandersetzung mit der CPS-Technologie und ihrer *Mensch-Maschine-Interaktion* wünschenswert. Wir brauchen eine Akzeptanzforschung, die als Hilfsmittel der Technikgestaltung und Erforschung der *Mensch-System-Kooperation* fungieren kann; siehe auch [Wey06a, FW11]. Ihre spezielle Aufgabe besteht zudem darin, auf den technischen Wandel aufmerksam zu machen und auf die Gestaltungsmöglichkeiten, die sich daraus ergeben. Dann kann Akzeptanzforschung gezielt die erforderlichen gesellschaftlichen und politischen Dialoge und Auseinandersetzungen mit den Akteuren rund um Cyber-Physical Systems einfordern und moderieren.

Mögliche mit technischen Neuerungen und Disruptionen verbundene Befürchtungen erfordern eine sorgfältige und transparente Auseinandersetzung mit den gesellschaftlichen Auswirkungen der CPS-Technologien. Durch bewusste und *partizipative Gestaltung* sowie offenen Umgang mit den Kernfragen, sprich Risiken und ihrer Begrenzung, können breite Akzeptanz erreicht und die Potenziale der neuen Technologie ausgeschöpft werden.

4.2 PRIVATSPHÄRE UND DATENSCHUTZ

Beim Einsatz von Cyber-Physical Systems werden mithilfe von *Sensoren* große Datenmengen erfasst, über digitale Netze ausgetauscht und verarbeitet. Die Daten dienen als Grundlage für Entscheidungen, die wiederum dazu führen, dass *Aktoren* direkt auf physikalische Vorgänge einwirken oder dass weitere durch Software unterstützte Prozesse in Gang gesetzt werden. In diesem Zusammenhang ist bereits heute absehbar, dass CPS-Technologie erheblichen Einfluss auf unsere *Privatsphäre* und den *Datenschutz* haben wird. Zum Beispiel könnten umfassende Daten über eine Person gesammelt werden, um diese in vielen Bereichen des Lebens besser unterstützen zu können. Gleichzeitig birgt diese Sammlung jedoch das Risiko, dass andere Menschen oder Organisationen die Daten über den vorgesehenen Zweck hinaus verwenden.

Nicht immer handelt es sich dabei um einen klaren Missbrauch. Aber da diese zusätzlichen Verarbeitungsmöglichkeiten den Betroffenen – und oft auch dem Gesetzgeber – im Vorfeld nicht bewusst sind, ist eine Verwendung der Daten zu anderen als den ursprünglich genannten Zwecken stets kritisch zu betrachten. Das kam im Volkszählungsurteil [BVe83] des Bundesverfassungsgerichts bereits 1983 unter dem Stichwort „informationelle Selbstbestimmung" zum Ausdruck.

Das folgende Beispiel veranschaulicht das. Cyber-Physical Systems werden darin eigentlich eingesetzt, um Personen bei der Navigation im Verkehr zu unterstützen; die Daten geben aber vielfältige weitere Informationen preis:

Die zum Zweck der Navigationshilfe übermittelten Informationen über den jeweiligen Aufenthaltsort sind zum Beispiel auch interessant für Einbrecher, die sich einen Überblick über Abwesenheiten vom Wohnhaus verschaffen wollen, oder für Stalker, für die eine möglichst genaue Positionsbestimmung einer Person interessant ist. Verfolgt man die ortsbezogenen Daten über einen längeren Zeitraum, kann man zudem regelmäßiges Verhalten erkennen, etwa den Weg zum Arbeitsplatz, zu Verwandten und Bekannten, zu bevorzugten Einkaufsgelegenheiten oder Freizeitaktivitäten. Diese Informationen sind zum Beispiel für Werbetreibende wertvoll, die möglichst gezielt bestimmte Personen adressieren wollen. Sie könnten etwa dynamisch angepasste Werbetafeln an den Wegen aufstellen, sogar Routingvorschläge von Navigationssystemen ließen sich so gestalten, dass die Wege an der Werbung vorbeiführen.

Außerdem lässt sich aus Informationen über Aufenthaltsorte zu verschiedenen Zeitpunkten entnehmen, wie schnell Verkehrsteilnehmer unterwegs waren; in Verbindung mit weiteren Sensordaten kann daraus etwa auf eine riskante Fahrweise geschlossen werden. In diesem Kontext lassen sich verschiedene Auswertungszwecke denken. So ließe sich festlegen, ob und wann in Gefahrensituationen die Autosteuerung per Cyber-Physical System geleistet wird, ob ein Arbeitgeber eine Warnung ausspricht, falls das Autofahren auch im dienstlichen Kontext relevant ist, ob Aufschläge auf die Versicherungsprämie aufgrund riskanter Fahrweise erhoben werden, ob automatisch Strafzettel vergeben oder – in extremen Fällen – Fahrverbote verhängt werden.

Abbildung 4.2: Durch die Verkettung von Daten aus bisher getrennten Lebensbereichen entsteht ein umfassendes Profil einer Person.

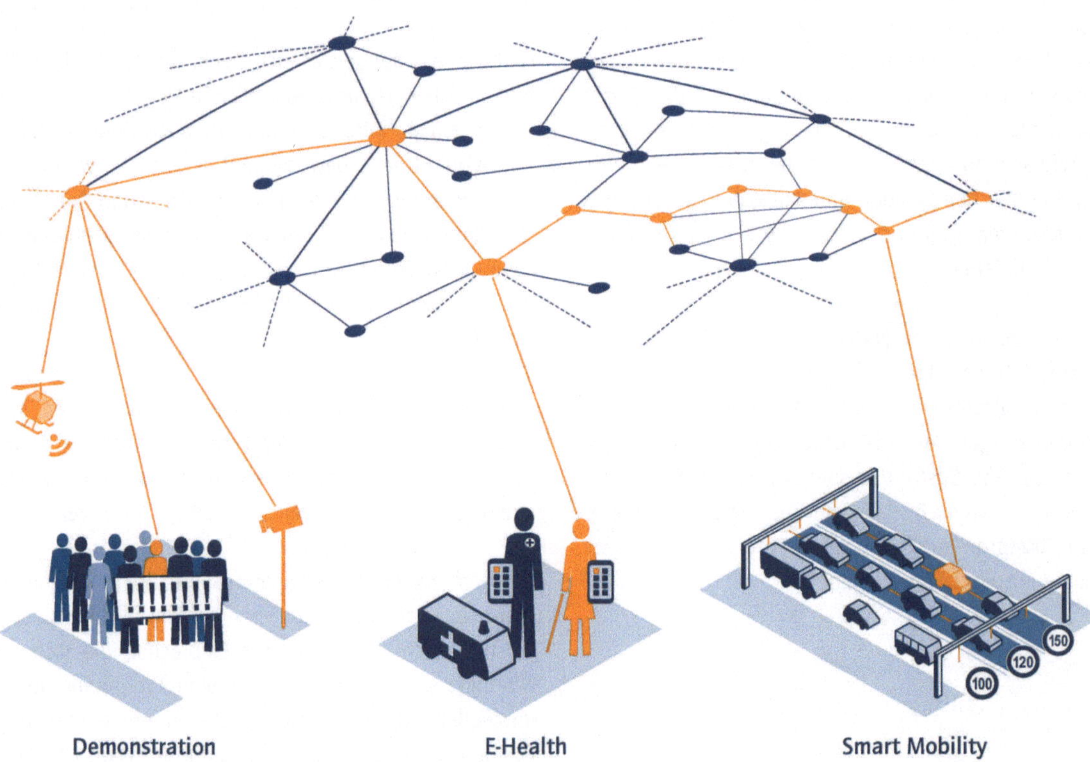

Wie durch die Verkettung von Daten, die in Cyber-Physical Systems erhoben werden, ein umfassendes Profil eines Menschen entstehen könnte, wird in Abbildung 4.2 skizziert.

Rücksichtnahme auf die *Privatsphäre* ist speziell dann wichtig, wenn besonders schützenswerte Daten verarbeitet werden. Im Gesundheitsbereich können Cyber-Physical Systems zum Beispiel medizinische Daten erfassen und analysieren, um Menschen via *Ambient Assisted Living* [ULD10] im Altersalltag zu unterstützen. Dabei ist offensichtlich nicht nur die informationelle, sondern auch die körperliche und räumliche *Privatsphäre* [KSWK10] betroffen.

Andere Anwendungsfelder von Cyber-Physical Systems haben gar keine oder nur wenig Berührungspunkte zu Menschen, etwa im Logistik- oder Produktionsbereich. Hier ist die *Datenschutz*relevanz weniger ausgeprägt, wenn auch nicht immer vollständig zu verneinen. Insbesondere muss hier ein Augenmerk auf den *Datenschutz* der Beschäftigten in den jeweiligen Anwendungsbereichen gelegt werden.

Vor dem Hintergrund der Komplexität und der In*transparenz* von Cyber-Physical Systems könnte es allerdings auch zu einer Rückentwicklung des *Datenschutz*bewusstseins kommen: Bei Nutzern sozialer Netzwerke etwa ist ein sehr hohes Maß an Toleranz gegenüber der Verwendung *personenbezogener Daten* zu beobachten. Eine andere denkbare Folge wäre die Ablehnung von Cyber-Physical Systems insgesamt, weil ein Gefühl des Überwachtwerdens besteht (siehe Abschnitt 3.4, Zentrale Akzeptanzfaktoren). Um unerwünschte Technologiefolgen zu vermeiden oder weitestgehend zu reduzieren, wird es daher maßgeblich auf die konkrete Ausgestaltung von Cyber-Physical Systems ankommen. Der folgende Abschnitt beschreibt wichtige Eckpfeiler für eine Technikgestaltung, die Anforderungen in Bezug auf den Schutz der *Privatsphäre* und damit den *Datenschutz* angemessen berücksichtigt.[49]

In Abschnitt 4.2.1 werden die rechtlichen Grundlagen des *Datenschutzes* kurz erläutert. Anschließend gibt Abschnitt 4.2.2 eine Definition des Begriffs „*Privatsphären*schutz", die den Datenschutzbegriff erweitert und damit die komplexe Datenverarbeitung von Cyber-Physical Systems umfassender adressiert. Abschnitt 4.2.3 beschreibt einen Gestaltungsansatz mithilfe von *Schutzzielen*. Abschnitt 4.2.4 fasst schließlich die Folgerungen aus den zuvor ausgeführten Aspekten zusammen.

4.2.1 RECHTLICHE GRUNDLAGEN DES DATENSCHUTZES

Für Cyber-Physical Systems werden vor allem in Anwendungsbereichen, in denen *personenbezogene Daten* von Bedeutung sind, rechtliche Regelungen erforderlich sein. Das betrifft nicht nur die gesetzlichen Ebenen der Telekommunikation und der Telemedien, sondern auch die föderalen legislativen Ebenen – Bundes- und Landesdatenschutzgesetze – und, aufgrund der hochgradigen Vernetzung, auch die Gesetzgebung auf europäischer Ebene, gegebenenfalls sogar im internationalen Rahmen.

Der *Datenschutz* ist in Deutschland rechtlich normiert. Es geht dabei allerdings nicht in erster Linie um den Schutz von Daten, sondern um den Schutz von Persönlichkeitsrechten. Im Bundesdatenschutzgesetz (BDSG) heißt es: „Zweck dieses Gesetzes ist es, den Einzelnen davor zu schützen, dass er durch den Umgang mit seinen *personenbezogenen Daten* [Eur50, Eur95, Eur02, Eur09][50] in seinem Persönlichkeitsrecht beeinträchtigt wird."

In Deutschland leiten sich wesentliche Elemente des *Datenschutzes* aus dem Grundgesetz ab, konkretisiert in zwei Urteilen des Bundesverfassungsgerichts: das „Recht auf informationelle Selbstbestimmung" (1983) und das „Recht

49 Wesentliche Teile dieser Betrachtungen zum Thema Schutz der *Privatsphäre* und Cyber-Physical Systems werden gleichzeitig in [HT12] veröffentlicht.

50 BDSG: „*Personenbezogene Daten* sind Einzelangaben über persönliche oder sachliche Verhältnisse einer bestimmten oder bestimmbaren natürlichen Person (Betroffener)."

auf Gewährleistung von *Vertraulichkeit* und *Integrität* informationstechnischer Systeme" (2008), auch bekannt als „IT-Grundrecht". In Deutschland ist die Verarbeitung *personenbezogener Daten* nur zulässig, wenn eine entsprechende Rechtsgrundlage vorliegt oder wenn die Betroffenen eingewilligt haben. Insbesondere für den öffentlichen Sektor regeln daher zahlreiche detaillierte Bestimmungen *Datenschutz*fragen, die in einem CPS-Szenario, passend für den jeweiligen Anwendungsbereich, anzulegen wären. Nachrangig gelten das Bundesdatenschutzgesetz beziehungsweise die Landesdatenschutzgesetze. Da Cyber-Physical Systems sowohl eine telekommunikative als auch eine telemedien*dienstliche* Ebene aufweisen, sind neben den Normen, die sich auf den jeweiligen Anwendungsbereich beziehen, auch das Telekommunikationsgesetz (TKG) und das Telemediengesetz (TMG) zu berücksichtigen.

Auf der Ebene der Europäischen Union gibt es für die rechtliche Normierung von *Datenschutz* neben der gemeinsamen Basis der Persönlichkeitsrechte in Art. 8 der Europäischen Menschenrechtskonvention [Eur50] harmonisierte Regelungen, die von den Mitgliedstaaten in eigenen - möglicherweise im Detail abweichenden - *Datenschutz*normen umgesetzt werden müssen: Die Regelungen der EU-Datenschutzrichtlinie [Eur95] wurden für Deutschland in das BDSG, die der E-Privacy-Richtlinie [Eur02, Eur09] in das TKG und das TMG aufgenommen. Durch die Harmonisierung auf EU-Ebene wird in allen Mitgliedstaaten ein angemessenes *Datenschutz*niveau erreicht, das Übermittlungen *personenbezogener Daten* zwischen diesen Staaten rechtlich ermöglicht. So gilt, dass für die Übermittlung *personenbezogener Daten* an Stellen in anderen Mitgliedstaaten der Europäischen Union, in anderen Vertragsstaaten des Abkommens über den Europäischen Wirtschaftsraum oder der Organe und Einrichtungen der Europäischen Gemeinschaften dieselben Erlaubnisnormen bestehen wie für Übermittlungen im Inland. Bei Drittstaaten gilt das nur dann, wenn ebenfalls ein angemessenes *Datenschutz*niveau nachgewiesen werden kann. Dies ist im Einzelfall in der jeweiligen Konstellation zu prüfen.

Für die juristische Ausgestaltung von Cyber-Physical Systems bedeutet dies, dass auf eine Vereinbarkeit mit geltendem *Datenschutz*recht in allen Ländern, in denen die Systeme zum Einsatz kommen sollen, zu achten ist. Ein generelles Problem bei dem Versuch, garantiert rechtskonforme Systeme hinsichtlich des *Datenschutzes* zu entwickeln, besteht darin, dass der *Datenschutz* international nicht einheitlich ist, sondern zumeist unterschiedliche nationale Rechtsnormen gelten. Das kompliziert sich noch, wenn Komponenten länderübergreifend mittels Vernetzung zusammenwirken. In diesem Bereich stehen noch ausführlichere rechtliche Untersuchungen aus.

4.2.2 ERWEITERTE SICHT: SCHUTZ DER PRIVATSPHÄRE

Die heutigen *Datenschutz*gesetze gehen davon aus, dass man für jeden Verarbeitungsschritt stets eindeutig bestimmen kann, ob es sich um *personenbezogene Daten* handelt oder nicht, und dass es einen klaren Verantwortlichen für die Datenverarbeitung gibt, der auch seiner Verantwortung gerecht werden kann. Beides kann allerdings bei Cyber-Physical Systems Probleme aufwerfen, insbesondere dann, wenn mehrere Betreiber in einzelne Komponenten oder Verarbeitungsschritte involviert sind. Die erfassten Daten werden, einzeln betrachtet, häufig keinen Personenbezug aufweisen. In der Kombination allerdings können sie sehr viele Informationen über Betroffene beinhalten, auch wenn für den jeweiligen Zweck nur ein Ausschnitt des angehäuften Wissens notwendig ist [BDF+06]. Außerdem kann es sein, dass die Daten nicht nur Einzelnen zuzurechnen sind, sondern dass gleich Gruppen von Personen in ihren Persönlichkeitsrechten betroffen sind, möglicherweise sogar, ohne dass ein individueller Personenbezug hergestellt werden kann [RBB+08]; siehe auch die Beispiele am Ende dieses Abschnitts.

Zwar hat schon eine frühe, oft zitierte Definition von Privatsphäre den Gruppengedanken aufgenommen: „[...] the claim of individuals, groups, or institutions to determine for themselves when, how, and to what extent information about them is communicated to others" [Wes67]. Die Rede ist also vom Anspruch von Individuen, Gruppen oder Institutionen, für sich selbst zu bestimmen, wann, wie und in welchem Umfang Informationen über sie an andere kommuniziert werden. Bisher jedoch ist dieser Aspekt im *Datenschutz*recht, das nur Einzelne adressiert, nicht umfassend berücksichtigt worden.

Für jede Verarbeitung von Daten, bei denen nicht immer von vornherein absehbar ist, ob sie für sich genommen oder in Kombination aktuell oder künftig einen Personenbezug aufweisen, bietet sich eine Erweiterung der Betrachtung über den herkömmlichen *Datenschutz*begriff hinaus an, bei der die Beteiligten an der Informationsanreicherung mit allen Verarbeitungsschritten einbezogen werden müssen [ULD07]. Denn von Entscheidungen auf der Basis der erhobenen und verarbeiteten Daten sind nicht nur Einzelne betroffen, sondern auch Gruppen.

Fehler oder Ungenauigkeiten im Prozess der Informationsanreicherung und Entscheidungsgenerierung können nicht ausgeschlossen werden, sodass auch *False-Positive*-Betroffene denkbar sind. Dies zeigt sich etwa in den folgenden zum Teil fiktiven, aber nicht unrealistischen Szenarien:

- Die US-amerikanische Firma YourCPS betreut diverse Cyber-Physical Systems und die darauf basierenden Anwendungen in der ganzen Welt. Als bekannt wird, dass ein Nutzer eines ihrer Systeme ein politisch motiviertes Attentat ausgeführt hat, sperrt die Firma sofort sein Nutzerkonto und meldet an die Ermittlungsbehörden, mit wem er Kontakt hatte. Außerdem analysiert die Firma, welche Konfigurationen der Nutzer vorgenommen hat und welche Nutzungs-, Interessens- und Persönlichkeitsprofile in ihrem Datenbestand vorhanden sind. Die Namen aller Nutzer, die eine Übereinstimmung von mindestens 75 Prozent in ihren Konfigurationen oder Profilen aufweisen (das sind einige Zehntausend), werden ebenfalls an die Ermittlungsbehörden gegeben und zusätzlich an die Grenzkontrollen kommuniziert, wo ihnen vorsorglich die Einreise verweigert wird.
- Wie sich die Zugehörigkeiten zu einer abstrakten Gruppe für Einzelpersonen auswirken können, zeigt beispielsweise die Praxis des *Redlinings* in den USA: Banken vergeben an Einwohner bestimmter Stadtteile keine Kredite.[51] Ein anderes Beispiel ist die Erfahrung eines Mannes aus Atlanta, dessen Kreditrahmen mit folgender Begründung gekürzt wurde: „Andere Kunden, die ihre Karte in den Geschäften benutzt haben, in denen Sie kürzlich eingekauft haben, wiesen in der Vergangenheit American Express gegenüber eine geringe Rückzahlungsmoral auf." [And12]

Aus dieser erweiterten Perspektive bedeutet Schutz der *Privatsphäre*, über die informationelle Selbstbestimmung hinaus, den Schutz einzelner Menschen oder Gruppen vor der Beeinträchtigung ihrer *Privatsphäre* und damit zusammenhängender Persönlichkeitsrechte. *Privatsphäre* beschreibt also den individuellen privaten Raum, in dem ein Mensch sein Recht auf freie Entfaltung der Persönlichkeit wahrnehmen kann.

4.2.3 SCHUTZZIELE FÜR EINEN RISIKOBASIERTEN GESTALTUNGSANSATZ

Wie bereits in Abschnitt 4.2.1 ausgeführt, reicht es für das Sicherstellen von Rechtskonformität einer Anwendung nicht aus, allgemeine Prinzipien umzusetzen. Vielmehr gilt es, für den jeweiligen Anwendungskontext die einschlägigen Rechtsnormen konkret zu identifizieren und ihre

[51] „Der Zugriff auf Verbraucherkredite, sowohl hinsichtlich ihrer Höhe wie auch ihrer Anzahl, weist eine negative Korrelation zur rassenmäßigen Zusammensetzung des Wohnumfelds einer Person auf." [CC08].

Anforderungen durch geeignete Gestaltung der Anwendung zu erfüllen. Ohne den Anwendungskontext im Voraus zu kennen, ist es nur selten möglich, Rechtskonformität zu schaffen.

Allerdings enthalten Normen wie das Bundesdatenschutzgesetz, die Landesdatenschutzgesetze und das Medienrecht einige allgemeine Anforderungen an die Gestaltung von technischen Systemen, insbesondere zu Datenvermeidung und Datensparsamkeit sowie zu *Transparenz*, die beim Systementwurf berücksichtigt werden sollten. Diese generalisierten Anforderungen an Technikgestaltung, aber auch weitere Grundwerte, die sich in den rechtlichen Normen finden, hatten Einfluss auf die Diskussion um spezielle *Datenschutz-* oder – in der erweiterten Begrifflichkeit – *Privatsphärenschutzziele*, die bei Entwicklung und Betrieb von informationstechnischen Systemen anzulegen sind.

Bereits seit mehreren Jahrzehnten wird im Bereich der Informations*sicherheit* mit den drei *Schutzzielen Vertraulichkeit, Integrität* und *Verfügbarkeit* gearbeitet. Diese sind vor einigen Jahren um drei spezielle *Privatsphärenschutzziele* ergänzt worden: *Transparenz, Intervenierbarkeit* und *Nichtverkettbarkeit* [RB11, RP09b]; siehe auch Abschnitt 5.2.4.

Ein *Privatsphärenschutzziel* stellt, wie ein Schutzziel aus der *IT-Sicherheit*, eine grundlegende Anforderung an ein System, beispielsweise an ein informationstechnisches System dar, die nur zu einem gewissen Grad umzusetzen ist. Oft ist eine vollständige Umsetzung der *Schutzziele* nicht möglich oder erfordert unverhältnismäßig hohen Aufwand. Bei der Anwendung von *Schutzzielen* geht man standardisiert vor: Als Erstes wird der Schutzbedarf des Systems und der verarbeiteten Daten festgestellt. Zu diesem Zweck wird die Art und Höhe eines potenziellen Schadens bei Beeinträchtigung eines Schutzziels abgeschätzt. Für die *IT-Sicherheit* sind Schutzmaßnahmen, die dem Stand der Technik genügen, beispielsweise in den IT-Grundschutzkatalogen aufgeführt. Da die *Privatsphärenschutzziele* noch relativ jung sind, existieren bislang keine fertigen Kataloge mit einer Auflistung von Maßnahmen, doch ergeben sich viele aus der Fachliteratur. Bei der Auswahl der geeigneten Maßnahmen müssen zudem die Ergebnisse einer Risikoanalyse einfließen.

Die *Schutzziele* müssen für Cyber-Physical Systems unter anderem bezogen werden auf

- die einzelnen Komponenten und das aus diesen Komponenten zusammengesetzte Gesamtsystem,
- die Daten, die vom System in seinem gesamten Leben erzeugt oder verarbeitet werden,
- die Prozesse der Datenverarbeitung sowie
- den Kontext, beispielsweise die räumlichen Gegebenheiten, die Situation in Bezug auf eine Freiwilligkeit der Nutzung, die Einbindung in ein *Geschäftsmodell*, etwa in Bezug auf Abrechnung.

Dieser Kanon aus den sechs *Schutzzielen* für *IT-Sicherheit* und *Privatsphäre* ist sowohl einsetzbar für die Abschätzung von Technologiefolgen als auch für die Auswahl konkreter Gestaltungsoptionen bei der Entwicklung von Cyber-Physical Systems und von Maßnahmen während ihres Betriebs; siehe hierzu auch Abschnitt 5.2.4.

Transparenz

Unter *Transparenz* eines Systems versteht man, dass seine Funktionsweise und Wirkung für Betroffene und Betreiber jederzeit in ausreichendem Maß verständlich und nachvollziehbar sein muss. Das umfasst Informationen über den vollständigen Lebenszyklus der Daten, von ihrer Entstehung bis zur Löschung: welche Dienstleistungen erbracht werden, welche *Sensoren* und *Aktoren* wo installiert sind und auf welche Weise sie tätig werden, welche Daten von wem erfasst werden, wohin sie übertragen werden, wie und von wem sie verarbeitet und zu welchem Zweck sie ausgewertet werden und wann sie durch wen auf welche Weise gelöscht werden. Auch die Entscheidungen oder Aktionen, die von einem Cyber-Physical System vorbereitet oder umgesetzt werden, müssen transparent sein: Sie dürfen nicht außerhalb des Erwartungshorizonts der Betroffenen liegen und sie müssen nachvollzogen werden können. Dazu gehört, dass die wirtschaftlichen Interessen der Beteiligten sichtbar sind, etwa dann, wenn Routenplanungssysteme gegen Werbegelder die Fahrt an bestimmten Geschäften vorbei planen.

Transparenz im Kontext von Cyber-Physical Systems bedeutet dagegen nicht, dass die massenhaft fließenden Daten zwischen *Sensoren*, *Aktoren* und weiteren Komponenten sowie die durch Auswertung der Daten entstehenden Informationen ständig an alle Beteiligten aktiv kommuniziert werden. Vielmehr ist eine automatische Auswahl des Detaillierungsgrades notwendig; siehe Abschnitt 3.3.

Intervenierbarkeit

Intervenierbarkeit bedeutet, dass die Beteiligten dem System nicht hilflos ausgeliefert sind, sondern aus eigener Souveränität eingreifen können, wenn es ihnen erforderlich scheint.

Betroffene können souverän jederzeit und überall darüber bestimmen, inwieweit sie von den Cyber-Physical Systems beobachtet und sie betreffende Daten von diesen Systemen verarbeitet werden können. Dazu kann auch gehören, dass Betroffene die Systeme beeinflussen und abschalten können, zumindest vorübergehend und in Bezug auf die Auswirkungen auf sie selbst. Beispielsweise kann es für Betroffene sinnvoll sein, zwischen einer auf sie zugeschnittenen personalisierten Nutzung von Cyber-Physical Systems und einer nicht-personalisierten Nutzung vergleichen und umschalten zu können: Um Komplexität zu reduzieren, werden in diesen Systemen bei personalisierter Nutzung den Betroffenen häufig weniger Entscheidungsmöglichkeiten präsentiert, sodass eine nichtpersonalisierte Nutzung den Entscheidungsraum vergrößern kann.

Zudem sind Einsperr-Situationen zu vermeiden: Betroffenen muss es möglich sein, ihre Daten aus einem Cyber-Physical System herauszulösen und gegebenenfalls alternative Systeme zu verwenden. Ein aktueller Entwurf der EU-Datenschutzverordnung sieht dieses Recht auf „Portabilität" *personenbezogener Daten* vor [Lük11].

Auch für Systembetreiber ist die *Intervenierbarkeit* eine wichtige Voraussetzung dafür, Cyber-Physical Systems zu beherrschen: Jeder Prozess und jede Komponente muss in einem kontrollierten Betrieb gefahren werden, den die Betreiber im Bedarfsfall beeinflussen und auch abbrechen können.

Nichtverkettbarkeit

Mit *Nichtverkettbarkeit* bezeichnet man eine Anforderung des Datenmanagements, Daten und Prozesse aus unterschiedlichen Kontexten zu trennen. – Überhaupt sollen Daten möglichst gar nicht entstehen, wenn sie nicht erforderlich sind; Datenvermeidung ist eine zwingende Folgerung aus dem Schutzziel der *Nichtverkettbarkeit*. – Das Ziel ist es, Risiken durch Ansammlungen von umfassend auswertbaren Daten und Auswertungen zu beliebigen Zwecken zu verhindern. *Nichtverkettbarkeit* bedeutet zudem, dass Daten aus getrennten Kontexten tatsächlich getrennt und nicht als Datenkette verarbeitet werden. Das erreicht man etwa durch Separierung der Datenbestände und Vermeidung derselben Kennzahlen beziehungsweise Identifikatoren, also von eindeutigen Kennzeichen eines Datensatzes, zum Beispiel der Telefonnummer. Hinzu kommt die Garantie der Zweckbindung: Für jede Datenerhebung wird im Vorfeld ein Zweck bestimmt und die Daten werden nur für den Zweck verarbeitet und ausgewertet, für den sie erhoben wurden. Schließlich sind die Daten zu löschen, sobald sie nicht mehr benötigt werden.

Zwar ist eine Menge an Maßnahmen möglich, um *Nichtverkettbarkeit* zu erreichen (siehe auch Abschnitt 5.2.4), jedoch sind viele in ihrer Effektivität beschränkt: Selbst wenn man ständig wechselnde Identifikatoren für verschiedene Kontexte vorsieht, kann eine Verkettung durch Dritte möglich sein, indem diese das Verhalten von den sie interessierenden Personen auf andere Weise beobachten. Hinzu kommt, dass den Betroffenen schon im Sinne der *Transparenz* von Cyber-Physical Systems ein möglichst konsistentes Bild – durch Verkettung von sie betreffenden Informationen – dargestellt werden sollte, sodass *intelligente Geräte* für Betroffene möglicherweise eine Vielzahl von Daten zusammenführen.

Werden die *Privatsphärenschutzziele* verletzt oder nur unzureichend umgesetzt, entstehen gesellschaftliche Spannungsfelder, die weit über den herkömmlichen *Datenschutz* hinausreichen. Zum Beispiel bei mangelnder *Intervenierbarkeit* können automatische Aktionen oder Entscheidungen von Cyber-Physical Systems nicht rückgängig gemacht werden. Ohne *Transparenz* werden die Systeme von weiten Bevölkerungsteilen abgelehnt, außerdem ist die Frage der Haftung nicht zu beantworten. Ohne ein Verknüpfungsverbot ist ein – auch administrativ motivierter – Trend zu umfassender Verkettung, Zusammenführung von partiellen Identitäten und damit auch eine Machtkonzentration zu erwarten.

Die sechs *Schutzziele* eignen sich auch dafür, entgegengesetzte Pole der Spannungsfelder zu identifizieren, um dann eine Balance zu finden. So können etwa die Ziele *Vertraulichkeit* und *Nichtverkettbarkeit* im Konflikt mit dem der *Transparenz* stehen, weil sie ein Nachvollziehen von Prozessen erschweren.

4.2.4 FOLGERUNGEN

Bei der Gestaltung von Cyber-Physical Systems sollte nach dem Prinzip *Privacy by Design* verfahren werden: Von Anfang an sollten *datenschutz*rechtliche Anforderungen möglichst weitgehend umgesetzt werden, also bereits in der Konzeption und Gestaltung der technischen Systeme, der organisatorischen Abläufe und der *Geschäftsmodelle*. Nicht immer ist freilich im Entwurfsstadium genau bestimmbar, welche rechtlichen Normen beim späteren Einsatz gelten werden; zudem ist damit zu rechnen, dass die rechtlichen Regelungen angepasst werden. Deshalb bietet es sich an, die allgemeinen *Privatsphärenschutzziele* – *Transparenz*, *Intervenierbarkeit* und *Nichtverkettbarkeit* – als Ausgangspunkt für den Systementwurf zu nehmen.

Während für die bekannten *IT-Sicherheitsschutzziele* – *Vertraulichkeit*, *Integrität* und Verfügbarkeit – bereits umfangreiche Maßnahmenkataloge existieren, gehören die Maßnahmen für die *Privatsphärenschutzziele* noch nicht zum Standardwerkzeugrepertoire für Entwicklung, Gestaltung und Betrieb von informationstechnischen Systemen. Hier besteht ein Nachholbedarf in der Entwicklung von Maßnahmen und beim Identifizieren von Wechselwirkungen und möglichen Spannungen zwischen den jeweiligen *Schutzzielen* oder den sie umsetzenden Maßnahmen. Gerade Techniken zur *Nichtverkettbarkeit* können bei Cyber-Physical Systems das Risiko von missbräuchlicher Datennutzung stark reduzieren, lassen sich aber nur schwer nachträglich auf bestehende Systeme aufpfropfen.

Für den nationalen und europäischen Kontext sollte – beispielsweise im Rahmen einer juristischen Studie oder einer interdisziplinären Begleitforschung ähnlich einer Technikfolgenabschätzung – geprüft werden, inwieweit die aktuellen Gesetze ausreichen, um ein ausreichendes *Privatsphären*schutzniveau zu erreichen. Wo das nicht der Fall ist, sollte festgestellt werden, welcher gesetzgeberische Bedarf besteht und in welchen Aspekten eine geeignete Selbstregulierung unterstützt werden sollte.

Beispielsweise wäre in einer juristischen oder interdisziplinären Studie zu untersuchen, inwieweit in Cyber-Physical Systems verkettbare Daten angehäuft werden dürfen, unter welchen Bedingungen sich informierte und freiwillige

Einwilligungen der Betroffenen einholen lassen, wie sich die *Datenschutz*verantwortung auf die Betreiber verschiedener interagierender CPS-Teile verteilt, wie sich dies verständlich an Betroffene kommunizieren lässt und diese möglichst komfortabel, effektiv und ohne übergroßen Zeitaufwand ihre Selbstbestimmung ausüben können - möglicherweise auch mithilfe von Werkzeugen oder sie unterstützenden Organisationen. Dazu gehört eine Untersuchung, in welchem Ausmaß Menschen ihre Entscheidungen an Geräte oder Agenten delegieren und auf detaillierte Informationen über die Funktionsweise der Systeme verzichten können.

Möglichkeiten der CPS-Überprüfung auf Einhaltung von *Privatsphären-* und *IT-Sicherheits*kriterien durch interne oder externe Auditoren sowie - zumindest teilweise - durch Betroffene sollten entwickelt werden. Wesentlich ist zudem das Herausarbeiten von *Best Practices*, eine Definition des Standes der Technik, an dem sich *Privacy by Design* orientieren sollte und verpflichtende Standardeinstellungen von Systemen, die den Schutz der *Privatsphäre* fördern - das Prinzip *Privacy by Default*.

5 TECHNOLOGIE- UND ENGINEERING-HERAUSFORDERUNGEN

Zur Realisierung von Cyber-Physical Systems bedarf es einer Fülle von Technologien und *Engineering*-Verfahren, die in diesem Kapitel dargestellt werden. Betrachtet werden insbesondere Technologien, die spezifisch zur Realisierung der besonderen Fähigkeiten und Eigenschaften von Cyber-Physical Systems sowie ihrer Erforschung beitragen, und ihre Einbindung in interdisziplinäre Gestaltungs- und Entwicklungsverfahren.

Eine Auswahl heute bereits existierender Technologien für Cyber-Physical Systems wird in Abschnitt 5.1 beschrieben. Neben der Darstellung der jeweiligen Technologie und ihres Beitrags zu Cyber-Physical Systems werden die Unzulänglichkeiten in Bezug auf die umfassende Realisierung der jeweiligen CPS-Fähigkeiten knapp analysiert.

Zur Sicherstellung wesentlicher nichtfunktionaler Anforderungen und zu garantierender Qualitätseigenschaften von Cyber-Physical Systems werden ebenfalls Technologien benötigt. Diese beziehen sich besonders auf Anforderungen hinsichtlich *Quality in Use*, *funktionaler Sicherheit*, *IT-Sicherheit* und des Schutzes der *Privatsphäre*. Die benötigten Technologien werden in den Abschnitten 5.2 und 5.3 beschrieben und es werden die Herausforderungen diskutiert, denen sich das *Engineering* bei der geeigneten Erhebung, Festlegung und Sicherstellung nichtfunktionaler Anforderungen gegenübersieht.

Voraussetzung für die Realisierung von Cyber-Physical Systems sind *intelligente Infrastrukturen* und *CPS-Plattformen* (siehe Abschnitt 3.1). Eine Beschreibung grundlegender Aufgaben und Dienste einer *CPS-Plattform* und *-Middleware* findet sich in Anhang B. Der offene, soziotechnische und evolutionäre Charakter von Cyber-Physical Systems stellt das *Engineering* der Systeme sowie ihre Gestaltung und Beherrschung vor große Herausforderungen. Abschnitt 5.3 fasst diese Herausforderungen des *Engineerings* mit den erforderlichen integrierten Modellierungs- und Architekturkonzepten und den Aufgaben des komplexen System- und Qualitätsmanagements zusammen, auch im Hinblick auf die umfassende *Mensch-Maschine-Interaktion* und *Mensch-System-Kooperation*.

5.1 TECHNOLOGIEN ZUR REALISIERUNG DER BESONDEREN FÄHIGKEITEN VON CYBER-PHYSICAL SYSTEMS

Um die Fülle der neuartigen Fähigkeiten von Cyber-Physical Systems (siehe auch Abschnitt 2.6 und Kapitel 3) zu realisieren, bedarf es einer Vielzahl von Technologien. Für die Realisierung einzelner Fähigkeiten sind die erforderlichen Methoden noch nicht verfügbar oder ungenügend erforscht. Deshalb ist eine genaue Identifizierung der benötigten Technologien nur eingeschränkt möglich. In diesem Kapitel werden die Technologien und funktionalen Gruppierungen von Technologien beschrieben, die aus heutiger Sicht zur Realisierung der neuen CPS-Fähigkeiten beitragen können. Sie sind in sieben Bereiche (B1 - 7) gruppiert:

- **B1 - Physikalische Situationserkennung**: Die Fähigkeit des Erfassens und Erkennens von Objekten und physikalischer Umgebungsbedingungen (*Physical Awareness*) ist eine der wesentlichen Fähigkeiten von Cyber-Physical Systems; sie dient besonders als Grundlage für die weitergehende Analyse von Anwendungssituationen samt der beteiligten - technischen und menschlichen - Akteure, ihres Zustands, ihrer Ziele und ihrer Aktionsmöglichkeiten (*X-Awareness*).
  Technologien: *Sensorfusion* (T1), *Mustererkennung* (T2), Situationskarten (T3)

- **B2 - Planendes und vorausschauendes ganz oder teilweise autonomes Handeln**: Cyber-Physical Systems können teil- oder vollautonom handeln, um Ziele zu erreichen, die typischerweise durch Anwender vorgegeben werden oder sich aus der jeweiligen Situation ergeben. Technologien aus diesem Bereich sind für die

charakteristischen Fähigkeiten 1 - 5 aus Abschnitt 2.6 sowie für die Fähigkeiten *X-Awareness* und *kontext-adaptives* und kooperatives Handeln relevant.
Technologien: *Multikriterielle Situationsbewertung* (T4), *Künstliche Intelligenz* (T5)

- **B3 - Kooperation und Verhandeln**: Cyber-Physical Systems kooperieren miteinander, um Ziele zu erreichen. Das spiegelt sich sowohl in der Einbindung neuer *Dienste* in existierende Cyber-Physical Systems wieder als auch in der kooperativen Erkennung, Bewertung und Abstimmung von Situationen beziehungsweise dem Aushandeln von Handlungsstrategien. Technologien, die dazu in der Lage sind, unterstützen die Fähigkeiten kooperatives Handeln und *X-Awareness*.
Technologie: *Multiagentensysteme* (T6)

- **B4 - Mensch-Maschine-Interaktion**: Cyber-Physical Systems unterstützen Menschen in ihren Handlungen und Absichten, übernehmen Aufgaben und bringen dadurch einen sehr hohen Nutzwert. Gleichzeitig entscheiden und handeln sie teilweise autonom und bestimmen dadurch menschliches Verhalten und soziale Prozesse mit. Diese Fähigkeiten bergen zwar ein großes Nutzenpotenzial; allerdings steht die Beherrschung der akzeptablen Gestaltung der *Mensch-Maschine-Interaktion* noch weitgehend aus. Der Bereich B4 beschreibt aktuelle und vielversprechende Technologien der *Mensch-Maschine-Interaktion*, wie sie für „Human Awareness" und *Adaption* benötigt werden.
Technologien: *Mensch-Maschine-Schnittstelle* und Interaktions*modalitäten* (T7) Absichts- und *Planerkennung* (T8), *Nutzer-* beziehungsweise *Menschmodelle*, Human Awareness (T9)

- **B5 - Lernen**: Cyber-Physical Systems passen sich in ihrem Verhalten und ihrer Art, zu kooperieren, an Kontextanforderungen an; siehe charakteristische Fähigkeiten unter Punkt 3 in Abschnitt 2.6. Eine wesentliche Voraussetzung dafür ist die Fähigkeit, Wissen aufzubauen, beispielsweise über Situationen beziehungsweise das Verhalten von Menschen oder aus den Erfahrungen vergangener Anwendungen und Kontextinteraktion. Mögliche Technologien hierzu kommen aus dem Bereich des *maschinellen Lernens* und unterstützen die CPS-Fähigkeiten Lernen und *Adaption*.
Technologien: *Maschinelles Lernen* und *Data Mining* (T10)

- **B6 - Evolution: Strategien der Selbstorganisation und Adaption**: In diesem Bereich sind bereits existierende Technologien für die Fähigkeiten der *Selbstorganisation* in Kommunikationsnetzen und der Produktion zusammengefasst.
Technologien: *Selbstorganisation* in der Produktion (T11), *Selbstorganisierende* Kommunikationsnetze (T12)

- **B7 - Basistechnologien**: Dieser Bereich fasst grundlegende Technologien zusammen, die zur Realisierung von Cyber-Physical Systems benötigt werden. Sie liegen insbesondere in den Bereichen *Sensor-* und *Aktor*technologien, Kommunikationsnetze, effiziente Verarbeitungseinheiten, verteilte Regelungen und in den für die *Situationserkennung* und adäquate Handlungssteuerung besonders wichtigen *Domänenmodellen* und *Ontologien*.
Technologien: *Domänenmodelle*, *Ontologien* und *domänenspezifische Sprachen* (T13), *Sensor-* und *Aktor*technologie (T14), *Kommunikationsinfrastruktur* und -plattform (T15), effiziente parallele Verarbeitungseinheiten (T16), verteilte stabile Regelungen (T17)

Auch in den Technologiefeldern der eingebetteten Systeme sowie der Kommunikations- und Internettechnologien, die zu Cyber-Physical Systems beitragen, gibt es noch viele unbeantwortete Fragen. Dafür sei auf einschlägige Studien verwiesen ([ABB+09, ART11, BIT08, BMW09a, BMW10a]).

5.1.1 B1: PHYSIKALISCHE SITUATIONSERKENNUNG

Zur Analyse und Interpretation von Situationen und Kontexten ist zunächst die Erfassung der Umwelt (Erfassen von Objekten der realen Welt, *Physical Awareness*) nötig. Heutige Technologien, die hierzu einen Beitrag leisten können, sind *Sensorfusion*, *Mustererkennung* und *Situationserkennung* mittels Situationskarten.

5.1.1.1 T1 - Sensorfusion

Sensorfusion bezeichnet die Verknüpfung von Daten mehrerer unterschiedlicher *Sensoren* zur Ableitung von präziseren Messdaten oder höherwertigen Daten. *Sensorfusion* wird einerseits eingesetzt, um fehlerhafte Messdaten einzelner *Sensoren* erkennen und korrigieren zu können, aber auch, um Rückschlüsse auf den Systemzustand, die nur mithilfe mehrerer *Sensoren* möglich sind, ziehen zu können.

Sensorfusion wird aus unterschiedlichen Gründen eingesetzt. Dringend notwendig ist für *sicherheitskritische* Systeme die Verwendung unterschiedlicher redundanter *Sensoren*, um Fehlentscheidungen auf Basis falscher Messergebnisse zu vermeiden. Aus Kostengründen wird häufig ein Verbund von kostengünstigen, aber fehleranfälligen anstelle von sehr teuren, aber *zuverlässigeren Sensoren* eingesetzt.

Zudem ist es bei komplexen Systemen zumeist gar nicht möglich, die erforderlichen Informationen direkt zu erheben. Diese können nur über Ableitungen aus unterschiedlichen *Sensor*daten ermittelt werden. Ein Beispiel hierfür ist die Bestimmung, ob ein Autofahrer die Spur absichtlich wechseln will; diese Information lässt sich nur mithilfe verschiedener *Sensoren* gewinnen: Blinker, Abstandssensorik zu anderen Fahrzeugen, Kameras, aber auch Nutzerbeobachtung.

Bis zum Jahr 2017 werden einer Studie zufolge weltweit pro Mensch tausend *Sensoren* existieren [Rab08]. Aus systemtechnischen, ökonomischen und ökologischen Gründen ist es sinnvoll, bereits vorhandene und zukünftige *Sensoren* nicht isoliert zur Umsetzung einzelner Funktionen vorzusehen, sondern frühzeitig übergreifende *Sensor*verbünde anzustreben. Hierbei stellen sich die Fragen, wie vertrauenswürdig die *Sensor*daten sind, welche spezifischen Eigenschaften die *Sensoren* haben und wie korrekte Entscheidungen durch das Cyber-Physical System getroffen werden können.

5.1.1.2 T2 - Mustererkennung

Die ingenieurgeprägte Informatikdisziplin *Mustererkennung* (*Pattern Recognition*, [Web02a]) umfasst Algorithmen und Systeme, um Muster in eingehenden Daten zu erkennen, sie mit vorhandenen Mustern zu vergleichen und die erkannten Muster Klassen zuzuordnen. Ein Beispiel ist das Erkennen von Menschen in Frontkamerabildern von Fahrzeugen, um Fahrer vor Kollisionen warnen zu können.

Für die Erfassung bestimmter Situationen in der physikalischen Welt ist *Mustererkennung* unerlässlich, da die Technik den Schritt von ungeordneten Datenmengen (Messwerten) hin zur Bedeutungserkennung vollzieht und so die Basis für eine umfassende Situationsbewertung schafft - siehe T4, *Multikriterielle Situationsbewertung*, und T5, *Künstliche Intelligenz*.

Für viele Bereiche der *Mustererkennung* bestehen schon erprobte Algorithmen, etwa für *Clusteranalyse*, Klassifikation, Regression und Sequenzanalyse. Bei der Arbeit an Stand- und Bewegtbildern wird auf Algorithmen aus dem verwandten Feld des maschinellen Sehens („Computer Vision") zurückgegriffen. Weitgehend durchgesetzt haben sich datengetriebene Methoden, die auf statistischen Modellen beruhen.

Beim Einsatz in komplexen Umgebungen bestehen noch ungelöste Probleme. So entstehen zu jedem Zeitpunkt Zigtausende mathematisch hochdimensionaler Messwerte.

Um die gerade aktuelle Aufgabe zu erfüllen, müssen jedoch normalerweise aus der Gesamtzahl der Dimensionen nur bis zu hundert aussagekräftige analysiert werden. Welche das sind, muss durch Algorithmen ermittelt werden, die das Problem der Merkmalsauswahl („Feature Selection") lösen. In der Praxis müssen viele der *Mustererkennungs*algorithmen noch von Experten eingestellt werden, um ihre Aufgabe zu erfüllen. Bei der Vielzahl an Aufgaben im Cyber-Physical Systems ist das nicht mehr realistisch, es müssen Verfahren entwickelt werden, die sich selbst einstellen („Self Calibration").

Bei längeren Betriebszeiten verschieben sich die zu erkennenden Muster mit der Zeit („Drift"). Das zu erkennen, stellt ein noch ungelöstes Problem dar.

5.1.1.3 T3 - Situationserkennung durch Situationskarten

Die von *Sensoren* (T14) und Algorithmen zur *Mustererkennung* (T2) gelieferten Informationen über die physikalische Wirklichkeit werden zu einer „mentalen Karte" der physikalischen Situation zusammengeführt. Es entsteht eine dynamische Belegungskarte, in die erkannte Objekte und Subjekte im Zeitverlauf eingetragen sind.

Über solche Karten kann das System Situationen erkennen und darauf reagieren und planen. An einer Kreuzung muss das Fahrerassistenzsystem beispielsweise wissen, wie viele Autos oder Fußgänger gerade wo unterwegs sind. Erste Ansätze zur Verwendung von Situationskarten finden sich schon in autonomen Robotern.

Eine Reihe technologischer Herausforderungen ist noch nicht bewältigt: Problematisch ist etwa die Objektzuordnung über die Zeit, die heute über Multiinstanz-Filteransätze gelöst wird. Ein geschlossener Ansatz wäre die Statistik für endliche Zufallsmengen („Finite Set Statistics", FISST [Mah03]), die auch das Klassenzuordnungsproblem (siehe T2 - *Mustererkennung*) integriert. FISST ist aber wegen des Aufwandes nicht implementierbar, es existieren bisher nur Approximationen. Über Prognose-Modelle für physikalische Objekte - etwa mittels *Kalman-Filter* - kann die weitere Entwicklung der Situation abgeschätzt werden.

Ungelöst ist die Aufgabe der Zusammenführung von Daten verteilter *Sensoren* bei ausgedehnten und teilweise verdeckten Objekten (siehe T1 *Sensorfusion*); bei Karten gilt es, Informationen zusätzlich auf semantischer Ebene zusammenzuführen. Dabei müssen auch die unterschiedliche *Zuverlässigkeit* und Genauigkeit der beteiligten *Sensoren* und *Mustererkennungs*algorithmen berücksichtigt werden [Thi10].

5.1.2 B2: PLANENDES UND VORAUSSCHAUENDES GANZ ODER TEILWEISE AUTONOMES HANDELN

Anhand der erkannten Situation (B1) und von Zielvorgaben der Nutzer - siehe T8 *Absichts- und Planerkennung* - sind Cyber-Physical Systems in der Lage, Strategien zur Reaktion im Sinn der Zielerreichung zu entwickeln und diese ganz oder teilweise autonom umzusetzen. Zu den heute verfügbaren Technologien gehört die *multikriterielle Situationsbewertung*; hauptsächlich werden jedoch Verfahren und Ansätze der *Künstlichen Intelligenz* in den Bereichen Entscheiden, Planen und Prognose zum Einsatz kommen. Die Herausforderung besteht darin, dass die Ziele unklar sind oder widersprüchlich. Autonomes Handeln muss deshalb immer von einer Folgenabschätzung begleitet sein, auch, was den Einfluss auf die Gesellschaft betrifft (siehe Kapitel 6).

Domänenmodelle, die eine Voraussetzung für jede Art von planendem und vorausschauendem Handeln sind, werden in B7 behandelt.

5.1.2.1 T4 – Multikriterielle Situationsbewertung

Für ganz oder teilweise autonome Entscheidungen von Cyber-Physical Systems müssen aktuelle Situationen in *Echtzeit* analysiert, interpretiert und anhand verschiedener Kriterien bewertet werden, und zwar auf der Basis der jeweils zur Verfügung stehenden Informationen. Daten über die physikalische Situation – siehe B1, *Situationserfassung* – werden dabei verknüpft mit *Domänenmodellen* (siehe B7), welche die Zusammenhänge und Handlungsmöglichkeiten modellieren. In komplexen Situationen müssen die Systeme mehrere Analysen und Bewertungen vornehmen: der Akteure – gemeint sind Menschen und Gegenstände, allgemein: Objekte –, ihrer Eigenschaften und aktuellen Handlungen und der möglichen Entwicklungen der Situation, also der Dynamik der Aktionen und Handlungsstrategien der Akteure. Wenn die *Sensoren* eines Cyber-Physical Systems beispielsweise im Szenario *Smart Mobility* einen Schulbus erfassen, dann wird die Umgebung auch nach Kindern abgesucht und es wird ihr mögliches Verhalten analysiert: Gehen sie langsam und sicher entlang der Straße auf dem Bürgersteig oder spielen sie mit einem Ball?

Die Szenarien sind unter unterschiedlichen Gesichtspunkten zu bewerten, die für eine Entscheidungsfindung relevant sind. Ziele können auch konträr sein: So könnte etwa die Sicherheit des Fahrers gegen die eines Kindes abgewogen werden müssen.

Eine Herausforderung ist es in dem Zusammenhang, in *Echtzeit* Bewertungen vorzunehmen, um Aktionen schnell genug auslösen zu können. Dabei spielt nicht nur die Verarbeitungsgeschwindigkeit der Geräte eine Rolle; siehe T16, effiziente parallele Verarbeitungseinheiten. Auch sind aggregierte Informationen nicht immer verfügbar; zum Beispiel muss das Lagebild einer kompletten Kreuzung erst errechnet werden. Weiter muss eine Bewertung auch unter der Bedingung einer Unsicherheit möglich sein; die Unsicherheit muss dann allerdings als Entscheidungsgrundlage quantifiziert werden können. Ähnliches gilt, wenn die zuliefernden *Sensoren* in unterschiedlichem Ausmaß vertrauenswürdig sind.

Ein möglicher Lösungsansatz in begrenzten *Domänen* ist die Erstellung von situationsspezifischen Schemata, die eine Rangfolge für vorhergesehene Einflussfaktoren und Ziele vorgeben.

5.1.2.2 T5 – Ansätze der Künstlichen Intelligenz

Künstliche Intelligenz (KI) [RN09] ist ein Teilgebiet der Informatik, das sich mit der Automatisierung intelligenten Verhaltens befasst. Techniken aus der KI sind notwendig, damit Cyber-Physical Systems intelligent auf die Umwelt reagieren, Ziele im Nutzerauftrag verfolgen und dabei mit anderen Systemen kooperieren können. Beispiele aus den Szenarien in Kapitel 2 sind die automatische Planung der Produktion einer Küche oder das Umplanen einer Reiseroute.

Entscheidungen können durch KI getroffen werden, indem Eingabewerte über die Umgebung ermittelt werden, aus denen mithilfe von *Deduktionsmechanismen* Schlüsse gezogen werden können. Das setzt für die Wissens*domänen* umfassende formale Regelsysteme (siehe T13, *Domänenmodelle*) voraus, die für komplexe Situationen mit unbekannten Teilnehmern heute allerdings noch nicht erstellt werden können.

Zum Umgang mit unsicherem Wissen – in Cyber-Physical Systems entstehend etwa durch unsichere *Sensoren* oder fremde *Dienste* – werden *Bayes'sche Netze* eingesetzt, die dieses Wissen zueinander in Beziehung setzen und eine gemeinsame Wahrscheinlichkeitsverteilung darstellen. Zum expliziten Modellieren von Unwissen kann die Evidenztheorie von *Dempster und Shafer* eingesetzt werden; mit ihr lassen sich Informationen aus unterschiedlichen Quellen unter Berücksichtigung von deren Glaubwürdigkeit zu einer Gesamtaussage zusammensetzen.

Auf der Grundlage von Informationen über die Umgebung eines Systems können mit Planungsansätzen („Planning") die nächsten Aktionen eines Systems berechnet werden. Das bekannteste Beispiel für einen solchen Ansatz ist der Stanford Research Institute Problem Solver (STRIPS) [FN71]. Seit der Entwicklung von Planungsalgorithmen [PB03], die mit Unsicherheit umgehen können, und der Einführung geeigneter Beschreibungssprachen [GMP+06], die als Zwischenschicht zwischen High- und Low-level-Komponenten eines eingebetteten Systems dienen, kommt Planning auch in der Robotik zum Einsatz. Trifft die Ausführung eines Plans auf Hindernisse, etwa durch den Ausfall einer Komponente in der Produktion, werden über „Plan-Repair"-Algorithmen alternative Aktionen berechnet. Das verteilte, kooperative Erstellen von Plänen ist eine Herausforderung.

Die Stärke neuronaler Netze ist der Umgang mit großen Datenmengen und das Zulassen unscharfer Anfragen etwa mithilfe von Assoziativspeichern; ihr Einsatz im CPS-Umfeld ist daher vielversprechend.

Kooperatives Handeln modelliert die *Künstliche Intelligenz* über *Multiagentensysteme* (siehe T6).

Thematisch eng verwandt mit der KI sind die Techniken *Mustererkennung* (T2) und *maschinelles Lernen* (T10).

5.1.3 B3: KOOPERATION UND VERHANDELN

Kooperations- und Verhandlungsfähigkeit ermöglichen es, dass Cyber-Physical Systems verteilte Leistungen erbringen sowie Lösungsstrategien verteilt und koordiniert erstellen, beides in *Echtzeit*. Ziel ist die Etablierung eines abgestimmten Gruppenverhaltens. Nötige Technologien finden sich vor allem im Bereich der *Multiagentensysteme*. Eine wichtige Voraussetzung in diesem Bereich ist die *Interoperabilität* der Teilsysteme, sowohl auf *technischer* Ebene – also bei den Kommunikationsschnittstellen und -protokollen – als auch auf *semantischer* und *nutzersichtbarer* Ebene, wo es um die *Interoperabilität* in Bezug auf die Bedeutung von Daten geht; siehe T13, *Ontologien*.

5.1.3.1 T6 – Multiagentensysteme

Ein zentrales Paradigma der *Künstlichen Intelligenz* ist der sogenannte *Agent*. Ein autonomer *Agent* ist eine Softwareeinheit, die selbstständig in ihrer Umgebung handelt, um Aufgaben im Auftrag von Menschen zu erfüllen. In *Multiagentensystemen* kooperieren und verhandeln *Agenten* mit anderen *Agenten*. Mit ihrer Umgebung können *Agenten* durch *Sensoren* und *Aktoren* interagieren. Intelligente *Agenten* sind zu einer aufgabenorientierten Problemlösung durch autonome, reaktive und zielgerichtete Anwendung geeigneter Methoden der *Künstlichen Intelligenz* (siehe T5) fähig.

Eingesetzt wird diese Technik beispielsweise in Frau Müllers *Assistenzdienst* aus dem Mobility-Szenario in Kapitel 2: Ihr *Agent* plant nach ihren Vorgaben den Tagesablauf und stimmt sich dafür mit den Kalender*agenten* anderer Nutzer ab. Bei Änderungen der Reiseroute handelt er mit Infrastruktur*agenten* die Preise aus und schlägt Routenänderungen vor. Im Bereich der Produktion [MVK06] kann auf Fehlfunktionen lokal reagiert werden, ohne dass eine zentrale Steuerung eingreifen muss. Die optimale Ressourcenbelegung wird zwischen den einzelnen Einheiten verhandelt.

Durch den Einsatz einer großen Menge *Softwareagenten* kann das Zusammenwirken zahlreicher vernetzter Teilnehmer simuliert werden [KNR+11]. Das erlaubt die Vorhersage von Gruppenverhalten und dadurch zum Beispiel die Prognose von Verkehrsfluss und Staus.

Für Wege zur Zielerreichung werden Planer verwendet, siehe oben, T5; die Kommunikation zwischen den *Agenten* basiert auf einem gemeinsamen Wortschatz (siehe T13, *Ontologien*).

Bei der Interaktion der *Agenten* besteht die Schwierigkeit, dass jeder seine eigenen Ziele verfolgt. Die einzelnen

Agenten sind dann „egoistisch" und verfügen über keine Gesamtsicht des Systems. Es wäre natürlich wünschenswert, sich dabei an Kriterien wie der Pareto-Effizienz – ein Zustand, in dem es unmöglich ist, einen Beteiligten besser zu stellen, ohne zugleich einen anderen Beteiligten schlechter zu stellen –, und dem Gesamtnutzen („Social Welfare") zu orientieren. Ein Hauptgegenstand der Forschung bei *Multiagentensystemen* ist deshalb die Suche nach Interaktionsformen und Regelwerken, die für alle Beteiligten fair sind. Die Ansätze beruhen auf der Spieltheorie [Osb03] und beziehen Ansätze wie das Nash-Gleichgewicht ein; dabei handelt es sich um Situationen, in denen kein Spieler einen Vorteil erzielen kann, wenn er einseitig von seiner Strategie abweicht. Techniken sind Voting, Auktionen und Koalitionen. Beim „General-Game-Playing" wird versucht, die Regeln von Spielen in einer allgemeinen maschinenlesbaren Sprache darzustellen.

Eine Herausforderung bei *Multiagentensystemen* liegt in der *geteilten Kontrolle*: Nutzer müssen festlegen können, wie viel *Autonomie* sie ihren *Agenten* zugestehen. Außerdem müssen sie jederzeit eingreifen und die getroffenen Entscheidungen nachvollziehen können.

Bei Cyber-Physical Systems tritt das Phänomen der Verteilung in den Vordergrund. Zentrale Ansätze für die Kommunikation wie das *Blackboard* reichen nicht mehr aus, bisherige Verhandlungsregeln werden bei vielen Teilnehmern schon rein rechnerisch zu komplex.

Durch offene Kooperation mit unterschiedlichen Partnern ist es schwieriger, Manipulationen der Entscheidungsprozesse von *Agenten* zu verhindern. Nötig zu diesem Zweck sind gekoppelte technische und ökonomische Maßnahmen [Wei00]. Dazu gehört die Entwicklung von Interaktionsregeln, die es den *Agenten* erlauben, zum eigenen Vorteil zu handeln, dabei den Nutzen des Gesamtsystems zu maximieren und es stabil zu halten; siehe auch [Woo09].

5.1.4 B4: MENSCH-MASCHINE-INTERAKTION

Zur möglichst optimalen Unterstützung von Anwendern durch Cyber-Physical Systems sind neue Lösungen im Bereich *Mensch-Maschine-Interaktion* (*MMI*) nötig. Das betrifft zum einen die Interaktionsschnittstellen zwischen Menschen und technischen Systemen, die sowohl komplexe Interaktionen *multimodal* und in *Echtzeit* unterstützen müssen als auch eine situationsadäquate Vermittlung des jeweilig relevanten Systemzustands, der Situation und der Handlungsalternativen ermöglichen müssen. Zum anderen ist es notwendig, dass Cyber-Physical Systems die Absichten der Anwender erkennen und – vergleichbar mit der vorausschauenden *Situationserfassung* in B2 – menschliches Verhalten antizipieren. Heutige Technologien, die Beiträge hierzu leisten können, liegen im Bereich der *Mensch-Maschine-Schnittstellen*, der *Absichtserkennung* sowie der *Nutzer-* und *Menschmodelle*.

Weitere Technologien sind die *multikriterielle Situationsbewertung* (siehe T4) und das *maschinelle Lernen* (siehe T10). Auch in diesem Bereich spielen adäquate Umgebungs- und *Domänenmodelle* eine entscheidende Rolle (siehe T13).

5.1.4.1 T7 – Mensch-Maschine-Schnittstelle und Interaktionsmodalitäten

Interaktion zwischen Menschen und Cyber-Physical Systems sind nicht auf eine *Modalität* wie eine Tastatur beschränkt. Der Zugang zu Systemen ist über beliebige *Modalitäten* möglich, etwa über berührungsempfindliche Bildschirme, Sprache oder Gestik. Beispielsweise kann Frau Müller aus dem Mobility-Szenario in Kapitel 2 auf die Nachfrage, ob sie auf die kostenpflichtige *Premiumspur* wechseln will, einfach mit einem Nicken antworten.

Dazu ist es jedoch nötig, dass die Interaktionslogiken, die die Regeln für die Interaktion bestimmen – zum Beispiel die Anzahl und Reihenfolge von Eingabeoptionen – unabhängig von der *Modalität* sind. Logik und Präsentationsschicht müssen also voneinander getrennt sein.

Außerdem muss sich die Nutzerschnittstelle an die *Modalität* anpassen, indem sie berücksichtigt, wie viele Informationen und Auswahloptionen von dieser angezeigt werden können. Das ist wesentlich, denn zum Beispiel bei einer Bedienung über Sprache kann ein System weniger Wahlmöglichkeiten vorschlagen als bei der Darstellung per Bildschirm.

Weniger Wahlmöglichkeiten - siehe auch B2, planendes Handeln - haben auch den Effekt, dass die Nutzer nicht überfordert werden und das Gefühl haben, die Kontrolle über das System zu besitzen, weil sie die angebotenen Wahlmöglichkeiten verstehen (siehe auch T8 *Absichtserkennung*).

Beim Entwurf der Interaktion ist freilich darauf zu achten, dass Handlungsmuster entstehen, die von den Nutzern als natürlich empfunden werden. Ein Vorgehensmodell zu diesem Zweck gibt der *User-centered-Design*-Prozess, wie er in der ISO 9241-210 beschrieben ist, den Entwicklern an die Hand. Das *Modell* ist allerdings immer noch auf einzelne Produkte beziehungsweise Programme ausgelegt und muss, wie auch andere Ansätze zum *Usability-Engineering*, für verteilte Netzwerke von *Diensten* und Interaktionspunkten erweitert werden.

Durch die verteilte Dimension von Cyber-Physical Systems kommt die Herausforderung hinzu, dass, obwohl man *Dienste* unterschiedlicher Anbieter nutzt, diese auf gleiche Weise zu bedienen sein müssen. Beispielsweise muss auch Frau Müllers neues Auto die erhobene Hand als Stoppbefehl interpretieren.

Die Interaktions*modalitäten* selbst haben in den vergangenen Jahren einen Entwicklungssprung vollzogen. Für einfache Anwendungen sind Gesten- und Körperinteraktionen, beispielsweise mit Microsofts Steuerungsmodul Kinect[52], im Massenmarkt verfügbar. Bedienelemente, die sich in die Lebensumgebung integrieren, wie *Informationstische*, werden unter dem Sammelbegriff „Tangible User Interfaces" erforscht und teilweise schon vermarktet. Neben der nötigen Interpretation nichtstandardisierter Nutzungsmuster durch Menschen - zum Beispiel unbekannter Handbewegungen - und der Erschließung neuer *Modalitäten* gilt es hier, die Technik robust zu gestalten und sie in allen Alltagssituationen nutzbar zu machen, wie es zum Beispiel beim Iphone geschehen ist.

Die Konfiguration technischer Systeme ist aufwändig und erfordert viel Fach- und Erfahrungswissen [Nor96]. Dieses Wissen bleibt in den Köpfen der jeweiligen Experten und steht anderen nicht zur Verfügung. Um diese Situation bei Cyber-Physical Systems zu verbessern, müssen optimierte Parametersätze als *Best-Practice*-Anwendungen gespeichert werden und anderen Nutzern zur Verfügung stehen.

5.1.4.2 T8 - Absichts- und Planerkennung

Absichtserkennung (Intention Recognition) bezeichnet die Fähigkeit, die Absichten eines *Agenten* - wobei in diesem Abschnitt Agent einen Menschen oder ein technisches System bezeichnet - durch Analyse seiner bisherigen Handlungen oder der Auswirkungen dieser Handlungen auf die Umgebung zu erkennen. *Planerkennung* (Plan Recognition) erweitert *Absichtserkennung* um die Möglichkeit, auch zukünftige Handlungen des Agenten anhand seines bisherigen Verhaltens vorherzusagen. Beide Fähigkeiten sind für Cyber-Physical Systems von wesentlicher Bedeutung, um Nutzer möglichst optimal und autonom - auch ohne detaillierte Zielvorgabe über die *Mensch-Maschine-Schnittstelle* (T7) - beim Erreichen von Zielen zu unterstützen.

Absichtserkennung ist seit mehr als dreißig Jahren ein Forschungsthema [Sad11]. Durch die Anwendungen von logiksowie von wahrscheinlichkeitsbasierten Methoden konnten große Fortschritte erzielt werden. Durch neue Applikationen, wie sie durch Cyber-Physical Systems ermöglicht werden, entstehen jedoch neue Herausforderungen, insbesondere die Auswahl der richtigen Absichtshypothese, die

52 Siehe hierzu auch die anwendungsbezogenen Forschungsarbeiten im Bereich *AAL* [SS11] und der Unterstützung „[...] junger Erwachsener mit motorischer Behinderung" [Hua11].

Berücksichtigung eingeschränkter Beobachtbarkeit des Agenten, die Analyse und Zuordnung verschränkter Handlungen bei simultanen multiplen Absichten des Agenten sowie die Erkennung und Zuordnung alternativer Handlungsfolgen zur Erreichung des gleichen Ziels. Darüber hinaus ist *Absichtserkennung* für kooperierende Agenten mit eingeschränkten Handlungsmöglichkeiten - etwa bei Menschen mit Behinderungen - bisher nur in Ansätzen möglich.

Für die Erkennung der Absichten und Pläne spielen neben diesen Techniken auch *Nutzer-* und *Menschmodelle* (T9), *maschinelles Lernen* (B5) und *Domänenmodelle* (T13) eine große Rolle.

5.1.4.3 T9 - Nutzer- beziehungsweise Menschmodelle, Human Awareness

Nutzer- beziehungsweise *Menschmodelle* ermöglichen die Diagnose, Simulation, Vorhersage und Unterstützung menschlichen Verhaltens bei der Interaktion mit technischen Systemen. Die aktuelle Forschung betrachtet zwei Anwendungsmöglichkeiten: als „virtuelle Testfahrer" und als „virtuelle empathische Beifahrer".

Als virtuelle Testfahrer sollen die *Modelle* zur *Sicherheitsabschätzung* unterschiedlicher Auslegungen technischer Systeme dienen. Zu diesem Zweck lassen sich einige *Modelle* mit formalen Systementwürfen koppeln, um im Rahmen einer *Co-Simulation* eine große Anzahl möglicher Einsatzszenarien zu analysieren.

Heutige Forschungsansätze versuchen Erkenntnisse aus der Kognitionspsychologie und *anthropometrischen* Forschung in die Systementwicklung zu übertragen und zielen auf dieser Basis zum Beispiel auf die Vorhersage der Auswirkungen eines neuen Systems auf die Aufmerksamkeit der Nutzer, potenziellere Fehlbedienungen und auf das Komfortempfinden und die physikalische Erreichbarkeit und Erkennbarkeit von Bedienelementen ab.

Für eine CPS-gestützte Nutzung dienen *Modelle* als virtuelle empathische Beifahrer innerhalb intelligenter Assistenzsysteme dazu, den aktuellen Motivations- und Belastungszustand von Nutzern zu diagnostizieren. Auf diese Weise können sie ihnen gezielte Hilfestellungen beim Erledigen von Aufgaben geben und somit die Interaktion zwischen Mensch und Maschine situationsabhängig unterstützen. Bei solchen *Modellen* werden zum Beispiel Nutzeraktionen als Input genutzt, wie in T8 - *Absichtserkennung*, sowie psychophysiologische Messdaten, etwa Augenbewegungen, Hautleitwiderstand, Lidschlussrate, um Zustände wie Stress, Abgelenktheit oder Vigilanz abzuleiten.

Zur Erstellung von *Nutzer-* und *Menschmodellen* gibt es unterschiedliche technische Ansätze wie regelbasierte Produktionssysteme, *Bayes'sche Netze*, mathematische Kontrolltheorie, Markow'sche Entscheidungsprozesse und Kombinationen dieser Methoden.

Wesentliche Aufgaben für die zukünftige Forschung sind die Modellierung relevanter Charakteristika und die Vorhersage menschlichen Verhaltens bei der Interaktion mit *multimodalen Mensch-Maschine-Schnittstellen*, die Integration kognitiver und *anthropometrischer Modelle* sowie umfassende *Validierungen* der *Modelle*. Eine Integration der *Modelle* in die Planung des Vorgehens von Cyber-Physical Systems muss erforscht werden; siehe B2 - *Situationserkennung*. Außerdem besteht eine wesentliche Herausforderung darin, für die daraus resultierenden *Modelle* formale Semantiken zu definieren und mit formalen Systementwürfen semantisch zu integrieren. Beispiel: Wenn ein *Menschmodell* den Begriff „Auge" mit einer bestimmten Bedeutung verwendet, muss sichergestellt sein, dass diese Bedeutungszuweisung im gesamten System bekannt ist; siehe T13 - *Ontologien*.

5.1.5 B5: LERNEN

Adaptive Cyber-Physical Systems stellen sich auf ihre Nutzer sowie auf neue Situationen ein. Das heißt, sie lernen, was Nutzer in einer bestimmten Situation erreichen wollen (siehe T8 *Absichtserkennung*), wie sie das System bedienen möchten (siehe B4 *Mensch-Maschine-Interaktion*), und passen sich seiner Sprache an. Die planenden Komponenten von Cyber-Physical Systems lernen, welche Verhaltensweisen und Pläne in bestimmten Situationen zum Erfolg führen, und tauschen dieses Wissen auch untereinander aus. Basierend auf den großen Mengen der vorhandenen - von *Sensoren* und kooperierenden Systemen erhaltenen - Daten lassen sich außerdem mit den Methoden des *maschinellen Lernens* konkrete Fragen beantworten oder neues Wissen generieren. Neben den in B4 und B1 behandelten Technologien sind hier aus heutiger Sicht insbesondere Techniken zum *maschinellen Lernen* und *Data Mining* sowie aus dem Bereich *Multiagentensysteme* notwendig.

5.1.5.1 T10 - Maschinelles Lernen und Data Mining

Auf Grundlage der theoretischen Informatik und Mathematik gewinnen Computer mittels *Maschinellem Lernen* (*Machine Learning*) [Bis07] aus vorhandenen Datenmengen Wissen. Das geschieht entweder vor dem Hintergrund konkreter Fragestellungen („Was ist typisch für einen Stau?") oder, in der Disziplin *Data Mining*, um allgemein neue Erkenntnisse zu generieren.

Derartige Algorithmen sind notwendig, um die via Cyber-Physical Systems zur Verfügung stehenden Datenmengen nutzbar zu machen. Im Maschinenbau können die Verfahren angewendet werden, um die Produktion insgesamt als sich selbst optimierendes System zu gestalten, bei der die Produktionssteuerung - *Manufacturing Execution System*, MES - aus ihren historischen Datenbeständen die optimalen Prozessparameter ermittelt [BKS11, S.65]. In der Medizin kann ein System, das die normalen EKG-Werte eines Nutzers gelernt hat, auf Abweichungen hinweisen. *Reinforcement Learning* ermöglicht es Systemen, Rückmeldungen über den Erfolg von Aktionen zu verarbeiten und sich so in einer Rückmeldungsschleife immer besser an die aktuelle Situation und künftige ähnliche Situationen anzupassen.

Herausforderungen bestehen im Umgang mit den entstehenden riesigen Datenmengen, auf die viele Algorithmen noch nicht ausgelegt sind. Außerdem sind die Datenbestände in verteilten Datenbanksystemen räumlich ausgebreitet. Lösungsansätze finden sich bei den Online-Lernverfahren und *Multiple-Classifier Systems* [MCS11], die Wissen mehrerer Algorithmen zusammenführen. Im Bereich *Multiagentensysteme* (siehe T6) werden Algorithmen untersucht, die auf verteiltes Lernen ausgelegt sind.

Für den Großteil der Daten ist keine Zuordnung („Label") vorhanden, die beschreibt, welches Konzept in den aktuellen Messwerten beobachtet werden kann. Die Forschungsrichtung *teilüberwachtes Lernen* (partially- and semi-supervised Learning) entwickelt Verfahren, die es erlauben, mit nur wenigen Zuordnungen auszukommen.

Sind die gesuchten Konzepte unscharf definiert oder unbekannt, können heutige Algorithmen das Problem nicht lösen.

5.1.6 B6: EVOLUTION: STRATEGIEN DER SELBSTORGANISATION UND ADAPTION

Für die Kooperation und das kontextadaptive, ganz oder teilweise autonome Handeln sind Strategien zur *Selbstorganisation* und *Adaption* erforderlich. Heutige Technologien hierzu sind vor allem im Bereich der Produktion, der Kommunikationsnetzwerke und *Multiagentensysteme* zu finden.

5.1.6.1 T11 - Selbstorganisation in der Produktion

Leitidee dieses Prinzips, das seit Ende der 1990er Jahre für die Produktion erprobt wird [BS00, SB01], sind individuell identifizierbare Werkstücke, die sich eigenständig durch die Produktion bewegen, von der Teilefertigung bis in die Montage. Flexible Bearbeitungsmaschinen und Montageanlagen kennen selbst ihr Fertigungsvermögen und passen sich eigenständig an wechselnde Aufgaben an.

Die Werkstücke, Anlagen und Transportsysteme organisieren Arbeitsabläufe dezentral und selbstständig. Dabei berücksichtigen sie stets den aktuellen Status der Produktion, beispielsweise Anlagenstörungen oder Lieferengpässe eines Zulieferers.

Dazu müssen Produkte, Produktionseinheiten und -prozesse, deren Steuerungen und die MES-Funktionen (siehe Abschnitt 2.5) - alle repräsentiert durch Cyber-Physical Systems - in der Lage sein, sich miteinander konsistent zu synchronisieren. Dazu sind erhebliche Forschungsanstrengungen für Methoden, Werkzeuge und Softwarekomponenten sowie zur Standardisierung nötig.

Eine wichtige Voraussetzung dafür, dass solche Plug-and-work-Mechanismen greifen, ist *semantische Interoperabilität*. Auf diesem Feld ist noch Forschungsarbeit zu leisten; siehe Ansätze in [SMS11] und B3.

5.1.6.2 T6' - Multiagentensysteme

Multiagentensysteme, wie in T6 eingeführt, bestehen aus unabhängigen *Softwareagenten*, die jeweils individuelle Ziele verfolgen und zu deren Erreichung mit anderen *Agenten* und *Diensten* kooperieren. Durch die Interaktionen entsteht ein *selbstorganisierendes* Gesamtsystem [BCHM06], das bei entsprechender Gestaltung der Interaktionsregeln auch den Zugang zu begrenzten Ressourcen selbst regelt.

5.1.6.3 T12 - Selbstorganisierende Kommunikationsnetze

Aufgrund der Veränderungen von Umwelt und Anforderungen ist die Flexibilität der CPS-Kommunikationsnetze unbedingt notwendig, um einen störungsfreien und *zuverlässigen* Betrieb gewährleisten zu können.

Neben der Erweiterung der bereits vorhandenen Infrastruktur um Techniken zum Adressieren mobiler Teilnehmer sind Technologien notwendig, die es den Netzteilnehmern erlauben, ad hoc, also zur Laufzeit und ohne explizite Planung und Konfiguration, *sichere* Kommunikationsnetze untereinander aufzubauen, kooperativ zu betreiben und Daten auszutauschen. Dazu sind Technologien zur verteilten Verwaltung, Konfiguration und Kontrolle sowie zum verteilten Betrieb erforderlich; zusätzlich müssen Mechanismen etabliert werden, um die Kosten fair auf alle Teilnehmer zu verteilen.

Aufgrund der besonderen Qualitätsanforderungen an die Kommunikation (siehe Abschnitt 5.2) können dazu nicht einfach vorhandene Technologien verwendet werden. Vielmehr bedürfen die vorhandenen Konzepte einer Anpassung [SAL+03]. Forschungsansätze hierfür sind die Arbeiten im Bereich der *Ad-hoc-Sensornetze* [WS10], die Protokolle für das aktive und das reaktive Finden von Kommunikationspfaden untersuchen. Aktiv ist zum Beispiel das „Highly Dynamic Destination-Sequenced Distance Vector Routing Protocol", zu den reaktiven Techniken zählt der „Ad hoc on-Demand Distance-Vector". Voraussetzung für *Ad-hoc-Kommunikation* ist deren Standardisierung, da neue Gerätepaarungen eine gemeinsame Sprache benötigen.

5.1.7 B7: BASISTECHNOLOGIEN

Voraussetzung für das Erkennen von Situationen, das Vorausplanen und Kooperieren sind *Modelle* der jeweiligen Anwendungsdomäne in maschinenverarbeitbarer Form. Dazu gehören *Ontologien* und *domänenspezifische Sprachen*.

Das weitere CPS-Fundament besteht aus geeigneten *Sensoren* und *Aktoren* sowie aus einer *Kommunikationsinfrastruktur* und aus Geräten, welche die von den *Sensoren* gelieferten großen Datenmengen in Echtzeit verarbeiten können. Unter anderem sind Computer mit Mehrfach-Prozessorkernen - Multicore - erforderlich. Auch wegen der *Echtzeit*anforderung können die Daten jedoch nicht zentral verarbeitet werden, was eine verteilte Regelung notwendig macht.

5.1.7.1 T13 – Domänenmodelle, Ontologien und domänenspezifische Sprachen

Das in einer Anwendungs*domäne* relevante Wissen muss in einem *Domänenmodell* beschrieben werden, um ein autonomes Erkennen der Situation (B1), ein Planen (B2) und Lernen (B5) zu ermöglichen. Diese formale Beschreibung ermöglicht erst die Kooperation verschiedener Teile von Cyber-Physical Systems (B3). Ferner wird dadurch eine höhere *Autonomie* in der Verarbeitung von Informationen und beim Planen realisierbar.

Hierfür werden die in einer *Domäne* relevanten Konzepte von Experten in standardisierten *Ontologien* erfasst. Dabei handelt es sich um Beschreibungen hierarchischer Beziehungen zwischen Konzepten und Objekten. In *Ontologien* erfasstes Wissen kann dann ausgetauscht werden – ein zentraler Ansatz des *semantischen Web*. Für die Beschreibung von *Ontologien* sind die bekanntesten Vertreter die *Ontology Web Language* (OWL) aus dem *semantischen Web* und die Sprache des CYC-Projekts aus der *Künstlichen Intelligenz* [Len97].

Um weiteres *Domänen*wissen in *Modelle* einzubringen, können an die jeweilige *Domäne* angepasste Sprachen (*domänenspezifische Sprachen*, Domain-specific Languages, DSL) verwendet werden. Das sind formale Sprachen, basierend auf *Ontologien* und mit eigener Grammatik, die alle Konzepte, Objekte und Handlungsmöglichkeiten einer eng abgegrenzten *Domäne* enthalten. Um solche Sprachen zu entwickeln, existieren Vorgehensweisen, zum Beispiel der Meta-Object-Facility-Standard, und Werkzeuge wie das Meta Programming System [Dmi04]. Das Umsetzen in Verhalten bewerkstelligen dann Übersetzer, die aus den in DSL geschriebenen Aussagen Programme in einer Computer-Hochsprache wie C erzeugen. Erste Ansätze hierfür gibt es in Mechanismen wie Profiles in OWL oder Views in der Sprache Bio Portal [RLM+06].

In jeder *Domäne* existieren spezifische *Ontologien*. Ein Cyber-Physical System kauft beispielsweise ein Ticket bei einer neuen Fluggesellschaft, deren Cyber-Physical Systems das Wort „Weiterreise" nicht kennt. Daher ist eine übergreifende Kommunikation nur möglich, wenn sich die Begriffe der *Ontologien* untereinander abbilden lassen. Dieser Vorgang wird mit Ontology Mapping, Ontology Mediation oder Ontology Alignment [KS03] bezeichnet. Auf diese Weise lässt sich Wissen auch über *Domänen*grenzen hinweg austauschen.

Herausforderungen ergeben sich bei der Erstellung der *Ontologien*. Denn hier muss genau abgegrenzt werden, welche Konzepte noch erfasst werden und welche außerhalb der *Domänen*grenze liegen. Für die Umsetzung der DSLs in Verhalten kann es nur *domänen*spezifische Ansätze für *Modelltransformation* geben; diesen Schritt sind erst sehr wenige *Domänen* gegangen.

In allen Technologien ergibt sich das Problem, dass Konzepte, die unscharf und deshalb nur teilweise erfüllbar sind, große Herausforderungen für die Modellierung mit sich bringen, obwohl sie für Menschen intuitiv verständlich sind.

5.1.7.2 T14 – Sensor- und Aktortechnologie

Sensoren und *Aktoren* dienen der Beobachtung und Beeinflussung der physikalischen Umwelt von Cyber-Physical Systems. *Sensoren* nehmen dabei physikalische oder chemische Eigenschaften wie Temperatur, Feuchtigkeit, Schall oder die stoffliche Beschaffenheit der Umgebung qualitativ oder quantitativ auf und wandeln die so erhaltenen Messwerte in eine digital weiterverarbeitbare Form um. *Aktoren* setzen digitale Stellwerte in mechanische Bewegung oder andere physikalische Größen wie Druck oder Temperatur um und beeinflussen so die Umgebung.

Die Bandbreite der für Cyber-Physical Systems einsetzbaren *Sensoren* reicht dabei von einfachen Messfühlern für einzelne physikalische Messgrößen über komplexe

Umwelterkennungs*sensoren* - wie Video und Radar - oder im Körper implantierbare Bio*sensoren* zur Aufnahme komplexer medizinisch relevanter Vorgänge bis hin zu *Sensornetzwerken*, in denen eine große Anzahl oft auch heterogener *Sensoren* integriert ist. Wie die in Kapitel 2 dargestellten Szenarien deutlich machen, nehmen Cyber-Physical Systems ihre Umwelt typischerweise über eine große Menge verteilter, heterogener *Sensoren* wahr, die damit eine wichtige Basis für alle Technologien der Bereiche B1, B2 und B4 sind.

Analog reicht die Bandbreite der in Cyber-Physical Systems eingesetzten *Aktoren* von einfachen, oft mechanischen Stellgliedern in Regelkreisen, etwa Ventilsteuerungen, über elektromechanische und hydraulische Antriebe bis hin zu komplexen Steuerungen wie der Längs- und Querführung von Fahrzeugen oder ganzer Verkehrsflüsse durch das koordinierte Zusammenspiel einer Vielzahl heterogener *Aktoren* in *Aktor*netzen.

Herausforderungen in diesem Bereich (siehe auch [GMA09b, HGZ09, MM06, HSMS07, ABB+09]) betreffen zum einen die Erhöhung der Präzision und Geschwindigkeit von *Sensoren*, die für eine detaillierte *physikalische Situationserkennung* in *Echtzeit*, wie sie für Cyber-Physical Systems gefordert ist, bisher oft nicht ausreichend sind. Zum anderen ergeben sich durch den Einsatz in unterschiedlichen, oft rauen Umgebungen sowohl erhöhte Anforderungen an die *Robustheit* und Langlebigkeit von *Sensoren* und *Aktoren* als auch an ihre Baugröße und den Bedarf an Energie, die im Extremfall autark gewonnen werden muss. In den letzten Jahren wurde begonnen, die Intelligenzfähigkeit von *Sensoren* durch Vergrößerung ihrer Rechen- und Speicherkapazität zu erhöhen.

Dies ist ein weiterer Trend, dessen Fortsetzung und Verstärkung für die Realisierung von Cyber-Physical Systems nützlich ist, um *Dienste* wie die *Sensorfusion* (siehe T1) oder Objekterkennung (siehe T2) schon in den Außenknoten der Netzwerke erbringen zu können. Schließlich sind auch die Entwicklung völlig neuer *Sensoren* wie Bio*sensoren* oder solchen zur *Gehirn-Computer-Interaktion* (siehe [ABB+09]) sowie eine Verbesserung der drahtlosen oder drahtgebundenen *energieeffizienten* Kommunikationsfähigkeit wichtige Voraussetzungen zur Realisierung von Cyber-Physical Systems. Weitere Herausforderungen ergeben sich für den Nachweis der *funktionalen Sicherheit* von *Sensoren* und *Aktoren*, für Konzepte der Skalierbarkeit, der Organisation sowie für selbstkonfigurierende Regelungskonzepte.

5.1.7.3 T15 - Kommunikationsinfrastruktur und -plattform

Die Verfügbarkeit von Cyber-Physical Systems hat starke Auswirkungen auf die Forschung und Entwicklung verteilter Systeme in großem Maßstab - Beispiele dafür sind Elektromobilität oder das *Internet der Energie* - und damit auch auf die benötigten *Kommunikationsinfrastrukturen*. Informations- und Kommunikationstechnik machen Computer und deren Vernetzung durch hierarchische *Kommunikationsinfrastrukturen* zunehmend allgegenwärtig. Persönliche Netze (Personal Area Networks, PAN), etwa auf der Grundlage der Nahbereich-Funkstandards Bluetooth und Zigbee, werden verwendet, um Knoten untereinander oder mit einem größeren Netz kommunizieren zu lassen. Lokale Netze (Local Area Networks, LAN), beispielsweise mit WiFi, gestatten Knoten und Systemen die Kommunikation mit sehr viel höheren Datenraten und über größere Entfernungen. Weitverkehrsnetze (Wide Area Networks, WAN) mit zellularen Mobilfunktechnologien der dritten, vierten und gar fünften Generation (3G, 4G, 5G) erstrecken sich über große räumliche Bereiche und erlauben Knoten, Systemen und *System of Systems* drahtgebundene und drahtlose Kommunikation.

Cyber-Physical Systems bringen weitere Anforderungen an diese heterogene und hierarchisch organisierte *Kommunikationsinfrastruktur* mit sich, die bisher wenig oder gar nicht adressiert worden sind. Die Emergenz von Cyber-Physical Systems - also die Tendenz, aus dem Zusammenspiel von Komponenten und Eigenschaften spontan neue

Verhaltenseigenschaften auszubilden – verlangt, dass ebenso spontane Kommunikationsverbindungen effizient und effektiv auf Mikro- und Makrosystemebene möglich sind.

Datenverbindungen, insbesondere drahtlose, sind fehlerbehaftet und durch Zeitvarianzen (Latenzen) geprägt. Die *Kommunikationsinfrastruktur*lösungen für Cyber-Physical Systems müssen eine möglichst kohärente, einheitliche *Dienst*qualität für alle Systemkomponenten sicherstellen. Die CPS-*Kommunikationsinfrastruktur* ist anfällig für das Blockieren, Unterbrechen und Abhören der Datenverbindungen. Um das Vertrauen in die übertragenen Daten jederzeit sicherzustellen, muss eine optimale Datensicherung auf der Ebene der Knoten, über die Systeme bis hin zur komplexen Vernetzung von Systemen gewährleistet werden. Cyber-Physical Systems zeichnen sich durch einen hohen Grad an Offenheit und *Adaptivität* aus, wozu die *Kommunikationsinfrastruktur* entscheidend beiträgt. Das korrekte Funktionieren der Kommunikation auf allen Ebenen erfordert das ständige Beobachten und Verifizieren der *Dienst*qualität der Verbindungen im System und automatische Anpassungen bei Veränderungen des Systems. *Selbstorganisierende Netze* (Self-organising Networks, SON) sind eine mögliche Antwort darauf.

Cyber-Physical Systems werden in dynamischen *Echtzeit*umgebungen zum Einsatz kommen. Dafür müssen *Kommunikationsinfrastrukturen* bezüglich *Robustheit*, Rekonfigurierbarkeit, *Adaptions*fähigkeit und Leistungsfähigkeit, nicht nur für den Zugang zur *Cloud* analysiert, transformiert, erforscht und neu entwickelt werden.

5.1.7.4 T16 – Effiziente parallele Verarbeitungseinheiten

Intelligente Geräte für Cyber-Physical Systems verfügen über großes Innovationspotenzial. Es wird in Zukunft möglich sein, noch mehr Funktionen in einem einzelnen Chip unterzubringen, den Stromverbrauch zu optimieren und Kosten und Platzbedarf zu reduzieren. Der anhaltende Fortschritt bei elektronischer Hardware führt zu Leistungssteigerungen auf folgenden Gebieten:

- Bessere Leistungsfähigkeit und hochparallele Architekturen. Auch in Zukunft werden immer mehr, dazu bessere und höher getaktete Rechenkerne auf einem Chip integriert werden können (Multicore-Ansatz).
- Zusätzliche Hardwarefunktionen für Spezialaufgaben (Multimedia, Grafik, Videoanalyse, Bildverarbeitung, *Echtzeit*, *IT-Sicherheit*) führen zu Chips mit dedizierten Kernen für spezielle Aufgaben.
- *E/A*-Verarbeitung inklusive Funkempfänger wird noch tiefer in die Chips integriert. Chips lassen sich noch stärker auf geringen Stromverbrauch und geringe Wärmeabfuhr optimieren.
- Neue Methoden der Energiegewinnung (Energy Harvesting) erlauben Cyber-Physical Systems ohne externe Energiezufuhr.
- Hardwareunterstützte *Virtualisierung* erlaubt die Konsolidierung von Cyber-Physical Systems, etwa im Fahrzeug, ohne Einbußen bei *Echtzeit*, *Sicherheit*, Funktion und Leistung.

Weitere Herausforderungen liegen in der Einbindung neuer Technologien in die Entwicklungsprozesse, insbesondere unter Ausnutzung der Parallelität und unter Berücksichtigung der Einhaltung von Garantien wie *Betriebs-* und *IT-Sicherheit*. Ein Beispiel hierfür ist die Verwendung von Multicore-Prozessoren in *sicherheitskritischen* Anwendungen wie der Avionik, die heute technisch relativ einfach möglich ist. Die Frage nach einem zertifizierbaren Nachweis nichtfunktionaler Eigenschaften wie *Betriebs-* und *IT-Sicherheit* ist hingegen noch weitgehend unbeantwortet.

Eine Zusammenfassung der Herausforderungen beim Einsatz von Multicore-Prozessoren in eingebetteten Systemen findet sich im Positionspapier [Arb11] des Multicore-Arbeitskreises des Bayerischen *IKT*-Clusters BICCnet.

5.1.7.5 T17 – Verteilte stabile Regelungen

Verteilte Regelungen sind Regelkreise oder -netze, bei denen die signalverarbeitenden Komponenten nicht zentral, sondern geographisch verteilt und gegebenenfalls sogar hierarchisch angeordnet sind. Hierdurch erlauben sie die Beherrschung komplexerer verteilter Systeme, für die zentrale Regelung nicht möglich ist (vgl. [ABB+09]), und insbesondere die für Cyber-Physical Systems notwendige Beeinflussung der Umwelt, abhängig von *Sensor*werten durch Interaktion verteilter Teilsysteme.

Heutige verteilte Regelungen sind im Wesentlichen auf einzelne Systeme beschränkt, etwa im Automobil durch die Integration einzelner Regelungssysteme für die Fahrstabilität – wie ESP und aktive Federung – in einem „Integrated Vehicle Dynamics Management" [ABB+09] oder in den Systemen zur Positionsfindung sowie zur Gelände- und Objekterkennung in den Fahrzeugen der „Desert and urban Challenge" der DARPA [CPS08]. Für Cyber-Physical Systems ist eine solche Vernetzung jedoch zum einen über Systemgrenzen hinweg nötig, zum anderen müssen solche Regelkreise dynamisch auf- und abgebaut werden können, beispielsweise für Ad-hoc-Regelkreise kooperierender Systeme.

Schwierigkeiten ergeben sich durch Verbindungsausfälle, durch von variierenden Kommunikationslatenzen erzeugte Signalschwankungen („Jitter") sowie durch Paketverluste, die das Reglerverhalten typischerweise sehr stark beeinflussen und leicht zur Instabilität der Regelung führen können. Deshalb werden Regelungskonzepte sowie zugehörige Entwicklungs- und Analyseverfahren und -werkzeuge benötigt, die die Entwicklung von Regelalgorithmen erlauben, die gegen diese Effekte robust, dazu skalierbar, hierarchisch und die *adaptiv* beziehungsweise in der Lage sind, sich selbst zu rekonfigurieren [ABB+09].

Eine weitere, grundsätzliche Schwierigkeit besteht darin, dass die Disziplinen Regelungstechnik und Informatik immer noch weitgehend voneinander getrennt sind [CPS08]. Es bedarf daher einer Integration von Methoden aus beiden Fächern.

5.1.8 ZUSAMMENFASSUNG DER FÜR CYBER-PHYSICAL SYSTEMS BENÖTIGTEN TECHNOLOGIEN

Abschließend werden die beschriebenen Herausforderungen zusammengefasst.

X-Awareness ist eine zentrale Eigenschaft von Cyber-Physical Systems: die korrekte Wahrnehmung und Interpretation von Situation und Kontext (*Situation Awareness, Context Awareness*), die Erkennung sowohl des eigenen Zustands als auch des Zustands und der Qualität von CPS-*Diensten* und -Komponenten und nicht zuletzt des Zustands, der Ziele und Absichten der Anwender (*Human Awareness*). Hierzu ist zunächst das Erkennen der – physikalischen, informationstechnischen und menschlichen – Umwelt nötig sowie, darauf aufbauend, die Interpretation und Bewertung der erkannten Situation im Hinblick auf die eigenen Ziele und diejenigen anderer Akteure. Die hierzu in den Bereichen B1, B2, B3, B4 und B7 aufgeführten Technologien sind heute nicht ausreichend leistungsstark für den Grad der *X-Awareness*, der für Cyber-Physical Systems erforderlich ist. Herausforderungen liegen zunächst in einer Verbesserung von *Sensor*technologien, dann aber in einer Verbesserung der Erkennung komplexer Situationen und der dazu nötigen Verarbeitung und – auch semantischen – Aggregation großer Datenmengen in *Echtzeit* sowie in der ebenfalls in *Echtzeit* benötigten Analyse und Bewertung von Situationen bei mehreren Akteuren und damit möglicherweise konfliktbehafteten Zielen.

Verfahren und Technologien zur Zusammenführung von Perspektiven auf eine Situation, die durch verschiedene Akteure wahrgenommen und analysiert wird, sowie der Umgang mit unsicherem Wissen spielen hierbei eine ebenso große Rolle wie Methoden zur Einschätzung der eigenen Situation und Fähigkeiten (*Selbstwahrnehmung*, Self-Awareness). Für den

Bereich der Erkennung und Interpretation menschlichen Verhaltens und der Wünsche, Ziele und Absichten der Nutzer (Human Awareness) bestehen Herausforderungen in der Vorhersage menschlichen Verhaltens (*Absichtserkennung*) und der Gestaltung entsprechender *multimodaler* Schnittstellen für die *Mensch-Maschine-Interaktion*, die zum einen die Eingabe auch höherwertiger Ziele über beliebige *Modalitäten* erlauben, zum anderen dem Nutzer ein Bild der Situation verschaffen, das seinem momentanen Aufmerksamkeitsprofil, aber auch dem Zustand des Systems und der Situation selbst gerecht wird. Zentrale Herausforderung ist die geeignete Gestaltung der *Mensch-Maschine-Interaktion*, sodass sie dem Nutzer eine situationsgerechte Koordination und Steuerung von Cyber-Physical Systems ermöglicht.

Die Erstellung und *Validierung* geeigneter *Domänenmodelle* – hier besonders von *Nutzermodellen* – ist eine wesentliche, bis heute nicht hinreichend gelöste, Voraussetzung für eine umfassende *X-Awareness*.

Kontext*adaptives*, kooperatives Handeln ist eine weitere zentrale Eigenschaft von Cyber-Physical Systems. Kontinuierliche Kontext- und Prozessinteraktion, kooperatives Handeln zum Erreichen von Zielen sowie kontextabhängiges, autonomes, aktives Handeln verlangen dabei, aufbauend auf der benötigten *X-Awareness*, weitere Technologien, wie sie in den Bereichen B2, B3 und B7 dargestellt sind. Die mögliche Verarbeitungs- und Kommunikationsgeschwindigkeit von Prozessoren und Kommunikationsmedien spielt eine bedeutende Rolle für die *Echtzeit-* und Reaktionsfähigkeit von Cyber-Physical Systems; *Interoperabilität* sowohl auf technischer als auch auf semantischer Ebene ist dafür ebenso erforderlich. Auf Anwendungsebene bestehen wesentliche Herausforderungen, die mit den heute vorhandenen Technologien nur teilweise bewältigt werden können: geeignete *Domänenmodelle* für komplexe Umgebungen, die Verfolgung von mehreren konkurrierenden Zielen, der Umgang mit unsicherem Wissen, Verhandlungsstrategien, *geteilte Kontrolle* und faire Interaktionsregeln.

Im engen Zusammenhang hiermit steht die Eigenschaft des Lernens und der Verhaltens*adaption*, die sowohl für die gezielte Auswahl und Einbindung von *Diensten* – abhängig von den jeweiligen Zielen, der Anpassung an geänderte Prozesse, menschliche Gewohnheiten und menschliches Verhalten – benötigt wird als auch zur Anpassung an Situationserfordernisse. Hier sind vor allem Technologien aus den Bereichen B5 und B6 sowie entsprechende *Domänen-* und *Menschmodelle* (B7, B4) von großer Bedeutung. Herausforderungen sind hier, neben dem Umgang mit den entstehenden großen Datenmengen sowie der semantischen Annotation von Daten, die Erstellung und *Validierung* von *Domänen-* und *Menschmodellen* – einschließlich unscharfer Konzepte – sowie deren Transformation in Handlungs- und Lernstrategien.

Sowohl für die Fähigkeit zur *Selbstorganisation* als auch zur *Adaption* an eine veränderliche Umwelt, technische Umgebung und neue (gelernte oder erschlossene) Ziele sind Strategien zur Koordination erforderlich. Komponenten und *Dienste* müssen sich dabei ohne explizite Planung und Konfiguration zu Zweckverbünden zusammenschließen können. Beispieltechnologien hierzu finden sich in Bereich B6. Die größte Herausforderung hierbei liegt in der *semantischen* und *nutzersichtbare Interoperabilität*, die ebenfalls einer Standardisierung bedarf (siehe auch Abschnitt 5.3.3).

5.2 TECHNOLOGIEN ZUR UMSETZUNG NICHTFUNKTIONALER ANFORDERUNGEN – SICHERHEIT UND SCHUTZ DER PRIVATSPHÄRE

Im Folgenden werden Technologien analysiert, die der Sicherstellung nichtfunktionaler Anforderungen im Hinblick auf *Sicherheit* und Schutz der *Privatsphäre* dienen. Dabei handelt es sich um Leistungsmerkmale von Systemen, die für eine *sichere* Nutzung unter den spezifischen Rahmenbedingungen und Herausforderungen von Cyber-Physical Systems relevant sind. Nicht betrachtet werden hier lösungsorientierte *Engineering*-Aspekte, etwa

Architekturen und Organisationsformen, die konstruktiv zur Umsetzung solcher Technologien beitragen können; sie werden in Abschnitt 5.3 beschrieben.

5.2.1 VERLÄSSLICHKEIT

Unter *Verlässlichkeit* (Dependability) wird meist eine Kombination klassischer Aspekte der *Betriebssicherheit* und der *IT-Sicherheit* verstanden, beispielsweise der Eigenschaften *funktionale Sicherheit* (Functional Safety) [ALRL04], *Zuverlässigkeit* (Reliability), *Verfügbarkeit* (Availability), *Vertraulichkeit* (Confidentiality), *Integrität* (Integrity) und *Wartbarkeit* (Maintainability). Techniken zur Umsetzung der ersten drei Systemeigenschaften werden im Abschnitt 5.2.2 eingeführt, Techniken zur Umsetzung der Systemeigenschaften *Verfügbarkeit*, *Vertraulichkeit* und *Integrität* im Abschnitt 5.2.3.

Da aber einige der in Abschnitt 3.2.3 diskutierten Herausforderungen für *Betriebs-* und *IT-Sicherheit* gleichermaßen relevant sind oder die *Wartbarkeit* der Systeme betreffen – die wegen der Langlebigkeit von Cyber-Physical Systems besonders bedeutsam ist –, sind diese Technologien eine Grundvoraussetzung für die *Verlässlichkeit der Cyber-Physical Systems*. Sie werden im Folgenden dargestellt.

5.2.1.1 Sichere Mechanismen zur Laufzeitwartung, -pflege und -entwicklung

Mechanismen zur Laufzeitwartung und -pflege umfassen Technologien, die Systemänderungen erlauben, ohne dass das System hierfür außer Betrieb genommen werden muss. Drei Arten von Systemänderungen gilt es zu unterscheiden: korrektive Änderungen zur Fehlerbehebung, perfektive Änderungen zum Verbessern oder Erweitern von Funktionen oder *adaptive*, also anpassende Änderungen. Weil die Systeme hohe Anforderungen hinsichtlich ihrer *Betriebs-* und *Datensicherheit* erfüllen müssen, gilt es, durch selbstständige Prüfung und zur Laufzeit sicherzustellen, dass das Erreichen der *Sicherheits*ziele durch die Systemänderungen nicht gefährdet wird.

Da solche Änderungen Systemteile unterschiedlicher Verantwortungsbereiche und Anwendungs*domänen* betreffen können, müssen diese Mechanismen zusätzlich Verfahren zur Selbstreflektion und Selbstdokumentation eines Gesamtsystems unterstützen, also Verfahren, um Informationen über den aktuellen Aufbau und die Funktion eines Systems durch Anfragen an das System selbst unmittelbar erhalten zu können.

Durch die Integration sicherer Mechanismen zur Laufzeitwartung, -pflege und -entwicklung in CPS-artige Systeme wird es möglich, Teile eines Systems im Betrieb zu verändern oder zu tauschen, ohne dass die *Betriebs-* oder *Datensicherheit* des Systems gefährdet wird. So lässt sich die *Verlässlichkeit* des Systems durchgängig sicherstellen, was erforderlich ist, da Cyber-Physical Systems im Betrieb kontinuierlichen Änderungen unterworfen sind.

Aktuelle Mechanismen zur Laufzeitwartung, -pflege und -entwicklung bieten zwar Verfahren zum Tausch von Systemteilen, ohne ein ganzes System außer Betrieb zu nehmen (beispielsweise in der Telekommunikation). Allerdings werden hier im Allgemeinen keine Verfahren zur Prüfung der Auswirkung auf die *Sicherheits*ziele bereitgestellt, und somit keine „*safety*@runtime"- und „*security*@runtime"-Aspekte adressiert. Auch die Selbstreflektion und -dokumentation von Systemen findet sich heute nur im geringen Maße, beispielsweise im Maschinen- und Anlagenbau.

5.2.1.2 Integrierte Betrachtung von Betriebs- und Datensicherheit

Eine integrierte Betrachtung von *Betriebs-* und *Datensicherheit* bei der Systementwicklung erstreckt sich auf den gesamten Prozess – von der Definition der Systemfunktionen über ihre Entwicklung und Implementierung in Soft- und Hardware, deren Integration und Test sowie die begleitenden

Prozesse wie In- und Außerbetriebnahme des Systems bis hin zur Anpassung der organisatorischen Prozesse bei der Nutzung. Gerade in Cyber-Physical Systems mit ihrer kombinierten Unterstützung von technischen und betrieblichen Prozessen ist eine Trennung von *Sicherheits*aspekten in *Betriebs-* und *Datensicherheit* nicht möglich, ohne die gesamte *Verlässlichkeit* des Systems zu gefährden. So kann die unzulässige Veränderung von Daten – also der Verlust der *Integrität* – *Sicherheits*funktionen außer Kraft setzen; ebenso kann ein störender physikalischer Einfluss – und damit ein Ausfall – zur Einschränkung der *Integrität* von Daten führen.

Aktuelle Ansätze zur Entwicklung von Systemen bedienen meist nur einen Aspekt der *Sicherheit* (beispielsweise BSI-Handbuch, Common Criteria, Orange Book für *Datensicherheit*; IEC 61508, DO 178B, ISO 26262 für *Betriebssicherheit*). Obwohl in der Vorgehensweise viele Gemeinsamkeiten bestehen – etwa die Identifikation von Bedrohungen sowie das Festlegen von *Schutzzielen* und Schutzstufen samt der Auswahl entsprechender Techniken –, fehlt die Kombination zu einem integrierten Vorgehen.

5.2.2 BETRIEBSSICHERHEIT UND FUNKTIONALE SICHERHEIT

Die *Betriebssicherheit* (*Safety*) eines Systems ist zu verstehen als Abwesenheit unvertretbarer Risiken in Form von Gefahren, die vom System ausgehen. Wesentliche Voraussetzungen der *Betriebssicherheit* sind, wie oben erläutert, die *funktionale Sicherheit* und die *Zuverlässigkeit* eines Systems [ISO11]. Als *Zuverlässigkeit* (Reliability) wird dabei im Allgemeinen – so auch in der Definition von John. D. Musa [Mus04] – die Wahrscheinlichkeit verstanden, mit der ein System für eine bestimmte Zeitdauer in einer bestimmten Umgebung fehlerfrei arbeitet.

Die DIN ISO 9126 fordert von Systemen neben Reife und *Fehlertoleranz* – also geringer Fehlerhäufigkeit beziehungsweise der Fähigkeit, auch bei auftretenden Fehlern weiter zu funktionieren – zwei weitere Eigenschaften: *Robustheit* – also die Sicherung der Grundfunktionalität im Fehlerfall – und Wiederherstellbarkeit – einfache Bereitstellung von Funktionen nach einem Ausfall. Da *Robustheit* und *Fehlertoleranz* meist auch als typische Aspekte der *funktionalen Sicherheit* gesehen werden, adressieren aktuelle *Sicherheits*normen wie die Familien der IEC61508 beide Aspekte in der Forderung nach einer ganzheitlichen Vorgehensweise zur Entwicklung *sicherer* Systeme.

5.2.2.1 Zuverlässige Multicore-Prozessoren

Zuverlässige Multicore-Prozessoren – das sind Prozessoren mit mehreren Rechenkernen – ermöglichen durch die verfügbare Parallelität auf Hardwareebene das gleichzeitige Realisieren von *Sicherheits*mechanismen – etwa durch redundante Auslegung von *Sicherheits*funktionen, parallele Überwachung des Betriebszustands oder die wechselwirkungsfreie Trennung von unterschiedlich systemkritischen Funktionen – und von Mechanismen für den *energieeffizienten* Betrieb – etwa durch Ab- und Zuschalten von Rechenkernen, je nach Betriebszustand oder Leistungsbedarf.

Da *Betriebssicherheit* ohne hardwareseitige Redundanz nicht sichergestellt werden kann, CPS-artige Systeme aber gleichzeitig durch eine hohe Anzahl von Steuereinheiten geprägt sind – die teilweise schwach vernetzt sind –, bedarf es kostengünstiger, leicht skalierbarer redundanter Hardware wie Multicore-Systeme.

Parallele Prozessoren sind nach dem Stand der Technik nicht geeignet, um etwa die notwendige Redundanz für Ausfälle bereitzustellen. Insbesondere sind aktuelle Multicore-Architekturen durch die Beschränkung auf ein einziges Substrat (Single Substrate, also ein Stück Silizium, auf das ein Schaltkreis aufbebracht wird) nicht in der Lage, eine höhere Hardware-*Fehlertoleranz* als die grundlegende Stufe 1 zu erzielen. Weiterhin sind in aktuellen Plattformen zwar die Prozessorkerne redundant, nicht jedoch zentrale

Komponenten je Ein- und Ausgabeeinheit, *Bus* und Speicherverwaltung; es fehlt deshalb an den notwendigen Separationsmechanismen.

5.2.2.2 Komponentenbeschreibung und -prüfung zur Laufzeit

Techniken zur Beschreibung der *Betriebssicherheit* von Komponenten erlauben es, wesentliche gesicherte Eigenschaften wie Reife - etwa in Form der Menge der noch im System vorhandenen Fehler -, zulässige Anwendungskontexte oder den Betriebszustand bei der Integration der Komponente zur Laufzeit - also nach Auslieferung und Installation - und im tatsächlichen funktionalen Betrieb zu prüfen.

Diese Beschreibungstechniken machen es möglich, dass das System, welches eine Komponente umgibt, deren zuverlässige Einbindung sicherstellen kann. Damit stellen die Komponentenbeschreibungen verbindliche Kontrakte von Komponenten dar - sowohl hinsichtlich der Erwartungen als auch der Leistungen. Das ist besonders deshalb notwendig, weil Teile von Cyber-Physical Systems in undefinierten oder nur teilweise definierten Kontexten eingesetzt werden können, also in Kontexten, die zum Zeitpunkt des Entwurfs nicht vollständig bekannt sind oder sich nach dem Entwurf ändern.

Aktuelle Ansätze zur Beschreibung von Komponenteneigenschaften und deren Prüfung zur Laufzeit beschränken sich meist auf syntaktische Eigenschaften der Komponenten wie die Zahl und Art der Schnittstellenelemente sowie auf einfache funktionale Aspekte.

5.2.2.3 Übergreifende Plattformen mit hochwertigen integrierten Sicherheitsmechanismen

Plattformen mit hochwertigen integrierten *Sicherheits*mechanismen bieten für die *Betriebssicherheit* relevante *„safety*@runtime"-*Dienste* an, die eine einfache Umsetzung von anwendungsspezifischen *Sicherheits*anforderungen ermöglichen. Das geschieht meist dadurch, dass generische Mechanismen als Systemfunktionen angewendet werden. Hierzu gehören Mechanismen zur Überwachung des Betriebszustands, etwa mittels Monitorfunktionen, die aus *Schutzzielen* generiert werden und demzufolge diesen Zielen dienen, oder zur Absicherung des Betriebszustands, etwa die automatische Replikation von Funktionen inklusive Umschalten zwischen den Replikaten. Insbesondere sind diese Plattformen geräteübergreifend, erlauben also einen topologieunabhängigen Betrieb der *Sicherheits*funktionen.

Mit dem Anwachsen von Cyber-Physical Systems steigt auch die Zahl der Soft- und Hardwarekomponenten auf einer Plattform, die Funktionen erbringen können. Gleichzeitig werden jedoch auch mehr *Sicherheits*funktionen benötigt. Das macht skalierende Mechanismen notwendig, um *Sicherheits*anforderungen umzusetzen. Durch die Bereitstellung generischer und leicht zu nutzender *Sicherheitsdienste* in Plattformen können skalierbare *verlässliche* Systeme realisiert werden.

Aktuelle Plattformen bieten im Regelfall nur wenige *Sicherheits*mechanismen, die für die Realisierung von *Sicherheits*funktionen notwendig sind. Sie beschränken sich meist auf hardwareorientierte Mechanismen wie Speicher*integrität* und Fehlereingrenzung (Fault Containment) oder hardwarenahe Mechanismen wie *Virtualisierung* für die zeitliche und räumliche Trennung von Funktionen und *Diensten*. Höherwertige *Dienste* werden meist nicht standardmäßig zur Verfügung gestellt.

5.2.2.4 Erweiterte Entwicklungsstandards und Sicherheitsnormen

Erweiterte Entwicklungsstandards und *Sicherheits*normen gehen über Systembegriffe hinaus, wie sie durch die Konzepte des Produkthaftungsgesetzes geprägt sind. Dieses adressiert Haftungsfragen für Systeme, die durch Hersteller für definierte Zwecke in Umlauf gebracht werden, bis zur Außerbetriebnahme. Insbesondere unterstützen diese Standards und Techniken die unterschiedlichen Lebenszyklen der Systemteile, eine Verteilung von Verantwortlichkeiten, besonders rechtlicher Art, und den Einsatz von Systemen und Komponenten in ganz oder teilweise undefinierten Kontexten.

Da Cyber-Physical Systems im Allgemeinen durch ein Zusammenspiel von Komponenten verschiedener Hersteller mit unterschiedlichen Lebenszyklen realisiert werden, müssen Normen und Standards dieser Tatsache Rechnung tragen, um die notwendigen und möglichen Techniken und Verfahren für eine hinreichend *verlässliche* Nutzung von CPS-artigen Systemen zu ermöglichen.

Existierende *Sicherheits*standards gehen im Wesentlichen von einem abgeschlossenen System mit beschränkten Nutzergruppen, klaren Verantwortlichkeiten und beschränkten Nutzungskontexten aus und ignorieren damit weitgehend die Tatsache, dass diese Einschränkungen für CPS-artige Systeme nicht realistisch sind.

5.2.2.5 Skalierbare Sicherheitskonzepte und -theorien

Skalierbare *Sicherheits*konzepte und -theorien sind in der Lage, große, sehr heterogene und besonders hinsichtlich ihrer *Sicherheits*ziele sehr unterschiedliche Teilsysteme einheitlich zu betrachten. Sie erlauben es, eine Vielzahl interagierender Teilsysteme bei der *Sicherheits*analyse integriert zu betrachten.

Solche Konzepte und Theorien „skalieren" also, indem sich Ausgaben einzelner Teilsysteme auf CPS-artige Systeme ausweiten lassen. Besonders unterstützen diese Theorien und Konzepte die modulare und hierarchische Komposition von *Sicherheits*zielen.

Da ein Cyber-Physical System im Allgemeinen als Komposition unterschiedlicher Teilsysteme mit zum Teil wenig koordinierten *Sicherheits*zielen realisiert wird, müssen die Wechselwirkungen zwischen den Teilsystemen dargestellt, untersucht und prognostiziert werden können, um die *Verlässlichkeit* von CPS-artigen Systemen sicherzustellen.

Existierende Ansätze zur Bewertung der *Sicherheit* von Systemen gehen im Wesentlichen von geschlossenen Systemen aus. Die Tatsache, dass in Cyber-Physical Systems Teilsysteme interagieren, um ein gemeinsames *Sicherheits*ziel zu erreichen, wird in bisherigen Ansätzen kaum berücksichtigt. Das gilt auch für die Tatsache, dass Teilsysteme mit widersprüchlichen *Sicherheits*zielen in Wechselwirkung gebracht werden.

5.2.3 IT-SICHERHEIT: SYSTEMEIGENSCHAFTEN UND ENGINEERING-FRAGEN

Wie in den Abschnitten 3.2 und 3.4 beschrieben, ist *IT-Sicherheit* eine elementare Anforderung an Cyber-Physical Systems. Die eingesetzten Technologien müssen Maßnahmen zum Schutz gegen Angreifer bieten. So muss die Kommunikation, oft über drahtlose Kommunikationsschnittstellen, abgesichert werden. Hierzu werden Technologien benötigt, die sicherstellen, dass mit *authentifizierten* und autorisierten Partnern kommuniziert wird. Weiterhin müssen *Integrität* und *Vertraulichkeit* der übertragenen Daten gewährleistet sein, die Daten sind also gegen Manipulationen und Abhören zu schützen. Außerdem muss die Verfügbarkeit der Kommunikation gewährleistet sein. Das ist insbesondere dann wichtig, wenn Daten aktuell sein und garantierte *Echtzeit*anforderungen eingehalten werden müssen. Wenn auf *Personen beziehbare Daten* verarbeitet werden, müssen Technologien zum Schutz der *Privatsphäre* von CPS-Nutzern eingesetzt werden. Im *Smart-Mobility*-Szenario etwa ist zu verhindern, dass Bewegungsprofile aufgezeichnet werden; besonders gilt es, unkontrollierte Informationsflüsse zu verhindern.

Neben der Absicherung der Kommunikation müssen auch die beteiligten Systeme, Geräte und Komponenten abgesichert werden, da sie oft in offen zugänglichen Bereichen eingesetzt werden und deshalb leicht durch physikalischen Zugriff angegriffen werden können. Darum müssen die auf den Systemen gespeicherten Daten vor Manipulation, Auslesen oder Zerstörung geschützt werden. Das betrifft sowohl Systemdaten wie das Betriebssystem als auch gespeicherte Daten wie Messwerte oder kryptografische Schlüssel, die zur Absicherung der Kommunikation eingesetzt werden. Da in Cyber-Physical Systems oft unbekannte Kommunikationspartner interagieren oder solche, die möglicherweise böse Absichten verfolgen (siehe Abschnitte 3.2 und 3.4), sind Technologien zur Bewertung der Vertrauenswürdigkeit der anderen Kommunikationspartner notwendig.

IT-Sicherheit muss bereits bei der Entwicklung von Cyber-Physical Systems, aber auch später, während des Betriebs, berücksichtigt werden; erforderlich sind also *Engineering*-Fähigkeiten zur Umsetzung geeigneter *IT-Sicherheitskonzepte*, die dafür sorgen, dass die Systeme *Secure by Design* und *Secure during Operation* sind.

Zur Umsetzung dieser Fähigkeiten werden *IT-Sicherheitstechnologien* benötigt, die unterschiedliche Ansätze verfolgen. Ein Ansatz ist die Verhinderung (Prevention) von Angriffen. Durch Verschlüsselung wird zum Beispiel ein Abhören verhindert, solange Angreifer keinen Zugriff auf die kryptografischen Schlüssel haben. Wenn Angriffe nicht verhindert werden können oder, um die Wirksamkeit von Technologien zur Verhinderung zu bewerten, bieten sich Technologien zur Erkennung (Detection) von Angriffen an, die zudem geeignete Reaktionen auslösen. Hierunter fallen Verfahren wie „Intrusion Detection Systeme", die Fehlverhalten von Kommunikationspartnern erkennen, oder Attestationsverfahren, die direkt erkennen, dass Manipulationen an einem System durchgeführt wurden. Der dritte Ansatz ist die Wiederherstellung (Recovery); dazu gehören Technologien wie *Selbstheilung*, aber auch das Tolerieren von Angriffen bis zu einem vertretbaren Grad. Welche Technologien benötigt werden, wird im Folgenden beschrieben.

5.2.3.1 Effiziente, leichtgewichtige kryptografische Verfahren und Protokolle

Effiziente, leichtgewichtige kryptografische Verfahren und Protokolle, die an die Ressourcenbeschränkungen der eingesetzten Systeme angepasst sind, dienen der Absicherung der Kommunikation, um *Schutzziele* wie *Authentizität*, *Vertraulichkeit* und *Integrität* zu gewährleisten.

Die Verfahren und Protokolle sind an die Eigenschaften und Anforderungen von CPS-Komponenten, zum Beispiel an Ressourcenbeschränkungen, anzupassen. Eine weitere Herausforderung ist die lange Einsatzdauer der Komponenten: Entweder müssen Verfahren und Protokolle, aber auch kryptografische Schlüssel, ausgetauscht werden können oder sie müssen über lange Einsatzdauer *sicher* sein.

5.2.3.2 Komponentenschutz durch dedizierte Security-Hardware

CPS-Komponenten sind leicht durch physikalischen Zugriff angreifbar. Um deren Systeme und die darauf gespeicherten Daten vor Manipulationen und illegalem Auslesen zu schützen, sind geeignete Schutzmaßnahmen nötig.

Ein möglicher Ansatz, der sich insbesondere aus Kostengründen gut für Cyber-Physical System eignet, ist der Einsatz spezieller „Hardware Security Modules" (*HSM*). Diese bieten sicheren Speicher und sichere Ausführungsumgebungen für *sicherheitskritische* Operationen. Weiterhin bieten sie oftmals zusätzliche Mechanismen, die es ermöglichen, Manipulationen an der Systemsoftware der eigentlichen Systeme zu erkennen. Diese Mechanismen können auch als Basis dienen, die Vertrauenswürdigkeit von Systemen zu beurteilen (siehe unten). Für viele CPS-Kommunikationsszenarien bietet es sich beispielsweise an, spezielle Maschine-zu-Maschine-Module (Machine-to-Machine, M2M) mit integriertem *HSM* zu entwickeln oder an die Kommunikationsformen von Cyber-Physical Systems anzupassen. Diese Module dienen dann als Grundlage der Absicherung der Kommunikation zwischen einzelnen CPS-Komponenten.

Der Großteil der derzeit eingesetzten *HSM*, zum Beispiel das *Trusted Platform Module* (TPM), werden in klassischen Systemen wie Desktop-PCs eingesetzt. Für den Einsatz in Cyber-Physical Systems dagegen müssen die *HSM* an deren besondere Eigenschaften angepasst werden oder es müssen neue Module entwickelt werden. Beispielsweise gilt es, die nachfolgend erwähnten *Virtualisierungs*techniken auf besonders ressourceneffiziente und kostengünstige Weise zu unterstützen.

5.2.3.3 Sichere Ausführungsumgebungen

Sichere Ausführungsumgebungen schotten Operationen gegeneinander ab, sodass sie sich nicht gegenseitig beeinflussen können. Das ist erforderlich, weil auf CPS-Komponenten oftmals mehrere Operationen mit unterschiedlichen *Sicherheits*anforderungen ausgeführt werden.

Sichere Ausführungsumgebungen müssen an die Cyber-Physical Systems angepasst sein. So sind beispielsweise *Virtualisierungs*techniken zu entwickeln, die auf den eingebetteten Systemen einsatzfähig sind. Insbesondere müssen diese Techniken selbst vor Manipulationen geschützt werden. Dazu bedarf es sicherer Boot-Prozesse und Betriebssysteme unter Nutzung geeigneter *HSM*. Auch eine *Middleware* kann den Anwendungen *Sicherheitsdienste* transparent zur Verfügung zu stellen.

5.2.3.4 Verfahren zur Bestimmung der Vertrauenswürdigkeit

Verfahren zur Bestimmung der Vertrauenswürdigkeit von CPS-Komponenten ermöglichen es, zu überprüfen, ob diese sich ihrer Spezifikation entsprechend verhalten.

Da Cyber-Physical Systems in unsicheren Umgebungen eingesetzt werden, können sie leicht durch Angreifer kompromittiert werden. Durch Verfahren zur Bestimmung der Vertrauenswürdigkeit können Kompromittierungen erkannt werden.

Zur Bestimmung der Vertrauenswürdigkeit werden entweder an Cyber-Physical Systems angepasste verhaltensbasierte Systeme benötigt, beispielsweise auf *maschinellem Lernen* basierte Anomalieerkennung, ergänzt durch ein Reputationssystem. Dabei wird das Verhalten der Systeme überwacht, um Änderungen oder potenziell bösartiges Verhalten zu erkennen und zu bewerten. Alternativ bedarf es leichtgewichtiger Attestationsverfahren zur direkten Erkennung von Manipulationen an Geräten. Diese Verfahren haben den Vorteil, dass sie nicht auf un*zuverlässiger* Überwachung des Verhaltens von Systemen basieren, sondern die Überprüfung des Zustands der Systemsoftware ermöglichen. Als Basis nutzen Attestationstechniken meist dedizierte *HSM*, die als Vertrauensanker dienen. Attestationsverfahren für Cyber-Physical Systems müssen wesentlich effizienter sein als solche für klassische Einsatzgebiete; zudem müssen sie an die neuen *HSM* angepasst sein und gegebenenfalls *Virtualisierung* unterstützen.

5.2.3.5 IT-Sicherheits-Engineering für Cyber-Physical Systems

IT-Sicherheits-Engineering (*Security Engineering*) beschreibt Gestaltung und Entwicklung umfassender *Sicherheits*architekturen und -prozesse.

IT-Sicherheits-Engineering muss von Beginn an Bestandteil der Entwicklung von Cyber-Physical Systems sein, um Schutzmaßnahmen gegen Angriffe als grundlegende Systembestandteile zu verankern. Das ist notwendig, weil es oft nicht möglich ist beziehungsweise nicht ausreicht, *IT-Sicherheit* nachträglich umzusetzen.

Derzeitige Verfahren zum *IT-Sicherheits-Engineering* legen den Fokus auf klassische Computersysteme; an den Bedarf von Cyber-Physical Systems müssen sie noch angepasst werden. So wird zur Entwicklung von CPS-Technologien ein sicherer integrierter Entwurf von Hardware- und Software (Hardware-/Software-*Co-Design*) benötigt, ebenso wie neue *Best Practices* und Standards zum

IT-Sicherheits-Engineering von Cyber-Physical Systems. Diese sollten an den Sicherheitsprozess des Bundesamts für *Sicherheit* in der Informationstechnik (BSI) [BSI10] angelehnt sein, wie er in dessen IT-Grundschutz-Katalogen beschrieben ist. Bereits heute stellt etwa das Schutzprofil (Protection Profile) des BSI für *Smart Metering* Gateways einen ersten Schritt in diese Richtung dar, berücksichtigt aber noch nicht alle Aspekte.

5.2.3.6 IT-Sicherheitsmanagement

*IT-Sicherheits*management dient dazu, die *Sicherheit* während der gesamten Laufzeit von Cyber-Physical Systems aufrechtzuerhalten und gegebenenfalls an neue Begebenheiten anzupassen.

Zum sicheren Betrieb ist ein *IT-Sicherheits*-Management nötig, das lange Einsatzdauern beziehungsweise den langen Lebenszyklus von Cyber-Physical Systems berücksichtigt. Dafür ist es erforderlich, die *Sicherheits*architekturen so zu entwickeln, dass Verfahren und Algorithmen ausgetauscht werden können, wenn sie sich als un*sicher* erwiesen haben. Genauso ist ein Austausch kryptografischer Schlüssel notwendig, wenn sie kompromittiert oder wegen unzureichender Schlüssellängen ebenfalls un*sicher* wurden. Außerdem müssen Schlüssel als ungültig markiert werden, wenn Nutzer oder Teilsysteme ein Cyber-Physical System verlassen.

5.2.3.7 Test- und Analysemethoden

Neue Test- und Analysemethoden sind zu entwickeln, die den besonderen Eigenschaften von Cyber-Physical Systems Rechnung tragen. Test- und Analysemethoden für *IT-Sicherheit* dienen dazu, zu überprüfen, welches Maß an *Sicherheit* erreicht wurde und ob die Anforderungen hinsichtlich der *IT-Sicherheits*eigenschaften erfüllt sind.

Durch die Komplexität von Cyber-Physical Systems sind *IT-Sicherheits*eigenschaften häufig schwierig, wenn nicht gar unmöglich formal zu beweisen. Handhabbar sind oft nur Test- und Analysemethoden zur Überprüfung der *Sicherheit* vor bekannten und, in gewissen Grenzen, auch vor unbekannten Angriffen.

5.2.3.8 Zusammenfassung

Informations*sicherheit* muss von Beginn an elementarer Bestandteil von Cyber-Physical Systems sein (*Security by Design*), um sie gegen Angriffe zu schützen und somit überhaupt einsetzen zu können. Erst dadurch wird eine Akzeptanz bei den Nutzern erreicht. Diese *Sicherheit* muss auch während der gesamten Laufzeit gewährleistet sein (*Security during Operation*). Viele Eigenschaften von Cyber-Physical Systems – etwa ihre unsichere Umgebung, der Einsatz ressourcenschwacher Systeme und lange Laufzeiten – machen die Entwicklung von *Sicherheits*technologien für Cyber-Physical Systems zu einer großen Herausforderung. Hier besteht beträchtlicher Forschungsbedarf.

5.2.4 PRIVATSPHÄRE

Wie bereits in Abschnitt 4.2 erläutert, gehört der Schutz der *Privatsphäre* (Privacy) zu den wesentlichen Akzeptanzfaktoren für Cyber-Physical Systems. Dafür ist es nicht nur nötig, dass die technischen Systeme die Anforderungen hinsichtlich *Betriebssicherheit* und *IT-Sicherheit* (siehe Abschnitte 5.2.2 und 5.2.3) erfüllen. Die Gestaltung von Cyber-Physical Systems sollte vielmehr von Anfang an auch *Privatsphären*-Kriterien (*Privacy by Design* [Cav09]) berücksichtigen: Unter diesem in der *Datenschutz-Community* international anerkannten Konzept versteht man das Einbeziehen von *Privatsphäre*anforderungen in allen Phasen des Lebenszyklus der Systeme: bei der Konzeption, beim Entwurf, bei der Implementierung, Konfiguration und der Weiterentwicklung. Ziel ist es, Risiken für die *Privatsphäre* möglichst zu vermeiden oder auf ein minimales Maß zu verringern und sich dabei gleichzeitig der verbleibenden Risiken bewusst zu werden.

Bei der Gestaltung von Systemen sind auf der Grundlage ihres Einsatzbereichs die konkreten Anforderungen aus den jeweils geltenden rechtlichen Normen zu identifizieren. Der Einsatzbereich ist bei Cyber-Physical Systems aber nicht mehr präzise eingrenzbar, denn die Systeme passen sich an neue Anforderungen an und kooperieren mit anderen Systemen. Deshalb bietet es sich an, analog zu dem bewährten Verfahren aus der Informations*sicherheit* und dem IT-Grundschutz vorzugehen [BSI10]: Aufgrund des jeweils festgestellten Schutzbedarfs für die verarbeiteten Informationen und technischen Systeme sind die geeigneten Maßnahmen zur Umsetzung der Anforderungen auszuwählen. Die drei klassischen *Schutzziele* der Informations*sicherheit* sind *Vertraulichkeit*, *Integrität* und Verfügbarkeit. Hinzu kommen drei zusätzliche *Privatsphärenschutzziele Transparenz*, *Intervenierbarkeit* und *Nichtverkettbarkeit* [RP09b, RB11]; siehe auch Abschnitt 4.2.

Diese insgesamt sechs *Schutzziele* kann man als eine jeweils eigene Sicht auf die Cyber-Physical Systems verstehen. Sie stehen in einem Spannungsverhältnis zueinander, das es auszubalancieren gilt, abhängig von der Art der Daten, dem Zweck der Verarbeitung und der Risikoabschätzung. Im Folgenden werden für jedes *Privatsphärenschutzziel* Techniken und Vorgehensweisen identifiziert, mithilfe derer es in Cyber-Physical Systems umgesetzt werden kann.

Transparenz

Das Schutzziel *Transparenz* bedeutet, dass Funktionsweise und Wirkung des Systems für Betroffene und Betreiber jederzeit verständlich sein müssen. Bei Cyber-Physical Systems läuft ein Großteil der Datenverarbeitung ohne unmittelbare Interaktionen mit Nutzern ab. Damit die Beteiligten Funktionsweise und tatsächliche Datenverarbeitung - Datenflüsse und Entscheidungen - nachvollziehen können, müssen diese verständlich gemacht werden.

Als Voraussetzung für *Transparenz* muss festgelegt werden, wer welche Teile von Cyber-Physical Systems verantwortet, wie die Verantwortlichen zu erreichen sind und welches Rechtssystem der Datenverarbeitung zugrunde liegt. Dabei ist zu prüfen, mit welchen Informationen die beteiligten *Sensoren, Aktoren* und Systeme ausgestattet werden, was sie also über die jeweils verantwortliche Stelle und die gültige Rechtsprechung wissen und bei Anfragen kommunizieren sollten.

Um die Aktionen und Entscheidungen nachvollziehen und zurechnen zu können, ist für jeden Einsatzkontext festzulegen, welche Daten auf welche Weise mitprotokolliert werden sollen und wie der Umgang mit den Protokollierungsdaten gestaltet wird. Das kann zum Beispiel durch Definition der Zugriffsrechte für einzelne Personen oder Rollen geschehen, durch das Implementieren automatischer Löschroutinen nach festgelegten Zeiten oder Anlässen oder indem Protokollierungsdaten gegen unberechtigte Zugriffe gesichert werden.

Ein Ansatz, Funktion und Wirkung von Systemen wahrnehmbar zu machen, besteht im Einsatz und Mitführen eines gesonderten Geräts. Praktikabler scheint allerdings die Integration der *Privatsphären*managementfunktionen in bestehende *intelligente Geräte*. Diese Geräte werden unter dem Begriff nutzergesteuertes Identitätenmanagement für einige Kontexte diskutiert und prototypisch realisiert.[53]

Aufgrund der komplexen Wechselwirkungen und Datenflüsse ist anzunehmen, dass sich ein Großteil der Nutzer nicht mit den Aspekten der *Privatsphäre* auseinandersetzen will. Eine mögliche Lösung besteht darin, dass Nutzer selbstbestimmt Personen, Organisationen oder Einrichtungen einbeziehen, die Unterstützungsleistungen bieten: Diese können *Datenschutz*interessen im Auftrag der Nutzer wahrnehmen, für sie anschauliche *Transparenz* herstellen und beispielsweise abgestufte Standards von *Datenschutz*konfigurationen entwickeln und pflegen. Diese Unterstützungsleistungen könnten sowohl von öffentlichen Einrichtungen als auch von privaten Anbietern erbracht werden.

---

53 Beispielsweise in den EU-Projekten PRIME (Privacy and Identity Management for Europe) [LSH08] und PrimeLife [FHDH+11].

Damit Wünsche und Vorgaben, die sich auf die *Privatsphäre* beziehen, automatisch verarbeitet werden können, müssen sie in maschinenlesbarer Form vorliegen. Zu diesem Zweck kann auf Richtlinienbeschreibungssprachen zurückgegriffen werden, die für den CPS-Kontext angepasst oder erweitert werden sollten. Hier besteht Forschungsbedarf, um Nutzern auf der Basis der in den einzelnen CPS-Komponenten vorliegenden *Privatsphärenrichtlinien* (Privacy Policies) jederzeit ein konsistentes und korrektes Gesamtbild der Datenverarbeitung vermitteln zu können. Diese Richtlinien könnten sowohl für CPS-Komponenten als auch für übertragene Daten definiert werden. Hier ist zu prüfen, wo es sinnvoll ist, „Sticky Policies" [CMPB03] einzusetzen, bei denen die Richtlinien mit den Daten untrennbar verbunden sind, auch bei einer Datenübertragung.

Intervenierbarkeit

Das Schutzziel der *Intervenierbarkeit* fordert, dass die Beteiligten den Cyber-Physical Systems nicht ausgeliefert sind, sondern aus eigener Souveränität eingreifen können, wenn es ihnen erforderlich erscheint. Daraus folgt, dass auch *geteilte Kontrolle* möglich sein (siehe Abschnitt 3.3) und dass ein weiteres Schutzziel beachtet werden muss, nämlich das der *Transparenz*. Ohne diese beiden Voraussetzungen ist kein zielgerichteter Eingriff möglich.

Für alle Beteiligten und alle Komponenten von Cyber-Physical Systems ist Klarheit über ihre Eingriffsmöglichkeiten notwendig. Insbesondere muss deutlich werden, wo sie Parameter verändern, die Systeme ganz oder teilweise abschalten oder die manuelle Steuerung übernehmen können.

Häufig zieht ein Eingreifen auch eine veränderte Haftungssituation nach sich. Deshalb müssen Eingriffe protokolliert werden. Der Umfang der Protokollierung hängt davon ab, was genau ausgewertet werden soll und wie gerichtsfest es sein muss: Waren die Beteiligten verpflichtet, das System zu nutzen - wie Piloten verpflichtet sind, in bestimmten Situationen auf den Autopiloten umzuschalten - oder hatten sie das Recht, das System ohne besondere Gründe abzuschalten, etwa im privaten Lebensumfeld?

Daten werden in Cyber-Physical Systems normalerweise dezentral verarbeitet und gespeichert. Damit Betroffene das Recht auf Korrektur und Löschung beziehungsweise auf die Sperrung ihrer *personenbezogenen Daten* ausüben können, ist eine zentrale Kontaktstelle (Single Point of Contact) erforderlich, die alle beteiligten CPS-Teile über die Korrekturen informiert.

Dieselben Geräte, die zur Herstellung von *Transparenz* in Cyber-Physical Systems dienen, können auch für Eingriffs- und Konfigurationsmöglichkeiten genutzt werden. Wünsche oder Vorgaben der Nutzer sollen in standardisierten, maschinenlesbaren Sprachen hinterlegt werden können, sodass nicht in jedem Einzelfall eine Aktion nötig ist. Auch hier können Personen, Organisationen oder Einrichtungen eingebunden werden, die die Nutzer unterstützen.

Nichtverkettbarkeit

Das Schutzziel der *Nichtverkettbarkeit* umfasst die Anforderung, das Entstehen von Daten überhaupt so weit wie möglich zu vermeiden (Datenvermeidung), in Verbindung mit der Forderung, Daten und Prozesse aus unterschiedlichen Kontexten voneinander zu trennen (Trennungsgebot). Das Ziel ist es, Risiken durch Ansammlungen umfassend auswertbarer Daten zu verhindern.

Schon beim Entwurf von Systemen und *Diensten* muss darauf geachtet werden, nur so viele Daten zu erheben und zu nutzen, wie für einen *Dienst* notwendig sind. Vorhandene Daten unterliegen der Zweckbindung: Sie dürfen also nur für den Zweck - oder, weiter gefasst, für den Anwendungsbereich - verwendet werden, für den sie erhoben wurden. Die Zweckbindung lässt sich technisch durch Verschlüsselung und Zugriffsbeschränkungen unterstützen.

Die *Nichtverkettbarkeit* kann durch eine Reihe von Maßnahmen realisiert werden. Dazu gehört es, Daten, die zu verschiedenen Zwecken verarbeitet werden, physikalisch und logisch voneinander zu trennen, sie zu anonymisieren, zu pseudonymisieren oder zu löschen.

Zum Löschen nicht mehr erforderlicher Daten müssen Methoden entwickelt werden, die auch die Protokollierungsdaten mit erfassen, denn beispielsweise aus der Information, welche Sensoren welche Menschen wo erfasst haben, sind immer noch Rückschlüsse auf Personen möglich.

Von besonderer Bedeutung für die Datenminimierung sind die kryptografischen Verfahren der „Private Credentials" [CL01] oder der „Minimal Disclosure Tokens" [Bra00]: Dabei handelt es sich um anonyme Berechtigungsnachweise, deren *Authentizität* und berechtigte Verwendung durch einen Nutzer gewährleistet werden und die für andere Parteien nachprüfbar ist, ohne dass die Nutzeridentität offengelegt werden muss. Da die Berechtigungsnachweise bei verschiedenen Verwendungen unterschiedlich aussehen, ist eine Verkettung durch Andere nicht möglich. Zum Beispiel könnten Nutzer digitale Führerscheine erhalten, die bei jedem Vorzeigen unterschiedlich aussehen.

Aufgrund der Massen von Daten, die in Cyber-Physical Systems anfallen, und der - oft gewollten - Eingriffsmöglichkeiten in das Leben von Menschen bergen Cyber-Physical Systems, die nicht nach datenminimierenden Gesichtspunkten gestaltet sind, ein erhebliches Risiko für die *Privatsphäre* von Menschen. Selbst wenn *Daten* zunächst nicht *personenbezogen* sind, erlauben sie statistische Rückschlüsse.[54] Das wirkt sich auch auf die Akzeptanz von Cyber-Physical Systems aus. Es ist fraglich, ob sich bei einer derart unkontrollierten Konzentration von Daten missbräuchliches Nutzen verhindern lässt und ob Begehrlichkeiten zur weitergehenden Verwendung effektiv zurückgewiesen werden können; siehe hierzu auch Abschnitt 4.2.

5.2.4.1 Zusammenfassung

Da die Gewährleistung von *Privatsphäre* zu den wichtigen Akzeptanzfaktoren für Cyber-Physical Systems gehören wird, müssen die entsprechenden Kriterien bei der Gestaltung der technischen Systeme ausreichend berücksichtigt werden. Das kann beispielsweise mithilfe der *Privatsphärenschutzziele Transparenz*, *Intervenierbarkeit* und *Nichtverkettbarkeit* geschehen, die ähnlich mit Maßnahmen zu unterfüttern sind wie die *IT-Sicherheitsschutzziele Vertraulichkeit*, *Integrität* und Verfügbarkeit. Besonderes Augenmerk verdienen Technologien wie anonyme Berechtigungsausweise, Identitätenmanagementsysteme und maschinenlesbare *Privatsphärenrichtlinien*. Es bedarf einer gemeinsamen Entscheidung der Gesellschaft, des Gesetzgebers und der CPS-Nutzer, welches Maß an *Privatsphäre* bei welchem *Dienst* gefordert ist.

5.3 ENGINEERING-KONZEPTE UND KOMPETENZEN

Die in den vorangehenden Abschnitten 5.1 und 5.2 untersuchten Techniken und Forschungsthemen bilden einen wesentlichen Teil der CPS-Kerntechnologien, die für die Realisierung der neuen Fähigkeiten erforderlich sind, wie sie in den Szenarien - siehe Kapitel 2 - und im Abschnitt 3.5 beschrieben werden.

Sowohl für die erfolgreiche Forschung auf diesen Gebieten, besonders jedoch für die wirtschaftlich erfolgreiche Umsetzung in zukünftigen CPS-Anwendungen sind umfassende Anstrengungen hinsichtlich *Modell*bildung, Integration und interdisziplinäres *Requirements Engineering* sowie im Software und Systems *Engineering* erforderlich. Basierend auf den in Abschnitt 3.6 zusammengefassten *Engineering*-Erfordernissen und einer ersten Einordnung des Standes der Forschung und Praxis werden im Folgenden die notwendigen Forschungsanstrengungen und Erweiterungen zusammengefasst.

54 Selbst anonymisierte Daten können bei hinreichender Datenmenge und entsprechendem *Kontextwissen* wieder deanonymisiert werden, der Personenbezug wird zur probabilistischen Größe; siehe [WMKP10].

Auf folgenden Gebieten sind umfassende Initiativen erforderlich:

- *nutzerzentrierte, partizipative* und *virtuelle* Verfahren für Erhebung, Entwurf und Bewertung
- *Requirements Engineering* - zentral für Gestaltung, Entwurf sowie *Validierung* und *Verifikation* von Cyber-Physical Systems
- grundlegende und umfassende *Mensch-* und System*modelle*
- integrierte und *interoperable* Systemarchitekturen und *Domänenmodelle*
- *Domänen-Engineering* und Systemmanagement
- Quality *Engineering* auf allen Ebenen der Entwicklung
- *Living Labs* und kontrollierte Experimentierfelder

5.3.1 NUTZERZENTRIERTE, PARTIZIPATIVE UND VIRTUELLE VERFAHREN FÜR ERHEBUNG, ENTWURF UND BEWERTUNG

Aktuelle explorative und *virtuelle* Verfahren der Anforderungserhebung, des iterativen Entwurfs und der Bewertung von Architektur- und Lösungskonzepten lassen sich im Wesentlichen in zwei Schwerpunkte gliedern:

- Erhebung, Entwurf und *Validierung* gebrauchstauglicher *Mensch-Maschine-Interaktion* und von *Mensch-Maschine-Schnittstellen* mittels interaktiver Prototypen und realitätsnaher *virtueller* Nutzungssimulationen
- Modellierung und Simulation von Entwürfen, Konzepten und Lösungsmöglichkeiten (Entwurfsraumexploration) von Systemen und Komponenten, auch unter Einbeziehung von *Modellen* menschlichen Verhaltens für die Bewertung (*Validierung* und *Verifikation*), Entscheidung und Integration von Lösungen

Entsprechende Methoden und Verfahren finden sich in folgenden Quellen und Ansätzen:

1. *Quality of Experience, Quality in Use* [ISO10], *Experience Labs* und *Usability Engineering*[55]

2. *User Centered Design* [EBJ03, MOS08], Fahr- oder Flugsimulation, Fahrerinformation und -assistenz [BK02, HAV, SANTOS, IMo, ISI, HUM]

3. *Virtual Engineering* (*virtuelle* Entwicklung technischer Systeme) aus der Produktentwicklung und *Industrial Engineering* [ABB+09][56]

Cyber-Physical Systems stellen neue Anforderungen hinsichtlich der Entwicklung offener Systeme, die sich an Nutzerbedürfnissen in global vernetzten Kontexten mit großer Dynamik orientieren und sich daran anpassen. Dazu bedarf es eines erweiterten Untersuchungshorizonts und neuer Methoden der Problemanalyse. Außerdem gilt es, zuvor insolierte Anforderungs- und Entwurfs*modelle* aufeinander abzustimmen und miteinander zu integrieren, sodass durchgängige *Validierung* und *Verifikation* möglich werden.

Im Einzelnen bedeutet das,

- den Umfang und die Tiefe der Explorations- und Simulations*modelle* der *Mensch-Maschine-Interaktion* zu erweitern und über bisher lokale und isolierte Nutzungskontexte hinaus die Umgebung und betroffenen Anwendungsprozesse einschließlich der *Mensch-Maschine-Interaktion* zu analysieren, abzustimmen und zusammenzuführen,
- mögliche Nutzer und *Stakeholder* sowie weitere Betroffene aus den Anwendungs*domänen*, die die gesellschaftliche Vielfalt hinsichtlich Alter, Geschlecht, sozialer

---

55 Unter *Usability Engineering* versteht man den Prozess, der parallel zur klassischen Planungs- und Entwicklungsarbeit die spätere Gebrauchstauglichkeit eines Systems sicherstellt. Dieser Prozess ist von iterativer Natur, denn Usability-Experten überprüfen in jedem Projektschritt die Konformität des Systems zu den definierten Zielen und Bedürfnissen der späteren Nutzer. [Ram07]

56 Siehe auch [BUI02].

und kultureller Herkunft und Fähigkeiten abbilden, von Beginn an in den Entwurfsprozess neuer Systeme und *Dienste* zu integrieren. Sie werden dabei selbst aktive Partner und Gestalter in der Entwicklung (siehe auch kooperative und *partizipative Gestaltung*),

- die Erfahrungen und Ergebnisse der *Mensch-Maschine-Interaktion* und Forschung zu *Situationserfassung* und -modellierung aus der Luftfahrt auf CPS-Anwendungen in alltäglichen Umgebungen und Situationen mit nicht speziell ausgebildeten Nutzern zu übertragen und entsprechende Anforderungen an Systementwurf, Technologien und Rahmenbedingungen zu erforschen,
- den Wechsel der Perspektive von der bisher vorherrschenden Anpassung des Nutzerverhaltens an Arbeitsprozesse und technische Schnittstellen hin zu einer Anpassung der Systeme und der *Mensch-Maschine-Interaktion* an den jeweiligen Nutzungskontext sowie an Bedürfnisse, Gewohnheiten und Fähigkeiten der Nutzer,
- das Vereinfachen der Konzepte für Interaktions- und Systemgestaltung sowie die Entwicklung erweiterter *Sicherheits*konzepte und Architekturen in Verbindung mit dem Ausloten akzeptabler Formen und Umfänge von Entscheidungs- und Handlungs*autonomie* der Systeme,
- den Aufbau von Kontext-, Interpretations- (*X-Awareness*) und Interaktions*modellen* sowie entsprechender Verfahren für *Virtualisierung* und Simulation, die ein frühzeitiges Erleben und Erfahren des Systemverhaltens sowie Messen und Bewerten der Qualität (*Quality in Use*, erfolgskritische Akzeptanzkriterien[57]) ermöglichen.
- den experimentellen und sukzessiven Aufbau formaler Qualitäts*modelle* und zugehöriger Architekturmuster für die durchgängige Sicherstellung der Nutzungsqualität (*Quality in Use* und *Quality of Service*), sowohl auf allen Ebenen des Entwurfs und der Integration als auch für Einsatz, Betrieb und Wartung der Cyber-Physical Systems und *-Dienste*.

5.3.2 ZENTRALE BEDEUTUNG DES REQUIREMENTS ENGINEERING

Bereits der vorhergehende Abschnitt macht die zentrale Bedeutung des *Requirements Engineering* (RE) für alle Bereiche der Systemgestaltung - Anwendungsprozesse, *Dienste*, Interaktion, Architekturen, Komponenten und Plattformen - als auch der Entwicklungsphasen der Integration, Wartung und Evolution der Systeme deutlich. Zu den Kernaufgaben des *Requirements Engineering* zählt es, die möglichen Problemstellungen zu erfassen, Geschäfts-, Nutzer-, Kunden- und Prozessanforderungen herauszuarbeiten, Ziele und Prioritäten zu setzen, Konflikte und Inkonsistenzen aufzulösen und entsprechende Anforderungen an System, Komponenten, Architektur sowie hinsichtlich ihrer Kommunikation untereinander sowie nach außen festzulegen.

In diesem Sinn haben *Anforderungs-* und System*spezifikation* entscheidende Funktionen:

- Kommunikationsgrundlage für die Erhebung und Abstimmung von Anwendungswissen, Anforderungen und Lösungskonzepten zwischen den Beteiligten an der Systementwicklung und -nutzung,
- Vereinbaren verbindlicher Aussagen und Vorgaben für die Findung, Konstruktion und Abstimmung geeigneter Lösungskonzepte und Architekturen auf allen Ebenen des Systementwurfs,
- Grundlage für die Auswahl, Einführung und Etablierung geeigneter Softwareentwicklungsprozesse mit Freigabemechanismen („Quality Gates"),
- Bestandteile von Verträgen, Aufträgen und Kooperationsvereinbarungen in *Wertschöpfungsnetzen*,
- Vorgaben von Kriterien und Messgrößen - zum Beispiel hinsichtlich *Verfügbarkeit* und „Service Levels" - für den erfolgreichen Betrieb von CPS-basierten Anwendungen,

57 Zum Beispiel hinsichtlich intuitiver und einfacher Nutzbarkeit, Verständlichkeit, *Transparenz*, Effektivität etc.

- Grundlagen für *Wartung*, *Wiederverwendung*, Erweiterung, Standardisierung und Evolution von *Domänen*wissen sowie von Anforderungs- und System*modellen*,
- im Falle formalisierter *Anforderungsspezifikationen* und System*modelle* Grundlage für die unmittelbare Umsetzung in ausführbare Simulations*modelle* und Prototypen für die erlebbare und interaktive Erprobung, *Validierung* und Vervollständigung von Anforderungs- und Entwurfskonzepten (siehe auch Abschnitt 5.3.1).

Um Anwendungsziele und Anforderungen im Systementwurf verfolgen und ihre korrekte Umsetzung sicherstellen zu können, sind ein Verständnis und die qualitative Bewertung der *Verfeinerungs*- und Entwurfsabbildung auf allen Systemebenen (*Traceability*) unabdingbar.

Abbildung 5.1 zeigt ein Referenzmodell grundlegender Anforderungsklassen und ihrer *Verfeinerungs*beziehungen. Es ist strukturiert nach den drei Abstraktions- und Entwurfsebenen der Kunden und Geschäftsanforderungen, der *Anforderungsspezifikation* mit ihren Analyse- und Modellierungskonzepten sowie deren Abbildung auf grundlegende *Modelle* der Anwendungs- und Systemspezifikation, die wiederum als verbindliche Entwurfsgrundlage für die Systemkomponenten dienen.

Abbildung 5.1: Überblick über zu bestimmende Inhalte der *Anforderungs*analyse und System*spezifikation* (aus REM [BGK+07, GBB+06, GTKM11])

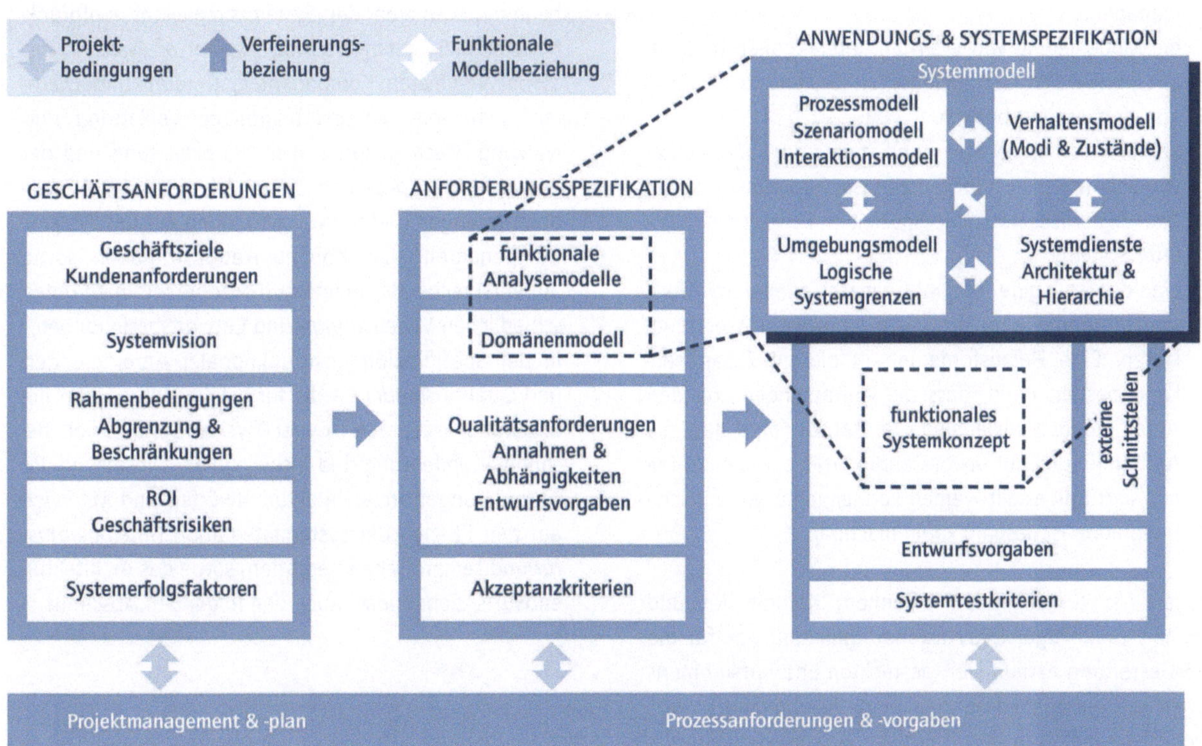

Dieses Referenzmodell eines *modellbasierten Requirements Engineering* geht über aktuelle Ansätze des *Requirements Engineering* hinaus. Einschließlich der in Abschnitt 5.3.1 genannten Methoden konzentrieren sich diese nämlich auf informelle Kommunikation von Nutzeranforderungen und den Bereich der technischen Lösungen – im Einzelnen:

- die iterative, simulationsbasierte und zunehmend auch die explorative Erhebung und *Validierung* von Anforderungen,
- Prozesse der Kommunikation und Verhandlung von Anforderungen, ihre meist informelle Beschreibung und Spezifikation sowie ihre Zuordnung zu Entwurfselementen wie Schnittstellen und Systemfunktionen.
- Verwaltung und Zuordnungen der Anforderungen mithilfe allgemeiner Werkzeuge für das Anforderungsmanagement,
- die Modellierung von *Diensten*, Interaktionen und Daten im Bereich der technischen Systemspezifikation, also dem Lösungsbereich,
- auf die technische Kommunikation und Spezifikation von Schnittstellen und Verhaltensanforderungen sowie ihrer *Sicherheits*merkmale, speziell im Bereich eingebetteter Systeme,
- eine durchgängige Integration verschiedener Spezifikationsbestandteile im Entwicklungsprozess in Werkzeugketten. Eine Herausforderung in diesem Zusammenhang besteht darin, dass die Auffassungen von den Anforderungen unklar sind. Das hat zur Folge, dass die Anforderungen nur unvollständig erfasst und nicht formalisiert dargestellt werden können; eine semantische Integration ist deshalb kaum machbar.

Wegen der zunehmenden Offenheit, Komplexität und Neuheit zukünftiger CPS-Anwendungen und des für die CPS-Gestaltung extrem weit gesteckten Entwurfsrahmens liegen die Herausforderungen beim *Requirements Engineering* vor allem in der Erhebung, Analyse und Spezifikation der Anforderungen, die für die angemessene Gestaltung und Realisierung der CPS-Fähigkeiten benötigt werden.

Das führt zu Forschungsthemen

- in der adäquaten Erfassung, Analyse und präzisen Spezifikation des offenen Anwendungskontexts, des Problemraums, der Nutzerziele, der *Mensch-Maschine-Interaktion* und gezielten Bestimmung der funktionalen und nichtfunktionalen Anforderungen in Form formalisierter Anforderungs*modelle*. Besonders zu berücksichtigen ist dabei die evolutionäre Entwicklung von Cyber-Physical Systems in Gestalt kontext*adaptiver* Erweiterungen zu neuen Funktionen und Fähigkeiten, die auf existierenden Teilfunktionen, -diensten, Infrastrukturen oder Plattformen basieren.
- beim Strukturieren der Systemkomplexität multifunktionaler CPS-Systemverbünde (*System of Systems*) mit global vernetzten Komponenten, Geräten und *Diensten*, samt ihrer kontextabhängigen Verkettung und Nutzung. Dazu gehören auch die Skalierung und der Entwurf von Konzepten zum Verfeinern der Nutzeranforderungen und zu ihrer Abbildung auf das System-, Komponenten- und Kommunikationsverhalten sowie auf entsprechende Architekturkonzepte mit ihren unterschiedlichen *Verfeinerungs*- und Entwurfsbeziehungen,
- in der Spezifikation nichtfunktionaler Anforderungen und Qualitäts*modelle* – die für die Gestaltung und Realisierung akzeptabler Cyber-Physical Systems von besonderer Bedeutung sind –, sowie in der Umsetzung der Anforderungen in Architekturentwürfen und *Modellen* auf den Ebenen der Systemintegration (*Interoperabilität* und semantische Integration) sowie des Architekturentwurfs; siehe hierzu auch den folgenden Abschnitt.

5.3.3 UMFASSENDE UND INTEGRIERTE MENSCH-, SYSTEM- UND ARCHITEKTURMODELLE

CPS-Szenarien, -Anwendungen und -Nutzenpotenziale durchdringen alle Lebensbereiche. Das macht tiefe Analysen erforderlich, um ein umfassendes Verständnis der Zusammenhänge heutiger und künftiger Anwendungswelten zu gewinnen. Es gilt, dabei auch alle Beteiligten und Systeme sowie die erforderliche *Mensch-System-Kooperation* zu erfassen und abzustimmen.

Für eine angemessene Gestaltung, Konstruktion und Beherrschung von Cyber-Physical Systems sind integrierte Beschreibungs-, Konstruktions- und System*modelle* sowie Architekturkonzepte aus folgenden Bereichen notwendig:

- Ingenieurdisziplinen und Naturwissenschaften; im Einzelnen: Maschinenbau, Elektrotechnik, Physik, Chemie und Biologie
- Informations- und Kommunikationstechnik (*IKT*), eingebettete Systeme, Internet, Sensorik, Netzwerke und Systemmanagement
- menschliches Denken, Verhalten und komplexes Problemlösen, basierend auf *Modellen* und Ergebnissen von Kognitionspsychologie, Neurowissenschaften und Gehirnforschung
- Sozialwissenschaften, soziale Netzwerke und die formale Analyse von Organisations-, Akteurs- und weiteren Netzwerken
- Nutzung dieser Konzepte und ihre Integration mit *Modellen* der Informatik

Beschreibungs-, Analyse- und Konstruktions*modelle* mit formalisierter Spezifikationssprache und Semantik erlauben die gezielte Erhebung, aussagekräftige Spezifikation und systematische *Validierung*, *Verifikation* und Qualitätssicherung von Anforderungen und Systementwürfen; siehe auch Abschnitt 5.3.2.

Komplexitätsreduktion und damit einfachere Beherrschung von Cyber-Physical Systems, um weitere Qualitäts-, Produktivitäts- und Effizienzgewinne zu erreichen, sowie mögliche Kosteneinsparungen werden aktuell im *Engineering* unter den folgenden Stichpunkten erforscht:

- *modell*basierte beziehungsweise *modellgetriebene Entwicklung*, desgleichen Architekturentwurf und -bewertung, Test, Integration sowie Systemanalyse und *Verifikation*,
- *Mensch-Maschine-Systeme* und *menschliche Faktoren*, Letztere meist beschränkt auf die Nutzung und Bedienung von Systemen in der Arbeitswelt,
- *Virtual Engineering*,
- evolutionäre Softwareentwicklung
- *Wiederverwendung* (Re-use)) und Software-Produktlinien
- im Bereich der reinen Softwareentwicklung generative Programmierung und Synthese.

5.3.3.1 Zentrale Bedeutung integrierter Modelle und Architekturen

Eine besonders wichtige Anforderung beim *Engineering* von CPS-Anwendungen ist die Erarbeitung integrierter Beschreibungs- und Konstruktions*modelle* sowie von Verfahren, mit denen sich die CPS-Kernfähigkeiten, samt der erforderlichen Architekturen und *Anwendungsplattformen* realisieren lassen. Darüber hinaus gilt, es, die Einhaltung nichtfunktionaler Anforderungen in offenen Systemen nachzuweisen und die in den Abschnitten 3.5 und 3.6 angesprochenen Herausforderungen zu bewältigen. Zu beantworten sind Fragen hinsichtlich der Integration auf der technischen Ebene, der *Mensch-Maschine-Interaktion* sowie der Wirtschaftsbeziehungen, *Geschäftsmodelle*, *Ökosysteme* und ihrer Architekturen.

Einerseits ist zu klären, wie die physikalischen *Modelle* aus dem Maschinenwesen und verwandten Ingenieurdisziplinen mit digitalen *Modellen* des Software und System *Engineering* besser integriert werden können. Gerade im Umfeld von Regelungstechnik, Modellierungstechnik in Software- und System-*Engineering* und klassischen *Modellen* sowie der Konstruktionslehre im Maschinenwesen besteht hier eine Fülle von Herausforderungen. So haben etwa zum Bereich *Smart Grid* unterschiedliche Disziplinen ihre Beiträge geleistet: Fachleute der Informatik, Informations- und Kommunikationstechnik, aber auch für Energienetze und Endgeräte, etwa für *Smart Metering*.

Andererseits gilt es zu untersuchen, welche *Modelle*, Verfahren und interdisziplinären Forschungsanstrengungen benötigt werden, um die tiefgreifenden Veränderungen der *Mensch-Maschine-Interaktion* zu erfassen und zu analysieren, die durch Cyber-Physical Systems sowie durch Informations- und Kommunikationstechnologien, speziell durch das Internet, ausgelöst werden. Auch die umfassenden gesellschaftlichen und politischen Auswirkungen müssen untersucht sowie für Nutzer und Gesellschaft brauchbare und akzeptable CPS-Anwendungen und *Dienste* gestaltet werden.

Bereits in der *künstlichen Intelligenz*, der Robotik sowie in den Assistenz- und Verkehrsmanagementsystemen haben *Modelle* der Kognitions- und Verhaltenspsychologie sowie der Soziologie[58] wesentliche Beiträge geleistet. Diese interdisziplinäre Forschung gilt es, im Kontext von Cyber-Physical Systems auszubauen und in alle Aufgaben des *Engineerings* zu integrieren. In diesem Sinne muss die Zielsetzung der Akzeptanzforschung erweitert werden. Sie muss künftig über die individuelle unmittelbare Nutzerperspektive hinausgehen[59] und sich zusätzlich der tiefer gehenden *Mensch-System-Interaktion* in Cyber-Physical Systems und ihren Auswirkungen auf die Gesellschaft zuwenden. Diese neue Akzeptanzforschung ist in das *Engineering* zu integrieren.

Erforderlich ist auch eine Integration mit *Modellen* der Wirtschaftswissenschaften und Ökonomie. Dabei geht es zum Beispiel um die Gestaltung von *Geschäftsmodellen*, Konzepte für den *Kundennutzen*, die Ermittlung von Akzeptanzfaktoren und erweiterte Qualitäts*modelle* sowie um integriertes *Engineering* in *Wertschöpfungsnetzen* und *Ökosystemen*. Dieser Punkt wirkt sich auch auf die künftige Gestaltung der Unternehmensgrenzen und -beziehungen und in dem Zusammenhang auf die Frage aus, wie künftig Investitionen, Umsätze und Erträge sowie der mittelbare und langfristige *Return on Investment* (*RoI*) aufgeteilt werden.

5.3.3.2 Anforderungsgerechte und integrierte Architekturen

Für die Integration der Begriffswelten und Modellierungskonzepte sind im *Engineering* einheitliche Anforderungs*modelle* und Architekturkonzepte erforderlich, strukturiert nach Abstraktions- und Systementwurfsebenen sowie funktionalen Modellierungssichten, wie sie beispielsweise in den Verfeinerungsebenen und Systemsichten des funktionalen Systemkonzepts in Abbildung 5.1 und in [GS07, Sch04] für eingebettete Systeme zusammengefasst sind. Dies gilt sowohl für die Beschreibung und Modellierung von Problemstellungen und ihren Anforderungen sowie für den Systementwurf als auch für ihre Integration, *Validierung*, Evolution und Abstimmung zwischen den *Stakeholdern* – Kunden, Nutzern und Ingenieuren verschiedener Disziplinen. Folgende *Referenzarchitekturen* wurden entwickelt:

– allgemeine *Referenzarchitekturen* der Systementwicklung, zum Beispiel das TOGAF-Framework [TOG09] für die Entwicklung von Informationssystemen, das NATO-Architecture Framework [DoD09a, NAF07] für die Entwicklung eingebetteter Systeme im militärischen Bereich und das allgemeine V-Modell-XT[60]

58 Siehe auch Projekte innerhalb des DFG-Schwerpunktprogramms Sozionik (= Soziologie + Informatik) [FFM05, Soc07].

59 Ziele sozialwissenschaftlicher Akzeptanzforschung von Innovationen nach [Rei82, Man83, Sim01] sind es, die Gründe für eine Annahme oder eine Ablehnung einer konkreten Innovation durch potenzielle Nutzer zu erforschen. Das geschieht unter zwei Perspektiven: die Erklärung von Wechselwirkungen zwischen der Einführung von Innovationen und ihren Auswirkungen und (2) der gestalterischen Zielsetzung - Hinweise für die weitere Ausgestaltung von Innovationen im Hinblick auf ihre Nutzung durch die Anwender zu geben. (zusammengefasst aus [Qui06]).

60 Siehe [FSHK09].

– domänenspezifische *Referenzarchitekturen* und Standards, zum Beispiel IMA (Integrated Modular Avionics [IMA]) im Bereich der Avionik, der AUTOSAR-Standard [AUT] im Bereich der Automatisierungssysteme in der Fahrzeugentwicklung, [Gif07, MLD10, Dra10] und die EPC-Global-Architektur [ABD+10] in Handel und Logistik. Sie verfügen auf der *technischen Architektur*ebene, aber auch im Bereich der Kommunikationsnetze, Energienetze und der Logistik, über formalisierte und standardisierte Architektur- und Schnittstellenspezifikationen für die *modellgetriebene Entwicklung* sowie für die herstellerübergreifende Integration und *Interoperabilität* von Komponenten und Funktionen.

Kern aller Systemarchitekturkonzepte ist eine Strukturierung nach folgenden System- und Abstraktionsebenen (siehe Abbildung 5.2) sowie Systemsichten:

– **Funktionsebene**: strukturierte Sicht von außen, also aus Sicht der Nutzer oder anderer Systeme, auf die verfügbaren Funktionen und *Dienste* eines Systems – *Funktions-* oder *Dienstearchitektur*
– **Logische Architekturebene**: Sicht auf die Struktur des Systems, also auf seine logische Gliederung in Komponenten, Schnittstellen und Interaktionsbeziehungen für die optimale Umsetzung der *Dienste*, die auf der Funktionsebene angeboten werden. Damit verknüpft sind Anforderungen und Fragen hinsichtlich der Aufteilung der Architektur, beispielweise nach

Abbildung 5.2: Strukturierung nach System- und Abstraktionsebenen sowie ihren *Verfeinerungsbeziehungen* (vereinfachte Abbildung aus [TRS+10, BFG+08]). Die Abstraktionsebene der Nutzer- und Anwendungsprozesse, die die Funtkionalität des Systems nutzen, ist in diesem Bild nicht berücksichtigt; siehe auch die Inhalte der Geschäfts- und *Anforderungsspezifikation* in Abbildung 5.1.

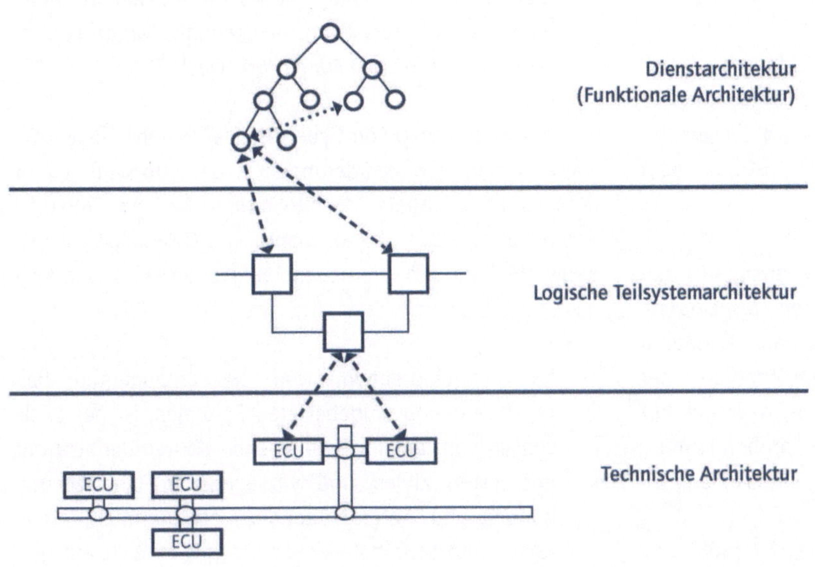

  - Steuerungs- und Koordinationsaufgaben, die zentral erledigt werden oder auf mehrere Komponenten verteilt sein können,
  - der Konzentration zeitkritischer Bearbeitungsaufgaben in einer Komponente,
  - der Auslegung redundanter Architekturen für *sicherheitskritische* Anwendungen,
  - geeigneten Architekturentwürfen für nichtfunktionale Anforderungen; siehe auch die wesentlichen Akzeptanzfaktoren für Cyber-Physical Systems in Abschnitt 3.4 und die Technologiekonzepte für ihre Umsetzung in den Abschnitten 5.2, *Sicherheit* und Schutz der *Privatsphäre*, sowie 5.3.5, Qualitäts-*Engineering*.
- **Technische Architektur**: bestimmt die *technische* Umsetzung und *Architektur* der Funktionalität sowie ihre Abbildung auf
  - Software (Code-Architektur, Laufzeitsystem und Laufzeitelemente etc.),
  - Hardware (Prozessoren, Steuergeräte, CPUs), Kommunikationsverbindungen (*Bus*systeme),
  - Sensorik, Aktorik, *Mensch-Maschine-Interaktions-*Komponenten.

  Der Schwerpunkt liegt bei der Abbildung und Verteilung der logischen Funktionen auf konkrete Software- und Hardware-Architekturen, etwa *Sicherheits*mechanismen in der *technischen Kommunikation*, oder Multicore-Architekturen.

Entsprechende Architekturfragen gelten auch für den Entwurf *intelligenter* Umgebungsstrukturen, *Infrastrukturen* –, zum Beispiel nach der Anordnung und geeigneten Kontrollstrukturen der verschiedenen Komponenten einer intelligenten Kreuzung oder der Aufteilung medizinischer Versorgungszentren für eine medizinische Fernbetreuung – und *CPS-Plattform* (siehe Abschnitt 5.3.3.3 und Anhang B).

Im Rahmen des Verbundprojekts SPES 2020 [SPE] entwickeln hierzu Forschungs- und Industriepartner in enger Abstimmung anhand von Einsatzszenarien aus den Bereichen Medizin, Avionik, Automotive, Energienetze und Automatisierung grundlegende formale und semantisch fundierte Architektur*modelle* für eingebettete Systeme. Sie nutzen die oben zusammengefassten Potenziale der *modell*basierten Entwicklung und durchgängigen *Validierung* und *Verifikation*.

Für die strukturierte Beschreibung der Nutzungs-, Prozess- und Umgebungsanforderungen an die Systeme werden in den *Referenzarchitekturen* die folgenden Abstraktionsebenen zusammengefasst:

- Geschäftsarchitekturen samt ihrer Zielsysteme und der relevanten Begriffswelt
- Anwendungs-, Nutzungsprozess- und Organisations*modelle* sowie Umgebungsarchitekturen
- umfassendere operationelle Umgebungs*modelle* im Bereich der Luftfahrt, der Aufklärungseinsätze von Drohnen - zum Beispiel bei Naturkatastrophen - oder vernetzter Systeme im militärischen Bereich, etwa „Operational und Capability Views" im Architektur-Framework des US-Verteidigungsministeriums (Department of Defense Architecture Framework, DoDAF).

Für das *Engineering* von Cyber-Physical Systems liegen die wesentlichen Herausforderungen in der Erforschung und Konzeption adäquater Architektur*modelle* und Entwurfsmethoden, die die Charakteristika von Cyber-Physical Systems abbilden und ihre neuen Fähigkeiten realisieren können. Im Einzelnen:

- Im Architekturentwurf von CPS-Komponenten, beispielsweise von eingebetteten Systemen, ist der Blickwinkel von einer geschlossenen Systembetrachtung mit festen Zielen und vorgegebenen Einsatzbedingungen und Anforderungen zu erweitern. Im Architektur- und Schnittstellenentwurf gilt es, sich auf den offenen Nutzungskontext, die Vielfalt der Einsatz- und

Integrationsanforderungen sowie ihre ungewissen Vernetzungs- und Adaptionserfordernisse einzustellen.

- Auf den oberen Abstraktionsebenen der Problem-, Anwendungs- und Anforderungswelten ist ein tieferes Verständnis der Einsatzgebiete notwendig. Es sind Verhaltensmuster, *Domänen-* und Umgebungs*modelle* sowie Architekturen auf- und auszubauen, die geeignet sind, CPS-Dienste und Funktionen auf allen Systemarchitekturebenen gestalten und integrieren zu können.
- Insbesondere gilt es, neue Anforderungen und Mechanismen für die lokale und globale Gestaltung der *Dienste* und *Funktionsarchitekturen* zu erforschen. Sie müssen in verschiedenen Kontexten eingesetzt sowie mit unbekannten Systemen und Funktionen zusammengeführt werden können. Zudem ist es wichtig, dass die Mechanismen auf allen Systemebenen *interoperabel* sind und sich hinsichtlich der Anforderungen der Nutzer und der Anwendungsprozesse anpassen und integrieren lassen. Abbildung 5.3 zeigt die Integrationserfordernisse und den Zusammenhang auf den verschiedenen Systemebenen.
- Die komplexen nichtfunktionalen Anforderungen an Cyber-Physical Systems müssen verstanden werden. Gleiches gilt für die Erfordernisse hinsichtlich der Gestaltung, des verteilten Entwurfs und der offenen Komposition von *Diensten* und Komponenten auf den

Abbildung 5.3: Abstraktions- und Entwurfs- sowie Integrations- und *Interoperabilitäts*ebenen von Cyber-Physical Systems.

Integrierte Kunden- und Nutzungsprozesse

Nutzersichtbare Interoperabilität

Dienstintegration entsprechend Nutzungsbedarf

Semantische Interoperabilität

Domänenspezifische Architekturen und Plattformen

Technische Interoperabilität

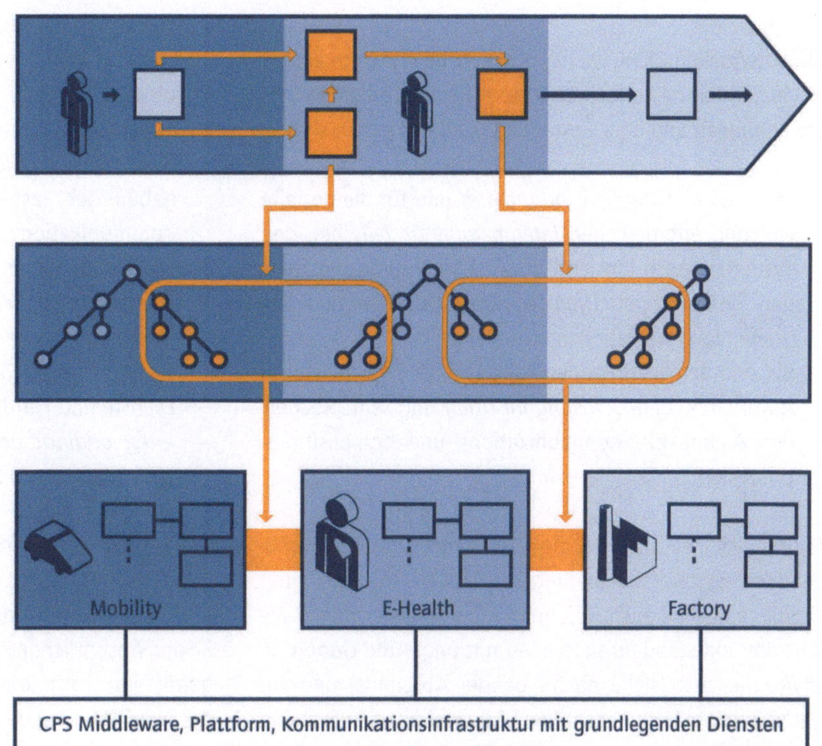

einzelnen Entwurfs- und Integrationsebenen des Systems – Nutzungsprozessebenen, Funktions- und *Dienste*ebenen, *logische* und *technische Architektur*ebenen – und der Umgebung.[61] Konzepte für Schnittstellen und Protokolle sowie für Interaktions- und Kooperationsverhalten sind festzulegen. Hierzu sind auch Verfahren der *nutzerzentrierten* Architekturexploration und -bewertung nötig; siehe auch Abschnitt 5.3.1.

- Die Basisaufgabe und Herausforderung auf der *technischen Architektur*ebene besteht darin, einheitliche *Kommunikations-* und *Middleware-Plattformen* für Cyber-Physical Systems zu erforschen und aufzubauen. Das vorrangige Ziel ist es, generische und domänenübergreifende Netz- und Kommunikationsstrukturen, Protokolle, *Interoperabilitäts*standards sowie grundlegende CPS-*Dienste* und Qualitätssicherungsmechanismen zu schaffen (siehe auch nachfolgenden Abschnitt 5.3.3.3).

Alle potenziellen CPS-Anwendungsbereiche erfordern ein tiefes Verständnis der jeweiligen Systemcharakteristika der CPS-Anwendungen und ihrer Gestaltung. Zu untersuchen sind:

- der Grad an Offenheit, *Adaptivität* und für die gezielte Nutzung erforderlichen *Interoperabilität* zwischen den Systemen, auch hinsichtlich der Kooperation mit fremden Systemen und *Diensten* sowie der *domänen*übergreifenden Integrationsmechanismen
- die erforderlichen Formen vollständiger oder teilweiser *Autonomie* und *Selbstorganisation* mit entsprechenden Architektur-, Kommunikations- und Kompositionsprinzipien

Vordringlich ist hierbei die Zusammenführung grundlegender Systemmodellierungskonzepte der beteiligten Disziplinen (siehe auch Abschnitt 5.3.3.1), eine offene *CPS-Plattform* mit standardisierten Vermittlungs- und *Quality-of-Service-Diensten* (siehe nachfolgender Abschnitt) und ein Systemmanagement autonomer und evolutionärer Systeme (siehe Abschnitte in 5.3.3 und 5.3.4).

5.3.3.3 Offene CPS-Plattform mit grundlegenden Interoperabilitäts- und Quality-of-Service-Diensten

Wesentliche technische und strategische Basis für die Innovationsvielfalt und evolutionäre Anwendungsentwicklung von Cyber-Physical Systems sind offene *CPS-Plattformen* mit grundlegenden *Interoperabilitäts-* und *Quality-of-Service-Diensten*. Sie bieten generische Basisfunktionalitäten für *sichere* Vernetzung, Vermittlung und Integration von CPS-Anwendungen und deren evolutionäre Weiterentwicklung.

In Anhang B sind wesentliche Funktionalitäten, die von zukünftigen *CPS-Plattformen* erbracht werden sollten, am Beispiel der *Domäne* Automobil zusammengefasst. Auf Basis von Experteninterviews sind dort folgende *CPS-Plattformdienste* beschrieben:

- Komponentenmanagement
- Sensorik zur Erfassung der physikalischen Umwelt und von Kontexten, ferner zur Datenfusion und Zeitsynchronisation
- dynamische Verwaltung von Daten und *Diensten*, einschließlich *Plug-and-Play*-Mechanismen sowie Aufgaben der Lastverteilung und standortunabhängige Kommunikation
- *Dienste*interaktion, Kontrakt- und Sitzungsmanagement
- Überwachung, *Adaption* und Kommunikation der *Quality of Service*
- *Selbstheilung* und Rekonfiguration
- *Dienste* und Hardware für *IT-Sicherheit*
- *Intermodalität* und Übersetzung von *Ontologien*, Datenformaten und Protokollen

5.3.3.4 Nutzerzentrierte und nutzersichtbare Interoperabilität – Kooperationsmodelle der Anwendungswelten

Zu den wesentlichen Fähigkeiten von Cyber-Physical Systems gehört ihre kontinuierliche Erfassung und die Integration der jeweiligen lokalen, regionalen und globalen Kontexte; siehe Abschnitt 3.4. Damit im Rahmen integrierter

[61] Beispielsweise der *intelligenten Infrastruktur* im Verkehr (Mobilitätsszenarien) oder in Gebäuden (*AAL*-Szenarien).

CPS-Prozesse die verschiedenen Anwendungssysteme und ihre *Dienste* genutzt werden können, sind neben der technischen und *semantischen Interoperabilität* auf Funktionsebene adaptive Schnittstellen und *Modelle* des jeweiligen Nutzungskontexts der Anwendungswelten (*Domänenmodelle*) erforderlich. Beginnend mit integrierten und formalisierten Begriffswelten (*Ontologien*) gilt es, aus Sicht der Anwendungen und ihrer Nutzer Zielsysteme sowie Kontext[62] - und Architektur*modelle* aufzubauen, zu erweitern und kontinuierlich zu *validieren*[63], die miteinander kompatibel sind.

Hierin liegt eine der größten Herausforderungen für die Gestaltung *brauchbarer* und akzeptabler Cyber-Physical Systems. Völlig unklar ist derzeit hierbei jedoch die Gestaltung der *Mensch-Maschine-Interaktion*. Folgende Fragen gilt es in diesem Zusammenhang zu beantworten:

- Wie einfach müssen Kooperation, Verkettung und *Dienste*integration zwischen CPS-Komponenten gestaltet sein, damit die Nutzer Situationen und Systeme einschätzen und beherrschen können? Wie viel Einsicht in die Vernetzungsaktivitäten und -zustände des jeweiligen Systems benötigen die Nutzer?
- Wer oder was - Menschen, Systeme, Teilsysteme - entscheidet über die Auswahl und Kooperation mit geeigneten *Diensten* und auf welcher Entwicklungsebene geschieht das?
- Wie viel autonomes Handeln der Systeme ohne Mitsprache der Benutzer im Bereich der Vernetzung, Qualitätsbewertung von *Diensten* und Kooperation ist für die jeweilige Situation angemessen und für den einzelnen Nutzer annehmbar?
- Was muss andererseits das Cyber-Physical Systems, beispielsweise ein digitaler Assistent, über die Situation, den Kontext und die aktuellen Ziele und Wünsche des Nutzers wissen oder von anderen Systemen in Erfahrung bringen, um situationsgerecht handeln zu können? Wie viel Kontrolle über diese vernetzten Aktivitäten des Systems haben Nutzer, wie viel Kontrolle sollen sie haben?

Die offenen Fragen beziehen sich nicht nur auf die *Interoperabilität* der Anwendungssysteme und die dazu erforderlichen *Domänenmodelle* und Technologien. Sie betreffen auch grundsätzlich die Gestaltung der *Mensch-Maschine-Interaktion* in Cyber-Physical Systems, bis hin zu den damit verbundenen gesellschaftlichen Aspekten; siehe hierzu auch Kapitel 4.

5.3.3.5 Anforderungsverfolgbarkeit - Voraussetzung für die Bewertung von Entwurfs- und Kooperationsentscheidungen

Die genannten *Referenzarchitekturen* und ihre spezifischen Ausprägungen in verschiedenen Anwendungs*domänen*, einschließlich ihrer *Interoperabilitäts*- beziehungsweise Kooperations*modelle*, definieren je nach Formalisierungsgrad und Vollständigkeit die *Verfeinerungs*- und Entwurfsbeziehungen[64]. Damit legen sie Konstruktions- und Kompositionsregeln fest, die Entwicklung, Anpassung und - zur Laufzeit - Kooperation in CPS-Anwendungen und vernetzten Systemverbünden bestimmen. Diese Beziehungen zwischen den Elementen der *Anforderungsspezifikation* und des Systementwurfs werden auch *Traceability*-Beziehungen genannt.

Voraussetzung für die in Abschnitt 5.3.3.3 diskutierte Kontextintegration und für ein nutzerzentriertes Verhalten von Cyber-Physical Systems ist folglich auch eine Formalisierung der jeweiligen Nutzer- und *Stakeholder*-Anforderungen,

62 Komplexe Umgebungs-, Prozess-, Situations- und Regel*modelle*.

63 Beispielsweise explorative Methoden und Erprobungen der Anwendungen in *Living Labs*.

64 Der Dienst *Abstandhalten* eines ACCs (Adaptive Cruise Control) im Fahrzeug aus den logischen Funktionen *Abstand messen*, *erforderliche Geschwindigkeit berechnen* und *Geschwindigkeit aussteuern und regeln* (*Motor*); Die Funktionen *Abstand messen* und *Geschwindigkeit berechnen* werden wiederum durch entsprechende *Sensoren*, Kommunikation und Berechnungen auf der technischen Entwurfsebene realisiert. Diese Beziehungen zwischen den Systemabstraktionsebenen werden daher auch als Verfeinerungs- und Entwurfsbeziehungen bezeichnet.

Domänen- und Kontextmodelle sowie der möglichen Abbildungen dieser Anforderungen auf die *Dienste*, die sie realisieren, sowie auf die Kooperationen der CPS-Architekturen und Komponenten. Diese übergreifende und durchgängige Verfolgung von Anforderungen, besonders von solchen nichtfunktionaler Art, ermöglicht die durchgängige *Validierung* und Verifizierung von Entwurfs- und Kooperationsmöglichkeiten hinsichtlich der Erfüllung der Nutzer- und Kundenanforderungen. Das gilt sowohl in der Entwicklung als auch zur Laufzeit der Systeme.

Bereits in der derzeitigen Entwicklung eingebetteter Systeme bestehen große Defizite hinsichtlich der durchgängigen Erhebung, Spezifikation und Sicherstellung funktionaler und nichtfunktionaler Anforderungen. Nutzungsanforderungen sowie Annahmen der Ingenieure über die Umgebung, ihre Prozesse und das Verhalten der Beteiligten werden meist unvollständig erhoben, analysiert und unzureichend spezifiziert. Ihre Sicherstellung, *Validierung* und *Verifikation* im Entwurf sind deshalb kaum möglich [GTKM11].

Die Anforderungen an Cyber-Physical Systems sowie ihre Entwurfs- und Vernetzungsbeziehungen unterliegen dynamischen evolutionären Veränderungen. Zusammen mit der nutzer- und kontextabhängigen Auswahl und Gewichtung in den jeweiligen CPS-Anwendungen führt das zu einer enormen Komplexität. Die größten Herausforderungen für die Beherrschung der Systeme liegen in der Entwicklung geeigneter Anforderungs- und *Kontextmodelle*, Abstraktionsmechanismen und Skalierungskonzepte für das Anforderungs- und Systemmanagement. Ohne diese Voraussetzungen wäre eine zielorientierte und brauchbare Nutzung der Modelle kaum möglich.

Abbildung 5.4: Für die agendaCPS modifizierter Referenzprozess des Produktlinien-Ansatzes PRAISE (wie in [Ber07] zitiert)

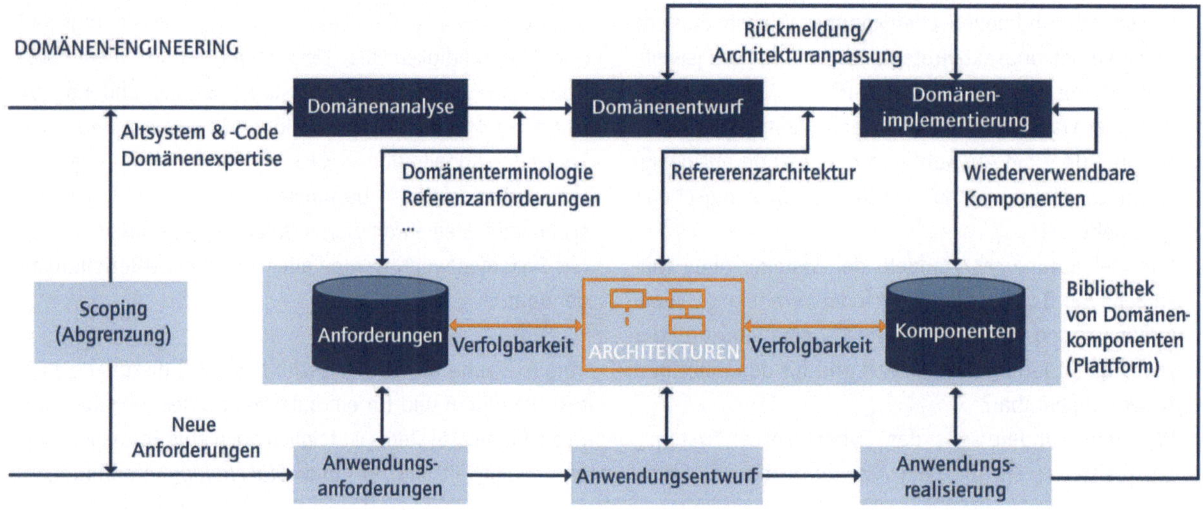

5.3.4 DOMÄNEN-ENGINEERING UND SYSTEM-MANAGEMENT

Domänen-Engineering umfasst die Erfassung domänenspezifischen Wissens als Grundlage für Entwicklung und Evolution von Systemen, Produkten und Dienstleistungen einer *Domäne*. Das schließt Methoden der Analyse und Modellierung von Anforderungen in der *Domäne* ein, außerdem Entwurf und Modellierung generischer Lösungsarchitekturen für Produktfamilien, die Konzeption *wiederverwendbarer* Komponenten, Funktionen und *Dienste* der Architektur und die Evolution der *Domänen*-, Architektur- und Implementierungs*modelle*. Teilthemen des *Domänen-Engineerings* sind Wissensmodellierung auf Basis von *Ontologien* in der *Domänenmodellierung* und domänenspezifischen Sprachen für die Programmentwicklung.

Abbildung 5.4 zeigt die Grundkomponenten eines *Domänen-Engineerings*, wie es im Bereich der Produktlinienentwicklung softwareintensiver Systeme seit Jahren erforscht [KCH+90, Ber07] und zunehmend auch im Bereich komplexer eingebetteter Systeme eingesetzt wird. Stellvertretend für die verschiedenen Ansätze gibt die Abbildung einen Überblick über die systematische Entwicklung und die Evolution domänenspezifischer Anwendungs- und Entwicklungsplattformen sowie ihrer *Engineering*-Bausteine – siehe Bibliothek von Kernkomponenten der *Domäne* in Abbildung 5.4. Es handelt sich dabei beispielsweise um *Domänenmodelle*, Architekturmuster sowie um Entwurfs- und *Validierungs*methode. Die Bibliothek hat das Ziel, dass die Elemente in spezifischen Anwendungsentwicklungen (siehe Anwendungs-*Engineering*) eingesetzt beziehungsweise *wiederverwendet*, angepasst und weiterentwickelt werden können.

Zur praktischen Bewältigung der genannten Herausforderungen müssen in den Anwendungsgebieten iterativ, in Entwicklungs- und Explorationszyklen, domänenspezifische *Anwendungsarchitekturen*, *-plattformen* und Architekturkonzepte samt Kompositions- und Integrationsmechanismen erarbeitet werden; das gilt auch für die Umsetzung nichtfunktionaler Anforderungen. Das geschieht zwar in erster Linie *domänen*spezifisch, die Kompositions- und Integrationsmechanismen müssen jedoch *domänen*übergreifend *interoperabel* gestaltet werden; siehe die genannten *Interoperabilitäts*- und *Quality-of-Service-Dienste* von *CPS-Plattformen* in Abschnitt 5.3.3.

Zu den Forschungsschwerpunkten gehört auch die Untersuchung und Erarbeitung von Evolutionskonzepten für CPS-Architekturen, besonders hinsichtlich der Wechselwirkung zwischen *domänen*spezifischen, *domänen*übergreifenden und generischen Architekturen und Architekturmustern. In der Softwareentwicklung werden solche Fragen unter den Begriffen evolutionäre Softwareentwicklung, *Modell*entwicklung, evolutionäre Softwarearchitekturen und ihre *Wiederverwendung* erforscht. Inwieweit sich Erkenntnisse aus diesem Bereich für die *domänen*übergreifende und hochgradig interdisziplinäre CPS-Evolution nutzen lassen, ist noch ungewiss.

5.3.4.1 Domänen-Engineering offener CPS-Anwendungen und Plattformen

Von besonderer Bedeutung für das *Domänen-Engineering* von Cyber-Physical Systems sind

- die Bestimmung und Entwicklung geeigneter *Domänenmodelle*[65] einschließlich verschiedener Sichten und Anforderungen von Nutzern und *Stakeholdern*,
- die Erarbeitung von Mechanismen zur Auswahl und Abgrenzung (*Scoping*) von Umgebungsausschnitten sowie von Problem- und Aufgabenstellungen, die in einer konkreten Anwendung jeweils relevant sind,
- die Konzeption *interoperabler* Architektur- und Kompositionsmuster für die Realisierung nichtfunktionaler Anforderungen; siehe auch 5.3.5 Quality *Engineering*,

[65] *Kontextwissen*, Umgebungs*modelle*, -Architekturen, Nutzer- und Beteiligten*modelle*, Ziele- und Anforderungs*modelle*, Modellierungsprinzipien und -methoden, Geschäfts- und technische Regeln, physikalische Beschränkungen.

- flexibles *Tailoring* von Entwicklungsprozessen sowie von Lifecycle- und Integrationsmanagement unterschiedlicher CPS-Komponenten und Subsysteme, sowohl über *Domänen-* als auch über Unternehmensgrenzen hinweg, etwa bei Fernwartung oder Update, Austausch und Evolution von Komponenten, auch im laufenden Betrieb,
- Mechanismen zur *Wiederverwendung* und Anpassung sowie Variantenmanagement
- und das komplexe Management der *Anwendungs-* und *Domänenplattformen* für das *Engineering* sowie für Anwendungen und Werkzeuge; diese entwickeln sich teils evolutionär - mit mitunter nicht eindeutig bestimmbaren Effekten -, aber auch revolutionär, also mit disruptiven Wirkungen auf die jeweiligen *Domänen*.

5.3.4.2 Systemmanagement und Engineering von Autonomie und Evolution

Neben dem Thema der Evolution von *CPS-Anwendungs*architekturen und *-plattformen* gilt es, *Modelle*, Methoden und Verfahren des *Engineerings* autonomer, *selbstorganisierender* und lernender Systeme zu entwickeln. Folgende Fragen des Systemmanagements sind zu beantworten:

- nach geeigneten Formen und Umfängen von *Autonomie*, beispielsweise für die Umsetzung der neuen CPS-Fähigkeiten und ihrer Anforderungen
- nach der Abwägung (Trade-off) und geeigneten Entscheidung zwischen zentralem Systemmanagement, dezentraler *Selbstorganisation* oder Kombinationen beider Formen
- hinsichtlich kritischer Systemeigenschaften von Cyber-Physical Systems im Allgemeinen und *domänen*spezifischer Anwendungen im Besonderen
- nach Risikoabschätzung und Bewertung: Inwiefern haben autonome Teilsysteme oder Funktionen von Cyber-Physical Systems Auswirkungen, die nicht mit den Zielen oder Bedürfnissen der Beteiligten übereinstimmen?
- aber auch grundlegende Fragen nach operativer Systemabgrenzung, *Autonomie* und *Selbstorganisation* einschließlich einer entsprechenden CPS-Anwendungs- und Systemklassifikation und -charakterisierung

Hierbei gilt es folgende Perspektiven zu unterscheiden

- auf das Systemmanagement auf der Anwendungsebene, also das Management *soziotechnischer Systeme* mit Menschen und sozialen Gruppen als vernetzte Bestandteile und Akteure des Anwendungssystems (siehe auch Abschnitt 4.1.4),
- auf das Systemmanagement der darunterliegenden technischen Systemebene, zum Beispiel von kritischen Infrastrukturnetzen wie *Smart Grids*; siehe auch Interdependent Networks[66] [Uli],
- auf das komplexe Zusammenwirken dieser beiden Systemebenen und damit auch auf die Steuerungsmechanismen und Effekte auf der Ebene gesellschaftlicher Fragen der *Mensch-Maschine-Interaktion*, der Sicherheit, Fairness und Akzeptanz sowie möglicher Kontrollverluste (siehe Kapitel 4).

Vorrangige Aufgaben im *Engineering* sind hierbei die Bestimmung der gesellschaftlichen und wirtschaftlichen Ziele, ihre nichtfunktionalen Anforderungen, Vorgaben und Regeln sowie ihre Umsetzung und Sicherstellung beim Entwurf und Management der Systeme (*Compliance*).

66 „Es gibt drei Arten von voneinander abhängigen Netzwerken in der heutigen kritischen Infrastruktur: (1) Supply Networks: Transportnetz für Strom, Öl und Gas; Wasserverteilungsnetze; Transport-/Straßentunnelsysteme; Produktionsfluss-Lieferketten; Gesundheitssysteme (2) Cyber-Netzwerke: Fernsteuerung und SCADA-Netzwerke (SCADA: Supervisory Control and Data Acquisition), E-Banking- und Finanznetzwerke, etc. (3) Management- und Organisationsnetzwerken, in denen Mitarbeiter die Dienste überwachen und/oder verwenden, die von den oben genannten Systemen geliefert werden." [Uli, CNI06, BBB04].

5.3.5 QUALITÄTS-ENGINEERING

Hinsichtlich des *Engineerings* der Qualität unterscheidet Garvin fünf Aspekte [Gar84]:

- transzendente Qualitätssicht - Qualität als immanente Güte
- produktbasierte Qualitätssicht - Qualität als die Summe bestimmter Produkteigenschaften. Anhand dieser Eigenschaften können Qualitätsmerkmale und -maße vereinbart werden und Produkte oder auch CPS-*Dienste* hinsichtlich ihrer Qualität miteinander verglichen werden, zum Beispiel nach den nachfolgenden Aspekten.
- anwenderbasierte Qualitätssicht - individuelle Qualitätsanforderungen und die entsprechende Bewertung von Produkten und -eigenschaften
- herstellungsbasierte Qualitätssicht - Qualität als das Ergebnis von Herstellungsprozessen. Sie wird bestimmt durch den Grad der Erfüllung vorgegebener Anforderungen beziehungsweise der Spezifikation.
- wertbasierte Qualitätssicht - Qualität als das Ergebnis eines Kosten-Nutzen-Vergleichs, sowohl auf Kunden- und Nutzer- als auch auf Herstellerseite

In der Summe ist die Qualität eines Produkts oder *Dienstes* nicht einheitlich bestimmbar; sie ist sicherlich das Ergebnis vielfältiger Vergleiche und Kosten-Nutzen-Abwägungen, sowohl in der *Wertschöpfungskette* als auch bei den Nutzern. Durch den unbestimmten und evolutionären Charakter von Cyber-Physical Systems mit umfassender Durchdringung gesellschaftlicher und wirtschaftlicher Prozesse sind die geeignete Qualitätsbestimmung samt der Ableitung von Qualitätsvorgaben sowie ihre Sicherstellung in Spezifikation, Entwicklung und integriertem Betrieb wesentliche Erfolgfaktoren.

In den vorigen Abschnitten wurden wesentliche Qualitätsfaktoren wie *Sicherheit*, *Verlässlichkeit* und *Brauchbarkeit* (*Usability*) der CPS-*Dienste*, aber auch die grundlegenden Akzeptanzfaktoren Individualisierbarkeit, Handlungsfreiheit und Sicherstellung der Einhaltung von Garantien hinsichtlich des Schutzes der *Privatsphäre* diskutiert. Durch die Vernetzung der CPS-Komponenten und die zunehmend offene Nutzung der CPS-*Dienste* in neuen und unbestimmten Kontexten stellen die Qualitätsanforderungen hinsichtlich *Betriebs-* und *IT-Sicherheit* sowie *Verlässlichkeit* von Cyber-Physical Systems bereits eine große Herausforderung für das *Engineering* dar; siehe Abschnitte 3.2 und 5.2. Auch die Bestimmung von kontext- und nutzerindividuellen Qualitätsanforderungen sowie ihre Kosten-Nutzen-gerechte Umsetzung in CPS-Produkte und Dienstleistungen in vernetzten CPS-Anwendungen stellt alle Beteiligten vor enorme Herausforderungen. Hier sind ein Umdenken und umfassend integrierte Anstrengungen in allen Bereichen der *Wertschöpfungskette* erforderlich.

Immer wichtiger werden allgemeine Qualitäts*modelle* sowie *Modelle* und Standards für *Quality-in-Use*-Kriterien - zusätzlich zu *Quality of Service* –, samt ihrer Bewertung sowie entsprechender *Engineering*-Verfahren und -prozesse (siehe etwa die in der ISO/IEC 25000 [ISO10] aufgegangene Norm ISO 9126). Für all das zeichnen sich jedoch erst allmählich *domänen*spezifische Normen ab, zum Beispiel die Ergänzungsnormen zu ergonomischen Forderungen der Normenreihe EN/IEC 60601 [IEC10] aus dem medizintechnischen Bereich.

Auf die neuen Herausforderungen der vernetzten intelligenten Technik von Cyber-Physical Systems sind diese *Modelle* und Normen aber bei Weitem nicht ausgerichtet. Weder die Anforderungen hinsichtlich Unternehmens- und *stakeholder*übergreifender Analyse und Abstimmung der Qualitätsanforderungen noch ihre Umsetzung in *interoperablen* Architekturen, Schnittstellen und Kompositionsprotokollen oder vereinbarten *Quality-of-Service*-Garantien werden bislang erfüllt. Das gilt speziell für die Forderung nach einer erweiterten *Sicherheits-* und Risikoanalyse für Cyber-Physical Systems (siehe hierzu auch Abschnitt 5.2).

5.3.5.1 Erweiterte Qualitätsmodelle und integrierte Methoden der Validierung und Verifikation

Für Cyber-Physical Systems sind wesentliche nichtfunktionale Anforderungen an *Brauchbarkeit* und Beherrschbarkeit der Systeme sowie die ungewisse Nutzung und Verkettung von CPS-Diensten in offenen Anwendungskontexten in die *Sicherheits*analysen von CPS-Anwendungen einzubeziehen. Ferner gilt es, entsprechend erweiterte *valide* und verbindliche Normen sowie Standards zu schaffen. Benötigt werden umfassende Qualitäts*modelle*, Methoden und durchgängige Verfahren der Analyse, Spezifikation und Sicherstellung nichtfunktionaler Anforderungen in Entwurf, Betrieb und evolutionärer Nutzung von Cyber-Physical Systems, die den erweiterten Qualitätsanforderungen Rechnung tragen. Das schließt interoperable *Anwendungs-* und *CPS-Plattformen* mit integrierten Architekturkonzepten und *Best Practices* zur Gewährleistung der erforderlichen Qualität ein, außerdem durchgängige Methoden der *Validierung* und *Verifikation*; siehe auch Abschnitte 5.3.3 und 5.3.4. Zu erarbeiten sind geeignete und praktikable Methoden der interdisziplinären Analyse und Modellierung von Qualitätsanforderungen und ihre Umsetzung in *interoperablen* und verbindlich festgelegten *funktionalen Architektur*konzepten auf allen Ebenen des Systementwurfs (siehe Abbildung 5.3).

Benötigt werden formalisierte Qualitäts*modelle* für die präzise Spezifikation von *Quality-in-Use*-Anforderungen in offen vernetzten Nutzungskontexten, die über die aktuellen Standards hinausgehen, wie sie etwa in den Ergänzungsnormen der Normenreihe EN 60601 der Medizintechnik [DKE10] oder auch in der ISO-Norm 26262 für *sicherheits*relevante elektrische und elektronische Systeme in Kraftfahrzeugen [ISO11] festgelegt sind. Außerdem bedarf es verlässlicher Qualitätsaussagen mit Verfahren der *Validierung*, *Verifikation* und Zertifizierung für die erweiterte Gestaltung und Qualitätssicherung von Cyber-Physical Systems. Dazu sind umfangreiche und integrierte Forschungsanstrengungen erforderlich; siehe auch die Abschnitte zu erweiterter *Betriebssicherheit* und *IT-Sicherheit* sowie zum Schutz der *Privatsphäre* in Abschnitt 5.2.

Interdisziplinäre und integrierte Forschungsanstrengungen: Im Zusammenhang mit der Vernetzung und offen verketteten Nutzung von CPS-*Diensten* gilt es, Fragen der *Mensch-Maschine-Interaktion* und *-Kooperation* auf allen Ebenen in die Systemgestaltung und des Entwurfs zu adressieren und nicht nur im Hinblick auf die erweiterten Anforderungen hinsichtlich Risikoanalyse und *Sicherheit*. Bei der CPS-Nutzung auftretende menschliche Fehler sind auch unter der Perspektive grundlegender Fehler in der Konzeption der *Mensch-Maschine-Interaktion* zu betrachten (siehe auch Abschnitt 4.1.1). Auch für die Akzeptanz der Systeme – eine unabdingbare Voraussetzung für wirtschaftlichen Erfolg – gilt es, grundlegende Faktoren wie angemessene Funktionalität, Bedien- und Beherrschbarkeit der Systeme sowie *Verlässlichkeit* und Vertrauen in Cyber-Physical Systems zu berücksichtigen. Die bereits am Anfang des Abschnitts aufgezeigte Komplexität der Qualitätsanforderungen zeigt, dass interdisziplinäre Anstrengungen im *Engineering* der Systeme, der *Domänen* sowie ihrer technischen und wirtschaftlichen Plattformen vor dem Hintergrund der *Wertschöpfung* in *Ökosystemen* erforderlich sind.

Abbildung 5.5 fasst Aufgaben und Bedeutung eines interdisziplinären *Engineerings* mittels integrierter *Modelle*, Architekturen und Plattformkonzepte zusammen. Diese Konzepte werden bestimmt durch gesellschaftliche und wirtschaftliche Anforderungen der jeweilen Anwendungs*domänen*. Sie erfordern eine explorative und inkrementelle Vorgehensweise in der Systementwicklung – interaktiv und *partizipativ* mit Nutzern und Betroffenen – sowie die frühzeitige Technikfolgenanalyse.

Gesellschaftlicher Diskurs und interaktive Evolution von Technik und Gesellschaft: Die Methoden des *Engineerings* erfordern eine systematische Unterstützung von Innovationssystemen (siehe Abschnitt 7.1) etwa durch *Living*

Labs und Experimentierfelder. Dies schließt einen intensiven Diskurs in Gesellschaft, Politik und Wissenschaft ein, um Risiken und mögliche negative Auswirkungen der CPS-Technologien zu erfassen. Ferner ist zu analysieren, wie Gefahren und unerwünschten disruptiven Effekten in der Wirtschaft systematisch entgegengewirkt werden kann.

Die Politik ist gefordert, auf der Grundlage der genannten Anforderungen *Compliance*-Vorgaben, Rahmenbedingungen, Vorgaben und Regeln auszuarbeiten und die erweiterten Qualitätsanforderungen und *Compliance*-Vorgaben in Qualitäts*modellen* für alle System-, Entwurfs- und Organisationsebenen in Entwicklung und Einsatz von Cyber-Physical Systems abzubilden; siehe Abbildung 5.5.

Abbildung 5.5: Integrierte *Engineering-Modelle* und -Verfahren sowie ihr interaktiver Einsatz in der interdisziplinären und *partizipativen Entwicklung* und Evolution von Cyber-Physical Systems

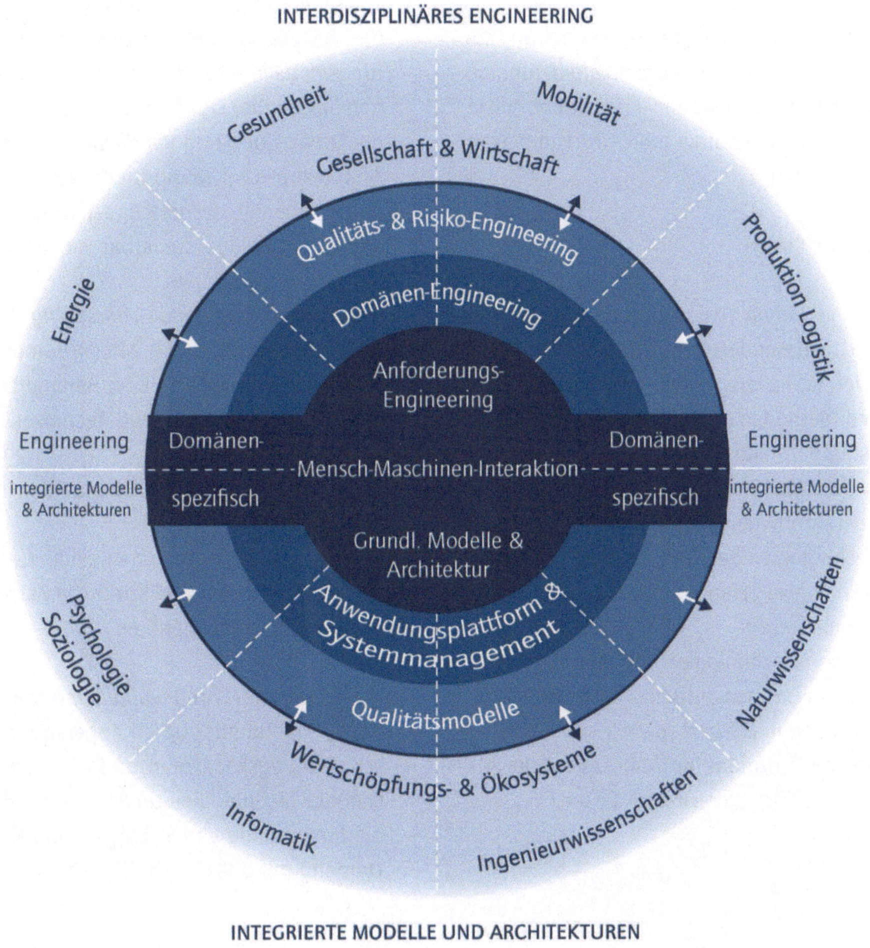

5.4 ZUSAMMENFASSUNG DER TECHNOLOGISCHEN HERAUSFORDERUNGEN

Im Folgenden werden die zuvor aufgezeigten Herausforderungen in Bezug auf Technologien und umfassende *Engineering*-Konzepte für die erfolgreiche Gestaltung, Entwicklung und Beherrschung von Cyber-Physical Systems zusammengefasst. Was Technologien für die Realisierung zentraler CPS-Fähigkeiten betrifft, liegen die vordringlichen Forschungsthemen in der Entwicklung von *Modellen*, Methoden und Techniken

- der umfassenden *Kontexterfassung* und -verarbeitung sowie der Erhebung und Modellierung von Anforderungen,
- der *Mensch-Maschine-Interaktion* und *-Kooperation* sowie
- *geteilter Kontrolle* und Koordination in komplexen Handlungssituationen.

Im Einzelnen erforderlich sind

- die Erstellung und *Validierung* von Umgebungs- und *Domänenmodellen*, besonders von *Nutzermodellen* und *Modellen* sozialen Verhaltens; hierzu notwendig sind
  - Modelle und Methoden der *Absichtserkennung*,
  - Handlungs- und Interaktionskonzepte für *Mensch-Maschine-Koordination* und *geteilte Kontrolle*,
  - Verfahren der Konflikterkennung und -auflösung,
- *Modelle* und Technologien der *Selbstanalyse* und *-diagnose* in diesen komplexen Handlungssituationen,
- *multimodale* Schnittstellen,
  - verbesserte *Sensor*technologien und -netze,
  - die Verarbeitung und semantische Aggregation großer Datenmengen in *Echtzeit* sowie
  - die semantische Hinzufügung (Annotation) gewonnener und zur Verfügung gestellter Daten.

Darüber hinaus werden *Modelle*, Methoden und Techniken des kooperativen und strategischen Handelns – mit *Mensch-Maschine-Interaktion* oder autonom – benötigt; im Einzelnen sind dies

- Technologien der kontinuierlichen Kontext- und Prozessintegration; hierzu notwendig sind
  - die Erstellung und *Validierung* komplexer Umgebungs- und *Domänenmodelle*,
  - eine Verbesserung der Verarbeitungs- und Kommunikationsgeschwindigkeit von Prozessoren und Kommunikationsmedien sowie
- die Erstellung und *Validierung* komplexer Anforderungs*modelle* – funktional- und nichtfunktional – samt entsprechender Qualitäts*modelle*,
- die Entwicklung und *Validierung* von *Interoperabilitäts-*, Architektur- und Kompositionskonzepten auf verschiedenen Ebenen: *technisch*, *semantisch*, *nutzersichtbar*, kontrollierbar und steuerbar; siehe nachfolgende Themen des *Engineerings*.
- die Entwicklung und *Validierung* von Risiko- und Konflikt*modellen* sowie von Verfahren zu ihrer Erkennung und Verringerung oder Behandlung einschließlich
- erweiterter Methoden und Techniken der Risikoerkennung und -bewertung
- sowie Entscheidungskonzepte und -mechanismen.

Zum Kanon der Anforderungen zählen auch *Modelle*, Methoden und Techniken des Kontextlernens und der Verhaltensanpassung; hierzu gehören

- die Entwicklung und *Validierung* von Lern-, Organisations-, Handlungs- und Kooperationsstrategien sowie von Planungskonzepten und -methoden samt entsprechender Technologien und
- die Entwicklung von Strategien und Konzepten für den Umgang mit unsicherem Wissen.

Benötigt werden integrierte *Modelle* aller Anwendungs- und Wissenschaftsbereiche. Das umfasst *Modelle* für die vernetzte physikalische *Echtzeit*wahrnehmung und -steuerung, *Modelle* von Umgebungen, Situationen, Kontexten, Menschen, Verhalten, Problemen und Zielen sowie Aufgaben-, Handlungs- und interaktive Steuerungs*modelle*. Zusätzlich gilt es, System*modelle* der Informatik-, Natur- und Ingenieurwissenschaften sowie der Kognitionspsychologie, Sozial- und Wirtschaftswissenschaften interdisziplinär zu integrieren; siehe auch nachfolgend: hybride System- und Architektur*modelle* im *Engineering*.

Bei den Technologien zur Erfassung und Umsetzung nichtfunktionaler Anforderungen liegen die Forschungsfragen in folgenden Bereichen

Verlässlichkeit und erweiterte *Betriebssicherheit*; im Vordergrund stehen

- Selbstreflexion, Selbstdokumentation und *Selbstheilung*
- die integrierte Betrachtung von *Betriebs-* und *IT-Sicherheit*
- *zuverlässige* Multicore-Prozessoren und *Sicherheits*architekturen
- Komponentenbeschreibung und -prüfung zur Laufzeit - für das Eingehen verbindlicher Kontrakte - einschließlich der Entwicklung und *Verifikation* von *Modellen* und Techniken zur Beschreibung von Eigenschaften von Komponenten und deren Prüfung sowie Kontraktmechanismen,
- Entwicklung übergreifender Plattformen mit umfassend integrierten *Sicherheits*mechanismen,
- erweiterte Entwicklungs- und *Sicherheits*normen,
- skalierbare *Sicherheits*konzepte und -theorien,
- modulare und hierarchische Komposition von *Sicherheits*zielen - hinsichtlich gemeinsamer Ziele, aber auch hinsichtlich der Wechselwirkungen und des Umgangs mit widersprüchlichen Zielen.

Technologiefragen der *IT-Sicherheit*; benötigt werden

- Technologien und Verfahren effizienter und leichtgewichtiger, ressourcensparender kryptografischer Verfahren,
- Technologien und Verfahren für *IT-Sicherheits*hardware, besonders *Virtualisierungs*techniken mit dem Ziel der Ressourceneffizienz und Kostensenkung,
- *Virtualisierungs*techniken zur Abschottung und Bereitstellung *sicherer* Ausführungsumgebung, etwa auf *CPS-Plattformen*,
- Verfahren zur Bestimmung der Vertrauenswürdigkeit von CPS-Komponenten sowie
- ein umfassendes *IT-Sicherheits-Engineering* und -management mit Konzepten und Technologien für den sicheren integrierten Entwurf von Hard- und Software, mit *Best Practices* und Standards samt Lebenszyklusmanagement und konstruktiver Sicherungsprinzipien wie *Security by Design* und *Security during Operation*.

Technologiefragen hinsichtlich des *Schutzes der Privatsphäre*; benötigt werden

- Konzepte, Techniken, Mechanismen und Vorgehensweisen zur Erreichung der *Schutzziele Transparenz*, *Intervenierbarkeit* und *Nichtverkettbarkeit* sowie der *IT-Sicherheitsschutzziele Vertraulichkeit*, *Integrität* und *Verfügbarkeit*,
- konstruktive Sicherungskonzepte in Architektur und Entwurf: *Privacy by Design*,
- Verfahren und Techniken der Sicherung während des Betriebs: „Privacy during Operation",
- sowie die Erforschung und Weiterentwicklung zukunftsweisender Technologien, beispielsweise anonyme Berechtigungsausweise, Systeme für das Identitätsmanagement und maschinenlesbare *Policies*.

Gerade weil Cyber-Physical Systems offen vernetzt sind und integriert arbeiten, müssen diese Technologiethemen in umfassend interdisziplinäre *Engineering*-Fragen eingebunden werden. Die wichtigsten Herausforderungen und Forschungsthemen für das *Engineering* sind:

- *nutzerzentrierte*, *partizipative*, explorative und *virtuelle* Erhebungs-, Entwurfs- und Bewertungsverfahren,
- die Entwicklung geeigneter *Modelle*, Methoden und Verfahren zur Erhebung, Gestaltung, *Validierung* und *Verifikation* von Anforderungen sowie zu ihrer *Verfolgung* und Sicherstellung in Entwurf und Integration; besondere Herausforderungen sind hierbei die Komplexität der Anforderungen in einem offenen Kontext- und Problemraum und die Anforderungsdynamik, die durch Kontextwechsel und -adaptionen verursacht wird,
- Erhebung, Skalierung, Strukturierung und Formalisierung integrierter *Modelle* von *Domänen*, Nutzern, *Stakeholdern* und Anforderungen
- die Entwicklung und *Validierung* von *Viewpoint*- und *Scoping*-Konzepten und entsprechenden Mechanismen
- deren Skalierung einschließlich modularer und hierarchischer *Verfeinerung* und Abbildung auf *interoperable* Architekturen sowie auf Interaktions-, Kompositions- und integrierte Verhaltens*modelle*.

Die besonderen Herausforderungen liegen hier in der Komposition lokal und global wirkender CPS-*Dienste* und -Architekturen sowie in der Abbildung und Sicherstellung nichtfunktionaler Anforderungen. Das führt hin zu den Forschungsthemen

- Entwicklung und *Validierung* von *Interoperabilitäts*-, Architektur- und Kompositionskonzepten auf den verschiedenen Systemebenen (*technisch*, *semantisch*, *nutzersichtbar*, kontrollierbar und steuerbar), also die Entwicklung von Konzepten zur semantischen Komposition und Integration von Komponenten und *Diensten* auf diesen Ebenen
- erweiterte Konzepte für Interaktionen, Verhandlungen-, Kompositionen-, Kooperationen- und Handlungen,
- erweiterte *Verfeinerungs*- und Abbildungskonzepte zur Umsetzung und Einhaltung nichtfunktionaler Anforderungen und Qualitätsvorgaben sowie
- erweiterte Vertragsmechanismen, Lösungs- und Entwurfskonzepte zur Sicherstellung von *Quality-in-Use*- und *Quality-of-Service*-Garantien.

Sowohl in stärker geschlossenen Anwendungsbereichen großtechnischer Infrastruktursysteme, zum Beispiel in Energienetzen oder verteilten Produktionsnetzen, als auch in den darüber liegenden offenen sozialen Infrastrukturnetzen und Managementsystemen, beispielsweise der Energieversorgung oder des Verkehrsmanagements in Städten und Gemeinden, stellen sich folgende CPS-spezifischen Forschungsaufgaben und -fragen:

- Analyse und Erarbeitung von Modellierungs- und Steuerungskonzepten komplexer teilautonom arbeitender Systeme, einschließlich der Kontrolle ihrer möglicherweise spontan auftretenden (emergenten) Effekte, sowohl in der autonomen Technik als auch in den betroffenen *soziotechnischen Systemen* samt der sozialen Umgebung
- *Sicherheit* und *Verlässlichkeit*, aber auch Fairness und *Compliance* der in sozialen und wirtschaftlichen Kontexten autonom handelnden Systeme

Für die genannten *Engineering*-Aufgaben werden integrierte hybride System- und Architektur*modelle* benötigt; hybrid bezeichnet hier verteilte

- analog-digitale Kontroll- und Steuerungs*modelle*,
- *Mensch-Technik-Interaktions*- und integrierte Handlungs*modelle* sowie
- sozio-technische Netzwerke und Interaktions*modelle*.

Bedeutende Aufgaben bei der Realisierung dieser Systeme sind der Aufbau und das Management standardisierter

Domänenmodelle, *interoperabler Anwendungs*architekturen und *-plattformen* sowie *domänen*übergreifender Kommunikationsplattformen und *Middleware-Dienste* für Cyber-Physical Systems. Spezielle Herausforderungen liegen in der Modularisierung, Gewährleistung der *Interoperabilität* und Sicherstellung der erforderlichen *Quality of Service*.

6 GESCHÄFTSMODELLE UND ÖKOSYSTEME

Die identifizierten Trends der Informations- und Kommunikationstechnik (*IKT*) – das *Internet der Daten, Dinge und Dienste* sowie die interaktiv mitbestimmten Anwendungen und weitreichenden Fähigkeiten von Cyber-Physical Systems – schaffen eine hohe Veränderungsdynamik für Wirtschaftsprozesse und -beziehungen. Diese ist gekennzeichnet durch vielfältige Änderungen der Kundenanforderungen, zunehmende Globalisierung und Internationalisierung mit volatilen Märkten[67] und Beziehungen mit erhöhtem Flexibilisierungs-, Kosten- und Innovationsdruck. Diese Dynamik löst einen Wandel bestehender Wirtschaftsformen hin zur interaktiven Wertschöpfung, Kundenbeziehung und Problemlösung[68] aus, einen Übergang zu kooperativen Unternehmensnetzwerken und *Ökosystemen* mit neuen Formen integrierter *Geschäftsmodelle*.[69]

Dieses Kapitel identifiziert wesentliche Faktoren und Merkmale dieses Wandels und fasst die Herausforderungen für Wirtschaft, Unternehmen und ihre *Geschäftsmodelle* in bestehenden und zukünftigen CPS-Anwendungs*domänen* zusammen.

6.1 AUSGANGSBASIS UND HERAUSFORDERUNGEN DES WANDELS

Die intelligente Erfassung und interaktive Nutzung von Daten der realen Welt durch Cyber-Physical Systems revolutioniert Anwendungen, Nutzungs- und Geschäftsprozesse. Mit der globalen Vernetzung und dem domänenübergreifenden Zusammenwachsen verschiedener Branchen birgt dies für jedes Unternehmen, ob Großkonzern, Mittelständler oder Kleinunternehmen (KMU), hohe Risiken, aber auch große Chancen für die Weiterentwicklung seines *Geschäftsmodells*. Denn dieses *Internet der Daten, Dinge und Dienste* und die neuen Möglichkeiten von Cyber-Physical Systems schaffen ein Umfeld für radikale und disruptive *Geschäftsmodell*innovationen.

Die technologischen Trends und die Allgegenwart vernetzter *adaptiver* Technik haben einen Wandel von Produkten und Dienstleistungen hin zu offen kooperierenden Systemen und Anwendungen ausgelöst, die durch interaktive Mitgestaltung der Nutzer arbeiten. Das führt zu steigender Innovationsdynamik und Marktunsicherheit. Die weitreichenden Fähigkeiten der *IKT*- und CPS-Technologien und die stimulierten Kundenanforderungen führen von der klassischen isolierten Produktentwicklung hin zur integrierten und interaktiven Erbringung umfassender Dienstleistungen, die an Nutzungsprozesse und -kontexte angepasst sind. Softwarekompetenz und -technologie werden zu entscheidenden Erfolgsfaktoren. Heute rein mechanik- und hardwareorientierte Unternehmen müssen sich zu Unternehmen mit ausgeprägter Systementwicklungs- und Softwarekompetenz wandeln – mit allen dazu benötigten Technologie- und *Engineering*-Kompetenzen. Das fällt vielen der traditionell geprägten Unternehmen des Maschinen- und Anlagenbaus schwer, weil ihre Kompetenzen in der Vergangenheit darin lagen, Mechanik, Elektrik und Steuerung geschlossener Systeme zu beherrschen und ihre Systemprodukte in *domänen*spezifisch gewachsenen festen *Wertschöpfungsketten* beziehungsweise Verbünden zu entwickeln und zu vertreiben. Die Entwicklungsgeschwindigkeit von *IKT* und ihr Einsatz in traditionellen Produkten überfordern schon heute viele Unternehmen; nicht nur KMU, auch viele Großunternehmen stehen weitgehend unvorbereitet vor diesen Herausforderungen. Parallel zu den Überlegungen zum zukünftigen *Geschäftsmodell* müssen die Unternehmen darum vor allem Software- und Systems-*Engineering*-Kompetenzen aufbauen und ihre Organisation auf die künftigen Anforderungen zuschneiden.

Technologie entscheidet dabei nicht allein über den wirtschaftlichen Erfolg und Marktanteile. Technologien, besonders im *IKT*-Bereich, unterliegen einer zügigen

67 Ereignisse und Verhalten der Akteure am Markt; folgende Arten werden unterschieden: Ereignisunsicherheit (exogene Unsicherheit) und Marktunsicherheit (endogene Unsicherheit).

68 Zur Entwicklungsgeschichte und Formen der interaktiven Wertschöpfung und Innovation (Open Innovation) siehe [RP09a].

69 Die in dieser Studie verwendeten Definitionen von *Ökosystem*, *Geschäftsmodell* und ihrer Komponenten werden in Abschnitt 6.1.1 ausführlich beschrieben.

Kommodifizierung.[70] Sie werden in immer kürzer werdenden Zeitabständen weiterentwickelt, aber auch kopiert, und dadurch schnell in der Breite für die Konkurrenz verfügbar. Um diesem Trend entgegenzuwirken, müssen sich Firmen stärker differenzieren, unter anderem dadurch, dass sie den Kunden noch stärker maßgeschneiderte Lösungen anbieten als bisher.

Der mit Cyber-Physical Systems verbundene Wandel der Kundenanforderungen und die Möglichkeiten der umfassenden *Kontexterfassung*, Durchdringung und Unterstützung von Arbeits- und Alltagsprozessen erfordern den Aufbau von Wissen über Kundenprozesse und vertrauenswürdige Kundenbeziehungen – sei es im Bereich der Produktion und Logistik, der Nutzung in der medizinischen Versorgung oder von Prozessen im privaten Bereich. Kundenorientierte *Geschäftsmodelle*, geprägt durch interaktive Wertschöpfung mit Kunden und externen Problemlösern, sowie Innovationsprozesse, die sich in organisationsübergreifenden Netzwerken realisieren, werden zum entscheidenden Wettbewerbsfaktor. In der Folge verschmelzen traditionell isolierte *Geschäftsmodelle* der produzierenden Industrie, wie der Verkauf von Produkten, mit softwaregetriebenen *Geschäftsmodellen*. Diese umfassen den Verkauf von Lizenzen oder zeitlich beschränkten Nutzungsrechten mit Wartungsverträgen und Serviceanteilen. Unternehmen wandeln sich so von reinen Produkt- zu Lösungs- und *Dienst*anbietern. Erste Beispiele dafür sind die neuen Angebote der Premiumfahrzeughersteller BMW und Daimler, die den Verkauf von Fahrzeugen um hybride *Geschäftsmodelle* erweitern: Unter neuen Marken wie BMW Drive Now oder Daimler car2go werden nun auch Mobilitäts*dienste* mithilfe von Lokalisierungs-, Reservierungs- und Bezahl*diensten* auf Internetplattformen angeboten.

Auch Internetbasierte Systeme in anderen Anwendungsfeldern wie Gebäude- und Infrastrukturmanagement, Medizin, Logistik und Transport sind derzeit in der Entwicklung mit dem Ziel, zeitnahe und umfassende Dienstleistungen für Endanwender anzubieten. Beispiele aus der Gesundheitsbranche sind etwa telemedizinische Patientenüberwachung, *AAL* und Internetgemeinschaften. Im Bereich Heim- und Gebäudeautomatisierung werden Lösungen für das intelligente Management dezentraler Energieerzeugungssysteme – Windenergie oder *Photovoltaik* – entwickelt. Diese Beispiele verdeutlichen, dass Firmen neue Kompetenzen erschließen, neue *Geschäftsmodelle* ausprobieren und neue Märkte agiler besetzen müssen.

Cyber-Physical Systems entstehen im Verbund von Unternehmen aller Branchen und Größenordnungen. Die Funktionsbeschreibung der Szenarien in Kapitel 2 verdeutlicht, dass viele unterschiedliche Komponenten, *Dienste* und Wirtschaftsleistungen im Zusammenhang mit Cyber-Physical Systems integriert werden müssen. Kommunikation, Vernetzung und *Interoperabilität* sind grundlegende Fähigkeiten der Komponenten auf allen Systemebenen: Firmen aus verschiedenen Industriesegmenten müssen ihre Software- und CPS-Kompetenz ausbauen, sich öffnen, ihre Systeme untereinander vernetzen, verstärkt mit Software- und Telekommunikationsanbietern kooperieren und so Kompetenzen zusammenführen, die für Entwicklung und Betrieb von Cyber-Physical Systems samt ihrer *Dienste* notwendig sind. In Interaktion mit Kunden werden Problemstellungen und Anwendungsszenarien analysiert und integrierte Lösungen entwickelt sowie erprobt. Die einzelnen Unternehmen erweitern so ihr Leistungsportfolio im Verbund mit anderen. Es entstehen neue Formen der Kooperation und Konkurrenz in *Ökosystemen*. Im Gegensatz zu klassischen Wertschöpfungskonzepten – bei denen Unternehmen hierarchisch oder in Netzwerken organisiert sind und die auf Produktivitätssteigerung oder Flexibilisierung abzielen – geht es hierbei um interaktive Wertschöpfung und Kundenintegration [RP09a] mit dem Ziel, innovativer zu sein.

Um das zu erreichen, müssen Unternehmen in der Entwicklung und Produktion beweglicher agieren, darauf ausgerichtete interdisziplinäre *Engineering*-Methoden aufbauen und

---

70 Nicholas Carr beschreibt, wie IT somit zu einem Allgemeingut wird, ähnlich der Stromversorgung aus der Steckdose; siehe [Car08].

diese erproben; siehe auch Abschnitt 5.3. Dabei geht es vornehmlich um Konzepte für den *Kundennutzen*, die Ermittlung von Akzeptanzfaktoren und erweiterte Qualitäts*modelle* und *domänen*übergreifende Architekturkonzepte sowie um integriertes *Engineering* in *Wertschöpfungsnetzen* und *Ökosystemen*. Das wirkt sich auch auf die künftige Gestaltung der Unternehmensgrenzen und -beziehungen aus – und in dem Zusammenhang auf die Frage, wie künftig Investitionen, Umsätze und Erträge sowie der mittelbare und langfristige *Return on Investment (RoI)* aufgeteilt werden. Es gilt auch, die langen Entwicklungs- und Lebenszyklen des Maschinenbaus mit den kurzen Zyklen der Informations- und Kommunikationstechnik zu verzahnen. Speziell in der Fertigungsindustrie müssen Mechanismen entwickelt werden, um Produktionstechnik und -steuerungen einfach an veränderte Anforderungen von Kunden und der IT anzupassen, ohne den Betrieb zu beeinträchtigen. Vor allem im Zusammenhang mit der Betriebssoftware (Firmware) von Altanlagen und ihrer Einbindung in veränderte System- und IT-Infrastrukturen ergeben sich Herausforderungen.

Die Komplexität von Cyber-Physical Systems und der zunehmend kontextabhängigen Produktindividualisierung und -innovation erfordern einen steigenden Spezialisierungsgrad von Unternehmen. Bei den entstehenden hoch spezialisierten CPS-Komponenten und -Dienstleistungen muss die Anforderung berücksichtigt werden, dass ihre jeweiligen Eigenschaften einander ergänzen müssen, sodass das jeweils erforderliche Anwendungsverhalten und damit eine adäquate Lösung entstehen. Neben den interdisziplinären *Engineering*-Herausforderungen bei Gestaltung und Aufbau *interoperabler*, integrierter CPS-Lösungen und unternehmensübergreifender Plattformen erfordert das neue *Geschäftsmodelle*, die in *Ökosystemen* mit vielfältigen Organisationsformen, komplementären Wertschöpfungsarchitekturen und offenen Plattformstrategien funktionieren.

Es sind offene Plattformstrategien[71] mit transparenten Architekturen und offenen Schnittstellen erforderlich – insbesondere, um das erhöhte Innovationspotenzial durch interaktive und *partizipative* Einbindung von Kunden, neuen externen technologiebasierten Unternehmen oder Entwicklergemeinschaften zu nutzen, aber auch, um die wesentlichen Qualitäts- und Akzeptanzanforderungen der Kunden an individuelle *Brauchbarkeit* sowie an Schutz und *Sicherheit* der Systeme mit *transparenten*, vertrauenswürdigen und *verlässlichen* Strukturen[72] zu schaffen.

Beispiele für neue Formen *IKT*-basierter Dienstleistung- und Plattformstrategien sind Verbünde von *Mobilgeräte*anbietern zu gemeinsamen *App*stores[73] im Internet oder die in [Cus10] genannte Plattformstrategie von Google mit dem Betriebssystem Android. Auch [Fra03a] analysiert den durch die Rahmenbedingungen der Internetökonomie hervorgerufenen Wandel und die Dynamik von Unternehmensmanagement- und -organisationsformen am Beispiel von *Business Webs* und Technologieplattformen für mobile *Dienste*.

Im Fokus der folgenden Abschnitte stehen Fragen nach der zukünftigen Ausrichtung der *Geschäftsmodelle* von CPS-Unternehmen und der damit verbundenen Architektur der Wertschöpfung in *Ökosystemen*.

6.1.1 BEGRIFFSKLÄRUNG

Ein *Geschäftsmodell* ist eine vereinfachte Darstellung eines Unternehmens und eine Abstraktion davon, wie sein Geschäft und seine Wertschöpfung funktionieren. Es beschreibt auf kompakte Weise Organisation, *Wertschöpfungskette* und Produkte eines Unternehmens. Aus der Vielfalt an Definitionen wird hier die Definition von Stähler verwendet, wie sie in [Kit09, S. 31] zusammengefasst ist.

---

71 Cusumano definiert Plattformstrategie im Unterschied zu einer Produktstrategie wie folgt: „[...] sie erfordert ein externes Ökosystem für die Generierung komplementärer Produkte oder Dienstleistungsinnovationen und die Bildung von positiven Feedbacks zwischen dem Komplement und der Plattform." [Cus10, S.22]

72 Siehe individuelle und gesellschaftlich Akzeptanz- und Erfolgsfaktoren für Cyber-Physical Systems in den Abschnitten 3.4 und 4.1.

73 Online-Shop für Anwendungen, die auf *Mobilgeräten* laufen.

Nach Stähler besteht ein *Geschäftsmodell* aus drei Hauptkomponenten:

- *Nutzenversprechen*: Beschreibung, welchen Nutzen Kunden oder Partner aus der Verbindung mit einem Unternehmen ziehen können. Dieser Teil eines *Geschäftsmodells* beantwortet die Frage: Welchen Nutzen stiftet das Unternehmen?[74]
- Architektur der Wertschöpfung: Beschreibung, wie der Nutzen für die Kunden generiert wird. Dazu gehört eine Darstellung der Wertschöpfungsstufen, der wirtschaftlichen Agenten und ihrer Rollen in der Wertschöpfung. Es beantwortet die Fragen: Wie wird die Leistung in welcher Konfiguration erstellt? Welche Leistungen werden auf welchen Märkten angeboten?
- Ertragsmodell: Beschreibung der Erlösströme eines Unternehmens. Es beantwortet die Frage: Womit wird Geld verdient?

Diese Definition bildet den Rahmen für die weitere Analyse in diesem Kapitel. Ein *Geschäftsmodell* kann ein einzelnes Unternehmen, aber auch eine ganze Industrie beschreiben.

Erweitert man die Analyse der Wertschöpfung über die Grenzen eines Unternehmens hinaus, gelangt man zur Betrachtung von *Wertschöpfungssystemen* oder *-netzwerken*. Da *Wertschöpfungssysteme* im Gegensatz zu *-ketten* nicht zwangsweise linear verlaufen, können sie komplexere Strukturen und Wertschöpfungsarchitekturen besser abbilden.

Besondere Ausprägungen von *Wertschöpfungsnetzwerken*, nämlich solche, die durch die Rahmenbedingungen der Internetökonomie hervorgerufen wurden, werden als *Business Webs* bezeichnet. In [Fra03] wird zwischen zwei Rollen unterschieden, die beteiligte Unternehmen in *Business Webs* einnehmen können: sogenannte Shaper, die den Kern eines *Business Webs* darstellen und ein oder mehrere Kernsubsysteme sowie zentrale Standards und Schnittstellen kontrollieren, und sogenannte Adapter, die komplementäre Produkte oder Dienstleistungen nach Vorgabe der Shaper erstellen. Diese Aufteilung findet sich zum Beispiel häufig in der Softwarebranche wieder, in der ein Shaper, etwa ein Anbieter eines Betriebssystems, den Marktteilnehmern Standards und Schnittstellen zur Verfügung stellt, die ihrerseits, als Adapter, Programme für diese Plattform entwickeln.

Der Begriff *Ökosystem*, aus der Biologie entlehnt, bezeichnet in der Wirtschaft eine Ansammlung von Marktteilnehmern, die in Leistungsbeziehungen miteinander stehen und untereinander Güter, Informationen, *Dienste* und Geld austauschen. Im Vergleich zum *Wertschöpfungssystem* ist der Begriff des *Ökosystems* breiter und umfassender. Beispielsweise sind gemeinnützige Akteure wie Bildungsträger und Forschungseinrichtungen sowie politische Einheiten oder Verbände Bestandteile eines gesamtwirtschaftlichen *Ökosystems*, während *Wertschöpfungssysteme* sich meist auf die Beziehungen zwischen Unternehmen und auf die Erreichung von ökonomischem Mehrwert beziehen.

Innovation ist eine am Markt erfolgreiche Neuerung. Innovationen durchlaufen häufig einen Prozess von der Problem- und Potenzialerkennung über die Ideenfindung bis hin zur erfolgreichen Umsetzung und Vermarktung einer neuen Lösung. Innovationen können sich auf Produkte und Dienstleistungen, Prozesse und Verfahren, im weiteren Sinn auch auf *Geschäftsmodelle* beziehen. Anders als bei Erfindungen (Invention) spricht man erst dann von einer Innovation, wenn eine Idee umgesetzt und erfolgreich angewendet wird, indem sie einen gewissen Durchdringungsgrad am Markt gefunden hat (Diffusion). *Geschäftsmodell*-innovationen zeichnen sich durch eine Neuerung beim *Nutzenversprechen*, der Wertschöpfungsarchitektur oder dem Ertragsmodell aus. Solche Innovationen können

[74] Häufig wird auch der Begriff Value Proposition verwendet. Entscheidend ist dabei nicht nur, was der Anbieter verspricht, sondern, welchen Nutzen sich der Kunde davon verspricht. Kaplan und Norton [KN04] stellen die Value Proposition in das Zentrum der Unternehmensstrategie und des Unternehmenserfolgs: „Strategie basiert auf einem ausdifferenzierten Nutzenversprechen für den Kunden. Die Kunden zufrieden zustellen ist die Quelle nachhaltigen Werteschaffens."

bestehende Marktstrukturen oder *Ökosysteme* grundlegend verändern. Beispiele hierfür sind „Freemium"-*Geschäftsmodelle* im Internet – etwa der Musikdienst last.fm oder die Kommunikationsplattform Skype – bei denen eine Internetplattform sehr vielen Nutzern eine Dienstleistung kostenlos zur Verfügung stellt. Die Firma finanziert sich über einen Bruchteil an Nutzern, die bereit sind, für Premiumleistungen zu bezahlen.

Eine besondere Art von Innovationen, nämlich solche disruptiver Art [Chr97], hat das Potenzial, einen Markt zu sprengen, indem sie ein Produkt oder eine Dienstleistung auf eine Art verändert, die der Markt nicht erwartet hat, und damit die Existenz etablierter Marktteilnehmer bedroht. Die Vergangenheit hat gezeigt, dass das Internet mehrere solcher Disruptionen ausgelöst und dramatische Marktveränderungen bewirkt hat. Ein Beispiel findet sich in der Musikindustrie, deren Umsätze im herkömmlichen Geschäft mit CDs zugunsten digitaler Vertriebskanäle seit Jahren sinken. Solche Marktmechanismen sind auf den Kontext von Cyber-Physical Systems übertragbar und haben daher eine hohe Relevanz, wie in Abschnitt 6.1 deutlich gemacht wird.

6.2 AUSWIRKUNGEN UND CHANCEN VON CYBER-PHYSICAL SYSTEMS FÜR GESCHÄFTSMODELLE UND ÖKOSYSTEME

Eine holistische Betrachtung macht es möglich, die drei Komponenten eines *Geschäftsmodells* nach Stähler (*Nutzenversprechen*, Wertschöpfungsarchitektur und Ertragsmodell) zu untersuchen und mögliche CPS-*Geschäftsmodelle* erstmals zu beschreiben. Entscheidend dabei ist, dass es im Ergebnis nicht ein einziges passendes *Geschäftsmodell* geben wird. Vielmehr bieten Cyber-Physical Systems viele Nischen, Ansatzpunkte und Potenziale, machen aber auch Anpassungen bei den Unternehmen notwendig. Hier können nur die Mechanismen und Treiber sowie einige Beispiele für absehbare konkrete Änderungen dargestellt werden. Je nach Struktur und Reife der Industrie sowie nach bisheriger Ausrichtung, aktuellen Kernkompetenzen und strategischen Zielen muss jedes Unternehmen auf diese Möglichkeiten individuell reagieren. Daher können hier keine allgemeingültigen Aussagen über Erfolgschancen konkreter *Geschäftsmodelle* getroffen werden. Folgerungen aus den Analysen sind in Kapitel 7 zusammengefasst.

Eine Erkenntnis zieht sich durch alle Analysen und Beobachtungen: Zukunftsfähige Angebote und *Geschäftsmodelle* werden einen höheren Anteil an Software und – auch von Menschen erbrachten – Dienstleistungen haben, weil die Differenzierung zu Konkurrenzprodukten und die Verbesserung des Gesamtprodukts verstärkt auf Software, Konfigurierbarkeit und Anpassbarkeit in Interaktion mit Kunden basieren, auch während des Betriebs. Der Anteil von Mechanik und Hardware am Wert eines Gesamtprodukts wird sinken und das Risiko steigen, dass diese Komponenten zunehmend zu Commodities werden.

Dass Unternehmen sich mit Cyber-Physical Systems und ihren Anforderungen auseinandersetzen müssen, ist mittlerweile anerkannt. In einer Umfrage (siehe Anhang C) wurden Unternehmen unter anderem nach ihrer Einschätzung gefragt, ob Cyber-Physical Systems Auswirkungen auf Ihr *Geschäftsmodell* haben werden. Nur neun Prozent der Befragten verneinten das. Dagegen rechnen etwa 38 Prozent mit Anpassungsbedarf, können die Art der Auswirkung von Cyber-Physical Systems auf ihr Geschäft aber noch nicht einschätzen.

6.2.1 NUTZENVERSPRECHEN

Ein *Geschäftsmodell* basiert im Kern auf einem *Nutzenversprechen* (Value Proposition), also auf einer Aussage darüber, welchen Nutzen Kunden oder andere Partner aus der Verbindung mit dem Unternehmen ziehen können.

Die Frage ist darum: Welchen Nutzen stiftet das Unternehmen beziehungsweise welchen Nutzen muss es stiften, um am Markt bestehen zu können?

Operative Anforderungen und entsprechende Probleme der Nutzer bestimmen zum einen, welchen Mehrwert ein Unternehmen generieren muss. Zum anderen bestimmen sie, für welche Produkte und Dienstleistungen Kunden wie viel zu zahlen bereit sind (siehe auch Abschnitt 6.3.3). Das *Nutzenversprechen* und damit ein eindeutiger Mehrwert für den Kunden haben einen zentralen Stellenwert innerhalb eines jeden *Geschäftsmodells*, unabhängig davon, ob sich das *Nutzenversprechen* an Geschäftskunden oder Endkunden richtet. Diesen Mehrwert zu erbringen, verlangt eine immer striktere Ausrichtung an den individuellen Kundenbedürfnissen und die Bereitstellung konkreter, verständlicher und unmittelbarer Lösungsvorschläge. Die Allgegenwart von Cyber-Physical Systems, die rapide Verbreitung von Sensorik, Aktorik und *Mobilgeräten* in allen Lebensbereichen, eröffnet eine große Bandbreite an möglichen individuellen Produkten und Dienstleistungen.

Kundennutzen lässt sich grundsätzlich nicht theoretisch bestimmen. Daher ist ein exploratives Vorgehen im Markt hilfreich, um ein Verständnis dafür zu entwickeln, was Kunden als nützlich empfinden (siehe hierzu auch Abschnitt 5.3, zentrale Bedeutung des *Anforderungs-Engineering*). Konkreten Mehrwert erhalten Kunden beispielsweise durch

- ein bedarfsgerechtes Angebot, also den Bezug der gewünschten Leistungen zu einem möglichst niedrigen Preis (ohne, wie oft in der Vergangenheit, ein Paket von Leistungen zu erhalten, von denen einige nicht genutzt werden),
- die Vereinfachung und Beschleunigung von Vorgängen,
- Assistenz-, Komfort- und Mehrwertdienstleistungen – etwa Mobilitäts- und *Sicherheitsdienste* –, wie sie beispielsweise in den Szenarien in Kapitel 2 beschrieben werden
- Zugriff auf ein breites Angebot an optionalen, kombinierbaren, personalisierten oder personalisierbaren Ergänzungs- und Dienstleistungen.

Allen genannten Aspekten gemein ist eine immer weiter gehende Konfigurier- und Individualisierbarkeit der *Dienste* und Produkte. Diese ist technisch möglich, weil

- ein immer größerer Teil der Funktionalität von Cyber-Physical Systems auf Software, Daten und ihre Auswertung basiert und zukünftig individuelle Produktausprägungen kostengünstig durch Softwarekonfigurationen und -versionen ermöglicht werden,
- die Fertigung von Geräten und Komponenten immer stärker durch Software gesteuert und dadurch flexibler wird, individuelle Wünsche den Produktionsprozess also unmittelbar beeinflussen können.

Für den erfolgreichen Vertrieb ist eine ausgeprägte *Transparenz* der angebotenen Leistungen und *Dienste* samt möglicher Kombinationen und Erweiterungen notwendig. Da deren Zahl stark steigt, müssen Unternehmen neue Konzepte für die Vermarktung entwickeln. Gleichzeitig ergeben sich technische Herausforderungen in Bezug auf das Varianten- und Konfigurationsmanagement sowie die System*interoperabilität* und -integration. Als Konsequenz wird somit Software zum künftig dominierenden Faktor des Nutzens von Cyber-Physical Systems, da sie nicht nur in den Produkten selbst, sondern auch für Herstellung, Vertrieb und Interaktion mit Kunden die entscheidenden Innovationen liefert, die sich insbesondere aus der Dateninterpretation sowie der Anwendungskommunikation und -steuerung ergeben.

Um den *Nutzenversprechen* gerecht zu werden, ergeben sich für die anbietenden Unternehmen im Hinblick auf Cyber-Physical Systems neue Aufgaben, die neue Fähigkeiten erfordern. So wird es künftig darauf ankommen, Nutzern überall und jederzeit gewünschte Informationen und *Dienste* zur Verfügung zu stellen. Damit ist die Aufgabe verbunden,

Daten beziehungsweise ihre Übergabe zwischen den Beteiligten - beispielsweise *Dienste-* und Informationsanbietern sowie unter Umständen verschiedenen Systemen - zu kontrollieren. Der Nutzen, den ein Unternehmen in diesem Zusammenhang stiftet, kann etwa im dynamischen Aushandeln und automatischen Abschließen von Verträgen liegen. Dabei kommt es darauf an, dass das anbietende Unternehmen in der Lage ist, *Dienste* und Kooperationen zu verhandeln, diese wechselnden Gegebenheiten anzupassen beziehungsweise bei Bedarf neue *Dienste* zu erbringen. Der Anbieter muss zudem als Moderator beziehungsweise als Berater fungieren, um Ziele, Anforderungen und Interessen der Kunden auch mit weiteren Partnerunternehmen aushandeln zu können. Eine weitere wichtige Fähigkeit wird es sein, Fehler in Systemen, Informationen und *Diensten* zu erkennen und zu korrigieren.

Unternehmen, die zum Beispiel aus der Welt der eingebetteten Systeme stammen, stehen vor neuen Herausforderungen. Ihr bisheriges Geschäft, möglichst hohe Stückzahlen von Produkten und Geräten mit möglichst hohen Margen zu verkaufen, wird von *Geschäftsmodellen* ergänzt beziehungsweise abgelöst, die auf das Internet als zusätzliches Medium des Werbens, Verkaufens und Betreibens sowie der Kundeninteraktion und -bindung in Netzwerken setzen.

6.2.2 ARCHITEKTUR DER WERTSCHÖPFUNG

Ein Geschäftskonzept umfasst auch die Architektur der Wertschöpfung. Darunter versteht man die Betrachtung, wie der Nutzen für die Kunden generiert wird. Zu dieser Architektur gehört eine Beschreibung der Stufen der Wertschöpfung, der wirtschaftlichen Agenten und ihrer Rollen in der Wertschöpfung. Das liefert die Antwort auf die Frage: Wie wird die Leistung in welcher Konfiguration erbracht?

Kontextinformation führt dazu, dass Kunden stärker in die evolutionäre Wertschöpfung integriert werden; sie treten nicht nur als Nutzer von Cyber-Physical Systems auf, sondern erzeugen aktiv Informationen und wirken in der Gestaltung der CPS-*Dienste* mit. Das ist ein entscheidender Aspekt bei Cyber-Physical Systems, da hier vielfältige Netzwerkeffekte auftreten werden. So steigt etwa die Qualität von Verkehrsinformationen, je mehr Fahrzeuge Daten liefern; ein Beispiel ist die Grüne-Welle-*App* Guru (siehe Abschnitt 4.1.4, [KPM11, Sch11]), die Autofahrer mithilfe von deren eigenen *Mobilgeräten* vernetzt und über Ampelphasen informiert. Gleichzeitig nimmt die Bereitschaft von Autofahrern und Speditionen, für Verkehrsdaten zu zahlen, mit deren Qualität und Menge zu. Beispiele für Netzwerkeffekte lassen sich auch in der IT- und Internetwelt finden, etwa in Form der unaufhaltsam steigenden Nutzung von Auktionsplattformen wie Ebay; leider fallen deutsche Anbieter hier vor allem gegenüber Unternehmen aus den USA zurück.

Entsprechende Plattformen und Infrastrukturen (siehe Abschnitte 5.3) eröffnen neue Wege in der unternehmensübergreifenden Zusammenarbeit zwischen Personen und Prozessen; es werden kooperative, kundenzentrierte Wertschöpfungsprozesse angestoßen. Befördert durch Cyber-Physical Systems, werden sich diese Prozesse künftig zunehmend in Richtung immaterieller Wertschöpfung sowie hybrider Produkte und *Geschäftsmodelle* bewegen und damit den Dienstleistungssektor stärken.

6.2.2.1 Wertschöpfung im Unternehmen

Unternehmen müssen sich und ihre Wertschöpfung an Marktbedingungen anpassen, die sich durch Cyber-Physical Systems verändern. Der Markt wird volatiler und komplexer, die Profitabilität eventuell reduziert. Cyber-Physical Systems verschieben Marktgrenzen und ermöglichen den Markteintritt neuer Teilnehmer. Die Konvergenz von Märkten durch Cyber-Physical Systems senkt die Eintrittsbarrieren zu diesen Märkten, insbesondere für Nischenanbieter. Beispielsweise werden im Bereich der Elektromobilität künftig neben den traditionellen Automobilherstellern und Zulieferern auch

Energieversorgungsunternehmen sowie IT-, Software- sowie Elektronikfirmen tätig sein.[75]

Weitere Verschiebungen der Branchenstruktur und Marktmacht ergeben sich durch eine Welle von Integrationen, also von horizontalen Zusammenschlüssen. Die neuen Systemlieferanten werden Unternehmen sein, die die technologische Basis besitzen, um hochintegrierte Systeme abbilden zu können. Dies können KMU sein, etwa für hochintegrierte mechatronische Systeme. Infrage kommen aber etwa auch Batteriehersteller, wenn sie hochintegrierte Energiesysteme liefern. Zum anderen können aber auch große IT-Unternehmen wie Apple, Google, SAP oder Microsoft zu Systemlieferanten werden, wenn es ihnen gelingt, das erforderliche *Know-how* zu erwerben, zum Beispiel für hochintegrierte Softwaresysteme. Aufgrund der Netzwerkeffekte werden diese Unternehmen - sofern sie außerdem über CPS-Kompetenz verfügen - den größten Teil der Wertschöpfung und damit des Ertrags erzielen. Sie haben zudem die Chance, Cyber-Physical Systems in bestehende betriebliche Anwendungen, etwa ERP-Systeme, zu integrieren beziehungsweise sie daran anzubinden.

Zunehmender Kostendruck und die Notwendigkeit höherer Flexibilität zwingen Unternehmen, ihre Prozesse zu optimieren. In fertigungsorientierten Unternehmen wird das üblicherweise mittels eines höheren Grades an Automatisierung und durch den Einsatz von IT-Systemen erreicht. Der Bedarf an integrierten und flexiblen Produktionsanlagen eröffnet Marktchancen für Cyber-Physical Systems in den Bereichen Fabrikautomatisierung und Logistik.

Die Flexibilisierung betrieblicher Abläufe wird noch wichtiger für Unternehmen, denn

- die Individualisierung zwingt Unternehmen, in kürzeren Zyklen neue Produktversionen ausliefern und eine hohe Variantenvielfalt bieten zu können,
- der Vertrieb wird verstärkt über das Internet geschehen, Erfolg beziehungsweise Misserfolg also in kürzerer Zeit sichtbar,
- Software wird ein immer größerer Bestandteil des Gesamtsystems und die Innovations- beziehungsweise Releasezyklen von Software sind sehr kurz.

Diese kurzen Zyklen bergen weitere Herausforderungen: Unternehmen müssen ihre internen Entwicklungs- und Wartungsprozesse sowie das Konfigurationsmanagement anpassen, weil die Lebenszyklen einzelner Komponenten sehr unterschiedlich sind. Das erfordert umfassende Informationen, wie sie über Cyber-Physical Systems ermittelt werden können.

Was in der Internetwelt seit Jahren zu beobachten ist, darf in ähnlicher Form auch für Cyber-Physical Systems erwartet werden: Plattformen werden sich als zentrale Bestandteile von Cyber-Physical Systems etablieren; die Unternehmen beziehungsweise Marktteilnehmer, die Plattformen entwickeln oder betreiben, werden eine entsprechend starke Marktposition haben.[76]

Wie sich die Wertschöpfung eines Unternehmens durch Cyber-Physical Systems verändern kann, lässt sich vor dem Hintergrund des Szenarios *Smart Grid* (siehe Abschnitt 2.4) verdeutlichen.[77] Anstelle des traditionellen Stromanbieters wird es künftig mehrere Marktteilnehmer geben, etwa Messdienstleister (Metering Operators), Betreiber von Energiehandelsplattformen beziehungsweise der zugrundeliegenden Infrastruktur, Betreiber *virtueller Kraftwerke* etc.

Das Szenario zeigt darüber hinaus, dass sich nicht nur die Wertschöpfung innerhalb der Unternehmen ändert, sondern auch innerhalb des *Ökosystems*, in das die Unternehmen eingebettet sind. So werden in diesem Szenario Stromkunden, die gleichzeitig Energie erzeugen (*Prosumer*), zu *virtuellen Kraftwerken* gebündelt. Auf diese Weise entsteht ein *Ökosystem* aus *Prosumern*, Verbrauchern, Erzeugern und

---

75 Siehe hierzu beispielsweise [BBD+11].

76 Für eine Übersicht über Geschäftsmodelle zu mobilen Plattformen siehe [JCKC11].

77 Siehe hierzu auch [LMK09].

Speichereinheiten. Die Transaktionen zwischen diesen Akteuren werden über eine Handelsplattform abgewickelt. Im Szenario *Smart Grid* – wie auch in den anderen Szenarien – wird deutlich, dass durch Cyber-Physical Systems gerade kleine und mittlere Unternehmen dauerhaft bestehen können, denn sie vereinen oft Agilität und Innovationskraft, zwei wichtige Wettbewerbsfaktoren im Markt für Cyber-Physical Systems.

6.2.2.2 Wertschöpfung in Ökosystemen

Die immer komplexer werdenden Cyber-Physical Systems – siehe etwa Systeme für die Mobilität in Städten, das Gesundheitssystem und die Stromversorgung – fordern auch immer komplexere, umfassendere Lösungsangebote. Diese können in Zukunft nur noch über Branchengrenzen hinweg gewährleistet werden.

Es entstehen artenreiche betriebswirtschaftliche *Ökosysteme*, sie entwickeln sich, stehen im Wettbewerb miteinander und ergänzen einander. Unter *Ökosystem* ist in diesem Zusammenhang das vernetzte Zusammenwirken unterschiedlicher Unternehmensrollen zu verstehen. Der Begriff beschreibt strategische Allianzen oder die Zusammenarbeit zwischen Gruppen, die aus wesentlich mehr Akteuren bestehen als in traditionellen Unternehmenspartnerschaften üblich. Beispiele für bereits bestehende derartige *Ökosysteme* sind das SAP Business Ecosystem oder der Android-*App*store. Solche *Ökosysteme* bauen typischerweise auf gemeinsamen Plattformen und Standards auf.

Web-basierte Cyber-Physical Systems werden maßgeblich von wirtschaftlichen *Ökosystemen* gestaltet. Einzelne Unternehmen ordnen sich in *Ökosystemen* ein. Das Zustandekommen derart anspruchsvoller und in der Intention nachhaltiger *Ökosysteme* hängt davon ab, ob die involvierten Unternehmen ein für alle Beteiligte vernünftiges Modell der Umsatzbeteiligung finden oder ob sie einander in bi- oder multilateralen Verhandlungen blockieren. Anreizsysteme und Bedingungen für den Erfolg derartigen Zusammenwirkens bedürfen daher der weiteren Untersuchung. Wert- und Erlösströme in *Ökosystemen*, die allen Teilnehmern die Umsetzung tragfähiger *Geschäftsmodelle* ermöglichen, stellen einen langfristigen Nährboden für vielfältige Innovationen im Zukunftsmarkt Cyber-Physical Systems dar. Cyber-Physical Systems wiederum ermöglichen diese neue Art der unternehmensübergreifenden Kooperation, indem bislang isolierte Silos in der *Wertschöpfungskette* aufgelöst werden zugunsten eines offenen *Wertschöpfungssystems*, in dem sich einzelne *Ökosysteme* als virtuelle Marktplätze herausbilden.

Auf diesen neuen Marktplätzen wird das entscheidende Merkmal nicht mehr die bisher übliche Kunden-Lieferanten-Beziehung, sondern es werden wirtschaftliche Plattformen sein, auf denen Anbieter und Kunden einander auch ad hoc, wechselseitig und kontextabhängig finden und austauschen können. Innovation ist in allen Bereichen der Wertschöpfung möglich und notwendig, vom Zulieferer bis zum Endkunden: bei Entwicklung, Produktion und Verwertung, in Betrieb und Wartung, bei Dienstleistung, Beratung, Anpassung und Weiterentwicklung, aber auch im Zusammenhang mit mittel- und langfristigen Aufgaben der Strategieentwicklung und Evolution; siehe Abschnitt 3.6. So kann etwa ein mittelständisches Unternehmen, das sich früher in der *Wertschöpfungskette* als bloßer Zulieferer positioniert hat, sich nun in Kooperation mit weiteren Unternehmen zu einem Anbieter integrierter Lösungen entwickeln und entsprechend positionieren.

Das CPS-inhärente Merkmal der Vernetzung und Digitalisierung einzelner Teilsysteme und Partner wirkt als Treiber für eine *dienste*orientierte und kollaborative Form der Wertschöpfung, die über die gesamte *Wertschöpfungskette* interaktiv zwischen Anbietern und Kunden betrieben werden kann. Die Öffnung der Architektur der CPS-Marktplätze führt zu einer Senkung der Eintrittsbarrieren für neue Unternehmen und Nischenanbieter, weil diese nicht gezwungen sind, komplette Systeme zu entwickeln und zu produzieren, um am Markt teilnehmen zu können. Vor diesem Hintergrund stellt sich auch die Frage, ob vertikale oder horizontale Integrationsschritte innerhalb der *Wertschöpfungskette* notwendig sind, um CPS-Angebote voranzubringen.

Die Digitalisierung und Vernetzung ehemals analoger und kaum verbundener Abläufe bietet eine Basis für das Hinzukommen neuer Teilnehmer im gesamten Wertschöpfungsprozess. Insbesondere ist damit zu rechnen, dass Softwareunternehmen spezifische Module[78] oder eigenständige Komponenten bereitstellen, die in Verbindung mit entsprechender Hardware und Infrastruktur oder als Ergänzungen bestehender Lösungen neue *Dienste* ermöglichen.

In den *Ökosystemen* werden neuartige Vermittlungsinstanzen, sogenannte „Intermediaries", Dienstleistungsfunktionen übernehmen, die auf den neuen Marktplätzen überhaupt erst möglich werden. Vorstellbar sind Marktplätze sowohl im *Business-to-Business-*[79] als auch im *Business-to-Consumer*-Bereich[80], auf denen sich neue Dienstleistungsrollen und -funktionen entwickeln. Insgesamt wird Raum für neue Unternehmensrollen und Funktionen entstehen, bestehende Rollen werden sich ändern.[81] Die neuen CPS-*Ökosysteme* werden geprägt sein durch folgende Aktivitäten:

- Bereitstellung von Komponenten und Vorprodukten zur Erstellung eines Cyber-Physical Systems
- Entwicklung und Produktion von Komponenten zum Aufbau von CPS-Infrastrukturen
  - Aktorik und Sensorik
  - Kommunikationstechnik
  - Rechenzentren
- Betrieb von CPS-Kommunikationsplattformen, siehe Abschnitt 5.3 und Anhang B
  - Kommunikationsnetze
  - Rechenzeit
- Betrieb von Cyber-Physical Systems
  - Integration der Hardware
  - Anbieten von Cyber-Physical-Systems-Basis*diensten* der *Anwendungs-* und *CPS-Plattformen*, siehe Abschnitte 5.3 und Anhang B
  - Sicherstellen von Garantien gegenüber Kunden, also von nichtfunktionalen Anforderungen; siehe Abschnitte 5.2, 5.3.5 und von *Quality-of-Service-Diensten* der *CPS-Plattform* in Anhang B
  - Struktur und Angebote zum einfachen Aufsetzen von *Diensten*
- CPS-Unterstützungs*dienste*
  - Abrechnung
  - *Authentifizierung*
  - Überwachung von Nutzungs-, *Dienste-*, Kommunikations- und Datenqualität
  - *Interoperabilitäts*-Dienstleistungen, zum Beispiel Konvertierung zwischen Datenformaten und *Diensten* – siehe Anhang B, Abschnitt B.3.7 –, insbesondere zwischen *Ontologien* verschiedener Anwendungen und Übersetzung zwischen Standards
- CPS-Marktplatzbetrieb
  - offene Marktplätze unter Kontrolle einer *Community*
  - geschlossene Marktplätze unter Kontrolle eines Unternehmens
- Anbieten von *Diensten* und Dienstleistungen für Endkunden
  - Integration und Anbieten von CPS-*Diensten* und Dienstleistungen
  - Reduktion von Komplexität für Kunden
  - Schaffung benutzerfreundlicher Oberflächen und Schnittstellen für die *Mensch-Maschine-Interaktion*

---

78 Hier wäre beispielsweise an *Softwareagenten* (im Sinne von Standard-Softwaremodulen) zu denken, die spezifische Funktionen bereitstellen und von anderen Marktteilnehmern oder vom Endnutzer in bestehende Anwendungen integriert werden können.

79 Dienstleistungen rund um Kfz oder Schadensversicherung, Logistikdienstleistungen, Dienstleistungen für Kunden im Ausland Maschinenbauindustrie etc.

80 Mitfahrzentralen der Zukunft, Energiemarktplätze, Logistikdienstleistungen für Bürger etc.

81 Im Anwendungsszenario TEXO im Rahmen des THESEUS-Projekts (Forschungsprogramm des BMWi wurden „ [...] mit dem Ziel, den Zugang zu Informationen zu vereinfachen, Daten zu neuem Wissen zu vernetzen und die Grundlage für die Entwicklung neuer Dienstleistungen im Internet zu schaffen") zahlreiche neue Dienstleistungsrollen und die entsprechenden Funktionen beschrieben; siehe [BMW10b] .

- Anbieten von CPS-Unterstützungs*diensten* für Endkunden
  - *Dienste*verzeichnis für Qualitätsbewertungen und -auskünfte sowie für verbesserte Auffindbarkeit
  - Zertifizierung der Einhaltung von Qualitäts- und *Compliance*-Vorgaben
  - Anonymisierung der *Dienste*nutzung
  - Anpassen externer *Dienste* an hinterlegte Präferenzen von Endkunden
  - Neutraler Verhandler für automatisch entstehende Vertragsbeziehungen
- Anbieten von Unterstützungsleistungen für *Dienste*anbieter
  - Plattform für teil- und vollautomatische *Dienste*vermittlung
  - Weiterverkauf von gebündelten Nutzungsrechten für *Dienste* und Plattformen
- Anbieten höherwertiger CPS-*Dienste* für *Dienste*anbieter
  - analog zu *Diensten* für Endkunden, aber für Entwickler höherwertiger *Dienste*
  - *Dienste*bündelung
  - Datenverdichtung, etwa zu Lagebildern oder statistischen Analysen

Die Aufgaben von *Dienste*anbietern gliedern sich in mehrere Rollen, die auch gemeinsam und von unterschiedlichen Unternehmen wahrgenommen werden können: Dazu zählen Entwicklung, Produktion und Verwertung, Betrieb und Wartung, integrierte Dienstleistungen, also Beratung, Anpassung und Weiterentwicklung sowie Strategieentwicklung und Evolution - siehe Abschnitt 3.6 -, insbesondere in Form eines *Domänen-Engineerings* und seiner sich evolutionär entwickelnden Anwendungen und Plattformen; siehe Abschnitt 5.3.4.

In den Szenarien in Kapitel 2 wurden ebenfalls neue Rollen und Funktionen aufgezeigt. So wird es etwa im Bereich *Smart Mobility* Bedarf für Verkehrsmanagementsysteme geben sowie für integrierte Reisedienstleistungen und Wetter*dienste*. Zudem werden weitere Bezahlplattformen entstehen (etwa Google Wallet [WAL]), die die verstärkte Nutzung von Online- beziehungsweise mobilen Zahlsystemen (Payment) ermöglichen. Im Bereich *E-Health* können sich Betreiber von Gesundheitsplattformen etablieren. In einem Szenario E-Government kommen nicht nur Unternehmen neue Rollen und Funktionen zu, sondern auch den Kunden. Diese treten - nicht nur hier - nicht allein als CPS-Nutzer auf, sondern generieren aktiv Informationen und wirken interaktiv an dem Systemverhalten mit.

Das *Smart-Grid*-Szenario (Abschnitt 2.4) öffnet den Markt für Messdienstleister, Betreiber *virtueller Kraftwerke* oder Betreiber von Handelsplattformen, und zwar sowohl für die IT-Infrastrukturbetreiber als auch die Anbieter von Handels*diensten*, Auktions*dienste* und weiteren Dienstleistungen. Auch im Bereich des *autonomen Fahrens* werden neue Anbieter von Infrastrukturleistungen auf den Markt drängen. So werden wichtige Verkehrswege, digitale Netze, Parkhäuser sowie Parkleitsysteme von privaten Anbietern betrieben werden. Hier werden *Ökosysteme* durch Vernetzung verschiedener Mitspieler entstehen: Dazu zählen etwa Hersteller von *Mobilgeräten*, Informations*dienste*anbieter - Wetter, Verkehr, Infrastruktur -, *App*-Entwickler, Kommunikationsunternehmen zur Weiterleitung von Daten, Plattformbetreiber[82], Hersteller von *Sensor*systemen und -infrastrukturen, *Premiumspur*betreiber, Anbieter von Fahrzeug*diensten* wie Bereitstellung und Abrechnung, Mautabrechnungsdienstleister oder Betreiber von Verkehrsleitsystemen.

In den zukünftigen *Ökosystemen* werden Logiken, die bereits aus dem heutigen *Web 2.0* über Netzwerke und *Communities*, hauptsächlich im *Business-to-Consumer*-Bereich, bekannt und erprobt sind, auf den Geschäftsbereich übertragen, um sogenannte *Business Webs* zu bilden. Diese Mehrwertnetze, in denen mehrere *Dienste*anbieter zusammen neue *Dienste* und Dienstleistungen generieren, bilden somit eine entscheidende Voraussetzung, um im Wettbewerb zu bestehen.

Auf diese neue Form der evolutionären, anspruchsvollen und auf mehrere Unternehmen verteilten Entwicklung von

[82] Siehe beispielsweise [Oct].

Systemen, Produkten und *Diensten* wie Wartung, Betrieb, integrierte Dienstleistungen, permanente Weiterentwicklung und Erweiterung - siehe Abschnitte 3.6 und 5.3 - sowie die damit verbundenen Herausforderungen müssen sich die beteiligten Unternehmen erst einstellen. Zum einen ist die Kooperation innerhalb eines solchen Systems komplex verteilt, zum anderen ändern sich je nach Kontext die im System agierenden Unternehmen und damit der Partnerverbund des *Ökosystems*. Diese unterschiedlichen Verbünde haben wiederum unterschiedliche Lebenszyklen der Komponenten und *Dienste* zur Folge.

Um diese *Dienste* erbringen zu können, ist es erforderlich, dass die Verbünde innerhalb der *Ökosysteme* gemeinsame Investitionen tätigen, etwa in Infrastruktur, offene Plattformen, Standards oder Ausbildung. Auf diese Weise werden jedoch auch die Kosten und *RoI*-Modelle für Komponenten und *Dienste* in den *Geschäftsmodellen* komplexer: Es gilt, mehrere Beteiligte und Produkte mit unterschiedlichen Lebenszyklen zu berücksichtigen. Außerdem haben Komponenten in der *Wertschöpfungskette* für die beteiligten Unternehmen unterschiedliche Bedeutungen.

6.2.3 ERTRAGSMODELL

Ein *Geschäftsmodell* beschreibt neben dem *Nutzenversprechen* und der Architektur der Wertschöpfung, welche Einnahmen das Unternehmen aus welchen Quellen generiert. Die zukünftigen Einnahmen entscheiden über Ertrag und Wert des *Geschäftsmodells* und damit über dessen Nachhaltigkeit. Es beantwortet die Frage: Wodurch wird Geld verdient? Dieser Teil des *Geschäftsmodells* heißt Ertragsmodell.

Bereits heute bieten viele Software-Hersteller oder *Diensteanbieter* im Rahmen von Freemium-Angeboten kostenlose Grundfunktionalitäten an, damit sich Nutzer an das Produkt gewöhnen können und später für Zusatzfunktionalität beziehungsweise Premium*dienste* bezahlen.

Cyber-Physical Systems ermöglichen weitere Ertragsmodelle, außerdem eine Veränderung bestehender Bezahlmodelle. Anbieter können in Zukunft als Lieferanten komplett integrierter Systeme am Markt oder als spezialisierte Dienstleister für einzelne Komponenten auftreten. Daneben wird es Plattformanbieter geben, die sich über die Nutzung der Plattform finanzieren. Cyber-Physical Systems werden es ermöglichen, dass beim Handel mit Daten und Informationen pro Informationseinheit abgerechnet wird. *Geschäftsmodelle* mit Information als Kern der Wertschöpfung werden so für viele Anbieter ein Schlüssel zum Erfolg. Darüber hinaus werden Preise immer variabler; abgerechnet wird künftig in Abhängigkeit von Zeit, Ort oder Nutzungsprofil. Das ist möglich, da es immer mehr nutzungsbasierte Abrechnungsmodelle geben und das Bezahlen noch einfacher werden wird.

6.3 DISRUPTIVES INNOVATIONSPOTENZIAL VON CYBER-PHYSICAL SYSTEMS

Dieser Abschnitt beschreibt das Potenzial von Cyber-Physical Systems, Innovationen auszulösen, die einen disruptiven Charakter haben. Eine disruptive Innovation durchschreitet im Wesentlichen zwei Phasen. Zunächst besetzt ein neuer Marktteilnehmer (Disruptor) eine neue Marktnische, indem er Kunden bedient, die ein anderes Anforderungsprofil aufweisen als Kunden der etablierten Player (Incumbents) in dem bestehenden großen Markt. Zu dem Zeitpunkt ignorieren die Etablierten die Nische, etwa, weil es für sie unrentabel ist, den kleinen Markt zu bedienen und sie sich auf Projekte mit höherer Profitabilität konzentrieren. Der Disruptor hat dadurch Zeit, seine Technologie und Kundenbasis weiterzuentwickeln.

Ab einem bestimmten Zeitpunkt hat er durch Lerneffekte die Produktkosten reduziert und die Produktreife soweit vorangetrieben, dass er aus dem Nischenmarkt den existierenden Markt der Incumbents mit niedrigeren Preisen und den für den Markt angemessenen Eigenschaften betritt.

Der Incumbent wird dadurch gezwungen, sein Produktportfolio anzupassen oder ebenfalls Produkte mit der neuen Technologie zu entwickeln. Er hat aber aufgrund einer anderen technologischen Basis und anderer Kostenstrukturen keine Möglichkeit mehr, den Disruptor einzuholen, der bereits mehrere Lernschleifen mit der neuen Technologie durchlaufen hat. Folglich konzentriert sich der etablierte Marktteilnehmer mehr und mehr auf den High-end-Markt und verliert Marktanteile an den Verfolger.

Disruptive Innovationen sind im Kern also nicht nur technischer, sondern auch strategischer Natur. Eigentlich ist Disruptivität keine Eigenschaft einer Technologie, sondern der Effekt, der dadurch in einem bestehenden Markt ausgelöst wird. Eine Technologie wirkt erst dann disruptiv, wenn die bestehenden Marktteilnehmer deren Entstehung ignorieren. Ein Beispiel für eine disruptive Innovation war das Automobil. Zunächst tangierte es den von Pferden und der Eisenbahn dominierten Transportmarkt nicht; es war aufgrund der Rahmenbedingungen - hohe Preise, unzureichende Infrastruktur - für den Massenmarkt zunächst unattraktiv. Es wurde daher zunächst als Luxusgut für wenige Nutzer verkauft. Erst mit der Entwicklung des Ford Model T, das durch Fließbandarbeit günstig und in hoher Stückzahl gebaut werden konnte, fand das Automobil breite Anwendung und löste eine Disruption im Transportmarkt aus. Ein weiteres Beispiel ist die Ablösung der Segelschiffe durch Dampfschiffe. Zunächst waren Dampfschiffe für längere Reisen aufgrund ihrer mangelnden *Zuverlässigkeit* ungeeignet. Sie fanden daher zuerst Anwendung in der Binnenschifffahrt. Durch kontinuierliche Verbesserung konnte das Dampfschiff jedoch letztendlich auch im Markt der Segelschiffe bestehen und löste die Disruption aus.

E-Health

Im medizinischen Bereich sind häufig teure und daher kapitalintensive Geräte notwendig. Durch die Vernetzung von einfacheren medizinischen Geräten sind jedoch revolutionäre, möglicherweise sogar disruptive Innovationen absehbar: Medizintechnik wird sich in großen Volumina aus den einschlägigen Einrichtungen heraus teilweise in das heimische Umfeld verlagern. Bereits heute verfügbare Geräte sind etwa elektronische Waagen oder Blutdruckmessgeräte. Durch zunehmenden Einsatz weiterer Sensorik und intelligenter Systeme, die Vitalparameter messen, wird eine kontinuierliche Beobachtung von Patienten mit kritischem Gesundheitszustand zu Hause möglich. Das bedeutet, dass der geeignete Zeitpunkt, an dem Risikopatienten in Krankenhäuser eingeliefert werden müssen, mit höherer Sicherheit bestimmt werden kann. Das kann zu einer besseren Auslastung der teureren, weil leistungsfähigeren Geräte in Krankenhäusern und einer effizienteren Versorgung führen, öffnet aber auch Marktlücken im Low-end-Bereich medizinischer Geräte. Hier zeigt sich ein disruptives Muster. In dieser Branche lassen sich *Geschäftsmodelle* allerdings - anders als in einem unregulierten Markt - nicht frei etablieren. Die sehr komplexe und durch viele Beteiligte geprägte Finanzierungsstruktur des Gesundheitswesens erschwert die Änderung von Prozessen und verhindert dadurch Geschäfts- und Produktinnovationen.

Smart Mobility

Dieses Szenario zeigt erhebliches Potenzial, etablierte Marktteilnehmer zu gefährden. Das Szenario analysiert intermodale Transportmöglichkeiten für den Privatverkehr, also die Nutzung verschiedener Vehikel wie Auto, Bahn, Flugzeug, die in ein Mobilitätsgesamtsystem integriert sind. Ein Fahrer bekommt so die Möglichkeit, zeit- und kostenoptimal sowie umweltschonend zu reisen, wobei ihm ein intelligentes System nach seinen Vorgaben und Präferenzen die optimale Route vorschlägt. In Ansätzen existieren bereits heute Internetplattformen, die ein derart komfortables Reisen ermöglichen: Die Bahn verknüpft ihre Zuginformationen mit denen von Bus und Bahn auf ihrer Online-Reservierungsseite. Citroen geht einen Schritt weiter und bietet den Endkunden auf einer Internetplattform die Möglichkeit, zwischen eigenem Auto, Bahn und Flugzeug zu wählen. Tamycar wiederum vermittelt Privatautos zur Miete und macht so den etablierten Autovermietungen und *Car-Sharing*-Anbietern Konkurrenz. Diese technologischen Lösungen gehen einher mit dem Trend der Abkehr vom privaten Pkw-Besitz hin zur Nutzung und Miete. Weiteres disruptives Potenzial birgt der Aufbau der Elektromobilität.[83] Diese Technologie hat das Potenzial, den Verbrennungsmotor zu ersetzen und öffnet so neuen Marktteilnehmern Chancen im globalen *Wertschöpfungsnetzwerk* der Automobilbranche.[84]

Smart Factory

Die in diesem Szenario aufgeführten Beispiele im Auftragsabwicklungsprozess haben starke Ähnlichkeit mit der *Virtualisierung* der Vertriebskanäle im elektronischen Handel: Logistikdienstleister oder Online-Marktplätze – zum Beispiel myhammer.de und Ebay – können Zusammenarbeit über Unternehmensgrenzen hinweg koordinieren und eine gemeinsame Schnittstelle zum Kunden bilden. So können spezialisierte Unternehmen entstehen, die nicht mehr selbst produzieren, sondern Informationstechnik zur Koordination produzierender Firmen sowie als Kundenschnittstelle nutzen. Diese zentralen Firmen beziehungsweise Firmenverbünde können so ein Netzwerk von Fertigungseinheiten bilden und flexibler auf Anfragen reagieren. Damit könnten sie zu einer Bedrohung für fertigungsorientierte Firmen werden, die zwar hochvolumige Aufträge bearbeiten können, aber unflexibel auf neue Anforderungen reagieren.

Im Produkt- und Produktionsentstehungsprozess können jene Maschinen- und Anlagenbauer sowie Komponentenhersteller im Markt erfolgreich sein, die zuerst ihre Komponenten mit offenen, standardisierten Schnittstellen versehen, sodass verschiedene Geräte unterschiedlicher Hersteller und unterschiedlicher Besitzer kombiniert werden können („Plug and Work"), ähnlich wie mittels der USB-Schnittstelle am PC. Diese Komponenten können in jede Anlage eingebaut werden, im Gegensatz zu proprietären Komponenten, für die bei jedem Einbau die Schnittstelle neu definiert und implementiert werden muss. Die nötige *Interoperabilität* zwischen Software- beziehungsweise Internettechnologie und der Hardware der Produktionseinheiten wird hier deutlich.

Autonomes Fahren

In diesem Szenario wird im Wesentlichen der Informationsaustausch zwischen zwei Fahrzeugen untersucht, um *autonomes Fahren* zu ermöglichen. Unabhängig davon, ob Information von Fahrzeug zu Fahrzeug oder indirekt über eine *Back-end-Infrastruktur* ausgetauscht wird, besteht hier großes Innovationspotenzial. Sofern die Systeme sicher genug gestaltet werden können und hinreichende Infrastruktur – sowohl Funknetz als auch ortsfeste Infrastruktur – vorhanden ist, können autonom fahrende Fahrzeugkolonnen eine Konkurrenz darstellen, sowohl zu bisherigen Autos also auch zu anderen Verkehrsmitteln. Sie können insbesondere *Car-Sharing*-Angebote revolutionieren.

6.4 ZUSAMMENFASSUNG

Cyber-Physical Systems weisen erhebliches Innovationspotenzial in allen untersuchten Bereichen auf, manchmal auch mit disruptiven Folgen für etablierte Marktteilnehmer. Allen Szenarien ist gemein, dass die neuen Konkurrenten durchaus aus anderen Industrien kommen können, insbesondere aus der *IKT*- und der Softwareindustrie. Markteinsteiger mit Erfahrung in der Entwicklung von Software und im Betrieb von Dienstportalen und Serverzentren verfügen über ausreichendes Wissen, um hochverfügbare Anwendungen im Internet zu entwickeln und zu betreiben. Über Auftragsprojekte und Kooperationen mit Unternehmen verschiedener Branchen können sie so Applikations- und *Domänen*wissen erlangen, um später eigene *Dienste* und Produkte in den jeweiligen Märkten anzubieten.

Als Ergebnis der Analyse zukünftiger *Geschäftsmodelle* lässt sich festhalten, dass es nicht ein einziges *Geschäftsmodell*

83 2017 rechnet Pike Research mit 13,9 Millionen elektrifizierten Fahrzeugen. Nordamerika ist dann der größte Abnehmer, dort sollen 2017 immerhin 4,9 Prozent aller ‚Light-duty vehicles' auf elektrifizierte Fahrzeuge entfallen [Pik11].

84 Siehe hierzu [BBD+11].

geben wird, das für alle Märkte und Unternehmen passt. Vielmehr bieten Cyber-Physical Systems viele Nischen, Ansatzpunkte und Potenziale; es sind aber auch Anpassungen aufseiten der Unternehmen erforderlich. Die vorstehend beschriebenen Szenarien mit den daraus abgeleiteten Änderungsmöglichkeiten verdeutlichen die großen Unterschiede zwischen den Anwendungsbereichen hinsichtlich Neuerungen und Änderungen bei *Geschäftsmodellen*. Aus diesen Gründen lassen sich hier nur die Zusammenhänge, Mechanismen und Treiber sowie einige Beispiele für absehbare konkrete Änderungen beschreiben. Die größten Veränderungen sind überall dort zu erwarten, wo Cyber-Physical Systems disruptive Innovationen auslösen. Es gilt deshalb, die weitreichenden Potenziale von Cyber-Physical Systems zu erschließen und disruptive Effekte im Markt und in Anwendungssystemen zu beherrschen. Deshalb ist es unverzichtbar, in regional und global vernetzten *Ökosystemen* systematisch nachhaltige Innovationen und damit die Fähigkeit aufzubauen, integrierte und interaktive CPS-Lösungen zu entwickeln.

Wesentliche Elemente solcher *Ökosysteme* sind heterogene Innovationsnetzwerke von Akteuren mit vielfältigen Kompetenzen, Rollen und Unternehmensgrößen. In Form von Kooperationen und Wertschöpfungsverbünden integrieren sie unterschiedlich lange und dynamische Innovationszyklen von CPS-Komponenten sowie verschiedene Innovations- und Entwicklungskulturen. Aus deren Zusammenwirken können Innovationen, Strategien, *Geschäftsmodelle* und *Geschäftsmodell*innovationen entstehen, die einander ergänzen; siehe auch [Che06]. Stähler [Stä02] unterscheidet Value Innovation, Architekturinnovationen sowie Ertragsmodell- und Koordinationsmechanismus-Innovationen.

Erforderlich ist eine Mischung aus technologiebasierten Start-ups, KMU mit gelebter Tradition und Kundennähe sowie globalen Großunternehmen, die mit ihrem Durchhaltevermögen die Stabilität und das Vertrauen im Verbund stärken. Zusammen besitzen Letztere die Fähigkeit, gezielt Produkte, *Dienste* und integrierte Lösungen für Anwender und offene Märkte zu entwickeln. Um dauerhaft Innovationsfähigkeit zu sichern, müssen zudem Unternehmen mit der Fähigkeit integriert werden, die heterogenen Netzwerke, den systematischen Aufbau integrierter CPS-Technologien und komplexen *Anwendungsplattformen* sowie deren Evolution zu managen.

Vor allem auf europäischer Ebene wird zur Entwicklung der Innovationsfähigkeit einer Region oder von Industrien das Instrument der *Living Labs* eingesetzt. *Living Labs* bauen Innovations- und Entwicklungsnetzwerke auf, öffnen sie und die dazugehörigen Prozesse für Anwender und sorgen so für die Vernetzung von Wissenschaft, Praxis, Entwicklung und Anwendung. In *Living Labs* entstehen auf diese Weise Experimentierfelder für die interaktive Entwicklung und Erprobung komplexer CPS-Innovationen. Diese Instrumente – die Labs wie auch die Experimentierfelder – müssen jedoch für jeden Anwendungskontext maßgeschneidert werden.

Eine wesentliche Voraussetzung für die Förderung und Realisierung von vernetzten CPS-Innovationen sind offene Plattformen, *Kommunikationsinfrastrukturen* und Standards mit besonderem Gewicht auf *Interoperabilität* und Qualität von CPS-Anwendungen und *-Diensten* (siehe Abschnitt 5.3). Diese Plattformen wirken als Hebel für Innovationen und nachhaltige Evolution von Cyber-Physical Systems sowie als Fundament wirtschaftlicher *Ökosysteme*. Von besonderer Wichtigkeit ist in diesem Zusammenhang, dass die interaktive Wertschöpfung sowie die Entwicklungsprozesse und Architekturen interdisziplinär und auf hohem Qualitätsniveau zusammenwirken, und zwar einschließlich der verwendeten *Modelle*, Methoden und Werkzeuge.

Eine entscheidende Fähigkeit hierbei ist umfassende Softwarekompetenz. Software ist für wesentliche Systemeigenschaften von zentraler Bedeutung: Sie sichert die *Interoperabilität* von Daten und *Diensten* und prägt entscheidend deren Funktionalität, Anpassbarkeit an neue Anforderungen, Qualität und Langlebigkeit.

Anstehende Herausforderungen für Wirtschaft und Wissenschaft lassen sich unter den folgenden Stichpunkten zusammenfassen:

- geeignete Wertschöpfungsarchitekturen, Kollaborationsplattformen, Organisationsformen und Rollen in *Ökosystemen*,
- einander ergänzende neue *Geschäftsmodelle* und ihre Integration, einschließlich der Harmonisierung unterschiedlicher Lebenszyklen von Produkten und Komponenten,
- geeignete Formen von Kooperation und Konkurrenz sowie von Interaktions- und- Geschäftsbeziehungen, die sich daraus ergeben, einschließlich
- *Modelle* zur Verteilung von Erlösen (Revenue Sharing), auch mittel- bis langfristig, und zur Berechnung des *Return on Investment (RoI)* in verteilten Investitions- und Ertragsmodellen.

Für Politik und Unternehmen ergibt sich daraus eine Reihe gleich wichtiger Aufgaben: Es gilt, einen Rechtsrahmen und die Voraussetzungen für Standardisierung zu schaffen, dazu wirtschaftliche und finanzielle Infrastrukturen sowie Rahmenbedingungen. All das muss zudem an unterschiedliche Erfordernisse angepasst werden; siehe auch das *Modell* eines Forschungs- und Innovationssystems in Abbildung 7.1.

7 STANDORTBESTIMMUNG, ANALYSE UND SCHLUSSFOLGERUNGEN

Die Analysen der vorliegenden Agenda zeigen deutlich die Chancen und vielfältigen Nutzenpotenziale auf, die Cyber-Physical Systems und ihre softwarebasierten Technologien für Gesellschaft und Wirtschaft mit sich bringen. Sie zeigen vor allem den grundlegenden Wandel in Systemevolution, *Mensch-Technik-Interaktion* und in der Art und Weise ihrer Entwicklung und Gestaltung, der mit der offenen Vernetzung und Nutzung der neuen Fähigkeiten der Systeme verbunden ist - und der zudem neue Risiken und Herausforderungen für Gesellschaft und Unternehmen mit sich bringt.

Aus der Agenda ergeben sich folgende wesentliche Erkenntnisse, deren Berücksichtigung entscheidend für die Entwicklung innovativer CPS-*Dienste* und -Anwendungen ist:

1. Es vollzieht sich ein Wandel von Produkten hin zu hybriden Systemen, zu interaktiven *Diensten* und integrierten Lösungen.

2. Technologie und Interaktion sind Treiber der Innovation. Die Qualität von Cyber-Physical Systems bemisst sich an dem Verständnis der Beziehungen zwischen Daten, Dingen und *Diensten* im Kontext von Menschen und Anwendungsprozessen.

3. Hochwertige CPS-*Dienste* zeichnen sich durch drei Faktoren aus: intensive Interaktion, Schaffen von *Sicherheit* und Vertrauen sowie Individualisierung. Erforderlich ist die Ausrichtung am Bedürfnis der Nutzer, die immer anspruchsvoll und aufgeklärt sind.

4. Eine entscheidende Fähigkeit ist umfassende Softwarekompetenz, denn Software ist von zentraler Bedeutung für Funktionalität, Anpassbarkeit an neue Anforderungen, Qualität und nachhaltig innovative Systemlösungen.

5. Kommunikation, Vernetzung und *Interoperabilität* sind Basisfähigkeiten aller Komponenten, Teilsysteme und Anwendungen von Cyber-Physical Systems. Offene Standards und *CPS-Plattformen* mit grundlegenden *Interoperabilitäts-*, Vermittlungs- und *Quality-of-Service-Diensten* bilden einen entscheidenden Hebel für Vielfalt und Dynamik in der CPS-Evolution.

6. Cyber-Physical Systems erfordern Interdisziplinarität, Wertschöpfung und *Geschäftsmodell*innovation in wirtschaftlichen Ökosystemen, die sich den genannten Herausforderungen stellen und damit eine global führende Rolle übernehmen können. Denn für die Wirtschaft gilt: „Der Kulturwandel muss vor allem auf der Anbieterseite erfolgen. Die Bereitschaft zu radikalen Veränderungen von Geschäftsprozessen oder sogar Geschäftsmodellen kann nur von hier ausgehen. Wenn der Markt sie erzwingt, ist es meist zu spät." [HW11]

Anhand dieser Erkenntnisse wird deutlich: Damit Deutschland das Potenzial von Cyber-Physical Systems nutzen und sich einen langfristigen Wettbewerbsvorteil sichern kann, ist ein integriertes Handeln von Politik, Wirtschaft und Forschung und Wissenschaft erforderlich. Entsprechende Schlüsse werden systematisch in den folgenden Abschnitten auf Basis der Ergebnisse der vorliegenden Agenda und einer ausführlichen SWOT-Analyse gezogen.

7.1 ERFORDERLICHE INTEGRIERTE INNOVATIONS-ANSTRENGUNGEN

Abbildung 7.1 gibt einen Überblick über das vom Fraunhofer ISI entwickelte *Modell* zu Forschungs- und Innovationssystemen [AKvdMo1]. Unter Berücksichtigung der wesentlichen Akteure und Rollen im Innovationsprozess liefert dieses *Modell* ein Strukturierungskonzept für die in Abschnitt 7.2.3 zusammengefassten Folgerungen und

Abbildung 7.1: Modell eines Forschungs- und Innovationssystems; Quelle: [AKvdMo1], erweitert von Kuhlmann (Fraunhofer ISI)

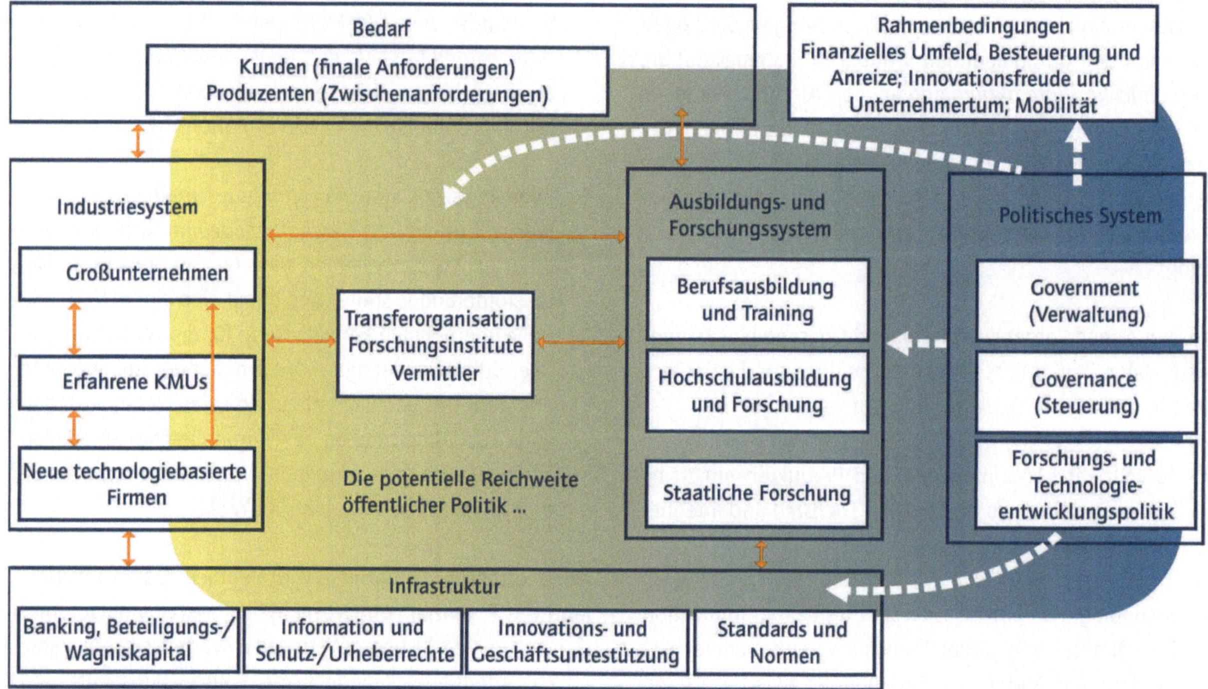

Handlungsempfehlungen der integrierten Forschungsagenda Cyber-Physical Systems:

Für die Strukturierung von Handlungsempfehlungen bietet sich folgende Unterteilung zukünftiger wirtschaftlicher *Ökosysteme*, also von Wirtschafts- und Innovationspartnern in *Wertschöpfungsnetzen* und -architekturen, an: Unternehmenssysteme und -verbünde (Industriesystem), Forschungstransfer- und -verwertungsunternehmen (Transferorganisation, Forschungsinstitute) sowie innovative und nachhaltige Forschungs- und Ausbildungssysteme samt ihrer Substrukturen (Ausbildungs- und Forschungssystem).

Abbildung 7.2 setzt diese drei Felder zueinander in Beziehung und zeigt ein Gesamtbild der erforderlichen Innovationsanstrengungen auf:

- CPS-Anwendungswelten (Abbildung 3.2 aus Kapitel 3 mit Szenarienskizzen der *Domänen E-Health* und *Smart Mobility*) samt ihrer Anforderungen an die Technik und deren nutzergerechte Gestaltung,
- CPS-Kerntechnologien und
- Bausteine der Innovations- und *Ökosysteme*.

Abbildung 7.2: Überblick über erforderliche abgestimmte Innovationsanstrengungen auf dem Gebiet von Cyber-Physical Systems

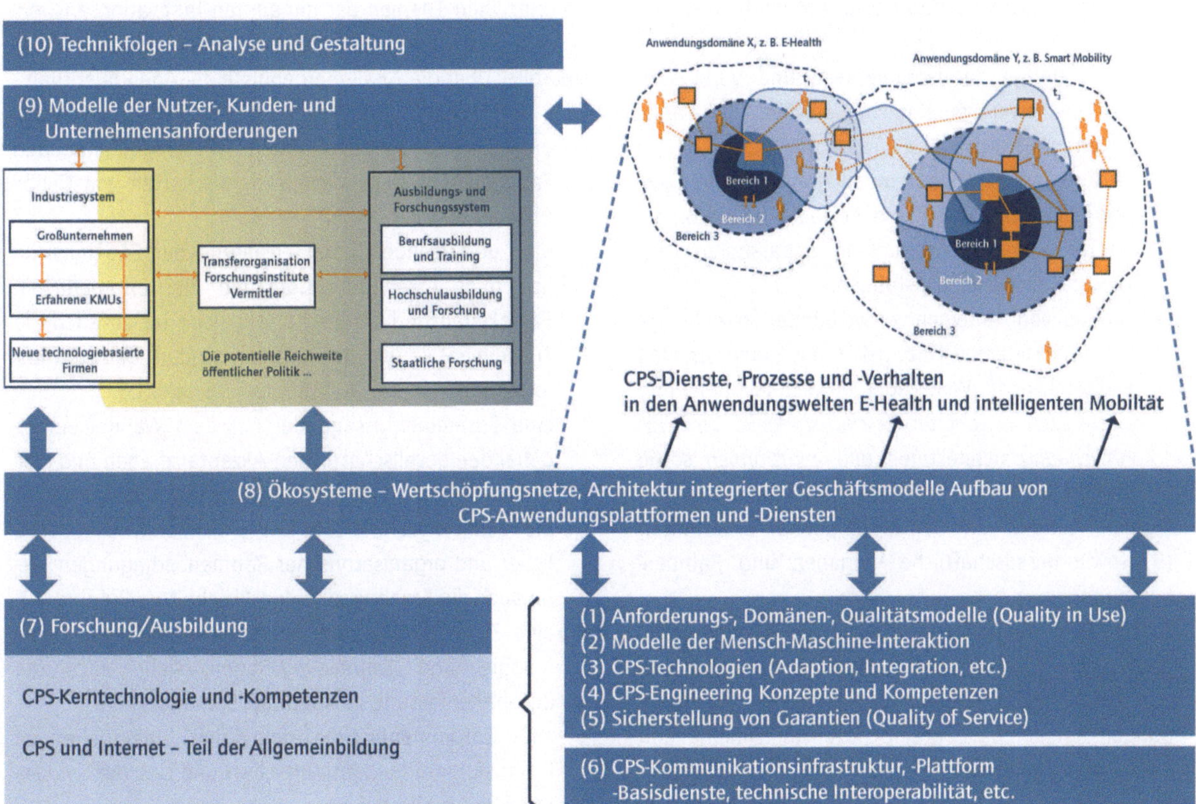

Erforderlich sind aufeinander abgestimmte Handlungen in folgenden Themenfeldern:

- **CPS-Kerntechnologien (1 - 6):** interdisziplinäre und integrierte Forschungsarbeiten für die CPS-Kerntechnologien - siehe die Zusammenfassung der Fähigkeiten, Herausforderungen und Kerntechnologien in den Abschnitten 3.5 und 5.5 - und Initiativen zum Aufbau und zur Verwendung von Cyber-Physical Systems in Innovations- und *Ökosystemen*
- **Interdisziplinäre Forschung und Ausbildung (7)** und der Aufbau von Kernkompetenzen bei allen Mitwirkenden an Innovationen, darüber hinaus auch in der Allgemeinbildung der Bevölkerung im Sinn einer Befähigung zum mündigen und selbstbestimmten Umgang mit CPS-Technik sowie dem Internet; siehe auch Kapitel 4
- **Wirtschaftliche Ökosysteme (8)** mit Konzentration der Beteiligten an CPS-*Wertschöpfungsnetzen* auf ihre jeweiligen Kernkompetenzen, entsprechend den Konzepten und Herausforderungen der *Geschäftsmodell*innovationen und *Ökosysteme*, die in Kapitel 6

herausgearbeitet wurden; siehe auch die Plattformstrategien von Cusumano [Cus10]. Dabei handelt es sich um

- Konzentration der Unternehmen und Verbünden auf ihre jeweiligen Kernkompetenzen und Fähigkeiten im Bereich der CPS-Technologien,
- Denken und Handeln in modular strukturierten *Anwendungsplattformen* und flexibel integrierbaren, an die jeweilige Anwendung anpassbaren CPS-*Diensten* und Dienstleistungen,
- Bildung von Unternehmensverbünden beziehungsweise *Ökosystemen*. Dazu gehört das Herausarbeiten entsprechender Wertschöpfungsarchitekturen und -netze samt integrierter *Geschäftsmodelle*, um *CPS-Anwendungs*architekturen und *-plattformen* sowie integrierte Lösungen aufbauen zu können.

- **Nutzer-, Kunden- und Unternehmensanforderungen (9)** sowie gesellschaftliche Vorgaben und Rahmenbedingungen
- **Partizipative Technikgestaltung und Technikfolgenanalyse (10):** Analyse und Bewertung von CPS-Szenarien und gemeinsame Gestaltung kritischer CPS-Anwendungen auf der Basis gesellschaftlicher Dialoge und Abstimmungsprozesse

Die Ergebnisse der Agenda im Überblick

Die einzelnen Themen der genannten Innovationsanstrengungen sind in Abbildung 7.3 zusammengefasst. Dieser Überblick über die Analyseergebnisse der Agenda enthält

- eine Darstellung des Wandels mit seinen treibenden Faktoren und wesentlichen Eigenschaften von Cyber-Physical Systems,
- eine umfassende Charakterisierung der CPS hinsichtlich ihrer Anwendungsdomänen, der erforderlichen Fähigkeiten und Eigenschaften; siehe hierzu auch die Zusammenfassung der CPS-Fähigkeiten und Herausforderungen in den Abschnitten 3.5 und 3.6,
- eine Zusammenfassung der mit dem Wandel einhergehenden gesellschaftlichen Akzeptanzfragen und -faktoren sowie der daraus abgeleiteten Anforderungen an die Technologie, und zwar hinsichtlich politischer, rechtlicher und organisatorischer Rahmenbedingungen; siehe auch die Ergebnisse in den Abschnitten 3.4 und 4.1,
- eine Zusammenfassung der damit verbundenen Technologie- und *Engineering*-Fragen; siehe auch die Zusammenfassung in Abschnitt 5.5, und
- eine Zusammenfassung der damit einhergehenden Herausforderungen an Wirtschaft und *Geschäftsmodelle*; siehe Abschnitt 6.5.

7.2 SWOT-ANALYSE

Die nachfolgende SWOT-Analyse greift wesentliche Ergebnisse der Agenda auf, identifiziert ausgewählte Stärken (Strengths) und Schwächen (Weaknesses) Deutschlands und der Europäischen Union und setzt sie in Zusammenhang mit Chancen (Opportunities) und Risiken (Threats) für die Fortentwicklung und Stärkung der Innovationsfähigkeit Deutschlands.

Chancen und Risiken bilden hierbei die externen Einflussfaktoren der Analyse, die in den spezifischen CPS-Eigenschaften begründet liegen. Stärken und Schwächen fassen die internen Fähigkeiten der deutschen, aber auch der europäischen Forschungs- und Wirtschaftslandschaft zusammen (siehe Abbildung 7.3 und nachfolgende Abschnitte).

Ableitung von strategischen Handlungsfeldern

Die grafische Darstellung der SWOT-Analyse in Abbildung 7.4 umfasst die vier inneren Quadranten:

- SO-Strategien (ausbauen): Stärken nutzen, um Chancen zu verwerten
- WO-Strategien (aufholen): Schwächen abbauen, um Chancen zu verwerten
- ST-Strategien (absichern): Stärken nutzen, um Risiken vorzubeugen
- WT-Strategien (vermindern): Schwächen abbauen, um Risiken zu vermindern

Stärken und Schwächen werden den Chancen und Risiken gegenübergestellt, daraus werden Handlungsfelder für eine integrierte CPS-Handlungsstrategie abgeleitet. Der Schwerpunkt der SWOT-Analyse liegt hierbei auf den neuen Herausforderungen im Zusammenhang mit der Vernetzung und Öffnung der Systeme. Die Ergebnisse der Nationalen Roadmap Embedded Systems [ABB+09] werden in die Analyse einbezogen, da eingebettete Systeme und ihre Technologien wesentliche Bestandteile von Cyber-Physical Systems bilden.

Die gesammelten Stärken und Schwächen sowie die identifizierten Chancen und Risiken in Abbildung 7.4 sind in den folgenden Abschnitt 7.2.1 und 7.2.2 zusammengefasst. Die Erläuterung der abgeleiteten strategischen Handlungsfelder in den inneren Quadranten der SWOT-Abbildung erfolgt im abschließenden Abschnitt 7.2.3.

7.2.1 STÄRKEN UND SCHWÄCHEN DES INNOVATIONSSTANDORTS DEUTSCHLANDS IM BEREICH DER CYBER-PHYSICAL SYSTEMS

Die nachfolgende Zusammenfassung der Stärken und Schwächen des Technologie- und Wirtschaftsstandorts Deutschlands und der Europäischen Union im Bereich Cyber-Physical Systems beruht auf aktuellen Studien und Marktanalysen[85], auf Recherchen zum Stand der Forschung und zur Technik in Anhang A sowie auf den Analysen zu Technologie- und *Engineering*-Herausforderungen in Kapitel 5.

Stärken (Strengths)

Position und Rahmenbedingungen

- starke Position bei eingebetteten Systemen:
  - *sicherheitskritische* Systeme, *Echtzeit*systeme, *IT-Sicherheit*, Systems *Engineering*, Systemintegration, *Sensor*technologie, Mechatronik, Robotik
  - Architekturen, Protokolle
  - Entwicklungs- und Produktionsprozesse
- Führung in entscheidenden Branchen, die eingebettete Systeme nutzen:
  - Automation, Produktion, Automotive, Energietechnik, Logistik, Luftfahrt, Medizin
  - starke Abnehmerbranchen mit hohem Innovationsbedarf in Deutschland
- umfassend abgedeckte *Wertschöpfungsketten* vor Ort
- leistungsstarke, innovative Firmennetzwerke, auch mit KMU-Beteiligung, zu eingebetteten Systemen
- gute und flächendeckende *Kommunikationsinfrastruktur*

---

85 Beispielweise [BMW08, COS+09, BMW09a, BMW09b, ABB+09, AG09, BMW10a, BIT11a, BIT11b, IDC11, aca11b].

Abbildung 7.3: Überblick über die Ergebnisse der agendaCPS – Charakterisierung des technologischen und gesellschaftichen Wandels durch Cyber-Physical Systems und der damit verbundenen Herausforderungen in Technologie, Wirtschaft und Gesellschaft

IKT, (ECHTZEIT-)VERNETZUNG, PHYSICAL AWARENESS, WEB 2.0 (PUSH)

WANDEL : OFFENE SYSTEME, ALLGEGENWART, INTERAKTIVE KONTEXTANPASSUNG

CPS-CHARAKTERISIERUNG UND ERFORDERLICHE FÄHIGKEITEN	FRAGEN UND HERAUSFORDERUNGEN DES WANDELS
Klassifikation von CPS nach sozialen und räumlichen Netzwerkstrukturen (Topologien) a. großtechnische Infrastruktursysteme und -dienste (kontrollierter Bereich) b. soziale Infrastruktursysteme und Dienste (definierter Bereich) c. soziale Anwendungssysteme und Dienste – auch Unternehmen; ausdifferenzierter Bereich, domänenübergreifend, offen für d. individuelle Anwendungssysteme und Nutzungsprozesse **Aufeinander aufbauende Eigenschaften** (1) Cyber-Physical, vernetzt (lokal-global), virtuelle aktive Steuerung in Echtzeit (2) System of Systems, kontrollierter Verbund mit dynamisch adaptiven Grenzen (3) kontext-adaptive und ganz oder teilweise autonom handelnde Systeme (4) kooperative Systeme mit verteilter, wechselnder Kontrolle (5) umfassende Mensch-System-Kooperation **CPS erfordern folgende Fähigkeiten:** • X-Awareness und Kontextintegration • Lernen und Adaption ihres Verhaltens • Transparente und berechenbare Mensch-Maschine-Interaktion • verlässliches und transparentes Handeln • Kooperation und strategisches Handeln • Risiko-, Ziel- und Qualitätsanalyse • Sicherstellung von Quality of Service (QoS)	**Individuelle und gesellschaftliche Akzeptanz** • individuelle Brauchbarkeit, Kontrollierbarkeit und Gestaltungsfähigkeit im jeweiligen Handlungskontext • Transparenz und Verlässlichkeit • Sicherheit und Schutz der Privatsphäre • Fairness • Umweltverträglichkeit • Schutz geistigen Eigentums **Neue Herausforderungen an die Technologie** • erweiterte Mensch-Maschine-Interaktion und -Kooperation • für nutzersicht- und bestimmbare semantische Interoperabilität und Kooperation • strategisches Handeln im sozialen Kontext • Neubestimmung nichtfunktionaler Anforderungen • erweiterte Risikoanalyse und Bewertung • erweiterte Qualitätsanforderungen an CPS-Komponenten und intelligente Infrastruktursysteme • Festlegung von Compliance-Vorgaben und Quality-of-Service-Garantien **Offene Fragen** • gesellschaftlicher Kosten-Nutzen-Diskurs • Bedarfsbestimmung und politische Lenkung vor Ort • Gestaltung der Umwelt- und anderer Rahmenbedingungen für den Einsatz • Festlegung des Rechtsrahmens für – Entwicklung, Einsatz, Betrieb – wirtschaftliche Parameter – Standardisierung und Qualitätsnormen

(PULL) KONTEXT-AWARENESS, MENSCH-MASCHINE-INTERAKTION UND KOORDINATION

UND PROZESSINTEGRATION, MITGESTALTUNG DURCH NUTZER (HANDLUNG, ÜBERWACHUNG, KOORDINATION)

HERAUSFORDERUNGEN HINSICHTLICH DER TECHNOLOGIEN UND FÜR DAS ENGINEERING	HERAUSFORDERUNGEN FÜR WIRTSCHAFT UND GESCHÄFTSMODELLE
Anforderungs- und Domänenmodelle • formalisierte und integrierbare Anforderungs-, Umgebungs- und Domänenmodelle • Modelle der Mensch-Maschine-Interaktion und geteilter Kontrolle, integrierte Interaktions- und Handlungskonzepte in komplexen Anwendungssituationen • hybride (System-)Modelle und integrierte Architektur- und Kompositionskonzepte • Modelle für kooperatives und strategisches Handeln **Erweiterte Qualitätsmodelle (nichtfunktionaler Anforderungen – NFR)** • zielorientierte Strukturierung und Abbildung auf Systemebenen (Quality in Use, Quality of Service) Architektur- und Kompositionskonzepte • Konflikt- und Abstimmungsmodelle (Regeln) • CPS-Fähigkeiten und erforderliche Technologien • intuitive und verlässliche (transparente) Bedien-, Interaktions- und Kontrollkonzepte • Menschmodelle, Zustands- und Absichtserkennung • Lern- und Adaptionstechniken und -verfahren • Sensor- und Aktortechnologien und -netzwerke • semantische Internettechnologie • effiziente Recheneinheiten und Kommunikation • Self-X- und Sicherheitstechnologien – erweiterte Methoden der Betriebs- und IT-Sicherheit • CPS-Plattform/-Middleware einschl. Qualitätsgarantien **Interdisziplinäres Engineering** • partizipative Anforderungsanlyse und Entwurf • modellbasierte Exploration, Simulation, Validierung und Verifikation • erweitertes Qualitäts- und Risiko-Engineering • Sicherstellung von NFR in Entwurf und Komposition • Formen der Selbstorganisation und Kontrolle von Autonomie • Privacy-Schutzziele und Privacy by Design • Domänen-Engineering, Aufbau von Anwendungsarchitekturen und -plattformen **Standardisierung**	**Aufbau von Wertschöpfungsnetzen und Wirtschaftsplattformen (Ökosystemen)** • strategische Ziele, Aufbau von langfristig stabilen Strukturen • Vielfalt in Kompetenz, Größe und Rolle • neue Formen und Führung im Aufbau von wirtschaftlichen CPS-Plattformen durch global vertretene Großunternehmen • Fragen geeigneter Architekturen, Kernkompetenzen und Rollen • Formen der Kooperation und Konkurrenz • KMUs als Innovatoren und Integratoren mit Nähe zu Nutzer und Kundenproblem • Innovations- und Forschungsverbünde mit systematischem Aufbau von integrierter CPS-Technologien und -Kompetenzen • integrierte Produkt- und Lebenszyklusmodelle der CPS-Komponenten mit unterschiedlicher Dynamik • Aufbau von Software-Kompetenz in traditionellen KMUs **Vielfältige integrierte Geschäftsmodelle** • Nutzenversprechen – neue Ausrichtung an vielfältigen Werten für Kunden (vgl. erweiterte Qualitätsmodelle) • integrierte Geschäftsmodelle, u.a. zu den offenen Fragen des Revenue Sharings und des Return on Investments (RoI) in verteilten Investitions- und Ertragsmodellen **Rechtsrahmen** • Haftung, IP-, Patent- und Eigentumsrechte • national, international **Forschungs- und Innovationssysteme** • Rahmenbedingungen • (faktische) Standardisierung

- Stärke im Bereich der SCADA[86]-Systeme und der erforderlichen Netztechnik
- ausgeprägtes Bewusstsein in der Bevölkerung und Politik für Umweltschutz und ökologische Themen, für das Thema Nachhaltigkeit sowie für *Datenschutz* und Schutz der *Privatsphäre*

Engineering, Forschung und Ausbildung

- starke Forschung und starkes *Engineering* zu eingebetteten Systemen
  - enge Zusammenarbeit von Forschung und Industrie in einigen Disziplinen und Anwendungsfeldern, etwa Automotive, Medizintechnik, Automatisierungstechnik
  - *Referenzarchitekturen*
  - *modell*basierte Entwicklung, Qualitätssicherung, *Verifikation*,
  - *Sicherheit*stechnik (*Betriebs- und IT-Sicherheit*), Zertifizierung
  - Modellierung, *modell*basierte Entwicklung, *Validierung* und *Verifikation*,
- führend in der Grundlagenforschung zu einzelnen CPS-Technologiethemen
- gute Ausbildung zu eingebetteten Systemen und im klassischen *Engineering*

Schwächen (Weaknesses)

Position und Rahmenbedingungen

- fehlende Marktkompetenz im Bereich von Consumerprodukten, die eingebettete Systeme und entsprechende Software verwenden, sowie eine daraus resultierende schwache Position bei Endgeräten und innovativen Nutzerschnittstellen
- mangelnde Orientierung an Nutzern, Nutzerprozessen und Anwendungsproblemen, zum Beispiel im Zusammenhang mit *menschlichen Faktoren* und Lebensräumen. Die Situation ist gekennzeichnet durch
  - eine schwache Dienstleistungswirtschaft[87]
  - einen starke Fokussierung auf Technologien ohne Berücksichtigung ihrer Effekte in der Anwendung
  - die Fixierung der Industrie auf brancheninterne *Business-to-Business-Prozesse* und ihre Optimierung
- fehlende Marktführer bei Internetfirmen und Software-Plattformen, also kaum große Akteure, die De-facto-Standards in der IT durchsetzen könnten
- fehlende Kompetenzen und Infrastruktur zu Schlüsselthemen
  - unzureichende Kompetenzen zu Internet- und *Cloud*-Technologien
  - unzureichende Softwarekenntnisse bei etablierten KMU und Lieferanten von CPS-Komponenten
  - unzureichende Technologie- und Softwarekenntnisse im Handwerk und bei Dienstleistern, zum Beispiel Gebäudetechnik und -architektur
- teilweise wenig leistungsstarke *Kommunikationsinfrastruktur*, speziell fehlende Breitbandnetze im ländlichen Raum, deshalb dort keine Ansiedlung von Unternehmen
- Technikferne der Bevölkerung
- Mangel und weitere Abwanderung von Fachkräften
- geringe Attraktivität für Menschen und Unternehmen, vor allem kleine, auch aus dem Ausland
  - langwieriger Aufbau neuer Organisationen und Firmen
  - fehlende soziale Infrastruktur; so gibt es etwa nicht genug Unterstützung bei der Eingliederung oder der Kinderbetreuung sowie in Form von Sprachkursen oder von Hilfe bei Behördenkontakten.
  - starre oder fehlende regulatorische Rahmenbedingungen
  - mangelnde Experimentierfreude und Risikobereitschaft
  - zu wenig Wagniskapital beziehungsweise zu wenig Investitionsbereitschaft

---

86 Supervisory Control and Data Acquisition; computergestütztes Überwachen und Steuern technischer Prozesse.

87 Siehe Endbericht des Innovationsrates Baden-Württemberg [AG09].

Abbildung 7.4: Überblick über die SWOT-Analyse und daraus abgeleitete strategische CPS-Handlungsfelder

SWOT- ANALYSE	INTERNE FÄHIGKEITEN	
	Stärken (Strengths) • eingebettete Systeme, Branchen und gesamte Wertschöpfungskette • innovativer Mittelstand im Bereich eingebetteter Systeme • Forschung im Bereich CPS-Technologien • Systems-Engineering und -Integration • ...	**Schwächen (Weaknesses)** • mangelnde Nutzer- und Nutzerkontext-Orientierung • schwache Dienstleistungswirtschaft • fehlendes Software-Know-how in etablierten KMU • stark fragmentierte Forschung • fehlende CPS-Ausbildung und Technikbildung • keine globalen Internet-Firmen • ...
EXTERNE EINFLUSSFAKTOREN **Chancen (Opportunities)** • Lebensräume • Smart Cities • Versorgungssyteme, Infrastrukturen • Ausbau eingebetteter Systeme durch Vernetzung • ...	**SO-Strategien (ausbauen)** • Vertikale und domänenübergreifende Forschungscluster und Experimentierfelder • schrittweiser Ausbau und Standardisierung interoperabler, sicherer und intelligenter Versorgungssyteme für lebensraum- und bedarfsgerechte Lösungen, einschließlich integrierter Dienstleistungen • Bildung von Innovations-Clustern, Aufbau und Erprobung von wirtschaftlichen Ökosystemen • integrierte Forschung zu den Heraus-forderungen für Wirtschaft mit den neu entstehenden Ökosystemen • Schaffen von Plattformen für Ökosysteme • Stärken, Fördern, Einbinden und Stützen von KMU	**WO-Strategien (aufholen)** • Neuausrichtung der Entwicklungs- und Innovationsstrategien an Lebensräumen und sozialen Anwendungsprozessen • eingebettete Systeme: Umdenken auf allen Ebenen der Wertschöpfung • Forschungsschwerpunkte: Mensch-Maschine-Interaktion, Anforderungsanalyse, Ziel-, Domänen- und Qualitätsmodelle • interdisziplinäre integrierte Forschungs-strukturen, -konzepte sowie Aus- und Weiterbildung • CPS-Beratungs- und -Begleitzentren vor Ort • Schaffen von international wettbewerbsfähigen Standortbedingungen • Stärkung der Internet-Kompetenz
Risiken (Threats) • Emergenz (intern, externe Einflüsse) • Manipulation, Angriffe • offene Rechtslage • neue Wettbewerber • ...	**ST-Strategien (absichern)** • Modelle und Standards für gesellschaftlich erforderliche Systemqualität (Modelle für Qualität und Engineering) • führendes Kompetenzzentrum für den Schutz der Privatsphäre	**WT-Strategien (vermindern)** • Finden von Strategien zur Abwehr vor „Wirtschaftskriegen" (IP-, Patent- und Rechtsstreiten) • gesellschaftliche Dialoge, Gestalten von Technik und Technikfolgenanalyse • Forschungs- und Kompetenzzentrum für Plattformen und Technologien im Internet- und CPS-Umfeld • Aufbau von Handlungskompetenz, Verankerung von CPS-Technik in der Allgemeinbildung

Engineering, Forschung und Ausbildung

- stark fragmentierte Forschung in einzelne Disziplinen und isolierte Forschungsfragen
- kein nachhaltiger Aufbau interdisziplinärer Forschungsfelder
- Schwächen in einzelnen zentralen Forschungsfeldern:
  - Beherrschung der Anforderungen; es fehlt an Methoden der Anforderungsanalyse, etwa Erhebung, Modellierung von Anwendungs*domänen*, Priorisierung und Verfolgung im Entwurf
  - *Mensch-Technik-Interaktion*, *Usability*
  - mangelnde Integration von Soziologie und Psychologie mit Informatik und Technik
  - nichtfunktionale Anforderungen und Qualitäts*modelle*
- Schwächen bei der konsequenten Umsetzung von Forschungsergebnissen in Innovationen
- starre, hierarchische Entwicklungsstufen und Zulieferstrukturen. So findet zu wenig Kommunikation mit möglichen Nutzern und Kunden statt; deren Anforderungen werden zu wenig beim Entwurf von Systemen und Subsystemen berücksichtigt.
- fehlende interdisziplinäre Ausbildung

7.2.2 CHANCEN UND RISIKEN DES INNOVATIONSSTANDORTS DEUTSCHLANDS IM BEREICH DER CYBER-PHYSICAL SYSTEMS

Die nachfolgend aufgeführten Chancen und Risiken im Bereich der Cyber-Physical Systems für wirtschaftliche und gesellschaftliche Innovationen und nachhaltigen Mehrwert in Gesellschaft und Umwelt sind das Ergebnis der Agendaanalysen und -recherchen. Auch hier sind Ergebnisse der in Abschnitt 7.2.1 genannten Studien eingeflossen.[88]

Chancen (Opportunities)

Potenzial (Gesellschaft und Wirtschaft sowie Markt)

- Lebensräume und wachsende Bedürfnisse, Beitrag zu gesellschaftlichen Herausforderungen
  - Smart City, Verkehr, Mobilitätsdienste, privater Alltag, *Smart Home*, *Smart Building*, Green-IT, Assistenz
  - *AAL*, E-*Health*, integrierte Fernbetreuung, selbstbestimmtes soziales Leben
- Infrastruktur- und Versorgungssysteme, integrierte Dienstleistung, Organisation, Versorgung und Überwachung
  - Energie, Wasser
  - *Governance*, also bedarfsgerechte integrierte Steuerung von Energie- und Wasserversorgung sowie des Verkehrs in Städten und Gemeinden
  - Gesundheit, integrierte medizinische Versorgung und Fernbetreuung
- integrierte Sicherheitsüberwachung und dafür erforderliche Konzepte, zum Beispiel zum Verhindern von Panik oder Feuer, sowie für allgemeine technische Prozesse auf Veranstaltungen in öffentlichen Gebäuden oder in Städten
- integrierte Dienstleistungen zu diesen Themen, die mithilfe von CPS-Technik erbracht werden

Technologie und Engineering

- Anforderungs- *und Domänenmodelle*, erweiterte Qualitäts*modelle*, Architektur- und Kompositionskonzepte
  - integrierbare Anforderungs-, Umgebungs- und *Domänenmodelle*
  - *Modelle* der *Mensch-Maschine-Interaktion* und *geteilten Kontrolle*
  - integrierte Interaktions- und Handlungskonzepte
  - hybride *Modelle* für Systeme und Netzwerke sowie integrierte Architektur- und Kompositionskonzepte
  - *Modelle* für kooperatives und strategisches Handeln
  - integrierte Technologien und Methoden für erforderliche CPS-Fähigkeiten

---

88 [BMW08, VI09, CvONS+09, BMW09a, BMW09b, ABB+09, AG09, BIT11a, BIT11b, KPCv11, aca11b].

    - intuitive, *verlässliche* und *transparente* Konzepte für Bedienung, Interaktion und Kontrolle sowie für *Usability*, *multimodale* Schnittstellen und Kommunikation
    - *Menschmodelle*, Zustands- und *Absichtserkennung*
    - Techniken und Verfahren für Lernen und *Adaption*
    - Technologien und Netzwerke für Sensorik und Aktorik
    - Internettechnologie, speziell semantische Technologie
    - effiziente Recheneinheiten und Kommunikation
    - *Self-X*- und *Sicherheits*technologien sowie erweiterte Methoden der *Betriebs*- und *IT-Sicherheit*
    - *CPS-Plattformen* und *-Middleware* einschließlich *Modelle* für Qualitätsgarantien
- interdisziplinäres *Engineering*
    - *Requirements Engineering*, *partizipative* Anforderungsanalyse und Entwurf
    - *modell*basierte Exploration, Simulation, *Validierung* und *Verifikation*
    - erweitertes Qualitäts- und *Risiko-Engineering*
    - Sicherstellung der Erfüllung nichtfunktionaler Anforderungen in Entwurf und Komposition
    - *Domänen-Engineering*, Aufbau von *CPS-Anwendungs*architekturen und *-Plattformen*
    - *Selbstorganisation* und Kontrolle von *Autonomie*
- Konzepte für Technologien, *Engineering*, Architektur und Garantien zum Schutz der *Privatsphäre*, für *Privacy by Design*, also die Berücksichtigung des Schutzes persönlicher Daten von Beginn der Entwicklung eines Produkts beziehungsweise einer Dienstleistung an, und für *Privatsphärenschutzziele*
- Green-IT, Energie- und Ressourceneffizienz

Wirtschaft
- Evolution und Aufbruch in eine neue Technologie-Generation
    - Potenzial vielfältiger innovativer Produkte, Systeme und *Dienste*
    - nachhaltige Innovationsvielfalt durch Bildung von Netzwerken und *Ökosystemen*
- Möglichkeit, alle Aspekte der Forschung, Entwicklung, Produktion und Integration von Cyber-Physical Systems in Deutschland zu erbringen und auf diese Weise Markt- und Technologieführerschaft zu erreichen
- Entwicklung relevanter branchenübergreifender Standards, sowie von *Modellen*, Architekturen und Modellierungssprachen, die neue Innovationen ermöglichen

Risiken (Threats)

Technologie
- Komplexität und daraus resultierende interne und externe Emergenz (spontanes Entstehen neuen Verhaltens aus dem Zusammenwirken von Systemteilen mit anderen Systemteilen beziehungsweise mit der sozialen Umgebung) von Cyber-Physical Systems samt ihrer Anwendungen
    - unzureichende Vorhersagbarkeit und Kontrollierbarkeit
    - erhöhte Risiken durch mangelnde *Betriebs*- und *IT-Sicherheit*
- erhöhte Gefahr von Manipulationen und Angriffen durch die Offenheit und Allgegenwart der Systeme
- fehlende *IT-Sicherheit* und fehlender Schutz im Bereich eingebetteter Systeme und kritischer CPS-Infrastrukturen

Gesellschaft und Wirtschaft
- gläserner Mensch
- digitale Spaltung
- individuelle und gesellschaftliche Abhängigkeit vom Funktionieren der Cyber-Physical Systems
- Einschränkung der individuellen Gestaltungs- und Handlungsfreiheit
- Disruption von *Geschäftsmodellen* in Schlüsselbranchen
- undurchsichtige Internet- und Kommunikationskontrolle durch staatliche und private Akteure, zum Beispiel Google, Facebook oder Geheimdienste

- Gefährdung von *Know-how*-Vorsprüngen, auch durch Spionage[89]
- Bedrohung durch unzulänglichen rechtlichen Rahmen, etwa uneinheitliche, starre oder fehlende IP- und Patentregeln
- mangelhafte Vernetzung unter den Herstellern einzelner Komponenten, dadurch ausgeprägte technische Heterogenität und Insellösungen
- fragmentierte Technologie, fehlende Standardisierung für die *Interoperabilität* von Systemen

7.2.3 STRATEGISCHE HANDLUNGSFELDER

Die wesentlichen strategischen Handlungsfelder für die Stärkung und den Ausbau des Innovations- und Wirtschaftsstandorts Deutschland auf dem Gebiet der Cyber-Physical Systems, die aus den Analysen abgeleitet wurden, sind in den folgenden Empfehlungen zusammengefasst. Sie entsprechen den vier inneren Quadranten der SWOT-Analyse (siehe Abbildung 7.4) und stellen eine Priorisierung von Forschungsthemen und Handlungsfeldern dar. Ausgewählt sind die Themen, von denen die größte Wirkung im Hinblick auf erforderlichen Wandel und nachhaltige Innovationsfähigkeit zu erwarten ist. Auf Basis dieser Analyseergebnisse der agendaCPS wurden im Positionsband zu dieser Studie [aca11d] erste konkrete Handlungsempfehlungen formuliert, die auch Empfehlungen für horizontale sowie vertikale Projekt- und Forschungskonsortien enthalten.

(1) Strategiewechsel

Neuausrichtung der Innovations- und Entwicklungsstrategien an offenen Märkten und Lebensräumen, offen integrierten Anwendungen und Prozessen, auch über das Internet, an deren Problemstellung, an den Anforderungen privater und öffentlicher *Stakeholder* sowie der vernetzten Wirtschaft; - siehe Auflistung der Chancen und Potenziale, speziell in den Bereichen Smart City und *E-Health*, in Abschnitt 7.2.2

Infrastruktur- und Versorgungssysteme, integrierte Dienstleistungen zur Versorgung, Organisation und Überwachung in den Bereichen Energie und Wasser sowie zur *Governance* - also zur Energie- und Wasserversorgung sowie Verkehrsteuerung in Städten und Gemeinden - und zur Gesundheit sowie Medizin; siehe Abschnitt 7.2.2

Eingebettete Systeme: Ein Umdenken auf allen Ebenen der Wertschöpfung einschließlich Forschung und Ausbildung in Richtung *partizipativer*, interdisziplinärer und durchgängiger Konzepte und Prinzipien führt auch zu neuen Anforderungen, etwa hinsichtlich des Schutzes von CPS-Infrastrukturen und -Komponenten vor Angriffen und Manipulation sowie neuer Konzepte, Methoden und Analysen für die *Betriebssicherheit*.

Forschungsschwerpunkt Mensch-Maschine-Interaktion in sozial vernetzten CPS-Anwendungen und Umgebungen; hier sind integrierte System*modelle* erforderlich.

Forschungsschwerpunkt Anforderungserhebung und -analyse, Aufbau von Domänen- und Qualitätsmodellen, einschließlich erweiterter Methoden der zielorientierten Bewertung und Priorisierung von Anforderungen und Lösungskonzepten sowie des strategischen Marketings

Forschungsschwerpunkt methodisch durchgängiges interdisziplinäres Software und Systems Engineering, einschließlich durchgängiger Architektur*modelle*, *Verfeinerung* und *Verfolgung* der *Anforderungen* und *modell*basierter Qualitätssicherung (*Validierung* und *Verifikation*)

89 Siehe Beispielberichte über die Behinderung des Wettbewerb durch langwierige Patentklagen im Bereich komplexer Technologieprodukte [Ber11], über Industriespionage in der Windindustrie [Wer11] und über das Rechtsrisiko in *Cloud*-Anwendungen [Gra11].

(2) Interdisziplinäre Forschung

Interdisziplinäre Forschung und Ausbildung in allen Bereichen der Wertschöpfung einschließlich Handwerk und Dienstleister

Interdisziplinäre und ressortübergreifende Forschungsstrategien, auch auf politischer Ebene

Interdisziplinäre Forschungsstrukturen und -konzepte, die Wissenschaftsdisziplinen, Nutzer, *Stakeholder* und Wertschöpfungspartner betreffen, etwa in Form von Forschungszentren und Experimentierfeldern

- zur frühen Exploration von Anforderungen, Voraussetzungen, Risiken und zum Beantworten von Fragen nach Akzeptanz, Technologiefolgen, rechtlichen, wirtschaftlichen und politischen Rahmenbedingungen sowie Grenzen der Technologie,
- zur Entwicklung integrierter *Modelle* der involvierten wissenschaftlichen Disziplinen unter Einbeziehung der *Mensch-Maschine-Interaktion*,
- zur Schärfung der Kerntechnologien und zum besseren Verständnis des CPS-*Engineering*,
- zur gezielten interdisziplinären Forschung mit dem Ziel, Technologien zu entwickeln, zu erproben und zu beherrschen,
- zum Aufbau und Erwerb von CPS-*Engineering*-Kompetenzen,
- zur Bildung von Kompetenzzentren, auch zur Beratung und Begleitung vor Ort.

Erforschung von Technikfolgen und Akzeptanzfragen, also die Techniksoziologie mit dem Fokus auf der Auseinandersetzung mit Technologie, Analyse, Beschreibung und Mitgestaltung der *Mensch-Maschine-Interaktion* von Cyber-Physical Systems, auch durch das Initiieren und Moderieren gesellschaftlicher Diskurse

(3) Cluster, wirtschaftliche Ökosysteme und Wettbewerbsstrategien

Vertikale und domänenübergreifende Forschungscluster und Experimentierfelder, Living Labs zur Entwicklung von *domänen*übergreifenden Lösungen, zum Beispiel:

- CPS-Anwendungssysteme sozialer und individueller Art – siehe c) und d) in Abbildung 7.3 -, beispielsweise Smart City–Anwendungen oder andere Lebensraumanwendungen aus der Liste der Chancen in Abschnitt 7.2.2
- Diese Anwendungssysteme bestimmen auch Anforderungen und Struktur- sowie Architekturvorgaben für CPS-Anwendungssysteme in der Art großtechnischer oder sozialer Infrastruktursysteme, beispielsweise im Bereich des Verkehrsmanagements oder der kommunalen Energieversorgung mithilfe von *Smart Grid* oder *Micro Grid*, samt integrierter Konzepte für Dienstleistungen wie Fernwartung, Betreuung und Diagnose.

Schrittweiser Ausbau und Standardisierung interoperabler, hochwertiger und *sicherer, intelligenter Infrastruktur-* und Versorgungssysteme für lebensraum- und bedarfsgerechte Lösungen, *Governance*-Strukturen und -Regelungen mit weitestgehender Kontroll- und Definitionshoheit bei den Nutzern und Kunden

Schaffen offener CPS-Plattform-, Interoperabilitätsstandards, einschließlich *domänen*übergreifender Vermittlungs- und *Quality-of-Service-Dienste*, als Voraussetzung für offene Innovationen und Innovationsführerschaft im Bereich der Cyber-Physical Systems

Bildung von Innovationsclustern, Aufbau und Erprobung von wirtschaftlichen *Ökosystemen* und *Wertschöpfungsnetzen*; dazu gehören

- der Aufbau von Anwendungsarchitekturen- und *CPS-Plattformen*, Definition von Standards für die *Interoperabilität*; siehe Chancen unter 7.2.2,
- das Stärken, Einbinden und Fördern von KMU,
- die Förderung von CPS-Transfereinrichtungen durch Private-Public-Partnerships,
- das Schaffen von verbesserten Rahmenbedingungen für die Gründung und den Aufbau von Unternehmen in CPS-Wertschöpfungsnetzen.

Integrierte Forschung zu den Herausforderungen für Wirtschaft mit den neu entstehenden Ökosystemen und *Geschäftsmodellen*; siehe Abbildung 7.3.

Finden von Strategien zur Abwehr von „Wirtschaftskriegen", etwa um geistiges Eigentum (Intellectual Property, IP) in Form von Patenten oder um strategisch wichtige Unternehmens- und Systemdaten, auch zum Schutz und zur Unterstützung von KMU.

Umfassende Förderung von regionalen und überregionalen Innovationssystemen, auch durch soziale Infrastrukturmaßnahmen und das Verbessern der Standortattraktivität und durch Stärken und Fördern von KMU, unter anderem mittels Forschungsförderung und Einbindung in Innovationscluster und regionale Innovationssysteme.

(4) Modelle und Standards für gesellschaftlich erforderliche Systemqualität

Gesellschaftliche Dialoge, Gestalten von Technik und Technikfolgenanalyse; dabei geht es um Kosten-Nutzenverhältnisse, rechtliche Fragen, Vorgaben und Rahmenbedingungen, ferner um Risiken, die durch zu weitgehende Abhängigkeit von der Technik entstehen, und mögliche Gegenmaßnahmen sowie um eine demokratische und *partizipative Gestaltung* der Systeme und ihrer relevanten Umwelt. Für all diese Ziele sind Standards, Regeln und *Policies* zu schaffen.

Entwicklung von neuen und erweiterten Qualitätsstandards für Cyber-Physical Systems; das umfasst Qualitäts*modelle*, Erhebungs- und Sicherungsmethoden, außerdem *Engineering*-Normen für nichtfunktionale Anforderungen einschließlich neuer Konzepte, Methoden und Analysen für *Brauchbarkeit*, insbesondere beherrschbare *Mensch-Maschine-Interaktion*, *Betriebs*- und *IT-Sicherheit* sowie die Kontrolle und Begrenzung teilautonomen Verhaltens.

(5) Kompetenzaufbau durch allseitige Unterstützung und Beratung

Die Schaffung eines Forschungs- und Kompetenzzentrums für Plattformen und Technologien im Internet- und CPS-Umfeld. Diese Einrichtung befasst sich neben kommerziellen Internetanwendungen (*Business Web*), *Cloud*-Technologien und semantischen Technologien auch mit technischen Konzepten zur Schaffung von *IT-Sicherheit* und Anwendervertrauen, dem Schutz geistigen Eigentums und Standardisierung.

Schaffung eines Kompetenzzentrums für den Schutz der Privatsphäre, das diesen als Chance begreift und hierzu hochwertige Qualitätsstandards, Technologien, Beratungskonzepte und Audits beziehungsweise Siegel entwickelt

Schaffung von forschungsgestützten Beratungszentren, die Nutzer – Unternehmen, Gemeinden, KMU, Handwerker, Dienstleister etc. – vor Ort beim Einführen und Nutzen von Cyber-Physical Systems begleiten und beraten

(6) Aufbau von Handlungskompetenz, Sicherung von Standortbedingungen

Verankerung von CPS-Technik in der Allgemeinbildung in Schulen mit dem Ziel, Handlungskompetenz bei Menschen zu schaffen und sie zur Teilhabe zu befähigen

Schaffung von international wettbewerbsfähigen Bedingungen für Wagnis- und Beteiligungskapital, um Firmengründungen zu fördern, den Zuzug von Fachkräften zu verstärken - auch durch Angebote mit langfristigen Perspektiven und durch die Schaffung sozialer Infrastruktur für Familien - sowie durch interdisziplinäre und internationale Forschung und deren Förderung.

Aus der SWOT-Analyse ergeben sich damit nachfolgende Handlungsschwerpunkte. Ziel der Maßnahmen ist Erhalt und Ausbau der Innovationsführerschaft Deutschlands zu eingebetteten Systemen und in Zukunft für Cyber-Physical Systems:

(I) Erforderlich ist ein Strategiewechsel und eine Neuausrichtung der Forschung zu Themen der Cyber-Physical System mit schneller Umsetzung in die Praxis, um dem Wandel im Systemcharakter und in den daraus entstehenden Herausforderungen, gestützt auf die Stärken Deutschlands bei der Entwicklung komplexer Systeme, Rechnung zu tragen. Dies eröffnet die Chance, in vielen Anwendungsbereichen nützliche, integrierte, sichere und für die Beteiligten verlässliche Lösungen zu entwickeln und dabei Expertise gemeinsam zu nutzen und Innovationsfähigkeit von KMU mittels interdisziplinärer und *partizipativer* Anstrengungen in Form von Kooperationen und *Ökosystemen* zu bündeln. Die Forschungsschwerpunkte *Mensch-Maschine-Interaktion*, *Anforderungs-Engineering* und integrierte *Modelle* sind dazu noch zu etablieren. Grundlagen, Ergebnisse und *Know-how* sind in den einzelnen Forschungsdisziplinen vorhanden. Entsprechende Rahmenbedingungen und der Wille für ein interdisziplinäres abgestimmtes Vorgehen in der Wissenschaft stehen jedoch noch aus.

(II) Unerlässlich für den wirtschaftlichen Erfolg der Cyber-Physical Systems, die alle Lebensbereiche durchdringen, sind ihre Akzeptanz und ihre *partizipative Gestaltung* durch Nutzer aus Gesellschaft und Wirtschaft. Dazu müssen Menschen vor Ort auf allen Ebenen der Systementwicklung in Nutzungsszenarien eingebunden werden, um sie für eine Mitgestaltung zu gewinnen und für die explorative Entwicklung und Erprobung in Experimentierfeldern zu sorgen. Wenn die gesellschaftliche und politische Auseinandersetzung in möglichst allen betroffenen Gesellschaftsbereichen intensiv geführt wird, fördert das auf vielfältige Weise Mitwirkung, Vertrauen und Akzeptanz und schafft die Voraussetzungen für nachhaltigen Erfolg. Es gilt, den hohen Anspruch an Qualität, auch bei *Datenschutz, Privatheit* und Fairness zu nutzen und mit breiter Unterstützung adäquate Qualitätsstandards und -modelle sowie verbindliche *Compliance*-Vorgaben zu entwickeln. Solche Vorgaben schaffen Rechtssicherheit und befördern die Entwicklung akzeptabler CPS-Lösungen sowie die Entwicklung belastbarer *Geschäftsmodelle*.

(III) Die Beherrschung der langfristigen Evolution von Softwaresystemen und die dafür erforderlichen Informatik- und Softwareentwicklungskompetenzen sind zentral für den Entwurf von Cyber-Physical Systems und erfolgreiche Innovationen auf diesem Gebiet. Software für die Datenauswertung sowie für die Interaktions- und Verhaltenssteuerung bestimmt im Kern die Funktionalität von Systemen und CPS-Anwendungen. Die wesentlichen Herausforderungen in diesem Zusammenhang bestehen in der Informatik, nämlich bei der Erschließung der Anwendungsgebiete samt ihrer Anforderungs- und System*modelle*, der der *Interoperabilität* und der Sicherung essenzieller Qualitätseigenschaften. Diese Herausforderungen machen interdisziplinäres und methodisch integriertes Vorgehen im Software Engineering erforderlich. Ein breiter Ausbau der Softwarekompetenz hat große Hebelwirkung, und zwar in mehrfacher Hinsicht: Neben der Durchdringung der Anwendungsgebiete und der dominanten Rolle für die Funktionalität der Systeme erlauben vernetzte Software und das Internet die operative Skalierung von Anwendungen mit großer Flexibilität.

Deshalb müssen Software- und Software-*Engineering*-Kompetenzen in den Unternehmen auf allen Ebenen gestärkt, integriert und ausgebaut werden.

(IV) Heterogenen Innovations- und *Wertschöpfungsnetzwerken* (*Ökosystemen*), die auf offenen technischen und wirtschaftlichen *Anwendungsplattformen* von Cyber-Physical Systems aufbauen, kommt eine wesentliche Bedeutung zu. Daher sind Maßnahmen zu ergreifen, um die Entwicklung solcher Plattformen zu fördern und Ökosysteme mit Akteuren aufzubauen, die vielfältige Kompetenzen, Rollen und Unternehmensgrößen bündeln. In diesem Zusammenhang gilt es, innovationsfördernde Verbünde zu schaffen und Start-up-Unternehmen, klassische KMU und industrielle Großunternehmen einzubeziehen. Gemeinsam müssen sie sowohl der CPS-eigenen Evolutionsdynamik gerecht werden als auch den hohen Qualitäts- und *Sicherheits*anforderungen an die Systeme. Dabei müssen unterschiedliche Unternehmens- und Fachkulturen integriert werden. Um die *Interoperabilität* der Plattformen - sowohl hinsichtlich offener Innovationen als auch für die erforderliche *Sicherheit* - sicherzustellen, sind Bemühungen um Standards erforderlich, und zwar um Referenzarchitekturen, Qualitätsnormen und *Compliance*-Vorgaben für CPS-Anwendungen.

(V) Eine breite Kompetenz in Sachen Cyber-Physical Systems muss auf- und ausgebaut werden. Hierfür bedarf es der Mitwirkung einer Reihe von Einrichtungen im staatlichen Umfeld, sowohl in disziplinübergreifender Forschung sowie in Aus- und Weiterbildung als auch im Bereich der Beratung und Unterstützung vor Ort in den Anwendungsgebieten. Dazu gehört auch die begleitende Förderung des Aufbaus und der Organisation von regionalen Innovationssystemen, einschließlich der Förderung von CPS-Transfereinrichtungen durch Private-Public-Partnerships und die geeignete Einbindung von KMU.

Essenziell ist der verstärkte Ausbau von Internet-Kompetenz in Verbindung mit CPS-Anwendungen. Durch die allgegenwärtige Datenerfassung und durch erweiterte Steuerungsmöglichkeiten in den Versorgungsstrukturen (*Governance*) ist es besonders wichtig, ein Kompetenzzentrum zu den relevanten Themen zu haben, das sich umfassend mit allen Fragen des Internets befasst, von der Technik, über die Applikationen, den Markt und die wirtschaftlichen Potenziale bis hin zu gesellschaftlichen, politischen und ethischen Aspekten. Benötigt wird eine Institution führender Experten aus Informatik, Maschinenbau und Ingenieurswesen, Soziologie, Neuro- und Naturwissenschaften sowie Psychologie; sie müssen Wirtschaft und Politik sowie Nichtregierungsorganisationen gemeinschaftlich und interdisziplinär beraten. Zu den erforderlichen Kompetenzen des Gremiums gehören insbesondere die Themen *IT-Sicherheit* und Schutz der *Privatsphäre*.

Auf politischer Ebene gilt es, Maßnahmen zur Förderung interdisziplinärer und nachhaltiger Forschungsstrukturen festzulegen und Innovations- und Transfersysteme sowie geeignete Rahmenbedingungen zu bestimmen, um das Themenfeld Cyber-Physical Systems entschlossen steuern zu können und Sicherheit in der wirtschaftlichen Gestaltung zu erreichen. Zu beachten ist dabei die hohe Innovationsgeschwindigkeit.

(VI) Besondere Herausforderungen liegen in Fragen der Bildung. Hier gilt es, Kompetenz zu schaffen, und zwar nicht nur für die Entwicklung, sondern auch für die selbstbestimmte und nutzbringende Verwendung von Cyber-Physical Systems auf allen Ebenen des beruflichen und privaten Lebens. Insbesondere ist eine Verbesserung der Internet-, Medien- und Systemkompetenz anzustreben. All das muss sich stärker in Bildungssystemen und geeigneten Standortbedingungen für einen nachhaltigen Kompetenzaufbau in allen Bildungsebenen niederschlagen.

ANHANG A: STAND DER FORSCHUNG UND TECHNIK

Dieser Anhang untersucht den Stand von Forschung und Technik in Bezug auf Cyber-Physical Systems. Im ersten Teil werden Programme und Schwerpunkte im weltweiten Vergleich aufgezählt, der Zweite geht auf die in Deutschland erzielten Fortschritte ein, die für die Verwirklichung von Cyber-Physical Systems relevant sind.

A.1 PROGRAMME UND REGIONALE SCHWERPUNKTE

Dieser Abschnitt ist wie folgt gegliedert: Als erstes werden die deutschen Programme vorgestellt, danach die europäischen, als drittes die US-amerikanischen und zuletzt die aus den BRICS[90]-Staaten und Asien.

A.1.1 DEUTSCHLAND

A.1.1.1 IKT2020 und Hightech-Strategie

Mit der Hightech-Strategie [BMB06] wurde 2006 ein nationales Konzept vom Bundesministerium für Bildung und Forschung (BMBF) zur Unterstützung von Innovationen in verschiedenen Technologiebereichen veröffentlicht. Darin werden vorrangig drei Ziele verfolgt, nämlich (a) das Setzen von Prioritäten und die Schaffung von Leitmärkten in für Deutschland wichtigen Technologiebereichen, (b) eine stärkere Vernetzung von Industrie und Wissenschaft, um Innovationen zu fördern und (c) eine Verbesserung der Rahmenbedingungen für Innovationen in der Industrie. Die in 2010 erschienene Überarbeitung der Hightech-Strategie 2020 [BMB06] identifiziert dazu fünf Bedarfsfelder (Klima und Energie, Gesundheit und Ernährung, Mobilität, Sicherheit und Kommunikation) sowie 17 Innovationsfelder zur Erreichung von Ziel (a), die in den Gruppen (1) Gesundheit und Sicherheit, (2) Kommunikation und Mobilität und (3) Querschnittstechnologien zusammengefasst sind:

1 GESUNDHEIT UND SICHERHEIT:	1.1 Gesundheitsforschung und Medizintechnik
	1.2 Sicherheitstechnologien
	1.3 Pflanzen
	1.4 Energietechnologien
	1.5 Umwelttechnologien
2 KOMMUNIKATION UND MOBILITÄT:	2.1 *IKT*
	2.2 Fahrzeug- und Verkehrstechnologien
	2.3 Luftfahrttechnologien
	2.4 Raumfahrttechnologien
	2.5 Maritime Technologien
	2.6 Dienstleistungen
3 QUERSCHNITTS-TECHNOLOGIEN:	3.1 Nanotechnologien
	3.2 Biotechnologie
	3.3 Mikrosystemtechnik
	3.4 Optische Technologien
	3.5 Werkstofftechnologien
	3.6 Produktionstechnologien

Für das zweite Ziel, die Förderung eines innovationsfreundlichen Umfelds durch die Verzahnung von Industrie und Wissenschaft, werden mithilfe des Spitzencluster-Wettbewerbs [BMW07] sowie mit der Exzellenzinitiative für Spitzenforschung an Hochschulen [EXC] exzellente Cluster, die Industrie und Wissenschaft verbinden, unterstützt. Darüber hinaus wird die Innovationskraft von KMU durch spezielle Programme wie das Zentrale Innovationsprogramm Mittelstand (ZIM) [BMW11b] oder KMU innovativ [KMU] gefördert.

Das dritte Ziel der Hightech-Strategie, Rahmenbedingungen für Innovationen in der Industrie zu verbessern, wird durch eine verbesserte Finanzierung von Innovationen, verbesserte Bedingungen für Start-up-Unternehmen, verbesserten Schutz geistigen Eigentums und durch Verbesserungen in der Hochschulausbildung adressiert.

90 Das Akronym BRICS steht für Brasilien, Russland, Indien, China und Südafrika.

Eingebettete Systeme und Cyber-Physical Systems sind keine eigenständigen Innovationsfelder in der Hightech-Strategie, spielen aber eine tragende Rolle innerhalb der 17 Innovationsfelder. Dies zeigt sich unter anderem im BMBF-Förderprogramm IKT 2020 - Forschung für Innovation. Das Programm konkretisiert die Hightech-Strategie zu Forschungsthemen für den Bereich *IKT* mit folgenden Zielen: Deutschlands Führungsposition im *IKT*-Bereich zu festigen und auszubauen, seine Wettbewerbsfähigkeit in Forschung, Produktion und als attraktiver Arbeitsplatz zu steigern sowie den Zugang zu technologischem *Know-how* für kleine und mittelständische Unternehmen zu erleichtern.

Das Förderprogramm IKT 2020 fußt auf strategischen Instrumenten, zu denen Leitinnovationen[91], Technologieverbünde[92] und *Dienste*plattformen[93] zählen. Außerdem nennt IKT 2020 vier Basistechnologien: Elektronik und Mikrosysteme, Softwaresysteme und Wissensverarbeitung, Kommunikationstechnik und Netze sowie zukünftige Entwicklungen. Das Programm konzentriert sich dabei auf folgende Anwendungsbereiche: (a) Automobil und Mobilität, (b) Automatisierung, (c) Gesundheit und Gesundheitstechnik, (d) Logistik und Dienstleistungen sowie (e) Energie und Umwelt.

Im Rahmen von IKT 2020 werden Innovationsallianzen zwischen den Interessengruppen aus Wissenschaft und Industrie aufgebaut, beispielsweise die Software Plattform Embedded Systems 2020 (SPES 2020). Sie besteht aus sogenannten vertikalen Kooperationen, die sich an den Anwendungsfeldern in den jeweiligen *Domänen* ausrichten, um technologische Innovationen beschleunigen zu können. Außerdem findet Zusammenarbeit in Technologieallianzen mittels horizontaler Kooperationen statt, in denen Wissenschaft und Industrie technologische Ziele verfolgen.

Das Programm hat eine Laufzeit von 2007 bis 2020. Für den Zeitraum von 2007 bis 2011 wird es von der Bundesregierung mit zirka 380 Millionen Euro gefördert; das Fördervolumen für den Zeitraum von 2012 bis 2020 ist noch nicht festgelegt.

A.1.1.2 Nationale Roadmap Embedded Systems

Die zum IT-Gipfel 2009 vorgelegte Nationale Roadmap Embedded Systems (NRMES, siehe [ABB+09]) fokussiert auf eingebettete Systeme als wesentliche Komponenten von Cyber-Physical Systems. Die Vernetzung von eingebetteten Systemen untereinander und mit globalen IT-*Diensten* wird an vielen Stellen als neue wichtige Eigenschaft erwähnt und spielt eine wichtige Rolle in einigen der erarbeiteten Innovationen und Forschungsschwerpunkte. In vielen Teilen der NRMES wird der Begriff eingebettete Systeme jedoch im klassischen Sinn verwendet. Abgeleitet aus gesellschaftlichen Herausforderungen - alternde Gesellschaft und Gesundheit, Mobilität, Sicherheit (unterteilt in *funktionale Sicherheit* und Sicherheit zum Schutz der Bevölkerung), Umwelt und Energie, Wissensgesellschaft, Globalisierung und Urbanisierung - werden die zur Bewältigung dieser Herausforderungen benötigten Fähigkeiten in der NRMES aufgezeigt. Damit sind sowohl Fähigkeiten der Systeme als auch ihrer Entwickler gemeint. Schließlich werden die zur Realisierung dieser Fähigkeiten nötigen Technologie- und Prozessinnovationen aufgezeigt. Diese unterteilen sich in jeweils neun Gruppen:

- Technologieinnovationen: intelligente Geräte der Zukunft, ressourcenoptimierte Technologien, *Referenzarchitekturen* für eingebettete Systeme, sichere und geschützte eingebettete Systeme, vernetzte Regelungen, *funktionale Sicherheit* für eingebettete Systeme, kognitive eingebettete Systeme, innovative Interaktionsschnittstellen und kooperative eingebettete Systeme

---

91 Leitinnovationen sind: Initiative Automobilelektronik, vernetzte intelligente Objekte in der Logistik, sichere Mobilität durch Kommunikationstechnologien, *IKT* für Gesundheit.

92 Technologieverbünde zu: Digitales Produktgedächtnis, Standards für die Kommunikation der Zukunft, virtuelle Technologien und reale Produkte, Umgebungsintelligenz für autonome vernetzte Systeme.

93 Diensteplattformen zu: *IKT* für Dienste und Dienstleistungen, flexible Module für Kommunikationsdienste.

- Prozessinnovationen: *Requirements Engineering*, Architekturentwurf und -bewertung, Systemanalyse, *modellgetriebene Entwicklung*, systematische *Wiederverwendung*, *menschenzentrierter Entwurf*, Life-Cycle Management, Prozessautomatisierung und Prozessorganisation

Die identifizierten Fähigkeiten werden in Forschungsschwerpunkte gruppiert und in drei Zeithorizonten angeordnet (bis 2015, bis 2020, nach 2020). Die NRMES ist kein Förderprogramm im eigentlichen Sinn und somit auch nicht mit einem festen Förderbudget ausgestattet.

A.1.1.3 Internet der Zukunft

Neue *Dienste*, Technologien und Infrastrukturen für das Internet der Zukunft werden in Deutschland hauptsächlich durch das Bundesministerium für Wirtschaft und Technologie (BMWi) gefördert. Themenschwerpunkte sind:

(I) **Internet der Dienste**. Durch das mit zirka 100 Millionen Euro geförderte Programm Theseus (Laufzeit 2007 bis 2012) wird hier die *Dienste*- und Wissensinfrastruktur für das Internet der Zukunft geschaffen. Dazu werden sowohl Basistechnologien, zum Beispiel die automatische Erkennung von Inhalten und semantischen Relationen, erforscht als auch Anwendungsszenarien für verschiedene Marktsegmente wie Maschinenbau oder Medizin entwickelt. Zusätzlich werden Projekte in der Begleitforschung gefördert. Letztere haben insbesondere die Funktion, die in Theseus entwickelten Ansätze mit europäischen und internationalen Ansätzen zu vergleichen und mit den dortigen Akteuren zu vernetzen.

Im mit zirka 50 Millionen Euro von 2011 bis 2014 geförderten Ideenwettbewerb Trusted Cloud – Sicheres Cloud Computing für den Mittelstand und öffentlichen Sektor werden Aktivitäten zu innovativen, effizienten *Cloud*-Strukturen und *-Diensten* gefördert.

(II) **Internet der Dinge**. Der Technologiewettbewerb Autonomik – Autonome und Simulationsbasierte Systeme für den Mittelstand wurde Anfang 2009 beendet. Die daraus entstandenen Projekte (Laufzeit: 2009 bis 2013) behandeln die Entwicklung prototypischer Systeme und Lösungen für kontextadaptive, autonome Maschinenbausysteme für den Mittelstand und werden mit insgesamt 55,3 Millionen Euro gefördert. Das Programm Next Generation Media förderte zwischen 2005 und 2009 kooperative Forschungs- und Entwicklungsvorhaben zur Entwicklung, Erprobung und Anwendung neuer Technologien und Standards für intelligente Objekte und deren Vernetzung in den Anwendungsgebieten Elektronik für private Nutzer (Consumer Electronics) in vernetzten Systemen, intelligente Logistiknetze, intelligente Vernetzung von Produktionsanlagen und intelligente Systeme in der Gesundheitsversorgung mit einem Volumen von insgesamt 36,9 Millionen Euro.

Aufbauend auf dem Projekt Service Centric Home (SerCHo) aus diesem Programm werden von 2010 bis 2012 die Projekte Serviceorientierte Heimautomatisierungsplattform zur *Energieeffizienz*steigerung (SHAPE) und Service Enabled Devices for Intelligent Connected Media Assistance (SEDICMA) mit zusammen zirka 3,5 Millionen Euro gefördert, die neue und zukunftsweisende Möglichkeiten der intelligenten Heimvernetzung und darauf aufbauende tragfähige *Geschäftsmodelle* entwickeln.

(III) **Internet der Energie**. Im Programm E-Energy – Informations- und kommunikationstechnologiebasiertes Energiesystem der Zukunft (2008 bis 2012) werden die Schwerpunkte eTelligence (Intelligenz für Energie, Märkte und Netze), E-DeMa (Entwicklung und Demonstration dezentral vernetzter Energiesysteme hin zum E-Energy Marktplatz der Zukunft), MEREGIO (Aufbruch zu Minimum Emission Regions), MoMa (Modellstadt Mannheim in der Metropolregion Rhein-Neckar), RegModHarz (Regenerative Modellregion Harz) und Smart W@TTS (Steigerung der

Selbstregelfähigkeit des Energiesystems durch die Etablierung eines Internets der Energie) sowie Vorhaben zur Begleitforschung mit insgesamt ca. 40,2 Millionen Euro gefördert.

Das Programm IKT für Elektromobilität fördert sieben Projekte aus den Bereichen und Modellregionen interurbane Integration von Elektrofahrzeugen in Energiesysteme (Grid Surfer), *IKT*-basierte Integration der Elektromobilität in die Netzsysteme der Zukunft (e-mobility), intelligente Elektromobilität in der Modellregion Aachen (Smart Wheels), Minimum Emissionen Regionen Mobil (MEREGIOmobil), effiziente Elektromobilität & Tourismus (eE-Tour Allgäu), Einbindung von Elektro- und *Plug-in-Hybridfahrzeugen* in betriebliche Fahrzeugflotten (Future Fleet) und Einsatz der Elektromobilität (HARZ.EE-MOBILITY) mit insgesamt 53,7 Millionen Euro über drei Jahre (2009 bis 2011).

Im Förderschwerpunkt IT2Green Energieeffiziente IKT für Mittelstand, Verwaltung und Wohnen (gemeinsam vom Bundesministerium für Wirtschaft und Technologie und dem Bundesministerium für Umwelt Naturschutz und Reaktorsicherheit getragen) werden zwischen 2011 und 2014 Projekte zur Entwicklung und Erprobung von Systemansätzen durchgeführt werden, die die *Energieeffizienz* von *IKT*-Systemen und -Anwendungen (Technik, Organisation, *Geschäftsmodelle* und *Dienste*) steigern sollen. Das Fördervolumen beträgt 27,5 Millionen Euro.

(IV) **Mobiles Internet**. Im Schwerpunkt SimoBIT - Sichere Anwendung der mobilen Informationstechnik in Mittelstand und Verwaltung wurden zwischen 2007 und 2011 in insgesamt zwölf Projekten Forschungsvorhaben zur Entwicklung, Erprobung und breitenwirksamen Anwendung innovativer und sicherer mobiler Multimedia-Anwendungen zur Produktivitäts- und Qualitätssteigerung in Wirtschaft und Verwaltung gefördert.

A.1.2 EUROPA

Die Europäische Kommission verfolgt das Ziel, die Europäische Union (EU) im Bereich Forschung und Entwicklung für Innovationen und neue Technologien zu stärken. Dafür werden unterschiedliche Förderinstrumente bereitgestellt. Das Hauptinstrument zur Förderung der europäischen Forschungslandschaft ist das Rahmenprogramm für Forschung und technologische Entwicklung, aktuell das siebte solche Programm, RP 7 (Framework Programm 7, FP7). Daneben gibt es das Eureka-Programm, mit dem zurzeit 39 Staaten sowie die EU grenzüberschreitende Forschungsprojekte fördern.

A.1.2.1 Rahmenprogramm

7. Rahmenprogramm und Horizon 2020

Das 7. Rahmenprogramm ist das größte öffentlich finanzierte Forschungsprogramm der Europäischen Union und erstreckt sich über den Zeitraum von 2007 bis 2013. Es gliedert sich in fünf thematische Blöcke, von denen der Block Zusammenarbeit die Forschung in internationalen Projekten durch den Einsatz strukturpolitischer Instrumente fördert. Thematisch gliedert sich dieser Block in zehn Felder, in denen die EU ihre Führungsposition stärken beziehungsweise eine führende Position aufbauen möchte; dazu gehören unter anderen Informations- und Kommunikationstechnologie, Gesundheit, Verkehr und Energie. Zu den strukturpolitischen Instrumenten zählen auch die Joint Technology Initiatives (JTIs, siehe unten).

Das Gesamtbudget für das 7. Rahmenprogramm umfasst 53,2 Milliarden Euro, von denen zirka 61 Prozent (32,365 Millionen Euro) in den Block Zusammenarbeit fließen. Um die Gelder an hochkarätige Projekte verteilen zu können, werden in regelmäßigen Abständen sogenannte Calls in den einzelnen Themenfeldern ausgerufen, die jeweils auf verschiedene Schlüsselbereiche und Herausforderungen fokussieren. Derzeit existieren im Themenfeld Informations- und Kommunikationstechnologien (ICT) die folgenden Herausforderungen, die allesamt für Cyber-Physical Systems relevant sind:

- Pervasive and Trustworthy Network and Service Infrastructures
- Cognitive Systems, Interaction, Robotics
- Components, Systems, *Engineering*
- Digital Libraries and Content
- Towards sustainable and personalized Healthcare
- ICT for Mobility, Environmental Sustainability
- ICT for Independent Living, Inclusion and *Governance*

An diesen Zielen richten sich konkrete Forschungsziele aus, die jeweils den inhaltlichen Schwerpunkt der Calls bestimmen. Für jedes Ziel sind wiederum Ziele und Ergebnisse definiert, die von den Forschungs- und Entwicklungsprojekten umgesetzt werden sollen.

Seit etwa Anfang des Jahres 2011 werden die Inhalte des 2014 startenden 8. Rahmenprogramms namens Horizon 2020 erarbeitet.

Joint Technology Initiatives

Im 7. Rahmenprogramm der EU wurden Technologieplattformen (European Technology Platforms, ETP) eingerichtet. Dabei handelt es sich um industriegetriebene Zusammenschlüsse industrieller und akademischer Akteure zu bestimmten Themengebieten. Beispiele für einige der mehr als 35 ETPs sind ACARE (Advisory Council for Aeronautics Research in Europe) im Luftfahrtbereich, ENIAC (European Nanoelectronics Initiative Advisory Council) für Nanoelektronik und ARTEMIS (Advanced Research and Technology for Embedded Intelligence and Systems) im Bereich eingebetteter Systeme. Für einige dieser ETPs wurde eine sogenannte Joint Technology Initiative (JTI) errichtet. Hierbei handelt es sich um ein Forschungsförderprogramm, bei dem zur Strategischen Forschungsagenda (Strategic Research Agenda, SRA) passende Forschungsprojekte durch die Europäische Union und die Mitgliedsstaaten gefördert werden.

JTI ARTEMIS – Advanced Research and Technology for Embedded Intelligence and Systems

Nach der Erstellung einer Strategischen Forschungsagenda (SRA) für den Bereich eingebettete Systeme in 2006 wurde im Februar 2008 die Initiative ARTEMIS gegründet. Seit 2008 wird jährlich ein Call for Project Proposals veröffentlicht. Das Gesamtvolumen von ARTEMIS beträgt in den Jahren 2008 bis 2013 mehr als 2,4 Milliarden Euro.[94] Die kürzlich veröffentlichte Neufassung der SRA listet beispielhaft drei gesellschaftliche Herausforderungen auf: (I) Smart Buildings and *Communities* of the Future, (II) Green, Safe, and Supportive Transportation und (III) Affordable Healthcare and Well-being. Aus diesen werden die inhärenten technologischen Fragen im Bereich eingebetteter Systeme in Forschungsstrategien übersetzt, die sich in die einzelnen Anwendungsbereiche übertragen lassen.

Die Ergebnisse von Projekten, die an der ARTEMIS-SRA ausgerichtet sind, sind dadurch anwendungsnah und sollen helfen, gesellschaftliche und wirtschaftliche Herausforderungen zu bewältigen. Aspekte der Vernetzung eingebetteter Systeme untereinander und mit digitalen Netzen und Services spielen dabei eine weitaus größere Rolle als in der ursprünglichen Version der SRA von 2006, sodass ARTEMIS für den Bereich der Cyber-Physical Systems auf europäischer Ebene eine hohe Relevanz hat. Die SRA strukturiert das von ARTEMIS abgedeckte Themenfeld dabei nicht nach Anwendungsdomänen, sondern in drei horizontale Forschungsthemen: (I) Reference Designs and Architectures, (II) Seamless Connectivity and Interoperability und (III) System Design Methods and Tools. Diese Forschungsthemen werden durch neu identifizierte Technologiebereiche ergänzt. Dazu gehören unter anderen Open Internet; Robustness, Autonomy, Mixed Critical Systems; Self-organising and autonomous Systems und *System of Systems*. Über die Forschungsthemen hinaus gibt die ARTEMIS-SRA 2011 auch Hinweise zur Förderung

94 Laut aktuellen Schätzungen wird dieser Betrag nicht vollständig ausgeschöpft werden, sodass das Gesamtvolumen kleiner ausfallen wird.

und Umsetzung von Innovationen. Dazu strebt ARTEMIS die Schaffung eines innovationsfördernden Umfelds, Standardisierung, Werkzeugplattformen, die Förderung von KMU, internationale Kooperationen und eine Verbesserung des Schutzes von geistigem Eigentum (Intellectual Property *Policy*) an.

ARTEMIS fördert Forschungs- und Entwicklungsprojekte in acht sogenannten Unterprogrammen (Subprogrammes), innerhalb derer die durch die SRA vorgegebenen Forschungsthemen konkretisiert und priorisiert werden:

- Methods and Processes for *Safety*-relevant Embedded Systems
- Embedded Systems for Healthcare
- Embedded Systems in Smart Environments
- Manufacturing and Production Automation
- Computing Platforms for Embedded Systems
- ES for *Security* and Critical Infrastructures Protection
- Embedded Technology for Sustainable Urban Life
- Human-centered Design of Embedded Systems

JTI ENIAC – European Nanoelectronics Initiative Advisory Council

Die ENIAC-Initiative befasst sich mit Nanoelektronik, hat eine Laufzeit bis 2013 und ein Gesamtvolumen von 3 Milliarden Euro. Auch die ENIAC-Projekte sind an einer SRA ausgerichtet, die auf sogenannte „Grand Challenges" in verschiedenen Anwendungsbereichen fokussiert:

- **Automotive and Transport:** Intelligent Electric Vehicle, *Safety* in Traffic und Co-operative Traffic Management
- **Communication and Digital Lifestyles:** Internet Multimedia Services, Evolution To A Digital Life Style, Self Organizing Network, Short-Range Convergence
- **Energy Efficiency:** Sustainable and Efficient Energy Generation, Energy Distribution and Management - *Smart Grid*, Reduction of Energy Consumption
- **Health and the Ageing Society:** Home Healthcare, Hospital Healthcare, Heuristic Healthcare
- **Safety and Security:** Consumer and Citizens *Security*, Securing the European challenging Applications, Enabling Technologies for Trust, *Security* and *Safety*
- **Design Technologies:** Managing Complexity, Managing Diversity, Design for Reliability and Yield
- **Semiconductor Process and Integration:** *Know-how* on Advanced and Emerging Semiconductor Processes, Competitiveness through Semiconductor Process Differentiation, Opportunities in System-in Package
- **Equipment, Materials and Manufacturing:** Advanced CMOS - 1X nm and 450mm, More than Moore, Manufacturing

A.1.2.2 Public Private Partnerships

Im Rahmen des von der Europäischen Kommission und vom Europäischen Rat 2008 genehmigten Economic Recovery Plans werden öffentlich-private Partnerschaften (Public-Private Partnerships, PPP) als Initiativen zur Entwicklung neuer Technologien in den Wirtschaftsfeldern der Produktions-, Bau- und Automobilindustrie aufgebaut, die infolge der globalen Wirtschaftskrise erhebliche Rückgänge in der Nachfrage verbuchen mussten, für die europäische Wirtschaft aber sehr bedeutend sind. Anliegen der PPP ist es, kurzfristige wirtschaftliche und finanzielle Maßnahmen des Recovery Plans mit längerfristigen „intelligenten" Investitionen in Forschung und Entwicklung zu verbinden, um eine starke Basis für die künftige Wettbewerbsfähigkeit der europäischen Industrie zu schaffen. Mithilfe der PPPs werden Schlüsselthemen der drei Branchen unterstützt. Eine weitere PPP wurde zur Umsetzung der European Future Internet Initiative 2009 gegründet.

PPP Factories of the Future (FoF) - Volumen 1,2 Milliarden Euro

Von den vier strategischen Domänen der PPP FoF ist im Wesentlichen die *Domäne* der intelligenten, durch *IKT* getriebenen Fertigung (ICT Enabled Intelligent Manufacturing) relevant für Cyber-Physical Systems. In den entsprechenden Forschungs- und Entwicklungsprojekten werden die Themen (a) Smart Factories: ICT for Agile Manufacturing and Customisation, (b) Virtual Factories: Value Creation, Global Networked Manufacturing and Logistics und (c) Digital Factories: ICT for better Understanding and Design of *Manufacturing Systems* behandelt.

PPP Energy-efficient Buildings - Volumen 1 Milliarde Euro

In der PPP Enegery-efficient Buildings ist das Thema Cyber-Physical Systems eher randständig. Einige horizontale technologische Aspekte haben CPS-Bezug, zum Beispiel Energy Management Systems und Diagnosis and Predictive Maintenance.

PPP Green Cars - Volumen 1 Milliarde Euro

Das Ziel der Green-Car-Initiative ist es, Forschungs- und Entwicklungsaktivitäten zu unterstützen, die Technologien und Infrastrukturen für die Nutzung erneuerbarer und umweltfreundlicher Energiequellen sowie Sicherheit und einen reibungslosen Verkehr ermöglichen. Darunter fallen auch Forschungen für Lastwagen, Verbrennungsmotoren, Bio-Methan-Nutzung und Logistik. Der Schwerpunkt liegt auf der Elektrifizierung der Mobilität und des Straßenverkehrs.

PPP Future of the Internet (FoI) - Volumen in bisher drei Projektaufrufen: 300 Millionen Euro

Die PPP-Initiative FoI wurde 2009 von Industrievertretern gegründet, darunter Alcatel-Lucent, Ericsson, Telekom, Nokia, Orange, SAP, Tahales und Siemens. Das Hauptziel dieser PPP ist die Unterstützung bei der Umsetzung und Einführung von Future-Internet-*Diensten* bis zum Jahr 2015 und die Etablierung von *intelligenten Infrastrukturen* auf europäischen Märkten.

A.1.2.3 Eureka

EUREKA ist eine Initiative, die grenzüberschreitende europäische Forschung durch einzelne Programme mit einem spezifischen Themenschwerpunkt unterstützt. Innerhalb dieser Programme werden Projektausschreibungen veröffentlicht, die durch ein europäisches Evaluationskomitee bewertet werden und bei positiver Bewertung die Programmkennzeichnung für Projekte erhalten. Die Vergabe der Mittel erfolgt auf nationaler Ebene, das heißt, die Finanzierung wird nicht durch ein zentrales Budget gedeckt, sondern durch nationale oder regionale Finanzierungsinstrumente der Mitgliedsländer. EUREKA-Programme ermöglichen anwendungsorientierte, grenzüberschreitende Forschungs- und Entwicklungsprojekte für zivile Zwecke, ohne dass sich die Projekte an einer übergeordneten inhaltlichen Strategie ausrichten. Dadurch sind EUREKA-Projekt-Calls hochflexibel.

Beispiele für diese EUREKA-Programme sind: CELTIC im Bereich Telekommunikation, EURIPIDES im Bereich Smart Systems, ACQUEAU im Bereich Wassertechnologien sowie ITEA und CATRENE (siehe unten).

A.1.2.4 ITEA

Das europäische Förderprogramm ITEA (Information Technology for European Advancement) unterstützt vorwettbewerbliche, anwendungsnahe Forschungs- und Entwicklungsprojekte im Bereich softwareintensive Systeme und Services. ITEA 2 ist ein auf Bestreben der Industrie entstandenes strategisches Cluster-Programm im Rahmen von EUREKA für den Themenbereich Informations- und Kommunikationstechnologie. ITEA 2 hat eine Laufzeit von acht Jahren (2006 bis 2013). Es ist die Fortsetzung des Programms ITEA (1998 bis 2005); eine Weiterführung ist als ITEA 3 für 2014 bis 2021 geplant.

Das Programm zeichnet sich durch eine hohe Flexibilität im Bereich der geförderten Forschungsthemen aus. Die Initiative für ein Projekt kommt von den Projektpartnern;

sie definieren selbst Inhalt, Umfang, Art und Dauer der Zusammenarbeit, ohne durch Ausschreibungstexte reguliert zu werden. Wichtige Kriterien, nach denen die ITEA-Kennzeichnung an die Forschungs- und Entwicklungsprojekte vergeben wird, sind Innovationspotenzial sowie Marktfähigkeit. Die ITEA-2-Community, zu der neben vielen maßgeblichen industriellen Firmen und akademischen Institutionen insbesondere die 15 Gründungspartner gehören, erstellt im Vierjahres-Rhythmus die ITEA-Roadmap, die als Inspiration für Projekte verstanden werden kann.

Die Roadmap verfolgt einen zweidimensionalen Ansatz: Es werden die Anwendungen in den verschiedenen *Domänen* sowie die dafür notwendigen grundlegenden Technologien und Innovationen aufgeführt. Die kommende vierte Roadmap wird 2013 veröffentlicht werden.
Die gesamten Investitionen für ITEA 2 betragen mehr als 3 Milliarden Euro (2009).

A.1.3 USA

A.1.3.1 National Science Foundation (NSF)

Das Direktorium für Informatik und Informationswissenschaft und Engineering (Directorate for Computer and Information Science and Engineering, CISE) und das Direktorium für Engineering (Directorate for Engineering, ENG) der NSF riefen in einer gemeinsamen Initiative ein Forschungsprogramm namens Cyber-Physical Systems ins Leben [CPS08, RLSS10]. Dabei werden drei Themen gefördert, nämlich

- Grundlagen,
- Forschung zu Methoden und Werkzeugen und
- Komponenten, Laufzeitsubstrate und Systeme

durch Forschungsbeihilfe in drei Größen:

- bis zu 200.000 US-Dollar pro Jahr und drei Jahren Laufzeit für kleine Projekte,
- bis zu 500.000 US-Dollar pro Jahr und drei Jahren Laufzeit für mittlere Projekte
- bis zu 1 Million US-Dollar pro Jahr und fünf Jahren Laufzeit für große Projekte.

Insgesamt 58 solcher Projekte wurden im Finanzjahr 2009 und mehr als 43 im Jahr 2010 gefördert. Mit dem Ziel, fokussierte disziplinäre Forschung auf dem Gebiet der eingebetteten sowie hybriden Systeme innerhalb des Informatikforschungsprogramms (Computer Systems Research Program, CSR) zu betreiben, sieht die Strategie für das Finanzjahr 2011 vor, das multidisziplinäre CPS-Programm durch aus kerndisziplinären Programmen entstehende Forschungsergebnisse zu unterhalten. Ferner finden Gespräche mit Regierung und Industrie, insbesondere Verkehrswesen (NRC, FAA, NASA, AFRL, FHA, USN, Boeing, GM, Ford, SRI) sowie Energie und Gesundheit/Medizin (NIH, ARPA-E, NIST, NSA, DHS, FDA, CIMIT, SRC), statt. Laut Ausschreibung für das Fiskaljahr 2011 werden weiterhin die drei gleichen Themen, aber nur mittlere und große Projekte unterstützt. Ferner ist eine Evaluation und Bewertung von Testfeldern und Plattformen geplant. Am 7. Juli 2011 waren 144 Projekte mit insgesamt 72,5 Millionen US-Dollar Volumen aktiv.

A.1.3.2 Defense Advanced Research Projects Agency (DARPA)

Die DARPA unterstützt 13 Projekte innerhalb ihres META-Programms, das Teil des Adaptive-Fahrzeughersteller-Portfolios (Adaptive Vehicle Make, AVM) ist. Folgenden Generalunternehmern beziehungsweise Forschungseinrichtungen wurden Mittel bewilligt:

- Adventium Enterprises (Minneapolis)
- BAE Systems (Minneapolis)

- Boeing (St Louis)
- IBM Haifa Research Lab (Haifa, Israel)
- MIT, Dr. Donna Rhodes (Cambridge, Massachusetts)
- MIT, Prof. Karen Willcox (Cambridge, Massachusetts)
- Rockwell Collins (Cedar Rapids, Iowa)
- Smart Information Flow Technologies (Minneapolis)
- SRI (Menlo Park, Kalifornien)
- United Technologies Research Center (East Hartford, Connecticut)
- Vanderbilt University, Dr. Theodore Bapty (Nashville, Tennessee)
- Vanderbilt University, Dr. Sandeep Neema (Nashville, Tennessee)
- Xerox PARC (Palo Alto, Kalifornien)

Ziele des META-Programms sind der modellbasierte Entwurf und die *Verifikation* komplexer Systeme, für die neuartige Entwurfs- und Entwicklungsverfahren funktionale Korrektheit schon bei der Konstruktion der Systeme gewährleisten sollen (Correct-by-Construction). In einem Zeitraum von zwölf Monaten werden die Leistungsempfänger Folgendes entwickeln:

- eine Metasprache zur Darstellung höchst heterogener cyber-elektromechanischer Systeme, die den Ausdruck aller Eigenschaften erlaubt, die für den Nachweis funktionaler Korrektheit notwendig sind,
- ein modellbasierter Entwurfsfluss, der zur Erzeugung von Systemen, zum Beispiel militärischer Landfahrzeuge, geeignet ist,
- ein *Verifikations*ansatz zur Ausstellung sogenannter probabilistischer Korrektheitszertifikate für unterschiedliche Entwürfe und
- praktische, beobachtbare Metriken für Komplexität und Anpassungsfähigkeit, die als Leitlinien zur Entwurfsoptimierung dienen.

Generalunternehmer haben viele Ideen für die Bewältigung der Herausforderungen, von der Erforschung grundlegender Technologien über bilderstürmerische Konzepte für zentrale technische Herausforderungen bis hin zu ihrer Integration in bestehende Entwurfswerkzeug-Suiten.

A.1.3.3 Networking and Information Technology Research and Development (NITRD)

Der primäre Regierungsmechanismus zur Koordination der Investitionen in Forschung und Entwicklung von nicht geheimer Vernetzung und Informationstechnologie ist das NITRD-Programm, dem formal 14 Forschungsförderungsagenturen angehören und bei dem weitere Agenturen mitwirken. Diese Agenturen arbeiten zusammen, um ein breites Spektrum an fortschrittlichen Netzwerk- und IT-Fähigkeiten, Wissenschaft-, Technik- und Technologieführerschaft sowie wirtschaftliche Wettbewerbsfähigkeit der USA zu entwickeln. Die Effektivität und die Produktivität werden insgesamt gesteigert, was wiederum Stärken ausbaut, Duplikationen vermeidet und die *Interoperabilität* von Vernetzung und IT-Produkten erhöht. Die Agenturen koordinieren ihre Aktivitäten in acht Forschungsbereichen, die sich über eine ganze Palette von IT-*Domänen* und -Fähigkeiten erstrecken:

1. Infrastruktur und Anwendungen des High-end-Computing (High-end Computing Infrastructure and Applications, HEC I&A)

2. Forschung und Entwicklung des High-end-Computing (High-end Computing Research and Development, HEC R&D)

3. Internet*sicherheit* und Informations*sicherheit* (Cyber *Security* and Information Assurance, CSIA)

4. *Mensch-Maschine-Interaktion* und Informationsverwaltung (Human-Computer Interaction and Information Management, HCI and IM)

5. groß dimensionierte Netzwerke (Large-Scale Networking, LSN)

6. Hoch*zuverlässige* Software und Systeme (High-Confidence Software and Systems, HCSS)

7. Softwareentwurf und -produktivität (Software Design and Productivity, SDP)

8. soziale, wirtschaftliche und arbeitsmarktpolitische Implikationen von IT und der Entwicklung des IT-Arbeitsmarkts (Social, Economic, and Workforce Implications of IT and IT Workforce Development, SEW)

Der letzte Forschungsbereich ist nicht relevant, der vorletzte nur bedingt relevant für die vorliegende Studie.

Um das Ziel zu verwirklichen, einen Rahmen für Forschungs- und Entwicklungsstrategien mit dem Fokus auf zukunftsbestimmende Technologien zu schaffen, leitete das NITRD-Programm eine Reihe öffentlich-privater Aktivitäten, die in der Definition erster strategischer Themen für die Umgestaltung von Internet*sicherheit* gipfelten: (a) maßgeschneiderte vertrauenswürdige Räume (Tailored Trustworthy Spaces), (b) bewegliches Ziel (Moving Target) sowie (c) Cyberwirtschaft und Anreize (Cyber Economics and Incentives).

Der Etat für die ersten sechs der genannten Forschungsbereiche betrug 3.520 Millionen US-Dollar im Jahr 2010 und wird voraussichtlich 3.384 Millionen US-Dollar im Jahr 2011 betragen haben; für das Jahr 2012 werden 3.557 Millionen US-Dollar beantragt. Den größten Aufwand übernimmt die National Science Foundation (NSF) mit jeweils 952 Millionen, 942 Millionen und 1.081 Millionen US-Dollar, gefolgt von den National Institutes of Health (NIH) an zweiter, dem Office of the Secretary of Defense und dem Department of Defense (OSD beziehungsweise DOD) an dritter, dem Department of Energy (DOE) an vierter und der DARPA an fünfter Stelle. Der erstgenannte Forschungsbereich, High-end-Computing Infrastruktur und Anwendungen, wird am stärksten unterstützt mit jeweils 1.281 Millionen, 1.266 Millionen und 1.259 Millionen US-Dollar, an zweiter Stelle wird der Bereich *Mensch-Maschine-Interaktion* und Informationsverwaltung mit etwa zwei Dritteln davon unterstützt.

A.1.4 BRICS-STAATEN UND ASIEN

In den BRIC oder BRICS-Staaten (Brasilien, Russland, Indien, China und Südafrika) wird eine Fülle von Aktivitäten durchgeführt, die für das Themenfeld Cyber-Physical Systems relevant sind – oft unter anderen Namen oder innerhalb größerer Förderinitiativen. Informationen hierüber sind für Außenstehende schwer zugänglich, die Dynamik und die Unterstützung durch Regierungen und Förderorganisationen sind jedoch sehr ausgeprägt.

A.1.4.1 Brasilien

Es gibt eine Reihe brasilianischer Projekte zur Untersuchung der Möglichkeiten, die sich durch Cyber-Physical Systems eröffnen. Ciberfloresta zum Beispiel ist ein Cyber-Physical System, das anhand von Umwelt*sensoren* Ereignisse wie Brand, Regen oder günstige Bedingungen zum Säen oder Ernten im Wald ermittelt. Biodigestor Inteligente ist ein Cyber-Physical System zur Kontrolle einer Biogasanlage, die aus Tierexkrementen Biogas und Biodünger erzeugt. Das Projekt LOGBOT (LOGistic Mobile RoBOT) hat einen prototypischen, beweglichen Roboter für die Entwicklung des amazonischen Regenwaldes entworfen; der Roboter kann zur Telemetrie und Ferndatensammlung sowie zur autonomen Navigation in geschlossenen Räumen verwendet werden.

Bereits seit den siebziger Jahren gibt es in Brasilien sogenannte intelligente Gebäude, die dank des Einsatzes von *Sensoren* schnell auf sich ändernde Klimabedingungen reagieren. In den achtziger Jahren ging man noch einen Schritt weiter, einzelne Systeme von Gebäuden wurden funktonal miteinander verbunden. Heute gehört Haus- und Gebäudeautomation zum brasilianischen Standard im Bauwesen unter Einbeziehung von Energieeinsparung, etwa durch aktive und passive Solarenergie sowie von Rationalisierung, Komfort und Sicherheit durch Alarmanlagen sowie von medizinischen Notrufen, Kommunikation, Fernwartung und weiteren Funktionen.

Darüber hinaus hat Brasilien ein Projekt namens Cidade Inteligente Búzios ins Leben gerufen. Die Stadt Búzios am Atlantik soll in Bezug auf intelligente Steuerung des Energiekonsums ein Leuchtturm in Brasilien, sogar in ganz Lateinamerika werden. Das Projekt sieht eine Aufrüstung zur automatischen Kontrolle des Stromnetzes zwecks effizienteren Energieverbrauchs vor. Fortschritte gibt es auch im Bereich Smart Health: In die Vollautomatisierung von Krankenhäusern werden *Mobilgeräte* wie Smartphones oder Tablet PCs, die sowohl dem Personal als auch den Patienten gehören können, integriert; ferner wird die Fernkontrolle technischer Systeme über das Internet ermöglicht. Auch im Automotive-Bereich werden Navigation und Sensorik eingesetzt.

A.1.4.2 Indien

Unter der Schirmherrschaft des Ministeriums für Kommunikation und Informationstechnologie (Ministry of Communications & Information Technology, Government of India) wurde in Indien ein Projekt namens Cyber-Physical Systems Innovation Hub gestartet. Die dort erforschten Themen sind: Smart Grid Systems, Smart Cellular Networks, Green ICT, Smart Buildings, Smart Healthcare Systems, Humanoid Robots und Search and Rescue Robots. Die Abteilung für Informationstechnologie (Department of Information Technology) des Ministeriums befasst sich außerdem mit einem gesetzlichen Rahmen für die neuen Technologien. Sie entwarf eine Strategie zur *Sicherheit* des indischen Cyber-Raums, die zurzeit implementiert wird. Cyber-Gesetze ermöglichen die rechtliche Anerkennung elektronischer Dokumente und stellen einen Rahmen zur Unterstützung von rechtsverbindlichen elektronischen Dokumenten (E-Filing) und rechtsverbindlichen Geschäften über das Internet (E-Commerce-Transaktionen) sowie zur Bekämpfung von Cyber-Kriminalität zur Verfügung. Forschung und Entwicklung der einheimischen Lösungen zur Cyber-*Sicherheit* werden durch Projekte von anerkannten Organisationen gefördert. Das Programm ermöglicht Grundlagenforschung, Technologieerhebungen, Machbarkeitsnachweise, Testumfeld-Projekte, Prototypen und die Fortbildung von Arbeitskräften. Weitere erwähnenswerte Unterabteilungen sind das Cyber-Berufungsgericht (Cyber Appellate Tribunal), der Computernotdienst (Indian Computer Emergency Response Team) und die Zertifizierungs-Kontrollbehörde (Controller Of Certifying Authorities).

Das Indische Wissenschaftsinstitut (Indian Institute of Science, IISc) gründete das Centre for infrastructure, Sustainable Transportation and Urban Planning (CiSTUP). Zusammen mit acatech und innerhalb des Projekts German-Indian Partnership for IT Systems (GRIP IT) organisierte CiSTUP ein Symposium unter dem Titel Smart Mobility and Energy Concepts for Megacities. Das Projekt wird vom BMBF gefördert und soll ein Katalysator der Forschungs- und Entwicklungszusammenarbeit von Wissenschaft und Industrie beider Länder sein. Gegenstand des Symposiums waren Smart Cities, besonders städtische Mobilität und Energie.

Unter der Schirmherrschaft des IISc gründete Bosch in Bangalore das Centre for Research in Cyber-Physical Systems. Indische Spitzenforschungs-Zentren und die Fraunhofer-Gesellschaft beteiligen sich an diesem Projekt in beratender Funktion. Ziel dieser Zusammenarbeit ist es, ein optimales Forschungs- und Arbeitsumfeld für die IT-Spezialisten der Zukunft zu schaffen. Dazu werden 22,8 Millionen Euro zur Verfügung gestellt und künftig sollen auch Industrie und Wissenschaft zum Beispiel durch Forschungsaufträge unterstützt werden.

Die indo-amerikanischen Workshops der Reihe „Developing a Research Agenda in Pervasive Communications and

Computing Collaboration (PC3)" wurden aufgrund zunehmender Globalisierung und internationaler Verbundenheit ins Leben gerufen, um gemeinsame konkrete Forschungsprojekte in den Bereichen allgegenwärtiges (pervasives) Computing, Kommunikation und E-Infrastruktur zu planen. Dort wurden Fragestellungen identifiziert und die Forschungsagenda sowie Modelle und Mechanismen der Zusammenarbeit diskutiert. Der erste Workshop fand im März 2011 in Neu-Delhi statt, der Zweite im Sommer 2011 in den USA. Im Fokus der Workshops standen CPS-Themen wie Smart Environments, eingebettete Systeme, *Sensornetzwerke* und deren Anwendungen, zum Beispiel Landwirtschaft, Wasser und Wetter, *zuverlässiges* Computing (System*sicherheit*, Heimatschutz, *Datenschutz*), Energie und Nachhaltigkeit (Smart Grid, Umwelt- und Heimüberwachung), Healthcare (personalisierte und smarte Technologien der Gesundheitsvorsorge) und „Citizen Science" - Wissenschaft durch Bürger und dadurch Demokratisierung der Wissenschaft -, die von intelligenten Geräten mit Sensoren und Rechenfähigkeit, zum Beispiel Smartphones, ermöglicht wird.

A.1.4.3 Russland, China, Südafrika

Diese Länder sind zwar im Bereich Cyber-Physical Systems aktiv; allerdings stehen kaum Informationen über diese Aktivitäten zur Verfügung. Was man weiß: An der russischen Southern Federal University in Rostow am Don existiert das A. B. Kogan Research Institute of Neurocybernetics. In Südafrika werden intelligente Gebäude gebaut.

An der School of Software der chinesischen Dalian University of Technology wurde 2009 eine Forschungsgruppe gegründet, die sich in Zusammenhang mit Cyber-Physical Systems sowohl mit theoretischen Grundlagen über Entwurf und Implementierung bis hin zu Anwendungen als auch mit Ausbildung beschäftigt. Die untersuchten Technologien sind Netzwerke, Protokolle, Algorithmen und Software-Plattformen. Die erforschten *Domänen* sind Gesundheitsvorsorge, Energie, Unterhaltungselektronik, Verkehrswesen, Automatisierungstechnik und Bildung.

A.2 STAND DER FORSCHUNG UND TECHNIK

Dieser Abschnitt stellt den Stand der Forschung und Technik aus deutscher Sicht dar, und zwar anhand einer Aufzählung für CPS-Fähigkeiten relevanter Forschungsprojekte in Deutschland und mit deutscher Beteiligung in Europa.

In Deutschland ist eine große Anzahl von Forschungsprojekten im Bereich der sogenannten kognitiven Systeme zu finden. Diese Projekte untersuchen Methoden, Verfahren und Technologien zu unterschiedlichen Teilbereichen der Fähigkeiten der *X-Awareness* des Lernens und der Verhaltensadaption, der *Mensch-Maschine-Interaktion* einschließlich *geteilter Kontrolle* sowie des Planens und des autonomen, aktiven Handelns. Zu diesen Projekten gehört der seit 2009 eingerichtete Sonderforschungsbereich Transregio (SFB/TRR) 62, Companion-Technologie für kognitive technische Systeme [SFBb]. Im Fokus stehen hier kognitive Fähigkeiten: das Wahrnehmen und Erkennen von Situationen und menschlichen Bedürfnissen sowie Emotionen, Interaktion und Kommunikation zwischen Menschen und technischen Systemen, angepasst an die jeweilige Situation, sowie die gemeinsame Planung und Entscheidungsfindung durch Menschen und technische Systeme.

Seit 2003 untersuchen Forscher im SFB/TRR 8 (Spatial Cognition - Reasoning, Action, Interaction) die Frage, wie Menschen und Roboter Wissen über ihre räumliche Umgebung erwerben und verarbeiten, wie sie sich in ihrem Umfeld zurechtfinden und wie sie Informationen über ihre Umgebung austauschen können, und setzen ihre Forschungsergebnisse unter anderem auch in *AAL*-Anwendungen um [BAA]. Arbeiten zur Navigation autonomer Systeme im Outdoor-Bereich werden in Projekten [NAV] der Universität Hannover durchgeführt. *Selbstdiagnose* wird in verschiedenen Kontexten in europäischen Projekten untersucht. Diese Projekte werden aktuell durch die Coordinating Action Awareness [AWA] (Self-Awareness in Autonomic Systems) - ebenfalls ein EU-gefördertes Projekt - unterstützt

Neben Grundlagenforschung werden anwendungsorientierte Forschungsvorhaben für den Bereich der *Situationserfassung* und *-modellierung* (Situation Awareness) mit starkem Fokus auf die jeweiligen *Domänen* durchgeführt. Die Forschungsinitiative Ko-FAS (Kooperative Sensorik und kooperative Perzeption für die Präventive Sicherheit im Straßenverkehr [KOF]) hat zum Ziel, neuartige Technologien, Komponenten und Systeme bereitzustellen, die den Verkehrsteilnehmern mittels kooperativer Sensorik und Perzeption ein umfassendes Bild der Verkehrsumgebung vermitteln sowie neuartige unter Nutzung dieser Sensordaten Schutzvorrichtungen für Verkehrsteilnehmer zu entwickeln.

Im Bereich der *künstlichen Intelligenz* existieren in Deutschland mehrere hochrangige Forschergruppen, die in einer Fülle von Forschungs- und Entwicklungsprojekten Fragestellungen des Wissensmanagements, der Robotik und der Produktionstechnik, kognitiver Systeme, Lernen und Adaption, Planung und Handeln, Agenten, Virtual Reality und intelligenten Benutzerschnittstellen. Hierzu gehören insbesondere das DFKI (Deutsches Forschungszentrum für *Künstliche Intelligenz*) mit seinen Standorten in Kaiserslautern, Saarbrücken und Bremen, die Arbeitsgruppe Grundlagen der *künstlichen Intelligenz* an der Universität Freiburg, das Neuroinformatics and Cognitive Robotics Lab der TU Ilmenau, die Arbeitsgruppe Kognitive Robotik an der Humboldt Universität Berlin und die Gruppe Kognitive Systeme an der Universität Bremen. Ein Beispielprojekt ist das EU-finanzierte Projekt CogX, dessen Ziel es ist, Roboter zu entwickeln, die in komplexen Umgebungen arbeiten und dort mit Neuem, mit Unsicherheit und mit Veränderungen konfrontiert sind. In solchen Umgebungen sollte ein Roboter in der Lage sein, über die Grenzen seiner eigenen Fähigkeiten und seines Wissens zu reflektieren (*Selbstwahrnehmung*) und sie, ausgehend von seinen Erfahrungen und Zielen, zu erweitern (Selbsterweiterung).

Selbstorganisierende und selbstkonfigurierende Systeme werden unter anderem in Projekten der Produktionstechnik untersucht. Das KARIS-Projekt [KAR] fokussiert auf neuartige, intelligente und autonome Funktionsmodule für den Objekttransport zur Optimierung des Materialflusses in Fabriken. Der SFB 653 („Gentelligente" Bauteile im Lebenszyklus – Nutzung vererbbarer, bauteil-inhärenter Informationen in der Produktionstechnik) untersucht Methoden und Verfahren zur *Selbstorganisation* und -konfiguration von Produktionsanlagen durch bauteil-inhärente Informationen. Im Förderprogramm Autonomik des BMWi geht es um zukunftsweisende Ansätze für die Entwicklung einer neuen Generation intelligenter Werkzeuge und Systeme, die eigenständig in der Lage sind, sich via Internet zu vernetzen, Situationen zu erkennen, sich wechselnden Einsatzbedingungen anzupassen und mit Nutzern zu interagieren. Die Projekte beschäftigen sich mit einer großen Anzahl von für Cyber-Physical Systems relevanten Themen, etwa *Sensorfusion* (Projekt AutASS), Leistungsfähigkeitsbeurteilung (Projekt LUPO), mobile, kooperative Roboter (Projekt Marion), autonome Fahrzeuge und Roboter (Projekte SaLsA und Robo Gas Inspektor) sowie selbstkonfigurierende Systeme (Projekte smartOR, viEMA).

Im Bereich der kontinuierlichen Kontext- und Prozessinteraktion sowie -integration existiert eine Fülle von Projekten zur Beobachtung und Steuerung von Warenflüssen und zum Produkt-Lebenszyklusmanagement. Hierzu gehören insbesondere das im Rahmen der BMBF-Initiative Digitales Produktgedächtnis geförderte Projekt SemProM [SEM], die IKT-2020-Leitinnovation Aletheia [ALE] und die Allianz Digitaler Warenfluss (ADiWa [ADI]). Auf europäischer Ebene werden im Projekt ebbits [EBB] die semantische Integration von Daten des Internets der Dinge in Enterprise-Systeme und Business-Anwendungen vorangetrieben, während das Forschungsvorhaben SOCRADES sich auf den Einsatz und das *Engineering* Service-orientierter Architekturen (SOA) für die Vernetzung von Automatisierungskomponenten, die industrielle drahtlose Kommunikation im Feldbereich sowie die Integration in die Managementebene konzentriert.

Außerdem gibt es in Deutschland eine Reihe von Projekten zum *autonomen Fahren*, in denen neben Fragestellungen der Situationserkennung, der Kooperation, der *geteilten Kontrolle* und des autonomen Handelns auch Konzepte, Methoden und Verfahren zur Entwicklung dieser Systeme untersucht werden. Hier werden einerseits autonome Fahrzeuge für eingeschränkte, kontrollierte Umgebungen, zum Beispiel fahrerlose Transportsysteme oder fahrerlose Flurförderzeuge, in Projekten des Fachgebiets Planung und Steuerung von Lager- und Transportsystemen [FTS] an der Gottfried-Wilhelm-Leibniz-Universität Hannover untersucht. Andererseits werden auch für das autonome Fahren gefährliche Manöver auf Kfz-Prüfgeländen (Projekt Fahrautomat [FAM] der Hochschule Heilbronn) oder das vollautonome Einparken von Fahrzeugen auf Parkplatzgeländen [PAR] erforscht. *Autonomes Fahren* in komplexeren Situationen, aber nur unter bestimmten Bedingungen, wird zum Beispiel für einen Nothalteassistenten der Firma BMW im Rahmen des Projekts Smart Senior [SEN] untersucht, der beim Erkennen einer Notsituation (Einschränkung der Handlungsfähigkeit des Fahrers aufgrund plötzlichen medizinischen Notfalls) vollautomatisch ein Haltemanöver durchführt. Auf europäischer Ebene ist hier auch das Prometheus-Projekt [Cir11] zu nennen. Weitere Projekte, zum Beispiel SATRE [SAT], beschäftigen sich mit dem *autonomen Fahren* im Konvoi, die Cyber-Cars-2 Initiative [CYB] und das Citymobil-Projekt [CIT] behandeln das autonome Fahren im Zusammenhang mit bestimmten Formen des urbanen Verkehrs. Voll*autonomes Fahren* im tatsächlichen Straßenverkehr ist zum Beispiel das Ziel im Projekt Stadtpilot [STA] der TU Braunschweig.

Anwendungsorientierte Forschungs- und Entwicklungsvorhaben für die Themen Kooperation, Verhandeln und Entscheiden sind oft domänenspezifisch. Im Mobilitätsbereich existiert hier die Forschungsinitiative Aktiv (Adaptive und Kooperative Technologien für den Intelligenten Verkehr [AKT]) mit den drei Projekten Verkehrsmanagement, aktive Sicherheit und kooperierende Fahrzeuge. Robocup Rescue Simulation [RES] ist ein Projekt der internationalen Robocup Association, in dem Strategien für Rettungseinsätze bei Naturkatastrophen mittels *Multiagentensystemen* erforscht werden. Im ELROB Trial [ELR] werden unter anderem kooperierende Roboter für den Einsatz in gefährlichen Umgebungen untersucht.

Innovative *Mensch-Maschine-Interaktionen* sind Gegenstand beispielsweise in folgenden Projekten: Mit dem Konzept Conduct-by-Wire[95] arbeitet eine Gruppe am Institut für Arbeitswissenschaft, Fachgebiet Fahrzeugtechnik, der TU Darmstadt an einem manöverbasierten Fahrzeugführungskonzept, bei dem Fahrer von stabilisierenden Aufgaben wie dem Führen innerhalb des Fahrstreifens weitgehend entbunden werden und nur noch Fahrmanöver als Ganzes auswählen. Das vom Land Sachsen-Anhalt geförderte Verbundprojekt Neurobiologisch inspirierte, *multimodale* Intentionserkennung für technische Kommunikationssysteme (NIMITEK) [NIM] untersucht grundlegende Prinzipien der Verarbeitung *multimodaler* Eingabeinformationen. Speziell für Automobile entwickelt das Projekt H-Mode [HMO] ein neues, intuitives, *multimodales* Bedienkonzept für die Steuerung von Fahrzeugen. Ebenso speziell für die Produktionstechnik – zur Kommissionierung von Gütern, aber auch zur Reparatur und Wartung von Maschinen – entwickelt das im Rahmen der BMWi-Initiative simoBIT geförderte Projekt Si-Wear [SIW] am Körper getragene Informationssysteme, die natürliche Gesten, Haptik und Sprache des Menschen in die Arbeitsabläufe einbeziehen und für die Kommunikation nutzen. Im Projekt HaveIT [HAV] wurden neben Verfahren zur Situation-Awareness und *Sicherheits*konzepten erarbeitet, insbesondere neue Methoden für die Interaktion zwischen Menschen und Assistenzsystemen sowie *geteilte Kontrolle*.

Unter dem Stichwort *Mensch-Technik-Interaktion* [MTi] fördert das BMBF eine Reihe von teilweise bereits abgeschlossenen Projekten zur Entwicklung von Technologien, die die Information und Kommunikation von Menschen mit IT-Systemen auf vielfältige Weise ermöglichen sollen,

---

95 Siehe [WHB+06].

etwa über Sprache, Gestik, Mimik und Haptik. Die bisherigen Projekte fokussieren dabei allerdings zum großen Teil auf die Unterstützung menschlicher Handlungen durch technische Systeme wie bildgebende Verfahren in der Medizintechnik für Operationen und Strahlentherapie (Projekte FUSION, DOT-MOBI), die autonome Manipulatorsteuerung für Rehabilitationsroboter (Projekt AMaRob), den Entwicklungsprozess für Ambient-Intelligence-Systeme (Projekt AmbiComp) oder die Unterstützung des Managements für medizinische Geräte (Projekt AIMES). Im Projekt DESIRE (Deutsche Servicerobotik-Initiative) wurden neben den technischen Fragestellungen der Wahrnehmung (*X-Awareness*), der mobilen Manipulation und der Mechatronik auch Untersuchungen zum Lernen und zur *Mensch-Maschine-Interaktion* durchgeführt.

Die Integration von *Modellen* des menschlichen Verhaltens in die Entwicklung von Cyber-Physical Systems wird zum Beispiel In den Projekten IMoST [IMo], isi-Paddas [ISI], Human [HUM] und D3COS [D3C] untersucht. Das Ziel ist es, die Systeme formalen Analyse- und *Verifikations*techniken zugänglich zu machen.

Im Rahmen der IKT-Strategie der Bundesregierung wird eine Reihe von Maßnahmen gefördert, die auch für Cyber-Physical Systems und dort insbesondere für die benötigte Infrastruktur sowie für Plattformen und *Middleware* relevant sind. Dazu gehören unter anderem die Cloud-Computing-Initiative mit dem Technologiewettbewerb Trusted Cloud [BMW10d], die Breitbandstrategie [ZBB], Förderprogramme zum *Internet der Dinge* (Theseus [BMW10b]) und zum *Internet der Dienste* (Autonomik [BMW11a], Connected Living [CLV], next generation media [NGM]) sowie verschiedene Maßnahmen zur Erhöhung der *Sicherheit* im Internet, die sowohl technologische Bedingungen als auch Rahmenbedingungen betreffen.

Im Rahmen des Programms SimoBIT – sichere Anwendung der mobilen Informationstechnik werden diverse Projekte in vier Kompetenzfeldern gefördert, darunter auch solche zum Aufbau einer Plattform für Telemedizin im Rettungsdienst (Med-on@ix); dabei handelt es sich um eine Plattform für die Fernwartung von Maschinen in der Produktion (mobile Servicewelten) sowie zur Einbindung teilautonomer Prozesse und mobiler Maschinen in Geschäfts- und Dienstleistungsmodelle (R2B, Robot to Business [R2B]).

Auch auf europäischer Ebene gibt es zahlreiche Projekte mit deutscher Beteiligung zum Aufbau von Plattformen in verschiedenen Anwendungsgebieten. Hierzu gehören Projekte zum Aufbau von *Sensornetz*-Plattformen, zum Beispiel WASP [WAS] und – im Medizinbereich – das ITEA-Projekt Vitality [VIT].

Das Forschungsprojekt sim^{TD} (Sichere Intelligente Mobilität, Testfeld Deutschland) erforscht und erprobt Car-to-X-Kommunikation und ihre Anwendungen, zum Beispiel zur Wahrnehmung von Verkehrshindernissen und anderen Gefahren. Dazu werden realitätsnahe Verkehrsszenarien in einer großflächigen Testfeld-Infrastruktur rund um die hessische Metropole Frankfurt erprobt und die politischen, wirtschaftlichen und technologischen Rahmenbedingungen für eine Einführung der Fahrzeug-zu-Fahrzeug- und Fahrzeug-zu-Infrastruktur-Vernetzung vorbereitet. Das Deutsche Zentrum für Luft- und Raumfahrt (DLR) entwickelt mit AIM (Anwendungsplattform Intelligente Mobilität [AIM]) ein in den realen Verkehr einer Stadt eingebettetes Forschungslabor für intelligente Transport- und Mobilitätsdienste, in dem neue Maßnahmen und Technologien aus dem Bereich Verkehrssicherheit entwickelt und im realen Umfeld erprobt werden können.

Das Hydra-Projekt [HYD] hat das Ziel, *Middleware* für vernetzte eingebettete Systeme zu erforschen, zu entwickeln und zu validieren, die es Entwicklern ermöglicht, kosteneffektive, hochleistungsfähige Ambient-Intelligence- (AmI)-Anwendungen für heterogene, physikalische Geräte zu entwickeln. Die CHROMOSOME-*Middleware* [CHR] des

Instituts fortiss stellt als *Open-Source*-Lösung eine *Kommunikationsinfrastruktur* und eine Ausführungsplattform für verteilte Anwendungen zur Verfügung. Anwendungsfeldbezogene Standards für Plattformen sind beispielsweise der AUTOSAR-Standard im Automotive-Umfeld [AUT] oder die IMA-Architektur (Integrated Modular Avionic [IMA]) in der Avionik.

Im G-Lab-Projekt [GLB] werden Grundlagen für das Internet der Zukunft gelegt. Die 32 Partner erforschen das Zusammenspiel neuer Anforderungen und neuer Applikationen und stellen ein sicheres und *zuverlässiges* Testfeld für die Erprobung neuer Applikationen und Technologien - beispielsweise Routing- und Adressierungstechnologien - bezüglich Machbarkeit, Skalierbarkeit und Performanz zur Verfügung.

Viele der oben genannten Projekte beschäftigen sich auch mit Prozessen und Methoden für das *Engineering* der jeweils im Fokus stehenden Anwendungen. Speziell auf Prozesse und Methoden fokussierte Projekte haben oft auch einen Schwerpunkt auf der Sicherstellung von *Quality-of-Service*-Garantien, besonders auf *funktionale Sicherheit*. In der Grundlagenforschung ist die Automatische *Verifikation* und Analyse komplexer Systeme das Thema des seit 2004 geförderten SFB/TRR 14 AVACS [AVA], in dem automatische Methoden für die *Sicherheits*analyse und den formalen Nachweis von *Sicherheits*eigenschaften vernetzter eingebetteter Systeme bis hin zu offenen, hybriden Systemen (Cyber-Physical Systems) erforscht werden. Weitere Großprojekte, die sich speziell auf modellbasierte Ansätze für die Entwicklung solcher Systeme beziehen, sind auf nationaler Ebene die Innovationsallianz SPES 2020 (Software-Plattform Embedded Systems 2020 [SPE]), in der Lösungen für die domänenübergreifende und modellbasierte Entwicklung eingebetteter Software erarbeitet werden. Modellbasierte Verfahren auf Basis eines soliden mathematischen Fundaments ermöglichen eine effiziente Entwicklung eingebetteter Systeme, beginnend bei den initialen Kundenanforderungen über den Entwurf und die Implementierung bis hin zur *Verifikation* und Zertifizierung von Systemen.

Auf europäischer Ebene ist hier besonders das Projekt CESAR (Cost-efficient Methods and Processes for Safety-relevant Embedded Systems [CES]) zu nennen, in dem für die drei *Domänen* Automotive, Avionics und Rail Methoden und Prozesse zur kosteneffizienten Entwicklung und Zertifizierung eingebetteter Systeme untersucht werden, einschließlich einer entsprechenden Unterstützung durch interoperable Werkzeuge. Das ITEA-Projekt Verde [VER] beschäftigt sich mit einer Verbesserung der *Validierungs*- und *Verifikations*aktivitäten im Entwicklungsprozess, während das ARTEMIS-Projekt MBAT (Model Based Analysis and Testing) auf eine verbesserte Integration des Testprozesses fokussiert. Speziell für *sicherheitskritische* Anwendungen im Automotive-Bereich entwickelt das Projekt SAFE [SAF] Entwicklungsmethoden und -Werkzeuge für Applikationen, die auf dem AUTOSAR-Standard basieren.

Deutschland hat insgesamt durch eine Fülle eigener Projekte und durch eine Reihe von Beteiligungen an europäischen Projekten eine sehr gute Stellung in vielen der für Cyber-Physical Systems relevanten Themengebiete, besonders in der Grundlagenforschung und auf der Ebene der Systementwicklung und -integration. Die Ergebnisse reichen jedoch bei Weitem noch nicht aus, um die für Cyber-Physical Systems benötigten Fähigkeiten zu realisieren. Die anwendungsbezogene Forschung und Entwicklung ist ebenfalls durch viele Projekte gestützt; diese sind jedoch fast immer auf einzelne Anwendungsgebiete fokussiert. *Domänen*übergreifende und interdisziplinäre Projekte sind hier eine Seltenheit. Neben den technologischen Herausforderungen (siehe auch Kap. 5) ist dieses Fehlen von domänenübergreifenden Anstrengungen eines der größten Hindernisse auf dem Weg zur Realisierung von Cyber-Physical Systems.

ANHANG B: INTEROPERABILITÄTS- UND QUALITY-OF-SERVICE-PLATTFORMDIENSTE AM BEISPIEL DER DOMÄNE FAHRZEUG

In der Agenda wird aufgezeigt, dass die Funktionalität und gleichzeitig die Komplexität von Cyber-Physical Systems im Vergleich zu den heute vorherrschenden Systemen stark ansteigen. Grund hierfür sind die in Abschnitt 2.6 genannten Faktoren, etwa die stärkere Verschmelzung von Computersystemen mit ihrer Umgebung (Cyber-Physical), zunehmende Vernetzung bisher unabhängiger Systeme (*System of Systems*), Kontext*adaptivität* und *Autonomie*. Dieser Anstieg wird so stark sein, dass mit herkömmlichen Methoden und Technologien eine kostengünstige und fehlerarme Entwicklung nicht mehr möglich sein wird. Um die Komplexität dennoch in den Griff zu bekommen, muss, wie in Abschnitt 5.3.3 erläutert, ein Teil dieser Funktionalität standardisiert und von der zugrundeliegenden Plattform erbracht werden.

B.1 EINFÜHRUNG

Der Begriff *CPS-Plattform* umfasst die Berechnungs- und Kommunikationshardware, das Betriebssystem und die *Middleware*. Der Begriff *Middleware* ist in den letzten Jahren mit einer Reihe verschiedener Bedeutungen überladen worden. Insbesondere im Zusammenhang mit Cyber-Physical Systems ist noch eine weitere Ausdehnung zu erwarten. Im Rahmen dieses Abschnitts wird daher *Middleware* als ein Sammelbegriff für die Softwareschicht verwendet, die oberhalb der Firmware und des Betriebssystems aufsetzt und betriebssystemnahe Funktionalität bereitstellt. Erbringt die Plattform die Standardfunktionalität, können die Entwickler sich auf die anwendungsspezifische Funktionalität konzentrieren.

Ein Beispiel für eine *Domäne*, in der durch eine solche Standardisierung und Abstraktion die Komplexität deutlich reduziert wurde, ist der Bereich Avionik. Mit der Integrated Modular Avionics wurde die Rechnerhardware standardisiert und Funktionen, die zuvor in der Anwendungslogik implementiert gewesen waren, wurden in das zugrundeliegende Betriebssystem verlagert.

Der Nachteil der bisherigen Lösungen, sowohl bei der Hardware als auch im Bereich von Betriebssystem und *Middleware*, ist jedoch die Fokussierung auf bestimmte *Domänen*. Weil einzelne Lösungen für je eine Klasse von Anwendungen maßgeschneidert sind, sind sie für andere Anwendungen völlig unbrauchbar. Es ist offensichtlich, dass dieser Ansatz modifiziert werden muss, nachdem eine wesentliche Herausforderung von Cyber-Physical Systems die domänenübergreifende Integration ist. An die Stelle von Hardware- und Betriebssystem-/*Middleware*-Lösungen, die für eine *Domäne* passen, müssen modulare Konzepte treten, die es erlauben, einerseits passgenaue Lösungen zu erstellen – die auch noch nachträglich an sich ändernde Systembedingungen angepasst werden können – und andererseits dennoch mittels Standardisierung die Komplexität reduzieren.

Im Rahmen dieses Kapitels wird daher diskutiert, welche Fähigkeiten und *Dienste* eine *CPS-Plattform* in Zukunft erbringen muss.

Spricht man von den Anforderungen an die Architektur der *CPS-Plattform*, so ist zunächst der genaue Fokus zu definieren. Dazu werden die verschiedenen Ebenen der Architektur einer *CPS-Plattform* kurz beschrieben:

- Hardware- und Kommunikationsebene: Die Architektur auf dieser Ebene beschäftigt sich mit dem Aufbau der Rechen- und Kommunikationshardware. Allgemein ist zu beobachten, dass einerseits die Spezialisierung der Hardware im Bereich eingebetteter Systeme für Knoten mit Sensorik- und Aktorikaufgaben (Stichworte: *intelligente Sensoren, Aktoren*) stark ansteigt. Andererseits steigt die Notwendigkeit der Standardisierung von Hardware im Bereich von Knoten, also von einzelnen

Recheneinheiten, die für Berechnungen ohne interaktive Ein- und Ausgabe verwendet werden (Stichwort: *Cloud Computing*, Zentralrechner),

- *Middleware*- und Betriebssystemebene: In diesem Zusammenhang werden die Dienste diskutiert, die in Software umgesetzt werden, damit man sie flexibel konfigurieren kann, und die gleichzeitig generisch genug sind, um sie in verschiedenen Anwendungsszenarien einsetzen zu können.
- Funktionsebene: Hier werden die anwendungsspezifischen Funktionalitäten umgesetzt; die Ebene bildet die Schnittstelle zu den logischen Ebenen der *Referenzarchitekturen* in Abschnitt 5.3.3.2.

Generell ist der Trend zu beobachten, dass unspezifische Funktionen, die in verschiedenen Anwendungen einer Domäne wiederverwendet werden und bisher auf der Funktionsebene realisiert wurden, auf die *Middleware-/* Betriebssystemebene wandern. Zusätzlich bietet die Hardware Basisfunktionalitäten - zum Beispiel Speicherverwaltung und Speicherschutz sowie Zeitstempelung in Hardware -, die die Realisierung in der *Middleware* vereinfachen.

Will man die Architektur einer Technologieplattform beschreiben, muss der Kontext dieser Plattform definiert werden. Eine Plattform kann einerseits die Entwickler dabei unterstützen, verschiedene Anwendungen auf einer Recheneinheit zu integrieren. Ein Beispiel ist die *Anwendungs*- und Technologie*plattform* Iphone.

Im Bereich *sicherheitskritischer* Systeme bieten *CPS-Plattformen* Funktionalität zur räumlichen und zeitlichen Trennung von Prozessen unterschiedlicher Kritikalitäten auf einem Knoten (Mixed Criticality System). Im Folgenden wird dieser Kontext als Knotensicht bezeichnet.

Der nächstgrößere Kontext ist die Systemsicht. Der Begriff System beschreibt dabei in diesem Abschnitt eine Ansammlung von Knoten, die vorwiegend statisch zusammenarbeiten, um eine feste Funktionalität zu erbringen. Eine *CPS-Plattform* dient dabei zur Integration unterschiedlicher Rechner in ein vorwiegend statisch vorgegebenes System. Im Szenario Medizintechnik wäre das etwa der Zusammenschluss von verschiedenen medizinischen und anderen Geräte diverser Hersteller zu einem Gesundheitsvorsorge-CPS. Die Sicht mit der größten Komplexität wird in diesem Abschnitt als *System-of-Systems*-Sicht bezeichnet; bezogen auf das Ebenenmodell aus Abschnitt 5.3.3.2 wären das die logischen Architekturebenen der Anwendungssysteme. Einzelsysteme können unabhängig voneinander ihre individuellen Funktionen erbringen. Durch die dynamische Abstimmung zur Laufzeit mit anderen, potenziell vorher nicht bekannten Systemen kann diese Funktion allerdings besser erbracht werden. *Dienste* zur Unterstützung der Vermittlung und Abstimmung werden dieser Sicht zugeordnet.

B.2 HERAUSFORDERUNGEN

Wie zu Beginn des Abschnitts diskutiert, werden zukünftige Technologieplattformen, bestehend aus Hardware und Betriebssystem/*Middleware*, einzelne *Dienste* modular integrieren, um die Anforderungen der jeweiligen Anwendungsszenarien erfüllen und trotzdem auch auf ressourcenbeschränkten Systemen angewandt werden zu können. In dem Zusammenhang ist außerdem eine offene Standardisierung notwendig, um den domänenübergreifenden Charakter von Cyber-Physical Systems widerzuspiegeln. Obwohl die wesentlichen der im nächsten Abschnitt beschriebenen Funktionalitäten der Plattform bereits jetzt in verschiedenen Anwendungen umgesetzt sind, steht die Forschung und Entwicklung vor diversen Herausforderungen. Die drei Wichtigsten davon sind:

- **domänenübergreifende Standardisierung:** *Dienste*, die heute bereits für verschiedene *Domänen* spezifisch umgesetzt worden sind, müssen in Zukunft generisch für verschiedene *Domänen* entwickelt werden. Dabei gilt es, jeweils festzulegen, welcher Teil der Funktionalität nur für eine bestimmte *Domäne* relevant ist und welcher Teil generisch realisiert werden kann.

- **Modularisierung bestehender Plattformen** in Verbindung mit der Gewährleistung der technischen und zunehmend auch der *semantischen Interoperabilität*: Heutige Plattformen sind zum großen Teil monolithisch aufgebaut. Cyber-Physical Systems zeichnen sich vor allem durch Heterogenität in Bezug auf die Anforderungen aus, aber auch in Bezug auf die eingesetzte Hardware, vom kleinsten Microcontroller bis hin zu komplexen Ressourcen des *Cloud Computing*. Deshalb ist eine modulare Plattform erforderlich, bei der die notwendigen Module passend zur Anwendung ausgewählt werden können. Um diese Plattform realisieren zu können, ist die Definition passender Schnittstellen von großer Bedeutung.
- **sichere Integration von Modulen in Plattformen:** Der Trend zu einer modularisierten Plattform bedeutet aber auch eine enorme Variabilität der Instanzen einer Plattform. Es müssen Methoden entwickelt werden, um die Korrektheit der verschiedenen Varianten auch im offenen und domänenübergreifenden Einsatz, besonders in Hinblick auf nichtfunktionale Eigenschaften, sicherzustellen. Das stellt insbesondere dadurch eine Herausforderung dar, dass auch die jeweiligen Plattformen selbst dynamisch angepasst werden müssen, um auf wechselnde Anforderungen der offen vernetzten CPS-Anwendungen reagieren zu können.

Wesentlich ist dabei, wie umfassend Plattformen die schnelle und zuverlässige Realisierung von *Diensten* unterstützen, um die in Abschnitt 3.5 genannten Aufgaben und Herausforderungen umsetzen zu können.

B.3 BESCHREIBUNG DER DIENSTE

Im Rahmen von Experteninterviews wurden Funktionalitäten identifiziert, die von zukünftigen *CPS-Plattformen* erbracht werden müssen, um die für CPS erforderliche *Interoperabilität* und *Quality of Service* der Anwendungs*dienste* sicherzustellen. Diese Plattformfunktionalitäten sind modular aufgebaut und bestehen aus einer Vielzahl von inkrementell entwickelten *Diensten*. *Dienste* sind dabei logische Einheiten mit klar definierten Schnittstellen semantischer und syntaktischer Art, die individuell für Anwendungen zusammengefügt und in beliebig vielen Anwendungen wiederverwendet werden können. Ein Konzept von *diensteorientierten Architekturen* beschreibt das Design und die Implementierung einer Anwendung unter Verwendung von *wiederverwendbaren Diensten*. Je nach Abstraktionsebene und Grad der *Autonomie* kann ein *Dienst* in der Lage sein, seine Fähigkeiten und Eigenschaften selbst zu beschreiben.

Abbildung B.1 zeigt die im Rahmen der Studie von den Experten erarbeiteten möglichen *Dienste* einer *CPS-Plattform*. Im Folgenden werden sie nach Themenschwerpunkten sortiert und beschrieben.

B.3.1 KOMPONENTENMANAGEMENT

Zur Selbstverwaltung dieser *Dienste* und der Anwendungskomponenten durch die Plattform sind *Dienste* für das Komponentenmanagement notwendig. In diesem Abschnitt wird insbesondere das Management statischer Komponenten diskutiert. Abschnitt B.3.3 geht dann auf die zusätzlichen Aspekte zur Unterstützung dynamischen Systemverhaltens ein.

Abbildung B.1: von Experten gesammelte *Dienste* einer generischen *CPS-Plattform*

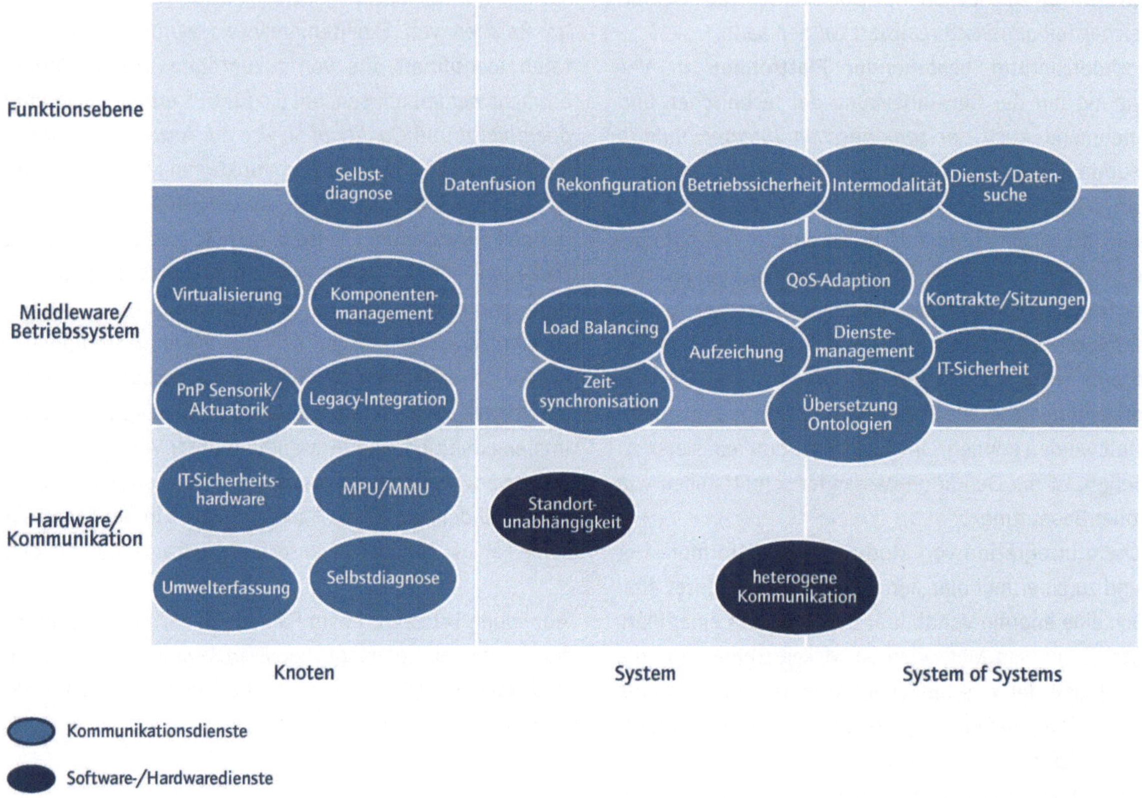

Funktionsebene
Selbst-diagnose
Datenfusion
Rekonfiguration
Betriebssicherheit
Intermodalität
Dienst-/Daten-suche
Middleware/ Betriebssystem
Virtualisierung
Komponenten-management
PnP Sensorik/ Aktuatorik
Legacy-Integration
Load Balancing
Zeit-synchronisation
Aufzeichung
QoS-Adaption
Dienste-management
Kontrakte/Sitzungen
IT-Sicherheit
Übersetzung Ontologien
Hardware/ Kommunikation
IT-Sicherheits-hardware
MPU/MMU
Umwelterfassung
Selbstdiagnose
Standort-unabhängigkeit
heterogene Kommunikation
Knoten
System
System of Systems
Kommunikationsdienste
Software-/Hardwaredienste

B.3.1.1 Dienste- und Systemmanagement

Dienste werden auf einer verteilten *Dienste*management-plattform verwaltet und kommunizieren über standardisierte Kommunikationstechnologien, also via Internet beziehungsweise Web und Telekommunikation. Zu ihrer Verwaltung sind verschiedene Funktionen notwendig:

Das **Dienste-Lebenszyklusmanagement** ermöglicht es, den gesamten Lebenszyklus eines *Dienstes* zu verwalten: von der Konzeptionierung, Implementierung und Installation über die Ausführung auf der Plattform und die Wartung, beispielsweise Updates, bis hin zum Herunterfahren und Deinstallieren.

Die **Dienstekomposition** ermöglicht es, *Dienste* so zu verbinden, dass sie *dienste*übergreifende Aufgaben erfüllen oder Prozesse abbilden können. *Dienste* werden anhand ihrer Schnittstellen in Kombination mit anwendungsspezifischem Programmcode verbunden und es kann ein Ablauf definiert werden. Die *Dienste*komposition verwaltet und überwacht die Ausführung der Komposition und bietet sie per *Dienste*publikation wieder als abstrahierten *Dienst* an.

Die **Dienste-Bindungstransformation** stellt sicher, dass auf einer verteilten *Dienste*managementplattform unterschiedliche *Dienste* sowie *Dienste* und Anwendungen von unterschiedlichen Herstellern und realisiert mit unterschiedlichen Implementierungs- und Kommunikationstechnologien Daten austauschen können. Um dies zu ermöglichen, werden die unterschiedlichen Bindungen an Protokolle und Technologien für einen *Dienst* in die notwendigen Bindungen an Protokolle und Technologien des Partnerdienstes transformiert. Für die *Dienste* geschieht dies völlig transparent, weshalb nicht aneinander angepasst werden müssen und die Transformation automatisch auf der Plattform durchgeführt wird; siehe Enterprise Service Bus (ESB).

Das **Dienste-Nachrichtenrouting** ermöglicht es, *Dienste* auf einer verteilten *Dienste*managementplattform zu adressieren und sicherzustellen, dass Nachrichten und Daten zwischen Anbietern und Konsumenten der *Dienste* sicher zugestellt werden. Eine solche Funktion bietet zum Beispiel der Enterprise Service Bus (ESB) im Bereich der Heimautomatisierung.

Das **Systemmanagement**, also das übergreifende Management der Komposition einer Menge von Komponenten, ist in heutigen Systemen noch sehr domänenspezifisch gelöst, nimmt aber in der Zukunft stark an Bedeutung zu. Relevante Fragen befassen sich mit der Kontrolle und Verwaltung des Gesamtsystems. Die Abwägung zwischen zentralem Systemmanagement und dezentralen beziehungsweise *selbstorganisierenden* Konzepten ist nicht nur bei Cyber-Physical Systems eine stetige Herausforderung.

B.3.1.2 Management von Anwendungskomponenten

Damit Systeme auf sich verändernde Szenarien und Aufgaben reagieren können, ist es notwendig, sie dynamisch an die Erfordernisse anzupassen, sei es im Einsatz als isoliertes System oder als Bestandteil eines komplexen Cyber-Physical System. Dabei ist es von großer Bedeutung, neue Softwarekomponenten installieren und bereits installierte Komponenten aktualisieren zu können. Zur Umsetzung dieses *Dienstes* ist die Zusammenarbeit mehrerer Komponenten notwendig, beispielsweise QoS-Überwachung und Adaption oder *Selbstheilung* und Rekonfiguration. Nur so lässt sich sicherzustellen, dass weder die ausgeführten *Dienste* beeinträchtigt werden noch die neuen *Dienste* ein *Sicherheits*risiko für das gesamte System darstellen.

Im Szenario *Smart Mobility* (siehe Abschnitt 2.2) kann dieser *Dienst* dazu verwendet werden, die Software im Fahrzeug oder auf dem Steuergerät bei einem Werkstattbesuch zu aktualisieren beziehungsweise um neue Funktionen zu erweitern. Durch die genaue Kenntnis des lokalen Knotens – hier: des Steuergeräts – und seiner Anforderungen kann der *Dienst* zum Anwendungsmanagement dafür sorgen, dass die neuen oder zusätzlichen Softwarekomponenten keine Überlastung auf dem Knoten erzeugen.

B.3.2 PHYSIKALISCHE UMWELT- UND KONTEXTERKENNUNG

Neben dem Management der Komponenten, also sowohl der Plattform*dienste* als auch der Anwendungskomponenten, müssen von Cyber-Physical Systems, wie in Abschnitt 2.6.1 besprochen, die Umwelt und der physikalische Systemkontext erkannt werden.

B.3.2.1 Sensorik zur Umwelt- und Kontexterfassung

Im Szenario *Smart Mobility* (siehe Abschnitt 2.2) kommt eine Vielzahl an unterschiedlichen *Sensoren* zum Einsatz, um den reibungslosen Reiseverlauf von Familie Müller zu gewährleisten. Durch *Sensoren* im Auto und in der Infrastruktur erfasst das Fahrzeug der Familie Müller ein über die Straße laufendes Kind.

B.3.2.2 Dienst zur Datenfusion

Datenfusion wird aus verschiedenen Gründen in Cyber-Physical Systems eingesetzt. Einerseits ist für *sicherheitskritische* Systeme die Verwendung redundanter und unterschiedlicher *Sensoren* dringend notwendig, um Fehlentscheidungen auf Basis falscher *Sensor*daten zu vermeiden. Ein weiterer Grund ist der häufige Einsatz eines Verbunds redundanter, kostengünstiger, aber fehleranfälliger anstelle sehr teurer, aber *zuverlässigerer Sensoren*. Zudem ist bei komplexen Systemen die direkte Messung der notwendigen Information zumeist gar nicht möglich.

Obwohl die eigentliche Datenfusion anwendungsspezifisch ist, werden einige generische Grundfunktionen, etwa die Fusion redundanter Daten oder die Erzeugung eines Bildes aus mehreren Kameras mit überlappenden Sichten, von der Plattform angeboten. Zusätzlich wird die Applikation für die anwendungsspezifische Auswertung sorgen. Ein Beispiel hierfür ist die Feststellung, ob ein Fahrer die Spur absichtlich wechseln will. Nur auf Basis verschiedener *Sensoren* - zum Beispiel Blinker, Abstands*sensoren* und Kameras - und mithilfe erforderlichen Anwendungswissens, wie es beispielsweise in *Domänenmodellen* erfasst ist, kann das hinreichend sicher eingeschätzt werden.

B.3.2.3 Dienste zur Zeitsynchronisation

Für Cyber-Physical Systems sind zwei prinzipiell gegenläufige Trends zu beobachten: Einerseits nimmt die verteilte Ausführung von *Diensten* und Anwendungen immer stärker zu, andererseits steigen die Anforderungen an Datenfusion und koordinierte Ausführung. Aus diesem Grund muss die Plattform *Dienste* zur Zeitsynchronisation anbieten. Damit kann die Fusion von Daten oder die Umsetzung von *Fehlertoleranz* deutlich vereinfacht werden. Im Gegensatz zu bisherigen, geschlossenen, Systemen muss die CPS-Zeitsynchronisation auch in heterogenen Netzen funktionieren.

Die Bedeutung der Zeitsynchronisation zur Datenfusion kann am Beispiel des Szenarios *Smart Mobility* einfach verdeutlicht werden. Um verschiedene *Sensoren*, zum Beispiel Radar und Kamera, gut fusionieren zu können, müssen die *Sensoren* zeitlich sehr genau miteinander synchronisiert sein.

Die Zeitsynchronisation wird dabei durch *Dienste* auf den unterschiedlichen Ebenen ermöglicht: Auf Hardwareebene müssen hochgenaue Uhren und Möglichkeiten zur Erstellung von Zeitstempeln in Bezug auf bestimmte Ereignisse wie das Versenden von Nachrichten existieren. Um auch Zeitsynchronisation in heterogenen Netzen zu unterstützen, müssen vermehrt Geräte mit externer Zeitsynchronisation, etwa basierend auf GPS, eingesetzt werden. Auf *Middleware*-Ebene müssen die Zeitsynchronisationsalgorithmen in *Diensten* umgesetzt werden und dabei auch Aspekte der *Fehlertoleranz* abdecken.

B.3.3 DYNAMISCHE VERWALTUNG

Basierend auf der Kontext- und Umwelterkennung werden sich Cyber-Physical Systems zukünftig teilweise oder ganz automatisch an sich ändernde Gegebenheiten anpassen müssen. Das kann auch ganz oder teilweise autonomes Verhalten, wie in Abschnitt 2.6.1 geschildert, erforderlich machen. Dazu sind verschiedene *Dienste* notwendig.

B.3.3.1 Dienst zur Dienst- und Datenpublikation sowie -suche

Cyber-Physical Systems setzen sich aus *Diensten* verschiedener Anbieter zusammen; zum Designzeitpunkt sind üblicherweise weder alle Anbieter noch alle verfügbaren *Dienste* bekannt. Publikation und Suche von *Diensten* und Daten ermöglichen dennoch die flexible Kombination.

Die *Dienste*publikation erlaubt es Anbietern, *Dienste* in einem verteilten, weltweit verfügbaren und katalogartigen Verzeichnis potenziellen Nutzern bekannt zu machen. Ein solcher Eintrag muss mindestens eine Beschreibung des *Dienstes* und seiner Schnittstellen sowie einen *Dienst*kontrakt enthalten. Zusätzlich sollten semantische Informationen auf Basis standardisierter Technologien zur semantischen Beschreibung von *Diensten* hinterlegt werden. Das ermöglicht eine automatische Verarbeitung der Informationen zum *Dienst* sowie das dynamische Einbinden des *Dienstes* in Anwendungen. Die Publikation kann dabei sowohl zentral über einen Verzeichnis*dienst* als auch Peer-to-Peer erfolgen – zum Beispiel dann, wenn der Wagen von Familie Müller sich mit der Verkehrsinfrastruktur verbindet.

Gleiches gilt auch für die *Dienste*auffindung. Sie ermöglicht es Anwendungen, das verteilte Verzeichnis zu durchsuchen, um *Dienste* zur Erfüllung spezifizierter Anforderungen zu finden. Das kann in der Design- und Implementierungsphase der Anwendung sowie, auf Basis semantischer Informationen zu den Anforderungen und *Diensten*, dynamisch während der Ausführungszeit stattfinden.

Eine monolithische Lösung wäre nicht hinreichend auf die notwendige Funktionalität reduzierbar, um für eingebettete Systeme angewendet werden zu können. Vorstellbar ist stattdessen eine hierarchische Umsetzung, ähnlich den DNS-Servern im Internet. Eine Anwendung im Bereich *Smart Mobility* können angebundene Systeme an Straßen sein (Road Side Units), die Informationen, zum Beispiel über den Zustand der Fahrbahn oder über die Straßenauslastung, anbieten. Während der Fahrt sucht die Bordelektronik des Fahrzeugs nach *Diensten*, die relevante Informationen zur Fahrtstrecke anbieten. Über die *Dienste*suche können diese *Dienste* identifiziert, lokalisiert, als relevant erkannt und eingebunden werden. Da sich das Fahrzeug permanent bewegt, ändert sich die Zusammenstellung des *System of Systems* permanent. Neue *Dienste* kommen hinzu, während andere entfernt werden. Um mit den jeweiligen *Diensten* kommunizieren zu können und ein gleiches Verständnis der Daten zu haben – syntaktisch und semantisch –, sind weitere *Interoperabilitätsdienste* nötig. Insbesondere die Abschätzung der *Dienstqualität* (QoS) ist von entscheidender Bedeutung bei der Auswahl der *Dienste*.

B.3.3.2 Dienste zur Umsetzung von Plug and Play für Sensorik und Aktorik

Neben der Erweiterbarkeit in Bezug auf neue Softwarekomponenten muss aber auch die Integration von Sensorik und Aktorik unterstützt werden. Ein wesentlicher Grund dafür ist die Langlebigkeit von *CPS-Plattformen*, auch aufgrund der Kosten für die Beschaffung. Daher ist die Möglichkeit zur einfachen Erweiterung auch durch Endanwender notwendig. Insofern werden *Dienste* benötigt, die es dem Knoten zur Laufzeit ermöglichen, neue Sensorik und Aktorik einzubinden und den Anwendungen zur Verfügung zu stellen, ohne dass diese neu programmiert beziehungsweise umprogrammiert werden müssen. Damit können Knoten flexibel um neue Fähigkeiten erweitert werden, ohne aktiv ins System einzugreifen. Nach dem Anschließen der neuen Hardware steht deren Funktionalität am Knoten und letztendlich auch im System zur Verfügung.

Im Szenario *Smart Mobility* kann diese Fähigkeit an mehreren Stellen eingesetzt werden. Eine einmal installierte Infrastruktur, die anfangs nur Basisfunktionalitäten zur Verfügung stellt, kann damit sukzessive um weitere Funktionen erweitert werden. Damit ist eine einfache und kostengünstige *Adaption* an neue beziehungsweise veränderte Anforderungen oder eine Verbesserung der Qualität möglich. Eine Anwendung im Szenario *Smart Mobility* könnte etwa ein berührungssensitiver Bildschirm für die Rücksitze sein, der nach seiner physikalischen Installation automatisch ins Infotainmentsystem eines Fahrzeugs integriert wird.

B.3.3.3 Lastverteilung und Energieeffizienz

Die dynamischen Änderungen von Cyber-Physical Systems erfordern eine ebenso dynamische Anpassung der Rechen- und Kommunikationslast durch Verschiebung von Softwarekomponenten, aber auch eine geeignete Konfiguration der Kommunikation. Das ist notwendig, um Engpässe zu vermeiden, aber auch, um *Energieeffizienz* zu garantieren. Die Lastverteilung kann durch die Plattform sowohl in Form eines nach außen angebotenen *Dienstes* auch als eines internen Mechanismus entwickelt werden, der für die Anwendung transparent, also unsichtbar, abläuft.

Cyber-Physical Systems müssen zur internen Kommunikation mit CPS-Knoten und zur externen Kommunikation mit anderen Cyber-Physical Systems und erforderlichen *Diensten* verschiedene Medien zum Lastausgleich nutzen können, und zwar sowohl bei ein- als auch bei ausgehenden Daten. Als Medien kommen Funkverbindungen nach den Standards WiFi, WiMAX, GSM, GPRS, EDGE, UMTS, HsxPA, LTE, Bluetooth, NFC, FM Radio und andere infrage. Wichtig hierbei ist, dass diese Medien parallel und gleichzeitig priorisiert beziehungsweise gewichtet genutzt werden können, und zwar sowohl bei der Kommunikation aus dem System heraus als auch in das System hinein. Beispielsweise können im *Smart-Mobility*-Szenario gleichzeitig das private WiFi in der heimischen Garage für den Upload des Entertainmentsystems beziehungsweise Navigationssystems und GSM/LTE für das Sammeln von *Sensor*daten verwendet werden können. Besonders wichtig sind hierbei die vom Fahrzeug ausgehenden Datenströme, die entsprechend den zur Verfügung stehenden Bandbreiten, Sicherheiten der Medien oder Kosten der Verbindung intelligent verteilt werden müssen. Zusätzlich sollten die Kompression der Daten, die Verschlüsselung und die *Authentifizierung* berücksichtigt werden. Das System muss auch mit der standortunabhängigen Kommunikation zusammenarbeiten.

B.3.3.4 Standortunabhängige Kommunikation

Kommunikation, Vernetzung und *Interoperabilität* sind grundlegende *Dienste* von Knoten, Systemen und *System of Systems*. Bei der Kommunikation muss zwischen interner/lokaler und externer/globaler Kommunikation unterschieden werden. Kommunizieren Knoten oder Systeme im gleichen Verbund - gleicher Standort oder selbes Objekt -, dann spricht man von interner Kommunikation. Ein Beispiel für die interne Kommunikation im *Smart-Mobility*-Szenario ist die Interaktion der *Sensoren* im Auto mit dem Navigationssystem.

Findet die Kommunikation zwischen Knoten oder Systemen mit unterschiedlichen Standorten oder zwischen verschiedenen Objekten statt, handelt es sich um externe Kommunikation. Da eine direkte Kommunikation damit nicht möglich ist, wird ein Datentransfer über IP-Transport zwischen verschiedenen Netzen (Routing) notwendig. Da aber das Routing im Normalfall immer der Adresse (Identität, EID[96]) des Knotens oder Systems folgt, ist eine standortunabhängige Kommunikation nicht möglich, denn sie bedarf der Trennung der Identität des Knotens oder Systems von der Lokalität. Die Lokalität (Routing Locator, RLOC) beschreibt, wie und wo ein System oder ein Knoten an das Netzwerk angeschlossen ist, die Identität (EID) definiert den Knoten oder System mit seiner IP-Adresse.

Ein Beispiel für die standortunabhängige Kommunikation ist im *Smart-Mobility*-Szenario das Roaming des Fahrzeugnetzes über verschiedene Anschlusstechniken wie WiFi, GSM und LTE. Ist ein Fahrzeug etwa in der Garage mit dem Home-WiFi verbunden, so definiert dessen IP-Adresse die aktuelle Lokalität; fährt das Fahrzeug auf die Strasse, ist es die IP-Adresse der Mobilfunkverbindung. Damit ist das Netz des Fahrzeugs immer auch über das Internet erreichbar und kann somit seine Cyber-Physical Systems oder Knoten mit anderen externen Cyber-Physical Systems oder -Knoten kommunizieren lassen. Durch eine geeignete Abbildung zwischen den Adressen ist eine nahtlose Kommunikation möglich.

Zusätzliche Vorteile dieses Splits zwischen Lokation und Identität sind die Unabhängigkeit des zu transportierenden Internetprotokolls (IPv4 oder IPv6) und die Unabhängigkeit des Transportprotokolls (wiederum IPv4 oder IPv6). Außerdem können in der Datenbank bei der Registrierung der EID neben der Lokalität (IP-Adresse) auch weitere Informationen zum Cyber-Physical-Knoten oder zum System gespeichert werden; dazu zählen etwa Geokoordinaten, Eigenschaften des Knotens beziehungsweise Systems, Verbindungsbeschreibung anhand von *IT-Sicherheit*, *Virtualisierung* und Verschlüsselung sowie vielem mehr.

B.3.3.5 Dienste für Energiemanagement

Ein essenzieller Bestandteil von Cyber-Physical Systems sind mobile Knoten und Systeme, die prinzipiell keinen

96 Endpoint Identifyer.

dauerhaften Anschluss an eine Stromquelle besitzen. Beispiele hierfür sind die Knoten eines drahtlosen *Sensornetzwerks* oder auch ein Elektrofahrzeug. In solchen Fällen muss die im Knoten oder System vorhandene Energie optimal genutzt werden, wofür ein Energiemanagement*dienst* notwendig ist. Im Zusammenspiel mit anderen *Diensten*, etwa für Rekonfiguration, sorgt dieser *Dienst* so lange wie möglich für die Versorgung der wichtigsten Systemfunktionen mit Energie. Dazu kann es etwa nötig sein, Teilsysteme abzuschalten oder in einen Energiesparmodus zu versetzen.

Im Szenario *Smart Mobility* könnte dieser *Dienst* zum Beispiel Komfortfunktionen des Fahrzeugs von Familie Müller deaktivieren, falls der Ladezustand der Batterie unter ein kritisches Niveau fällt und in absehbarer Zeit keine Ladestation angefahren werden kann.

B.3.4 DIENSTEINTERAKTION

Die dynamische Verknüpfung unterschiedlicher *Dienste* verschiedener Hersteller macht die Regelung der Interaktion durch Kontrakte notwendig. Mögliche Technologien dafür wurden in Abschnitt B.3.2 erörtert. Hierzu sind folgende *Dienste* erforderlich:

B.3.4.1 Kontrakt- und Sitzungsmanagement

Sobald mehrere unabhängige Systeme miteinander interagieren wollen, ohne dass vorher von den Betreibern explizit Verträge oder Abmachungen geschlossen wurden, sind Mechanismen notwendig, um die Bedingungen für die Zusammenarbeit zur Laufzeit auszuhandeln. Das können unter anderem die benötigte *Dienst*güte und das damit verbundene Entgelt sein.

Es werden daher *Dienste* in *Systems of Systems* benötigt, die, basierend auf den Anforderungen eines Anwenders und den zu Verfügung stehenden *Diensten*, den am besten geeigneten auswählen und die Nutzungsbedingungen aushandeln. Hier kann auch die Abwägung zwischen Kosten und *Dienst*güte getroffen werden. Neben dem Finden und Aushandeln neuer Kommunikationsbeziehungen ist dieser *Dienst* ebenfalls für das Verwalten der aktuellen Kontrakte zuständig. So kann während der Laufzeit etwa ein besser geeigneter oder ein geeigneter kostengünstigerer *Dienst* ausgewählt werden. Zur Bewertung der einzelnen Kontrakte beziehungsweise Sitzungen sind Informationen nötig, die von anderen *Diensten* erhoben werden, zum Beispiel Überwachung der *Quality of Service*. Im Bereich *Smart Mobility* kann dieser *Dienst* verwendet werden, um mit den durch die *Dienst*suche gefundenen *Diensten* Kontrakte für die Benutzung auszuhandeln. Konkret könnte der Fahrer etwa einen Radiosender auswählen, der eine bestimmte Art Musik spielt. Solange das Fahrzeug sich in Reichweite der Radiostation befindet, kann das Programm kostenlos über das Radio im Fahrzeug empfangen werden. Sobald sich das Fahrzeug nicht mehr in direkter Reichweite befindet und dadurch die Empfangsqualität schlechter wird, kann ein Online-Musik*dienst* genutzt werden für den jedoch zusätzliche Kosten entstehen. Der Wechsel vom kostenlosen *Dienst* zum Bezahl*dienst* kann durch den *Dienst* zum Kontraktmanagement durchgeführt. Sobald der kostenlose *Dienst* wieder verfügbar ist, kann zurückgewechselt werden.

B.3.4.2 Dienst für die Aufzeichnung der Diensteinteraktion

Da die Anwendungen auch von unterschiedlichen Anbietern stammen können, muss es Möglichkeiten zur Überwachung und rechtssicheren Dokumentation der Interaktion zwischen den verschiedenen *Diensten* geben. Nur dadurch kann beispielsweise die korrekte Abrechnung, aber auch die Identifikation des Verursachers im Fehlerfall umgesetzt werden.

Im Szenario *Smart Mobility* greift Frau Müller auf eine Vielzahl von Dienstleistungen zu, die mit einer Abrechnungsfunktion in der *Middleware* bezahlt werden können. Sie bucht unter anderem einen Mietwagen, eine Zugfahrt und eine Hotelübernachtung. Da Frau Müller auch eine Kundenkarte einer Fluggesellschaft besitzt, muss die Abrechnungsfunktionalität in der CPS-*Middleware* so flexibel sein, dass sie für unterschiedliche Kunden unterschiedliche Preise für eine Dienstleistung anbieten kann.

B.3.5 QUALITY OF SERVICE

Da die Funktionen eines Cyber-Physical Systems direkt erlebbar sind, ist eine Überwachung und Garantie von *Dienstqualitäten* (*Quality of Service*, QoS) dringend erforderlich, was anhand der nachfolgend dargestellten *Dienste* deutlich wird.

B.3.5.1 QoS-Überwachung und -Adaption

Da im Bereich der Cyber-Physical Systems auf *System-of-Systems*-Ebene sich Systeme entwickeln, die nicht durch eine Person beziehungsweise Firma koordiniert und kontrolliert werden, sondern eher aus einer Menge an Kontrakten mit Garantien bestehen, ist die Einhaltung der zugesicherten Eigenschaften sicherzustellen. Diese QoS-Parameter sind klassischerweise Bandbreite, Latenz und *Zuverlässigkeit* der Kommunikation.

Zusätzlich muss unter QoS auch die *Dienst*güte verstanden werden, die angibt, wie präzise die Daten sind, also etwa die Messgenauigkeit von Temperatur*sensoren* quantifiziert. Basierend auf den Kontrakten und den damit verbundenen Zusicherungen der *Dienste*anbieter kann die QoS-Überwachung feststellen, ob die versprochene Qualität eingehalten wird und ob eine *Adaption* des *System of Systems* durchzuführen ist, um eine hinreichende Qualität zu erreichen. Neben der genannten *Quality-of-Service*-Bewertung steht in Cyber-Physical Systems immer mehr die nutzerorientierte Qualitätsbewertung (*Quality in Use, Quality of Experience*) im Vordergrund.

Im Beispiel *Smart Mobility* kann der *Dienst* zur QoS-Überwachung eingesetzt werden, um externe *Dienste* wie Routenplaner zu überwachen und die versprochene Qualität der Leistung, etwa Antwortzeiten, einzuhalten. Sobald eine Verletzung der QoS-Garantien festgestellt wird, kann gegebenenfalls der *Dienst* zur Adaption prüfen, ob alternative *Dienste* erreichbar sind, die ebenfalls Routenplanerfunktionalität zur Verfügung stellen und ob deren QoS-Zusicherungen verlässlicher sind. Bei Bedarf kann zu dem alternativen *Dienst* gewechselt werden.

B.3.5.2 QoS-fähige Kommunikation

Um eine bestimmte Qualität der *Dienste* sicherzustellen, ist aufgrund der typisch verteilten Ausführung insbesondere die Kommunikation von entscheidender Bedeutung. Die *Dienst*güte der Kommunikation (QoS) drückt aus, dass den Anwendern jederzeit, an jedem Ort die erforderlichen Kommunikationsverbindungen mit spezifizierten Eigenschaften zur Verfügung stehen. Für Cyber-Physical Systems muss diese Definition um wesentliche Eigenschaften erweitert werden, die nachfolgend genannt werden.

QoS-fähige Kommunikation für Cyber-Physical Systems erfordert, dass verschiedene Endgeräte automatisch, situationsspezifisch und effektiv Kommunikation untereinander in *Echtzeit* aufbauen und kontextbezogene Daten sicher, *zuverlässig* und effizient austauschen. Dazu müssen robuste, *sichere* und leistungsfähige Kommunikationsplattformen, Protokolle und Standards unter Berücksichtigung existierender *IKT*-Infrastruktur erforscht und entwickelt werden, die sich an die Systemanforderungen anpassen können und für den Aufbau zukünftiger hierarchischer, heterogener Cyber-Physical Systems geeignet sind. Es sind Technologien für eine autonome, ausfallsichere und sichere Kommunikation zu entwickeln, die kritische Funktionen bereitstellen, ungeachtet von Beschädigungen und Beeinträchtigungen durch unbeabsichtigte oder böswillige Einflüsse zu allen Zeiten unter allen Umständen.

Wenn die Kinder der Familie Müller ein Video auf dem *Mobilgerät* ansehen, muss eine Mindestbandbreite garantiert werden, unabhängig davon, ob das Gerät noch mit dem drahtlosen lokalen Netzwerk im Kindergarten oder per UMTS mit dem Videoserver kommuniziert.

B.3.5.3 Dienst für Selbstheilung und -rekonfiguration

Aufgrund der bereits diskutierten Langlebigkeit und potenziell langer Wartungsintervalle von Cyber-Physical Systems muss auf Funktionsebene in Systemen die Möglichkeit zur *Selbstheilung* und Rekonfiguration gegeben sein, da im Lauf der Zeit unweigerlich mit Ausfällen oder Verschlechterung von *Dienst*qualitäten zu rechnen ist; siehe auch die Technik der *Selbstorganisation* in Abschnitt 5.1, B6. Dafür werden *Dienste* benötigt, die die einzelnen Komponenten überwachen und gegebenenfalls die Konfiguration verändern. Das kann der regelbasierte Wechsel von Komponenten sein, das Umschalten auf im System vorhandene freie Ressourcen oder auch das Abschalten nicht unbedingt benötigter Komponenten zur Gewährleistung eines Minimalbetriebs.

Im Szenario *Smart Mobility* kann die Elektronik des Fahrzeugs von Familie Müller zum Beispiel nur noch aus wenigen, leistungsstarken Steuergeräten bestehen, und nicht, wie heute noch üblich, aus Dutzenden leistungsschwachen Steuergeräten. Sollte es während der Fahrt zu Problemen in einem *sicherheitskritischen* Teilsystem kommen, etwa der Steer-by-Wire-Lenkung, könnte das Infotainmentsystem automatisch heruntergefahren werden, damit mit den freiwerdenden Ressourcen die *sicherheitskritische* Funktionalität weiter bereitgestellt werden kann. Ein anderes Beispiel ist der im Kontext der QoS-Überwachung genannte Wechsel vom Radio- zum Web-Empfang.

B.3.6 SICHERHEIT: BETRIEBS- UND IT-SICHERHEIT

Aufgrund des direkten Eingriffs von Cyber-Physical Systems in die Umwelt einerseits und der Offenheit der Systeme andererseits sind die Themen *Betriebs-* und *IT-Sicherheit* von höchster Bedeutung. Zu ihrer Realisierung trägt eine ganze Reihe von Plattformdiensten bei.

B.3.6.1 Dienste und Hardware für IT-Sicherheit

Dienste für *IT-Sicherheit* sind eine Sammlung von *Diensten*, die es dem Knoten, System oder *System of Systems* ermöglichen, sich vor Angriffen zu schützen. *IT-Sicherheit* muss dabei ganzheitlich betrachtet werden, sodass sich einem potenziellen Angreifer keine Lücken bieten. Somit muss eine *Middleware* für Cyber-Physical Systems solche *Dienste* nicht nur für einzelne Knoten, sondern auch für Systeme und *Systems of Systems* anbieten.

Auf einem einzelnen Knoten müssen *IT-Sicherheitsdienste* Schutz vor Angreifern bieten, die den Knoten direkt durch physikalischen Zugriff oder über die Kommunikationsschnittstelle attackieren. So müssen *IT-Sicherheitsdienste* dafür sorgen, dass Angreifer die Software des Knotens nicht unerlaubt manipulieren oder gespeicherte Daten unerlaubt auslesen. Um das zu realisieren, können die *IT-Sicherheitsdienste* beispielsweise ein Hardwaresicherheitsmodul (*HSM*) nutzen, das sichere Speicherbereiche und eine sichere Ausführungsumgebung für kryptografische Operationen bietet. Weiterhin ist die Kommunikation der einzelnen Knoten untereinander in einem System zu schützen. Hier muss gewährleistet sein, dass nur authentifizierte und autorisierte Knoten miteinander kommunizieren und die *Integrität*, *Vertraulichkeit* und *Verfügbarkeit* der Kommunikation gewährleistet wird. Hierzu können beispielsweise kryptografische Protokolle zur *Authentifizierung* oder zur Verschlüsselung eingesetzt werden.

Da innerhalb eines Systems einzelne Knoten bösartiges Verhalten aufweisen können – etwa, weil sie von Angreifern kompromittiert wurden –, sind weitere Verfahren nötig, um solche Angreifer zu erkennen. So kann eine CPS-*Middleware* beispielsweise netzwerkbasierte Systeme zur Erkennung unbefugten Eindringens (Intrusion Detection) bereitstellen oder mittels Attestationsverfahren die

Plattformintegrität einzelner Knoten überprüfen. Dadurch können manipulierte Knoten innerhalb von Systemen erkannt und Gegenmaßnahmen, etwa der Ausschluss dieser Knoten, getroffen werden; siehe hierzu auch die in Abschnitt B.3.5.3 diskutierten Aspekte. Auf *System-of-Systems*-Ebene muss eine *Middleware* die Kommunikation des Systems mit anderen, unbekannten und potenziell bösartigen Systemen schützen. Hier sind insbesondere Mechanismen nötig, um die Vertrauenswürdigkeit anderer Systeme beurteilen zu können, mit denen kommuniziert wird.

Bei der Realisierung der *Middleware* ist auch starkes Augenmerk auf den Zusammenhang zwischen *Betriebs-* und *IT-Sicherheit* zu legen. So dürfen *IT-Sicherheitsdienste* keine Auswirkungen auf gewisse *Betriebssicherheits*anforderungen haben. Beispielsweise dürfen Kryptographie*dienste* nicht so viele Ressourcen benötigen, dass *Echtzeit*anforderungen nicht mehr erfüllt werden können. *IT-Sicherheitsdienste* können jedoch auch positive Auswirkungen auf die *Betriebssicherheit* haben, indem sie vor Angriffen auf *betriebssicherheitskritische* Funktionen schützen. Beispielsweise schützen *IT-Sicherheitsdienste* das System Fahrzeug vor Angriffen von außen, die das Ziel haben, die Fahrzeugsteuerung fernzusteuern oder zu manipulieren.

Im *Smart-Mobility*-Szenario kann eine Vielzahl an *Diensten* für *IT-Sicherheit* zum Einsatz kommen. Sabine Müller verwendet etwa ihr *Mobilgerät*, um sich gegenüber ihrem Leihfahrzeug zu identifizieren und zu authentifizieren. Nachdem sie sich gegenüber ihrem *Mobilgerät* mittels PIN authentifiziert hat, nutzt dieses ein eingebautes *HSM* als Basis für eine sichere *Authentifizierung* gegenüber dem Fahrzeug.

Außerdem ist das Leihfahrzeug als System durch seine starke Vernetzung vielen Risiken ausgesetzt. Durch Absicherung der einzelnen Steuergeräte des Fahrzeugs – etwa ebenfalls mittels *HSMs* und weiterer Maßnahmen – sowie der Kommunikation der Steuergeräte untereinander durch kryptografische Protokolle kann das System Leihfahrzeug geschützt werden. Die *Sicherheit* des Cyber-Physical Systems *Smart Mobility* hängt insbesondere von der authentischen, integren und *vertraulichen* Kommunikation der einzelnen Systeme – Mobiltelefone, Autos, Buchungssysteme etc. – ab, die durch *Dienste* zur *Authentifizierung*, Integritätssicherung und Verschlüsselung abgesichert werden muss. Weiterhin müssen *Dienste* vorhanden sein, um die Kommunikation mit unbekannten und potenziell bösartigen Systemen abzusichern. In diesem Szenario ist besondere der Zusammenhang zwischen *IT-Sicherheit* und *Betriebssicherheit* zu berücksichtigen. Angriffe auf *IT-Sicherheitsdienste* dürfen keine negativen Auswirkungen auf *betriebssicherheits*kritische Operationen haben; siehe obiges Beispiel der Ressourcenanforderung von Kryptographie*diensten*.

B.3.6.2 Dienste für Betriebssicherheit

Plattform*dienste* für *Betriebssicherheit* stellen eine Sammlung von *Diensten* dar, die es dem System ermöglichen, Gefahren von den Nutzern fernzuhalten. Sie lassen sich unterteilen in *Dienste* zur Vorhersage, Erkennung, Vermeidung, Entfernung und Toleranz von Fehlern. Ein wichtiges Merkmal von Cyber-Physical Systems ist die Hochintegration und damit auch die Ausführung *sicherheitskritischer* und nicht kritischer Systeme auf einer gemeinsamen Plattform. Um solche Systeme in angemessener Zeit und zu möglichst geringen Kosten entwickeln zu können, sollte die Plattform anwendungsunabhängige Mechanismen zur Sicherstellung von *Fehlertoleranz* und zur Separierung unterstützen. Das sind auf der Hardwareschicht und Knotenebene zum Beispiel die Unterstützung von Speicherseparierungsmechanismen oder die zweikanalige Ausführung einschließlich Fehlererkennung, in der *Middleware-* und Systemebene *Dienste* für Redundanzmanagement oder Statusüberwachung. In der Anwendungsschicht werden schließlich applikationsspezifische Reaktionen zur Wahrung der *Sicherheit* durchgeführt. Wichtig ist, dass *Betriebssicherheit* auf absehbare Zeit, insbesondere aus Haftungsgründen, vornehmlich auf der System- und Anwendungsebene betrachtet und gewährleistet wird.

Im Szenario *Smart Mobility* könnte eine Vielzahl von *Diensten* für *Betriebssicherheit* zur Anwendung kommen. Die teilautonome Fahrfunktion des Leihwagens von Familie Müller könnte zum Beispiel auf Hardwareebene redundant ausgelegt sein, um durch ein Hardwareversagen die Insassen nicht zu gefährden. Die Verwaltung dieser Redundanz kann in der *Middleware* angesiedelt sein und die Redundanzmechanismen können generisch implementiert werden. Im Fall eines Fehlers könnten schließlich Komfortfunktionen reduziert werden, um eine sichere Ausführung der *sicherheitskritischen* Funktionen zu garantieren; in dem Fall müsste der Fahrer über die Ursache und mögliche Behebungsmöglichkeiten der Funktionseinschränkung informiert werden.

B.3.6.3 Dienste für Virtualisierung, Speicherverwaltung und Speicherschutz

Durch die ständig steigende Rechenleistung einzelner *Rechenknoten* werden in Cyber-Physical Systems verschiedene Anwendungen auf einer Hardwarekomponente ausgeführt werden. In *sicherheitskritischen* oder *vertraulichen* Anwendungen muss dabei gewährleistet sein, dass diese Anwendungen unabhängig voneinander ausgeführt werden können. Das wird durch eine zeitliche und räumliche Separierung (*Virtualisierung*) in der *Middleware* erreicht, wobei die zeitliche Separierung rein softwareseitig durch eine Zeitplanung (Scheduling) nach dem Prinzip einer rotierenden Zeitscheibe mit dedizierten Abschnitten für jede Anwendung umgesetzt werden kann.

Insbesondere die räumliche Separierung auf Hardwareunterstützung ist jedoch auf *Dienste* für Speicherschutz und -verwaltung wie Memory Protection Units (MPU) und Memory Management Units (MMU) angewiesen.

Im *Smart-Mobility*-Szenario ist diese Separierung innerhalb der *Domäne* Fahrzeug mit vernetzten Funktionen im Leihwagen der Familie Müller zu sehen: Auf den wenigen, leistungsstarken Steuergeräten dieses Autos wird eine Vielzahl von Funktionen ausgeführt, deren Ausfall unterschiedlich große Auswirkungen hätte. Der Ausfall des Infotainmentsystems wäre zum Beispiel noch unkritisch, allerdings wäre der Ausfall der Steer-by-Wire-Lenkung fatal. Deshalb müssen diese Funktionen mithilfe von *Middleware-Diensten* störungsfrei ausgeführt werden und es müssen ihnen verschiedene Speicherbereiche zur Ablage ihrer Daten zugewiesen werden. Der Zugriff auf diese Speicherbereiche muss von einem Hardware*dienst* wie einer Memory Protection Unit überwacht werden.

B.3.6.4 Dienst einschließlich Sensorik und Aktorik für die Selbstdiagnose

Um *funktional sicher* zu sein, müssen Cyber-Physical Systems sich selbst auf Knotenebene überwachen können, da die einzelnen CPS-Knoten in manchen Anwendungsfällen nur schwer, möglicherweise gar nicht zugänglich sind. Außerdem kann ein Cyber-Physical System eine extrem hohe Anzahl an Knoten enthalten, sodass eine manuelle Diagnose nicht praktikabel ist. Teilweise kann eine entsprechende *Selbstdiagnose* in der *Middleware* durchgeführt werden, da beispielsweise eine Vielzahl von Hardwaretests funktionsunabhängig ist; allerdings ist in einigen Fällen Anwendungswissen zwingend erforderlich – etwa, um durch das Scheduling der Diagnosefunktionen keine harten *Echtzeit*anforderungen des Systems zu verletzen. Zur Diagnose von Fehlern in der Sensorik und Aktorik des Systems sind darüber hinaus dedizierte *Aktoren* und *Sensoren* erforderlich, mit denen die *Sensoren* stimuliert und die *Aktoren* überprüft werden können.

Im Szenario *Smart Mobility* verwendet Familie Müller ein Auto aus einem *Car Sharing* Pool. Aufgrund der häufig wechselnden Benutzer dieser Autos ist eine automatisierte *Selbstdiagnose*funktionalität zwingend erforderlich, um *Zuverlässigkeit* zu garantieren. Auf funktionaler Ebene müssen zum Beispiel Sensoren vorhanden sein, die die Funktion der Scheinwerfer überprüfen. Außerdem sind in der *Middleware* Diagnosefunktionen notwendig, die die Fehlerfreiheit der verbauten Steuergeräte nachweisen können.

B.3.7 INTERMODALITÄT UND INTEROPERABILITÄT

Aufgrund der Durchdringung des gesamten Alltags mit CPS-*Diensten* werden Inter*modalität* und *Interoperabilität* sowie entsprechende *Dienste* zunehmend wichtig. Dazu gehört auch die in Abschnitt 3.3.1 besprochene *multimodale Mensch-Maschine-Schnittstelle* für eine intuitive *Mensch-Maschine-Interaktion*.

B.3.7.1 Intermodale Benutzereingabe und Informationsdarstellung

Die Interaktionsmöglichkeiten, die Cyber-Physical Systems ihren Benutzern bieten, unterscheiden sich essenziell von den Benutzerschnittstellen klassischer informationsverarbeitender Systeme. Cyber-Physical Systems durchdringen die gesamte Umwelt und den Alltag der Menschen. Die Benutzer werden deshalb in verschiedenen Situationen mit Cyber-Physical Systems interagieren, etwa im öffentlichen Nahverkehr, beim Sport oder zu Hause. Folglich reicht es nicht aus, dass Cyber-Physical Systems ihren Benutzern manuelle Benutzerschnittstellen zur Verfügung stellen. Vielmehr müssen die Systeme intermodal, also per Sprache, Kamera oder mithilfe von Eingabegeräten gesteuert werden können. Außerdem sind die Systemantworten inter*modal* bereitzustellen. *Middleware* muss dafür *Dienste* anbieten, zum Beispiel Hypertextinterpreter und Text-to-Speech-Systeme; siehe Abschnitt 5.1, T7: *Mensch-Maschine-Schnittstelle*.

Im Szenario *Smart Mobility* können diese *Dienste* eingesetzt werden, wenn Frau Müller auf ihren Geschäftsreisen verschiedene Transportmittel verwendet und dabei die aktuelle Ausgabe einer Tageszeitung lesen möchte. Da die Routenplanung automatisiert ist, weiß Frau Müller bis zum Reisebeginn nicht, mit welchen Transportmitteln sie unterwegs sein wird. Das hält sie aber nicht von ihrer Lektüre ab, da eine entsprechende CPS-*Middleware* dafür sorgt, dass sie ihre Tageszeitung im Zug auf einem Tablet Computer lesen kann, sie ihr im Auto aber von einem Text-to-Speech-System vorgelesen wird.

B.3.7.2 Übersetzung von Ontologien, Datenformaten und Protokollen

Um eine flexible Verbindung verschiedener *Dienste* zu realisieren, ist ein gleiches Verständnis der beteiligten Daten und Anwendungskontexte nötig. Zusätzlich müssten die jeweiligen *Dienste* die Datenformate und Protokolle der jeweiligen anderen *Dienste* verstehen. Weil das bei Systemen unterschiedlicher Hersteller und unterschiedlicher *Domänen* per se wenig wahrscheinlich ist, werden *Dienste* zur Übersetzung benötigt. Für *Ontologien* könnten das *Dienste* sein, die Abbildungen von einer *Ontologie* auf eine andere herstellen können; siehe Abschnitt 5.1, T13. Diese Abbildung kann dann von einem Plattform*dienst* gespeichert oder als Übersetzung angewendet werden. Ähnlich verhält es sich mit Datenformaten und Protokollen. Es sind *Dienste* vorstellbar, die zum einen Datenformate konvertieren können und zum anderen als Proxy für andere Systeme fungieren, um die benötigten Protokolle zu übersetzen. Dadurch wird auch die Einbindung von Altsystemen und -komponenten (Legacy) möglich.

Verwendung finden könnten diese *Dienste* im Bereich der *Smart Mobility* bei der Integration bereits installierter Sensorik an und in den Straßen, die dadurch für neue Systeme nutzbar werden, beispielsweise *Sensoren*, die Glätte oder Bodentemperatur messen. Das Fahrzeug kann durch diese Informationen zum einen die Fahrer warnen, zum anderen eventuell eine alternative Fahrtroute vorschlagen.

ANHANG C: ERGEBNISSE UMFRAGE MITTELSTAND

Dieser Anhang ist eine Zusammenfassung der Antworten aus der Online-Umfrage „Technologietrends der Zukunft: Cyber-Physical Systems", die für das Projekt agendaCPS in Zusammenarbeit mit der Zeitschrift „Elektronik Praxis" im Juli 2011 durchgeführt wurde [aca11c].

In der Umfrage beurteilten 126 mittelständische Teilnehmer - der Großteil aus den Bereichen Industrieelektronik, Automotive, Medizintechnik und Gesundheit - die technologischen, wirtschaftlichen und gesellschaftlichen Chancen und Herausforderungen von Cyber-Physical Systems sowie die staatliche Forschungsförderung. Die befragten Unternehmen ließen darin erkennen, dass sie nach eigener Einschätzung von Cyber-Physical Systems profitieren würden, sehen aber einen Mangel an interdisziplinär ausgebildeten Fachkräften. Zudem fordern sie staatliche Förderung.

Im Folgenden wird der Fragenkatalog der Umfrage aufgelistet, die Antworten werden zusammengefasst.

I. Technologische Herausforderungen (1)

Frage: *Hauptmerkmal von Cyber-Physical Systems ist ihre Vernetzung. Dies erfordert, dass wir in Zukunft die Interoperabilität unterschiedlichster Teilsysteme sicherstellen müssen, um eine umfassende Vernetzung zu ermöglichen. Nachfolgend finden Sie sechs technologische Felder, in denen zentrale Forschungsfragen zu lösen sind. Bitte bewerten Sie auf einer Skala von 1 - 5 die aus Ihrer Sicht herausforderndsten Bereiche.*

Antworten:

- Kerntechnologien und Infrastruktur werden hier als weniger problematisch betrachtet.
- Nachhaltigkeit und *Sicherheit* sind jedoch die am schwierigsten zu behandelnden Themen.
- Die Themen *Mensch-Maschine-Interaktion*, Anpassungsfähigkeit des Systems, Methoden und Techniken (*Engineering*) sowie Standardisierung und Normierung werden tendenziell als schwierig angesehen.

II. Technologische Herausforderungen (2)

Frage: *Bei welchen dieser Bereiche sehen Sie den Mittelstand als wichtigsten Kompetenzträger?*

Antworten:

- Anpassungsfähigkeit des Systems scheint der Bereich zu sein, indem sich der Mittelstand als wichtigster Kompetenzträger sieht. Dies umfasst beispielsweise explorative Verfahren für die Ad-hoc-Sicherung und Nutzung der Kompatibilität, Konzepte der *Adaption* und *Selbstheilung*.
- Es folgen die Bereiche Nachhaltigkeit und *Sicherheit* sowie Methoden und Techniken (*Engineering*).

III. Technologische Herausforderungen (2) Fortsetzung

Frage: *Bitte begründen Sie die (vorherige) Einschätzung:*

Antworten:

- Der Mittelstand räumt sich aufgrund seiner Kundennähe und Flexibilität besondere Kompetenzen im Bereich *Mensch-Maschine-Interaktion* ein.
- Seine Flexibilität wird als Kernkompetenz für die Bereiche „Anpassungsfähigkeit des Systems" und „Methoden und Techniken" gesehen.

IV. Wirtschaftliche Herausforderungen (1)

Frage: *Cyber-Physical Systems werden aufgrund ihres hohen Vernetzungsgrades und einer angestrebten offenen Architektur ein disruptives Potenzial für klassische Geschäftsmodelle attestiert. Beispielsweise können Dienstleistungen innerhalb eines Cyber-Physical Systems nicht mehr singulär von einem Anbieter erbracht werden, sondern nur integrativ durch das Verknüpfen existierender Technologien, Dienste und Lösungen.*
Werden Cyber-Physical Systems Ihrer Einschätzung nach Auswirkungen auf Ihr Geschäftsmodell haben?

Antworten:

- Der Großteil der Befragten glaubt, dass Cyber-Physical Systems eher positive Auswirkungen auf ihr *Geschäftsmodell* haben werden beziehungsweise
- dass sie diese derzeit noch nicht einschätzen können.

V. Wirtschaftliche Herausforderungen (2)

Frage: *Wo sehen Sie, im Zuge künftiger Cyber-Physical Systems, die größten Chancen für Ihr Unternehmen?*

Antworten:

Die größten Chancen werden in folgenden Bereichen gesehen, geordnet nach Häufigkeit der Nennungen:

- Einführung neuer Dienstleistungen beziehungsweise Services, die auf Cyber-Physical Systems aufbauen
- Einführung neuer Produkte, die auf Cyber-Physical Systems aufbauen
- Erschließung neuer Märkte bzw. neuer Geschäftsfelder im Unternehmen
- Teilhabe an Synergieeffekten durch Vernetzung, Standardisierung und *Interoperabilität*
- Steigerung der internationalen Wettbewerbsfähigkeit
- Erzielung von Zeit- und Kostenersparnissen
- *Mensch-Maschine-Interaktion* als konkreter Zukunftsmarkt

VI. Wirtschaftliche Herausforderungen (3)

Frage: *Überbetriebliche Kooperationen werden sich im Zuge höherer Vernetzung intensivieren. Werden in Ihrem Unternehmen Überlegungen zu neuen kooperativen Methoden (Open Source, Open Innovation, Nutzung von Schwarmintelligenz etc.) gemacht - wenn ja, wie werden diese operativ umgesetzt?*

Antworten:

- *Open Source* wird weitgehend eingesetzt, jedoch auch oft mit eher negativer Haltung.
- Auch beginnen einige Unternehmen kooperative Modelle umzusetzen, zum Beispiel mit Hochschulen als Partner, und nutzen Open Innovation als strategisches Innovations-Tool.

VII. Wirtschaftliche Herausforderungen (4)

Frage: *In Studien wird immer wieder angemahnt, dass Deutschland zwar Spitzentechnologien entwickelt (wie beispielsweise MP3 durch Fraunhofer), diese aber nicht wie US-amerikanische Unternehmen erfolgreich in Produkten vermarkten kann (wie etwa Apple). Würden Sie dieser Einschätzung zustimmen? Und falls ja, wo sehen Sie ganz allgemein und speziell für Ihr Unternehmen die größten Hürden für einen erfolgreichen Technologietransfer hin zu erfolgreichen Produkten?*

Antworten:

- Allgemeine Zustimmung zur 1. Teilfrage
- Innovationshürden werden vor allem in folgenden Teilbereichen gesehen:
  - mangelnde Risikobereitschaft, mangelndes Unternehmertum und Furcht vor Scheitern
  - zu viel Technikverliebtheit und Perfektionismus, - zu wenig Kundenorientierung und *Usability* der Produkte
  - fehlende Venture-Capital-Landschaft
  - mangelnde Technikakzeptanz im Markt
  - fehlende Vernetzung von KMU mit Wissenschaft und Global Playern
  - fehlende Fähigkeit bei deutschen Ingenieuren, interdisziplinär zu denken

VIII. Gesellschaftliche Herausforderungen (1)

Frage: *Neben den technologischen und wirtschaftlichen Herausforderungen wird die Frage nach gesellschaftlicher Akzeptanz und entsprechend qualifiziertem Personal für zukünftige Cyber-Physical Systems erfolgsentscheidend sein. Die Gestaltung benutzerfreundlicher Mensch-Maschine-Schnittstellen und eine interdisziplinär ausgerichtete Bildungspolitik werden als wichtige Schritte auf dem Weg dorthin gesehen.*
Welche Qualifikationen würden Sie in diesem Zusammenhang bei Ihren Mitarbeitern als essenziell erachten, um den CPS-Trend gestalten zu können?

Antworten:

- interdisziplinäre Ausrichtung der Ausbildung sowie die Fähigkeit „über den Tellerrand zu schauen"
- breites Grundlagenwissen, Allgemeinbildung
- Teamfähigkeit
- Fähigkeit, eine Anwendersicht einzunehmen

IX. Gesellschaftliche Herausforderungen (2)

Frage: *Was tun Sie konkret in Ihrem Unternehmen dafür, um diese Qualifikationen bei Ihren Mitarbeitern zu fördern?*

Antworten:

- Neben den üblichen Schulungen, Seminaren und Weiterbildungsangeboten setzen viele auf Kooperation mit Externen und fördern das Arbeiten in interdisziplinären und interkulturellen Teams.
- Es wird darüber hinaus versucht, die einzelnen Stufen im Innovationszyklus ganzheitlich zu sehen und miteinander zu verbinden.

X. Gesellschaftliche Herausforderungen (3)

Frage: *Was müsste sich gegebenenfalls an der Ausbildung in Deutschland ändern, um diese Qualifikationen für Ihre Mitarbeiter sicherzustellen?*

Antworten:

- Es sollte über interdisziplinär und breit aufgestellte Ausbildungsprogramme die Fähigkeit zum vernetzten Denken geschult werden. (Zitat: „... mehr Hubraum, nicht nur Drehzahl").
- stärkere Fokussierung auf und Erhöhung des Frauenanteils bei MINT-Fächern
- mehr Praxisbezug der Hochschulen

XI. Gesellschaftliche Herausforderungen (4)

Frage: *Wie bzw. in welche Richtung müssten sich Ihrer Meinung nach die Interaktionsmöglichkeiten zwischen Mensch und Maschine ändern, um Akzeptanz in der Bevölkerung hinsichtlich zukünftiger Cyber-Physical Systems zu erlangen?*

Antworten:

- Der Großteil spricht sich für mehr Intuitivität, *Transparenz*, *Sicherheit* und *Usability* der Systeme aus. Sie sollten dabei am besten durch interdisziplinäre Entwicklerteams *nutzerzentriert* entwickelt werden.
- Es werden fehlende Standards im Bereich *Mensch-Maschine-Interaktion* bemängelt.
- Durch fehlende Standards ergeben sich auch Mängel bei der *Interoperabilität*.
- Über *multimodale* Systeme sollte auch immer eine Opt-in- beziehungsweise Opt-out-Möglichkeit bestehen.
- zentraler Satz hier: „Man darf nicht merken, dass man Interaktion hat."

XII. Forschungsförderung (1)

Frage: *Die Bundesregierung will Deutschlands technologische Spitzenposition im Rahmen ihrer Hightech-Strategie weiter stärken und den Transfer von Forschungsergebnissen in wirtschaftliche Anwendungen vorantreiben. Eine gezielte Förderpolitik nimmt daher eine wichtige Stellung ein und bereitet die Basis für zukünftige Innovationen. Haben Sie sich als KMU schon einmal an einem staatlich geförderten Forschungsprojekt beteiligt?*

Antworten:

- ja: 24,6 Prozent
- nein: 38, 9 Prozent

XIII. Forschungsförderung (2)

Frage: *Welche gezielten staatlichen Maßnahmen würden Sie sich wünschen, um den deutschen Mittelstand auf Cyber-Physical Systems vorzubereiten?*

Antworten:

- Neben der Tatsache, dass einige sich skeptisch gegenüber staatlichen Subventionen beziehungsweise komplett dagegen aussprechen, fordern viele
  - kooperationsorientierte Förderung, die speziell KMU mit Hochschulen verbindet,
  - umsetzungsorientierte Förderprogramme, die erfolgreich umgesetzte Initiativen unterstützen und nicht nach dem Gießkannenprinzip agieren.

XIV. Forschungsförderung (3)

Frage: *Wo müsste Förderung Ihrer Meinung nach ansetzen, um Sie, als mittelständisches Unternehmen, im Innovationszyklus (von der Idee bis zum Produkt) bestmöglich zu unterstützen?*

Antworten:

- Die Forderung nach leichterem Zugang zu Hochschulwissen beziehungsweise Kooperationsmöglichkeiten mit Hochschulen - und auch Industriepartnern - ist deutlich herauszulesen.
- Damit ist hauptsächlich der Bereich Forschung und Entwicklung betroffen.
- Außerdem werden Bürokratieabbau und Unterstützung in rechtlichen Belangen aufgeführt.

GLOSSAR

Bei der Erstellung dieses Dokuments wurde auf die Lesbarkeit der Begriffe für Nichtfachleute Wert gelegt; daher wurden englische Fachbegriffe so weit wie möglich vermieden. Ein Glossareintrag enthält aber neben der Begriffserklärung für deutsche Begriffe oft auch den zugehörigen englischen Fachbegriff (in Klammern), um Fachleuten eine Zuordnung zu erleichtern; bei offensichtlichen Lehnwörtern (zum Beispiel ***Adaptivität***) entfällt die Übersetzung. Einige englische Begriffe, die sich so eingebürgert haben, dass sie den Charakter von Lehnwörtern angenommen haben, oder bei denen es sich um fachliche Konzepte handelt, die im Deutschen keine Entsprechung haben, wurden beibehalten, zum Beispiel der Begriff ***Engineering***.

AAL; siehe ***Ambient Assisted Living***.

Absichtserkennung (Intention Recognition): Fähigkeit eines Systems, die Absichten eines Menschen zu erkennen. In die Absichtserkennung und -modellierung (Intention Modelling) fließen Erkenntnisse aus der Psychologie und der Kognitionswissenschaft ein.

Adaptivität: Fähigkeit eines Systems, sein Verhalten auf eine Situation abzustimmen. Eine Voraussetzung für Adaptivität ist ***Situationserfassung*** und ***Kontextwissen***.

Ad-hoc-Sensornetz: System aus ***Sensorknoten***, die sich ohne fest vorgegebene Infrastruktur zur Laufzeit selbst organisieren, um ihre Umgebung mittels ***Sensoren*** zu überwachen und die erfassten Daten, unter Umständen vorverarbeitet, weiterzuleiten.

Ad-hoc-Kommunikation: Kommunikation, die nicht auf einer festen Infrastruktur basiert, sondern zur Laufzeit von den einzelnen Kommunikationsteilnehmern selbstständig organisiert wird.

Aktor: Komponente aus Software, Elektronik und/oder Mechanik, die elektronische Signale, etwa von einem Steuerungscomputer ausgehende Befehle, in mechanische Bewegung oder andere physikalische Größen, zum Beispiel Druck oder Temperatur, umsetzt und so regulierend in ein Regelungssystem eingreift.

Agent; siehe ***Softwareagent***.

Aktualisierbarkeit: Fähigkeit eines Systems, sich durch Aktualisierungen der Daten und Programme (Data Updates, Code Updates) auf den neuesten technischen beziehungsweise inhaltlichen Stand bringen zu lassen.

Ambient Assisted Living (altersgerechte Assistenzsysteme für ein gesundes und unabhängiges Leben): technikbasierte Konzepte, Produkte und Dienstleistungen zur situationsabhängigen und unaufdringlichen, also nicht stigmatisierenden Unterstützung von Menschen mit besonderen Bedürfnissen im Alltag.

Anforderungs-Engineering; siehe ***Requirements Engineering***.

Anforderungsspezifikation (Requirements Specification): legt die Anforderungen an ein System aus Sicht der Nutzer und weiterer ***Stakholder*** fest, dient als Kommunikationsgrundlage für die Erhebung und Abstimmung von Anwendungswissen und Lösungskonzepten zwischen den Beteiligten der Systementwicklung und der Systemnutzung und macht Aussagen und Vorgaben für die Findung, Konstruktion und Abstimmung geeigneter Lösungskonzepte und Architekturen auf allen Ebenen des Systementwurfs und der -spezifikation.

Anforderungsverfolgbarkeit (Requirements Traceability): Teil des ***Anforderungs-Engineeerings*** und Systemmanagements; Fähigkeit die Erfüllung spezifizierter Anforderungen in Entwurf, Realisierung und Weiterentwicklung (Evolution) von Systemen, Teilsystemen und Komponenten zu verfolgen und sicherzustellen. Anforderungsverfolgbarkeit in ***Anforderungs***- und System***spezifikationen*** ermöglicht die

Analyse, Überprüfung (Test) und qualitative Bewertung von Spezifikationen, alternativen Architektur- und Lösungskonzepten sowie Änderungsanforderungen; siehe auch ***Verfeinerung***, ***Validierung***, ***Verifikation***.

Anthropometrie: die Lehre von der Ermittlung und Anwendung der Maße des menschlichen Körpers. Sie wird vor allem in der Ergonomie zur Gestaltung von Arbeitsplätzen, Fahrzeugen, Werkzeugen und Möbeln sowie im Arbeitsschutz gebraucht.

Anwendungsplattform: technische und organisatorische Betriebs- und Entwicklungsplattform, auf der verschiedene ***Dienste***, Technologien und Prozesse, einer Architektur entsprechend, zu einer Anwendung oder einer ***domänen***spezifischen Gruppe von Anwendungen zusammenwirken. Bei der Entwicklung einer Anwendungsplattform wird nach dem Baukasten- beziehungsweise ***Wiederverwendungs***prinzip vorgegangen, was Anpassung sowie Variantenmanagement ermöglicht. An einer Anwendungsplattform sind normalerweise mehrere Akteure im Rahmen eines wirtschaftlichen ***Ökosystems*** beteiligt, die nach strategischen Erwägungen kooperieren. Beispiele für Anwendungsplattformen sind ***Smart-Health-Systeme*** oder umfassende regionale Mobilitätsdienste.

App; siehe ***Application***.

Application: Software, die Zusatzfunktionalität realisiert, die Nutzer auf einfache Weise, zum Beispiel durch Herunterladen, in ihre Systeme, etwa ein ***Mobilgerät***, integrieren können.

Auf Anforderung (auch: auf Abruf, on Demand): Begriffszusatz für Dienstleistungen, Waren oder Ähnliches, der darauf hinweist, dass Anforderungen zu einer vom Nutzer oder Kunden gewünschten Zeit erfüllt werden können. Häufig unterliegen ***On-Demand***-Systeme und -Prozesse ***Echtzeit***anforderungen.

Authentizität (Authenticity): Echtheit eines Objekts beziehungsweise Subjekts, die anhand einer eindeutigen Identität und charakteristischer Eigenschaften überprüfbar ist.

Authentifizierung (Authentification): Sicherstellung der ***Authentizität***.

Autonomes Fahren: Fähigkeit eines Fahrzeugs, mittels aktiver Vernetzung und ohne aktive Hilfe eines Fahrers – im Regelfall auch ohne direkte Steuerungsbefehle von außen – zu einem vorher definierten Ziel zu fahren. Dabei kann das Fahrzeug selbst über Route und Geschwindigkeit innerhalb vorgegebener Rahmenbedingungen entscheiden und es ist imstande, mit unvorhergesehenen Ereignissen zielgerichtet und ***verlässlich*** umzugehen; siehe auch ***Teilweise autonomes Fahren***.

Autonomie: Fähigkeit eines Systems, selbstständig zu entscheiden und zu handeln.

Back-end-Infrastruktur: Server und zugehörige Software, die große Mengen von Daten, gegebenenfalls aus mobilen Quellen, weiter verarbeiten und die verarbeiteten Informationen zur Verfügung stellen, zum Beispiel durch ein Versenden an gegebenenfalls mobile Speichermedien (Datensenken). Die Back-end-Infrastruktur ist ein Teilsystem der CPS-Infrastruktur und kann auch durch eine ***Cloud*** realisiert sein.

Bayes'sches Netz: auf Wahrscheinlichkeitsmodellen basierende Methode zum Umgang mit unsicherem Wissen; ein Bayes'sches Netz dient dazu, die gemeinsame Wahrscheinlichkeitsverteilung aller beteiligten Variablen unter Ausnutzung bekannter bedingter Unabhängigkeiten möglichst kompakt zu repräsentieren. Das Verfahren wird beispielsweise im Bereich der medizinischen Diagnose und zur Bewegungsberechnung (Vorhersage) von Objekten in der Robotik verwendet. – Ein Bayes'sches Netz ist ein gerichteter azyklischer Graph, in dem die Knoten Zufallsvariablen und die Kanten bedingte Abhängigkeiten zwischen den Variablen beschreiben. Jedem Knoten des Netzes ist eine bedingte Wahrscheinlichkeitsverteilung der durch ihn repräsentierten Zufallsvariable gegeben, gewonnen beispielsweise aus historischen ***Primärdaten***.

Best Practice: bewährte, optimale beziehungsweise vorbildliche Methode oder Vorgehensweise.

Betriebssicherheit (Safety): ***Sicherheit*** des Betriebs eines Systems, in erster Linie ***Funktionale Sicherheit***, aber auch ***Zuverlässigkeit***; Abwesenheit von unvertretbaren Risiken beim Betrieb des Systems. Betriebssicherheit wird neben Maßnahmen der funktionalen Sicherheit zum Beispiel durch Beschränkung der Nutzungsmöglichkeiten (mittelbare Sicherheit) oder Schulungen der Nutzer (hinweisende Sicherheit) gewährleistet.

Billing: Geschäftsprozess der Fakturierung in Dienstleistungsverträgen, insbesondere in der Telekommunikation und ähnlichen Marktfeldern. Das Billing umfasst die Arbeitsschritte von der Entgegennahme der Nutzungsdaten bis zur Erstellung der Rechnung.

Blackboard: zentrale Austauscheinrichtung, über die mehrere ***Softwareagenten*** iterativ an der Lösung eines Problems arbeiten, indem sie ihre Teillösungen dort hinterlegen.

Brauchbarkeit (Usability): aus Sicht von menschlichen Nutzern erforderliche Fähigkeit und Qualitätseigenschaft eines Systems oder ***Dienstes***. Der ISO-Standard 9241-110 benennt folgende Unterkriterien der Brauchbarkeit von Systemen: Aufgabenangemessenheit, Steuerbarkeit, Selbstbeschreibungsfähigkeit, Erwartungskonformität, Individualisierbarkeit, ***Fehlertoleranz***, Lernförderlichkeit; siehe auch ***Quality in Use***.

Broker: Vermittler, zum Beispiel ein an der Energiebörse agierender Energiehändler.

Broker-System: Handelssystem im Markt.

Bus: System zur Datenübertragung zwischen mehreren Teilnehmern (technischen Komponenten) über einen gemeinsamen Übertragungsweg.

Business Web: Netz von Unternehmen, die unabhängig voneinander wertschöpfende Teilleistungen erstellen und sich gegenseitig ergänzen. Der Markterfolg dieser Unternehmen ist aneinander gekoppelt, da der Nachfrager erst durch das im gesamten ***Wertschöpfungsnetz*** entstandene Systemprodukt ganzheitliche Problemlösungen erhält, die sich gegenüber Konkurrenzprodukten durchsetzen müssen.

Business to Business: Geschäftsbeziehungen zwischen mindestens zwei Unternehmen. Im Gegensatz dazu steht der Begriff ***Business to Consumer***.

Business to Consumer: Beziehungen zwischen Unternehmen und Endkunden, in Abgrenzung zu ***Business to Business***. Business to Consumer umfasst auch den elektronischen Internethandel von Waren und die Dienstleistungen für Endverbraucher.

Car Sharing: organisierte gemeinschaftliche, flexible Nutzung eines oder mehrerer Autos. Man nutzt ein Auto, ohne es zu besitzen; vielmehr mietet man es für einen begrenzten Zeitraum bei einem Anbieter für Car Sharing. Abgerechnet wird normalerweise auf Basis eines Zeit- und Kilometertarifs.

Cloud: abstrahierte ***virtualisierte*** IT-Ressourcen wie Datenspeicher, Rechenkapazität, Anwendungen oder ***Dienste***, die von Dienstleistern verwaltet werden, mit Zugang über ein Netzwerk, meist das Internet.

Cloud Computing: Nutzung von IT-Ressourcen aus der ***Cloud***.

Cluster: Gruppe von Werten oder Datenobjekten mit ähnlichen Eigenschaften.

Clusteranalyse: Verfahren, mit dem ***Cluster*** berechnet werden. Beispiele sind K-Means und hierarchisches Clustern.

Co-Design: integrierter Entwurf von Hardware und Software.

Community: Gemeinschaft oder Gruppe mit gemeinsamen Interessen, Zielen, Aktivitäten etc.

Compliance: Eigenschaften von Systemen, ***Diensten*** oder Prozessen, gesetzlichen beziehungsweise regulatorischen Vorgaben zu entsprechen.

Co-Simulation: Methode für die Simulation technischer Systeme, bei der einzelne Komponenten eines Gesamtsystems durch unterschiedliche, auf die jeweiligen Eigenarten der Komponenten spezialisierte Simulatoren gleichzeitig und unter Austausch aller relevanten Informationen simuliert werden.

CPS, Cyber-Physical System: umfassen ***eingebettete Systeme***, Logistik-, Koordinations- und Managementprozesse sowie Internet***dienste***, die mittels ***Sensoren*** unmittelbar physikalische Daten erfassen und mittels ***Aktoren*** auf physikalische Vorgänge einwirken, mittels digitaler Netze untereinander verbunden sind, weltweit ***verfügbare*** Daten und Dienste nutzen und über ***multimodale Mensch-Maschine-Schnittstellen*** verfügen. Cyber-Physical Systems sind offene ***soziotechnische Systeme*** und ermöglichen eine Reihe von neuartigen Funktionen, Diensten und Eigenschaften, die über die heutigen Fähigkeiten eingebetteter Systeme mit kontrolliertem Verhalten weit hinausgehen.

CPS-Plattform (CPS-Kommunikationsplattform, CPS-Middleware): Plattformkonstrukt, das Hardware-, Software und Kommunikationssysteme mit grundlegenden standardisierten CPS-Vermittlungs-, ***Interoperabilitäts-*** und ***Quality-of-Service-Diensten*** (QoS-Diensten) für Implementierung und Management von Cyber-Physical Systems und ihren Anwendungen umfasst. CPS-Plattformdienste mit ihrer Grundfunktionalität für Realisierung, ***verlässlichen*** Betrieb und Evolution von Cyber-Physical Systems sind integraler Bestandteil ***domänen***spezifischer CPS-***Anwendungsplattformen***. Sie sichern die domänenübergreifende Gesamtfunktionalität und -qualität auf technischer Systemebene, beispielsweise durch QoS-fähige Kommunikation, Dienste für ***IT-Sicherheit*** oder für ***Selbstdiagnose***, ***Selbstheilung*** und Rekonfiguration.

CSF (Car-Sharing-Fahrzeug): Fahrzeug aus dem Fuhrpark eines Anbieters von ***Car-Sharing-Diensten***.

Data Mining: Verfahren zum Erkennen von Zusammenhängen zu bestimmten Zwecken in großen Datenmengen. Hierzu werden Techniken aus der ***Künstlichen Intelligenz***, der ***Mustererkennung*** und dem statistischen Lernen verwendet, unterstützt durch ein Datenlager (Data Warehouse).

Datenschutz: Schutz des Einzelnen vor Beeinträchtigung seines Persönlichkeitsrechts in Bezug auf ***Personenbezogene Daten***.

Datensicherheit: IT-Sicherheit für Daten; Grundlage für ***Datenschutz***.

Deduktionsmechanismen: Regeln, nach denen aus in formaler Logik spezifizierten Aussagen weitere Aussagen abgeleitet werden können.

Dempster-Shafer-Theorie: mathematisches Rahmenwerk zur Berechnung von Unsicherheit; Generalisierung von Ansätzen wie dem ***Bayes'schen Netz***.

Dienst (Service): abstrakter Begriff für Funktionen und Dienstleistungen von Systemen und Menschen.

Diensteorientierte Architektur (Service Oriented Architecture, SOA): Softwarearchitekturkonzept, bei dem in Software realisierte Funktionen als ***wiederverwendbare*** Komponenten (fachliche ***Dienste***) gekapselt werden. Diese können zur Erfüllung einer komplexeren Aufgabe kombiniert werden.

Domänen-Engineering: Entwicklung, Pflege und Verwaltung der Entstehung und der Evolution von ***Domänen***, also von Wissensbereichen, die gemeinsame Konzepte zur Beschreibung von Phänomenen, Anforderungen, Problemen, Fähigkeiten und Lösungen verwenden, die von Interesse für eine bestimmte Gruppe von ***Stakeholdern*** sind. Domänen-Engineering wird in verschiedenen Gebieten verwendet, erforscht und untersucht, zum Beispiel Software-Produktlinien-Engineering (SPLE), ***Domänenspezifische Sprachen***-Engineering (DSLE) und Conceptual Modeling & Knowledge Engineering (CMKE).

Domäne (Domain): Gegenstandsbereich, Wissensgebiet, Anwendungsgebiet.

Domänenmodell: konzeptionelles ***Modell*** einer ***Domäne***, oft auch als Problemdomäne bezeichnet, das Begrifflichkeiten der Domäne und ihre Merkmale, Rollen und Beziehungen sowie die Einschränkungen beschreibt, die die ***Integrität*** des Modells bestimmen und die Domäne abgrenzen. Als Modellierungswerkzeuge eignen sich ***Ontologien***, Systemmodellierungssprachen, beispielsweise ***UML***, und ***Domänenspezifische Sprachen***. Ein Domänenmodell kann dazu genutzt werden, das Verständnis einer Domäne zu ***validieren*** und seine Widerspruchsfreiheit zu verifizieren; außerdem kann es als Kommunikationswerkzeug zwischen verschiedenen Interessenvertretern und Projektbeteiligten dienen.

Domänenspezifische Sprache (Domain-specific Language, DSL): formale Sprache zur Beschreibung einer ***Domäne*** oder eines Problemfelds. Eine DSL wird so entworfen, dass ein hoher Grad an Problemspezifität erreicht wird und die Sprache alle Probleme einer Domäne darstellen kann. Das Gegenteil einer domänenspezifischen Sprache ist eine universell einsetzbare Programmiersprache, wie C und Java, oder eine universell einsetzbare Modellierungssprache wie ***UML***.

Echtzeitfähigkeit: Fähigkeit eines Systems, garantierte Antwort- und Reaktionszeiten einzuhalten.

E-Health; siehe ***Smart Health System***.

Eingebettetes System (Embedded System): Hardware- und Softwarekomponente, die in ein umfassendes Produkt integriert ist, um produktspezifische Funktionsmerkmale zu realisieren.

Energieeffizienz: Fähigkeit eines Systems, seine Funktionalität mit minimalem Energieaufwand zu erbringen.

Energy Gateway: kundenseitige Kommunikations- und ***Dienste***plattform, die die Kommunikation mit externen Diensten ermöglicht und der ***Sicherheit*** der ***Prosumer*** dient.

Engineering: interdisziplinärer Ansatz, um komplexe technische Systeme bedarfsgerecht zu gestalten, systematisch zu entwickeln und zu realisieren.

Experience Lab: experimenteller Untersuchungsansatz in dem Teams aus Angehörigen unterschiedlicher Disziplinen, einschließlich Psychologen, Soziologen und Designer, Menschen sowie deren Verhalten und Interaktion im Umgang mit innovativen Technikkonzepten beobachten und daraus Schlüsse für die weitere Gestaltung der Technik ziehen. Experience Labs bilden wichtige Konzepte einer nutzerzentrierten Systementwicklung und -gestaltung; siehe auch ***Living Lab***.

Externe Technik: In der Techniksoziologie wird nach Alltags-, Arbeits- und externer Technik differenziert. Zur externen Technik, auch „Technik als Nachbar" genannt, zählen Chemiewerke, Müllverbrennungsanlagen, Kraftwerke oder Gentechniklaboratorien. Die Entscheidungen über externe Technik fallen im Zusammenspiel von Wirtschaft, Politik und Öffentlichkeit.

Fail-operational: Eigenschaft von Systemen, auch dann weiter betriebsfähig zu sein, wenn Kontrollsysteme versagen. Diese Eigenschaft ist erforderlich, wenn unmittelbar nach Ausfall einer Komponente kein *sicherer* Zustand in der Anwendung existiert. Beispiele hierfür sind Aufzüge, Gasthermostate in Haushaltsbacköfen und passiv sichere Kernreaktoren. Systeme im fail-operational-Modus sind nicht zwingend gleichzeitig ***fail-safe***.

Fail-safe (ausfallsicher): Fail-safe-Systeme sind weiterhin ***sicher***, auch wenn sie nicht mehr arbeiten können. Viele medizinische Systeme fallen in diese Kategorie. Wenn zum Beispiel eine Infusionspumpe nicht mehr pumpt, wird das nicht lebensgefährlich, solange die Pumpe es der Krankenschwester meldet und solange das Sicherheitsintervall lang genug ist, um eine menschliche Reaktion zu ermöglichen. In ähnlicher Weise darf ein industrieller oder häuslicher Brenn-Controller in einem sicheren Modus ausfallen, also die Verbrennung abstellen, wenn er einen Fehler erkennt. Auch die Signaltechnik bei der Eisenbahn wird ausfallsicher entwickelt.

Fairness: Konzept in Rechen- und Betriebssystemen, nachdem die zur Verfügung stehende Rechenzeit auf Prozesse aufgeteilt wird. In Computernetzen bezieht sich der Fairnessbegriff auf den gleichberechtigten und gleichmäßigen Zugriff aller Teilnehmer eines Netzwerks auf die vorhandenen Ressourcen.

False positive: falsche Zuordnung eines positiven Befunds zu einem Objekt oder Subjekt im Ergebnis einer Analyse.

Fehlertoleranz (Fault Tolerance): Fähigkeit eines Systems zur Aufrechterhaltung der Funktionalität auch bei auftretenden Fehlern.

Funktionale Sicherheit (Functional Safety): Abwesenheit von unvertretbaren Risiken aufgrund von Gefährdungen, die durch ein Fehlverhalten eines System ausgelöst werden.

Funktionsarchitektur (funktionale Sicht): Beschreibung der Funktionalität eines Systems sowie der Gliederung des Systems in Funktionen und deren Wechselwirkungen aus Nutzungssicht.

Gehirn-Computer-Interaktion: Direkter Informationsfluss zwischen einem menschlichen Gehirn und einem technischen System mittels einer Gehirn-Computer-Schnittstelle, die oft aus speziellen ***Sensoren*** und ***Aktoren*** besteht. Solche Schnittstellen dienen oft der Wiederherstellung oder Verbesserung von motorischen oder kognitiven Fähigkeiten – zum Beispiel Wiederherstellung des Gehörs oder Steuerung von Prothesen.

Geschäftsmodell: Ein Geschäftsmodell ist eine vereinfachte Darstellung eines Unternehmens und eine Abstraktion davon, wie sein Geschäft und seine Wertschöpfung funktionieren. Es beschreibt auf kompakte Weise Organisation, ***Wertschöpfungskette*** und Produkte eines Unternehmens. Der Prozess zur Definition eines Geschäftsmodells ist Teil der Geschäftsstrategie.

Geteilte Kontrolle (Shared Control): zwischen Mensch und System geteilte Kontrolle über ein hoch automatisiertes Gesamtsystem, zum Beispiel ein Flugzeug.

Governance: Steuerungs- und Regelungssystem einer politischen, gesellschaftlichen oder organisatorischen Einheit.

HSM (Hardware Security Module): Kryptografischer Koprozessor, der sicheren Speicher, zum Beispiel für kryptografische Schlüssel, und eine sichere Ausführungsumgebung für kryptografische Operationen bereitstellt.

IKT: Informations- und Kommunikationstechnologie.

Industrial Engineering: Kombination von Disziplinen, die sich mit dem Entwurf, der Verbesserung und der Installation integrierter Systeme von Menschen, technischen

Komponenten, Materialien, und Informationen sowie von Ausrüstung und Energie befassen. Sie stützen sich auf spezialisierte Kenntnisse und Fertigkeiten in Mathematik, Physik und Sozialwissenschaften, zusammen mit den Prinzipien und Methoden von technischer Analyse und Entwurf, um die aus integrierten Systemen gewonnenen Ergebnisse festzulegen, vorherzusehen und zu werten.

Informationstisch: Tisch, dessen Fläche aus einem – meist berührungsempfindlichen – Bildschirm zur Darstellung von Informationen besteht.

Integrität (Integrity): Zustand der Unversehrtheit, Zurechenbarkeit und Vollständigkeit von Daten aus Verfahren; Voraussetzung ist die Korrektheit der Informationen und der Funktionsweise der Systeme.

Intelligente Infrastruktur: technische Infrastrukturkomponenten und -systeme, beispielsweise Verkehrsinfrastrukturen, Energieversorgung und ***Kommunikationsinfrastrukturen***, die zunehmend mit vernetzten intelligenten Sensoren und Aktoren sowie eingebetteten Steuerungskomponenten zur Überwachung und Analyse komplexer Prozesse ausgestattet sind. Intelligente Infrastrukturen können zum Beispiel dazu dienen, Ineffizienzen aufzudecken, Betriebsabläufe zu optimieren oder Maut zu kassieren.

Intelligente Mobilität (Smart Mobility): Optimierte Nutzung vorhandener Mobilitätsangebote durch den Einsatz modernster ***IKT***, sodass eine ***energieeffiziente***, emissionsarme, ***sichere***, komfortable und kostengünstige Mobilität ermöglicht wird.

Intelligentes eingebettetes System (Smart Embedded System): ***eingebettetes System***, das ***adaptive*** oder ***autonome*** Fähigkeiten zeigt.

Intelligentes Gerät (Smart Device): Gerät – physikalisches Objekt mit eingebettetem Prozessor, Speicher und einer Netzwerkverbindung –, das intelligente Assistenzfunktionen wahrnimmt, ähnlich einem ***Mobilgerät***. Es besitzt normalerweise eine Benutzerschnittstelle und die Fähigkeit, mit seiner physikalischen Umgebung zu interagieren.

Intelligenter Sensor: ***Sensor***, der die eigentliche Messgrößenerfassung, lokale Aufbereitung gemessener Daten (***Datenfusion***) und Signalverarbeitung in einem Gehäuse vereinigt.

Intelligenter Sensorknoten: Knoten in einem drahtlosen ***Sensornetzwerk***, der sensorische Information sammeln, verarbeiten und an andere Knoten weiterleiten kann, die an das selbe Netzwerk angeschlossen sind.

Internet der Dienste (Internet of Services): Teil des Internets, der ***Dienste*** und Funktionalitäten als granulare, webbasierte Softwarekomponenten abbildet. Provider stellen diese im Internet zur Verfügung und bieten die Nutzung ***auf Anforderung*** an. Über Internetdiensttechnologien sind die einzelnen Softwarebausteine beziehungsweise Dienstleistungen miteinander integrierbar. Unternehmen können die einzelnen Softwarekomponenten zu komplexen und dennoch flexiblen Lösungen orchestrieren (***diensteorientierte Architektur***). Über ***Cloud***-basierte Entwicklungsplattformen kann eine Vielzahl an Marktakteuren sehr einfach internetfähige Dienstleistungen entwickeln und anbieten. Zudem entstehen Diensteplattformen, auf denen Kunden ein bedarfs- beziehungsweise prozessorientiertes Komplettangebot finden, statt Einzelangebote suchen, vergleichen und zusammenstellen zu müssen. Das Internet entwickelt sich so zum Dienstebaukasten für ***IKT***-Anwendungen, -Infrastrukturen und -Dienste.

Internet der Dinge (Internet of Things): Verknüpfung eindeutig identifizierbarer physikalischer Objekte (Dinge) mit einer virtuellen Repräsentation im Internet oder einer internetähnlichen Struktur. Die automatische Identifikation mittels ***RFID*** wird oft als Ausgangspunkt für das Internet der Dinge angesehen. Weitere Technologien wie ***Sensor-***

und ***Aktor***technologie erweitern die Funktionalität um die Erfassung von Zuständen beziehungsweise die Ausführung von Aktionen.

Internet der Energie: umfassende digitale Vernetzung und Optimierung der Energieversorgungssysteme durch den Einsatz moderner ***IKT***. So wird zum Beispiel der Energieverbrauch von Privatkunden über das Internet rückgekoppelt, um Änderungen im Verbrauchsverhalten zu erreichen. Die Verbraucher bekommen zu diesem Zweck ***intelligente Zähler*** in ihre Haushalte eingebaut, über die sie ihren Stromverbrauch nachverfolgen können. Auch soll mit den E-Energy-Projektaktivitäten eine Balance zwischen volatiler – also schwankender, zum Beispiel wetterabhängiger – Stromerzeugung und fluktuierender Nachfrage nach elektrischem Strom verwirklicht werden, sodass die Stromerzeugung mit Wind- und Solarenergie besser in die Energieversorgung integriert werden kann.

Interoperabilität: Fähigkeit unabhängiger, heterogener Systeme, möglichst nahtlos zusammenzuarbeiten, um Informationen auf effiziente und verwertbare Art und Weise auszutauschen, zu kooperieren und den Nutzern ***Dienste*** zur Verfügung zu stellen, ohne dass dazu gesonderte Absprachen zwischen den Systemen notwendig sind; siehe auch ***technische Interoperabilität***, ***semantische Interoperabilität*** und ***nutzersichtbare Interoperabilität***.

Intervenierbarkeit: ***Privatsphärenschutzziel***, das gewährleisten soll, dass Verfahren in digitalen Systemen Beteiligten die Ausübung der ihnen zustehenden Rechte ermöglichen. Intervenierbarkeit hat zur Folge, dass die Beteiligten einem System nicht ausgeliefert sind, sondern aus eigener Souveränität die Möglichkeit des Eingreifens haben, wenn es ihnen erforderlich scheint.

E/A (I/O): Kommunikation von Systemen mit Benutzern oder anderen Systemen durch Lesen und Schreiben von Daten.

IT-Sicherheit (Security): Schutz von Daten und ***Diensten*** in digitalen Systemen gegen Missbrauch wie unbefugten Zugriff, Veränderung oder Zerstörung; siehe auch ***Datenschutz***, Schutz der ***Privatsphäre***.

Kalman-Filter: Statistischer Algorithmus, um aus über die Zeit gewonnenen Messdaten, die mit Unsicherheit oder Lärm behaftet sind, aggregierte „sauberere" Werte zu gewinnen.

Know-how: Kenntnisse, die Personen oder Unternehmen durch Erlernen, Erfahrung oder Forschung erworben haben, und mit denen sie ein besonderes technisches oder wirtschaftliches Ergebnis erzielen können.

Kommunikationsinfrastruktur: einerseits Kommunikationsnetze und ***-dienste*** wie Post, Radio, Fernsehen, Telefonie und E-Mail, andererseits die zum Realisieren solcher Netze notwendige Technik wie Rundfunk, Mobilfunk, Seekabel, Internet und Kommunikationssatelliten. Eine Kommunikationsinfrastruktur kann auf einer anderen aufbauen; zum Beispiel erlaubt Voice over IP (VoIP) das Telefonieren über Computernetzwerke nach dem Internetprotokoll. Ein Kommunikationsprotokoll definiert, in welcher Form Verbindung und Datenübertragung zwischen zwei Parteien abzulaufen haben, und kann Verfahren sowohl zur ***Authentifizierung*** als auch zum Erkennen und Korrigieren von Fehlern umfassen.

Kontexterfassung, Kontextwissen (Context Awareness): Fähigkeit von Systemen, Informationen über den Kontext – physikalischen Kontext, Nutzungskontext, zeitlichen, historischen oder strategischen Kontext einer Situation – zu erfassen, zu ermitteln und zu verarbeiten; siehe auch ***Situationserfassung, Situationswissen***.

Künstliche Intelligenz (KI, Artificial Intelligence, AI): Teilgebiet der Informatik, das sich mit der Automatisierung intelligenten Verhaltens befasst. Techniken aus der KI machen es möglich, dass Cyber-Physical Systems intelligent auf ihre Umwelt reagieren können, Ziele im Auftrag ihrer Nutzer verfolgen und dabei mit anderen Systemen kooperieren. Beispiele aus den Szenarien sind die automatische Planung der Produktion einer Küche oder das Umplanen einer Reiseroute.

Kundennutzen: Nutzen und damit Wert, den ein Unternehmen beziehungsweise ein Angebot eines Unternehmens tatsächlich für Kunden erbringt. Meist wird der Begriff verwendet, um den tatsächlichen Nutzen vom versprochenen (***Nutzenversprechen***) abzugrenzen.

Living Lab: Forschungsmethode, bei der in einem ***nutzerzentrierten*** Ansatz der offenen Innovation Produkte oder Dienstleistungen entwickelt werden. Der Ansatz bezieht Anwender und Entwickler genauso wie Nutzer und Forscher in parallele Forschungs- und Entwicklungsprozessen ein. Die Anwendung der Living-Lab-Methode bezieht sich typischerweise auf ein Labor, eine Stadt, ein Cluster oder eine Region; seltener finden sich örtlich verteilte Living Labs; siehe auch ***Experience Lab***. Üblicherweise werden Living Labs im Rahmen von Kooperationen zwischen öffentlichen und privaten Trägern (Public-Private Partnerships) finanziert.

Logische Komponentenarchitektur; siehe ***Logische Architektursicht***.

Logische Architektursicht: Beschreibung der Gliederung eines Systems in logische Einheiten (Teilsysteme, Komponenten) und deren Schnittstellen sowie der Signalflüsse zwischen den Einheiten und der Umgebung.

Manufacturing Execution System (MES); siehe ***Prozessleitsystem***.

Maschinelles Lernen (Machine Learning): Oberbegriff für Techniken, mit denen Computer Wissen aus Erfahrung generieren können. Ein System lernt aus Beispielen und kann nach Beendigung der Lernphase verallgemeinern, also Gesetzmäßigkeiten in den Lerndaten identifizieren. So kann das System auch bisher ungesehene Daten beurteilen. Maschinelles Lernen nutzt Techniken der ***Mustererkennung*** und des ***Data Mining***.

Menschlicher Faktor (Human Factor): Sammelbegriff für psychische, kognitive und soziale Einflussfaktoren in ***soziotechnischen Systemen*** und ***Mensch-Maschine-Systemen***.

Mensch-Maschine-Interaktion (Human-Computer Interaction, MMI beziehungsweise HCI): Teilgebiet der Informatik, das sich mit der nutzergerechten Gestaltung von interaktiven Systemen und ihren ***Mensch-Maschine-Schnittstellen*** beschäftigt. Dabei werden neben Erkenntnissen der Informatik auch solche aus der Psychologie, der Arbeitswissenschaft, der Kognitionswissenschaft, der Ergonomie, der Soziologie und aus dem Design herangezogen. Wichtige Teilgebiete der Mensch-Maschine-Interaktion sind beispielsweise ***Usability Engineering***, Interaktionsdesign, Informationsdesign und Kontextanalyse. Der letzte Aspekt ist bei Cyber-Physical Systems von Bedeutung, um in jeder Situation eine optimale Anpassung der Interaktion an die Nutzer zu gewährleisten.

Mensch-Maschine-Schnittstelle: Schnittstelle zwischen Menschen als Nutzern und computergestützten Systemen; siehe auch ***Mensch-Maschine-Interaktio***n.

Menschmodell: formales ***Modell***, das einen Teil des menschlichen Verhaltens abbildet und diesen für eine Analyse zugänglich macht. Es ermöglicht dadurch Diagnose, Simulation und Vorhersagen menschlichen Verhaltens. Der in diesen Modellen abgebildete Teil des menschlichen Verhaltens ist anwendungsbezogen – zum Beispiel beschränkt auf den Umgang eines Menschen mit einem neuen Assistenzsystem im Auto – und parametrisierbar, zum Beispiel bezüglich des Alter modellierter Menschen, ihres Verhaltenstypus als defensive beziehungsweise aggressive Fahrer oder ihrer Reaktionszeiten.

Mensch-System-Kooperation: Kooperation zwischen Menschen als Nutzern und computergestützten Systemen, aufbauend auf ***Mensch-Maschine-Interaktion***.

Mensch-Technik-Kooperation: siehe auch ***Mensch-System-Kooperation***.

Micro Grid: in sich abgegrenzte regionale Energiesysteme und -netze, in die sowohl dezentrale Energieerzeuger als auch Verbraucher und wahlweise Speicher eingebunden sind.

Middleware: Vermittlungssoftware zwischen Hardware und Anwendungssoftware. Die Middleware stellt der Anwendung dabei generische Funktionen zur Verfügung. Häufig können Anwendungen nur über die von der Middleware bereitgestellten Funktionen kommunizieren.

Mobiles Internet: Zugang zum World Wide Web und zu anderen ***Diensten*** des Internets über ***Mobilgeräte***.

Mobilgerät: ortsunabhängig funktionierendes Gerät zum Zugriff auf Kommunikations- und Informations***dienste***, zum Beispiel Smartphone oder Tablet.

Modalität: Art und Weise der ***sensorischen*** Erfassung über einen Eingabekanal und der Ausgabe von Signalen und Informationen. Analog zum Menschen kann zum Beispiel ein Computer mithilfe eines Sensors – hierbei handelt es sich auch um ein Eingabegerät – Eingaben von Menschen erhalten, etwa über einen berührungsempfindlichen Bildschirm, eine Tastatur oder ein Mikrofon. Bei der ***Mensch-Maschine-Interaktion*** geht der Informationsfluss in beide Richtungen, umfasst also auch die Ausgabe von Signalen und Informationen.

Mode Confusion; siehe ***Modusverwechslung***.

Modell (Model): vereinfachte, auf ein bestimmtes Ziel hin ausgerichtete Darstellung der Funktion eines Betrachtungsgegenstands oder des Verhaltens eines Systems, die eine Untersuchung oder eine Erforschung erleichtert oder erst möglich macht. Modelle sind wesentliche Artefakte der Softwareentwicklung; sie repräsentieren Systeme auf unterschiedlichen Abstraktionsniveaus (Analyse, Entwurf, Implementierung), Systemteile (Benutzerschnittstelle, Datenbank, Geschäftslogik, Systemverwaltung), Belange (***Sicherheit***, Leistung, Belastbarkeit), und Aufgaben (Testen, Einsatz), üblicherweise durch Einsatz von Modellierungskonzepten.

Modellbasiertes Requirements Engineering: Ansatz des ***Requirements Engineering***, bei dem Anforderungen an Systeme, ihren Einsatz sowie damit verbundene Geschäfts- und Entwicklungsinformationen erfasst, analysiert und strukturiert spezifiziert werden, und zwar mithilfe formaler und informeller ***Modelle***. Je nach Umfang und Formalisierungsgrad der Modelle ermöglichen sie die Überprüfung von ***Anforderungs***- und System***spezifikationen*** hinsichtlich Vollständigkeit, Konsistenz und Korrektheit; siehe auch ***Verfeinerung***, ***Verifikation***.

Modellgetriebene Entwicklung: (Model-driven Engineering, MDE): Beschreibung von Softwaresystemen möglichst weitgehend durch ganz oder teilweise formale ***Modelle***, sodass aus diesen Modellen möglichst viele Artefakte der Systeme generativ abgeleitet werden können. Beispiele sind die Ansätze „Model-driven Architecture" der Object Management Group (OMG) und „Software Factory" von Microsoft, Modellinterpreter wie die „Executable ***UML***" und, genereller, die Modellierung mittels ***domänenspezifischer Sprachen*** und das generative Programmieren.

Modelltransformation (Model Transformation): automatische Generierung eines Ziel***modells*** (ausgedrückt in einer Modelliersprache) ausgehend von einem Quellmodell (ausgedrückt in der gleichen oder einer anderen Modelliersprache), gemäß einer Transformationsdefinition, also eines Regelwerks. Eine Transformationsregel beschreibt, wie ein oder mehrere Konstrukte der Quellsprache in ein oder mehrere Konstrukte der

Zielsprache umgeschrieben werden können. Modelltransformation ist eine Methode der ***modellgetriebenen Entwicklung*** zur Zusicherung der Übereinstimmung beziehungsweise Widerspruchsfreiheit einer Familie von Modellen; siehe auch ***Verfeinerung***.

Modusverwechslung (Mode Confusion): unzutreffende Annahmen über Modus, Vorgehen oder Möglichkeiten von Systemen, die infolgedessen zu Fehlbedienungen seitens der Nutzer führen können.

Multiagentensystem: System, bestehend aus verteilten ***Agenten***, die miteinander kooperieren und kommunizieren, um ein Ziel zu erreichen.

Multimodal: durch die Verwendung mehrerer ***Modalitäten*** gekennzeichnet.

Multikriterielle Situationsbewertung: ***Echtzeit***-Bewertung einer Situation anhand unterschiedlicher Kriterien, basierend auf der Analyse und Interpretation der zur Verfügung stehenden Informationen; siehe auch ***Situationswissen***.

Multiple-Classifier System (Mehrklassifikatorsystem): System mit mehreren Klassifikatoren. Ein Klassifikator ist ein Computerprogramm, das einen Messwert einer bestimmten Kategorie zuordnen kann (Beispiel: Zeigt das Röntgenbild eine kranke Lunge oder eine gesunde?) In einem Mehrklassifikatorsystem arbeiten mehrere Klassifikatoren parallel; ihre Antworten werden zu einer präziseren und ***robusteren*** Antwort zusammengeführt. Die einzelnen Klassifikatoren arbeiten dazu mit unterschiedlichen Erkennungsalgorithmen oder erhalten Daten unterschiedlicher ***Sensoren***, etwa Sprache und Video, beim Erkennen von Emotionen.

Mustererkennung (Pattern Recognition): Fähigkeit von Algorithmen und Systemen, in eingehenden Daten Regelmäßigkeiten, Wiederholungen, Ähnlichkeiten und Gesetzmäßigkeiten zu erkennen.

Netzwerkmodell: formale, schematische Darstellung eines Netzwerks. Normalerweise lässt sich die zugrunde liegende Struktur eines Netzwerks mathematisch als Graph modellieren.

Nichtverkettbarkeit: ***Privatsphärenschutzziel***, nach dem die Verkettung von Daten und Entitäten untereinander und miteinander zur Ableitung schutzwürdiger Information unmöglich ist. Nichtverkettbarkeit umfasst die Anforderungen der größtmöglichen Datenvermeidung und Trennung von Daten und Prozessen aus unterschiedlichen Kontexten mit dem Ziel, Risiken durch Ansammlungen von umfassend auswertbaren Daten zu verhindern.

Nutzenversprechen (Value Proposition): Aussage darüber, welchen Nutzen Kunden oder andere Partner aus der Verbindung mit einem Unternehmen ziehen können. Das Nutzenversprechen ist die Grundlage des ***Geschäftsmodells*** eines Unternehmens.

Nutzermodell; siehe ***Menschmodell***.

Nutzersichtbare Interoperabilität: Fähigkeit ***interoperabler*** Systeme, ihre Interaktion und ihre Optionen des Kommunikations- und Kooperationsverhaltens für Nutzer sichtbar und verstehbar zu machen, und diesen darauf aufbauend die Möglichkeit zu geben, interaktiv in das Verhalten des Nutzungsprozesses einzugreifen.

Nutzerzentriertes Engineering (User-centered Engineering): ***Engineering*** technischer Systeme unter besonderer Berücksichtigung und mit Einbeziehung der Nutzer; siehe auch ***User-centered Design***.

Ökosystem (Ecosystem): im wirtschaftlichen Kontext ein Verbund von Marktteilnehmern, die miteinander in Leistungsbeziehungen stehen und untereinander Güter, Informationen, ***Dienste*** und Geld austauschen. Im Vergleich zum ***Wertschöpfungssystem*** ist der Begriff des

Ökosystems breiter und umfassender. So sind Bildungsträger, Forschungseinrichtungen, politische Einheiten oder Verbände Bestandteile eines gesamtwirtschaftlichen Ökosystems, während an ***Wertschöpfungssystemen*** ausschließlich Unternehmen beteiligt sind.

Ontologie: in der Informatik die formale strukturierte Darstellung einer Menge von Begrifflichkeiten, ihrer Eigenschaften und der zwischen ihnen bestehenden Beziehungen, entweder des Grundlagen- oder Allgemeinwissens (Upper Ontologies) oder des Wissens in einer bestimmten ***Domäne*** (Domain Ontologies). Ontologien werden dazu genutzt, Wissen in formaler, digitalisierter Form zwischen Anwendungsprogrammen und ***Diensten*** auszutauschen. Im Unterschied zu einer Taxonomie, die nur eine hierarchische Untergliederung bildet, stellt eine Ontologie ein Netzwerk von Informationen mit logischen Relationen dar. Eine Ontologie kann Inferenz- und ***Integritäts***regeln enthalten, also Regeln zu Schlussfolgerungen und zur Gewährleistung ihrer Gültigkeit. Ontologien gehören zum Teilgebiet Wissensrepräsentation der ***Künstlichen Intelligenz***; siehe auch ***Ontology Web Language***.

Open Source (Quelloffenheit): Menschenlesbarer Programmcode (Quellcode) von Open Source Software kann öffentlich eingesehen und unter den Bedingungen von Open-Source-Lizenzen genutzt, verändert und weiterverbreitet werden.

Ontology Web Language (OWL): zum Ausdruck von ***Ontologien*** konzipierte Sprache. Die Entwicklung von OWL ist so ausgerichtet, dass die Sprache kompatibel ist zum World Wide Web im Allgemeinen und dem ***Semantischen Web*** im Besonderen.

Partizipative Gestaltung (Participatory Design): Verfahren der Gestaltung von innovativen Systemen, bei dem Nutzer und weitere Interessengruppen (vermeintlich, mögliche oder künftige) eingebunden werden und mit Designern, Forschern und Entwicklern zusammenarbeiten.

Personenbezogene Daten: einer bestimmten natürlichen Person zugeordnete oder mittelbar zuzuordnende Daten. Auch Daten, über die sich ein Personenbezug herstellen lässt, sind als personenbezogene Daten anzusehen, selbst wenn die Zuordnungsinformationen nicht allgemein bekannt sind. Entscheidend ist allein, dass es gelingen kann, die Daten mit vertretbarem Aufwand einer bestimmten Person zuzuordnen.

Photovoltaik (PV): Technologie zur Umwandlung von Lichtenergie in elektrische Energie.

Physikalische Situationserkennung (Physical Awareness): Fähigkeit eines Systems, aus dem Ergebnis von ***Sensorfusion*** oder anderen Informationsquellen weitere, die physikalische Umgebung betreffende Schlussfolgerungen zu ziehen; siehe auch ***Situationserfassung***, ***Situationswissen***.

Planerkennung (Plan Recognition): Technik zur Erweiterung der ***Absichtserkennung*** auf die Erkennung von Plänen von Akteuren, also von Aktionsabfolgen einschließlich Aktionen, die nicht unmittelbar bevorstehen. Diese Techniken werden auch benutzt, um ergonomische ***Mensch-Maschine-Schnittstellen*** beziehungsweise Mensch-Roboter-Schnittstellen zu entwerfen und zu entwickeln.

Plug and Play: Technologie, die ohne Benutzerinteraktion – wie Installation von Treibern oder Parametrisierung – Geräte oder Subsysteme derart in ein Gerät oder System integriert, dass sie sofort funktionieren.

Plug-in-Hybridfahrzeug (auch: plug-in-hybrid-elektrisches Fahrzeug, PHEF, oder plug-in hybrid Electric Vehicle PHEV): Kraftfahrzeug mit Hybridantrieb, dessen Batterie nicht nur über den Verbrennungsmotor, sondern zusätzlich über das Stromnetz extern geladen werden kann. Solche Fahrzeuge weisen meist größere Batterien auf als reine Hybridfahrzeuge; sie stellen also eine Mischform zwischen diesen und Elektroautos dar.

Policy: Rahmenvorschrift, Festlegung, Richtlinie.

Premiumspur: Fahrspur, auf der die Fahrzeuge - kostenpflichtig - Vorrang vor Fahrzeugen auf anderen Fahrspuren erhalten.

Primärdaten (Rohdaten): Daten, die bei Datenerhebungen unmittelbar gewonnen werden; bei physikalischen Daten spricht man von ***Messwerten***; siehe zum Vergleich ***Sekundärdaten***.

Privacy by Design: Prinzip bei der Entwicklung von technischen Systemen, organisatorischen Abläufen und ***Geschäftsmodellen***, nach dem ***datenschutz***rechtliche Anforderungen von Anfang an, also bereits in der Phase der Konzeption und Gestaltung, möglichst weitgehend umgesetzt werden.

Privacy by Default: Prinzip bei der Entwicklung von technischen Systemen und organisatorischen Abläufen, nach dem Produkte und Dienstleistungen bei ihrer Auslieferung oder ihrer ersten Nutzung beziehungsweise Inanspruchnahme ***datenschutz***freundlich voreingestellt sind. Es werden dann nur so viele Daten erfasst, verarbeitet und weitergegeben, wie es für die Nutzung unbedingt erforderlich ist. Eine weitergehende Nutzung der Daten setzt bewusste Entscheidungen der Nutzer, beispielsweise die Änderung der ***Datenschutz***einstellungen, voraus.

Private Cloud: Variante des ***Cloud Computing***, die Zugang zu IT-Infrastrukturen innerhalb eines fest umrissenen Einflussbereichs bietet. Dabei handelt es sich meist um ein Unternehmen, es kann aber auch ein Verein, eine Familie oder gar eine Einzelperson sein. Private-Cloud-***Dienste*** werden üblicherweise über eigens gesicherte beziehungsweise private Netzwerke bereitgestellt, nicht über das offene Internet.

Privatsphäre (Privacy): nichtöffentlicher Bereich, in dem ein Mensch unbehelligt von äußeren Einflüssen sein Recht auf freie Entfaltung der Persönlichkeit wahrnehmen kann. Das Recht auf Privatsphäre gilt als Menschenrecht und ist in allen modernen Demokratien verankert.

Privatsphärenschutzziel: grundlegende Anforderung an ein IT-System, die bis zu einem Grad umzusetzen ist, der sich an einem zu ermittelnden Schutzbedarf bemisst. Als Privatsphärenschutzziele sind gegenwärtig ***Transparenz***, ***Intervenierbarkeit*** und ***Nichtverkettbarkeit*** festgelegt.

Privatsphärenrichtlinie (Privacy Policy): Beschreibung des erforderlichen Umgangs mit ***personenbezogenen Daten***, entweder als Eigenauskunft eines ***Dienstes*** beziehungsweise Anbieters oder als manifestierter Wunsch von Nutzern. Die Beschreibung kann als Text vorliegen, aber auch in ausschließlich maschinenlesbarer Form.

Prosumer: Personen, die gleichzeitig Produzenten, also Hersteller (Producer) und Konsumenten, also Verbraucher (Consumer) von Gütern sind; das umfasst auch nichtmaterielle Güter, etwa Energie.

Prozessleitsystem: Prozessnahe Ebene eines mehrschichtigen Fertigungsmanagementsystems.

Public Cloud: ***Cloud*** mit öffentlich ***verfügbaren*** Infrastruktursystemen und ***Diensten***, auf die Nutzer typischerweise über das Internet zugreifen.

Quality in Use (Nutzungsqualität): Qualität eines Systems oder ***Dienstes*** - aus Sicht von menschlichen Nutzern oder nutzenden Systemen - bei der Nutzung, bezogen auf den Zweck und Kontext des Einsatzes.

Quality of Experience (Qualität der Erfahrung): subjektives Maß der Erfahrung eines Nutzers mit einer Dienstleistung; siehe auch ***Experience Lab***.

Quality of Service (Dienstqualität): Qualitätsmaß zur Bewertung von ***Diensten*** und ihren jeweiligen Kooperations-

und Kompositionsoptionen hinsichtlich der Einhaltung vereinbarter Qualitätsgarantien und -standards.

Rechenknoten: zu einem Netzwerk gehörende Rechner, die Nachrichten senden, empfangen und weiterleiten können und über eindeutige Adressen verfügen. Manchen Rechenknoten werden besondere Aufgaben zugeordnet.

Redlining: In den 1960ern geprägter Begriff für die Praxis US-amerikanischer Banken, an Bewohner bestimmter Stadtteile, die auf internen Karten mit roten Linien markiert waren, keine Kredite zu vergeben. Der Betriff wurde später auf die Diskriminierung von Mitgliedern bestimmter sozialer Gruppen ausgeweitet.

Referenzarchitektur (Architecture Framework): Begriffs- und Methodenstruktur, die eine einheitliche Basis für die Beschreibung und Spezifikation von Systemarchitekturen bildet. Ziel von Referenzarchitekturen ist es einerseits, eine gemeinsame Struktur und Sprache für Architekturbeschreibungen zu schaffen. Andererseits geben sie eine Methode vor, zu einer konkreten Architekturbeschreibung zu gelangen.

Reinforcement Learning: Überbegriff für Methoden des ***Maschinellen Lernens***, bei denen ein ***Softwareagent*** den Nutzen von Aktionsfolgen bestimmt und maximiert. Dabei beobachtet der ***Agent*** die Auswirkungen seiner Aktion und deren Nutzen, er exploriert die Welt, in der er sich bewegen kann.

Requirements Engineering: Vorgehen zur Erhebung von Anforderungen an ein System oder einen ***Dienst***. Es zielt darauf ab, ein zu lösendes Problem umfassend zu beschreiben, Geschäfts-, Nutzer-, Kunden- und Prozessanforderungen herauszuarbeiten, Ziele und Prioritäten zu setzen, Konflikte und Inkonsistenzen aufzulösen und Anforderungen an Systeme, Komponenten, ihre Architektur und die Kommunikation in der ***Anforderungs***- und System***spezifikation*** festzulegen sowie ihre Umsetzung im Systementwurf zu verfolgen; siehe auch ***Anforderungsverfolgbarkeit***.

Return on Investment (RoI), Kapital- beziehungsweise Investitionsverzinsung): ***Modell*** zur Messung der Rendite einer unternehmerischen Tätigkeit beziehungsweise eines Projekts anhand des Gewinns im Verhältnis zum eingesetzten Kapital.

RFID (Radio Frequency Identification): Identifizierung von Objekten mithilfe von Lesegeräten anhand elektromagnetischer Wellen, die von am Objekt angebrachten RFID-Transpondern, auch RFID-Tags genannt, ausgesendet werden.

Risiko-Engineering: strukturiertes Verfahren, Defizite im Entwurf und beim Einsatz von Systemen zu identifizieren, aus denen sich verschiedene Risiken ergeben, zum Beispiel Fehlfunktionen und mangelnde Akzeptanz.

Robustheit: Fähigkeit eines Systems, auf Fehler und unvorhergesehene Zustände reagieren zu können, sodass es keine fehlerhaften Aktionen durchführt.

RoI; siehe ***Return on Investment***.

Safety; siehe ***Betriebssicherheit***.

Schutzziel: Anforderung an die Verarbeitung von Daten und den Ablauf von ***Diensten***, die unter anderem die ***IT-Sicherheit*** von Systemen gewährleisten soll. Technische und organisatorische Maßnahmen zum Erreichen von Schutzzielen müssen sich nach dem Stand der Technik richten und sind daher regelmäßig zu aktualisieren. Beispiele für Schutzziele sind ***Vertraulichkeit***, ***Integrität*** und ***Verfügbarkeit***.

Scoping: Abgrenzung und Festlegung der Bereiche und Umfänge von Aufgaben oder Untersuchungen.

Security; siehe ***IT-Sicherheit.***

Security by Design: konstruktive ***IT-Sicherheit*** eines Systems. Bereits von Beginn der Entwicklung an werden IT-Sicherheitsmechanismen in Gesamtarchitektur- und

Systementwurf integriert. Angriffe werden als selbstverständlich vorausgesetzt und entsprechende Abwehr- oder Gegenmaßnahmen eingebaut, beispielsweise dann, wenn eine ***Sicherheits***lücke entdeckt oder eine ungültige Benutzereingabe getätigt wird. Ebenfalls bereits hier festgelegt werden Mechanismen für ***Security during Operation***.

Security during Operation: Fähigkeit eines Systems, während seines Betriebs die erforderliche ***IT-Sicherheit*** aufrechtzuerhalten, Verwundbarkeiten zu erkennen, sie zu analysieren und Gegenmaßnahmen zu treffen. Beispielsweise können während der Laufzeit Algorithmen, die sich als unsicher erwiesen haben, ausgetauscht werden.

Sekundärdaten: aus ***Primärdaten*** abgeleitete Daten.

Selbstanalyse; siehe ***Selbstdiagnose***.

Selbstdiagnose (Self Awareness): Fähigkeit von Systemen oder Prozessen, ihren eigenen Zustand zu analysieren.

Selbsteinschätzung; siehe ***Selbstdiagnose***.

Selbstheilung (Self Healing): Fähigkeit von Systemen oder Prozessen, Störungen eigenständig zu korrigieren.

Selbstorganisation: Übergang von einem ungeordneten Zustand in einen geordneten Zustand. Bei diesem Prozess bilden sich bestimmte Strukturen (Kommunikations- und Funktionsstrukturen) von selbst. In diesem Kontext entstehende Ordnungsmuster lassen sich nicht auf externe Organisatoren zurückführen.

Selbstwahrnehmung: in der Robotik verwendeter, der Psychologie entnommener Begriff zur Bezeichnung der Wahrnehmung des Selbst. Nicht nur Menschen, sondern auch technische Systeme sind zur Selbstwahrnehmung fähig; siehe auch ***Selbstdiagnose***. Der Gegenbegriff ist Fremdwahrnehmung, also die Wahrnehmung einer Person oder eines Roboters durch Andere.

Self-X: Fähigkeit technischer Systeme, auf Störungen zur Laufzeit selbsttätig zu reagieren, was zu gesteigerter ***Robustheit*** und Ausfallsicherheit führt; siehe auch ***Selbstdiagnose*** und ***Selbstheilung***.

Semantisches Web (Semantic Web): Konzept zur Weiterentwicklung des Internets, besonders des World Wide Webs, zur Fähigkeit, Informationen in Texten semantisch zu verstehen. Zu dem Zweck müssen allen Wörtern eindeutige Bedeutungen zugeordnet werden; das geschieht über semantische Netze; siehe ***Ontologie***.

Semantische Interoperabilität: Fähigkeit von Computersystemen zum wechselseitigen Austausch und zur übereinstimmenden Interpretation von Informationen.

Sensor (Messfühler): technisches Bauteil, das bestimmte physikalische oder chemische Eigenschaften qualitativ oder als Messgröße quantitativ erfassen kann.

Sensorfusion: zielgerichtete Kombination der Messwerte verschiedener ***Sensoren***. Aus den kombinierten Informationen verschieden- oder gleichartiger Sensoren, die häufig voneinander abhängig sind, lassen sich höher aggregierte und damit verlässlichere Messwerte errechnen.

Sensorknoten: winziger (staubkorngroßer) bis relativ großer (schuhkartongroßer) autonomer ***Sensor***, der per Funk kommuniziert.

Sensornetz: System aus ***Sensorknoten***, die entweder in einem infrastrukturbasierten oder einem sich selbst organisierenden ***Ad-hoc-Sensornetz*** zusammenarbeiten, um ihre Umgebung mittels ***Sensoren*** zu überwachen und die erfassten Daten, unter Umständen vorverarbeitet, weiterzuleiten.

Sicherheit: Fähigkeit eines Systems zur voraussichtlich störungs- und gefahrenfreien Funktion. Im technischen Bereich ist Sicherheit davon abhängig, wie sie definiert ist oder welcher Grad von Unsicherheit für die Nutzung der technischen Funktion akzeptiert wird. Die Norm IEC 61508 definiert Sicherheit als „Freiheit von unvertretbaren Risiken" und verwendet den Begriff der ***funktionalen Sicherheit*** als Teilaspekt der Gesamtsicherheit eines technischen Systems. Sicherheit umfasst neben ***Betriebssicherheit*** auch die ***IT-Sicherheit***.

Sicherheitskritisch (Safety Critical): Eigenschaft von Systemen, in Betrieb und Nutzung ein Risiko- oder Gefährdungspotenzial zu besitzen; siehe auch ***Sicherheit***.

Situationserfassung: Fähigkeit eines Systems, Lage und Bedeutung einer Anwendungssituation zu erfassen beziehungsweise zu ermitteln. Voraussetzung hierfür ist ***physikalische Situationserkennung***. Situationserfassung findet in der Robotik Anwendung; siehe auch ***Kontexterfassung***.

Situationswissen (Situation Awareness): Voraussetzung für die Fähigkeit von Systemen, ähnlich wie Menschen ihre Umgebung und die Elemente darin in Zeit und Raum wahrzunehmen, ihre Bedeutung zu ermitteln und daraus Schlüsse für Entscheidungen zu ziehen; siehe auch ***Kontextwissen***. Weiter entwickelte Systeme können Situationswissen nutzen, um die aktuelle Lage menschlicher Nutzer zu ermitteln sowie die Aufmerksamkeit menschlicher Nutzer so zu lenken, dass keine ***Modusverwechslung*** entsteht.

Smart Building (Gebäudeautomation): Technologie in Gebäuden mit Überwachungs-, Steuer-, Regel- und Optimierungseinrichtungen, die Funktionsabläufe gewerkeübergreifend selbstständig nach vorgegebenen Einstellwerten durchführen oder diese Tätigkeiten sowie die Überwachung der Gebäude vereinfachen. Das Ziel ist es, Energie und Personal einzusparen.

Smart Factory: Verbund von Unternehmen, der ***IKT*** zur Koordination produzierender Firmen und von Schnittstellen zu den Kunden nutzt, um flexibler auf Anfragen reagieren zu können.

Smart Grid: intelligente Vernetzung von Erzeugern und Speichern volatil verfügbarer elektrischer Energie sowie von Netzsteuerungskomponenten und Energieverbrauchern mithilfe von ***IKT***, sodass das Energieangebot stets die Nachfrage befriedigt.

Smart Health System: Mittels ***IKT*** realisierter Verbund von Systemen, Komponenten und menschlichen Fachkräften sowie ihrer ***Dienste*** zur integrierten Versorgung von Patienten und permanenten Überwachung von deren Gesundheitszustand nach individuellen Vorgaben beziehungsweise nach unabweisbaren Erfordernissen, etwa im Notfall.

Smart Home (Hausautomation): Teilbereich der ***Smart-Building***-Technologien, der auf die Gegebenheiten privater Wohnhäuser und die speziellen Bedürfnissen der Bewohner ausgerichtet ist. Das Ziel ist es, Wohnkomfort und Sicherheit zu erhöhen sowie mehrere Wohnsitze überwachen zu können.

Smart Logistics: durch ***IKT*** getriebene Maßnahmen, Güterverkehr und Lagerhaltung mithilfe intelligenter Mess- und Steuerungstechniken zu optimieren oder zu reduzieren.

Smart Meter (Intelligenter Verbrauchszähler): elektronischer Zähler im Haushalt, der über den reinen Verbrauch hinaus Verbrauchszeiträume erfassen, speichern und diese Daten an Kunden oder Dritte kommunizieren kann.

Smart Mobility; siehe ***Intelligente Mobilität***.

Smart Tag: ultraflache passive ***RFID***-Transponder, die samt Antenne auf eine Folie aufgebracht werden, die dann wie Papier weiterverarbeitet werden kann. Möglich ist auch ihre Integration in Chipkarten.

Softwareagent: Computerprogramm, das zu einem gewissen eigenständigen Verhalten fähig ist. ***Agenten*** finden Anwendung in den Bereichen E-Commerce, Informationsrecherche, Simulation, Erledigen von Routineaufgaben und in ***autono-***

men Systemen. Sie haben meist einen speziellen Fokus, zum Beispiel intelligentes Verhalten in der vernetzten Produktion oder ***IT-Sicherheit***.

Soziotechnisches System: funktionales Zusammenwirken von Menschen oder Gruppen von Menschen mit Technik/ Technologien.

Stakeholder: natürliche oder juristische Personen oder Interessengruppen, die von der Entwicklung, vom Einsatz und vom Betrieb eines zu entwickelnden Systems betroffen sind und somit ein Interesse am Verlauf und Ergebnis von dessen Entwicklung und Einsatz haben.

System of Systems: strukturiertes System, das sich aus Teilsystemen zusammensetzt, die üblicherweise hierarchisch angeordnet sind und jeweils eigenständig funktionieren.

Tailoring: Zuschnitt auf eine bestimmte Anforderung oder Anwendung hin.

Technische Architektur: Darstellung der konkreten technischen Dimensionierung, Realisierung und Strukturierung eines Systems.

Technische Interoperabilität: Fähigkeit von Computersystemen zum Datenaustausch. Zwischen technisch interoperablen Systemen bestehen ein eindeutig definiertes Kommunikationsprotokoll und eine etablierte ***Kommunikationsinfrastruktur***.

Teilweise autonomes Fahren: Betriebsart von Fahrzeugen, bei denen zwar Menschen fahren; Cyber-Physical Systems jedoch bei Routinetätigkeiten Unterstützung leisten, zum Beispiel beim Spurhalten, und gegebenenfalls aktiv in die Fahrzeugführung eingreifen. Die Entscheidung, ob ein solcher Eingriff stattfindet, wird nach festen und gegebenenfalls zusätzlich erlernten Regeln getroffen; siehe auch ***Autonomes Fahren***.

Teilüberwachtes Lernen (Partially- and Semi-supervised Learning): Teilgebiet des ***Maschinellen Lernens***, das sich mit dem Lernen anhand großer Datenmengen beschäftigt, wenn nur für einen kleinen Teil dieser Daten eine Zuordnung vorliegt. Bei vollständiger Zuordnung spricht man von überwachtem Lernen; ohne Zuordnung von nicht überwachtem Lernen.

Telematik: Verknüpfung der Technologiebereiche Telekommunikation und Informatik.

Traceability: Fähigkeit im Systemsmanagement, die Anforderungen an eine Systemfunktion zu allen Elementen hin zu verfolgen, die allein oder im Verbund diese Funktion realisieren und damit die Anforderungen erfüllen; siehe auch ***Anforderungsverfolgbarkeit***.

Transparenz: ***Privatsphärenschutzziel***, nach dem Funktionsweise und Wirkung eines Systems für Betroffene und Betreiber in ausreichendem Maß und jederzeit verständlich sind. Erhebung, Verarbeitung und Nutzung in Bezug ***personenbezogener Daten*** müssen mit zumutbarem Aufwand nachvollzogen, überprüft und bewertet werden können.

Trusted Computing Module (TCM): Ausprägung eines ***HSM***, dessen Funktionen in einer Spezifikation der Trusted Computing Group (TCG) festgelegt sind.

Trusted Platform Module (TPM); siehe ***Trusted Computing Module***.

Ubiquitous Computing: Allgegenwart rechnergestützter Informationsverarbeitung. Weit über PC und Laptop und das dortige Paradigma der ***Mensch-Maschine-Interaktion*** hinausgehend, wird die Informationsverarbeitung in alltägliche Objekte und Aktivitäten integriert; über das ***Internet der Dinge*** werden Menschen teils unmerklich bei ihren Tätigkeiten unterstützt.

UML (Unified Modeling Language): grafische Modellierungssprache zur Spezifikation, Konstruktion und Dokumentation von Software und anderen Systemen. Sie wird von der Object Management Group (OMG) entwickelt und ist standardisiert (ISO/IEC 19501). UML definiert die meisten der für Modellierungen wichtigen Begriffe und legt mögliche Beziehungen zwischen ihnen fest, ferner grafische Notationen für diese Begriffe und für Modelle statischer Strukturen und dynamischer Abläufe, die man mit ihnen formulieren kann. Außerdem beschreibt sie ein Format, in dem Modelle und Diagramme zwischen Werkzeugen ausgetauscht werden können.

Usability; siehe ***Brauchbarkeit***.

Usability Engineering: Prozess, der parallel zur klassischen Planungs- und Entwicklungsarbeit die spätere Gebrauchstauglichkeit eines Systems, insbesondere der ***Mensch-Maschine-Schnittstelle***, sicherstellt. Der Prozess läuft iterativ ab, denn Experten überprüfen in jedem Projektschritt die Konformität des Systems zu den definierten Zielen und Bedürfnissen der späteren Nutzer; siehe auch ***User-Centered Design.***

User-centered Design (UCD, nutzerzentrierter Entwurf): Methode der Entwicklung gemäß dem Standard ISO 13407, unter besonderer Berücksichtigung der Bedürfnisse und Einbeziehung der Nutzer. Die Entwicklung erfolgt in mehreren Iterationszyklen der Phasen (1) Analyse und Anforderungen, (2) Implementierung, (3) Test und (4) Evaluation, wobei die Ergebnisse der Evaluation des vorhergehenden Zyklus in die Anforderungen an den nächsten einfließen; siehe auch ***partizipative Gestaltung***.

Validierung: Überprüfen der expliziten oder impliziten Anforderungen an ein System während oder am Ende des Entwicklungsprozesses, um zu prüfen, ob das System die Erwartungen und Bedürfnisse der ***Stakeholder*** erfüllt.

Verfeinerung (Refinement): Verfahren in der Informatik, bei dem aus einer abstrakten Beschreibung im Sinn einer formalen Spezifikation (auch ***Modell***) eine konkretere Beschreibung oder ein ausführbares Programm abgeleitet wird. Eine Verfeinerung erhält dabei in der konkreten Beschreibung die bestimmten Eigenschaften der abstrakten Beschreibung. Zwischen den beiden Beschreibungen besteht eine formal nachweisbare Beziehung der Korrektheit, auch Verfeinerungsbeziehung genannt.

Verfügbarkeit (Availability): Eigenschaft von Verfahren und Daten, zeitgerecht zur Verfügung zu stehen und ordnungsgemäß angewendet werden zu können. Autorisierte Benutzer dürfen am Zugriff auf Informationen und Systeme nicht gehindert werden.

Verifikation: Überprüfen der Übereinstimmung des Ergebnisses einer Entwicklungsphase mit seiner Spezifikation, also mit den zuvor gegebenen Anforderungen.

Verlässlichkeit (Dependability): Kombination klassischer Aspekte der ***Betriebssicherheit*** und der ***IT-Sicherheit***, beispielsweise ***Funktionale Sicherheit***, ***Zuverlässigkeit***, ***Verfügbarkeit***, ***Vertraulichkeit***, ***Integrität*** und ***Wartbarkeit***.

Vertraulichkeit (Confidentiality): Anforderung an Verfahren und Daten, dass nur befugte Personen darauf zugreifen können. Vertrauliche Informationen dürfen nicht unberechtigt zur Kenntnis genommen oder weitergegeben werden.

Viewpoint (Perspektive): Strukturierungskonzept des Systems ***Engineering*** für die Spezifikation von Anforderungs- und Systemwissen aus Sicht von ***Stakeholdern*** und von deren Zielen für Einsatz und Entwicklung der Systeme.

Virtualisierung: Herstellung einer virtuellen (anstatt tatsächlichen) Version losgelöst von den konkreten Betriebsmitteln, wie einer Hardwareplattform, einem Betriebssystem, einem Speichermedium oder Netzwerkressourcen.

Virtuelles Kraftwerk (Virtual Power Plant, VPP): Zusammenschaltung von kleinen, dezentralen Stromerzeugern zu einer Energiequelle, auf die Verbraucher zentral zugreifen können.

Virtual Engineering (Virtuelles Engineering): Lehre vom Umgang von Ingenieuren mit virtuellen Produkten. Dazu gehört die rechnerbasierte und integrierte ***Modell***bildung eines Produkts über dessen gesamten Lebenszyklus hinweg unter Nutzung der Technologien der virtuellen Realität als Projektions- und Arbeitsumgebung. Das virtuelle Engineering ermöglicht es Entwicklern, Lieferanten, Herstellern und Kunden, zukünftige Produkte von der Spezifikation bis hin zu ***Wartung*** und Wiederaufbereitung rein virtuell zu handhaben und hinsichtlich seiner Eigenschaften und Funktionen realitätsnah zu beurteilen.

Wartbarkeit (Maintainability): Eigenschaft eines Systems, verändert oder erweitert werden zu können. Der Zweck ist es, Defekte und Mängel zu isolieren und zu beseitigen oder das System auf neue Anforderungen einzurichten, sodass es in einem veränderten Umfeld funktioniert.

Web 2.0: Schlagwort, das für eine Reihe interaktiver und kollaborativer Elemente des Internets verwendet wird. Hierbei konsumieren Nutzer nicht nur den Inhalt, sondern stellen ihn zur Verfügung und kombinieren ihn flexibel aus verschiedenen Quellen.

Wertschöpfungskette: Modell der Wertschöpfung als sequenzielle, abgestufte Reihung von Tätigkeiten beziehungsweise Prozessen, von der Entwicklung über die Produktion bis hin zu Vermarktung und Dienstleistungen.

Wertschöpfungsnetzwerk: dezentrales polyzentrisches Netzwerk, das gekennzeichnet ist durch komplexe wechselseitige Beziehungen zwischen autonomen, rechtlich selbstständigen Akteuren. Es bildet eine Interessengemeinschaft von potenziellen Wertschöpfungspartnern, die bei Bedarf in gemeinsamen Prozessen interagieren. Die Entstehung von Wertschöpfungsnetzwerken ist auf nachhaltigen ökonomischen Mehrwert ausgerichtet. Besondere Ausprägungen von Wertschöpfungsnetzwerken werden als ***Business Webs*** bezeichnet.

Wertschöpfungssystem: Verbund von Unternehmen, die miteinander in Leistungsbeziehungen stehen und untereinander Güter, Informationen, ***Dienste*** und Geld austauschen; siehe auch ***Ökosystem***.

Wiederverwendbarkeit (Re-Usability): Eigenschaft von Softwarebausteinen, über ihren Entstehungszweck hinaus eingesetzt werden zu können und zu funktionieren; wiederholte Entwicklungen können so vermieden werden.

X-Awareness: Fähigkeit zur zutreffenden Wahrnehmung und Interpretation von Situationen und Kontexten einschließlich der Zustände, Absichten, Ziele und Handlungszwecke von beteiligten Menschen oder Systemen; siehe auch ***Situationserfassung*** und ***Kontexterfassung***.

XML (Extensible Markup Language): Sprache zur Darstellung hierarchisch strukturierter Daten in Form von Textdaten. XML wird unter anderem für den plattform- und implementationsunabhängigen Austausch von Daten zwischen Computersystemen eingesetzt, besonders über das Internet.

Zuverlässigkeit (Reliability): Fähigkeit beziehungsweise Verhaltensmerkmal eines Systems, das angibt, wie ***verlässlich*** es die ihm zugedachte Funktionalität über einen bestimmten Zeitraum erbringt.

LITERATURVERZEICHNIS

[3sa11].
3sat: *Späher, Scanner und Sensoren – Kann Technik uns vor Terrorismus schützen?* (Beitrag in der Sendung hitec), Erstausstrahlung 10. Oktober 2011.

[ABB+09].
Achatz, R./Beetz, K./Broy, M./Dämbkes, H./Damm, W./Grimm, K./Liggesmeyer, P.: *Nationale Roadmap Embedded Systems*, Frankfurt/Main: ZVEI (Zentralverband Elektrotechnik und Elektronikindustrie e. V.), Kompetenzzentrum Embedded Software & Systems 2009.

[ABB+11].
Appelrath, H.J./Behrendt, F./Bognar, K./Mattern, F./Mayer, C./Weiss, M.: *Forschungsfragen im „Internet der Energie"* (acatech MATERIALIEN, Nr. 1), München 2011.

[ABD+10].
Traub, K. (Hrsg.)/Armenio, F./Barthel, H./Dietrich, P./Duker, J./Floerkemeier, C./Garrett, J./Harrison, M./Hogan, B./Mitsugi, J./Preishuber-Puegl, J./Ryaboy, O./Sarma, S./Suen, K./Williams, J.: *The EPC global Architecture Framework.*(Technical Report, GS1, Final Version 1.4), 2010. URL: http://www.gs1.org/gsmp/kc/epcglobal/architecture/architecture_1_4-framework-20101215.pdf [Stand: 12.01.2012].

[ABI09].
Allied Business Intelligence (ABI): *Global Navigation Satellite Positioning Solutions: Markets and Applications for GPS, Galileo, GLONASS, and Beidou* (Research report), 2009. URL: http://www.abiresearch.com/research/1003224-Global+Navigation+Satellite+Positioning+Solutions [Stand: 12.01.2012].

[aca11a].
acatech (Hrsg.): *Akzeptanz von Technik und Infrastrukturen: Anmerkungen zu einem aktuellen gesellschaftlichen Problem* (acatech BEZIEHT POSITION, Nr. 9), Heidelberg u. a.: Springer Verlag 2011.

[aca11b].
acatech (Hrsg.): *Smart Cities: Deutsche Hochtechnologie für die Stadt der Zukunft – Aufgaben und Chancen* (acatech BEZIEHT POSITION, Nr. 10), Heidelberg u. a.: Springer Verlag 2011.

[aca11c].
acatech (Hrsg.): *Umfrage Cyber-Physical Systems: Mittelstand wünscht sich Interdisziplinarität und Benutzerfreundlichkeit* (acatech Presseinformationen und News), 31. August 2011. URL: http://www.acatech.de/de/aktuelles-presse/presseinformationen-news/news-detail/artikel/umfrage-cyber-physical-systems-mittelstand-wuenscht-sich-interdisziplinaritaet-und-benutzerfreundli.html [Stand 12.01.2012].

[aca11d].
acatech (Hrsg.): *Cyber-Physical Systems. Innovationsmotor für Mobilität, Gesundheit, Energie und Produktion* (acatech POSITION), Heidelberg u. a.: Springer Verlag 2011.

[ACW11].
Agrawala, A./Corner, M./Wetherall D. (Hrsg.): *9th International Conference on Mobile Systems, Applications, and Services* (MobiSys'11, Proceedings, ACM), 2011.

[ADI].
ADIWA: *ADIWA - Allianz Digitaler Warenfluss.* URL: http://www.adiwa.net/ [Stand: 12.01.2012].

[AG-09].
Innovationsrat Baden-Württemberg: AG-I: *Baden-Württemberg 2025: Wirtschaft, Gesellschaft und industrieller Wandel- Endbericht*, 2009. URL: http://www.baden-wuerttemberg.de/fm7/1899/Endbericht%20der%20Arbeitsgruppe%20I%20Baden-W%FCrttemberg%202025.pdf [Stand: 12.01.2012].

[AIM].
Deutsches Zentrum für Luft- und Raumfahrt (DLR): *Anwendungsplattform Intelligente Mobilität (AIM)*. URL: http://www.dlr.de/fs/desktopdefault.aspx/tabid-6422/10597_read-23684/ [Stand: 12.01.2012].

[AKT].
AKTIV: *aktiv - Adaptive und kooperative Technologien für den intelligenten Verkehr*. URL: http://aktiv-online.org/ [Stand: 12.01.2012].

[AKvdM01].
Arnold, E./Kuhlman, S./van der Meulen, B.: *A singular council: Evaluation of the Research Council of Norway* (Report to the Royal Norwegian Ministry of the Church, Education and Research Affairs), technopolis 2001. URL: http://www.technopolis-group.com/resources/downloads/reports/243_RCN_Synthesis.pdf [Stand: 12.01.2012].

[ALE].
ALETHEIA: *Semantische Föderation umfassender Produktinformationen*. URL: http://www.aletheia-projekt.de/ [Stand: 12.01.2012].

[ALRL04].
Avizienis, A./Laprie, J.C./Randell, B./Landwehr, C.: *Basic Concepts and Taxonomy of Dependable and Secure Computing*. In: IEEE Transactions on Dependable and Secure Computing, 1(1) 2004, S. 383-396.

[aML11].
Automation ML: E*rfolge innerhalb der IEC-Standardisierung* (openautomation.de), Februar 2011. URL: http://www.openautomation.de/2069-0-automation-ml-erfolge-innerhalb-der-iec-standardisierung.html [Stand: 12.01.2012].

[And12].
Andrews, L.: *Wie die Datensammel-Industrie hinter Facebook und Co. funktioniert*, Süddeutsche Zeitung, 10. Februar 2012. URL: http://www.sueddeutsche.de/digital/auswertung-persoenlicher-informationen-wie-die-datensammel-industrie-hinter-facebook-und-co-funktioniert-1.1280573 [Stand: 10.02.2012].

[AR11].
Abele, E./Reinhart, G.: *Zukunft der Produktion: Herausforderungen, Forschungsfelder, Chancen*, Carl Hanser Verlag 2011.

[Arb11].
BICC: *Arbeitskreis Multicore: Multicore-Technologien für Embedded Systems: zur Bedeutung, Bestandsaufnahme und Potentialermittlung für den Industrie- und Forschungsstandort Deutschland*. URL: http://bicc-net.de/aktivitaeten/aktivitaet/arbeitskreis-multicore/ [Stand: 12.01.2012].

[ART11].
ARTEMIS Industry Association: *Strategic Research Agenda 2011: Technical report*, 2011. URL: http://www.artemis-ia.eu/publication/download/publication/541 [Stand: 12.01.2012].

[ASP08].
ASP-DAC (Hrsg.): *13th Asia South Pacific Design Automation Conference (ASP-DAC'08, Proceedings)*, LosAlamitos: IEEE Computer Society Press 2008.

[AUT].
AUTOSTAR: *AUTOSAR - Automotive open system architecture*. URL: http://www.autosar.org/ [Stand: 12.01.2012].

[AVA].
AVACS: *AVACS - Automatic Verification and Analysis of Complex Systems*. URL: http://www.avacs.org [Stand: 12.01.2012].

[AWA].
A.W.A.R.E.: *Awareness - Self Awareness in Autonomic Systems.* URL: http://www.awareproject.eu/ [Stand: 12.01.2012].

[BAA].
BAALL: *Bremen Ambient Assisted Living Lab.* URL: http://baall.informatik.uni-bremen.de/de/index.php/Hauptseite, [Stand: 12.01.2012].

[Bal00].
Balzert, H.: *Lehrbuch der Software-Technik - Software-Entwicklung*, Spektrum Akademischer Verlag 1997 - 2000, Band 1.

[Bal11].
Balser, M.: *Wenn ein Stadtwerk systemrelevant wird*, Süddeutsche Zeitung 19. Oktober 2011.

[BAS11].
Bundesanstalt für Straßenwesen: Volkswirtschaftliche Kosten durch Straßenverkehrsunfälle 2009. BASt aktuell, Seite 2, 2011. URL: http://www.bast.de/cln_031/nn_957200/DE/Publikationen/BASt-aktuell/Downloads/BASt-aktuell-2011-02,templateId=raw,property=publicationFile.pdf/BASt-aktuell-2011-02.pdf. [Stand: 12.01.2012].

[Bau09].
Baum, G.: *Rettet die Grundrechte! Bürgerfreiheit contra Sicherheitswahn - Eine Streitschrift*, Kiepenheuer & Witsch Verlag 2009.

[BBB04].
Brown, T./Beyeler, W./Barton, D.: *Assessing infrastructure interdependencies: The challenge of risk analysis for complex adaptive systems.* In: International Journal of Critical Infrastructures, 1(1) 2004, S. 108-117.

[BBB+11].
Beinhauer, W./Bierkandt, J./Block, M./Büllesfeld, E./Link, J.: *Trendstudie - Auszug der Studie: Trends und Entwicklungen im Umfeld von Automaten* (Technischer Bericht, Fraunhofer-Institut für Arbeitswirtschaft und Organisation (IAO)), 2011. URL: http://www.erlebnis-automat.de/cms/images/documents/auszug_trendstudie.pdf. [Stand: 12.01.2012].

[BBD+11].
Bernard, M./Buckl, C./Doricht, V./Fehling, M./Fiege, L./Grolman, H. von/Ivandic, N./Janello, C./Klein, C./Kuhn, K./Patzlaff, C./Riedl, B./Schätz, B./Stanek, C.: *Mehr Software (im) Wagen: Informations- und Kommunikationstechnik (IKT) als Motor der Elektromobilität der Zukunft* (Abschlussbericht des vom Bundesministerium für Wirtschaft und Technologie geförderten Verbundvorhabens "eCar-IKT-Systemarchitektur für Elektromobilität"). In: Antriebstechnik, Fahrzeugtechnik, Speichertechnik (2. Automobiltechnisches Kolloquium, Proceedings). VDI Verlag 2011.

[BBE07].
Bischoff, J./Barthel, H./Eisele, M.: *Automobilbau mit Zukunft: Baustein und Konzepte für Produktion und Logistik.* LOG X 2007.

[BBLR11].
Beinhauer, W./Bierkandt, J./Link, J./Ringbauer, B.: *Qualitätsmerkmale - Auszug des Leitfadens „Entwicklung und Bewertung von Automaten".* (Technischer Bericht, Fraunhofer-Institut für Arbeitswirtschaft und Organisation (IAO)), 2011. URL: http://www.erlebnis-automat.de/cms/phocadownload/2011_07_21_auszug_leitfaden%20qualittsmerkmale.pdf. [Stand: 12.01.2012].

[BCHM06].
Bernon, C./Chevrier, V./Hilaire, V./Marrow, P.: *Applications of self-organising multi-agent systems: An initial framework for comparison*. In: Informatica (Slovenia), 30(1) 2006, S. 73-82.

[BDF+06].
Bizer, J./Dingel, K./Fabian, B./Günther, O./Hansen, M./ Klafft, M./Moller, J./Spiekermann, S.: *Technikfolgenabschätzung: Ubiquitäres Computing und Informationelle Selbstbestimmung* (Studie im Auftrag des Bundesministeriums für Bildung und Forschung, Technischer Bericht, Unabhängiges Landeszentrum für Datenschutz Schleswig-Holstein (ULD) und Institut für Wirtschaftsinformatik der Humboldt-Universität zu Berlin (HU)), 2006. URL: http://www.taucis.hu-berlin.de/_download/TAUCIS_Studie.pdf. [Stand: 12.01.2012].

[Ber07].
Berger, T.: *Softwareproduktlinien-Entwicklung - Domain Engineering: Konzepte, Probleme und Lösungsansätze* (Diplomarbeit), Universität Leipzig 2007.

[Ber09].
Roland Berger Strategy Consultants (Hrsg.): *Global Automation Industry Study 2015* (Technical report), 2009.

[Ber10a].
Roland Berger Strategy Consultants(Hrsg.): *Automation: Time to find your true north - Global view on the automation industry* (Technical report), 2010. URL: http://www.rolandberger.com/media/pdf/Roland_Berger_taStudy_Automation_20100706.pdf [Stand: 12.01.2012].

[Ber10b].
Roland Berger Strategy Consultants(Hrsg.): *IT-Anbieter einer neuen Generation: Der Europäische Weg* (Technischer Bericht), 2010. URL: http://www.rolandberger.com/media/pdf/Roland_Berger_IT_Anbieter_einer_neuen_Generation_20101025.pdf [Stand: 12.01.2012].

[Ber11a].
Roland Berger Strategy Consultants (Hrsg.): *Production Systems 2020: Global challenges and winning strategies for the mechanical engineering industry* (Technical report), 2011. URL: http://www.rolandberger.com/media/pdf/Roland_Berger_Production_Systems_2020_20110419.pdf [Stand: 12.01.2012].

[Ber11b].
Bergert, D.: *TomTom verkauft Geschwindigkeits-Daten an die Polizei*, PC-Welt 28. April 2011. URL: http://www.pcwelt.de/news/Navigation-TomTom-verkauft-Geschwindigkeits-Daten-an-die-Polizei-1544623.html [Stand: 12.01.2012].

[Ber11c].
Bernau, V.: *Foulspiel*. Süddeutsche Zeitung, 30. September 2011.

[BFG+ 08].
Broy, M./Feilkas, M/Grünbauer, J./Gruler, A./Harhurin, A./Hartmann, J./Penzenstadler, B./Schätz, B./Wild, D.: *Umfassendes Architekturmodell für das Engineering eingebetteter Software-intensiver Systeme* (Technischer Bericht, TUM-I0816, Technische Universität München), 2008. URL: http://www4.in.tum.de/publ/papers/TUM-I0816.pdf [Stand: 12.01.2012].

[BGK+ 07].
Broy, M./Geisberger, E./Kazmeier, J./Rudorfer, A./Beetz, K.: „Ein Requirements-Engineering-Referenzmodell". In: *Informatik Spektrum 30*(3) 2007, S. 127-142.

[BHGZ09].
Brand, L./Hülser, T/Grimm, V./Zweck, A.: *Internet der Dinge: Übersichtsstudie* (Technischer Bericht, Zukünftige Technologien Consulting der VDI Technologiezentrum GmbH), 2009. URL: http://www.vdi.de/fileadmin/vdi_de/redakteur/dps_bilder/TZ/2009/Band%2080_IdD_komplett.pdf [Stand: 12.01.2012].

[Bie11].
Bielicki, J.: *Städte unter Strom*. Süddeutsche Zeitung, 7. Oktober 2011.

[Bis07].
Bishop, C.: *Pattern Recognition and Machine Learning* (Corr. 2nd printing.), Springer: New York 2007.

[BIT08].
Bundesverband Informationswirtschaft, Telekommunikation und neue Medien e. V. (Hrsg.): *Studie zur Bedeutung des Sektors Embedded-Systeme in Deutschland* (Technischer Bericht, BITKOM), 2008. URL: http://www.bitkom.org/files/documents/Studie_BITKOM_Embedded-Systeme_11_11_2008.pdf [Stand: 12.01.2012].

[BIT11a].
Bundesverband Informationswirtschaft, Telekommunikation und neue Medien e. V. (Hrsg.): *Smart Cities - Grüne ITK zur Zukunftssicherung moderner Städte* (Technischer Bericht, BITKOM), 2011. URL: http://www.bitkom.org/files/documents/Smart_Cities_Studie_Mai_2011.pdf [Stand: 12.01.2012].

[BIT11b].
Bundesverband Informationswirtschaft, Telekommunikation und neue Medien e. V. (Hrsg.): *Studie Automobil - ITK im Auto und Elektromobilität* (Technischer Bericht,BITKOM), 2011. URL: http://www.bitkom.org/files/documents/BITKOM_Studie_Automobil_-_ITK_im_Auto_und_Elektromobilitaet.pdf [Stand: 12.01.2012].

[BJ94].
Braun, I./Joerges, B.(Hrsg.): *Technik ohne Grenzen*, Frankfurt/Main: Suhrkamp 1994.

[BK02].
Buld, S./Krüger, H.: *Wirkungen von Assistenz und Automation auf Fahrerzustand und Fahrsicherheit* (Technischer Bericht, Interdisziplinäres Zentrum für Verkehrswissenschaften (IZVW) Universität Würzburg), Projekt Effort-Management und Performance-Handling in sicherheitsrelevanten Situationen (EMPHASIS), Abschlussbericht, 2002. URL: http://lexikon.kfz.tu-berlin.de/apsn/uploads/media/Emphasis_Abschlussbericht.pdf [Stand: 12.01.2012].

[BKS11].
Brecher, C./Kozielski, S./Schapp, L.: *Integrative Produktionstechnik für Hochlohnländer*. In: Gausemeier, J/Wiendahl H. [GW11]., S. 47-70. URL: http://www.acatech.de/fileadmin/user_upload/Baumstruktur_nach_Website/Acatech/root/de/Publikationen/acatech_diskutiert/acatech_diskutiert_Wertschoepfung_WEB.pdf [Stand: 12.01.2012].

[BMB06].
Bundesministerium für Bildung und Forschung (Hrsg.): *Die Hightech-Strategie für Deutschland* (Technischer Bericht, Referat Öffentlichkeitsarbeit, BMBF), Bonn/Berlin 2006. URL: http://www.bmbf.de/pub/bmbf_hts_kurz.pdf [Stand: 12.01.2012].

[BMB07].
Bundesministerium für Bildung und Forschung (Hrsg.): *Deutschlands Spitzencluster: Mehr Innovation, Mehr Wachstum, Mehr Beschäftigung*, 2007. URL: http://www.bmbf.de/de/10726.php [Stand: 12.01.2012].

[BMB10].
Bundesministerium für Bildung und Forschung (Hrsg.): *Ideen. Innovation. Wachstum Hightech-Strategie 2020 für Deutschland* (Technischer Bericht, Referat Innovationspolitische Querschnittsfragen, Rahmenbedingungen, BMBF), Bonn/Berlin 2010. URL: http://www.bmbf.de/pub/hts_2020.pdf [Stand: 12.01.2012].

[BMW08].
Bundesministerium für Wirtschaft und Technologie (Hrsg.): *Zukunft & Zukunftsfähigkeit der deutschen Informations- und Kommunikationstechnologie - Abschlussbericht der ersten Projektphase* (Technischer Bericht), 2008. URL: http://www.bmwi.de/Dateien/BMWi/PDF/IT-Gipfel/studie-zukunftsfaehigkeit-der-deutschen-ikt,property=pdf,bereich=bmwi,sprache=de,rwb=true.pdf [Stand: 12.01.2012].

[BMW09a].
Bundesministerium für Wirtschaft und Technologie (Hrsg.): *Internet der Dinge: Leitfaden zu technischen, organisatorischen, rechtlichen und sicherheitsrelevanten Aspekten bei der Realisierung neuer RFID-gestützter Prozesse in Wirtschaft und Verwaltung* (Dokumentation 581), 2009. URL: http://www.internet-of-things.eu/resources/documents/internet-der-dinge [Stand: 12.01.2012].

[BMW09b].
Bundesministerium für Wirtschaft und Technologie (Hrsg.): *Zukunft und Zukunftsfähigkeit der Informations- und Kommunikationstechnologien und Medien - Internationale Delphi-Studie 2030* (Executive Summary und Methodik, Technischer Bericht), 2009. URL: http://www.bmwi.de/BMWi/Redaktion/PDF/Publikationen/Studien/zukunft-und-zukunftsfaehigkeit-ikt-medien-executive-summary-methodik,property=pdf,bereich=bmwi,sprache=de,rwb=true.pdf [Stand: 12.01.2012].

[BMW10a].
Bundesministerium für Wirtschaft und Technologie (Hrsg.): *Das Internet der Dienste. Innovationspolitik, Informationsgesellschaft, Telekommunikation* 2010. URL: http://bmwi.de/BMWi/Redaktion/PDF/Publikationen/Technologie-und-Innovation/internet-der-dienste,property=pdf,bereich=bmwi,sprache=de,rwb=true.pdf [Stand: 12.01.2012].

[BMW10b].
Bundesministerium für Wirtschaft und Technologie (Hrsg.): *Das THESEUS-Forschungsprogramm: Neue Technologien für das Internet der Dienste* 2010. URL: http://theseus-programm.de/ [Stand: 12.01.2012].

[BMW10c].
Bundesministerium für Wirtschaft und Technologie (Hrsg.): *Offen für die Zukunft - Offen in die Zukunft* (Technischer Bericht), 2010. URL: http://www.muenchner-kreis.de/typo3conf/ext/naw_securedl/secure.php?u=0&file=fileadmin/dokumente/Download/Offen_fuer_die_Zukunft_Offen_in_die_Zukunft.pdf&t=1288951855&hash=5276553976a47ee360991db68a9094de [Stand: 12.01.2012].

[BMW10d].
Bundesministerium für Wirtschaft und Technologie (Hrsg.): *Sichere Internet-Dienste – Sicheres Cloud Computing für Mittelstand und öffentlichen Sektor* (Trusted Cloud), 2010. URL: http://www.bmwi.de/BMWi/Redaktion/PDF/Publikationen/Technologie-und-Innovation/sichere-internet-dienste-sicheres-cloud-computing,property=pdf,bereich=bmwi,sprache=de,rwb=true.pdf [Stand: 12.01.2012].

[BMW11a].
Bundesministerium für Wirtschaft und Technologie (Hrsg.): *Autonomik - Autonome und simulationsbasierte Systeme für den Mittelstand* 2011. URL: http://www.autonomik.de [Stand: 12.01.2012].

[BMW11b].
Bundesministerium für Wirtschaft und Technologie (Hrsg.): *Zentrales Innovationsprogramm Mittelstand* (Fördermodul ZIM-KOOP Fördermodul ZIM-SOLO Fördermodul ZIM-NEMO), 2011. URL: http://www.zim-bmwi.de/ [Stand: 12.01.2012].

[BN97].
Brandenburger, A./Nalebuff, B. (Hrsg.): *Co-opetition: 1. A revolutionary mindset that combines competition and cooperation, 2. The Game Theory strategy that's changing the game of business*, Currency Doubleday 1997.

[Bra00].
Brands, S. (Hrsg.): *Rethinking Public Key Infrastructures and Digital Certificates; Building in Privacy*, Cambridge: MIT Press 2000.

[Bro10].
Broy, M. (Hrsg.): Cyber-Physical Systems: *Innovation durch softwareintensive eingebettete Systeme* (acatech DISKUTIERT), Heidelberg u. a.: Springer Verlag 2010. URL: http://www.acatech.de/fileadmin/user_upload/Baumstruktur_nach_Website/Acatech/root/de/Publikationen/acatech_diskutiert/acatech_diskutiert_CPS_einseitig_ol.pdf [Stand: 12.01.2012].

[BRO11].
Bundesregierung: *Höhere Energieeffizienz bei Gebäuden* (Nachrichten, Regierung online), 2011. URL: http://www.bundesregierung.de/nn_1272/Content/DE/Artikel/2011/04/2011-04-07-energieeffizienz.html. [Stand: 12.01.2012].

[BS00].
Bussmann, S./Schild, K.: *Self-Organizing Manufacturing Control: An Industrial Application of Agent Technology*, (Fourth International Conference on MultiAgent Systems, Proceedings), 2000, S. 87-94.

[BSI10].
Bundesamt für Sicherheit in der Informationstechnik (Hrsg.): *Leitfaden Informationssicherheit - IT-Grundschutz kompakt.* (Technischer Bericht BSI-Bro10/311, Referat 114 Sicherheitsmanagement und IT Grundschutz), 2010. URL: https://www.bsi.bund.de/SharedDocs/Downloads/DE/BSI/Grundschutz/Leitfaden/GS-Leitfaden_pdf.pdf?blob=publicationFile. [Stand: 12.01.2012].

[Bul02].
Bullinger, H.: *Virtual Engineering und Rapid Prototyping*, (Entwicklung und Erprobung Innovativer Produkte - Rapid Prototyping, Forschungsforum 2002). Universität Stuttgart 2002.

[BVe83].
Bundesverfassungsgericht: Volkszählungsurteil, BVerfGE 65, 1, 1983. URL: http://www.bfdi.bund.de/DE/GesetzeUndRechtsprechung/Rechtsprechung/BDSGDatenschutzAllgemein/Artikel/151283_VolkszaehlungsUrteil.html;jsessionid=238890526283F442781F95A15E49CBA8.1_cid134?nn=1236576 [Stand: 12.01.2012].

[BW08].
Bräuninger, M./Wohlers, E.: *Medizintechnik in Deutschland: Zukunftsbranche Medizintechnik - Auch im Norden ein Wachstumsmotor*, (Technischer Bericht, Hamburgisches WeltWirtschaftsInstitut, Studie im Auftrag der HSH Nordbank AG), 2008. URL: http://www.hwwi.org/fileadmin/hwwi/Publikationen/Partnerpublikationen/HSH/Medizintechnik-Studie.pdf [Stand: 12.01.2012].

[Cal12].
Calonego, B.: *Der Feind in meiner Steckdose*. Süddeutsche Zeitung, 16. Januar 2012.

[Car03].
Carr, N.: *IT doesn't matter*. In: Harvard Business Review, 81(5) 2003, S. 41-49.

[Car08].
Carr, N.: *The Big Switch: Rewiring the World - from Edison to Google*, W. W. Norton & Company 2008.

[car11].
carIT: *Modernisierungswettlauf: Audi setzt auf Vernetzung.* 2011. URL: http://www.car-it.automotiveit.eu/modernisierungswettlauf-audi-setzt-auf-vernetzung/id-0025678 [Stand: 12.01.2012].

[Cav09].
Cavoukian, A.: *Privacy by Design* (Technical report, Office of the Information and Privacy Commissioner, Ontario), 2009. URL: http://www.privacybydesign.ca/content/uploads/2010/03/PrivacybyDesignBook.pdf [Stand: 12.01.2012].

[CC08].
Cohen-Cole, E.: *Credit Card Redlining* (Quantitative Analysis Unit (QAU) Working Paper QAU08-1), Federal Reserve Bank of Boston 2008. URL: http://www.bos.frb.org/bankinfo/qau/wp/2008/qau0801.pdf [Stand: 12.01.2012].

[CES].
CESAR - Cost-efficient methods and processes for safety relevant embedded system. URL: http://www.cesarproject.eu/

[CES10].
CESAR: *Definition and exemplification of RSL and RMM. Deliverable D SP2 R2.1 M1, Costefficient methods and processes for safety relevant embedded systems* 2010. URL: http://www.cesarproject.eu/fileadmin/user_upload/CESAR_D_SP2_R2.1_M1_v1.000.pdf [Stand: 12.01.2012].

[CEW09].
Constantinescu, C./Eichelberger, H./Westkämper, E.: *Durchgängige und integrierte Fabrik- und Prozessplanung (Grid Engineering for Manufacturing: Continuously and integrated factory and process planning - grid engineering for manufacturing)*. In: wt Werkstattstechnik online, 99(3) 2009, S. 92-98.

[CGW09].
Cuhls, K./Ganz, W./Warnke, P. (Hrsg.): *Foresight-Prozess im Auftrag des Bundesministeriums für Bildung und Forschung (BMBF) - Zukunftsfelder neuen Zuschnitts*, Karlsruhe: Fraunhofer Verlag 2009. URL: http://www.bmbf.de/pubRD/Foresight-Prozess_BMBF_Zukunftsfelder_neuen_Zuschnitts.pdf [Stand: 12.01.2012].

[Che06].
Chesbrough, H.: *Open Business Models: How to Thrive in the New Innovation Landscape.* Harvard Business Press 2006.

[CHR].
CHROMOSOME Middleware. URL: http://www.fortiss.org/de/forschung/projekte/chromosome-middleware.html [Stand: 12.01.2012].

[Chr97].
Christensen, C.: *The Innovator's Dilemma: When New Technologies Cause Great Firms to Fail*, Harvard Business School Press 1997.

[Chr03].
Christensen, C.: *The Innovator's Dilemma: The Revolutionary Book that Will Change the Way You Do Business*, (Collins Business Essentials), Harper Paperbacks2003.

[Cir11].
Cirino, Zheng (Hrsg.): *Eureka Prometheus Project*. Civ, May 2011.

[CIT].
CityMobil - Towards Advanced Road Transport for the Urban Environment. URL: http://www.citymobil-project.eu [Stand: 12.01.2012].

[CL01].
Camenisch, J./Lysyanskaya, A.: *An Efficient System for Non-transferable Anonymous Credentials with Optional Anonymity Revocation.* In: Pfitzmann, B. (editor): Advances in Cryptology - International Conference on the Theory and Application of Cryptographic Techniques (EUROCRYPT'01, Proceedings, volume 2045 of Lecture Notes in Computer Science), Springer 2001, S. 93-118.

[CLV].
Connected Living. URL: http://www.connected-living.org [Stand: 12.01.2012].

[CMK+11].
Checkoway, S./McCoy, D./Kantor, B./Anderson, D./Shacham, H./Savage, S./Koscher, K./Czeskis, A./Roesner, F./Kohno, T.: *Comprehensive Experimental Analyses of Automotive Attack Surfaces.* In: 20th USENIX Security Symposium (Proceedings), 2011, S. 77-92. URL: http://www.autosec.org/pubs/cars-usenixsec2011.pdf [Stand: 22.02.2012].

[CMPB03].
Casassa Mont, M/Pearson, S/Bramhall, P.: *Towards Accountable Man-agement of Identity and Privacy: Sticky Policies and Enforceable Tracing Services.* In:14th International Workshop on Database and Expert Systems Applications (DEXA'03, Proceedings), S. 377–382. IEEE Computer Society 2003. Long version. URL: http://www.hpl.hp.com/techreports/2003/HPL-2003-49.pdf [Stand: 12.01.2012].

[CNI06].
International Workshop on Complex Network and Infrastructure Protection (CNIP'06, Proceedings), 2006.

[CPS08].
Cyber-Physical Systems Summit: *Holistic Approaches to Cyber-Physical Integration* (Report, CPS Week), 2008. URL: http://iccps2012.cse.wustl.edu/_doc/CPS_Summit_Report.pdf [Stand: 12.01.2012].

[CSH04].
Capurro, R./Scheule, R./Hausmanninger, T. (Hrsg.): *Vernetzt gespalten: Der Digital Divide in ethischer Perspektive,* Paderborn: Wilhelm Fink Verlag 2004.

[Cus10].
Cusumano, M.: Staying Power: *Six Enduring Principles for Managing Strategy and Innovation in an Uncertain World,* Oxford: Oxford University Press 2010.

[CvONS+ 09].
Cave, J./Oranje-Nassau, C./Schindler, H./Shehabi, A./Brutscher, P./Robinson, N.: *Trends in connectivity technologies and their socioeconomic impacts – Final report of the study: Policy Options for the Ubiquitous Internet Society* (Technical Report TR-776-EC, RAND Europe), 2009. URL: http://ec.europa.eu/information_society/activities/foi/library/docs/final-report-nosec-clean.pdf [Stand: 12.01.2012].

[CW03].
Christaller, T./Wehner, J.(Hrsg.): *Autonome Maschinen,* Wiesbaden: Westdeutscher Verlag 2003.

[CW07].
Cramer, S./Weyer, J.: *Interaktion, Risiko und Governance in hybriden Systemen.* In: Dolata/Raymund W. [DW07]. S. 267-286. URL: http://www.techniksoziologie-dortmund.de/Mitarbeiter/Cramer/K%C3%B6lnpdf.pdf [Stand: 12.01.2012].

[CYB].
Cybercars-2. URL: http://cybercars2.paris-rocquencourt.inria.fr/ [Stand: 12.01.2012].

[D3C].
Artemis Industry Association, D3COS. URL: http://www.artemis-ia.eu/project/index/view/?project=27 [Stand: 12.01.2012].

[Dav92].
Davis, A.: *Operational Prototyping: A New Development Approach.* IEEE Software, 9 1992, S. 70-78.

[Deg02].
Degele, N.: *Einführung in die Techniksoziologie,* Berlin u. a.: UTB/W. Fink 2002.

[DKE10].
Deutsche Kommission Elektrotechnik Elektronik Informationstechnik im DIN und VDE (DKE): *Medizinische elektrische Geräte – Teil 1-6: Allgemeine Festlegungen für die Sicherheit einschließlich der wesentlichen Leistungsmerkmale – Ergänzungsnorm: Gebrauchstauglichkeit* (Technischer Bericht, DIN EN 60601-1-6; VDE 0750-1-6:2010-10), 2010. URL: http://www.dke.din.de/cmd?artid=133687070&contextid=dke&bcrumblevel=1&subcommitteeid=70724983&level=tpl-art-detailansicht&committeeid=54738887&languageid=de [Stand: 12.01.2012].

[Dmi04].
Dmitriev, S.: Language Oriented Programming: *The Next Programming Paradigm (Jetbrains)*, 2004 URL: http://www.jetbrains.com/mps/docs/Language_Oriented_Programming.pdf [Stand: 12.01.2012].

[DoD09a].
Department of Defense Chief Information Officer: *Department of Defense Architecture Framework Version 2.0 (DoDAF V2.0) – Volume 1: Introduction, Overview, and Concepts – Manager's Guide* (Technical report), 2009. URL: http://cio-nii.defense.gov/docs/DoDAF%20V2%20-%20Volume%201.pdf [Stand: 12.01.2012].

[DoD09b].
Department of Defense Chief Information Officer: *Department of Defense Architecture Framework Version 2.0 (DoDAF V2.0) – Volume 2: Architectural Data and Models – Architect's Guide* (Technical report), 2009. URL: http://cio-nii.defense.gov/docs/DoDAF%20V2%20-%20Volume%202.pdf [Stand: 12.01.2012].

[DoD09c].
Department of Defense Chief Information Officer: *Department of Defense Architecture Framework Version 2.0 (DoDAF V2.0) – Volume 3: DoDAF Meta-model, Physical Exchange Specification – Developer's Guide* (Technical report), 2009. URL: http://cio-nii.defense.gov/docs/DoDAF%20V2%20-%20Volume%203.pdf [Stand: 12.01.2012].

[Dog01].
Doge, P.: *Männlichkeit, Technik, Politik: Androzentrische Selektivitäten im Prozess der politischen Techniksteuerung. In: Kultur-, Geschichts- und Sozialwissenschaften* (1. Tagung AIM Gender (Arbeitskreises für interdisziplinäre Männerforschung), Tagungsband), 2001. URL: http://www.ruendal.de/aim/pdfs/Doege.pdf [Stand: 12.01.2012].

[Dor89].
Dorner, D.: *Die Logik des Mißlingens: Strategisches Denken in komplexen Situationen*, Rowohlt Taschenbuch Verlag 1989.

[Dra10].
Drath, R. (Hrsg.): *Datenaustausch in der Anlagenplanung mit AutomationML: Integration von CAEX, PLCopen XML und COLLADA* (VDI-Buch), Heidelberg u. a.: Springer 2010.

[DW07].
Dolata, U./Werle, R. (Hrsg.): *Gesellschaft und die Macht der Technik: Sozioökonomischer und institutioneller Wandel durch Technisierung.* In: Schriften aus dem Max-Planck-Institut für Gesellschaftsforschung Köln, Nummer 58, Frankfurt u. a., Campus Verlag 2007.

[EBB].
ebbits – Business-based Internet of Things and Services. URL: http://www.ebbits-project.eu/, [Stand: 12.01.2012].

[EBJ03].
Endsley, M./Bolte, B./Jones, D.: *Designing for Situation Awareness: An Approach to User-Centered Design*, CRC Press, July 2003.

[EG10].
Erben, M./Günther, W.: *Rechtsexpertise zu selbstorganisierenden adaptiven IT Systemen.* In: Selbstorganisierende adaptive Systeme [IÖ 10]., Anhang III.

[Eic10].
Eichelberg, M.: *Interoperabilität von AAL-Systemkomponenten Teil 1: Stand der Technik*, VDE-Verlag 2010.

[Eka94].
Ekardt, H.: Unter-Gestell. *Die bautechnischen Fundamente großer technischer Systeme.* In: Braun, I./Bernward, J. [BJ94]., S. 166-211.

[ele11a].
elektroniknet.de: 2017: *Weltweit 13,9 Mio. elektrifizierte Fahrzeuge,* 23. August 2011. URL: http://www.elektroniknet.de/automotive/news/article/81468/ [Stand: 12.01.2012].

[ele11b].
elektroniknet.de: *Verbrauch neu zugelassener Pkw sinkt um 5 Prozent*, 10. August 2011. URL: http://www.elektroniknet.de/automotive/news/article/81193/ [Stand: 12.01.2012].

[ELR].
ELROB - The European Robot Trial. URL: http://www.elrob.org/catalogue.html [Stand: 12.01.2012].

[EPC07].
GS1: *Electronic Product Code (EPC): An Overview* (Technical Report, DTR/MTS-02003-1, ETSI Doc. Number ETR 130), 2007. URL: http://www.gs1.org/docs/epcglobal/an_overview_of_EPC.pdf [Stand: 12.01.2012].

[ETS94].
European Telecommunications Standards Institute (ETSI): *Methods for Testing and Specification (MTS); Interoperability and conformance testing: A classification scheme* (Technical Report, DTR/MTS-02003-1, ETSI Doc. Number ETR 130, April 1994). URL: http://www.etsi.org/deliver/etsi_etr/100_199/130/01_60/etr_130e01p.pdf [Stand: 12.01.2012].

[Eur50].
Europäische Menschenrechtskonvention (Konvention zum Schutze der Menschenrechte und Grundfreiheiten): *Artikel 8 „Recht auf Achtung des Privat- und Familienlebens"* (zuletzt geändert durch Protokoll Nr. 14 vom 13. Mai 2004 mit Wirkung von 1. Juni 2010), 4. November 1950. URL: http://dejure.org/gesetze/MRK/8.html [Stand: 12.01.2012].

[Eur95].
Europäische Gemeinschaft: *Richtlinie 95/46/EG des Europäischen Parlaments und des Rates vom 24. Oktober 1995 zum Schutz natürlicher Personen bei der Verarbeitung personenbezogener Daten und zum freien Datenverkehr.* Amtsblatt der Europäischen Gemeinschaften, (L 281):31–50, 23. November 1995. URL: http://eur-lex.europa.eu/LexUriServ/LexUriServ.do?uri=OJ:L:1995:281:0031:0050:DE:PDF [Stand: 12.01.2012].

[Eur02].
Europäische Gemeinschaft: *Richtlinie 2002/58/EG des Europäischen Parlaments und des Rates vom 12. Juli 2002 über die Verarbeitung personenbezogener Daten und den Schutz der Privatsphäre in der elektronischen Kommunikation* (Datenschutzrichtlinie für elektronische Kommunikation). Amtsblatt der Europäischen Gemeinschaften, (L 201):37–47, 31. Juli 2002. URL: http://eur-lex.europa.eu/LexUriServ/LexUriServ.do?uri=OJ:L:2002:201:0037:0047:DE:PDF [Stand: 12.01.2012].

[Eur09].
Europäische Gemeinschaft: *Richtlinie 2009/136/EG des Europäischen Parlaments und des Rates vom 25. November 2009 zur Änderung der Richtlinie 2002/22/EG über den Universaldienst und Nutzerrechte bei elektronischen Kommunikationsnetzen und - diensten, der Richtlinie 2002/58/EG über die Verarbeitung personenbezogener Daten und den Schutz der Privatsphäre in der elektronischen Kommunikation und der Verordnung (EG) Nr. 2006/2004 über die Zusammenarbeit im Verbraucherschutz).* Amtsblatt der Europäischen Gemeinschaften, (L 337):11–36, 18. Dezember 2009. URL: http://eur-lex.europa.eu/LexUriServ/LexUriServ.do?uri=OJ:L:2009:337:0011:0036:DE:PDF [Stand: 12.01.2012].

[Eve10].
Evensen, K.: *Architecture and Cross Layer. In 2nd Workshop on Intelligent Transport Systems* (ETSI TC ITS'10, Proceedings), 2010. URL: http://docbox.etsi.org/Workshop/2010/201002_ITSWORKSHOP/3_TCITS_WORKINGGROUPS/EvensenWG2_Architecture.pdf [Stand: 12.01.2012].

[EXC].
Exzellenzinitiative für Spitzenforschung an Hochschulen. URL: http://www.bmbf.de/de/1321.php [Stand: 12.01.2012].

[FAM].
Fahrautomat für autonomes Fahren in der Kfz-Prüftechnik. URL: http://zentrix-t1.te1.hs-heilbronn.de/T1_MST/fue-aktivitaeten/fdgdfgdf [Stand: 12.01.2012].

[FFM05].
Fischer, K./Florian, M./Malsch, T.(Hrsg.): *Socionics: Scalability of Complex Social Systems.* In: Computer Science volume 3413, Lecture Notes, Berlin: Springer 2005.

[FGG+ 06].
Feiler, P./Gabriel, R./Goodenough, J./Linger, R./Longstaff, T./Kazman, R./Klein, M./Northrop, L/Schmidt, D./Sullivan, K./Wallnau, K.: *Ultra-Large-Scale Systems: The Software Challenge of the Future* (Technical report, Carnegie Mellon Software Engineering Institute (SEI)), 2006. URL: http://www.sei.cmu.edu/library/assets/ULS_Book20062.pdf [Stand: 12.01.2012].

[FHDH+ 11].
Fischer-Hübner, S./Duquenoy, P./Hansen, Marit/Leenes, R./Zhang, G. (Hrsg.): *Privacy and Identity Management for Life* (6th IFIP/PrimeLife International Summer School 2010, revised selected papers, volume 352 of IFIP Advances in Information and Communication Technology), Berlin: Springer 2011.

[Flo05].
Florkemeier, C.: *EPC-Technologie – vom Auto-ID zu EPCglobal.* In: Fleisch, E./Friedemann M. [FM05]., S. 87-100.

[FM05].
Fleisch, E./Mattern, F. (Hrsg.): *Das Internet der Dinge: Ubiquitous Computing und RFID in der Praxis – Visionen, Technologien, Anwendungen, Handlungsanleitungen*, Berlin: Springer 2005.

[FN71].
Fikes, R./Nilsson, N.: STRIPS: *A new approach to the application of theorem proving to problem solving.* In: Artificial intelligence 2(3-4)1971, S. 189-208.

[Fra03a].
Franz, A.: *Management von Business Webs: Das Beispiel von Technologieplattformen für mobile Dienste. Markt- und Unternehmensentwicklung*, Wiesbaden: Deutscher Universitätsverlag 2003.

[Fra03b].
Franz, G.: Digitales Fernsehen: *Herausforderungen für TV-Forschung und TV- Werbung.* In: Media Perspektiven 2003(10):462–469, 2003. http://www.media-perspektiven.de/uploads/tx_mppublications/10-2003_Franz_neu.pdf.

[Fre07].
Frey, U.: *Der blinde Fleck: Kognitive Fehler in der Wissenschaft und ihre evolutionsbiologischen Grundlagen,* Ontos 2007.

[FS09].
Frost & Sullivan: *EMEA Automation and Control Solutions Services Market* (Technical Report M370-01), 2009. URL: http://www.frost.com/prod/servlet/report-toc.pag?repid=M370-01-00-00-00 [Stand: 12.01.2012].

[FSHK09].
Friedrich, J./Sihling, M./Hammerschall, U./Kuhrmann, M.: *Das V- Modell XT – Für Projektleiter und QS-Verantwortliche kompakt und übersichtlich (Informatik im Fokus)*, Berlin: Springer 2009.

[FTS].
FTS-Kompetenzseiten. URL: http://www.pslt.uni-hannover.de/fts.html, [Stand: 12.01.2012].

[Fun06].
Funke, J.: *Denken und Problemlösen* (Band 8 Reihe: Enzyklopädie der Psychologie, Themenbereich Theorie und Forschung, Serie Kognition), Göttingen: Hogrefe - Verlag für Psychologie 2006.

[FW11].
Fink, R./Weyer, J.: *Autonome technische Systeme als Herausforderung der soziologischen Handlungstheorie.* In: Zeitschrift für Soziologie 40(2) 2011.

[GBB+ 06].
Geisberger, E./Broy, M./Berenbach, B./Kazmeier, J./Paulish, D./Rudorfer, A.: *Requirements Engineering Reference Model (REM)* (Technical Report, TUM-I0618), Technische Universität München 2006.

[GHW10].
Heinrichs, G./Loehnert, E./Wittmann, E.: *User RAIM Integrity and Interference Mitigation Test Results with Upgraded German Galileo Test Range GATE.* In: 5th ESA Workshop on Satellite Navigation Technologies (NAVITEC'2010, Proceedings), 2010. URL: http://www.gate-testbed.com/fileadmin/gate/publications/Paper_ESA-NAVITEC-2010_GATE.pdf [Stand: 24.02.2012].

[Gif07].
Gifford, C. (Hrsg.): *The Hitchhiker's Guide to Manufacturing Operations Management* (ISA-95 Best Practices Book 1.0), ISA 2007.

[GL12]
Graf, A./Laube, H.: *Android – mehr Masse als klasse.* In: Financial Times Deutschland, 28. Februar 2012. URL: http://www.ftd.de/it-medien/computer-technik/:apple-rivale-android-mehr-masse-als-klasse/60174849.html [Stand: 02.03.2012].

[GLB].
G-Lab. URL: http://www.german-lab.de/, [Stand: 12.01.2012].

[GMA09a].
VDI/VDE-Gesellschaft Mess- und Automatisierungstechnik (Hrsg.): *Automation 2020: Bedeutung und Entwicklung der Automation bis zum Jahr 2020 – Thesen und Handlungsfelder* (Technischer Bericht, GMA), 2009. URL: http://www.vdi.de/fileadmin/vdi_de/redakteur_dateien/gma_dateien/AT_2020_INTERNET.pdf [Stand: 12.01.2012].

[GMA09b].
NAMUR/VDI/VDE- Gesellschaft Mess- und Automatisierungstechnik (Hrsg.): *Roadmap „Prozess-Sensoren 2015+".* (Technischer Bericht, GMA), 2009. URL: http://www.vdi.de/fileadmin/vdi_de/redakteur_dateien/gma_dateien/Prozess-Sensoren_2015+.pdf [Stand: 12.01.2012].

[GMF09].
Gerbracht, H./Most, D./Fichtner, W.: *Elektromobilität - Auswirkungen auf das Energiesystem.* In: Energiewirtschaftliche Tagesfragen 59(11) 2009, S. 66-69.

[GMP+ 06].
Geib, C./Mourão, K./Petrick, R./Pugeault, N./Steedman, M./Krueger, N./Worgötter, F.: *Object Action Complexes as an Interface for Planning and Robot Control* (Humanoids'06 Workshop Towards Cognitive Humanoid Robots, Proceedings), 2006.

[Gra11].
Graf, A.: *Vorsicht, Ihren Daten fehlt die Ausreiseerlaubnis* Financial Times Deutschland, 2. Dezember 2011. URL: http://www.ftd.de/it-medien/it-telekommunikation/:rechtsrisiko-cloud-ihren-daten-fehlt-die-ausreiseerlaubnis/60136904.html [Stand: 12.01.2012].

[Gro99].
Grove, A.: *Only the Paranoid Survive: How to Exploit the Crisis Points That Challenge Every Company*, Crown Business 1999.

[GS07].
Geisberger, E./Schätz, B.: *Modellbasierte Anforderungsanalyse mit Auto-RAID.* In: Informatik - Forschung und Entwicklung 21(3-4) 2007, S. 231-242.

[GS10].
Graumann, S./Speich, A.: *Monitoring-Report Deutschland Digital - Der IKT-Standort im internationalen Vergleich 2010.* (Fünfter Nationaler IT-Gipfel, Bundesministerium für Wirtschaft und Technologie), Berlin November 2010. URL: http://www.bmwi.de/BMWi/Redaktion/PDF/I/it-gipfel-monitoring-deutschland-digital-langfassung-2010,property=pdf,bereich=bmwi,sprache=de,rwb=true.pdf [Stand: 12.01.2012].

[GTKM11].
Geisberger, E./Teufl, S./Khalil, M./Mou, D.: *Experience with content-based requirements engineering assessments* (19th IEEE International Requirements Engineering Conference Proceedings), 2011.

[GW11].
Gausemeier, J./Wiendahl, H. (Hrsg.): *Wertschöpfung und Beschäftigung in Deutschland* (acatech diskutiert), Heidelberg u. a.: Springer 2011. URL: http://www.acatech.de/fileadmin/user_upload/Baumstruktur_nach_Website/Acatech/root/de/Publikationen/acatech_diskutiert/acatech_diskutiert_Wertschoepfung_WEB.pdf [Stand: 12.01.2012].

[Han11].
Handelsblatt: *Lebensretter mit Hacker-Schwachstellen*, 9. August 2011. URL: http://www.handelsblatt.com/technologie/forschung-medizin/medizin/lebensretter-mit-hacker-schwachstellen/4480014.html [Stand: 12.01.2012].

[HAV].
HAVEiT - Highly Automated Vehicles for intelligent Transport. URL: http://www.haveit-eu.org [Stand: 12.01.2012].

[HBB+ 03].
Hilty, L./Behrendt, S./Binswanger, M./Bruinink, A./Erdmann, L./Frohlich, J./Kohler, A./Kuster, N./Som, C./Würtenberger, F.: *Das Vorsorgeprinzip in der Informationsgesellschaft – Auswirkungen des Pervasive Computing auf Gesundheit und Umwelt* (Technischer Bericht TA46/2003, TA-SWISS), Zentrum für Technologiefolgen-Abschätzung, Bern 2003. URL: http://www.ta-swiss.ch/?redirect=getfile.php&cmd[getfile].[uid].=542 [Stand: 12.01.2012].

[HBK11].
Hägele, M./Blümlein, N./Kleine, O.: *Wirtschaftlichkeitsanalysen neuartiger Servicerobotik-Anwendungen und ihre Bedeutung für die Robotik Entwicklung* (Technischer Bericht, Fraunhofer-Institute für Produktionstechnik und Automatisierung (IPA) und für System- und Innovationsforschung (ISI) im Auftrag des Bundesministeriums für Bildung und Forschung, Kennzeichen 01IM09001), 2011. URL: http://www.ipa.fraunhofer.de/fileadmin/www.ipa.fhg.de/Robotersysteme/Studien/Studie_EFFIROB_72dpi_ol.pdf [Stand: 12.01.2012].

[HEG11].
European Commission: *High-Level Expert Group on Key Enabling Technologies* (Final Report, Technical report), 2011. URL: http://ec.europa.eu/enterprise/sectors/ict/files/kets/hlg_report_final_en.pdf [Stand: 12.01.2012].

[Hei11].
Heidenreich, M.: *Regionale Netzwerke.* In: Weyer, J. [Wey11b], S. 167-188.

[Her11].
Andreas Herkersdorf (Hrsg.): *Ein Multicore-Ökosystem für Embedded Systems – Positionspapier zur Bedeutung, Bestandsaufnahme und Potentialermittlung der Multicore-Technologie für den Industrie- und Forschungsstandort Deutschland (BICCnet)*, München Dezember 2011.

[Hil07].
Hilty, L.: *Risiken und Nebenwirkungen der Informatisierung des Alltags.* In: Mattern, F. [Mat07]., S. 187-205.

[HMO].
H-Mode – Ein intuitives Kontrollinterface zu einem intelligenten Fahrzeug, II. URL: http://www.lfe.mw.tum.de/de/research/projects/h-mode [Stand: 12.01.2012].

[HMPR04].
Hevner, A./March, S./Park, J./Ram, S.: *Design Science in Information Systems Research.* In: MIS Quarterly 28(1) 2004, S. 75-105. URL: http://misq.org/design-science-in-information-systems-research.html?SID=lsp77n0v8pq6njos2df1fqbua5 [Stand: 12.01.2012].

[Hof11].
Hofmann, N.: *Piratinnen aller Länder vereinigt euch!* Süddeutsche Zeitung, 26. September 2011. URL: http://www.sueddeutsche.de/kultur/netz-depeschen-piratinnen-aller-laender-vereinigt-euch-1.1149182 [Stand: 12.01.2012].

[Hol98].
Hollnagel, E.: *Cognitive reliability and error analysis method,* Elsevier Science & Technology 1998.

[HSMS07].
Hirvonen, J./Sallinen, M./Maula, H./Suojanen, M.: *Sensor Networks Roadmap* (Research notes 2381, VTT Tiedotteita), 2007. URL: http://www.vtt.fi/inf/pdf/tiedotteet/2007/T2381.pdf [Stand: 12.01.2012].

[HT12].
Hansen, M./Thiel, C.: *Cyber-Physical Systems und Privatsphären-Schutz.* In: Datenschutz und Datensicherheit (DuD) 36(1) 2012.

[Hua11].
Huang, J.: *Kinerehab: a kinect-based system for physical rehabilitation: a pilot study for young adults with motor disabilities.* In: 13th international ACM SIGACCESS conference on Computers and accessibility (ASSETS'11, Proceedings), S. 319-320, 2011.

[Hug11].
Hug, P.: *Gebäudeautomationsbranche rechnet mit weiterem Wachstum in 2011* (Verband Deutscher Maschinen- und Anlagenbau (VDMA), Presseinformationen), Januar 2011. URL: http://www.vdma.org/wps/wcm/connect/vdma/Home/de/Branchen/G/AMG/Presse/AMG_A_20110106_IMB_Pressemitteilung_Wirtschaftliche_Lage_2011_1_de?pagedesign=SEITENENTWURF-Artikel_Druck [Stand: 12.01.2012].

[HUM].
Human - Model-based Analysis of Human Errors during Aircraft Cockpit System Design. URL: http://www.human.aero/ [Stand: 12.01.2012].

[HV08].
Hogg, S./Vyncke, E.: *IPv6 Security: Information assurance for the next generation Internet Protocol,* Indianapolis: Cisco Press 2008.

[HW11].
Heuser, L./Wahlster, W. (Hrsg.): *Internet der Dienste* (acatech DISKUTIERT), Heidelberg u. a.: Springer 2011. URL: http://www.acatech.de/fileadmin/user_upload/Baumstruktur_nach_Website/Acatech/root/de/Publikationen/acatech_diskutiert/acatech_Diskutiert_Internet-der-Dienste_WEB_02.pdf [Stand: 12.01.2012].

[HYD].
Hydra - Networked Embedded System Middleware for Heterogeneous Physical Devices in a Distributed Architecture. URL: http://www.sit.fraunhofer.de/de/kompetenzfelder/projekte/hydra.html, [Stand: 12.01.2012].

[IMA].
Integrated Modular Avionics. URL: http://de.wikipedia.org/wiki/Integrated_ Modular_Avionics [Stand: 12.01.2012].

[IMo].
IMoST - Integrated Modeling for Safe Transportation. URL: http://imost.informatik.uni-oldenburg.de/ [Stand: 12.01.2012].

[IÖ 10].
Institut für ökologische Wirtschaftsforschung (IÖW): *Selbstorganisierende adaptive Systeme - Analyse der Chancen und Risiken sowie der Gestaltungsansätze neuer IKT-Ansätze* (Endbericht, Technischer Bericht, Forderung von „Innovations- und Technikanalyse" des Bundesministeriums für Bildung und Forschung (BMBF), Laufzeit: 03/2008-06/2009), 2010. URL: http://www.kanzlei-dr-erben.de/fileadmin/PDF/Selbstorganisierende_Adaptive_Systeme_Endbericht_Teil_I.pdf und http://www.kanzlei-dr-erben.de/fileadmin/PDF/Selbstorganisierende_Adaptive_Systeme_Endbericht_Teil_II.pdf [Stand: 12.01.2012].

[ISI].
ISI-PADDAS - Integrated Human Modelling and Simulation to support Human Error Risk Analysis of Partially Autonomous Driver Assistance Systems. URL: http://www.isi-padas.eu/ [Stand: 12.01.2012].

[ISO09].
International Organization for Standardization (ISO) (Hrsg.): *Ergonomics of human-system interaction - Part 110: Dialogue principles* (Technical Report ISO 9241-110:2006), 2009. URL: http://www.iso.org/iso/iso_catalogue/catalogue_tc/catalogue_detail.htm?csnumber=38009 [Stand: 12.01.2012].

[ISO10].
International Organization for Standardization (ISO) (Hrsg.): *Software Engineering - Software product Quality Requirements and Evaluation (SQuaRE) - Guide to SQuaRE* (Technical Report ISO/IEC 25000:2005), 2010. URL: http://www.iso.org/iso/iso_catalogue/catalogue_tc/catalogue_detail.htm?csnumber=35683 [Stand: 12.01.2012].

[ISO11].
International Organization for Standardization (ISO) (Hrsg.): *Road vehicles - Functional safety - Part 1: Vocabulary* (Technical Report ISO 26262-1:2011), 2011. URL: http://www.iso.org/iso/iso_catalogue/catalogue_tc/catalogue_detail.htm?csnumber=43464 [Stand: 12.01.2012].

[JCKC11].
Janssen, M./Charalabidis, Y./Kuk, G./Cresswell, T. (Hrsg.): *Special Issue on E-government Interoperability, Infrastructure and Architecture: State-of-the-art and Challenges.* In: Journal of Theoretical and Applied Electronic Commerce Research 6(2) 2011. URL: http://www.jtaer.com/portada.php?agno=2011&numero=2 [Stand: 12.01.2012].

[JM05].
Jürgens, U./Meißner, H.: *Arbeiten am Auto der Zukunft - Produktinnovationen und Perspektiven der Beschäftigten,* Berlin: Edition Sigma 2005.

[JS85].
Janson, M./Smith, L.: *Prototyping for Systems Development: A Critical Appraisal.* In: MIS Quarterly 9(4) 1985, S. 305-316. URL: http://misq.org/prototying-for-systems-development-a-critical-appraisal.html?SID=lsp77n0v8pq6njos2df1fqbua5 [Stand: 12.01.2012].

[JS10].
Jánszky, S./Schildhauer, T.: *Vom Internet zum Outernet: Strategieempfehlungen und Geschäftsmodelle der Zukunft in einer Welt der Augmented Realities* (Technischer Bericht, 2b AHEAD ThinkTanks und Institute of Electronic Business an der Universität der Künste Berlin), 2010. URL: http://www.2bahead.com/fileadmin/content/janszky/pdf/PDF_broschueren/WhitePaper_Vom_Internet_zum_Outernet.pdf [Stand: 12.01.2012].

[JW03].
Jeronimo, M./Weast, J.: *UPnP Design by Example: A Software Developer's Guide to Universal Plug and Play,* Intel Press 2003

[JWW08].
Jovane, F./Westkämper, E./Williams, D.: *The ManuFuture Road: Towards Competitive and Sustainable High-Adding-Value Manufacturing.* Heidelberg: Springer 2008.

[JZSB10].
Jian, C./Zhekova, D./Shi, H./Bateman, J.: *Deep Reasoning in Clarification Dialogues with Mobile Robots.* In: 19th European Conference on Artificial Intelligence (ECAI'10, Proceedings), Amsterdam: IOS Press 2010, S. 177-182.

[KAR].
Kleinskaliges Autonomes Redundantes Intralogistik System - KARIS. URL: http://www.ifl.kit.edu/mitarbeiter_1312.php [Stand: 12.01.2012].

[KB05].
Krieg-Brückner, B.: *Selbstadaptation Kognitiver Service-Roboter* (Symposium Feldafinger Kreises, Vortragsfolien), 2005. URL: http://www.feldafinger-kreis.de/WS1_Impulsref_Krieg-Brueckner.pdf [Stand: 12.01.2012].

[KB08].
Kündig, A./Bütschi, D. (Hrsg.): *Die Verselbständigung des Computers,* Zürich: vdf Hochschulverlag 2008.

[KBRSG11].
Krieg-Brückner, B./Rofer, T./Shi, H./Gersdorf, B.: *Mobilitätassistenz im "Bremen Ambient Assisted Living Lab" (BAALL).* In: Altern und Technik (Altern in Deutschland Bd. 6), Nova Acta Leopoldina N. F., 104(368) 2011, S. 157-174.

[Kes12]
Kessler, G.: *Daniel Hechter – Paris in Unterfranken.* In: Financial Times Deutschland, 28. Februar 2012. URL: http://www.ftd.de/unternehmen/handel-dienstleister/:markenrechte-daniel-hechter-paris-in-unterfranken/60175024.html [Stand: 02.03.2012].

[KGK10].
Kladroba, A./Grenzmann, C./Kreuels, B.: *FuE-Datenreport 2010 – Analysen und Vergleiche: Forschung und Entwicklung in der Wirtschaft* (Bericht über die FuE-Erhebungen 2007/2008). (Technischer Bericht, Wissenschaftsstatistik GmbH im Stifterverband für die Deutsche Wissenschaft), 2010. URL: http://www.stifterverband.org/publikationen_und_podcasts/wissenschaftsstatistik/fue_datenreport/fue_datenreport_2010.pdf [Stand: 12.01.2012].

[Kir97].
Kirsch, W.: *Wegweiser zur Konstruktion einer evolutionären Theorie der strategischen Führung.* In: Münchener Schriften zur angewandten Führungslehre, Band 80, Herrsching, 1997. 2. überarbeitete und erweiterte Auflage.

[Kit09].
Kittl, C.: *Kundenakzeptanz und Geschäftsrelevanz: Erfolgsfaktoren für Geschäftsmodelle in der digitalen Wirtschaft.* In: Mobile Computing, Band 80, Gabler Edition Wissenschaft 2009.

[KLW11].
Kagermann, H./Lukas, W./Wahlster, W.: *Industrie 4.0: Mit dem Internet der Dinge auf dem Weg zur 4. industriellen Revolution.* (Technischer Bericht, VDI Nachrichten), April 2011. URL: http://www.vdi-nachrichten.com/artikel/Industrie-4-0-Mit-dem-Internet-der-Dinge-auf-dem-Weg-zur-4-industriellen-Revolution/52570/1 [Stand: 12.01.2012].

[KMU].
KMU-Innovativ: *Vorfahrt für Spitzenforschung im Mittelstand.* URL: http://www.bmbf.de/de/10785.php [Stand: 12.01.2012].

[KN04].
Kaplan, R./Norton, D.: Strategy Maps: *Converting Intangible Assets into Tangible Outcomes,* Harvard Business School Press 2004.

[KNR+ 11].
Krewitt, W./Nienhaus, K./Roloff, N./Weeber, R./Reeg, M./Weimer-Jehle, W./Wassermann, S./Fuchs, G./Kast, T./Schmidt, B./Leprich, U./Hauser, E.: *Analyse von Rahmenbedingungen für die Integration erneuerbarer Energien in die Strommärkte auf der Basis agentenbasierter Simulation* (Abschlussbericht, Technischer Bericht) Deutsches Zentrum für Luft- und Raumfahrt e. V. (DLR), Interdisziplinärer Forschungsschwerpunkt Risiko und nachhaltige Technikentwicklung (ZIRN), Thomas Kast Simulation Solutions, Institut für ZukunftsEnergieSysteme (IZES), (gefördert mit Mitteln des Bundesministeriums für Umwelt, Naturschutz und Reaktorsicherheit unter dem Förderkennzeichen 0325015), 2011. URL: http://www.dlr.de/Portaldata/41/Resources/dokumente/st/AMIRIS-Pilotvorhaben.pdf [Stand: 12.01.2012].

[KOF].
Forschungsinitiative KO-FAS. URL: http://www.kofas.de/ [Stand: 12.01.2012].

[KOT11].
KO-TAG: *Wenn Kinder geschützt sind*, 2011. URL: http://www.iis.fraunhofer.de/bf/ln/referenzprojekte/kotag.jsp [Stand: 12.01.2012].

[KPCV11].
Krawczyk, S./Pétrissans, A./Cattaneo, G./Veronesi, L. (Hrsg.): *Special Study: European Union Embedded Systems Engineering Strategy 2020* (Workshop Report, International Data Corporation (IDC) und European Commission June 2011. Unpublished.

[KPM11].
Koukoumidis, E./Peh, L./Martonosi, M.: *SignalGuru: leveraging mobile phones for collaborative traffic signal schedule advisory*. In: Agrawala, Ashok et al. [ACW11]., S. 127-140.

[KR00].
Kittler, J./Roli, F. (Hrsg): *1st International Workshop on Multiple Classifier Systems* (MCS'2000, Proceedings, volume 1857 of Lecture Notes in Computer Science), Springer: Berlin 2000.

[KR11].
Kurz, C./Rieger, F.: *Die Datenfresser: Wie Internetfirmen und Staat sich unsere persönlichen Daten einverleiben und wie wir die Kontrolle darüber zurückerlangen*, Frankfurt/Main: Fischer 2011.

[KS98].
Kotonya, G./Sommerville, I.: *Requirements Engineering: Processes and Techniques*; Wiley 1998.

[KS03].
Kalfoglou, Y./Schorlemmer, M.: *Ontology mapping: The state of the art*. In: The Knowledge Engineering Review 18(1) 2003, S. 1-31.

[KSWK10].
Konings, B./Schaub, F./Weber, M./Kargl, F.: *Towards territorial privacy in smart environments* In Genesereth, M./Vogl, R./Williams, M. (Hrsg.): Intelligent Information Privacy Management Symposium (AAAI Spring Symposium, Proceedings, Technical Report SS-10-05), Stanford University 2010, S. 113-118. URL: http://www.aaai.org/ocs/index.php/SSS/SSS10/paper/view/1043/1496 [Stand: 12.01.2012].

[Lan11].
Langner, R.: *Robust Control System Networks: How to Achieve Reliable Control After Stuxnet*, Transatlantic Publishers 2011.

[Len97].
Lenat, D.: *From 2001 to 2001: Common Sense and the Mind of HAL*. In: Stork, David [Sto97]., S. 305-332.

[Lev95].
Leveson, N.: *Safeware: System Safety and Computers*, Addison-Wesley 1995.

[LGK+ 09].
Legler, H./Gehrke, B./Krawczyk, O./Schasse, U./Leheyda, N./Rammer, C./Sofka, W.: *Die Bedeutung der Automobilindustrie für die deutsche Volkswirtschaft im europäischen Kontext* (Technischer Bericht), Zentrum für Europäische Wirtschaftsforschung(ZEW) und Niedersächsisches Institut für Wirtschaftsforschung (NIW) 2009. Endbericht an das Bundesministerium für Wirtschaft und Technologie (BMWi Projekt Nr. 29/08). URL: ftp://ftp.zew.de/pub/zew-docs/gutachten/AutomobEndBericht_final.pdf [Stand: 12.01.2012].

[LM08].
Lheureux, B./Malinverno, P.: *Magic Quadrant for B2B Gateway Providers* (Research ID Number: G00157460), Gartner, Inc. 2008. URL: http://www.trustlink.co.za/content/sterlingIntegrator.pdf [Stand: 12.01.2012].

[LMK09].
Lorenz, M./Menkens, C./Konrad, N.(Hrsg.): *E-Energy – Trend Report 2009/2010* Center for Digital Technology and Management (CDTM), München 2009.

[LPS+ 97].
Leveson, N./Pinnel, L./Sandys, S./Koga, S./Reese, J.: *Analyzing Software Specifications for Mode Confusion Potential,* Workshop on Human Error and System Development (Proceedings), 1997, S. 132-146. URL: http://sunnyday.mit.edu/papers/glascow.pdf [Stand: 12.01.2012].

[LSH08].
Leenes, R./Schallabock, J./Hansen, M.: *PRIME White Paper* (Technical report), The PRIME (Privacy and Identity Management for Europe) Project 2008. URL: http://www.rolandberger.com/media/pdf/Roland_Berger_IT_Anbieter_einer_neuen_Generation_20101025.pdf [Stand: 12.01.2012].

[Lük11].
Lüke, F.: *EU-Datenschutzverordnung: Gegen den unkontrollierten Datenstrom* (Technischer Bericht). In: c't magazin, 7. Dezember 2011. URL: http://www.heise.de/ct/artikel/EU-Datenschutzverordnung-Gegen-den-unkontrollierten-Datenstrom-1391778.html [Stand: 12.01.2012].

[Mah03].
Mahler, R.: *Multitarget Bayes filtering via first-order multitarget moments.* In: IEEE Transactions on Aerospace and Electronic Systems 39(4) 2003, S. 1152-11782003.

[Man83].
Manz, U.: *Zur Einordnung der Akzeptanzforschung in das Programm sozialwissenschaftlicher Begleitforschung – Ein Beitrag zur Anwenderforschung im technisch- organisatorischen Wandel*, München: Florentz Verlag 1983.

[Mat03].
Mattern, F. (Hrsg.): *Total vernetzt: Szenarien einer informatisierten Welt* (7. Berliner Kolloquium der Gottlieb Daimler- und Karl Benz-Stiftung, Tagungsband, Xpert.press), Heidelberg: Springer 2003.

[Mat07].
Mattern, F. (Hrsg.): *Die Informatisierung des Alltags: Leben in smarten Umgebungen*. Heidelberg: Springer 2007.

[MB07].
Mediratta, B./Bick, J.: *The Google Way: Give Engineers Room,* The New York Times, October 21st 2007. URL: http://www.nytimes.com/2007/10/21/jobs/21pre.html [Stand: 12.01.2012].

[MCS11].
International Workshop on Multiple Classifier Systems (MCS, Proceedings, Lecture Notes in Computer Science). Springer 2000–2011.

[MGS+ 11].
Mutter, F./Gareis, S./Schätz, B./Bayha, A./Grüneis, F./Kanis, M./Koss, D.: *Model-Driven In-the-Loop Validation: Simulation-Based Testing of UAV Software Using Virtual Environments.* In: 18th IEEE International Conference and Workshops on the Engineering of Computer-Based Systems (ECBS'11, Proceedings), IEEE Computer Society 2011, S. 269-275. URL: http://www.fortiss.org/fileadmin/user_upload/FB1/Schaetz/MBD2011.pdf [Stand: 12.01.2012].

[MKRW11].
März, L./Krug, W./Rose, O./Weigert, G. (Hrsg.): *Simulation und Optimierung in Produktion und Logistik: Praxisorientierter Leitfaden mit Fallbeispielen,* Berlin u. a.: VDI-Buch Springer 2011.

[ML08].
Mattern, F./Langheinrich, M.: *Eingebettete, vernetzte und autonom handelnde Computersysteme: Szenarien und Visionen.* In: Kündig, A./Bütschi D. [KB08]., S. 55-75.

[MLD10].
Mahnke, W./Leitner, S./Damm, M.: *OPC Unified Architecture* Heidelberg: Springer 2010.

[MM06].
Marron, P./Minder, D.(Hrsg.): *Embedded WiSeNts Research Roadmap*, Berlin:Logos Verlag 2006. URL: ftp://ftp.informatik.uni-stuttgart.de/pub/library/ncstrl.ustuttgart_fi/BOOK-2006-03/BOOK-2006-03.pdf [Stand: 12.01.2012].

[MM10].
Meyer, S./Mollenkopf, H.(Hrsg.): *AAL in der alternden Gesellschaft: Anforderungen, Akzeptanz und Perspektiven - Analyse und Planungshilfe*, VDE-Verlag 2010.

[MOS08].
Deutsches Zentrum für Luft- und Raumfahrt (DLR): *Pilot gaze performance in critical flight phases and during taxiing* (Technical report), Results from the Project MOSES (More Operational Flight Security through increased Situation Awareness), 2008.URL: http://www.dlr.de/fl/en/Portaldata/14/Resources/dokumente/abt27/MOSES_results.pdf [Stand: 12.01.2012].

[MS95].
March, S./Smith, G.: *Design and natural science research on information technology.* In: Decision Support Systems 15 1995, S. 251-266.

[MTI].
Mensch Technik Interaktion. URL: http://www.pt-it.pt-dlr.de/de/1862.php [Stand: 12.01.2012].

[Mü10].
Müller, O.: *Zwischen Mensch und Maschine: Vom Glück und Unglück des Homo faber*, (Band 29 Reihe edition unseld), Berlin: Suhrkamp Verlag 2010.

[Mus04].
Musa, J.: *Software Reliability Engineering: More Reliable Software Faster and Cheaper,* 2nd edition, Authorhouse 2004.

[MVK06].
Monostori, L./Váncza, J./Kumara, S.: *Agent-Based Systems for Manufacturing.* In: CIRP Annals - Manufacturing Technology 55(2) 2006, S. 697-720.

[NAF07].
North Atlantic Treaty Organization (NATO): *NATO Architecture Framework Version 3.0 (NAF V2.0)* (Technical report), 2007. URL: http://www.nhqc3s.nato.int/ARCHITECTURE/_docs/NAF_v3/ANNEX1.pdf [Stand: 12.01.2012].

[NAV].
Navigation autonomer Systeme im Outdoor-Bereich. URL: http://www.rts.uni-hannover.de/index.php/Navigation_autonomer_Systeme_im_Outdoor-Bereich [Stand: 12.01.2012].

[NGM].
Next Generation Media. URL: http://www.nextgeneration-media.de/ [Stand: 12.01.2012].

[NIM].
NIMITEK - Neurobiologisch inspirierte, multimodale Intentionserkennung für technische Kommunikationssysteme URL: http://wdok.cs.uni-magdeburg.de/nimitek [Stand: 12.01.2012].

[Nor96].
Norman, D.: *Dinge des Alltags: Gutes Design und Psychologie für Gebrauchsgegenstände*, Campus Verlag 1996.

[OAS09].
Organization for the Advancement of Structured Information Standards (OASIS): *Devices Profile for Web Services (DPWS) Version 1.1* (Technical report), 2009. URL: http://docs.oasis-open.org/ws-dd/dpws/1.1/os/wsdd-dpws-1.1-spec-os.pdf [Stand: 12.01.2012].

[Oct].
Octo Telematics. http://www.octotelematics.com/de [Stand: 12.01.2012].

[Ohl12]
Ohler, A.: *Telekomkonzerne entern Gesundheitsbranche.* In: Financial Times Deutschland, 1. März 2012. URL: http://www.ftd.de/it-medien/it-telekommunikation/:mobile-world-congress-telekomkonzerne-entern-gesundheitsbranche/60176147.html [Stand: 02.03.2012].

[OPT05].
Osterwalder, A./Pigneur, Y./Tucci, C.: *Clarifying Business Models: Origins, Present, and Future of the Concept.* In: Communications of the Association for Information Systems 16(1) 2005, S. 751-775. URL: http://aisel.aisnet.org/cais/ vol16/iss1/1, Article 1 [Stand: 12.01.2012].

[Osb03].
Osborne, M.: *An Introduction to Game Theory*, Oxford University Press 2003.

[OyG49].
Gasset, J.: *Betrachtungen über die Technik (aus dem Spanischen von Fritz Schalk),* Stuttgart: Deutsche Verlagsanstalt 1949.

[Pac11].
Pachube API Documentation (Technical report), 2011. URL: http://api.pachube.com/ [Stand: 12.01.2012].

[PAR].
Vollautonomes Einparken von Fahrzeugen auf Parkplatzgeländen. URL: http://zentrix-t1.te1.hs-heilbronn.de/T1_MST/fue-aktivitaeten/vollautonomes-einparken-von-fahrzeugen-auf-parkplatzgelaenden, [Stand: 12.01.2012].

[Par11].
Pariser, E.: *The Filter Bubble: What the Internet Is Hiding from You*, Penguin Press 2011.

[PB03].
Petrick, R./Bacchus, F.: *Reasoning with Conditional Plans in the Presence of Incomplete Knowledge.* In: ICAPS03 Workshop on Planning under Uncertainty and Incomplete Information' (Proceedings), Università di Trento 2003, S. 96-102.

[PCM11].
Pletikosa Cvijikj, I./Michahelles, F.: *The Toolkit Approach for End-User Participation in the Internet of Things.* In: Uckelmann, D. et al. [UHM11b]., S. 65-96.

[Pik11].
Cumulative Plug-in Electric Vehicle Sales to Reach 5.2 Million Worldwide by 2017, Pike Research Newsroom, 22. August 2011. URL: http://www.pikeresearch.com/newsroom/cumulative-plug-in-electric-vehicle-sales-to-reach-5-2-million-worldwide-by-2017 [Stand: 12.01.2012].

[PLSD11].
Prinz, J./Lüder, A./Suchold, N./Drath, R.: *Beschreibung mechatronischer Objekte durch Merkmale.* In: atp-edition53(7/8) 2011, S. 62-69.

[PS06].
Picot, A./Schmid, M.: *Wettbewerbsstrategien von Internet-TV-Plattformen und Business Webs.* In: Information Management & Consulting 21(3) 2006, S. 30-40.

[Psy11].
YouGovPsychonomics AG (Hrsg.): *ComparisonCheck Finanzen 2011 - Finanzportale im Vergleich* (Technischer Bericht), 2011. URL: http://www.psychonomics.de/filemanager/download/2483 [Stand: 12.01.2012].

[Qui06].
Quiring, O.: *Methodische Aspekte der Akzeptanzforschung bei interaktiven Medientechnologien*. In: Münchner Beiträge zur Kommunikationswissenschaft 6, Dezember 2006. URL: http://epub.ub.uni-muenchen.de/archive/00001348/01/mbk_6.pdf [Stand: 12.01.2012].

[R2B].
Robot2Business. URL: http://www.agrardienstleistungen.de/r2b/ [Stand: 12.01.2012].

[Rab08].
Rabaey, J.: *A brand new wireless day*. In: ASP-DAC'08 [ASP08]., S. 1.

[Ram03].
Rammert, W.: *Technik in Aktion: Verteiltes Handeln in soziotechnischen Konstellationen.* In: Christaller, T./Wehner, J. [CW03]., S. 289-315.

[Ram06].
Rammert, W.: *Technik in Aktion: Verteiltes Handeln in soziotechnischen Konstellationen.* In: Rammert, W./Schubert, C. [RS06]., S. 163-195.

[Ram07].
Rampl, H.: *Handbuch Usability*, 2007. URL: http://www.handbuch-usability.de/usability-engineering.html [Stand: 12.01.2012].

[RB11].
Rost, M./Bock, K.: *Privacy By Design und die Neuen Schutzziele.* In: Datenschutz und Datensicherheit (DuD) 35(1) 2011, S. 30-35.

[RBB+ 08].
Roussopoulos, M./Beslay, L./Bowden, C./Finocchiaro, G./Hansen, M./Langheinrich, M./Le Grand, G./Tsakona, K.: *Technology-induced challenges in Privacy & Data Protection in Europe* (Technical report, Ad Hoc Working Group on Privacy & Technology), European Network and Information Security Agency (ENISA) 2008. URL: http://www.enisa.europa.eu/act/rm/files/deliverables/technology-induced-challenges-in-privacy-data-protection-in-europe/at_download/fullReport [Stand: 12.01.2012].

[Rea94].
Reason, J.: *Menschliches Versagen: psychologische Risikofaktoren und moderne Technologien,* Spektum Akademischer Verlag 1994.

[Rei82].
Reichwald, R. (Hrsg.): *Neue Systeme der Bürotechnik - Beiträge zur Büroarbeitsgestaltung aus Anwendersicht*, Berlin: Erich Schmidt Verlag 1982.

[Ren05].
Renn, O.: *Technikakzeptanz: Lehren und Rückschlüße der Akzeptanzforschung für die Bewältigung des technischen Wandels.* In: Technikfolgenabschätzung - Theorie und Praxis 14(3): 2005, S. 29-38.

[RES].
Rescue. URL: http://www.informatik.uni-freiburg.de/~rescue/ [Stand: 12.01.2012].

[RGH12]
Ruch, M./Graf, A./Hucko, M.: *Ford warnt vor Verkehrsinfarkt.* In: Financial Times Deutschland, 27. Februar 2012. URL: http://www.ftd.de/it-medien/it-telekommunikation/:interview-mit-aufsichtsratschef-ford-warnt-vor-verkehrsinfarkt/60174749.html [Stand. 02.03.2012].

[RLM+ 06].
Rubin, D./Lewis, S./Mungall, C./Misra, S./Westerfield, M./Ashburner, M./Sim, I./Chute, C./Solbrig, H./Storey, M./Smith, B./Day-Richter, J./Noy, N./Musen, M.: *Advancing Biomedicine through Structured Organization of Scientific Knowledge (National Center for Biomedical Ontology OMICS)*. In: A Journal of Integrative Biology 10(2) 2006, S. 185-198. URL: http://www.liebertonline.com/doi/pdf/10.1089/omi.2006.10.185 [Stand: 12.01.2012].

[RLSS10].
Rajkumar, R./Lee, I./Sha, L./Stankovic, J.: *Cyber-physical systems: the next computing revolution.* In: Sapatnekar, S. (Hrsg.): 47th Design Automation Conference (DAC'10, Proceedings) ACM, 2010, S. 731-736.

[RMM11].
Müller, R./Kijl, B./Martens, J.: A *Comparison of Inter-Organizational Business Models of Mobile App Stores: There is more than Open vs. Closed.* In: Marijn J. et al. [JCKC11]., Journal of Theoretical and Applied Electronic Commerce Research 6(2) 2011, S. 63-76. URL: http://www.jtaer.com/portada.php?agno=2011&numero=2 [Stand: 12.01.2012].

[RN09].
Russell, S./Norvig, P.: *Artificial Intelligence: A Modern Approach* (3rd edition), Prentice Hall 2009.

[RNR+ 11].
Reeg, M./Nienhaus, K./Roloff, N./Wassermann, S./Weimer-Jehle, W./Hauser, E./Leprich, U./Kast, T.: *Analyse von Rahmenbedingungen für die Integration erneuerbarer Energien in die Strommärkte auf der Basis agentenbasierter Simulation.* In: 7. Internationale Energiewirtschaftstagung an der TU Wien (IEWT'11, Proceedings), 2011. URL: http://eeg.tuwien.ac.at/eeg.tuwien.ac.at_pages/events/iewt/iewt2011/uploads/fullpaper_iewt2011/P_249_Reeg_Matthias_9-Feb-2011,_14:11.pdf [Stand: 12.01.2012].

[Roß07].
Roßnagel, A.: *Datenschutz in einem informatisierten Alltag*, Berlin: Friedrich-Ebert- Stiftung 2007. URL: http://library.fes.de/pdf-files/stabsabteilung/04548.pdf [Stand: 12.01.2012].

[RP09a].
Reichwald, R./Piller, F.: *Interaktive Wertschöpfung: Open Innovation, Individualisierung und neue Formen der Arbeitsteilung* (2., vollst. über-arb. u. erw. aufl. Auflage), Gabler Verlag 2009. URL: http://www.open-innovation.de/Reichwald-Piller_IWS-2009_Auszug_2auflage.pdf [Stand: 12.01.2012].

[RP09b].
Rost, M./Pfitzmann, A.: *Datenschutz-Schutzziele revisited.* In: Datenschutz und Datensicherheit (DuD) 33(6) 2009, S. 353-358.

[RS00].
Rosenkranz, D./Schneider, N. (Hrsg.): *Konsum: Soziologische, ökonomische und psychologische Perspektiven* Opladen: Leske + Budrich Verlag 2000.

[RS06].
Rammert, W./Schubert, C. (Hrsg.): *Technografie: Zur Mikrosoziologie der Technik,* Frankfurt/Main: Campus Wissenschaft 2006.

[RSM+ 11].
Romer, B./Sußmann, J./Menkens, C./Lorenz, M./Mayrhofer, P. (Hrsg.): *Smart Grid Infrastructures – Trend Report 2010/2011*, München: Center for Digital Technology and Management (CDTM) 2011.

[RSS02a].
Rammert, W./Schulz-Schaeffer, I. (Hrsg.): *Können Maschinen handeln?* In : Soziologische Beiträge zum Verhältnis von Mensch und Technik Frankfurt/Main: Campus Wissenschaft 2002.

[RSS02b].
Rammert, W./Schulz-Schaeffer, I.: *Technik und Handeln – Wenn soziales Handeln sich auf menschliches Verhalten und technische Abläufe verteilt.* In: Rammert, W./Schulz-Schaefer, I. [RSS02a]., S. 11-64.

[RWJ+ 11].
Richling, J./Werner, M./Jaeger, M./Mühl, G./Heiß, H: *Autonomie in verteilten IT-Architekturen*, Oldenbourg Wissenschaftsverlag 2011.

[Sad11].
Sadri, F.: *Logic-Based Approaches to Intention Recognition.* In Chong, N./Mastrogiovanni, F. (Hrsg.): Handbook of Research on Ambient Intelligence and Smart Environments: Trends and Perspectives, IGI Global 2011, S. 346-375.

[SAF].
SAFE – Safe Automotive soFtware architecture. URL: http://www.itea2.org/project/index/view/?project=10108 [Stand: 12.01.2012].

[SAL+ 03].
Stankovic, J./Abdelzaher, T./Lu, C./Sha, L.,/Hou, J.: *Real-time communication and coordination in embedded sensor networks.* In: Real-Time Systems (Proceedings of the IEEE) 91(7) 2003 1002-1022.

[SAT].
The SARTRE project. URL: http://www.sartre-project.eu [Stand: 12.01.2012].

[SB01].
Sundermeyer, K./Bussmann, S.: *Einführung der Agententechnologie in einem produzierenden Unternehmen – Ein Erfahrungsbericht.* In: Wirtschaftsinformatik 43(2) 2001, S.135-142.

[SB10].
Schleipen, M./Bader, T.: *A concept for interactive assistant systems for multi-user engineering based on AutomationML.* In: Computer-Aided Production Engineering Conference (21st International CAPE, Proceedings, Paper 014), 2010.

[Sch00].
Schneider, N.: *Konsum und Gesellschaft.* In: Rosenkranz, D./ Schneider, N. [RS00]., S. 9-22.

[Sch04].
Schätz, B.: *AutoFocus – Mastering the Complexity.* In: Kordon, F. Lemoine, M. (Hrsg.): Formal Methods for Embedded Distributed Systems: How to master the complexity (chapter 7), Kluwer Academic Publishers 2004, S. 215-257.

[Sch05].
Schoch, T.: *Middleware für Ubiquitous-Computing-Anwendungen.* In: Fleisch, E./Mattern, F. [FM05]., S. 119-140.

[Sch07a].
Schaar, P.: *Das Ende der Privatsphäre: Der Weg in die Überwachungsgesellschaft,* C. Bertelsmann 2007.

[Sch07b].
Schulz, A.: *Driving without awareness – Folgen herabgesetzter Aufmerksamkeit im Straßenverkehr,* VDM Verlag Dr. Müller 2007.

[Sch10a].
Schanze, J.: *Plug & Pray.* (Film, 91 Min. Produktionsland: Deutschland), 2010. URL: http://www.plugandpray-film.com/ [Stand: 12.01.2012].

[Sch10b].
Schill, W.: *Electric Vehicles in Imperfect Electricity Markets: A German Case Study* (Discussion papers 1084), Deutsches Institut für Wirtschaftsforschung 2010. URL: http://www.diw.de/documents/publikationen/73/diw_01.c.364293.de/dp1084.pdf [Stand: 12.01.2012].

[Sch11].
Schwan, B.: *Grüne Welle dank Smartphone* (Technischer Bericht), Technology Review, 7. Oktober 2011. URL: http://www.heise.de/tr/artikel/Gruene-Welle-dank-Smartphone-1353408.html [Stand: 12.01.2012].

[Sch12]
Schlüter, N.: *Intel drängt ans Steuer.* In: Financial Times Deutschland, 1. März 2012.

[SDL03].
Scheer, C./Deelmann, T./Loos, P.: *Geschäftsmodelle und internetbasierte Geschäftsmodelle – Begriffsbestimmung und Teilnehmermodell.* In: Working Papers of the Research Group Information Systems & Management 12, Johannes Gutenberg-University Mainz 2003. URL: http://wi.bwl.uni-mainz.de/publikationen/isym012.pdf [Stand: 12.01.2012].

[SE07].
Sauer, O./Ebel, M.: *Plug-and-work von Produktionsanlagen und übergeordneter Software.* In: Koschke, R./Herzog, O./Rodiger, K./Ronthaler, M. (Hrsg.): INFORMATIK 2007: Informatik trifft Logistik Band 2 (Beiträge der 37. Jahrestagung der Gesellschaft für Informatik e. V. (GI), Band 110 der ReiheLecture Notes in Informatics) GI 2007, S. 331-338. URL: http://subs.emis.de/LNI/Proceedings/Proceedings110/gi-proc-110-058.pdf [Stand: 12.01.2012].

[SEM].
Semantic Product Memory – SEMPROM. URL: http://www.semprom.de/ [Stand: 12.01.2012].

[SEN].
Smart Senior – Selbständig, sicher, gesund und mobil im Alter. URL: http://www.smart-senior.de/, [Stand: 12.01.2012].

[Sep08].
Seppänen, M.: *Business Model Concept: Building on Resource Components* (PhD thesis, Faculty of Business and Technology Management), Tampere University of Technology 2008. URL: http://dspace.cc.tut.fi/dpub/bitstream/handle/123456789/5/seppanen.pdf?sequence=1 [Stand: 12.01.2012].

[SFBa].
TU Dortmund (Sonderforschungsbereich 559) (Hrsg.): *Modellierung großer Netze in der Logistik.* (Technischer Bericht, Sonderforschungsbereich 559, Förderzeitraum: 07/1998-06/2008.). URL: http://www.wiso.tu-dortmund.de/wiso/Medienpool/dokumente/medien_sonstiges/sfb559.pdf [Stand: 12.01.2012].

[SFBb].
Universität Ulm (Sonderforschungsbereich/Transregio 62: *Companion Technologie.* URL: http://www.uni-ulm.de/in/sfb transregio-62.html [Stand: 12.01.2012].

[Sim01].
Simon, B.: *Wissensmedien im Bildungssektor – Eine Akzeptanzuntersuchung an Hochschulen* (Dissertation), Wirtschaftsuniversität Wien 2001.

[sim11].
Sichere Intelligente Mobilität -Testfeld Deutschland (simTD) (Hrsg.): *fakten* (Technischer Bericht), 2011. URL: http://www.simtd.de/index.dhtml/484ea960514a731976nm/object.media/deDE/7265/CS/-/backup_publications/Informationsmaterial/simTD-informationsbltter_2011_DE.pdf [Stand: 12.01.2012].

[SIW].
SiWear – Sichere Wearable-Systeme zur Kommissionierung industrieller Güter sowie für Diagnose, Wartung und Reparatur. URL: http://www.siwear.de [Stand: 12.01.2012].

[SL11].
Schlüter, N./Laube, H.: *Vom schicken Startup zum schöden Schnüffler*, Financial Times Deutschland 7. Dezember 2011.

[SMS11].
Schleipen, M./Münnemann, A./Sauer, O.: *Interoperabilität von Manufacturing Execution Systems (MES): Durchgängige Kommunikation in unterschiedlichen Dimensionen der Informationstechnik in produzierenden Unternehmen.* In: Automatisierungstechnik 59(7) 2011, S. 413-425. URL: http://www.iosb.fraunhofer.de/servlet/is/4893/auto.2011.0936.pdf?command=downloadContent&filename=auto.2011.0936.pdf [Stand: 12.01.2012].

[Soc07].
Journal of Artificial Societies and Social Simulation: Special section: Socionics 2007. URL: http://jasss.soc.surrey.ac.uk/10/1/contents.html [Stand: 12.01.2012].

[son09].
sonoma innovation (Hrsg.): *Smart Grid Communications - Architectural Framework*, 2009. URL: http://www-users.cselabs.umn.edu/classes/Fall-2009/seng5861/project/a1ueNt4L.pdf [Stand: 12.01.2012].

[SPE].
SPES 2020 - Software Plattform Embedded Systems. URL: http://spes2020.informatik.tu-muenchen.de/ [Stand: 12.01.2012].

[Spi63].
Der Spiegel: *Unfall-Ursachen: Erzwungene Versager*, 22. Mai 1963. URL: http://www.spiegel.de/spiegel/print/d-45143500.html [Stand: 12.01.2012].

[Spi00].
Spitzer, M. (Hrsg.): *Geist im Netz: Modelle für Lernen, Denken und Handeln.* (korrigierter Nachdruck), Spektrum Akademischer Verlag 2000.

[SS11].
Stone, E./Skubic, M.: *Evaluation of an Inexpensive Depth Camera for Passive In-Home Fall Risk Assessment.* In: 5th International Conference on Pervasive Computing Technologies for Healthcare (PervasiveHealth'11, Proceedings), S. 71-77, 2011. URL: http://eldertech.missouri.edu/files/Papers/StoneE/Evaluation%20of%20an%20Inexpensive%20Depth%20Camera.pdf [Stand: 27.02.2012].

[STA].
Stadtpilot. URL: http://stadtpilot.tu-bs.de/ [Stand: 12.01.2012].

[Stä02].
Stähler, P.: *Geschäftsmodelle in der digitalen Ökonomie: Merkmale, Strategien und Auswirkungen* (Band 7 der Reihe Electronic Commerce, 2. Auflage) Lohmar: Josef Eul Verlag 2002.

[Sta11].
Statistisches Bundesamt (Hrsg.): *Produzierendes Gewerbe: Beschäftigung und Umsatz der Betriebe des VerarbeitendenGewerbes sowie des Bergbaus und der Gewinnung von Steinen und Erden* (August2011) (Technischer Bericht Fachserie 4 Reihe 4.1.1), Wiesbaden 2011. URL: http://www.destatis.de/jetspeed/portal/cms/Sites/destatis/Internet/DE/Content/Publikationen/Fachveroeffentlichungen/Produzierendes_20Gewerbe/VerarbeitendesGewerbe/Konjunkturdaten/MonatsberichtM2040411111084,property=file.pdf [Stand: 12.01.2012].

[Sto97].
Stork, D. (Hrsg.): *HAL's Legacy: 2001's Computer as Dream and Reality*, Cambridge (MA): MIT Press 1997.

[Thi10].
Thiel, C.: *Multiple classifier systems incorporating uncertainty*, München: Verlag Dr. Hut 2010.

[TOG09].
The Open Group (Hrsg.): *TOGAF Version 9, Enterprise Edition* (Technical report), 2009. URL: https://www2.opengroup.org/ogsys/jsp/publications/PublicationDetails.jsp?catalogno=g091 [Stand: 12.01.2012].

[Tra09].
Traufetter, G.: Captain Computer. In: Der Spiegel, 27. Juli 2009. URL: http://www.spiegel.de/spiegel/print/d-66208581.html [Stand: 24.02.2012].

[TRS+ 10].
Thyssen, J./Ratiu, D./Schwitzer, W./Harhurin, A./Feilkas, M./Thaden, E.: *A System for Seamless Abstraction Layers for Model-based Development of Embedded Software.* In: Engels, G./Luckey, M./Pretschner, A./Reussner, R.(Hrsg.): Software Engineering Workshops 2010 (Proceedings, volume 160 of Lecture Notes in Informatics, Gesellschaft für Informatik), 2010, S. 137-148. URL: http://www4.in.tum.de/~schwitze/Envision2020.pdf [Stand: 12.01.2012].

[Tur50].
Turing, A.: *Computing Machinery and Intelligence.* In: Mind, LIX(236), 1950, S. 433-460. URL: http://mind.oxfordjournals.org/content/LIX/236/433.full.pdf [Stand: 12.01.2012].

[UAV10].
UAV Challenge - Outback Rescue 2010, 2010. URL: http://www.uavoutbackchallenge.com.au/2010/ [Stand: 12.01.2012].

[UHM11a].
Uckelmann, D./Harrison, M./Michahelles, F.: *An Architectural Approach Towards the Future Internet of Things.* In: Uckelmann, D. et al. [UHM11b]., S. 1-24.

[UHM11b].
Uckelmann, D./Harrison, M./Michahelles, F. (Hrsg.): *Architecting the Internet of Things,* Heidelberg: Springer 2011.

[ULD07].
Unabhängiges Landeszentrum für Datenschutz Schleswig-Holstein (ULD) (Hrsg.): *Verkettung digitaler Identitäten* (Technischer Bericht, gefördert vom Bundesministerium für Bildung und Forschung im Rahmen der Innovations- und Technikanalyse), 2007. URL: https://www.datenschutzzentrum.de/projekte/verkettung/2007-uld-tud-verkettung-digitaler-identitaeten-bmbf.pdf [Stand: 12.01.2012].

[ULD10].
Unabhängiges Landeszentrum für Datenschutz Schleswig- Holstein (ULD): *Vorstudie:Juristische Fragen im Bereich Altersgerechter Assistenzsysteme* (Technischer Bericht, im Auftrag vom VDI/VDE Innovation + Technik GmbH im Rahmen des BMBF-Förderschwerpunktes "Altersgerechte Assistenzsysteme für ein gesundes und unabhängiges Leben - AAL"), 2010. URL: http://aal-deutschland.de/deutschland/dokumente/20110215-Juristische%20Fragen%20im%20Bereich%20altersgerechter%20Assistenzsysteme.pdf [Stand: 12.01.2012].

[Uli].
Ulieru, M.: *eNetworks in an Increasingly Volatile World: Design for Resilience of Networked Critical Infrastructures* (Unpublished). URL: http://independent.academia.edu/MihaelaUlieru/Papers/394260/ENetworks_In_An_Increasingly_Volatile_World_Design_for_Resilience_of_Networked_Critical_Infrastructures [Stand: 12.01.2012].

[VDI07].
VDI-Fachbereich Informationstechnik (Hrsg.): *Fertigungsmanagementsysteme* (Manufacturing Execution Systems, MES), (VDI-Richtlinie: VDI 5600 Blatt1), Beuth 2007.

[VDI08].
VDI-Fachbereich Fabrikplanung und -betrieb(Hrsg.): *Digitale Fabrik: Grundlagen* (Digital factory: Fundamentals), (VDI-Richtlinie: VDI 4499 Blatt 1), Beuth 2008.

[VDI11a].
VDI-Fachbereich Fabrikplanung und -betrieb (Hrsg.): *Digitale Fabrik: Digitaler Fabrikbetrieb* (Digital factory: Digital Factory Operations), (VDI-Richtlinie: VDI 4499 Blatt 2) Beuth 2011.

[VDI11b].
VDI-Fachbereich Informationstechnik: Fertigungsmanagementsysteme (Hrsg.): *Logische Schnittstellen zur Maschinen- und Anlagensteuerung* (Manufacturing Execution Systems, MES: Logic interfaces for machine and plant control), (VDI-Richtlinie: VDI 5600 Blatt 3.)Beuth 2011.

[VDM11].
Verband Deutscher Maschinen- und Anlagenbau (VDMA) (Hrsg.): *Maschinenbau in Zahl und Bild 2011* (Technischer Bericht), Frankfurt/Main 2011. URL: http://www.vdma.org/wps/wcm/connect/c6ce3800467e8f3284d0965629cf6c64/MbauinZuB2011.pdf? MOD=AJPERES&CACHEID=c6ce3800467e8f3284d0965629cf6c64 [Stand: 12.01.2012].

[VER].
ITEA-Project VERDE - Validation-driven design for component-based architectures. URL: http://www.itea-verde.org/ [Stand: 12.01.2012].

[VI09].
Verein Deutscher Ingenieure e. V. (VDI) und Institut der deutschen Wirtschaft Köln (IW Köln) (Hrsg.): *Ingenieurarbeitsmarkt 2008/09 - Fachkräftelücke, Demografie und Ingenieure 50Plus* (Technischer Bericht), 2009. URL: http://www.vdi.de/uploads/media/2009-04-20-Studie_VDI-IW2_01.pdf [Stand: 12.01.2012].

[VIT].
Vitality - Monitoring & Managing your Health and Wellbeing. URL: http://www.itea2.org/project/index/view/?project=10071 [Stand: 12.01.2012].

[vTFN09].
Thiel, B. van/Frädrich, T./Nyhuis, P.: *Maintenance Driven by Component Status.* In: Life Cycle Engineering in the Sustainability Age (LCE'09, Proceedings), 2009, S. 472-477.

[WAL].
Google Wallet. URL: http://www.google.com/wallet/ [Stand: 12.01.2012].

[WAS].
WASP - Wireless Accessible Sensor Populations. URL: http://www.wasp-project.org [Stand: 12.01.2012].

[Web02a].
Webb, A.: *Statistical Pattern Recognition* (2nd edition), John Wiley & Sons 2002.

[Web02b].
Weber, M.: *Wirtschaft und Gesellschaft: Grundriß der Verstehenden Soziologie* (5. revidierte Auflage), Tübingen: Mohr Siebeck 2002.

[Wei76].
Weizenbaum, J.: *Computer Power and Human Reason: From Judgement to Calculation,* W. H. Freeman & Co Ltd. 1976.

[Wei00].
Weiss, G. (Hrsg.): *Multiagent Systems: A Modern Approach to Distributed Artificial Intelligence,* MIT Press 2000.

[Wer11].
Werner, K.: *Sturm über Klagenfurt.* Financial Times Deutschland, 22. September 2011.

[Wes67].
Westin, A.: *Privacy and Freedom*, New York: Atheneum 1967.

[Wey06a].
Weyer, J.: *Die Kooperation menschlicher Akteure und nichtmenschlicher Agenten – Ansatzpunkte einer Soziologie hybrider Systeme.* In: Soziologische Arbeitspapiere 16, Universität Dortmund, 2006. URL: http://www.wiso.tu-dortmund.de/wiso/is/Medienpool/Arbeitspapiere/ap-soz16.pdf [Stand: 12.01.2012].

[Wey06b].
Weyer, J.: *Die Zukunft des Autos – das Auto der Zukunft. Wird der Computer den Menschen ersetzen?.* In: Soziologische Arbeitspapiere 14, Universität Dortmund, 2006. URL: http://www.wiso.tu-dortmund.de/wiso/is/Medienpool/Arbeitspapiere/ap-soz14.pdf [Stand: 12.01.2012].

[Wey06c].
Weyer, J.: *Modes of Governance of Hybrid Systems: The Mid-Air Collision at Ueberlingen and the Impact of Smart Technology.* In: Science, Technology & Innovation Studies 2(2) 2006, S. 127-149.

[Wey11a].
Weyer, J.: *Netzwerke in der mobilen Echtzeitgesellschaft.* In: Weyer, J. [Wey11b]., S. 3-38.

[Wey11b].
Weyer, J. (Hrsg.): *Soziale Netzwerke: Konzepte und Methoden der sozialwissenschaftlichen Netzwerkforschung* (2., überarbeitete und aktualisierte Auflage), München: Oldenbourg Wissenschaftsverlag 2011.

[WHB+06].
Winner, H./Hakuli, S./Bruder, R./Konigorski, U./Schiele, B.: *Conduct-by-Wire: ein neues Paradigma für Entwicklung der Fahrerassistenz.* In: Stiller, C./Maurer, M. (Hrsg.): 4. Workshop Fahrerassistenzsysteme (FAS'06, Tagungsband), Freundeskreis Mess- und Regelungstechnik Karlsruhe e.V. (fmrt): 2006, S. 112-134. URL: http://www.iad.tu-darmstadt.de/forschung_15/forschungsschwerpunkte_1/fahrzeugergo_1/conductbywire.de.jsp. [Stand: 17.02.2012].

[WMKP10].
Wiedersheim, B./Ma, Z./Kargl, F./Papadimitratos, P.: *Privacy in Inter-Vehicular Networks: Why simple pseudonym change is not enough.* In: 7th International Conference on Wireless On-demand Network Systems and Services (WONS'10, Proceedings), IEEE Computer Society Press 2010, S. 176-183.

[Woo09].
Wooldridge, M.: *An Introduction to MultiAgent Systems* (2nd edition), John Wiley & Sons 2009.

[WR08].
Wahlster, W./Raffler, H.: *Forschen für die Internet-Gesellschaft: Trends, Technologien, Anwendungen* (Technischer Bericht), Feldafinger Kreis 2008. URL: http://www.feldafinger-kreis.de/Feldafinger-Kreis_Studie_2008.pdf, Trends und Handlungsempfehlungen 2008 [Stand: 12.01.2012].

[WRK10].
Weiner, N./Renner, T./Kett, H.: *Geschäftsmodelle im „Internet der Dienste" – Trends und Entwicklungen auf dem deutschen IT-Markt* (Technischer Bericht), Fraunhofer-Institut für Arbeitswirtschaft und Organisation (IAO), 2010. URL: http://wiki.iao.fraunhofer.de/images/studien/geschaeftsmodelle_im_internet_der_dienste_trends.pdf [Stand: 12.01.2012].

[WRN09].
Wiendahl, H./Reichardt, J./Nyhuis, P.: *Handbuch Fabrikplanung: Konzept, Gestaltung und Umsetzung wandlungsfähiger Produktionsstätten*, München: Carl Hanser 2009.

[WS07].
Wright, S./Steventon, A.: *Smarte Umgebungen - Vision, Chancen und Herausforderungen.* In: Mattern, F. [Mat07]., S. 17-38.

[WS10].
Wood, A./Stankovic, J.: *Security of Distributed, Ubiquitous, and Embedded Computing Platforms.* In: Voeller, J. (Hrsg.): Wiley Handbook of Science and Technology for Homeland Security, John Wiley & Sons 2010.

[WSB+ 10].
Wollschläger, M./Schrieber, R./Birkhofer, R./Winzenick, M./Kalhoff, J./Kleedorfer, C./Mühlhause, M./Niemann, J.: *Life-Cycle-Management für Produkte und Systeme der Automation: Ein Leitfaden des Arbeitskreises Systemaspekte im ZVEI Fachverband Automation*, ZVEI Services 2010.

[ZAM10].
Zott, C./Amit, R.,/Massa, L.: *The business model: Theoretical roots, recent developments, and future research* (Working papers WP-862, IESE Business School), University of Navarra 2010. URL: http://www.iese.edu/research/pdfs/DI-0862-E.pdf [Stand: 12.01.2012].

[ZBB].
Zukunft Breitband für eine flächendeckende Breitbandversorgung. URL: http://www.zukunft-breitband.de [Stand: 12.01.2012].

[Zei11].
Zeit Online: *Verräterisches Handy.*, Februar 2011. URL: http://www.zeit.de/datenschutz/malte-spitz-vorratsdaten [Stand: 12.01.2012].

[Zil09].
Zillien, N.: *Digitale Ungleichheit: neue Technologien und alte Ungleichheiten in der Informations- und Wissensgesellschaft* (2. Auflage), VS Verlag für Sozialwissenschaften 2009.

[ZPS+ 01].
Zerdick, A./Picot, A./Schrape, K./Artopé, A./Goldhammer, K./Heger, D./Lange, U./Vierkant, E./Lopez-Escobar, E./Silverstone, R.: *Die Internet-Ökonomie: Strategien für die digitale Wirtschaft* (Band 7 der Reihe European Communication Council Report, 3. erweiterte und überarbeitete Auflage), Heidelberg u. a.: Springer 2001.

ABBILDUNGSVERZEICHNIS

AUTORENVERZEICHNIS

Dr. Eva Geisberger studierte Informatik und Psychologie an der Technischen Universität München und promovierte auf dem Gebiet des Requirements Engineering für eingebettete Systeme. Neben ihren Forschungstätigkeiten in interdisziplinären Projektkooperationen berät sie international tätige Unternehmen zu modellbasierter Anforderungs- und Systemanalyse sowie Strategieentwicklung. Seit 2009 leitet sie den Bereich Software und Systems Engineering des Forschungsinstitutes fortiss GmbH, An-Institut der Technischen Universität München. Frau Geisberger ist verantwortlich für die fachliche Leitung des BMBF-Projektes Integrierte Forschungsagenda Cyber-Physical Systems.

Prof. Dr. Dr. h.c. Manfred Hans Bertold Broy ist ordentlicher Professor für Informatik am Institut für Informatik der Technischen Universität München und Inhaber des Lehrstuhls für Software & Systems Engineering. Professor Broy ist ausgezeichnet mit dem Leibniz Preis, dem Bundesverdienstkreuz und der Konrad-Zuse-Medaille für besondere Verdienste um die Informatik. Professor Broy ist Max-Planck-Fellow, Mitglied der Akademie der Technikwissenschaften und der Deutschen Akademie der Naturforscher „Leopoldina". Sein Leitthema ist die Rolle der Software in einer vernetzten Welt.

Dr. María Victoria Cengarle studierte Informatik an der Universidad de Buenos Aires und der Escuela Superior Latinoamericana de Informática (ESLAI), Argentina, und promovierte an der Ludwig-Maximilians-Universität München. Als wissenschaftliche Mitarbeiterin an verschiedenen Forschungsinstituten war sie an zahlreichen nationalen und internationalen Projekten beteiligt, sowohl grundlegender als auch angewandter Natur beziehungsweise mit Transfercharakter. Dazu gehören die Standardisierung der Programmiersprache Lisp, Grundlagen der Systementwicklung sowie die formale Semantik der Modelliersprachen UML und OCL.

Patrick Keil studierte Volkswirtschaftslehre und im Nebenfach Informatik an der Ludwig-Maximilians-Universität München. Als wissenschaftlicher Mitarbeiter am Lehrstuhl für Software & Systems Engineering der Technischen Universität München und der fortiss GmbH war er an zahlreichen Forschungs- und Industrieprojekten beteiligt, unter anderem in der IT-Trendforschung für die Europäische Kommission und das Bundesamt für Sicherheit in der Informationstechnik sowie an einer Studie über die IT-Systemarchitektur in Elektrofahrzeugen.

Jürgen Niehaus studierte Informatik und arbeitete zunächst als wissenschaftlicher Mitarbeiter und Projektleiter an der Universität Oldenburg. Seit 2004 ist er dort Geschäftsführer des Forschungszentrums Sicherheitskritische Systeme. Als CEO des Kompetenznetzwerks SafeTRANS arbeitet er seit 2006 in den Bereichen Prozesse, Methoden und Werkzeuge für die Entwicklung sicherheitskritischer Systeme.

Dr. Christian Thiel ist Diplom-Informatiker und promovierte in Ulm im Bereich Maschinelles Lernen und Mustererkennung. Nach einer Tätigkeit als Spezialist für Data Mining und Bid Management bei einem Passauer Start-up-Unternehmen ist Herr Thiel nun als Cluster-Projektmanager bei BICCnet, dem bayerischen Cluster für Informations- und Kommunikationstechnologie, tätig. Neben der Ausrichtung von Arbeitskreisen und thematischen Veranstaltungen übernimmt er das Projektmanagement von größeren Projekten wie der agendaCPS.

Dipl.-Inform. Hans-Jürgen Thönnißen-Fries ist Leiter des Center of Competence Systems Engineering IT bei der ESG Elektroniksystem- und Logistik-GmbH in Fürstenfeldbruck, das sich den Schwerpunkten System- und Softwarearchitekturen, Vorgehensmodelle und Engineering-Methoden widmet. Seit 2007 ist er zusätzlich als Corporate Technology Manager firmenweit für das Technologie- und Innovationsmanagement zuständig.

> **BISHER SIND IN DER REIHE acatech STUDIE UND IHRER VORGÄNGERIN acatech BERICHTET UND EMPFIEHLT FOLGENDE BÄNDE ERSCHIENEN:**

Appelrath, Hans-Jürgen/Kagermann, Henning/Mayer, Christoph (Hrsg.): *Future Energy Grid. Migrationspfade ins Internet der Energie* (acatech STUDIE), Heidelberg u.a.: Springer Verlag 2012.

Spath, Dieter/Walter Achim (Hrsg.): *Mehr Innovationen für Deutschland. Wie Inkubatoren akademische Hightech-Ausgründungen besser fördern können* (acatech STUDIE), Heidelberg u.a.: Springer Verlag 2012.

Hüttl, Reinhard. F./Bens, Oliver (Hrsg.): *Georessource Wasser – Herausforderung Globaler Wandel* (acatech STUDIE), Heidelberg u.a.: Springer Verlag 2012.

acatech (Hrsg.): *Organische Elektronik in Deutschland.* (acatech BERICHTET UND EMPFIEHLT, Nr. 6), Heidelberg u.a.: Springer Verlag 2011.

acatech (Hrsg.): *Monitoring von Motivationskonzepten für den Techniknachwuchs* (acatech BERICHTET UND EMPFIEHLT, Nr. 5), Heidelberg u.a.: Springer Verlag 2011.

acatech (Hrsg.): *Wirtschaftliche Entwicklung von Ausgründungen aus außeruniversitären Forschungseinrichtungen* (acatech BERICHTET UND EMPFIEHLT, Nr. 4), Heidelberg u.a.: Springer Verlag 2010.

acatech (Hrsg.): *Empfehlungen zur Zukunft der Ingenieurpromotion. Wege zur weiteren Verbesserung und Stärkung der Promotion in den Ingenieurwissenschaften an Universitäten in Deutschland* (acatech BERICHTET UND EMPFIEHLT, Nr. 3), Stuttgart: Fraunhofer IRB Verlag 2008.

acatech (Hrsg.): *Bachelor- und Masterstudiengänge in den Ingenieurwissenschaften. Die neue Herausforderung für Technische Hochschulen und Universitäten* (acatech BERICHTET UND EMPFIEHLT, Nr. 2), Stuttgart: Fraunhofer IRB Verlag 2006.

acatech (Hrsg.): *Mobilität 2020. Perspektiven für den Verkehr von morgen* (acatech BERICHTET UND EMPFIEHLT, Nr. 1), Stuttgart: Fraunhofer IRB Verlag 2006.

> acatech – DEUTSCHE AKADEMIE DER TECHNIKWISSENSCHAFTEN

acatech vertritt die Interessen der deutschen Technikwissenschaften im In- und Ausland in selbstbestimmter, unabhängiger und gemeinwohlorientierter Weise. Als Arbeitsakademie berät acatech Politik und Gesellschaft in technikwissenschaftlichen und technologiepolitischen Zukunftsfragen. Darüber hinaus hat es sich acatech zum Ziel gesetzt, den Wissenstransfer zwischen Wissenschaft und Wirtschaft zu erleichtern und den technikwissenschaftlichen Nachwuchs zu fördern. Zu den Mitgliedern der Akademie zählen herausragende Wissenschaftler aus Hochschulen, Forschungseinrichtungen und Unternehmen. acatech finanziert sich durch eine institutionelle Förderung von Bund und Ländern sowie durch Spenden und projektbezogene Drittmittel. Um die Akzeptanz des technischen Fortschritts in Deutschland zu fördern und das Potenzial zukunftsweisender Technologien für Wirtschaft und Gesellschaft deutlich zu machen, veranstaltet acatech Symposien, Foren, Podiumsdiskussionen und Workshops. Mit Studien, Empfehlungen und Stellungnahmen wendet sich acatech an die Öffentlichkeit. acatech besteht aus drei Organen: Die Mitglieder der Akademie sind in der Mitgliederversammlung organisiert; ein Senat mit namhaften Persönlichkeiten aus Industrie, Wissenschaft und Politik berät acatech in Fragen der strategischen Ausrichtung und sorgt für den Austausch mit der Wirtschaft und anderen Wissenschaftsorganisationen in Deutschland; das Präsidium, das von den Akademiemitgliedern und vom Senat bestimmt wird, lenkt die Arbeit. Die Geschäftsstelle von acatech befindet sich in München; zudem ist acatech mit einem Hauptstadtbüro in Berlin vertreten.

Weitere Informationen unter www.acatech.de

> DIE REIHE acatech STUDIE

In dieser Reihe erscheinen die Ergebnisberichte von Projekten der Deutschen Akademie der Technikwissenschaften. Die Studien haben das Ziel der Politik- und Gesellschaftsberatung zu technikwissenschaftlichen und technologiepolitischen Zukunftsfragen.